Meisterhaft und unvergänglich

Erlesene Bücher aus aller Welt

Verlag Das Beste
Stuttgart · Zürich · Wien

WEIHNACHTS-ERZÄHLUNGEN

CHARLES DICKENS

Unter Verwendung der Übertragungen von Carl Kolb
und Julius Seybt
neu durchgesehen von Fabian Bergmann

Nachwort von Siegfried Schmitz

Mit Illustrationen der Erstausgaben

INHALT

EIN WEIHNACHTSLIED IN PROSA

Ein Weihnachtslied in Prosa

Eine Geistergeschichte der Christnacht

Erste Strophe
MARLEYS GEIST

Marley war tot – soviel zum Anfang. Darüber konnte auch nicht der geringste Zweifel herrschen. Sein Beerdigungsschein war von dem Geistlichen, dem Küster, dem Leichenbestatter und dem Hauptleidtragenden unterzeichnet. Scrooge hatte seine Unterschrift darunter gesetzt, und Scrooges Name war gut auf der Börse für alles, was er damit zu versehen beliebte.

Der alte Marley war so tot wie ein Türnagel.

Wohlgemerkt, ich will damit nicht sagen, daß meines Wissens ein Türnagel besonders tot wäre. Ich bin eher geneigt, einen Sargnagel als das toteste Stück Eisenware zu betrachten, das im Handel ist. Aber die Weisheit unsrer Vorfahren steckt in diesem Gleichnis, und meine unheilige Hand soll nicht daran rühren, sonst ist es um das Land geschehen. Man wird mir daher gestatten, mit allem Nachdruck zu wiederholen, daß Marley so tot war wie ein Türnagel.

Wußte Scrooge, daß er tot war? Natürlich. Wie hätte es auch anders sein können? Scrooge und er waren, ich weiß nicht wie viele Jahre, Geschäftspartner gewesen. Scrooge war sein einziger Testamentsvollstrecker, sein einziger Nachlaßpfleger, sein einziger Rechtsnachfolger, sein einziger Universalerbe, sein einziger Freund und der einzige, der ein wenig um ihn trauerte. Doch nicht einmal Scrooge war von dem traurigen Ereignis so sehr ergriffen, daß er sich am Tage der Beerdigung nicht als vortrefflicher Geschäftsmann erwiesen und ihn mit einem unzweifelhaft guten Geschäft feierlich begangen hätte.

Die Erwähnung von Marleys Begräbnis führt mich zu meinem Ausgangspunkt zurück. Es unterliegt keinem Zweifel, daß Marley tot war. Das muß man gut im Sinn behalten, da sonst aus der Geschichte, die ich zu berichten im Begriff bin, nichts Wunderbares hervorgehen kann. Wenn wir nicht vollkommen überzeugt wären, daß Hamlets Vater bereits vor Beginn der Tragödie starb, so würde nichts Bemerkenswerteres in dem Umstand liegen, daß er zur Nachtzeit bei Ostwind auf seinen Wällen spazierenging, als wenn irgendein anderer Gentleman von mittlerem Alter nach Einbruch der Dunkelheit eilig einen windigen Ort – den St.-Pauls-Friedhof zum Beispiel – aufsuchte, um das schwache Gemüt seines Sohnes in Schrecken zu versetzen.

Scrooge ließ den Namen des alten Marley nie ausstreichen. Jahre später stand noch über der Tür des Geschäfts: SCROOGE & MARLEY. Es war bekannt als Scrooge & Marley. Leute, die die Firma nicht näher kannten, nannten Scrooge deshalb bisweilen Scrooge, bisweilen Marley, aber er antwortete auf beide Namen – es war eins wie das andre für ihn.

Aber was für ein Raffzahn war er – ein auspressender, an sich reißender, gierig zugreifender, alles zusammenscharrender, unerbittlich festhaltender, habsüchtiger alter Sünder! Hart und scharfkantig wie ein Kiesel, aus dem kein Stahl auch nur einen edelmütigen Funken geschlagen hätte – er war so verschwiegen, verschlossen und einsam wie eine Auster. Seine innere Kälte verlieh seinem alten Gesicht frostige Züge, zwickte ihn in der spitzigen Nase, machte seine Wangen runzlig, seinen Gang steif, seine Augen rot, seine dünnen Lippen blau und sprach hämisch aus seiner knarrenden Stimme. Frostiger Reif überzog seinen Kopf, seine Augenbrauen und sein spitzes Kinn. Stets umgab ihn die eisige Atmosphäre seines Innern; er durchkältete sein Kontor an den Hundstagen und ließ es auch am Christfest nicht um ein einziges Grad auftauen.

Äußere Hitze und Kälte hatten wenig Einfluß auf Scrooge. Keine Hitze konnte ihn erwärmen, kein winterliches Wetter ihn erkälten. Kein Wind war schneidender als er, kein Schneeschauer mehr auf die eigene Absicht gerichtet und kein Platzregen einer Bitte unzugänglicher. Das schlechte Wetter wußte nicht, wie es ihm beikommen sollte. Der heftigste Regen sowie Schneegestöber, Hagel und Graupel konnten sich nur in einem einzigen Punkt rühmen, ihm überlegen zu sein – sie zeigten sich oft verschwenderisch, Scrooge dagegen nie.

Kein Mensch hielt ihn je mit freundlichen Blicken auf der Straße an, um ihn zu fragen: „Mein lieber Scrooge, wie geht's Ihnen? Wann werden Sie mich besuchen?" Kein Bettler bat ihn um eine Kleinigkeit, kein Kind wollte von ihm wissen, wieviel Uhr es sei, kein Mann, keine Frau fragten ihn auch nur einmal in seinem Leben nach dem Weg zu diesem oder jenem Ort. Selbst die Blindenhunde schienen ihn zu kennen und pflegten ihre Herren, wenn sie ihn kommen sahen, in Torwege und Höfe zu zerren, wobei sie mit ihren Schwänzen wedelten, als wollten sie sagen: Keine Augen zu haben ist immer noch besser als böse Augen, blinder Gebieter.

Aber was kümmerte das Scrooge? Denn gerade das gefiel ihm. Auf den übervölkerten Pfaden des Lebens entlangzuschleichen und alle menschliche Sympathie davor zu warnen, ihm zu nahe zu kommen – genau das war es, was ihm ungemeines Vergnügen bereitete.

Eines Tages – von allen guten Tagen im Jahr gerade am Heiligabend – saß der alte Scrooge höchst beschäftigt in seinem Kontor. Das Wetter war kalt, schneidend und neblig: Er konnte die Leute im Hof draußen schnaufen, die Arme um den Körper schlagen und mit den Füßen auf die Pflastersteine stampfen hören, um sich dadurch zu erwärmen. Die Glocken der City hatten eben erst drei Uhr nachmittag geschlagen, aber es war schon ganz dunkel. Der ganze Tag war düster gewesen, und Kerzen flimmerten in den Fenstern benachbarter Kontore wie rote Schmierflecken auf der dicken grauen Luft. Der Nebel drang durch jede Spalte und jedes Schlüsselloch und war draußen so dicht, daß die Häuser gegenüber wie bloße Phantome erschienen, obwohl der Hof zu den allerengsten gehörte. Wenn man die schmutziggraue Wolke sah, die sich über alles niedersenkte und alles in Dunkel einhüllte, so hätte man glauben können, Mutter Natur wohne um die Ecke und bereite gerade eben ein dampfendes Mahl von ungeheurem Ausmaß.

Die Tür von Scrooges Kontor stand offen, damit er seinen Gehilfen im Auge behalten konnte, der nebenan in einer finsteren kleinen Zelle, die in ihren Abmessungen an eine Regentonne erinnerte, Briefe kopierte. Bei Scrooge brannte schon ein nur sehr kümmerliches Feuer, aber das des Gehilfen war noch um so vieles kleiner, daß es wie eine einzige Kohle aussah. Nachlegen aber konnte er nicht, denn Scrooge verwahrte den Kohlenkasten in seinem eigenen Zimmer, und sooft der Gehilfe mit der Schaufel hereinkam, verkündete ihm sein Brötchengeber, daß sie sich wohl bald würden trennen müssen. So wickelte der Gehilfe sein weißes Halstuch fester um und versuchte, sich am Licht der Kerze zu wärmen, was ihm jedoch nicht gelang, da er keine allzu lebhafte Einbildungskraft besaß.

„Frohe Weihnachten, Onkel! Gott behüte Sie!" rief eine heitere Stimme – die von Scrooges Neffen, der so rasch hereinkam, daß der Onkel seiner Anwesenheit erst bei der Anrede gewahr wurde.

„Pah!" sagte Scrooge. „Dummes Zeug!"

Scrooges Neffe hatte sich durch das rasche Gehen im Nebel und Frost so erhitzt, daß er geradezu glühte; sein Gesicht war hübsch anzusehen in seiner Röte, seine Augen leuchteten, und sein Atem dampfte.

„Wie, Onkel, Sie halten das Christfest für dummes Zeug?" versetzte Scrooges Neffe. „Das kann wahrhaftig nicht Ihr Ernst sein."

„Doch", sagte Scrooge. „Frohe Weihnachten! Was für ein Recht hast du, froh zu sein? Aus welchem Grunde willst du froh sein? Du bist arm genug."

„Na kommen Sie", entgegnete der Neffe heiter, „und was für ein Recht haben Sie, finster zu sein? Aus welchem Grunde wollen Sie mürrisch sein? Sie sind reich genug."

Scrooge, der für den Augenblick nichts Besseres zu antworten wußte, erwiderte abermals: „Pah!" und ließ auch noch einmal „Dummes Zeug" darauf folgen.

„Seien Sie nicht so übellaunig, Onkel!" sagte der Neffe.

„Wie kann man es nicht sein", entgegnete der Onkel, „wenn man in einer solchen Welt voll Narren lebt? Frohe Weihnachten! Bleib mir damit vom Leibe! Was ist Weihnachten für dich anderes als eine Zeit, wo du Rechnungen zu bezahlen und kein Geld dafür hast – eine Zeit, die dich um ein Jahr älter und nicht um eine Stunde reicher gemacht hat – eine Zeit, in der du die Bilanz deiner Bücher ziehst, in welchen jeder Posten durch die ganze Reihe der zwölf Monate auf der Sollseite steht? Wenn ich tun könnte, was ich möchte", fuhr Scrooge unwillig fort, „so müßte mir jeder Dummkopf, der mit einem ‚Frohe Weihnachten' auf den Lippen umhergeht, mit seinem eigenen Pudding gekocht und mit einem Stechpalmenpfahl durchs Herz begraben werden. Ja, so wäre es recht!"

„Onkel!" sagte der Neffe bittend.

„Neffe", versetzte der Onkel finster, „feiere du Weihnachten in deiner Weise, und laß mich's nach der meinigen feiern."

„Feiern?" wiederholte Scrooges Neffe. „Aber Sie feiern es ja gar nicht."

„Nun, so laß es mich nicht feiern", sagte Scrooge. „Möge es dir viel Glück bringen, wie es dir ja bisher viel Glück gebracht hat."

„Es ist wahr, daß es viele Dinge gibt, von denen ich Gutes hätte haben können, ohne daß ich Nutzen daraus zog", entgegnete der Neffe, „und dazu gehört auch das Christfest. Aber abgesehen von der Verehrung, die man seinem heiligen Namen und Ursprung schuldig ist – wenn man beim Weihnachtsfest davon überhaupt absehen kann –, so habe ich Weihnachten doch stets für eine gute Zeit gehalten – für eine wohlwollende, vergebende, liebevolle und schöne Zeit –, die einzige Zeit im langen Kalender des Jahres, in der Männer und Frauen wie aus einem gemeinsamen Antrieb ihre verschlossenen Herzen öffnen und Menschen, die unter ihnen sind, wirklich als ihre Reisegefährten zum Grabe und nicht als Wesen ganz fremder Art ansehen, die einem andern Ziel zuwandern. Und deshalb, Onkel, mag das Christfest mir auch nie ein Stück Gold oder Silber in die Tasche gelegt haben, so glaube ich doch, daß es mir gutgetan hat und mir guttun wird, und sage darum: Gott segne es!"

Der Gehilfe in seiner Zelle zollte ihm unwillkürlich Beifall. Da ihm aber bereits im nächsten Augenblick das Unschickliche seines Verhaltens zum Bewußtsein kam, begann er das Feuer zu schüren, wodurch er aber dessen letzten armseligen Funken für immer auslöschte.

„Lassen Sie mich noch einmal einen Mucks von sich hören", sagte Scrooge, „und Sie werden Ihr Christfest damit feiern, daß

Sie Ihre Stelle verlieren. Du bist ja ein gewaltiger Redner", fügte er, gegen seinen Neffen gewandt, hinzu. „Es erstaunt mich, daß du nicht ins Parlament gehst."

„Zürnen Sie nicht, Onkel. Versprechen Sie mir, morgen mit uns zu speisen."

Scrooge sagte, er wolle ihn erst wieder – ja, in der Tat, das sagte er. Er führte die Redewendung in ihrer ganzen Länge aus und sagte, daß er ihn erst wieder in der Hölle sehen wolle.

„Aber warum?" rief Scrooges Neffe. „Warum?"

„Warum hast du geheiratet?" fragte Scrooge.

„Weil ich mich verliebt habe."

„Weil du dich verliebt hast?" knurrte Scrooge, als ob das die einzige Sache in der Welt wäre, die er für noch lächerlicher halte als ein frohes Weihnachtsfest. „Guten Abend."

„Sie haben mich auch früher nie besucht, Onkel. Warum geben Sie jetzt das als Grund dafür an, daß Sie diesmal nicht kommen wollen?"

„Guten Abend", entgegnete Scrooge.

„Ich verlange ja nichts von Ihnen – bitte Sie um nichts. Warum können wir nicht Freunde sein?"

„Guten Abend", sagte Scrooge.

„Ich bedaure von ganzem Herzen, Sie so hartnäckig zu finden. Wir haben nie einen Streit miteinander gehabt, zu dem ich Anlaß gegeben hätte, und ich unternahm diesen Versuch dem Christfest zu Ehren. Meine Weihnachtsstimmung soll mir aber dadurch nicht verdorben werden – also frohe Weihnachten, Onkel."

„Guten Abend", sagte Scrooge.

„Und ein glückliches neues Jahr."

„Guten Abend", sagte Scrooge.

Sein Neffe verließ ohne ein Wort des Unwillens das Kontor. Draußen blieb er einen Augenblick stehen, um dem Gehilfen ein frohes Weihnachtsfest zu wünschen. Dieser besaß trotz seines Frierens mehr Wärme als Scrooge, denn er erwiderte die Wünsche herzlich.

„Da ist noch so ein Narr", murmelte Scrooge, der es mit anhörte. „Mein Gehilfe mit fünfzehn Shilling wöchentlich und Weib und Kindern spricht von frohen Weihnachten. Ich werde mich demnächst wohl ins Tollhaus zurückziehen!"

Als dieser „Verrückte" Scrooges Neffen hinausließ, hatte er zwei andere Leute eingelassen. Es waren stattliche Gentlemen von einnehmendem Äußeren, und sie standen jetzt – die Hüte hatten sie abgenommen – in Scrooges Kontor. Sie hielten Bücher und Papiere in den Händen und verbeugten sich gegen ihn.

„Scrooge & Marley, nehme ich an?" sagte einer der Gentlemen mit einem Blick in seine Liste. „Habe ich die Ehre, mit Mr. Scrooge oder mit Mr. Marley zu sprechen?"

„Mr. Marley ist bereits vor sieben Jahren gestorben", versetzte Scrooge. „Ja, gerade heute sind's sieben Jahre."

„So zweifeln wir nicht, daß seine Freigebigkeit von dem überlebenden Partner würdig vertreten wird", sagte der Gentleman, wobei er sein Beglaubigungsschreiben vorzeigte.

Das wurde sie in der Tat, denn beide waren einander an Wesensart ganz gleich gewesen. Bei dem unheilverkündenden Wort „Freigebigkeit" runzelte Scrooge die Stirn; er schüttelte den Kopf und gab das Blatt zurück.

„In diesen festlichen Tagen des Jahres, Mr. Scrooge", sagte der Gentleman, indem er eine Feder zur Hand nahm, „ist es besonders wünschenswert, daß wir einigermaßen für die Armen und Bedürftigen sorgen, die gerade in dieser Zeit Not leiden. Viele Tausende besitzen nicht einmal die notwendigsten Dinge, und Hunderttausenden fehlen die einfachsten Annehmlichkeiten, Sir."

„Gibt es keine Gefängnisse?" fragte Scrooge.

„Gefängnisse jede Menge", antwortete der Gentleman, die Feder wieder niederlegend.

„Und die Arbeitshäuser?" fragte Scrooge. „Bestehen sie noch?"

„Ja", entgegnete der Gentleman, „obwohl ich wünschen möchte, daß ich nein sagen könnte."

„Die Tretmühle und das Armengesetz sind demnach noch in voller Kraft?" fragte Scrooge.

„Beide in großem Ausmaß, Sir."

„Oh, ich fürchtete schon, aus Ihren früheren Worten schließen zu müssen, daß etwas vorgefallen sei, das sie in ihrem nützlichen Gang hemmen würde", fuhr Scrooge fort. „Freut mich, daß meine Besorgnis überflüssig war."

„In der Überzeugung, daß sie für die geistigen oder körperlichen Bedürfnisse der Menge kaum einen christlichen Trost bereithalten", entgegnete der Gentleman, „sind einige von uns bemüht, eine Summe zusammenzubringen, um den Armen etwas Speise, Trank und warme Kleidung zu kaufen. Wir haben diesen Augenblick gewählt, weil er mehr als alle anderen ein Zeitpunkt ist, an dem Mangel empfindlich gefühlt wird und Überfluß Freude bereitet. Mit wieviel soll ich Sie eintragen?"

„Mit nichts", versetzte Scrooge.

„Sie wünschen also ungenannt zu bleiben?"

„Ich wünsche, daß man mich in Frieden läßt", sagte Scrooge. „Das ist meine Antwort, Gentlemen, da Sie mich nach meinem Wunsch fragen. Ich gönne mir selbst kein Vergnügen am Christfest und sehe mich nicht in der Lage, einen Beitrag zu geben, damit sich Faulpelze einen lustigen Tag machen. Ich helfe, die vorerwähnten Einrichtungen zu unterhalten; sie kosten genug, und diejenigen, denen es schlechtgeht, mögen sich dorthin wenden."

„Viele können nicht dahin gehen, und viele würden lieber sterben."

„Wenn sie lieber sterben wollen", sagte Scrooge, „so sollen sie es ruhig tun und die überschüssige Bevölkerung vermindern. Übrigens – entschuldigen Sie mich – weiß ich nichts davon."

„Aber Sie könnten es wissen", bemerkte der Gentleman.

„Geht mich nichts an", erwiderte Scrooge. „Man hat genug mit den eigenen Geschäften zu tun und braucht sich nicht in die Angelegenheiten anderer Leute zu mischen. Ich bin stets von den meinen in Anspruch genommen. Guten Abend, Gentlemen!"

Da diese die Nutzlosigkeit eines weiteren Versuchs einsahen, entfernten sie sich. Scrooge nahm seine Arbeit mit einer viel besseren Meinung von sich selbst wieder auf und kam in eine viel aufgeräumtere Stimmung, als es sonst bei ihm der Fall war.

Mittlerweile hatten sich die Dunkelheit und der Nebel so verdichtet, daß Leute mit brennenden Fackeln umherliefen und sich erboten, den Kutschwagen den Weg zu leuchten. Der altehrwürdige Kirchturm, dessen betagte, heisere Glocke aus einem gotischen Fenster in der Mauer stets verstohlen auf Scrooge niederblickte, wurde unsichtbar und verkündete die Stunden in den Wolken mit einem zitternden Nachhall, als ob ihm die Zähne im erfrorenen Kopf klapperten. Die Kälte steigerte sich mehr und mehr. In der Hauptstraße, auf die der Hof hinausging, besserten einige Arbeiter die Gasröhren aus und hatten in einem Kohlenbecken ein großes Feuer angezündet. Ein Haufen zerlumpter Männer und Knaben sammelte sich darum, rieb sich die Hände und blinzelte mit Entzücken in den hellen Schein. Das überlaufende Wasser aus dem sich selbst überlassenen Brunnenhahn war gefroren und hatte sich in menschenfeindliches Eis verwandelt. Die hell erleuchteten Läden, in deren Schaufenstern Stechpalmenzweige und Beeren in der Lampenhitze knisterten, ließen die blassen Gesichter der Vorübergehenden rötlich erscheinen. Die Auslagen der Geflügelhändler und Krämer waren ein schieres Vergnügen – eine herrliche Pracht, so daß man es fast für unmöglich halten mußte, daß so langweilige Grundsätze wie Kauf und Verkauf etwas damit zu tun haben konnten. Der Oberbürgermeister in seinem mächtigen Mansion House ließ an seine fünfzig Köche und Kellermeister die Weisung ergehen, Weihnachten zu feiern, wie es einem Oberbürgermeister geziemte, und sogar der kleine Schneider, den er am Montag zuvor wegen Trunkenheit und Rauflust in den Straßen mit fünf Shilling gestraft hatte, rührte in seinem Dachstübchen den Pudding für den nächsten Morgen um, während sein hageres Weib mit dem Säugling ausgegangen war, um den Braten zu kaufen.

Noch nebliger und kälter! Schneidend, durchdringend, bitter kalt! Wenn der gute heilige Dunstan* die Nase des bösen Geistes statt mit seiner vertrauten Waffe nur mit einem solchen Wetter angegangen wäre, so würde dieser sicherlich noch viel mehr gebrüllt haben. Der Eigentümer einer kleinen, jungen Nase, von der hungrigen Kälte angenagt wie ein Knochen von Hunden, beugte sich an Scrooges Schlüsselloch nieder, um ihn mit einem Weihnachtslied zu erfreuen; aber als er anfing zu singen:

„Gott segne dich, lieber Herr,
möge nichts dir Kummer bringen!",

* Einflußreicher Bischof in England (924–988), der der Legende nach den Teufel, der ihn in Gestalt einer schönen Frau in Versuchung führen wollte, mit einer glühenden Eisenzange bei der Nase packte

da griff Scrooge mit solcher Heftigkeit nach dem Lineal, daß der kleine Sänger entsetzt floh und das Schlüsselloch dem Nebel und der dem Hausherrn ganz angemessenen Kälte überließ.

Endlich kam die Stunde des Kontorschlusses heran. Grimmig stieg Scrooge von seinem Schreibbock herunter und teilte auf diese Weise schweigend dem harrenden Gehilfen in der Regentonne jene Tatsache mit. Dieser löschte augenblicklich sein Licht aus und setzte den Hut auf.

„Sie werden vermutlich morgen den ganzen Tag freihaben wollen?" fragte Scrooge.

„Wenn es angeht, Sir."

„Aber es geht nicht an", versetzte Scrooge, „und ist ganz ungerechtfertigt. Wenn ich Ihnen dafür eine halbe Krone abziehen wollte, so wette ich, daß Sie darin eine schlechte Behandlung sähen."

Der Gehilfe lächelte matt.

„Und doch", fuhr Scrooge fort, „halten Sie selbst es mir gegenüber für keine schlechte Behandlung, wenn Sie mich den Lohn eines Tages zahlen lassen, ohne dafür zu arbeiten."

Der Gehilfe bemerkte, daß dies doch nur einmal im Jahr vorkomme.

„Eine armselige Entschuldigung, um einem an jedem fünfundzwanzigsten Dezember das Geld aus der Tasche zu stehlen", sagte Scrooge, indem er seinen Überrock bis ans Kinn zuknöpfte. „Aber es hilft nichts, Sie müssen ja wohl den ganzen Tag haben. Seien Sie dafür übermorgen um so früher da."

Der Gehilfe versprach, das tun zu wollen, und Scrooge entfernte sich brummend. Das Kontor war im Nu geschlossen, und der Gehilfe, dem die langen Enden seines weißen Halstuchs bis auf die Hosen niederbaumelten (denn ein Mantel gehörte nicht zu seinen Besitztümern), schlitterte dem Christfest zu Ehren am Ende einer ganzen Schlange von Jungen zwanzigmal die Cornhill hinunter, worauf er so schnell wie möglich zu seiner Wohnung in Camden Town eilte, um mit den Seinen Blindekuh zu spielen.

Scrooge nahm sein tristes Mahl in seinem gewohnten tristen Wirtshaus ein. Nachdem er alle Zeitungen gelesen und, um die Zeit totzuschlagen, den Rest des Abends der Durchsicht seines

Kontobuchs gewidmet hatte, begab er sich nach Hause, um zu Bett zu gehen. Er hatte eine Privatwohnung inne, die vordem sein verstorbener Partner bewohnt hatte – eine düstere Flucht von Zimmern in einem finsteren Gebäude. Dieses stand auf einem Hof, wo es so wenig hinpaßte, daß man sich des Gedankens nicht erwehren konnte, es müsse, während es als junges Haus mit anderen Häusern Verstecken gespielt habe, hierhergelaufen sein und den Rückweg nicht mehr gefunden haben. Es war jetzt alt und traurig genug, denn niemand wohnte darin als Scrooge, da die übrigen Räume als Kontore vermietet waren. Im Hof herrschte ein solches Dunkel, daß sogar Scrooge, der jeden Stein kannte, sich mit den Händen weitertasten mußte. Reif und Nebel lasteten so dick und schwer auf dem schwarzen alten Haustor, daß es schien, als ob der Wettergott in traurigem Nachdenken auf der Schwelle säße.

Nun ist es eine Tatsache, daß an dem Türklopfer außer seiner Größe nichts Besonderes zu sehen war. Auch ist es eine weitere Tatsache, daß Scrooge ihn genau kannte, weil er ihn, seit er dort wohnte, jeden Morgen und Abend zu Gesicht bekam; und Scrooge besaß so wenig Einbildungskraft wie nur irgendein Mann in der City von London, selbst (was viel heißen will) die Gilde, den Stadtrat und die Zunftgenossenschaft nicht ausgenommen. Wir müssen ferner bemerken, daß Scrooge seit diesem Nachmittag, als er von seinem vor sieben Jahren verstorbenen Geschäftspartner sprach, nicht einen Augenblick weiter an Marley gedacht hatte. All dies in Betracht gezogen, ersuche ich bescheiden jeden, der's vermag, mir zu erklären, wie es zuging, daß Scrooge, als er den Schlüssel in das Schloß seiner Tür steckte, in dem Klopfer auf einmal ohne den geringsten Übergang nicht einen Klopfer, sondern Marleys Gesicht sah.

Ja, Marleys Gesicht. Es lag nicht in undurchdringlichem Schatten wie die übrigen Gegenstände im Hof, sondern leuchtete in einem unheimlichen Licht wie ein faulender Hummer in einem dunklen Keller. Es war nicht zornig oder wild, sondern sah Scrooge mit Marleys gewöhnlichem Ausdruck an, die gespenstische Brille nach der geisterhaften Stirn hinaufgerückt. Das Haar war seltsam bewegt wie von einem Windhauch oder heißer Luft, und obgleich die Augen weit offenstanden, waren sie doch vollkommen regungslos. Das und die bleierne Farbe machten das Gesicht schrecklich, obwohl das Entsetzliche nicht so sehr im Ausdruck des Gesichts lag, sondern etwas außer seiner Macht Befindliches zu sein schien.

Als Scrooge die Erscheinung fester ins Auge faßte, sah er wieder den Klopfer vor sich.

Es wäre unwahr, wenn ich sagen wollte, daß er nicht betroffen war oder daß sein Blut nicht von einer Empfindung durchschauert wurde, die er von Jugend auf nie gekannt hatte. Er drehte jedoch den Schlüssel mannhaft um, ging hinein und zündete seinen Kerzenleuchter an.

Jedoch zögerte er einen Augenblick unschlüssig, ehe er die Tür zumachte, und blickte erst vorsichtig hinter sie, als erwarte er halb und halb, durch den Anblick von Marleys Zopf erschreckt zu werden, der in den Flur hineinragte. Aber an der Rückseite der Tür waren nichts als die Schrauben und Muttern, die den Klopfer festhielten, und so sagte er: „Ach was!" und warf sie schallend zu.

Der Knall dröhnte wie ein Donnerschlag durch das Haus. Jedes Zimmer im oberen Stock und jedes Faß in den Kellern des Weinhändlers unten schien sein eigenes Echo zu haben. Scrooge war jedoch nicht der Mann, der sich durch ein Echo einschüchtern ließ. Er verriegelte die Tür, durchquerte die Halle und stieg langsam die Treppe hinauf, wobei er seine Kerze putzte.

Man hört manchmal davon sprechen, man könne mit einem sechsspännigen Wagen eine gute alte Treppenflucht hinauf- oder durch einen schlechten neuen Parlamentsbeschluß hindurchfahren; und ich behaupte allen Ernstes, daß man einen Leichenwagen der Breite nach, mit der Deichsel gegen die Wand und der Tür gegen das Geländer, jene Treppe hätte hinaufbringen können. Es war Platz genug dafür vorhanden und sogar noch Raum übrig, weshalb auch Scrooge vielleicht glaubte, er sähe in der Dunkelheit einen Leichenzug vor sich hergehen. Ein halbes Dutzend Gaslampen von der Straße hätten nicht genügt, den Eingang auch nur leidlich zu erhellen, und so kann man sich leicht vorstellen, daß bei Scrooges Kerze dort eine ziemliche Dunkelheit herrschte.

Scrooge ging hinauf, ohne sich einen Pfifferling darum zu kümmern. Dunkelheit ist billig, und er hatte es gern so. Aber ehe er seine schwere Tür schloß, ging er durch seine Zimmer, um zu sehen, ob alles in Ordnung sei. Das Gesicht spukte ihm noch immer so im Kopf herum, daß ihm eine solche Untersuchung wünschenswert erschien.

Wohnzimmer, Schlafgemach, Rumpelkammer – alles war, wie es sein sollte. Niemand unter dem Tisch, niemand unter dem Sofa; ein kleines Feuer im Kamin, Löffel und Tasse bereit, desgleichen die kleine Pfanne mit Hafergrütze (Scrooge hatte Schnupfen) auf dem Einsatz des Kamins. Niemand unter dem Bett, niemand im Schrank, niemand hinter seinem Schlafrock, der auf eine sehr verdächtige Weise an der Wand hing. Die Rumpelkammer wie gewöhnlich: ein alter Feuerschirm, alte Schuhe, zwei Fischkörbe, ein Waschtisch auf drei Beinen und ein Schüreisen.

Vollkommen zufriedengestellt, schloß er seine Tür und drehte den Schlüssel um, ja er drehte ihn sogar zweimal um, was sonst nicht seine Gewohnheit war. Nachdem er sich so gegen jede Überraschung gesichert hatte, nahm er seine Halsbinde ab, zog Schlafrock und Pantoffeln an, setzte seine Nachtmütze auf und nahm vor dem Feuer Platz, um seine Hafergrütze zu essen.

Es war in der Tat ein sehr kleines Feuer – ein wahres Nichts in einer so bitterkalten Nacht. Er mußte ganz dicht heranrücken und sich darüber beugen, ehe ihm das bißchen Brennstoff nur das mindeste Gefühl von Wärme vermitteln konnte. Der Kamin war vor langen Jahren von einem holländischen Kaufmann gebaut worden und ringsum mit altertümlichen holländischen Kacheln ausgelegt, die Szenen aus der Heiligen Schrift darstellten. Da waren Kain und Abel, die Töchter Pharaos, die Königin von Saba, Himmelsboten, die auf Wolken wie Federbetten durch die Luft niederstiegen, Abraham, Belsazar, Apostel, die in Booten wie Butterglocken in See stachen – kurz, Hunderte von Figuren, um seine Aufmerksamkeit zu fesseln. Und doch tauchte jenes Gesicht des vor sieben Jahren verstorbenen Marley wie der Stab des Propheten wieder vor ihm auf, um das Ganze zu verschlingen.* Wenn

* Ein Bezug auf Exodus 7, 12: Aarons Stab verschlingt die Schlangen, in welche die Wahrsager des Pharaos ihre Stäbe verwandelt haben.

jede der glatten Kacheln zunächst unbemalt gewesen wäre, aber über die Kraft verfügt hätte, aus den zusammenhanglosen Bruchstücken von Scrooges Gedanken ein Abbild zu schaffen, so wäre auf jeder der Kopf des alten Marley erschienen.

„Dummes Zeug!" sagte Scrooge und schritt durch das Zimmer.

Nachdem er mehrmals auf und ab gegangen war, setzte er sich wieder hin. Als er seinen Kopf im Stuhl zurücklehnte, fiel sein Blick zufällig auf eine Klingel – eine unbenutzte Klingel, die im Zimmer hing und um irgendeines jetzt vergessenen Zwecks willen mit einem Raum im obersten Stock des Gebäudes in Verbindung stand. Mit großem Erstaunen und einer seltsamen, unerklärlichen Angst bemerkte er, daß die Klingel sich zu bewegen anfing. Sie schwang anfangs so sanft, daß sie kaum einen Klang von sich gab, bald aber tönte sie ganz laut, und alle Glocken im Haus folgten ihrem Beispiel.

Das mochte ungefähr eine halbe oder eine ganze Minute dauern; ihm aber schien es eine Stunde zu sein. Die Glocken hörten miteinander wieder auf, wie sie angefangen hatten. Darauf erfolgte ein klirrendes Geräusch tief unten, als ob jemand eine schwere Kette über die Fässer im Keller des Weinhändlers hinschleppe. Scrooge erinnerte sich nun, gehört zu haben, daß man von Geistern, die in Häusern spukten, erzählte, daß sie Ketten mit sich herumschleiften.

Die Kellertür flog krachend auf, und dann hörte er das Geräusch viel lauter im unteren Stock; endlich kam es die Treppe herauf – näher und näher – bis vor seine Tür.

„Lauter dummes Zeug!" sagte Scrooge. „Ich will's nicht glauben."

Dennoch wechselte er die Farbe, als der Spuk unvermittelt durch die schwere Tür hereinkam und vor seinen Augen ins Zimmer trat. Als er eintrat, flackerte die schwache Flamme hoch empor, als wollte sie bekennen: „Ich kenne ihn! Marleys Geist!", und sank wieder in sich zusammen.

Dasselbe Gesicht – ganz dasselbe. Marley mit seinem Zopf, in der Weste, den Beinkleidern und den Stiefeln, wie er sie gewöhnlich zu tragen pflegte. Die Quasten an den letzteren sträubten sich, ebenso sein Zopf, seine Frackschöße und das Haar auf seinem Kopf. Die Kette, die er schleppte, war um die Mitte

John Leech

seines Leibes geschlungen. Sie war lang, wand sich um seinen Körper wie ein Schwanz und bestand (denn Scrooge sah das deutlich) aus Geldkassetten, Schlüsseln, Vorlegeschlössern, Hauptbüchern, Urkunden und schweren, aus Stahl gearbeiteten Börsen. Sein Körper war durchscheinend, so daß Scrooge durch seine Weste die zwei Knöpfe an der Hinterseite seines Rockes sehen konnte.

Scrooge hatte oft sagen hören, daß Marley kein Herz besitze, ohne jedoch dieser Behauptung bis jetzt Glauben zu schenken, doch nun konnte er sich selbst davon überzeugen.

Doch nein, auch jetzt glaubte er es noch nicht. Obgleich er durch das vor ihm stehende Gespenst hindurchsehen konnte, obgleich von den kalten Totenaugen ein eisiger Schauer in seine Gebeine drang und er sogar das Gewebe des um Haupt und Kinn geschlungenen Tuches erkannte, das er zuvor nicht bemerkt hatte, war er doch noch immer ungläubig und mißtraute seinen eigenen Sinnen.

„Was soll das?" fragte Scrooge so beißend und kalt wie immer. „Was willst du von mir?"

„Viel!"

Es war Marleys Stimme – das konnte er nicht bezweifeln.

„Wer bist du?"

„Frage mich, wer ich war."

„Wohlan denn, wer warst du?" entgegnete Scrooge, seine Stimme erhebend. „Du nimmst es ja recht genau – für einen Schatten."

„Im Leben war ich dein Partner Jacob Marley."

„Kannst du – kannst du dich setzen?" fragte Scrooge und sah ihn zweifelnd an.

„Ich kann's."

„So tue es."

Scrooge stellte die Frage, weil er nicht wußte, ob ein so durchsichtiger Geist in der Lage war, einen Stuhl zu nehmen, und weil er fühlte, daß im Falle der Unmöglichkeit eine verlegene Erklärung hätte folgen müssen. Aber der Geist setzte sich auf die andere Seite des Kamins, als ob er vollkommen daran gewöhnt sei.

„Du glaubst nicht an mich?" bemerkte der Geist.

„Nein", versetzte Scrooge.

„Welches weitere Zeugnis verlangst du denn noch von meiner Wirklichkeit außer dem deiner Sinne?"

„Ich weiß es nicht", sagte Scrooge.

„Warum traust du deinen Augen und Ohren nicht?"

„Weil sie durch eine Kleinigkeit beeinflußt werden können", antwortete Scrooge. „Eine leichte Unordnung im Magen kann bewirken, daß sie mich betrügen. Du bist vielleicht ein unverdautes Stück Ochsenfleisch, ein Löffelchen voll Senf, eine Käserinde, ein Stückchen zu harter Kartoffel. Ich glaube, daß deine Herkunft eher in der Speisekammer zu suchen ist als im Grab."

Witze zu machen lag nicht sonderlich in Scrooges Charakter, und es war ihm im Augenblick auch keineswegs spaßhaft zumute. In Wirklichkeit versuchte er nur, seine eigene Aufmerksamkeit zu zerstreuen und sein Entsetzen niederzuhalten, denn die Stimme des Gespenstes ging ihm durch Mark und Bein.

Nur eine Minute lang schweigend dazusitzen und jene starren, glasigen Augen zu betrachten – das wäre, wie Scrooge fühlte, eine wahrhaft teuflische Pein gewesen. Etwas ganz Unheimliches lag auch darin, daß das Gespenst eine eigene höllische Atmosphäre mit sich brachte. Scrooge konnte sie zwar nicht selbst fühlen, aber dennoch war es offenbar der Fall; denn obgleich der Geist vollkommen regungslos dasaß, wurden doch seine Haare, seine Rockschöße und seine Stiefelquasten stets wie von dem heißen Dampf eines Ofens bewegt.

„Du siehst diesen Zahnstocher", sagte Scrooge, indem er aus dem bereits angedeuteten Grund rasch wieder das Wort ergriff, denn er wünschte, wenn auch nur für eine Sekunde, den steinernen Blick der Erscheinung von sich selbst abzulenken.

„Ja", versetzte der Geist.

„Du siehst ja nicht hin", entgegnete Scrooge.

„Ich sehe ihn trotzdem", erwiderte der Geist.

„Gut", meinte Scrooge. „Ich brauche ihn nur zu verschlucken, um für den Rest meiner Tage von einer Legion Kobolden, lauter selbstgeschaffenen Gebilden, verfolgt zu werden. Dummes Zeug, sage ich dir – Unsinn!"

Bei diesen Worten erhob der Geist ein so furchtbares Geschrei und schüttelte seine Ketten mit einem so unheimlichen Klirren, daß Scrooge sich fest an seinen Stuhl klammern mußte, um nicht ohnmächtig herunterzusinken. Aber wieviel größer war sein Entsetzen, als das Gespenst die Binde um seinen Kopf abnahm, als ob es ihm zu warm im Zimmer wäre, und seine untere Kinnlade auf die Brust niedersank.

Scrooge stürzte auf die Knie und schlug die Hände vor dem Gesicht zusammen. „Barmherzigkeit!" rief er. „Schreckliche Erscheinung, warum suchst du mich heim?"

„Du Mensch mit dem weltlichen Sinn!" versetzte der Geist. „Glaubst du an mich oder nicht?"

„Ich glaube", sagte Scrooge. „Ich muß es ja glauben. Aber warum wandeln Geister auf Erden, und warum kommen sie zu mir?"

„Es wird von jedem Menschen verlangt", entgegnete das Gespenst, „daß seine Seele umherwandere unter seinen Mitmenschen und sich nach allen Seiten hin tätig zeige; tut sie es im Leben nicht, so trifft sie der Fluch, es nach dem Tode tun zu müssen. Sie ist verurteilt, durch die Welt zu wandern – wehe mir, daß auch mich ein solches Urteil traf! – und Zeuge dessen zu sein, was sie nicht genießen kann, obwohl es ihr auf Erden möglich gewesen wäre und sie ihr Glück darin gefunden hätte!"

Abermals erhob das Gespenst ein Geschrei, schüttelte seine Kette und rang seine schattenhaften Hände.

„Du bist gefesselt", sagte Scrooge zitternd. „Sage mir, warum?"

„Ich trage die Kette, die ich mir im Leben schmiedete", erwiderte der Geist. „Ich schmiedete sie Glied für Glied und Elle um Elle, gürtete sie aus eigenem freiem Willen um, und aus eigenem freiem Willen trug ich sie. Ist ihre Form dir fremd?"

Scrooge zitterte mehr und mehr.

„Oder möchtest du das Gewicht und die Länge der Fessel kennen", fuhr der Geist fort, „die du selbst trägst? Vor sieben Weihnachtsabenden war sie ebenso schwer und lang wie diese. Seitdem hast du daran weitergearbeitet. Es ist eine gewichtige Kette!"

Scrooge blickte auf dem Boden umher, um zu sehen, ob er nicht von einer neunzig oder hundert Meter langen Eisenkette umgeben war, konnte aber nichts entdecken.

„Jacob", sagte er flehentlich. „Alter Jacob Marley, sage mir mehr. Sprich mir Trost zu, Jacob!"

„Ich habe dir keinen zu geben", entgegnete der Geist. „Der kommt anderswoher, Ebenezer Scrooge, und wird von anderen Boten ganz anderen Menschen, als du es bist, gebracht. Auch kann ich dir nicht sagen, was ich gern möchte, denn es ist mir nur noch wenig gestattet. Ich kann nicht ruhen, kann nicht weilen und darf nirgends bleiben. Höre gut auf mich: Als ich noch am Leben war, ist mein Geist nie über unser Kontor, nie über den engen Raum unseres Geldwechsellochs hinausgegangen, und lange, mühevolle Wanderungen liegen noch vor mir!"

Wenn Scrooge nachdenklich wurde, so war es seine Gewohnheit, die Hände in die Hosentaschen zu stecken. Das tat er auch jetzt, während er über die Worte des Geistes nachdachte. Doch schlug er dabei die Augen nicht auf und erhob sich nicht von den Knien.

„Du mußt auf deinem Weg sehr langsam gewesen sein, Jacob", bemerkte Scrooge in geschäftsmäßigem Ton, wenngleich mit demütiger Scheu.

„Langsam?" wiederholte der Geist.

„Sieben Jahre tot", sprach Scrooge sinnend, „und diese ganze Zeit über gereist?"

„Die ganze Zeit über", versetzte das Gespenst. „Keine Ruhe, keinen Frieden. Unaufhörliche Gewissensqual."

„Du wanderst schnell?" fragte Scrooge.

„Auf den Schwingen des Windes", antwortete der Geist.

„So mußt du in sieben Jahren eine bedeutende Strecke Weges durchwandert haben", sagte Scrooge.

Als der Geist das hörte, erhob er abermals ein Geschrei und klirrte dabei in der Totenstille der Nacht so gräßlich mit seinen Ketten, daß die Wache allen Grund gehabt hätte, ihn wegen Ruhestörung anzuzeigen.

„O Gefangener, Gebundener und doppelt Gefesselter", rief die Erscheinung, „daß du nicht weißt, wie viele Jahrhunderte vergehen müssen – Jahrhunderte, angefüllt mit der unaufhörlichen Mühe unsterblicher Wesen um diese Erde, bevor das Gute, dessen sie fähig ist, sich ganz verwirklicht hat! Daß du nicht weißt, wie jeder christliche Geist, mag die Sphäre seines liebevollen Wirkens noch so klein sein, sein sterbliches Leben viel zu kurz findet für das unendliche Maß seiner Nützlichkeit! Daß du nicht weißt, daß keine noch so lange Reue eine Sühne sein kann für die ungenutzten Möglichkeiten eines einzigen Lebens! Doch auch ich war so – oh, auch ich war so."

„Du bist doch aber immer ein guter Geschäftsmann gewesen, Jacob", stammelte Scrooge, der all das bereits auf sich anzuwenden begann.

„Ein Geschäftsmann?" rief das Gespenst und rang abermals seine Hände. „Der Menschheit hätte meine Beschäftigung gelten sollen – der Wohlfahrt aller. Liebe, Erbarmen, Nachsicht und Wohlwollen, diesen Dingen hätte ich mich widmen sollen. Die Arbeit in meinem Beruf war nur ein Tropfen Wasser in dem umfassenden Ozean dessen, was meine Aufgabe gewesen wäre!"

Der Geist hob seine Kette mit ausgestrecktem Arm empor, als wäre sie die Ursache all seines nutzlosen Grams, und schleuderte sie dann wieder klirrend zu Boden.

„In dieser Zeit des dahingehenden Jahres", fuhr er fort, „leide ich am meisten. Warum ging ich inmitten meiner Mitmenschen mit niedergeschlagenen Augen, ohne sie auch nur einmal zu jenem gesegneten Stern zu erheben, der die Weisen zu einer armen Krippe geleitete? Gab es nicht armselige Hütten genug, zu denen sein Licht auch mich hätte führen können?"

Scrooge war aufs höchste entsetzt, den Geist in dieser Weise sprechen zu hören, und begann am ganzen Leibe zu zittern.

„Höre mich an!" rief der Geist. „Meine Zeit ist bald vorüber."

„Das will ich", sagte Scrooge. „Aber sei nicht hart gegen mich – sprich nicht in blumenreichen Wendungen, Jacob, ich bitte dich!"

„Wie es kommt, daß ich in einer Gestalt vor dir erscheine, die du zu sehen imstande bist, darf ich nicht sagen. Ich habe so manchen Tag unsichtbar an deiner Seite gesessen."

Das war keine angenehme Vorstellung. Scrooge schauderte und wischte sich den Schweiß von der Stirn.

„Das ist kein kleiner Teil meiner Buße", fuhr das Gespenst fort. „Ich bin heute nacht hier, um dich zu warnen und dir zu bedeuten, daß du noch Aussicht und Hoffnung hast, meinem Schicksal zu entgehen – eine Aussicht und Hoffnung, die ich für dich erwirkt habe, Ebenezer."

„Du bist mir stets ein guter Freund gewesen", sagte Scrooge. „Ich danke dir."

„Es werden dir drei Geister erscheinen", begann das Gespenst wieder.

Scrooges Gesicht wurde fast ebenso lang wie das der Erscheinung. „Ist das die Aussicht und Hoffnung, von der du sprachst, Jacob?" fragte er mit stockender Stimme.

„Ja."

„Ich – ich möchte lieber auf sie verzichten", sagte Scrooge.

„Ohne ihren Besuch", versetzte der Geist, „gibt es für dich keine Hoffnung, den Pfad zu vermeiden, den ich gehen muß. Mache dich auf den ersten gefaßt, morgen, wenn die Glocke eins schlägt."

„Kann ich nicht alle zugleich haben, so daß die Sache mit einemmal abgemacht ist, Jacob?" fragte Scrooge.

„Erwarte den zweiten in der darauffolgenden Nacht um die gleiche Stunde. Der dritte wird dir übermorgen erscheinen, wenn der letzte Glockenschlag um zwölf verklungen ist. Sorge dafür, daß du mich nicht wiedersiehst, und ich rate dir um deiner selbst willen, daran zu denken, was zwischen uns vorgegangen ist!"

Nachdem das Gespenst diese Worte gesprochen hatte, nahm es sein Tuch vom Tisch und band es sich wieder um den Kopf. Scrooge erkannte das an dem scharfen Zusammenschlagen der Zähne, als die Kinnlade durch die Binde wieder hochgezogen wurde. Er wagte es noch einmal, seinen Blick zu erheben, und sah seinen übernatürlichen Besucher in aufrechter Haltung vor sich stehen, die Kette um den Arm geschlungen.

Die Erscheinung entfernte sich rücklings von ihm, und bei jedem Schritt hob sich das Schiebefenster ein wenig weiter empor, so daß es ganz offenstand, als das Gespenst dort anlangte. Es winkte Scrooge, näher zu treten, und dieser leistete der Aufforderung Folge. Als sie nur noch zwei Schritte voneinander entfernt waren, erhob Marleys Geist seine Hand und bedeutete ihm stehenzubleiben. Scrooge machte halt.

Das geschah nicht so sehr aus Gehorsam als vielmehr vor Überraschung und Furcht, denn mit dem Erheben der Geisterhand war es ihm, als vernehme er wirre Töne in der Luft – Laute der Klage und des Schmerzes –, Klänge voll unaussprechlichem Jammer und reuevoller Selbstanklage. Nachdem der Geist einen Augenblick lang gelauscht hatte, stimmte er in die klagende Weise ein und schwebte hinaus in die dunkle, kalte Nacht.

Scrooge trat in verzweifelter Neugier an das Fenster und sah hinaus.

Die Luft war mit Gespenstern erfüllt, die in ruheloser Hast und mit furchtbarem Stöhnen dahin und dorthin wanderten. Ein jedes trug eine Kette wie Marleys Geist; einige waren zusammengefesselt (es mochten schuldbeladene Beamte sein), aber keines war frei. Scrooge hatte manche zu ihren Lebzeiten gekannt. Namentlich war er ganz vertraut gewesen mit einem alten Geist in weißer Weste und mit einer ungeheuren Eisentruhe am Fußgelenk, der jämmerlich schrie, weil er einer unglücklichen Frau mit einem Kind, die er unten auf einer Türschwelle sitzen sah, nicht helfen konnte. Augenscheinlich bestand das Elend aller darin, daß sie sich in menschliche Angelegenheiten einzumischen und sie zum Guten zu wenden wünschten, aber für immer die Macht dazu verloren hatten.

Ob sich diese Wesen in Nebel auflösten oder der Nebel sie einhüllte, konnte Scrooge nicht sagen. Aber sie und ihre gespenstischen Stimmen schwanden allmählich dahin, und die Nacht war wieder ganz so wie zu der Zeit, als er nach Hause gekommen war.

Scrooge schloß das Fenster und untersuchte die Tür, durch die der Geist eingetreten war. Sie war doppelt zugeschlossen, wie es durch seine eigenen Hände geschehen war, und das Schloß war unberührt. Er versuchte zu sagen: „Dummes Zeug!", hielt aber jäh inne. Und da er sehr mitgenommen war – von der durchlittenen Aufregung oder von der ermüdenden Arbeit des Tages oder seinem Einblick in eine unsichtbare Welt oder der traurigen Unterhaltung mit dem Geist oder der späten Stunde –, so ging er, ohne sich auszukleiden, geradewegs zu Bett und sank augenblicklich in Schlaf.

Zweite Strophe

DER ERSTE DER DREI GEISTER

Als Scrooge wieder erwachte, war es so dunkel, daß er, als er zum Bett hinaussah, kaum das durchscheinende Fenster von den Wänden seines Zimmers unterscheiden konnte. Er suchte mit seinen Wieselaugen die Finsternis zu durchdringen, als die Glocke einer benachbarten Kirche die vier Stundenviertel schlug. Er horchte, um zu zählen, wieviel Uhr es war.

Zu seinem großen Erstaunen tönte die tiefe Glocke fort, von sechs zu sieben, von sieben zu acht und so weiter bis zu zwölf. Dann hielt sie inne. Zwölf! Es war zwei vorüber gewesen, als er sich zu Bett begeben hatte. Die Uhr mußte falsch gehen – wahrscheinlich war ein Eiszapfen in das Werk geraten. Zwölf!

Er berührte die Feder seiner Repetieruhr, um sich von dem fehlerhaften Gang der voreiligen Kirchenuhr zu überzeugen: Ihr rascher kleiner Puls schlug zwölf und hielt dann inne.

„Es ist nicht möglich", rief Scrooge, „daß ich einen ganzen Tag und weit in die andere Nacht hinein geschlafen habe! Ich kann mir aber auch nicht denken, daß der Sonne etwas zugestoßen ist und daß wir jetzt zwölf Uhr mittags haben."

Die Vorstellung war beunruhigend, weshalb er aus seinem Bett herauskletterte und sich zum Fenster hintastete. Er mußte mit dem Ärmel seines Schlafrocks die Eisblumen wegwischen, ehe er etwas sehen konnte, und auch dann vermochte er nur sehr wenig zu unterscheiden. Er stellte lediglich fest, daß es noch immer sehr neblig und außerordentlich kalt war – ferner, daß er nicht den Lärm lebhaft hin und her eilender und Unruhe verbreitender Menschen vernahm, den er unbedingt hätte hören müssen, wenn die Nacht den hellen Tag verdrängt und von der Welt Besitz ergriffen hätte. Das war ein großer Trost für ihn, weil eine Formulierung wie „drei Tage nach Sicht dieses Primawechsels zahlbar an Mr. Ebenezer Scrooge oder auf dessen Order" und so weiter bloß den Wert eines jener zweifelhaften amerikanischen Wertpapiere* hätte, wenn keine Tage da waren, um danach zu zählen.

Scrooge ging wieder zu Bett und grübelte und grübelte und grübelte immer wieder über alles nach, ohne zu einem Schluß kommen zu können. Je mehr er brütete, desto verwirrter wurde er, und je mehr er sich Mühe gab, nicht zu denken, desto unabweisbarer drängten sich die Gedanken.

Die Stimme von Marleys Geist klang ihm ohne Unterlaß in den Ohren. Sooft er nach reiflicher Überlegung zu dem Schluß gekommen war, daß alles nur ein Traum gewesen sei, flog sein Geist wie eine starke, losgelassene Feder wieder in seinen früheren Zustand zurück und stellte ihn aufs neue vor die Frage: War es ein Traum oder nicht?

So mit seinen Gedanken beschäftigt, lag Scrooge da, bis die Glocke wieder drei Viertel schlug, und nun fiel ihm plötzlich ein, daß ihm der Geist um Schlag ein Uhr eine Erscheinung vorhergesagt hatte. Er beschloß, wach zu bleiben, bis die Stunde vorüber sei – und das war wohl noch das Klügste, was er tun konnte, wenn man in Betracht zieht, daß er ebensowenig schlafen wie gen Himmel fahren konnte.

---

* Dickens hatte einmal mit amerikanischen Wertpapieren große Verluste erlitten.

Das letzte Viertel währte so lange, daß er mehr als einmal des Glaubens war, er müsse unbewußt wieder eingeschlafen sein und den Schlag überhört haben. Endlich erreichte dieser sein lauschendes Ohr.

„Ding, dong!"

„Viertel", sagte Scrooge zählend.

„Ding, dong!"

„Halb!" fuhr Scrooge fort.

„Ding, dong!"

„Drei Viertel", sagte Scrooge.

„Ding, dong!"

„Die volle Stunde", rief Scrooge triumphierend, „und nichts geschieht!"

Er sagte das, ehe die Stundenglocke ertönt war, die nun einen tiefen, hohlen, melancholischen Schlag erklingen ließ. In diesem Augenblick blitzte Licht im Zimmer auf, und die Vorhänge seines Betts wurden beiseite gezogen.

Ja, die Vorhänge seines Betts wurden beiseite gezogen, und zwar durch eine Hand. Nicht die Vorhänge zu seinen Füßen oder die hinter ihm, sondern gerade diejenigen, denen sein Gesicht zugekehrt war. Als das geschah, richtete sich Scrooge hastig in eine halb sitzende Lage auf und fand sich nun Angesicht zu Angesicht dem unirdischen Besucher gegenüber, der die Vorhänge zurückgezogen hatte, so nahe gegenüber, wie ich im gegenwärtigen Augenblick im Geiste vor dir stehe, lieber Leser.

Es war eine seltsame Gestalt, ähnlich der eines Kindes: aber doch nicht ganz so, sondern eher wie ein alter Mann, durch irgendein übernatürliches Medium betrachtet, das ihn dem Auge entfernt und seine Proportionen zu denen eines Kindes verkleinert hatte. Das Haar, das über den Nacken und Rücken niederfiel, war weiß wie das eines Greises; und doch zeigte das Gesicht keine Runzel, sondern das zarteste Rot schimmerte auf seinen Wangen. Die Arme waren sehr lang und muskulös und die Hände gleichfalls, als ob sie eine ungewöhnliche Kraft besäßen. Die Beine und Füße waren sehr zart geformt und gleich den oberen Gliedern nackt. Die Gestalt trug eine Tunika von reinstem Weiß, und um ihren Leib war ein Gürtel gewunden, von dem ein heller, schöner Glanz ausging. Sie hielt einen frischen Stechpalmenzweig in der Hand, während, in seltsamem Widerspruch zu diesem Sinnbild des Winters, ihr Gewand mit Sommerblumen geschmückt war. Das Sonderbare jedoch bestand darin, daß vom Scheitel der Gestalt ein klares Licht strömte, in dem alles dies sichtbar wurde, und ohne Zweifel war das auch der Grund dafür, daß sie in dunkleren Augenblicken ein großes Löschhorn als Mütze aufsetzte, das sie jetzt unter dem Arm trug.

Aber das war noch nicht einmal die seltsamste Eigenschaft der Gestalt, wie Scrooge, der sie mit steigender Aufmerksamkeit betrachtete, feststellen konnte. Denn wie der Gürtel bald an der einen, bald an der andern Stelle funkelte, und was in einem Augenblick Licht war, sich im andern verdunkelte, so wechselte die Gestalt selbst trotz ihrer Bestimmtheit ohne Unterlaß ihre Form, indem sie bald nur einen Arm, bald nur ein Bein, jetzt zwanzig Beine und darauf wieder ein Paar Beine ohne Kopf oder einen Kopf ohne Körper zeigte, ohne daß von den sich auflösenden Teilen in dem dichten Dunkel, in das sie dahinschwanden, irgendwelche Umrisse sichtbar wurden. Aus diesen wunderbaren Verwandlungen trat die Gestalt dann auf einmal wieder ganz in der früheren Klarheit und Bestimmtheit hervor.

„Bist du der Geist, dessen Ankunft mir vorhergesagt wurde?" fragte Scrooge.

„Ich bin es."

Die Stimme war sanft und weich, aber auffallend leise und schien, trotz der Nähe der Gestalt, aus weiter Ferne zu kommen.

„Wer und was bist du?" fragte Scrooge.

„Ich bin der Geist der vergangenen Weihnachten."

„Längst vergangener?" fragte Scrooge im Hinblick auf die zwergartige Gestalt der Erscheinung.

„Nein, jener deiner eigenen Vergangenheit."

Vielleicht hätte Scrooge niemand einen Grund dafür anzugeben vermocht, aber er trug ein besonderes Verlangen, den Geist unter seiner Mütze zu sehen, und bat ihn, sich zu bedecken.

„Wie?" rief der Geist. „Möchtest du so rasch schon mit deinen irdischen Händen das Licht auslöschen, das ich dir spende? Ist es nicht genug, daß du zu denen gehörst, deren Leidenschaften diese Mütze gemacht haben und mich zwingen, sie über eine lange Reihe von Jahren hinweg tief in meine Stirn zu drücken?"

Scrooge verwahrte sich ehrerbietig gegen jede beleidigende Absicht und erklärte, daß er zu keiner Zeit seines Lebens dem Geist absichtlich die Mütze aufgezwungen habe. Dann erlaubte er sich die Frage, was für ein Geschäft ihn hierherbringe.

„Dein Wohl!" antwortete der Geist.

Scrooge erklärte, er sei ihm sehr verbunden, konnte sich aber des Gedankens nicht erwehren, daß eine Nacht ununterbrochener Ruhe weit besser zu diesem Ziel geführt haben würde. Der Geist mußte seine Gedanken wohl gehört haben, denn er sagte augenblicklich: „Dann eben deine Rettung. Sieh dich vor!"

Während er das sagte, streckte er seine starke Hand aus und ergriff ihn sanft am Arm. „Steh auf und geh mit mir!"

Scrooge würde sich vergeblich mit dem Einwand entschuldigt haben, daß das Wetter und die Stunde nicht sonderlich zu Spaziergängen geeignet seien, daß das Bett warm und das Thermometer weit unter dem Gefrierpunkt, ferner er selbst nur leicht in Pantoffeln, Schlafrock und Nachtmütze gekleidet und noch obendrein sehr erkältet sei. Der Hand des Geistes, obgleich ihr Griff sanft und weich war wie der einer Frau, konnte er sich nicht entziehen. Er erhob sich, faßte aber den Geist bebend am Kleid, als er bemerkte, daß dieser sich zum Fenster hin wandte.

„Ich bin nur ein Mensch", gab Scrooge zu bedenken, „und muß hinunterfallen."

„Laß mich dich mit meiner Hand hier berühren", sagte der Geist, die Hand auf Scrooges Herz legend, „und du sollst bei mehr als diesem gehalten werden."

Bei diesen Worten gingen sie durch die Mauer und traten auf eine offene Landstraße mit Feldern zu beiden Seiten. Die Stadt war gänzlich verschwunden; keine Spur war mehr davon zu sehen. Auch die Dunkelheit und der Nebel waren verschwunden, denn ein klarer, kalter Wintertag lag über der schneebedeckten Erde.

„Gütiger Himmel!" sagte Scrooge und schlug die Hände zusammen, als er umherblickte. „Hier wurde ich als Knabe erzogen!"

Der Geist blickte ihn milde an. Seine sanfte Berührung, obwohl sie nur leicht und ganz kurz gewesen war, schien in dem Gefühl des alten Mannes noch nachzuwirken. Scrooge wurde sich tausend in der Luft schwimmender Düfte bewußt, die an tausend längst, längst vergessene Gedanken, Hoffnungen, Freuden und Sorgen erinnerten.

„Deine Lippe zittert", sagte der Geist. „Und was ist denn das da auf deiner Wange?"

Scrooge murmelte mit ungewöhnlich beklommener Stimme, daß es nur ein Bläschen sei, und bat den Geist, ihn zu führen, wohin er wolle.

„Erinnerst du dich noch an diesen Weg?" fragte der Geist.

„Ob ich mich an ihn erinnere?" rief Scrooge mit Wärme. „Ich könnte ihn blindlings gehen."

„Seltsam, daß du ihn so viele Jahre vergessen konntest", bemerkte der Geist. „Komm weiter."

Sie gingen die Straße entlang. Scrooge erkannte jedes Tor, jeden Pfosten, jeden Baum, bis endlich in der Ferne eine kleine Marktstadt mit ihrer Brücke, ihrer Kirche und einem gewundenen Fluß erschien. Einige zottige Ponys kamen ihnen jetzt entgegen, mit Knaben auf den Rücken, die anderen Jungen, welche in Wägelchen und Bauernkarren fuhren, etwas zuriefen. Alle diese Burschen waren in frohester Laune und jubelten einander zu, bis die weiten Gefilde so voll dieser lustigen Musik waren, daß sogar die Luft mit Freuden darauf zu antworten schien.

„Das sind nur Schatten von Dingen, die gewesen sind", sagte der Geist. „Sie wissen nichts von uns."

Die fröhlichen Wanderer näherten sich, und wie sie herankamen, erkannte Scrooge sie alle der Reihe nach und nannte jeden mit Namen. Warum war er so über alle Maßen erfreut, sie zu sehen? Warum glänzte sein kaltes Auge – warum hüpfte sein Herz, als sie vorbeikamen? Warum war er von Glückseligkeit erfüllt, als er hörte, wie sie sich gegenseitig frohe Weihnachten wünschten, während sie an den verschiedenen Wegkreuzungen in Richtung ihrer heimischen Herde davonfuhren? Was bedeuteten frohe Weihnachten für Scrooge? Bleibt mir vom Leib mit frohen Weihnachten! Was hatten sie ihm je Gutes gebracht?

„Die Schule ist nicht ganz verlassen", sagte der Geist. „Ein einsames Kind, von seinen Verwandten vernachlässigt, ist noch da."

Scrooge sagte, er kenne es. Und schluchzte laut.

Sie verließen die Landstraße auf einem wohlbekannten Nebenweg und näherten sich bald einem Landhaus aus schmutzigroten Ziegeln mit einem kleinen Wetterhahn auf der Kuppel über dem Dach, in der eine Glocke hing. Es war ein großes Haus, aber in verwahrlostem Zustand, denn die großzügigen Wirtschaftsräume wurden nur wenig gebraucht, die Wände waren feucht und mit Moos bewachsen, die Fenster zerbrochen und die Tore halb verfallen. Geflügel gackerte und stolzierte in den Ställen; der Boden der Wagenremisen und Schuppen war mit Gras bewachsen. Aber auch innen war nichts von dem früheren Wohlstand wahrzunehmen, denn als sie die traurige Halle betraten und durch die offenen Türen in die vielen Zimmer blickten, fanden sie sie ärmlich möbliert, kalt und unwohnlich. Ein dumpfer, modriger Geruch lag in der Luft, und eine frostige Ödnis herrschte im ganzen Haus, so daß sich unwillkürlich der Gedanke aufdrängte, die Bewohner stünden zu oft und zu zeitig noch bei Kerzenlicht auf und hätten nicht allzuviel zu essen.

Scrooge und der Geist gingen über den Flur zu einer Tür an der Hinterseite des Hauses. Sie tat sich vor ihnen auf und erschloß einen langen, kahlen, melancholischen Raum, der noch öder aussah durch die Reihen von einfachen Bänken und Pulten aus Tannenholz. An einem der Pulte in der Nähe eines schwachen Feuers saß ein Knabe, der las; und Scrooge setzte sich auf eine Bank nieder und weinte bei dem Anblick seines eigenen, armen, vergessenen Ichs, wie es vordem gewesen war.

Kein heimliches Echo im Haus, kein Quieken und Scharren der Mäuse hinter der Wandtäfelung, kein Tropfen aus dem halb aufgetauten Wasserhahn hinten in dem dunklen Hof, kein Seufzen in den entlaubten Zweigen einer einzigen trübseligen Pappel, kein Schwingen einer vom Wind bewegten Tür an einem leeren Vorratshaus, ja kein Prasseln im Feuer ließ sich vernehmen, ohne daß Scrooges Herz sanft davon berührt wurde und seine Tränen freier flossen.

Der Geist berührte seinen Arm und deutete auf Scrooges jüngeres Ich, das ins Lesen vertieft war. Plötzlich zeigte sich ein Mann in fremder Kleidung, wunderbar wirklich und deutlich anzusehen, vor dem Fenster: Er hatte eine Axt in seinem Gürtel stecken und führte einen mit Holz beladenen Esel am Zügel.

„Ach, das ist Ali Baba!" rief Scrooge entzückt. „Es ist der liebe, alte, ehrliche Ali Baba! Ja, ja, ich kenne ihn! Einmal um die Weihnachtszeit, als jenes einsame Kind ganz allein hier war, kam er zum erstenmal, ganz so wie heute. Armer Knabe! Und Valentin", sagte Scrooge, „und sein wilder Bruder Orson; da gehen sie! Und wie heißt doch der, welcher schlafend in Unterhosen am Tor von Damaskus abgesetzt wurde? Siehst du ihn nicht? Und des Sultans Reitknecht, der von den Dämonen auf den Kopf gestellt wurde – da steht er! Geschah ihm recht – ich freue mich darüber. Wie kam er dazu, die Prinzessin heiraten zu wollen!"

Scrooges Geschäftsfreunde in der City wären in der Tat nicht wenig erstaunt gewesen, wenn sie sein aufgeregtes Gesicht gesehen und mit angehört hätten, mit welchem Ernst er von diesen Dingen sprach und wie seine Stimme in einer ganz merkwürdigen Weise zwischen Lachen und Weinen schwankte.

„Da ist der Papagei!" rief Scrooge. „Grüner Leib und gelber Schwanz, mit einem Ding wie eine Salatstaude auf dem Kopf – da ist er! ‚Armer Robinson Crusoe!' rief er, als sein Herr wieder nach Hause kam, nachdem er die Insel umsegelt hatte. ‚Armer Robinson Crusoe, wo bist du gewesen, Robinson Crusoe?' Der Mann dachte, er träume, aber es war nicht so. Es war der Papagei, mußt du wissen. Da geht Freitag und rennt um sein Leben zu der kleinen Bucht hin! Heda! Hopp! Holla!"

Dann sagte er mit einem raschen Übergang, der seinem sonstigen Charakter ganz fremd war, voll Mitleid mit seinem früheren Ich: „Armer Knabe!" und weinte abermals.

„Ich möchte . . .", murmelte Scrooge, der, nachdem er sich die Augen mit dem Rockärmel abgewischt hatte, die Hand in die Tasche steckte und umherblickte, „aber es ist jetzt zu spät."

„Was gibt's?" fragte der Geist.

„Nichts", sagte Scrooge. „Nichts. Gestern abend sang ein Junge ein Weihnachtslied vor meiner Tür. Es wäre mir lieb, wenn ich ihm etwas gegeben hätte – das ist alles."

Der Geist lächelte gedankenvoll und winkte mit der Hand, während er sagte: „Laß uns jetzt ein anderes Weihnachtsfest betrachten!"

Bei diesen Worten wurde Scrooges früheres Ich größer und das Zimmer ein wenig dunkler und schmutziger. Die Täfelung schrumpfte ein, die Fenster krachten, Mörtelstücke fielen von der Decke, und die nackten Latten sahen hervor. Wie das alles zuging, wußte Scrooge übrigens ebensowenig wie wir. Er war sich nur bewußt, daß sich's ganz so verhielt, daß alles genau so zugegangen war und daß er wieder allein war, während alle anderen Knaben sich in die fröhlichen Ferien nach Hause begeben hatten.

Diesmal las er nicht, sondern ging verzweifelt auf und ab. Scrooge sah den Geist an und blickte dann mit einem traurigen Kopfschütteln ängstlich zur Tür.

Sie ging auf, und ein kleines Mädchen, viel jünger als der Knabe, kam hereingehüpft. Sie schlang ihm die Arme um den Hals, küßte ihn wieder und wieder und redete ihn als ihren „teuren, lieben Bruder" an.

„Ich komme, um dich nach Hause zu holen, lieber Bruder", sagte das Kind, wobei es seine kleinen Hände zusammenschlug und sich vor Lachen bog. „Dich nach Hause zu holen, nach Hause, nach Hause."

„Nach Hause, kleine Fan?" entgegnete der Knabe.

„Ja", sagte das Kind voll Freude. „Nach Hause – nach Hause für immer. Der Vater ist soviel freundlicher, als er sonst war, da es zu Hause wie im Himmel ist! Als ich letzthin eines Abends gute Nacht sagte, sprach er so liebevoll mit mir, daß ich mich nicht fürchtete, ihn wieder einmal zu fragen, ob du nicht kommen dürfest; und er sagte, ja, das solltest du nun, und schickte mich in einer Kutsche fort, um dich zu holen. Du sollst jetzt ein Mann werden", rief das Kind, seine Augen öffnend, „und nie wieder hierher zurückkommen! Aber zuerst bringen wir die ganzen Weihnachtsfeiertage miteinander zu und haben die fröhlichste Zeit von der Welt."

„Du bist ja schon ein richtiges großes Mädchen, kleine Fan!" rief der Knabe.

Sie schlug ihre kleinen Hände zusammen, lachte und versuchte, seinen Kopf zu erreichen; da sie aber zu klein war, lachte sie wieder und stellte sich auf die Zehen, um ihn zu umarmen. Dann begann sie, ihn in kindlicher Hast zur Tür zu zerren, und er begleitete sie, froh, daß er fortkommen sollte.

Eine schreckliche Stimme in der Halle rief: „Bringt Master

Scrooges Koffer herunter!", und in der Halle stand der Schulmeister selbst, der Master Scrooge mit zorniger Herablassung anstarrte und ihm durch seinen Händedruck schreckliche Angst einjagte. Er führte ihn und seine Schwester dann in das älteste Loch von einem schauerlich kalten Besuchszimmer, das man je gesehen hatte, wo die Karten an der Wand und die Erd- und Himmelskugeln an den Fenstern vor Kälte ganz wachsartig geworden waren. Hier brachte er eine Flasche seltsam leichten Weins und ein Stück wundersam schweren Kuchens zum Vorschein, um mit diesen Leckerbissen die beiden jungen Leute zu bewirten. Zu gleicher Zeit schickte er eine magere Magd hinaus, um dem Postillion ein Glas ‚etwas' zu geben. Dieser ließ dem Gentleman danken, meinte aber, wenn es aus demselben Faß sei, von dem er früher schon gekostet habe, so verzichte er lieber darauf. Master Scrooges Koffer war in der Zwischenzeit auf die Kutsche gebunden worden, und die Kinder sagten dem Schulmeister von ganzem Herzen Lebewohl. Sie stiegen ein und fuhren lustig den Gartenweg hinab, während die rollenden Räder den Reif und Schnee von den dunklen Blättern des Immergrüns wie einen Sprühregen abfegten.

„Stets ein zartes Wesen, das ein Hauch hätte welken machen können", sagte der Geist. „Aber sie hatte ein großes Herz."

„Das ist wahr!" rief Scrooge. „Du hast recht. Gott verhüte, daß ich dir widerspreche, Geist!"

„Sie starb als Frau", fuhr der Geist fort, „und hatte, wie ich glaube, Kinder."

„Ein einziges Kind", entgegnete Scrooge.

„Richtig", sagte der Geist. „Deinen Neffen."

Scrooge schien sich unbehaglich zu fühlen und antwortete kurz: „Ja."

Obgleich sie erst einen Augenblick zuvor die Schule verlassen hatten, waren sie doch jetzt in den belebten Straßen einer Stadt, wo schattenhafte Menschen hin und her gingen, schattenhafte Karren und Kutschen sich ihren Weg bahnten und das ganze unruhige Treiben einer wirklichen Stadt herrschte. An der Ausstattung der Läden konnte man deutlich erkennen, daß es auch hier wieder Weihnachten war; es dunkelte, und die Straßen waren beleuchtet.

Der Geist machte an der Tür eines bestimmten Geschäftes halt und fragte Scrooge, ob er es kenne.

„Ob ich es kenne?" versetzte Scrooge. „War ich nicht hier Lehrling?"

Sie gingen hinein. Bei dem Anblick eines alten Gentlemans mit einer französischen Perücke, der hinter einem so hohen Pult saß, daß er, wäre er um zwei Zoll größer gewesen, mit dem Kopf hätte an der Decke anstoßen müssen, rief Scrooge in großer Aufregung: „Das ist ja der alte Fezziwig! Gott behüte ihn; es ist der alte Fezziwig, wieder lebendig!"

Der alte Fezziwig legte seine Feder nieder und sah nach der Uhr, die auf die siebente Stunde zeigte. Er rieb sich die Hände, zupfte seine weite Weste zurecht, begann zu lachen, daß sein ganzer Leib, vom Scheitel bis zur Sohle, sich schüttelte, und rief mit einer behaglichen, öligen, fetten, reichen, fröhlichen Stimme: „Holla – heda! Ebenezer! Dick!"

Scrooges vormaliges Ich, das nun zu einem jungen Mann herangewachsen war, kam hurtig mit dem anderen Lehrling herein.

„Wahrhaftig, Dick Wilkins!" sagte Scrooge zu dem Geist. „Gott behüte mich – ja, das ist er. Er war mir sehr zugetan, der brave Dick. Lieber, guter Dick! Du lieber Himmel!"

„Frischauf, meine Jungen!" sagte Fezziwig. „Heute wird nicht mehr gearbeitet. Weihnachtsabend, Dick. Christfest, Ebenezer. Wir wollen jetzt in Null Komma nichts die Läden vorlegen", fügte er mit einem scharfen Klatschen seiner Hände hinzu.

Man würde es nicht glauben, wie schnell die beiden Burschen an ihre Aufgabe gingen. Eins, zwei, drei – eilten sie mit den Läden auf die Straße hinaus; vier, fünf, sechs – hatten sie sie an ihren Plätzen; sieben, acht, neun – waren sie verriegelt und festgemacht; und ehe man bis zwölf zählen konnte, kamen sie schon wieder schnaubend wie Rennpferde zurück.

„Auf, auf!" rief der alte Fezziwig, mit wunderbarer Behendigkeit von dem hohen Pult herunterspringend, „räumt auf, meine Jungen, damit wir hier genug Platz kriegen! Auf, auf, Dick! Lustig, Ebenezer!"

Räumt auf! Es war nichts da, was sie nicht hätten wegräumen wollen oder wegräumen können, während der alte Fezziwig zusah. In einer Minute war alles geschehen – jedes Möbelstück weggepackt, als sollte es für immer aus dem öffentlichen Leben verschwinden, der Boden gekehrt und gesprengt, die Lampen geputzt, Holz im Kamin nachgelegt, und der Geschäftsraum zu einem so behaglichen, warmen, trockenen und hellen Ballsaal umgewandelt, wie man sich ihn in einer Winternacht nur wünschen mag.

Herein kam ein Geiger mit einem Notenbuch, ging zu dem hohen Pult, baute auf wie ein ganzes Orchester und stimmte sein Instrument, daß es durch Mark und Bein ging. Herein kam Mrs. Fezziwig, ein einziges, breites, ihr Wesen offenbarendes Lächeln. Herein kamen die drei Misses Fezziwig, strahlend und liebenswürdig. Herein kamen ihre sechs Verehrer, denen sie das Herz brachen. Herein kamen alle jungen männlichen und weiblichen Angestellten des Geschäfts. Herein kam das Hausmädchen mit ihrem „Vetter", dem Bäcker. Herein kam die Köchin mit

dem „besten Freund ihres Bruders", dem Milchmann. Herein kam der Junge von gegenüber, der, wie man vermutete, von seinem Meister nicht genug zu essen bekam und der sich jetzt hinter des Nachbars Mädchen zu verstecken suchte, von der man bestimmt wußte, daß sie von ihrer Gebieterin geohrfeigt wurde. Alle kamen nacheinander herein – einige schüchtern, andere dreist, einige anmutig, andere linkisch, einige schiebend, andere stoßend – aber alle kamen herein, auf die eine oder andere Weise. Dann stoben sie alle los, zwanzig Paare zugleich, durch den halben Raum und an der anderen Seite wieder zurück, die Mitte hinab und wieder hinauf, um und um in verschiedenen Stufen zärtlicher Gruppierung; das frühere erste Paar gelangte immer an den falschen Platz, das neue brach stets an der Stelle auf, wo das alte angelangt war, so daß zuletzt alle die vordersten und keines das hinterste sein wollte. Als es soweit war, klatschte der alte Fezziwig in die Hände, um den Tanz zu beenden, und rief: „Jetzt ist's gut!", worauf der Fiedler sein heißes Gesicht in einen Krug Porterbier tauchte, der ausdrücklich zu diesem Zweck beschafft worden war. Sobald er jedoch wieder zum Vorschein kam, verschmähte er es auszuruhen und begann augenblicklich von neuem, obgleich noch keine Tänzer da waren, als hätte man den früheren Fiedler erschöpft auf einem Fensterladen nach Hause getragen, während er selbst ein nagelneuer Mann und entschlossen wäre, seinen Kollegen auszustechen oder zugrunde zu gehen.

Dem Tanz folgten Pfänderspiele und diesen wieder Tanz; dann kam Kuchen, dann Glühwein, dann ein großes Stück kalten Rostbratens, dann ein ebensolches Stück gesottenen Fleisches, dann Fleischpasteten und zu allem reichlich Bier. Aber der Höhepunkt des Abends kam nach dem Rostbraten und dem Gesottenen, als der Geiger (ein Schlaukopf, der sein Geschäft so gut verstand, wie Sie und ich es ihm nie hätten beibringen können) den „Sir Roger de Coverley"* anstimmte. Denn jetzt stand der alte Fezziwig auf, um mit seiner Gattin zu tanzen – noch obendrein als erstes Paar, und ein tüchtiges Stück Arbeit vor ihnen: drei- oder vierundzwanzig Paare als ihre Mittänzer, Leute, mit denen nicht zu

---

* Gesellschaftstanz

spaßen war, Leute, die durchaus tanzen wollten und sich auf keinen Fall mit Gehschritten begnügen wollten.

Aber auch wenn's zweimal, ach viermal so viele gewesen wären, so wäre ihnen der alte Fezziwig mit seiner Gattin doch gewachsen gewesen. Was sie betraf, so war sie würdig, in jedem Sinne des Worts seine Partnerin zu sein. Wenn das nicht ein hohes Lob ist, so nennt mir ein höheres, und ich will es gern auf sie anwenden. Von Fezziwigs Waden schien geradezu ein Licht auszustrahlen; sie schienen in jedem Teil des Tanzes wie Monde. Man hätte in keinem Augenblick voraussagen können, was im nächsten aus ihnen werden würde. Und nachdem der alte Fezziwig und Mrs. Fezziwig den ganzen Tanz getanzt hatten, vorwärts und rückwärts, Hand in Hand mit dem Partner, sich verbeugend und knicksend, in Korkenzieherwendungen sich bewegend und wieder an den früheren Platz zurücktretend, machte er noch einen Sprung, tat es so geschickt, daß es schien, als zwinkere er mit den Beinen, und kam ohne das mindeste Schwanken wieder auf seine Füße.

Schlag elf wurde der Hausball aufgehoben, worauf sich Mr. und Mrs. Fezziwig zu beiden Seiten an die Tür stellten, jeder hinausgehenden Person die Hand drückten und ihr frohe Weihnachten wünschten. Nachdem sich alles entfernt hatte, kam diese Ehre auch an die beiden Lehrlinge, und die frohen Stimmen verhallten, während die beiden Jungen zurückblieben. Sie suchten ihre Betten auf, die sich unter einem Zahltisch im hinteren Laden befanden.

Während dieser ganzen Zeit hatte sich Scrooge wie ein Mensch benommen, der völlig außer sich ist. Er war mit ganzem Herzen und ganzer Seele bei dieser Szene und bei seinem früheren Ich. Er bekräftigte alles, erinnerte sich des geringfügigsten Umstands, freute sich daran und geriet in die seltsamste Aufregung. Erst als die frohen Gesichter seines früheren Ichs und Dicks sich abgewendet hatten, fiel ihm der Geist wieder ein, und er wurde gewahr, daß dieser ihn voll ansah, während das Licht auf seinem Kopf sehr klar brannte.

„Eine Kleinigkeit", sagte der Geist, „die diese einfältigen Leute mit soviel Dankbarkeit erfüllt."

„Eine Kleinigkeit!" wiederholte Scrooge.

Der Geist bedeutete ihm, auf das Gespräch der beiden Lehrlinge zu lauschen, die Fezziwig aus vollem Herzen lobten; dann sagte er: „Nun, ist's nicht so? Er hat nur einige Pfund von eurem sterblichen Geld ausgegeben – drei oder vier vielleicht. Verdient er wohl darum soviel Lob?"

„Das ist es nicht", entgegnete Scrooge, der sich über die Bemerkung des Geistes ärgerte und unwillkürlich wie sein früheres Ich, nicht wie sein späteres sprach. „Das ist es nicht, Geist. Es liegt in seiner Macht, uns glücklich oder unglücklich zu machen, uns unsern Dienst zu erleichtern oder zu erschweren, ihn zu einer Freude oder zu einer Plage zu machen. Mag seine Macht auch in Worten und in Blicken liegen, in Dingen, so gering und unbedeutend, daß es unmöglich ist, sie zu berechnen – trotzdem ist das Glück, das er bietet, so groß, als wenn es ein ganzes Vermögen gekostet hätte."

Er fühlte den Blick des Geistes und hielt inne.

„Was ist mit dir?" fragte der Geist.

„Nichts Besonderes", antwortete Scrooge.

„Aber doch etwas, wie mir scheint", fuhr der Geist fort.

„Nein", sagte Scrooge, „nein. Es wäre mir nur lieb, wenn ich jetzt meinem Gehilfen ein paar Worte sagen könnte. Weiter nichts."

Sein früheres Ich löschte, als er diesen Wunsch aussprach, die Lampen, und Scrooge stand neben dem Geist wieder im Freien.

„Mir bleibt nur noch wenig Zeit", bemerkte die Erscheinung. „Rasch!"

Das war nicht zu Scrooge oder irgend jemand, den er sehen konnte, gesprochen, brachte aber eine augenblickliche Wirkung hervor. Scrooge sah abermals sein Ich – er war jetzt älter, ein Mann in der Blüte des Lebens. Sein Gesicht trug nicht die harten, starren Furchen der späteren Jahre, hatte aber doch bereits angefangen, die Züge der Sorge und des Geizes aufzuweisen. In seinen Augen war eine unstete, hastige, gierige Bewegung, die zeigte, welche Leidenschaft in seinem Innern Wurzel gefaßt hatte und wohin der Schatten des daraus wachsenden Baumes fallen würde.

Er war nicht allein, sondern saß neben einem schönen jungen Mädchen in Trauerkleidern. In ihren Augen standen Tränen, die in dem Licht funkelten, welches von dem Geist der vergangenen Weihnachten ausstrahlte.

„Es ist von geringer Bedeutung", sagte sie mit weicher Stimme, „für dich von sehr geringer Bedeutung. Ein anderer Abgott hat mich verdrängt, und wenn er dich in künftigen Zeiten zu trösten und zu erfreuen vermag, wie ich's versucht haben würde, so bleibt mir keine gerechte Ursache, mich zu grämen."

„Welcher Abgott sollte dich verdrängt haben?" entgegnete er.

„Ein goldener."

„Das ist die Gerechtigkeit der Welt!" sagte er. „Gegen nichts ist sie so hart wie gegen die Armut, und doch verdammt sie nichts mit größerer Strenge als das Streben nach Reichtum."

„Du fürchtest die Welt zu sehr", erwiderte sie sanft. „Alle deine anderen Hoffnungen sind untergegangen in der Hoffnung, dich über den Bereich ihrer schmutzigen Vorwürfe zu erheben. Ich bin Zeuge gewesen, wie deine edleren Bestrebungen eine nach der andern dahinschwanden, bis du ganz von der einen Leidenschaft erfüllt worden bist, die Gewinn heißt. Ist es nicht so?"

„Und was weiter?" entgegnete er. „Selbst wenn ich um soviel weiser geworden bin, was hast du dagegen? Gegen dich habe ich mich nicht verändert."

Sie schüttelte den Kopf.

„Oder habe ich's?"

„Unsere Vereinbarung ist schon lange her. Sie wurde geschlossen, als wir beide arm waren und uns mit Zufriedenheit hineinfanden, bis wir mit der Zeit unsere weltliche Habe durch unseren geduldigen Fleiß vergrößern könnten. Ja, du bist verändert. Als wir unsern Bund schlossen, warst du ein ganz anderer Mann."

„Ich war ein Knabe", sagte er ungeduldig.

„Dein eigenes Gefühl sagt dir, daß du nicht mehr bist wie früher", entgegnete sie. „Ich bin noch dieselbe. Was uns Glück verhieß, als wir noch eines Sinnes waren, ist jetzt mit Elend beladen, nun, da unsere Herzen getrennt sind. Wie oft und mit welchen Schmerzen ich darüber nachgedacht habe, davon will ich nicht reden. Genug, daß ich darüber nachdachte und daß ich dich freigeben kann."

„Habe ich mich je loszumachen gesucht?"

„In Worten freilich nie."

„Und wie sonst?"

„Durch dein verändertes Wesen, durch deinen veränderten Geist, durch eine andere Lebensatmosphäre, durch eine andere Hoffnung als höchsten Zweck des Daseins – kurz, durch eine Veränderung in allem, was meiner Liebe in deinen Augen Wert verleihen konnte. Wenn das zwischen uns nie gewesen wäre", fuhr das Mädchen fort, indem sie ihm milde, aber fest ins Auge sah, „sage mir, würdest du mich jetzt suchen und dich bemühen, mich zu gewinnen? Ach nein!"

Er schien unwillkürlich die Richtigkeit ihrer Annahme zuzugeben, sagte aber nach einigem Kampf: „Das ist nicht dein Ernst."

„Der Himmel weiß, ich wollte gern das Gegenteil glauben, wenn ich könnte", antwortete sie. „Aber wenn sogar ich gelernt habe, diese Wahrheit einzusehen, so empfinde ich wohl, wie stark und unwiderstehlich sie sein muß. Kann ich glauben, daß du, wenn du heute oder morgen frei wärest, ein vermögensloses Mädchen heiraten würdest – du, der du sogar in den Stunden innigster Vertraulichkeit alles nach dem Gewinn abschätzt? Oder wenn du auch nur für einen Augenblick deinem einzigen leitenden Grundsatz untreu würdest und eine derartige Wahl träfest, müßte ich nicht voraussehen, daß du bald von Reue und Bedauern erfüllt sein würdest? Ich sehe das und gebe dich frei. Mit schwerem Herzen – um der Liebe willen, die ich zu deinem früheren Ich in mir trug."

Er wollte sprechen, aber sie fuhr mit abgewandtem Kopf fort: „Vielleicht bereitet es dir für den Augenblick Schmerz, und das Andenken an die Vergangenheit läßt mich das halb und halb hoffen. Aber eine kurze, ganz kurze Frist, und du wirst die Erinnerung daran als einen nichts eintragenden Traum freudig aufgeben und dich beglückwünschen, daß du rechtzeitig daraus erwacht bist. Mögest du glücklich in dem Leben sein, das du gewählt hast!"

Das Mädchen entfernte sich von seiner Seite, und sie schieden.

„Geist", sagte Scrooge, „zeige mir nichts mehr! Führe mich nach Hause. Warum findest du eine Wonne darin, mich zu quälen?"

„Nur noch einen einzigen Schatten!" rief der Geist.

„Nein!" rief Scrooge. „Keinen mehr. Ich wünsche ihn nicht zu sehen. Zeige mir nichts mehr!"

Aber der unerbittliche Geist hielt ihn mit beiden Armen fest und zwang ihn, auf das zu achten, was nun vorging.

Sie waren an einem anderen Ort – in einem nicht sehr großen oder schönen, wohl aber sehr behaglich ausgestatteten Zimmer. In der Nähe des winterlichen Feuers saß ein schönes junges Mädchen, dem vorigen so ähnlich, daß Scrooge glaubte, es sei dasselbe – bis er sie selbst erblickte, die jetzt, eine stattliche ältere Frau, ihrer Tochter gegenübersaß. Der Lärm in diesem Raum war geradezu ohrenbetäubend, da sich hier mehr Kinder herumtrieben, als Scrooge in seinem aufgeregten Zustand zählen konnte. Ganz ungleich dem berühmten Rudel in dem Gedicht waren es nicht vierzig Kinder, die sich wie eines benahmen, sondern jedes führte sich im Gegenteil wie vierzig auf. Infolgedessen herrschte ein unglaublicher Tumult, aber niemand schien sich etwas daraus zu machen. Im Gegenteil, Mutter und Tochter lachten herzlich darüber und hatten ihre helle Freude daran. Ja, letztere schloß sich bald den Spielen an und wurde von den jungen Räubern aufs schonungsloseste ausgeplündert. Was würde ich nicht darum gegeben haben, einer davon zu sein, obgleich ich mir sicherlich nie eine derartige Roheit hätte zuschulden kommen lassen. Nein, nicht um die Schätze der ganzen Welt hätte ich jenes geflochtene Haar zerraufen und niederreißen können, und was die zierlichen kleinen Schuhe betraf, so hätte ich sie ihr nicht abzerren können – Gott behüte, und wenn es die Rettung meines Lebens gegolten hätte! Nicht einmal die Weite ihrer Taille hätte ich zu messen vermocht, wie es die kecke junge Brut tat, denn ich würde befürchtet haben, mein Arm hätte sich zur Strafe gekrümmt und wäre nicht wieder gerade geworden. Und doch gebe ich zu, daß es mir eine unendliche Wonne gewesen wäre, ihre Lippen zu berühren, sie zu befragen, um sie zum Öffnen zu veranlassen, ihr auf die Wimpern ihrer gesenkten Augen zu blicken, die Wellen ihres Haares zu lösen und einen Zoll davon als ein unbezahlbares Andenken zu behalten – kurz, es hätte mich glücklich gemacht, die geringste Freiheit eines Kindes zu haben und dabei Manns genug zu sein, ihren Wert voll würdigen zu können.

Aber nun ließ sich ein Pochen an der Tür vernehmen, und jetzt erfolgte ein so plötzlicher Aufstand, daß sie mit lachendem Gesicht und zerzausten Kleidern inmitten einer lärmenden Gruppe zur Tür getragen wurde. Sie kamen gerade zur rechten Zeit, um den Vater zu begrüßen, dem ein mit Spielzeug und Weihnachtsgeschenken beladener Mann folgte. Dann der Jubel, der Kampf gegeneinander und der Ansturm, der auf den wehrlosen Lastträger unternommen wurde! Stühle wurden als Leitern benutzt, um an ihm hinaufzusteigen, ihm in die Taschen zu fahren und ihm seine Pakete zu entreißen; an der Halsbinde wurde er gefaßt, sein Nacken wurde umschlungen, auf seinem Rücken trommelten sie und traten in unwiderstehlicher Zuneigung gegen seine Beine. Der Jubel der Verwunderung und des Entzückens, mit dem das Öffnen eines jeden Päckchens aufgenommen wurde! Dann die schreckliche Mitteilung, daß der Säugling dabei ertappt worden war, wie er eine Bratpfanne aus der Puppenküche in den Mund habe stecken wollen, und der starke Verdacht, daß er einen Truthahn verschluckt habe, der auf ein hölzernes Schüsselchen geleimt gewesen war! Die unendliche Beruhigung, als man fand, daß es nur blinder Alarm gewesen war! Die Freude, die Dankbarkeit und das Entzücken! Alles war gleich unbeschreiblich. Es genügt zu sagen, daß die Kinder mit ihrer Aufregung allmählich aus der Wohnstube hinaus und Stufe um Stufe zu den obersten Zimmern des Hauses entschwanden, wo sie dann zu Bett und so zum Schweigen gebracht wurden.

Und jetzt wurde Scrooge immer aufmerksamer, denn der Hausherr, an den sich die Tochter zärtlich anschmiegte, setzte sich mit ihr und der Mutter an seinem häuslichen Herd nieder. Er dachte, ein ebenso anmutiges und hoffnungsvolles Wesen könnte jetzt auch ihn Vater nennen und einen frischen Frühlingswind in den dürren Winter seines Lebens bringen. Seine Augen trübten sich.

„Belle", sagte der Gatte, indem er sich mit einem Lächeln an sein Weib wandte, „ich habe diesen Nachmittag einen alten Freund von dir gesehen."

„Wen?"

„Rate einmal."

„Wie kann ich? Doch halt, ich kann mir's denken", fügte sie im selben Atemzug hinzu, während sie in sein Lachen einstimmte. „Mr. Scrooge?"

„Ja, Mr. Scrooge. Ich kam an seinem Kontorfenster vorbei; es war nicht geschlossen, und da er innen Licht hatte, so konnte ich es kaum vermeiden, seiner ansichtig zu werden. Wie ich höre, liegt sein Partner im Sterben, und da sitzt er nun allein – ganz allein auf der Welt, glaube ich."

„Geist", sagte Scrooge mit gebrochener Stimme, „bring mich weg von hier."

„Ich sagte dir, das seien nur die Schatten vergangener Dinge", versetzte der Geist. „Daß sie so sind, wie du sie siehst, kannst du nicht mir zum Vorwurf machen."

„Bring mich fort!" rief Scrooge. „Ich kann's nicht ertragen."

Er wandte sich gegen den Geist, und als er bemerkte, daß sich auf dessen Gesicht Bruchstücke all jener Gesichter, die dieser ihm gezeigt hatte, in seltsamer Weise miteinander mischten, rang er mit ihm.

„Verlaß mich! Bring mich zurück! Umspuke mich nicht länger!"

Während des Kampfes – wenn es ein Kampf genannt werden konnte, da der Geist, ohne von seiner Seite irgendeinen sichtbaren Widerstand zu leisten, durch alle Anstrengungen seines Gegners ungestört blieb – bemerkte Scrooge, daß dessen Licht hoch und hell brannte. Da er eine unklare Vorstellung hatte, daß das irgendwie mit dem Einfluß des Geistes über ihn in Verbindung stehe, ergriff er die Löschhornmütze und drückte sie dem Geist hastig auf den Kopf.

Der Geist sank darunter zusammen, so daß das Löschhorn seine ganze Gestalt bedeckte; aber obgleich Scrooge aus Leibeskräften drückte, konnte er doch das Licht, das in einer ununterbrochenen Flut darunter hervor auf den Boden strömte, nicht verdecken.

Er fühlte sich erschöpft, und eine unüberwindliche Schläfrigkeit übermannte ihn. Er stellte fest, daß er wieder in seinem Schlafgemach war. Nachdem er dem Löschhorn einen letzten Druck versetzt hatte, wurde seine Hand schlaff, und er fand kaum noch Zeit, zu seinem Bett zu taumeln, ehe er in einen tiefen Schlaf versank.

Dritte Strophe

DER ZWEITE DER DREI GEISTER

Als Scrooge in der Mitte eines erstaunlich kräftigen Schnarchens erwachte und sich in seinem Bett aufsetzte, um seine Gedanken zu sammeln, hätte man ihm nicht erst sagen müssen, daß die Glocke wieder kurz vor Schlag ein Uhr stand. Er fühlte, daß ihm sein Bewußtsein gerade im rechten Augenblick wiedergegeben worden war, um Rücksprache mit dem zweiten Boten zu halten, der ihm durch Jacob Marleys Vermittlung geschickt werden sollte. Als er jedoch bemerkte, daß ihn eine ungewöhnliche Gänsehaut überlief, wenn er darüber nachzudenken begann, welchen von den Vorhängen dieses neue Gespenst wohl zurückziehen würde, schob er sie mit eigenen Händen beiseite und legte sich wieder nieder. Er hielt scharf Ausschau rund um das ganze Bett, denn er wünschte, dem Geist im Augenblick seiner Erscheinung zu trotzen, nicht aber sich von ihm überraschen und einschüchtern zu lassen.

Herrschaften von freier und unbeschwerter Art, die sich damit brüsten, schon bei der einen oder andern Sache dabeigewesen und allen denkbaren Gelegenheiten gewachsen zu sein, drücken ihre umfassenden Fähigkeiten, Abenteuer zu erleben, oft durch die Bemerkung aus, daß sie sich für alles eignen, vom Münzwerfen bis zum Meuchelmord – wobei zwischen diesen beiden Extremen zweifellos eine Menge Dinge Platz haben. Ohne gerade sagen zu wollen, daß Scrooge ganz so verwegen gewesen wäre, habe ich doch keine Bedenken, meinem Leser zu versichern, daß er für ein weites Feld von sonderbaren Erscheinungen vorbereitet war und daß nichts zwischen einem Säugling und einem Rhinozeros ihn in ein besonderes Staunen versetzt haben würde.

Wenn er sich aber auf fast alles gefaßt gemacht hatte, so war er doch keineswegs darauf vorbereitet, nichts zu sehen. Als daher die Glocke eins schlug und keine Gestalt erschien, befiel ihn ein heftiges Zittern. Fünf Minuten, zehn Minuten, eine Viertelstunde vergingen, ohne daß sich etwas zeigte. Diese ganze Zeit über lag er auf seinem Bett, genau im Mittelpunkt eines rötlichen Lichts, das sich über ihn ergoß, als die Uhr die Stunde verkündete; und dieses bloße Licht war weit beunruhigender als ein Dutzend Geister, da er sich nicht erklären konnte, was das zu bedeuten hatte oder worauf es hinaussollte. Bisweilen überkam ihn die Furcht, daß er einen sehr interessanten Fall freiwilliger Selbstverbrennung darstellte, ohne dabei den Trost zu haben, es zu wissen. Endlich begann er jedoch zu denken – wie du, lieber Leser, oder ich gleich anfangs gedacht haben würde; denn stets sind's andere Leute, die genau wissen, was in einer Lage hätte geschehen sollen, und ganz bestimmt auch danach gehandelt hätten –, endlich, sage ich, begann er zu denken, daß die Ursache dieses geheimnisvollen, gespenstischen Lichts sich im angrenzenden Zimmer befinden dürfte, von dem es bei weiterer Nachforschung auszustrahlen schien. Diese Vorstellung bemächtigte sich seiner ganz und gar, weshalb er sacht aufstand und in seinen Pantoffeln zur Tür schlich.

Sowie Scrooge seine Hand auf die Klinke legte, rief eine seltsame Stimme ihn bei Namen und hieß ihn eintreten. Er gehorchte.

Es war sein eigenes Zimmer – das war nicht zu bezweifeln, obgleich eine überraschende Verwandlung damit vorgegangen war. Die Wände und die Decke waren mit lebendigem Grün behangen, so daß der Raum einem Hain glich, in dem von allen Seiten glutrote Beeren glänzten. Die frischen Blätter der Stechpalme, der Mistel und des Efeus ließen das Licht wie aus ebenso vielen kleinen Spiegeln widerstrahlen, und im Kamin loderte eine so gewaltig brausende Flamme, wie sie der versteinerte Herd zu Scrooges oder Marleys Zeiten, ja auch viele, viele Winter vorher nie ähnlich gesehen hatte. Auf dem Boden lagen, zu einer Art Thron aufgehäuft, Truthähne, Gänse, Wildbret, Kapaune, Speckseiten, große Schinken, Spanferkel, lange Kränze von Würsten, Fleischpasteten, Plumpuddinge, Austernfäßchen, rotglühende Kastanien, rotbäckige Äpfel, saftige Orangen, Birnen mit glänzender Schale, ungeheure Dreikönigskuchen und dampfende Punschbowlen, die den Raum mit ihrem köstlich riechenden Dunst erfüllten. Auf diesem prunkvollen Ruhebett saß, in nachlässiger Haltung und glorreich anzusehen, ein lustiger Riese, der hoch in seiner Hand eine flammende Fackel hielt. Sie war einem Füllhorn nicht unähnlich, und er ließ ihr Licht auf Scrooge niederfallen, als dieser ins Zimmer hineinguckte.

„Komm herein!" rief der Geist. „Komm herein und lerne mich besser kennen, Mensch!"

Scrooge trat schüchtern ein und ließ den Kopf vor diesem Geist gesenkt. Er war nicht der störrische Scrooge, der er gewesen war, und obgleich die Augen des Geistes klar und freundlich dreinschauten, vermied er es doch, ihrem Blick zu begegnen.

„Ich bin der Geist der gegenwärtigen Weihnacht", sagte die Erscheinung. „Sieh mich an!"

Scrooge gehorchte ehrerbietig. Der Geist war in einen einfachen tiefgrünen und mit weißem Pelz gesäumten Mantel gekleidet. Das Gewand hing so lose um die Gestalt, daß die breite Brust bloß war, als verschmähe sie es, sich irgendwie künstlich zu schützen oder zu verhüllen. Die Füße, die unter den weiten Falten hervorsahen, waren gleichfalls nackt, und auf dem Kopf trug der Geist keine andere Bedeckung als einen Stechpalmenkranz, an dem da und dort funkelnde Eiszapfen hingen. Seine dunkelbraunen Locken hingen lang und frei herab – so frei wie das fröhliche Gesicht, die strahlenden Augen, die offene Hand, die heitere Stimme, die zwanglose Haltung und die fröhliche Miene. Um seinen Leib war eine altertümliche Degenscheide gegürtet, jedoch steckte keine Waffe darin, und sie war von Rost zerfressen.

„Du hast mein Abbild nie zuvor gesehen?" rief der Geist.

„Nein", lautete Scrooges Antwort.

„Bist nie mit den jüngeren Gliedern meiner Familie ausgezogen?

Ich meine damit meine älteren Brüder, die in den letzten Jahren geboren wurden, denn ich selbst bin sehr jung", fuhr die Erscheinung fort.

„Ich glaube nicht – ich fürchte, daß es nicht der Fall war", entgegnete Scrooge. „Hast du viele Brüder, Geist?"

„Mehr als achtzehnhundert", versetzte die Erscheinung.

„Das ist eine schrecklich große Familie, wenn die versorgt werden muß", murmelte Scrooge.

Der Geist der gegenwärtigen Weihnacht erhob sich.

„Geist", sagte Scrooge unterwürfig, „führe mich, wohin du willst. Ich mußte mir gestern nacht eine Wanderung aufzwingen lassen und habe dabei eine Lehre gelernt, die jetzt in mir nachwirkt. Wenn auch du mich heute etwas zu lehren hast, so will ich Nutzen davon ziehen."

„Berühre mein Gewand!"

Scrooge tat, wie ihm geheißen wurde, und hielt sich fest.

Stechpalmen, Misteln, rote Beeren, Efeu, Truthähne, Gänse, Wildbret, Kapaune, Speckseiten, Schinken, Ferkel, Würste, Austern, Pasteten, Puddinge, Früchte und Punsch – alles verschwand augenblicklich. Dasselbe geschah mit dem Zimmer, dem Feuer, der roten Glut, der nächtlichen Stunde, und sie standen am Weihnachtsmorgen in den Straßen der Stadt, wo die Leute in der strengen Winterkälte eine rauhe, aber lebhafte und nicht unangenehme Art Musik machten, indem sie den Schnee von dem Pflaster vor ihren Wohnungen und von den Dächern ihrer Häuser abkratzten. Die Jungen sahen mit höchstem Entzücken zu, wie die Massen in die Straßen herunterstürzten und in künstliche kleine Schneestürme zerstoben.

Die Häuserfronten und die Fenster sahen im Gegensatz zu dem glatten weißen Schnee auf den Dächern und dem schmutzigeren auf dem Boden düster genug aus. Dieser war durch die schweren Räder der Karren und Frachtwagen in tiefe Furchen zerpflügt – Furchen, die an den Straßeneinmündungen Hunderte von Malen gekreuzt wurden und in dem dicken gelben Schlamm und dem eisigen Wasser verwickelte, schwer zu verfolgende Kanäle bildeten. Der Himmel war trübe und die kürzesten Straßen von einem schmutzigen Nebel angefüllt, der halb taute, halb gefroren war. Seine schwereren Teilchen fielen in einem Schauer rußiger Atome nieder, als ob alle Schornsteine Großbritanniens zusammen Feuer gefangen hätten und nach Herzenslust drauflosbrannten. Es lag nichts sehr Fröhliches im Wetter oder in der Stadt, und doch herrschte allenthalben eine Heiterkeit, die die klarste Sommerluft und die glänzendste Sommersonne vergeblich zu verbreiten versucht haben würden.

Denn die Leute, die auf den Hausgiebeln drauflosschaufelten, waren voll Lust und Heiterkeit, riefen einander von den Brüstungen aus so manches zu, wechselten von Zeit zu Zeit einen scherzhaften Schneeball (ein gemütlicheres Wurfgeschoß als mancher Wortscherz) und lachten herzlich, mochten sie nun treffen oder fehlen. Die Geflügelläden waren noch halb offen, und die Buden der Früchtehändler strahlten in ihrem Glanz. Da waren große, runde, dickwanstige Körbe mit Kastanien, geformt wie die Bäuche lustiger alter Gentlemen, die an den Türen lehnen oder in ihrer Übermästung, die einen Schlaganfall drohend heraufbeschwor, auf die Straße hinausrollen. Da waren rötliche, braungesichtige, massige spanische Zwiebeln, die in der Üppigkeit ihres Wuchses wie spanische Mönche aussahen und von ihren Gesimsen in übermütiger Schalkhaftigkeit auf die vorbeigehenden Mädchen niederblinzelten, die schüchtern nach der aufgehängten Mistel in die Höhe blickten*. Da gab es Birnen und Äpfel, in hohen Pyramiden aufgeschichtet, Bündel von Trauben, die die Verkäufer wohlwollend von großen Haken niederbaumeln ließen, damit den Vorübergehenden gratis der Mund wässerte, Haufen von Lambertnüssen, moosig und braun, bei deren Duft einem die Erinnerung an lang vergangene Spaziergänge durch die Wälder in den Sinn kam und daran, wie angenehm es sich durch das knöcheltief welke Laub lief. Da gab es fleischige, schwärzliche Backäpfel aus Norfolk, die einen lebhaften Gegensatz bildeten zu dem Gelb der Orangen und Zitronen, die angesichts ihrer reifen, saftigen Leiber dringlich zu bitten und zu flehen schienen, man möge sie in Papiertüten nach Hause tragen und nach dem Dinner verspeisen. Sogar die Gold-

---

* In England ist es Brauch, daß Weihnachten unter dem Mistelzweig, der über der Tür aufgehängt wird, jedes Mädchen geküßt werden darf.

und Silberfische, die in großen gläsernen Kugeln unter diesen auserlesenen Früchten standen, schienen trotz ihres kalten Blutes zu wissen, daß etwas vorging, denn sie bewegten sich, in langsamer und leidenschaftsloser Aufregung nach Luft schnappend, durch ihre kleine Welt.

Und die Lebensmittelgeschäfte! Oh, die Lebensmittelgeschäfte! Sie waren beinahe geschlossen, bis auf ein oder zwei Läden vor Fenster und Türen; aber durch diese Öffnungen boten sich solche Schauspiele! Es war nicht allein, daß die Waagschalen beim Aufstoßen auf den Ladentisch einen so fröhlichen Ton von sich gaben, daß der Bindfaden sich so schnell aus seiner Büchse haspelte, daß die Blechbüchsen auf und nieder rasselten wie Taschenspielergeräte, daß der Duft des Tees und Kaffees so lieblich in die Nase stieg, daß die Rosinen in solcher Fülle dalagen und so ausgesucht schön aussahen, daß die Mandeln so weiß, die Zimtstangen so lang und gerade, die anderen Gewürze so köstlich und die kandierten Früchte so gefleckt mit geschmolzenem Zucker waren, daß sogar die kältesten Zuschauer sich schwach und obendrein reizbar fühlten. Es war auch nicht, daß die Feigen so voller Saft und fleischig waren, daß die französischen Pflaumen in bescheidener Herbheit in ihren hochdekorierten Schachteln erglühten oder daß alles gut zu essen und in seinem Festtagsputz war; nein, die Kunden waren es, die alle so hastig und so eifrig in der Hoffnungsfülle des Tages unter der Tür zusammenprallten, ihre Weidenkörbe wild aneinanderstießen, ihre Einkäufe auf dem Ladentisch liegenließen, wieder zurückkamen, um sie zu holen, und in der besten Laune von der Welt hundert ähnliche Mißgeschicke begingen. Die Krämer und ihre Leute waren es, die sich so frisch und frei gaben, als wären die polierten Herzen, mit denen sie ihre Schürzen hinten zusammenhielten, ihre eigenen, welche sie zur allgemeinen Einsichtnahme außen trügen, damit die Christfestdohlen daran picken könnten, wenn sie wollten.

Bald aber riefen die Turmglocken alle guten Leute zur Kirche und Kapelle, und dahin ging's scharenweise durch die Straßen in den besten Kleidern und mit den fröhlichsten Gesichtern. Zu gleicher Zeit tauchten aus Dutzenden von Straßen, Gassen und namenlosen Ecken unzählige Leute auf, die ihr Mittagessen zu den Bäckerläden trugen.* Der Anblick dieser armen Schwelger schien den Geist sehr zu interessieren, denn er trat mit Scrooge unter die Tür eines Bäckers, nahm den Trägern die weißen Tücher über ihren Töpfen ab und sprengte aus seiner Fackel Weihrauch auf die Gerichte. Es war eine ganz ungewöhnliche Art von Fackel, denn als ein- oder zweimal ein paar Leute aneinandergestoßen waren und ein zorniger Wortwechsel zwischen ihnen entstand, ließ er nur einige Tropfen daraus auf sie niederfallen, und ihre gute Laune war augenblicklich wiederhergestellt. Sie sagten dann, es sei eine Schande, am Christfest Streit anzufangen, und das war es auch – Gott segne sie, das war es!

Einige Zeit später hörten die Glocken auf zu läuten, und die Bäckerläden wurden geschlossen. Doch bezeugte eine fröhliche Hinterlassenschaft all diese Gerichte und ihre Zubereitung – ein auftauender nasser Fleck vor jedem Bäckerofen, wo das Pflaster dampfte, als ob seine Steine gleichfalls kochten.

„Liegt vielleicht ein besonderer Wohlgeschmack in dem, was du aus deiner Fackel sprenkelst?" fragte Scrooge.

„Ja, es ist mein eigener."

„Und paßt er zu jeder Art Mittagessen am heutigen Tag?" fragte Scrooge.

„Zu jedem, das gern gegeben wird – am besten aber zu einem armen."

„Warum am besten zu einem armen?" fragte Scrooge.

„Weil es dessen am meisten bedarf."

„Geist", sagte Scrooge nach kurzem Nachdenken, „es wundert mich, daß von allen Wesen in den vielen Welten um uns gerade du soviel Verlangen trägst, diesen Leuten die Gelegenheit zu unschuldiger Freude zu verderben."

„Ich?" rief der Geist.

„Beraubst du sie nicht an jedem siebenten Tag der Mittel, zu Mittag zu essen – oft dem einzigen Tag, von dem sich überhaupt sagen läßt, daß sie zu Mittag essen können?" sagte Scrooge. „Tust du das nicht?"

„Ich?" rief der Geist.

* An Sonntagen und zu Weihnachten, wo es den Bäckern gesetzlich verboten war, Brot zu backen, trugen die Leute ihr Essen in die Bäckereien, um es dort zu kochen.

„Suchst du nicht am siebenten Tag diese Orte zu schließen?" fuhr Scrooge fort. „Und läuft das nicht auf dasselbe hinaus?"

„Ich sollte das tun?" rief der Geist.

„Vergib mir, wenn ich unrecht habe. Immerhin ist's aber in deinem Namen oder wenigstens im Namen deiner Familie geschehen", sagte Scrooge.

„Es gibt einige Menschen auf dieser eurer Erde", entgegnete der Geist, „die so tun, als würden sie uns kennen – Leute, die die Werke ihrer Leidenschaften, ihres Stolzes, ihrer Mißgunst, ihres Hasses, ihres Neides, ihrer Heuchelei und ihrer Selbstsucht in unserem Namen ausüben – Leute, die uns und unserer Verwandtschaft so fremd sind, als ob sie nie gelebt hätten. Merke dir das, und lege ihr Treiben ihnen selbst, nicht aber uns zur Last."

Scrooge versprach das, und sie gingen, unsichtbar wie bisher, in die Vorstädte von London. Wie Scrooge bereits in dem Bäckerladen bemerkt hatte, war es eine merkwürdige Eigenschaft des Geistes, daß er sich, ungeachtet seiner riesigen Körpergröße, mit Leichtigkeit in jeden Ort zu finden wußte; er stand unter einem niedrigen Dach ganz so anmutig und als dasselbe übernatürliche Wesen, wie wenn er sich in der stolzesten Halle befunden hätte.

Vielleicht machte es dem guten Geist ein besonderes Vergnügen, sich in dieser Eigenschaft zu zeigen, oder es war seine wohlwollende, edle, warmherzige Art und sein Mitgefühl mit allen Armen, die ihn schnurgerade zu der Behausung von Scrooges Gehilfen führten. Denn dahin begab er sich jetzt und nahm Scrooge, der sich an seinem Gewand festhielt, mit sich. Auf der Schwelle lächelte der Geist und hielt inne, um Bob Cratchits Wohnung mit einigen Tropfen aus seiner Fackel zu segnen. Man denke nur! Bob hatte nur fünfzehn „Bobs"* wöchentlich; er erhielt an den Sonnabenden nur fünfzehn Vettern seines Taufnamens ausgezahlt – und doch segnete der Geist der gegenwärtigen Weihnacht sein Haus von vier Stübchen.

Dann erhob sich Mrs. Cratchit, Cratchits Frau, die ärmlich in ein zweimal gewendetes, aber reich mit wohlfeilen Bändern

* Shillings

ausgestattetes Kleid gehüllt war, so daß sie mit einem Aufwand von sechs Pence ordentlich Staat machte. Sie legte unter dem Beistand ihrer zweiten, gleichfalls mit Bändern geschmückten Tochter Belinda Cratchit das Tischtuch auf, während Master Peter Cratchit mit der Gabel in die Kartoffelpfanne langte. Dabei gerieten ihm die Spitzen seines riesigen Kragens (Bobs Privateigentum, das der Sohn zu Ehren des Tages tragen durfte) in die Mundwinkel und erinnerten ihn daran, wie fein er ausstaffiert war, so daß der sehnsüchtige Wunsch in ihm erweckt wurde, sein feines Weißzeug in den vornehmen, eleganten Parks zeigen zu können. Und nun kamen zwei kleinere Cratchits, ein Junge und ein Mädel, hereingestürmt und schrien, sie hätten vor dem Bäckerladen die Gans gerochen und gleich erkannt, daß es die ihrige sei. Schwelgend in genußsüchtigen Gedanken an Salbei und Zwiebeln, tanzten sie um den Tisch und erhoben Master Peter Cratchit bis in die Wolken, während dieser (nicht stolz, obgleich ihn seine Hemdkragen fast erstickten) in das Feuer blies, bis die trägen Kartoffeln aufwallten und, laut an den Pfannendeckel klopfend, herausgelassen und geschält zu werden verlangten.

„Wo mag nur Vater bleiben?" sagte Mrs. Cratchit. „Und euer Bruder Tiny Tim. Auch Martha ist am letzten Christfest eine halbe Stunde früher gekommen."

„Hier ist Martha, Mutter!" sagte ein Mädchen, das mit diesen Worten eintrat.

„Da ist Martha, Mutter!" riefen die beiden jungen Cratchits. „Hurra! Wir haben eine *solche* Gans, Martha!"

„Gott behüte, mein Kind, wie spät du kommst!" sagte Mrs. Cratchit unter wiederholten Küssen, während sie ihr mit geschäftigem Eifer Hut und Halstuch abnahm.

„Wir mußten gestern bis in die späte Nacht arbeiten", versetzte das Mädchen, „und hatten dann diesen Morgen aufzuräumen, Mutter!"

„Nun, schon gut, wenn du nur da bist", entgegnete Mrs. Cratchit. „Setz dich zum Feuer, mein Kind, und wärme dich."

„Nein, nein! Da kommt der Vater!" riefen die beiden jungen Cratchits, die überall zugleich waren. „Versteck dich, Martha, versteck dich!"

Martha versteckte sich, und der kleine Bob, der Vater, kam herein. Sein Halstuch hing, den Rand nicht mitgerechnet, wenigstens drei Fuß lang vor ihm nieder, sein fadenscheiniger Anzug war ausgebessert und gebürstet, damit er festlich aussah, und Tiny Tim, der kleine Tim, saß auf seiner Schulter. Der arme Tiny Tim! Er trug eine kleine Krücke, und um seinen Leib hatte er ein eisernes Gestell!

„Wo ist unsere Martha?" rief Bob Cratchit umherschauend.

„Sie kommt nicht", versetzte Mrs. Cratchit.

„Sie kommt nicht?" entgegnete Bob, und seine Heiterkeit schwand plötzlich dahin, denn er war auf dem ganzen Weg von der Kirche her Tims galoppierendes Vollblutpferd gewesen. „Sie kommt Weihnachten nicht nach Hause?"

Martha tat es leid, ihn enttäuscht zu sehen, wenn es auch nur ein Scherz war; sie trat hinter der Schranktür hervor und eilte in seine Arme, während die beiden jungen Cratchits Tiny Tim in die Küche mit fortrissen, damit er den Pudding in dem Kessel singen höre.

„Und wie hat sich der kleine Tim aufgeführt?" fragte dann Mrs. Cratchit, nachdem sie Bob wegen seiner Leichtgläubigkeit geneckt und dieser seine Tochter nach Herzenslust umarmt hatte.

„Vorbildlich", versetzte Bob, „und noch besser. Ich weiß nicht – vermutlich weil er soviel allein ist, wird er sehr gedankenvoll und denkt die seltsamsten Dinge, von denen du je gehört hast. Auf dem Heimweg sagte er mir, er hoffe, die Leute in der Kirche hätten ihn gesehen, weil er ein Krüppel und es ihnen lieb sei, sich am Christfest an den zu erinnern, der lahme Bettler gehen und blinde Menschen sehen machte."

Bobs Stimme zitterte, als er das erzählte, noch mehr aber, als er sagte, daß Tiny Tim zu einem starken und aufrichtigen Menschen heranwachse.

Die rührige kleine Krücke wurde auf dem Flur draußen hörbar, und ehe noch ein weiteres Wort gesprochen wurde, kam Tiny Tim herein. Sein Bruder und seine Schwester führten ihn zu seinem Schemel neben dem Feuer. Dann krempelte Bob seine Ärmel auf – armer Kerl, als ob sie noch hätten schäbiger werden können –, mischte in einem Krug ein heißes Getränk mit

Wacholderbranntwein und Zitronensaft, rührte es um und um und setzte es auf den Kamin, um es sieden zu lassen. Unterdessen gingen Master Peter und die beiden allgegenwärtigen jungen Cratchits fort, um die Gans zu holen, und kehrten bald in feierlicher Prozession mit ihr zurück.

Nun folgte ein so frohes Getümmel, daß man hätte glauben sollen, eine Gans sei der seltenste von allen Vögeln, ein gefiedertes Wundertier, gegen das ein schwarzer Schwan gar nichts bedeute; und in der Tat, in diesem Haus war sie auch eines. Mrs. Cratchit ließ die Soße, die schon vorher in einer kleinen Pfanne bereitgestanden hatte, aufkochen, Master Peter zerdrückte die Kartoffeln mit unglaublicher Kraft, Miß Belinda tat Zucker an die Apfelsoße, Martha fuhr mit einem Tuch über die gewärmten Teller, Bob nahm Tiny Tim neben sich an eine winzige Tischecke, und die beiden jungen Cratchits setzten für jedermann Stühle an den Tisch, ohne dabei sich selbst zu vergessen; dann stiegen sie auf ihre Plätze hinauf und steckten die Löffel in den Mund, damit sie ja nicht nach Gänsebraten schrien, ehe die Reihe an sie kam. Endlich wurden die Schüsseln aufgetragen und das Gebet gesprochen. Es folgte eine atemlose Pause, während der Mrs. Cratchit das Vorlegemesser von allen Seiten betrachtete und sich anschickte, es dem Vogel in die Brust zu stoßen. Als das endlich geschah und die lang erwartete Füllung hervorbrach, lief ein Murmeln des Entzückens um den ganzen Tisch, und sogar Tiny Tim schlug, von den beiden jungen Cratchits aufgemuntert, mit dem Heft seines Messers auf den Tisch und rief matt: „Hurra!“

Nie hatte es eine solche Gans gegeben. Bob sagte, er glaube nicht, daß je eine ähnliche gekocht worden sei. Die Zartheit, der Wohlgeschmack, die Größe und der geringe Preis – das alles waren lauter Gegenstände allgemeiner Bewunderung. Zusammen mit der Apfelsoße und dem Kartoffelbrei gab die Gans ein ausreichendes Mittagessen für die ganze Familie ab, und Mrs. Cratchit bemerkte sogar mit inniger Herzensfreude, während sie einen winzigen noch auf der Platte liegenden Knochen betrachtete, sie hätten den Braten nicht einmal ganz aufgezehrt! Jedenfalls waren alle satt geworden, namentlich die jüngsten Cratchits, die bis zu den Augenbrauen voll Salbei und Zwiebelbrühe waren.

Aber jetzt wurden von Miß Belinda die Teller gewechselt, und Mrs. Cratchit, zu nervös, um Zuschauer zu ertragen, verließ ganz allein das Zimmer, um den Pudding zu holen und ihn hereinzubringen.

Wenn er etwa nicht gar wäre! Wenn er beim Herausnehmen auseinanderfiele! Wenn gar jemand über die Mauer des Hinterhofs gestiegen und ihn gestohlen hätte, während sie sich an der Gans gütlich getan hatten – eine Besorgnis, über die die beiden jungen Cratchits leichenblaß wurden! Kurz, man malte sich alle nur erdenklichen Schrecken aus.

Hallo! Eine mächtige Dampfwolke! Der Pudding war aus dem Kessel. Ein Geruch wie am Waschtag! Das war das Tuch. Ein Geruch wie aus einem Speisehaus, dessen Nachbarn ein Pastetenkoch und eine Wäscherin sind! Das war der Pudding.

Eine halbe Minute später trat Mrs. Cratchit mit gerötetem Gesicht und stolzem Lächeln ein; sie trug den Pudding, der wie eine gescheckte Kanonenkugel aussah, kompakt und fest, von angezündetem Branntwein umgeben, während oben zum Schmuck ein weihnachtlicher Stechpalmenzweig steckte.

Oh, ein wundervoller Pudding! Bob Cratchit sagte, und obendrein mit aller Ruhe, so gut sei seiner Frau seit ihrer Hochzeit nichts geraten. Mrs. Cratchit erklärte, ihr sei ein Stein vom Herzen gefallen, denn sie wolle nun gestehen, daß sie ihre Zweifel gehabt habe wegen der Menge des Mehles. Jedermann hatte etwas darüber zu sagen, aber niemand sagte oder dachte, daß es doch nur ein kleiner Pudding für eine große Familie sei. Das wäre schnöde Ketzerei gewesen, und jedes Mitglied der Familie Cratchit wäre schon bei dem bloßen Gedanken daran errötet.

Endlich war das Essen vorüber; das Tischtuch wurde abgenommen, der Herd gefegt und Feuerholz nachgelegt. Man kostete nun das Gemisch im Krug und fand es vortrefflich. Auf dem Tisch erschienen Äpfel und Orangen, und auf das Feuer wurde eine Schaufel voll Kastanien gelegt. Dann scharte sich die ganze Familie um den Herd – im Kreise, wie es Bob nannte, obwohl es nur ein Halbkreis war; und neben Bobs Ellbogen stand der ganze Reichtum der Familie an gläsernem Geschirr – zwei Trinkgläser und ein Becher ohne Henkel.

Das heiße Getränk aus dem Krug schmeckte jedoch so trefflich daraus, als hätte es in goldenen Bechern gedampft, und Bob verteilte es mit leuchtenden Blicken, während die Kastanien auf dem Feuer zischten und knackten. Dann brachte Bob einen Trinkspruch aus: „Frohe Weihnachten uns allen, meine Lieben! Gott segne uns!" Die ganze Familie stimmte darin ein.

„Gott segne uns allesamt", ließ sich Tiny Tim zuletzt vernehmen. Er saß auf seinem Schemelchen dicht neben seinem Vater. Bob hielt seine welke kleine Hand in der seinigen, als wünsche er das Kind an seiner Seite zu behalten, obwohl er fürchtete, es könnte ihm entrissen werden.

„Geist", sagte Scrooge mit einer Anteilnahme, die er nie zuvor gefühlt hatte, „sage mir, ob Tiny Tim am Leben bleiben wird."

„Ich sehe einen leeren Sitz in der ärmlichen Kaminecke", versetzte der Geist, „und eine Krücke ohne Eigentümer, die sorgfältig aufbewahrt wird. Wenn die Zukunft nicht diese Schatten ändert, wird das Kind sterben."

„Nein, nein!" entgegnete Scrooge. „O nein, freundlicher Geist! Sage, daß er verschont bleiben wird!"

„Wenn diese Schatten nicht durch die Zukunft geändert werden, so wird ihn keiner meiner Brüder wieder hier finden", sprach der Geist. „Was willst du auch? Wenn er nun einmal sterben muß, so mag er es nur tun und die überschüssige Bevölkerung vermindern."

Scrooge senkte den Kopf, als er den Geist seine eigenen Worte anführen hörte, und empfand bittere Reue.

„Mensch", sagte der Geist, „wenn du nicht einen Stein statt eines menschlichen Herzens in deiner Brust trügst, so halte inne mit so vermessenen Reden, bis du entdeckt hast, was und wo der Überschuß ist. Willst du entscheiden, welche Menschen leben und welche sterben sollen? Möglich, daß in den Augen des Himmels du weit wertloser und des Lebens unwürdiger bist als Millionen, die dem Kind dieses armen Mannes gleichen. O Gott! Man höre das arme Insekt auf dem Laub, das erklärt, es gäbe zuviel Leben unter seinen hungrigen Brüdern im Staub!"

Scrooge beugte sich unter dem Vorwurf des Geistes und schlug zitternd seine Augen zu Boden, erhob sie aber schleunigst wieder, als er seinen eigenen Namen hörte.

„Auf Mr. Scrooges Gesundheit!" sagte Bob. „Wir wollen auf die Gesundheit von Mr. Scrooge trinken, den Urheber dieses Festschmauses."

„Jawohl, auf den Urheber dieses Festschmauses!" rief Mrs. Cratchit und wurde rot. „Ich wollte, ich hätte ihn hier. Ich würde ihm ein Stückchen nach meinem Sinn geben, damit er sich daran laben könnte; möchte er es dann gut verdauen."

„Meine Liebe", versetzte Bob, „die Kinder! Und es ist Weihnachten."

„Es muß wahrhaftig Weihnachten sein", sagte sie, „um auf die Gesundheit eines solch garstigen, knausrigen, harten und gefühllosen Mannes, wie Mr. Scrooge einer ist, zu trinken. Du weißt, daß ich ihm nicht unrecht tue, Robert! Niemand weiß das besser als du, armer Mann!"

„Meine Liebe", lautete Bobs milde Antwort, „es ist Weihnachten."

„Dir zuliebe und des Tages wegen will ich auf seine Gesundheit trinken", sagte Mrs. Cratchit, „aber nicht um seinetwillen. Möge er lange leben! Frohe Weihnachten und ein glückliches neues Jahr! Ich zweifle nicht, daß er sehr froh und sehr glücklich sein wird."

Die Kinder tranken nach ihr auf Scrooges Wohl. Das war der erste Vorgang an diesem Abend, in dem nichts von Herzlichkeit zu spüren war. Tiny Tim trank zuletzt, aber er machte sich keinen Deut daraus. Scrooge war das Schreckbild der Familie. Die Erwähnung seines Namens warf einen dunklen Schatten auf die Gesellschaft, der sich volle fünf Minuten lang nicht verscheuchen lassen wollte.

Nachdem er entschwunden war, gaben sie sich zehnmal fröhlicher als zuvor, nur weil sie mit dem garstigen Scrooge fertig waren. Bob Cratchit sagte ihnen, er habe eine Stelle für Master Peter im Auge, die, wenn seine Hoffnungen nicht fehlschlügen, volle fünf Shilling und sechs Pence einbringen dürfte. Die beiden jungen Cratchits lachten aus vollem Halse über den Gedanken, daß Peter ein Geschäftsmann werden sollte, und Peter selbst blickte zwischen seinen Hemdkragenspitzen gedankenvoll nach dem Feuer, gleichsam erwägend, wie er seine Kapitalien anlegen wollte, wenn er in den Besitz dieses ungeheuren Einkommens gelangte. Martha, die als Lehrmädchen bei einer Putzmacherin arbeitete, erzählte nun, was sie genäht und wie viele Stunden sie in einem fort gearbeitet habe. Am folgenden Tage wolle sie aber einmal lange im Bett liegen, denn da hatte sie frei und konnte zu Hause bleiben. Tags zuvor habe sie eine Gräfin und einen Lord gesehen, und der letztere sei ungefähr so groß wie Peter – eine Bemerkung, bei der Peter seine Kragen so sehr in die Höhe zupfte, daß sein Kopf ganz darin verschwand. Während dieser ganzen Zeit gingen die Kastanien und der Krug im Kreise herum, und zwischendurch sang Tiny Tim mit seinem klagenden Stimmchen ein Lied von einem verlorenen Kind, das im Schnee wandert.

Das Ganze hatte durchaus keinen feinen Anstrich. Es war keine schöne Familie – sie sahen keineswegs elegant aus, ihre Schuhe waren alles andere als wasserdicht, ihre Kleider waren dürftig, und Master Peter wußte aller Wahrscheinlichkeit nach ganz gut Bescheid, wie es im Leben eines Pfandleihers aussah. Aber sie waren glücklich und dankbar, voller Liebe füreinander und zufrieden mit der Zeit, und als unter dem hellen Träufeln der Geisterfackel die Gestalten entschwanden, hing Scrooges Blick bis zuletzt an den glücklichen Gesichtern – namentlich aber an Tiny Tim.

Mittlerweile war es dunkel geworden, und der Schnee fiel in großen Flocken nieder. Während Scrooge und der Geist durch die Straßen gingen, bot der Glanz der lodernden Feuer aus den Küchen, Wohnzimmern und allen Arten von Räumen einen herzerfreuenden Anblick. Hier zeigte das Flackern der Flamme Vorbereitungen für eine leckere Mahlzeit mit heißen Schüsseln, die vor dem Feuer gewärmt wurden, während die tiefroten Vorhänge gerade zugezogen wurden, um die Kälte und Dunkelheit auszuschließen. Dort liefen alle Kinder des Hauses in den Schnee hinaus, um ihre verheirateten Schwestern, Brüder, Vettern, Onkel und Tanten als erste zu begrüßen. Hier sah man an der Fensterblende die Schatten sich versammelnder Gäste, und dort trippelte eine Gruppe plaudernder schöner Mädchen in Mänteln und Pelzstiefeln einem Nachbarhaus zu – wehe dem unverheirateten Mann, der diese schalkhaften Hexen mit glühenden Gesichtern eintreten sah! Sie wußten es wohl und hatten ihre Freude daran.

Aber wenn man aus der Zahl der Leute, die sich auf dem Weg zu geselligen Zusammenkünften befanden, einen Schluß ziehen durfte, so hätte man glauben sollen, daß niemand zu Hause sei, um sie bei ihrer Ankunft willkommen zu heißen. Und dabei erwartete man doch in jedem Haus Gesellschaft, und in den Kaminen wurde eingeheizt, daß die Kohlen sich bis fast in den Schornstein hinein häuften. Wie freute sich der Geist! Wie entblößte er seine breite Brust, öffnete seine weite Handfläche und schwebte dahin, über alles, was in seinen Bereich kam, seine herzliche und harmlose Fröhlichkeit ausgießend! Sogar der Lampenanzünder, der dahineilte, um die dunkle Straße mit hellen Lichtpunkten zu besäen, und gleichfalls gekleidet war, als wolle er den Abend irgendwo zubringen, lachte laut auf, als der Geist an ihm vorbeikam; und doch war er sich keiner anderen Begleitung bewußt als der eigenen Weihnachtsstimmung!

Auf einmal standen sie unversehens auf einem kalten, einsamen Moor, wo ungeheure Massen unförmigen Gesteins umherlagen, als wäre es ein Friedhof für Riesen. Der Frost hielt das Wasser, das sich überallhin in kleinen Rinnsalen ausgebreitet hatte, gefangen, und wohin sie blickten, wuchs nichts als Moos und Ginster und struppiges, wild wucherndes Gras. Drüben im Westen hatte die Sonne einen Streifen feurigen Rots zurückgelassen, der für einen Augenblick wie ein totes Auge auf die Öde niederstarrte. Das Auge wurde finsterer und finsterer und sank tiefer und tiefer, bis es sich endlich in das schwarze Dunkel einer pechfinsteren Nacht verlor.

„Wo sind wir hier?" fragte Scrooge.

„An einem Ort, wo Bergleute leben, die in den Eingeweiden der Erde arbeiten", antwortete der Geist. „Aber sie kennen mich. Sieh!"

Ein Licht schien aus dem Fenster einer Hütte, der sie sich rasch näherten. Die Wände bestanden aus Lehm und Steinen, und als sie eintraten, fanden sie eine heitere Gesellschaft um ein loderndes Feuer versammelt. Um einen steinalten Mann mit seiner nicht minder bejahrten Frau scharten sich seine Kinder, Enkel,

Urenkel und Ururenkel, alle mit ihren Festtagskleidern angetan. Der Greis sang ihnen mit einer Stimme, die nur selten das Heulen des Windes auf der Einöde übertönte, ein Weihnachtslied, das schon gesungen wurde, als er noch ein Knabe war, und seine Umgebung stimmte von Zeit zu Zeit als Chor mit ein. Sobald sie ihre Stimmen erhoben, wurde auch der alte Mann ganz rüstig und laut; aber wenn sie innehielten, sank augenblicklich auch seine Kraft.

Der Geist weilte hier nicht lange, sondern forderte Scrooge auf, sich an seinem Gewand festzuhalten, worauf er das Moor überquerte – wohin? Doch nicht auf die See hinaus? Ja, auf die See hinaus. Zu seinem Entsetzen sah Scrooge, als er zurückblickte, eine furchtbare Reihe von Klippen hinter sich, und seine Ohren wurden betäubt durch das Donnern der Wogen, die unter den tiefen ausgewühlten Höhlen rollten, brüllten und tobten, während sie in grimmiger Gier die Erde untergruben.

Auf einem unwirtlichen Riff aus im Meer versunkener Felsen, vom Ufer etwa eine Stunde entfernt, wo sich das ganze Jahr hindurch die wilden Wellen brachen, stand ein einsamer Leuchtturm. Große Haufen von Seegras umgaben das Gemäuer, und Sturmvögel – Kinder der Winde, sollte man glauben, wie die Binsen die des Wassers sind – hoben und senkten sich darum her, gleich den steigenden und fallenden Wogen des Meeres.

Aber auch hier hatten die beiden Männer, die den Leuchtturm bewachten, ein Feuer angezündet, das durch den Schlitz in der dicken Steinmauer einen Strahl von Helligkeit auf die wilde See hinaus warf. Über dem rauhen Tisch, an dem sie saßen, drückten sie sich die schwieligen Hände und wünschten sich gegenseitig bei ihrer Kanne Grog frohe Weihnachten, und der eine, noch obendrein der ältere, mit einem Gesicht, das vom rauhen Wetter so mitgenommen war wie die Galionsfigur eines alten Schiffes, stimmte ein kerniges Lied an, das selbst wie ein Sturmwind dahinbrauste.

Wieder eilte der Geist weiter über die schwarze, wogende See – weiter und weiter –, bis sie sich endlich in großer Ferne auf einem Schiff niederließen. Der Steuermann am Rad, der Ausguck im Bug, die Offiziere, die die Wache hatten, düstere, gespenstische Gestalten auf ihren verschiedenen Posten – jeder von ihnen summte eine Weihnachtsweise, hatte einen Weihnachtsgedanken oder erzählte seinem Kameraden mit gedämpfter Stimme von vergangenen Weihnachtstagen und den heimatlichen Erinnerungen, die sie erweckten. Und jedermann an Bord, mochte er nun wachen oder schlafen, gut oder schlimm sein, hatte an diesem Tag im Jahr ein freundlicheres Wort für seine Gefährten als sonst, nahm teil an den Festlichkeiten, gedachte seiner fernen Lieben und war sich bewußt, daß sie sich jetzt auch seiner erinnerten.

Während Scrooge noch auf das Stöhnen des Windes lauschte und Betrachtungen darüber anstellte, wie feierlich es sei, durch die totenstille Finsternis über unbekannte Abgründe hinzuschweben, deren Tiefen so voll unerforschlicher Geheimnisse sind wie der Tod, war er nicht wenig erstaunt, ein herzliches Lachen zu hören. Seine Überraschung steigerte sich, als er die Stimme seines Neffen erkannte und sich in einem hellen, trockenen Zimmer sah. Der Geist stand lächelnd an seiner Seite und blickte besagten Neffen mit beifälligem Wohlwollen an.

„Haha!" lachte Scrooges Neffe. „Hahaha!"

Wenn sich's durch einen höchst unwahrscheinlichen Zufall treffen sollte, daß du, lieber Leser, einen Mann kennst, der noch besser lachen kann als Scrooges Neffe, so kann ich weiter nichts sagen, als daß ich gleichfalls mit ihm bekannt sein möchte. Stelle mich ihm vor, und ich will seine Bekanntschaft pflegen.

Es ist eine schöne, ausgleichende, edle Einrichtung der Natur, daß, während in Krankheit und Schmerz Ansteckung liegt, sich nichts in der Welt so unwiderstehlich überträgt wie Gelächter und gute Laune. Als Scrooges Neffe in dieser Weise lachte, sich die Seiten hielt, den Kopf vergnügt schüttelte und sein Gesicht zu den seltsamsten Grimassen verzog, da mußte auch Scrooges angeheiratete Nichte ebenso herzlich lachen wie er. Auch die versammelten Freunde standen um kein Haar zurück und brüllten vor Lustigkeit. „Haha! Hahahaha!"

„So wahr ich lebe, er sagte, Weihnachten wäre dummes Zeug!" rief Scrooges Neffe. „Und wahrhaftig, er glaubte es auch."

„Um so mehr sollte er sich schämen, Fred", versetzte Scrooges Nichte unwillig. Gott segne diese Frauen – sie tun nichts halb, und es ist ihnen immer gewaltig ernst.

Sie war sehr hübsch – ungemein hübsch, hatte ein reizendes Gesicht voller Grübchen, das stets einen überraschten Ausdruck trug, ein kirschrotes Mündchen, das zum Küssen gemacht zu sein schien (und wahrscheinlich auch dazu benutzt wurde), alle Arten hübscher Tüpfelchen um das Kinn, die beim Lachen ineinanderschmolzen, und das sonnigste Augenpaar, das man je in dem Antlitz eines so lieben Wesens sehen konnte. Kurz, sie war das, was man aufreizend nennt; aber dabei war sie auch befriedigend – oh, in jeder Beziehung befriedigend.

„Er ist ein seltsamer alter Kauz", sagte Scrooges Neffe, „das ist wahr – und nicht ganz so angenehm, wie man wünschen könnte. Indes tragen seine Abgeschmacktheiten ihre Strafe in sich selber, und ich habe nichts gegen ihn einzuwenden."

„Er muß wohl sehr reich sein, Fred", bemerkte Scrooges Nichte. „Wenigstens habe ich dich immer so sagen hören."

„Aber was hat er davon, mein Herz?" versetzte Scrooges Neffe. „Sein Reichtum nützt ihm doch nichts. Er erweist niemand eine Wohltat damit, er gönnt sich selber keinen Genuß, und er kann sich nicht an dem Gedanken erfreuen – hahaha! –, daß er uns jemals etwas Gutes damit tun wird."

„Ich habe kein Verständnis für ihn", entgegnete Scrooges Nichte. Und die Schwestern von Scrooges Nichte wie sämtliche übrigen Damen ließen sich in demselben Sinne vernehmen.

„Oh, aber ich!" sagte Scrooges Neffe. „Er tut mir leid, und ich kann ihm nicht böse sein, wenn ich auch wollte. Wer leidet unter seinen schlimmen Launen? Niemand als er selbst. Da hat er sich's in den Kopf gesetzt, uns zu ärgern, und deshalb kommt er nicht, um mit uns zu speisen. Was ist die Folge davon? Er verliert nicht viel an einem guten Essen."

„Ich glaube, daß ihm ein sehr gutes Essen entgeht", erwiderte Scrooges Nichte.

Alle Anwesenden sagten dasselbe, und man mußte zugeben, daß sie berechtigt waren, darüber zu urteilen. Denn das Essen war eben vorüber, und sie saßen, das Dessert auf dem Tisch, beim Licht der Lampe um das Feuer herum.

„Es freut mich, das zu hören", versetzte Scrooges Neffe, „weil ich kein großes Vertrauen zu den Fähigkeiten so junger Hausfrauen habe. Was meinen Sie, Topper?"

Topper hatte offenbar ein Auge auf eine der Schwestern von Scrooges Nichte geworfen, denn er antwortete, ein Junggeselle sei ein elend Ausgestoßener, der kein Recht habe, eine Ansicht zu dieser Angelegenheit auszusprechen, worüber die eine Schwester von Scrooges Nichte – die rundliche mit dem Spitzenkragen, nicht die mit den Rosen – errötete.

„So fahre doch fort, Fred", sagte Scrooges Nichte, in ihre Hände klatschend. „Er spricht nie zu Ende, was er angefangen hat! Er ist so ein komischer Kerl!"

Scrooges Neffe brach in ein abermaliges Lachen aus, und da man unmöglich der Ansteckung widerstehen konnte, obgleich es die rundliche Schwester mit ihrem Riechfläschchen reichlich versuchte, folgte man einmütig seinem Beispiel.

„Ich wollte nur sagen", fuhr Scrooges Neffe fort, „daß seine Abneigung gegen uns und seine Weigerung, mit uns fröhlich zu sein, lediglich die Folge für ihn hat, ihn um einige vergnügte Augenblicke zu bringen, die ihm nicht hätten schaden können. Ich bin überzeugt, es entgeht ihm eine angenehmere Gesellschaft, als er sie in seinen Gedanken findet, mag er in seinem moderigen alten Kontor oder seiner finsteren Wohnung sitzen. Ich gedenke ihm jedes Jahr dieselbe Wahl zu lassen, mag er nun Gebrauch davon machen oder nicht, denn ich bemitleide ihn. Meinetwegen mag er bis zu seinem Tode über das Weihnachtsfest spotten, aber er muß doch in seinem Innern besser davon denken, wenn ich Jahr um Jahr in guter Laune zu ihm gehe und sage: ‚Onkel Scrooge, wie geht es Ihnen?' Wenn ihn das nur auf den Einfall bringt, seinem armen Gehilfen fünfzig Pfund zu hinterlassen, dann ist schon etwas erreicht; und ich denke, ich habe ihn gestern erschüttert."

Die Gesellschaft lachte bei der Behauptung, er habe Scrooge mit etwas erschüttern können. Da er aber ein gutmütiger Mensch war und sich nicht darum kümmerte, über wen seine Gäste lachten, wenn sie nur lachten, so ermutigte er sie in ihrer Heiterkeit und ließ fröhlich die Flasche herumgehen.

Nach dem Tee machten sie ein wenig Musik, denn sie waren eine musikalische Familie und wußten, was sie taten, wenn sie einen Kanon oder einen Rundgesang anstimmten – namentlich Topper, der seinen Baß brummen konnte, so gut wie nur einer, ohne daß die großen Adern auf seiner Stirn anschwollen oder er rot im Gesicht wurde. Scrooges Nichte spielte hübsch Harfe und gab unter anderen Stücken ein einfaches Liedchen zum besten – ein bloßes Nichts: man konnte es in zwei Minuten pfeifen lernen –, welches das Kind gern gesungen hatte, das Scrooge aus der Schule holte, wie der Geist der vergangenen Weihnachten ihm wieder vor Augen geführt hatte. Beim Klang dieser Musik zogen alle früheren Bilder, die ihm jener Geist gezeigt hatte, wieder vor ihm vorüber, und er fühlte sich immer milder und milder werden. Er dachte, wenn er vor Jahren öfter darauf gehört hätte, so hätte er die freundlichen Dinge des Lebens zu seinem Glück mit eignen Händen pflegen können, ohne dazu den Spaten des Totengräbers zu brauchen, der Jacob Marley eingescharrt hatte.

Sie verbrachten jedoch nicht den ganzen Abend mit Musik. Nach einer Weile spielten sie Pfänder, denn es ist bisweilen gut, Kind zu sein, und nie besser als um die Weihnachtszeit, wo der hehre Stifter des Festes selbst noch ein Kind war. Halt, gab es da nicht noch ein Spiel, das man Blindekuh nennt? O freilich. Und ich glaube wahrhaftig ebensowenig, daß Topper wirklich blind war, wie ich glaube, daß er Augen an seinen Stiefeln hatte. Meine Ansicht ist, daß sich's hier um eine abgekartete Sache zwischen ihm und Scrooges Neffen handelte und daß der Geist der gegenwärtigen Weihnacht darum wußte. Die Art und Weise, wie Topper hinter der rundlichen Schwester in dem Spitzenkragen her war, war eine starke Zumutung für die Leichtgläubigkeit der menschlichen Natur. Er warf Schüreisen herab, stolperte über die Stühle, prallte gegen das Piano, verwickelte sich in den Vorhängen – aber wo sie sich befand, war auch er. Er wußte stets, wo die rundliche Schwester war, und wollte niemand anders fangen. Einige liefen ihm absichtlich direkt in die Arme, aber er tat nur so, als wolle er sie greifen, wobei es ihm offensichtlich so wenig ernst damit war, daß es geradezu eine Beleidigung für den Verstand der Mitspielenden bedeutete, und machte sich augenblicklich wieder davon, der rundlichen Schwester nach. Sie rief oft, das sei kein ehrliches Spiel, und sie hatte auch wahrhaftig recht. Aber als er sie endlich haschte, als er sie, trotz des Rauschens ihres seidenen Kleides und den Versuchen, hurtig an ihm vorbeizukommen, in eine Ecke drängte, wo sie nicht entwischen konnte, war sein Benehmen ganz abscheulich. So zu tun, als ob er sie nicht kenne, sich anzustellen, als ob es nötig sei, ihren Kopfputz zu berühren und sich über die Identität ihrer Person dadurch zu versichern, daß er einen gewissen Ring an ihrem Finger und eine gewisse Kette um ihren Hals untersuchte – nein, das war schlecht und ungeheuerlich! Ohne Zweifel las sie ihm auch tüchtig die Leviten dafür, als beide, während eine andere Blindekuh an der Reihe war, vertraulich miteinander hinter den Vorhängen standen.

Scrooges Nichte beteiligte sich nicht an dem Spiel, sondern hatte sich's in einem behaglichen Winkel auf einem großen Stuhl und einem Fußschemel bequem gemacht, wo der Geist und Scrooge dicht hinter ihr standen. Aber bei dem Pfänderspiel machte sie mit und beschrieb ihren Herzallerliebsten mit allen Buchstaben des Alphabets. Auch bei dem Spiel „Wie, wann und wo?" zeigte sie sich groß und stach zur geheimen Freude von Scrooges Neffen alle ihre Schwestern aus, obwohl sie gleichfalls kluge Mädchen waren, wovon Topper wohl zu sagen wußte. Es mochten etwa zwanzig Personen dasein, jung und alt, und alle spielten mit. Auch Scrooge nahm teil daran, denn in seinem Interesse an den Vorgängen vergaß er ganz, daß seine Stimme in ihren Ohren keinen Ton erzeugte. Er platzte bisweilen mit seinem Raten ganz laut heraus und riet noch obendrein sehr oft richtig, da sein Verstand so scharf war wie die spitzeste Nadel, Marke Whitechapel, mit der Garantie eines glatten Öhrs, wie sehr sich Scrooge auch in den Kopf gesetzt hatte, stumpf zu erscheinen.

Der Geist war sehr erfreut, ihn in dieser Stimmung zu finden, und blickte ihn so wohlwollend an, daß Scrooge einem Kind gleich bettelte, bleiben zu dürfen, bis sich alle Gäste entfernt hätten. Der Geist erklärte jedoch, das sei nicht möglich.

„Da kommt wieder ein neues Spiel", sagte Scrooge. „Nur noch eine halbe Stunde, Geist – nur noch eine einzige halbe Stunde!"

Es kam nun das Spiel „Ja und nein" an die Reihe, in dem Scrooges Neffe sich etwas ausdenken und die andern es erraten mußten, ohne daß er auf ihre Fragen etwas anderes als ja oder nein zu antworten hatte. Das Kreuzfeuer von Fragen, dem er ausgesetzt war, entlockte ihm, er denke an ein Geschöpf, ein lebendiges Geschöpf, ein sehr unangenehmes Geschöpf, ein wildes Geschöpf, ein Geschöpf, das bisweilen brumme und grunze und bisweilen auch spreche, in London lebe, in den Straßen umhergehe und nicht zur Schau ausgestellt werde, ein Geschöpf, das niemand führe und das weder in einer Menagerie lebe noch auf dem Markt getötet werde; ein Geschöpf, das weder ein Pferd noch ein Esel, weder eine Kuh noch ein Stier, weder ein Tiger noch ein Hund, weder ein Schwein noch eine Katze, noch ein Bär sei. Bei jeder weiteren Frage brach der Neffe in ein neues schallendes Gelächter aus und fühlte sich so unaussprechlich gekitzelt, daß er von dem Sofa aufstehen und mit den Füßen stampfen mußte. Endlich geriet die rundliche Schwester in einen ähnlichen Zustand und rief: „Ich habe es – ich weiß, was es ist, Fred; ich weiß, was es ist!"

„Nun, so laß hören", versetzte Fred.

„Es ist dein Onkel Scro-o-o-o-oge."

Sie hatte richtig geraten und erntete allgemeine Bewunderung, obgleich einige meinten, bei der Frage: „Ist es ein Bär?" hätte mit „Ja" geantwortet werden sollen, da die Verneinung genügt hätte, ihre Gedanken von Mr. Scrooge abzuleiten, wenn sie je in eine solche Richtung gelenkt worden wären.

„Jedenfalls hat er uns viel Heiterkeit bereitet", sagte Fred, „und es wäre undankbar, nicht auf seine Gesundheit zu trinken. Da haben wir Glühwein zur Hand, und ich rufe: ‚Auf Onkel Scrooge!'"

„Gut! Auf Onkel Scrooge!" riefen sie.

„Frohe Weihnachten und ein glückliches neues Jahr dem alten Mann, mag er nun sein, wie er ist!" fuhr Scrooges Neffe fort. „Er wollte den Glückwunsch nicht von mir annehmen, soll ihn aber dessen ungeachtet haben. Auf Onkel Scrooge!"

Onkel Scrooge war unmerklich so heiter und vergnügt geworden, daß er der nichtsahnenden Gesellschaft zugetoastet und ihnen in einer unhörbaren Rede geantwortet hätte, wenn ihm der Geist Zeit dazu gelassen hätte. Der ganze Schauplatz verschwand jedoch mit dem letzten Wort, das der Neffe sprach, und Scrooge befand sich mit dem Geist abermals auf der Wanderung.

Vieles kam ihnen vor Augen, weite Strecken wurden von

ihnen zurückgelegt, und in viele Heimstätten traten sie ein, aber stets war es Glück, das sie brachten. Der Geist trat zu Kranken ans Bett, und sie wurden heiter; er besuchte die Menschen in fremden Ländern, und sie fühlten die Heimat nahe; er stand neben Menschen, die schwer zu kämpfen hatten, und sie schöpften Geduld und neue Zuversicht; er suchte die Armut auf, und sie ward zu Reichtum. Im Armenhaus, im Spital, im Gefängnis und in jedem Zufluchtsort des Elends, wo der nach Eitlem ringende Mensch mit seiner kleinen, kurz dauernden Gewalt die Tür nicht verriegelt und den Geist ausgeschlossen hatte, ließ er seinen Segen zurück und ließ Scrooge an seinen Lehren teilhaben.

Es war eine lange Nacht, wenn es überhaupt nur eine einzige Nacht war, und Scrooge bezweifelte das, weil die Weihnachtstage sich augenscheinlich in den Zeitraum zusammendrängten, den sie miteinander verbrachten. Auch war es seltsam, daß, während Scrooge in seiner äußeren Gestalt unverändert blieb, der Geist zusehends älter und älter wurde. Scrooge hatte diesen Wechsel bemerkt, aber nie darüber gesprochen, bis sie ein Kinderfest am Dreikönigsabend verlassen hatten. Als sie miteinander auf einem freien Platz standen, bemerkte Scrooge, daß das Haar des Geistes grau geworden war.

„Haben Geister ein so kurzes Leben?" fragte Scrooge.

„Mein Leben auf diesem Erdball ist sehr kurz", versetzte der Geist. „Es endet mit dieser Nacht."

„Mit dieser Nacht?" rief Scrooge.

„Ja, heute um Mitternacht. Horch! Die Zeit rückt heran."

In diesem Augenblick schlugen die Glocken drei Viertel auf zwölf.

„Vergib mir, wenn ich dich etwas frage, was mir nicht zukommt", sagte Scrooge, der das Gewand des Geistes aufmerksam betrachtete, „aber ich sehe etwas Seltsames, das nicht zu dir gehört, aus deinen Schuhen hervorragen. Ist es ein Fuß oder eine Klaue?"

„Um des Fleisches willen, das darauf ist, könnte es wohl eine Klaue sein", antwortete der Geist bekümmert. „Sieh her!"

Aus den Falten seines Gewandes brachte er zwei Kinder zum Vorschein – zwei elende, häßliche, abgezehrte, armselige Kinder.

Sie knieten zu seinen Füßen nieder und klammerten sich an seinen Mantel.

„O Mensch, sieh her! Sieh diese beiden Kinder an!" rief der Geist.

Es waren ein Knabe und ein Mädchen – gelblich, mager, zerlumpt, finster blickend und ausgehungert, aber zugleich demütig niedergebückt. Statt jugendlicher Anmut, die ihr Antlitz hätte erfüllen und es mit frischesten Farben zieren sollen, waren sie von einer welken, verschrumpften Hand, wie der des hohen Alters, verzerrt, gerunzelt und entstellt worden. Wo Engel hätten sitzen sollen auf dem Thron des Lebens, da lauerten Teufel und starrten drohend aus großen Augen. Keine Veränderung, keine Herabwürdigung, keine Verderbnis des menschlichen Geschlechts hatte, in welchem Grad auch immer und durch alle Geheimnisse der wunderbaren Schöpfung hindurch, nur halb so schreckliche Ungeheuer aufzuweisen.

Scrooge fuhr zurück und erblaßte. Da sie ihm in dieser Weise gezeigt worden waren, versuchte er zu sagen, sie seien schöne Kinder, aber die Worte blieben ihm in der Kehle stecken, weil sie sich nicht an einer so ungeheuerlichen Lüge beteiligen mochten.

„Geist, sind das deine Kinder?" Weiter konnte Scrooge nichts herausbringen.

„Sie gehören der Menschheit", sagte der Geist, auf sie niederblickend, „und klammern sich an mich, um gegen ihre Väter Klage zu führen. Dieser Knabe ist der Mangel, dieses Mädchen die Unwissenheit. Hüte dich vor diesen beiden und ihrer ganzen Sippschaft, namentlich aber vor diesem Mädchen, denn auf ihrer Stirn lese ich eine Schrift, die das Urteil der Verdammung spricht, wenn sie nicht ausgetilgt wird. Verleugnet sie nur!" rief der Geist, seine Hand gegen die Stadt ausstreckend. „Verleumdet diejenigen, die euch davon in die Ohren schreien! Gebt es zu, wenn es zu euren aufwieglerischen Zwecken gerade paßt, und macht alles noch schlimmer! Und wartet das Ende ab!"

„Haben sie keinen Zufluchtsort – kein Unterkommen?" rief Scrooge.

„Gibt es keine Gefängnisse?" sprach der Geist und hielt ihm damit zum letztenmal seine eigenen Worte entgegen. „Gibt es keine Arbeitshäuser?"

Die Glocke schlug zwölf.

Scrooge blickte sich nach dem Geist um und sah nichts mehr. Als der letzte Schlag verklungen war, erinnerte er sich der Prophezeiung des alten Jacob Marley, und als er aufblickte, sah er eine feierliche Erscheinung, die völlig verhüllt war und wie ein Nebel über den Boden auf ihn zukam.

Vierte Strophe

DER LETZTE DER GEISTER

Die Gestalt kam langsam, ernst und schweigend näher. Als sie ganz nahe vor ihm stand, sank Scrooge auf die Knie, denn sogar in der Luft, durch die dieser Geist sich bewegte, schien sich Düsternis und Geheimnis zu verbreiten.

Er war in ein tiefschwarzes Gewand gehüllt, das Kopf, Gesicht und Gestalt verbarg und nichts sichtbar werden ließ als eine einzige ausgestreckte Hand. Ohne sie wäre es überhaupt schwer gewesen, die Gestalt von der Nacht zu unterscheiden und sie von der Dunkelheit zu trennen, von der sie umgeben war.

Scrooge fühlte, daß es eine große, stattliche Gestalt war, die an seine Seite trat, und daß ihre geheimnisvolle Anwesenheit ihn mit feierlicher Furcht erfüllte. Mehr kam ihm nicht zu Bewußtsein, denn der Geist sprach nicht und blieb regungslos stehen.

„Habe ich den Geist der zukünftigen Weihnacht vor mir?" fragte Scrooge.

Der Geist antwortete nicht, sondern deutete mit seiner Hand vorwärts.

„Du willst mir die Schatten von Dingen zeigen, die noch nicht gewesen sind, in der vor uns liegenden Zeit aber eintreffen werden", fuhr Scrooge fort. „Ist es so, Geist?"

Der obere Teil des Gewandes wurde für einen Augenblick in seinen Falten zusammengezogen, als ob der Geist mit dem Kopf genickt hätte. Das war die einzige Antwort, die er erhielt.

Obwohl sich Scrooge inzwischen ziemlich an Geistergesellschaft gewöhnt hatte, so erfüllte ihn doch diese stumme Gestalt mit einem unüberwindlichen Grauen. Seine Beine zitterten, und er merkte, daß er sich kaum aufrecht halten konnte, als er sich anschickte, ihr zu folgen. Der Geist machte einen Augenblick halt, so als ob er den Zustand seines Begleiters bemerkte und ihm Zeit geben wollte, sich zu fassen.

Aber mit Scrooge wurde es nur noch schlimmer. Ein unbestimmtes Entsetzen bemächtigte sich seiner bei dem Wissen, hinter jener dunklen Hülle seien geisterhafte Augen scharf auf ihn gerichtet, während er, obgleich er die seinigen aufs äußerste anstrengte, nichts sehen konnte als eine gespenstische Hand und einen einzigen großen schwarzen Schatten.

„Geist der Zukunft!" rief er. „Ich fürchte dich mehr als jede Erscheinung, die mir bisher vorgekommen ist. Aber weil ich weiß, daß du die Absicht hast, mir Gutes zu erweisen, und weil ich hoffe, von nun an als ein anderer Mensch zu leben, so bin ich bereit, mit dir zu gehen und dir dabei von Herzen dankbar zu sein. Willst du nicht mit mir sprechen?"

Der Geist gab keine Antwort. Seine Hand wies gerade vor ihnen her.

„So geh voran!" sagte Scrooge. „Geh voran! Die Nacht schwindet schnell dahin, und ich weiß, es ist eine kostbare Zeit für mich. Geh voran, Geist!"

Die Erscheinung bewegte sich in derselben Weise davon, wie

sie auf ihn zugekommen war. Scrooge folgte ihr im Schatten ihres Gewandes, das ihn selbst trug, wie es ihm schien.

Es war nicht, als ob sie die City beträten, sondern vielmehr, als ob sie ihnen entgegenspränge und sie aus freiem Antrieb mit ihren Grenzen umschlösse. Nun, da waren sie, in ihrem Herzen, auf der Börse unter den Kaufleuten, die auf und ab eilten, mit dem Geld in ihren Taschen klimperten, sich in Gruppen unterhielten, auf ihre Uhren sahen und gedankenvoll mit ihren großen goldenen Siegeln spielten, wie es Scrooge oft mit angesehen hatte.

Der Geist machte neben einer kleinen Gruppe von Geschäftsleuten halt. Da Scrooge bemerkte, daß die gespenstige Hand auf sie deutete, trat er näher, um ihr Gespräch mit anzuhören.

„Nein", sagte ein großer, fetter Mann mit einem ungeheuren Kinn, „ich weiß nicht viel von der Sache. Ich kann weiter nichts sagen, als daß er tot ist."

„Wann starb er?" fragte ein anderer.

„Gestern nacht, glaube ich."

„Was hat ihm denn gefehlt?" fragte ein dritter, indem er eine gewaltige Prise aus einer sehr großen Schnupftabaksdose nahm. „Ich glaubte, er würde nie sterben."

„Gott weiß es", sagte der erste mit einem Gähnen.

„Was hat er mit seinem Geld angefangen?" fragte ein rotgesichtiger Gentleman mit einem hängenden Auswuchs am Ende seiner Nase, der wie der Bartlappen eines Truthahns unaufhörlich in schüttelnder Bewegung war.

„Habe nichts davon gehört", sagte der Mann mit dem großen Kinn, indem er abermals gähnte. „Vielleicht hat er es seiner Gilde hinterlassen. Mir hat er nichts vermacht – soviel weiß ich wenigstens."

Dieser Scherz wurde mit lautem Gelächter aufgenommen.

„Es wird wahrscheinlich ein sehr billiges Leichenbegängnis werden", sagte der eine Sprecher, „denn bei meinem Leben, ich wüßte niemanden, der mitgehen möchte. Wollen nicht wir als Freiwillige mithalten?"

„Ich will meinetwegen kommen, wenn für einen Lunch gesorgt ist", bemerkte der Gentleman mit dem Nasenanhängsel. „Aber für meine Teilnahme will ich gefüttert werden."

Ein abermaliges Gelächter.

„Nun, da bin ich im Grunde doch der Uneigennützigste unter euch", sagte der erste Sprecher, „denn ich trage nie schwarze Handschuhe und lunche nie. Aber ich will kommen, wenn noch ein paar andere von euch mittun. Bei weiterer Überlegung weiß ich obendrein nicht einmal gewiß, ob ich nicht sein bester Freund war, denn wir pflegten stehenzubleiben und miteinander zu sprechen, sooft wir uns begegneten. Wünsche guten Morgen!"

Die Sprecher und Zuhörer gingen weiter, um sich zu andern Gruppen zu gesellen. Scrooge kannte die Männer und blickte den Geist, um eine Erklärung bittend, an.

Die Erscheinung glitt in eine Straße – ihr Finger deutete auf zwei sich begegnende Personen. Scrooge lauschte abermals und hoffte, das könne ihm vielleicht Aufklärung geben.

Er kannte diese Männer ebenfalls ganz genau – sie waren Geschäftsleute, sehr reich und von großem Einfluß. Er hatte sich stets Mühe gegeben, hoch in ihrer Achtung zu stehen – natürlich nur in geschäftlicher Beziehung – lediglich in geschäftlicher Beziehung.

„Wie geht's Ihnen?" fragte der eine.

„Und Ihnen?" entgegnete der andere.

„Haben Sie's gehört?" sagte der erste. „Der Teufel hat ihn nun endlich heimgeholt, was?"

„Habe davon gehört", entgegnete der zweite. „Kalt, finden Sie nicht?"

„Wie's um Weihnachten sein soll. Sie sind vermutlich kein Schlittschuhläufer?"

„Nein, nein. Habe an andere Sachen zu denken. Guten Morgen."

Kein weiteres Wort. Das war ihr Zusammentreffen, ihr Gespräch und ihr Abschied.

Scrooge war anfangs verwundert, daß der Geist so nichtssagenden Gesprächen Bedeutsamkeit beilegen mochte; doch fühlte er sich bald überzeugt, daß irgendein geheimer Zweck dahinter verborgen lag. Er überlegte deshalb bei sich, was es wohl sein mochte. Es konnte kaum mit dem Tod Jacob Marleys, seines alten Partners, zu tun haben, denn dieser gehörte der Vergangenheit an, und der Bereich des gegenwärtigen Geistes umfaßte die Zukunft. Auch konnte er sich auf keinen von seinen näheren Bekannten besinnen, auf den sich diese Gespräche möglicherweise hätten beziehen können. Da er jedoch nicht bezweifelte, daß sie irgendeine verborgene Moral zu seiner eigenen Besserung enthielten, beschloß er, jedes Wort, das er vernahm, und alles, was ihm vor Augen kam, wie einen Schatz in seinem Innern aufzubewahren, namentlich aber seinen eigenen Schatten genau zu beobachten, wenn er aufträte. Denn er erwartete, das Benehmen seines künftigen Ichs werde ihm den Schlüssel geben, den er vermißte, und ihm so die Lösung der Rätsel leichtmachen.

Er sah sich auch hier nach seinem eigenen Abbild um; aber ein anderer Mann stand in seiner gewohnten Ecke, und obgleich die Uhr die Zeit angab, in der er gewöhnlich zugegen war, sah er unter den Massen, die sich durch das Portal drängten, doch nichts, was eine Ähnlichkeit mit seiner Person hatte. Das überraschte ihn jedoch wenig, denn er hatte sich in seinem Innern vorgenommen, sein Leben zu ändern, und so gab er sich der Hoffnung hin, daß das ein Zeichen sei, wie seine neugeborenen Entschlüsse zur Ausführung kämen.

Ruhig und düster stand mit ihrer ausgestreckten Hand die Erscheinung an seiner Seite. Als er von seinem gedankenvollen Spähen abließ, schien es ihm, nach der Haltung der Hand und der Stellung der ganzen Gestalt zu urteilen, als ob die unsichtbaren Augen fest auf ihm ruhten. Scrooge schauderte, und das Blut lief ihm eiskalt durch die Adern.

Sie verließen den geschäftigen Schauplatz und gingen in einen finsteren Teil der Stadt, wo Scrooge früher nie gewesen war, obwohl er dessen Lage und schlimmen Ruf kannte. Die Wege waren schlecht und schmal, Läden und Häuser erbärmlich, am abscheulichsten aber die halbnackte, betrunkene, zerlumpte Einwohnerschaft. Gäßchen und Hausöffnungen ergossen wie ebenso viele Kloaken ihre widerwärtigen Gerüche, ihren Schmutz und ihr Leben auf die Straßen, und das ganze Viertel dampfte von Verbrechen, Unflat und Elend.

Weit drinnen in diesem Zufluchtsort aller Scheußlichkeit stand ein niedriger, vorspringender Laden unter einem Schutzdach, wo Eisen, alte Lumpen, Flaschen, Knochen und schmierige

Fleischabfälle gekauft werden konnten. Auf dem Boden im Innern waren rostige Schlüssel, Nägel, Ketten, Türangeln, Feilen, Waagschalen, Gewichte und altes Eisenzeug aller Art aufgehäuft. Geheimnisse, die wenige hätten erforschen wollen, versteckten sich unter Bergen unscheinbarer Lumpen, Massen verdorbenen Fettes und Knochengräbern. Mitten unter seinem Warenvorrat saß bei einem aus alten Ziegeln gebauten Holzkohlenofen ein grauhaariger Schurke von ungefähr siebzig Jahren, der sich gegen die Kälte draußen durch ein paar schmutzige Lumpen schützte, die er wie eine Gardine an einem Seil aufgehängt hatte. Dabei rauchte er in allem Hochgenuß ruhiger Zurückgezogenheit seine Pfeife.

Scrooge und die Erscheinung traten zu diesem Mann, als eben eine Frau mit einem schweren Bündel in den Laden hereinwankte. Ihr folgte auf dem Fuße eine andere, die in gleicher Weise beladen war, und hinterdrein kam ein Mann in verblichenem Schwarz, der bei dem Anblick der beiden Frauen nicht weniger betroffen war, als diese es gewesen waren, als sie einander ansichtig wurden. Nach einer kurzen Pause der Überraschung, die auch der alte Mann mit der Pfeife teilte, brachen die drei in ein lautes Lachen aus.

„Da rückt nun die Scheuerfrau als erste an", rief diejenige, die zuerst eingetreten war, „hintendrein kommt die Wäscherin, und der Gehilfe des Leichenbestatters folgt als dritter! Guck mal, alter Joe, was für ein Zufall! Da sind wir alle drei hier zusammengetroffen, ohne es zu wollen."

„Ihr hättet euch an keinem besseren Platz treffen können", sagte der alte Joe, nachdem er seine Pfeife aus dem Mund genommen hatte. „Kommt in die Wohnstube. Du weißt, du hast ja längst Zutritt, und die anderen beiden sind auch keine Fremden. Wartet noch, bis ich die Ladentür geschlossen habe. Ah, wie sie quietscht! Es ist, glaube ich, kein so rostiges Stück Metall unter dem ganzen Haufen wie diese Angeln; und ich bin sicher, es gibt keine so alten Knochen hier wie die meinigen. Haha! Wir alle sind gerade die Rechten für unsern Beruf und passen gut zusammen. Kommt in die Wohnstube – kommt in die Wohnstube."

Die Wohnstube war der Raum hinter dem Lumpenvorhang.

Der Alte scharrte mit einer alten Teppichstange das Feuer zusammen, putzte die rauchige Lampe (denn es war Nacht) mit dem Stiel seiner Pfeife und steckte die Pfeife dann wieder in den Mund.

Während er das tat, warf die Frau, die bereits gesprochen hatte, ihr Bündel auf den Boden und setzte sich stolz auf einen Schemel, wobei sie die Ellbogen auf den Knien kreuzte und mit keckem Trotz die beiden anderen ins Auge faßte.

„Was macht's auch – was macht's auch, Mrs. Dilber?" fragte sie. „Jedermann hat ein Recht, für sich selbst zu sorgen. *Er* hat's immer so gehalten."

„Das ist vollkommen richtig", versetzte die Wäscherin. „Niemand mehr als er."

„Wohlan denn, so machen Sie keine solchen Glotzaugen, als ob Sie sich fürchten! Wer ist da am klügsten? Wir werden doch, denk ich, nicht uns selbst Löcher in die Kleider brennen wollen!"

„Nein, wahrhaftig nicht", entgegneten Mrs. Dilber und der Mann zugleich. „Wir wollen's nicht hoffen."

„Gut also!" rief die Scheuerfrau. „Das ist genug. Wem schadet der Verlust dieser paar Sachen da? Doch wohl nicht einem toten Mann?"

„Nein, gewiß nicht", sagte Mrs. Dilber lachend.

„Wenn der gottlose alte Knicker sie nach seinem Tode noch behalten wollte", fuhr die andere fort, „warum hat er sich zu seinen Lebzeiten nicht natürlicher benommen? Hätte er das getan, so wäre jemand dagewesen, um nach ihm zu sehen, als der Tod kam, und er hätte dann nicht mutterseelenallein ausschnaufen müssen."

„Das ist das wahrste Wort, das je gesprochen wurde", sagte Mrs. Dilber. „Es ist Gottes Strafe, die ihn getroffen hat."

„Ich wollte, die Strafe wäre ein bißchen schwerer", versetzte die Scheuerfrau, „und sie wäre es auch geworden, verlaßt euch darauf, wenn ich meine Hände an etwas mehr hätte legen können. Öffne das Bündel, alter Joe, und laß mich den Wert wissen. Sprich rundheraus! Ich scheue mich nicht, die erste zu sein, und fürchte mich ebensowenig, wenn sie's sehen. Wir wußten, glaube ich, recht wohl, ehe wir hier zusammentrafen, daß wir dabei waren, uns zu versorgen. Es ist keine Sünde. Öffne das Bündel, Joe."

Aber die Galanterie ihrer Freunde wollte das nicht gestatten, und der Mann in dem verschossenen Schwarz sprang in die Bresche und zeigte als erster *seine* Beute vor. Sie war nicht bedeutend – ein paar Uhrkettenanhängsel, ein Bleistiftetui, ein paar Manschettenknöpfe, eine Krawattennadel von geringem Wert – das war alles. Sie wurden vom alten Joe einzeln untersucht und geschätzt. Er schrieb die Beträge, die er für die einzelnen Gegenstände zu geben gedachte, mit Kreide an die Wand und addierte sie dann, als er feststellte, daß nichts mehr kam.

„Das kann ich Ihnen dafür geben, aber auch kein Sechspencestück mehr, selbst wenn man mich deshalb lebendig sieden würde. Wer kommt jetzt?"

Mrs. Dilber war die nächste. Bettlaken und Handtücher, ein paar Kleidungsstücke, zwei altmodische silberne Teelöffel, eine Zuckerzange und etliche Stiefel. Der Betrag dafür wurde gleichfalls an der Wand aufgezeichnet.

„Den Damen geb ich immer zuviel. Das ist eine Schwäche von mir, die mich noch zugrunde richten wird", sagte der alte Joe. „Soviel macht das Ihrige. Verlangen Sie aber nur noch einen Penny dazu, so bereue ich meine Freigebigkeit und ziehe eine halbe Krone ab."

„Und jetzt mach dich an mein Bündel, Joe", sagte die Scheuerfrau.

Joe ließ sich auf die Knie nieder, um es besser öffnen zu können, und nachdem er viele Knoten gelöst hatte, zog er eine große, schwere Rolle von irgendeinem dunklen Stoff hervor.

„Was soll das sein?" fragte Joe. „Bettvorhänge?"

„Ja!" versetzte die Frau lachend und beugte sich auf ihren gekreuzten Armen vor. „Bettvorhänge!"

„Du willst doch nicht damit sagen, du hättest sie samt Ringen und allem heruntergenommen, während er dort lag?" fragte Joe.

„Ebendas will ich sagen", entgegnete sie. „Warum nicht?"

„Du bist dazu geboren, ein Vermögen zu machen", sagte Joe, „und wirst es gewiß noch dazu bringen."

„Ich halte bestimmt meine Hand nicht zurück, wenn ich

sie nur nach etwas auszustrecken brauche, um es zu kriegen – namentlich um eines solchen Menschen willen, wie er war –, das verspreche ich dir, Joe", erwiderte die Scheuerfrau kaltblütig. „Laß bloß kein Öl auf die Decken tropfen."

„Seine Decken?" fragte Joe.

„Wessen sonst?" erwiderte sie. „Ich stehe dafür, er wird auch ohne sie nicht den Schnupfen kriegen."

„Ich hoffe, er ist an nichts Ansteckendem gestorben, he?" fragte der alte Joe, in seiner Arbeit innehaltend und aufsehend.

„Hab keine Sorge", erwiderte sie. „Ich bin nicht so sehr auf seine Gesellschaft erpicht, daß ich bei ihm geblieben wäre und diese Sachen an mich genommen hätte, wenn es so stünde. Ja, du kannst dieses Hemd ansehen, bis dir die Augen schmerzen, ohne ein Loch oder eine fadenscheinige Stelle darin zu finden. Es ist das beste, das er hatte, und wirklich ein sehr gutes Stück. Ohne mich hätte man's zuschanden gehen lassen."

„Was verstehst du unter zuschanden gehen lassen?" fragte der alte Joe.

„Nun, es ihm anziehen, um es ihm mit ins Grab zu geben", antwortete die Frau mit einem Lachen. „Man ist einfältig genug gewesen, das zu tun; ich streifte es ihm aber wieder ab. Wenn Kattun zu einem solchen Zweck nicht gut genug ist, so ist er für gar nichts gut genug; er steht auch der Leiche nicht schlechter, denn sie hätte nicht garstiger aussehen können, als sie in diesem Hemd aussah."

Scrooge lauschte entsetzt diesem Gespräch. Während sie, von dem spärlichen Licht der Lampe des alten Mannes beleuchtet, um ihren Raub herumsaßen, betrachtete er sie mit einem Widerwillen und einer Abscheu, die nicht größer hätten sein können, wenn sie unflätige Teufel gewesen wären, die um die Leiche selbst verhandelten.

„Haha!" lachte die Scheuerfrau, als der alte Joe einen Flanellbeutel mit Geld herauszog und jedem den für ihn bestimmten Betrag auszahlte. „Seht ihr, das ist das Ende. Solang er lebte, scheuchte er alle Welt von sich, damit nach seinem Tode uns ein Nutzen daraus erwachsen möge! Hahaha!"

„Geist!" sagte Scrooge, vom Kopf bis zu den Füßen schaudernd. „Ich sehe, ich sehe. Das Geschick dieses unglücklichen

Mannes könnte mein eigenes sein. Mein Leben hat bis jetzt die gleiche Richtung eingeschlagen. Barmherziger Himmel, was ist das?"

Er wich entsetzt zurück, denn der Schauplatz hatte sich verändert, und er stand vor einem Bett – einem kahlen Bett ohne Vorhang, auf dem unter einem zerlumpten Leintuch etwas lag, was sich in nur zu beredter Sprache selbst ankündigte, obgleich es stumm war.

Das Gemach war sehr dunkel, zu dunkel, um etwas mit Genauigkeit unterscheiden zu können, obgleich Scrooge, einem geheimen Antrieb folgend, umherblickte und sich zu vergewissern suchte, was es für ein Zimmer sei. Ein blasses Licht, das durch die Fenster hereindrang, fiel auf das Bett – und da lag die Leiche jenes Mannes, beraubt und geplündert, unbewacht und unbeweint, ganz allein und sich selbst überlassen.

Scrooge blickte auf die Erscheinung – ihre unbewegte ausgestreckte Hand deutete auf den Kopf. Die Decke war so sorglos darübergeworfen, daß Scrooge sie nur ganz geringfügig hätte lüften, nur einen Finger hätte erheben müssen, um das Gesicht zu enthüllen. Er dachte daran, fühlte, wie leicht es zu tun war, und begehrte danach, das Gesicht zu sehen; aber er hatte ebensowenig die Macht, den Schleier zurückzustreifen, wie er das Gespenst an seiner Seite wegzuschicken vermochte.

O kalter, kalter, starrer, furchtbarer Tod, schlage deinen Altar hier auf, und umkleide ihn mit allen Schrecken, die dir zu Gebote stehen – denn das ist dein Reich! Aber an einem geliebten, verehrten und geachteten Haupt kannst du kein Haar krümmen für deine grausigen Absichten und auch nicht einen seiner Züge häßlich machen. Es ist nicht, daß die Hand schwer ist und niederfällt, wenn man sie losläßt; es ist nicht, daß Herz und Puls schweigen; sondern daß die Hand einst offen, edelmütig und treu war, das Herz wacker, warm und liebevoll, der Puls der eines Menschen. Schlag zu, Schatten, schlag zu und sieh, seine guten Taten entspringen aus der Wunde, um die Saat eines unsterblichen Lebens in aller Welt zu verbreiten!

Keine Stimme sprach diese Worte in Scrooges Ohr, und doch hörte er sie, als er auf das Bett niederblickte. Er dachte, wenn dieser Mann jetzt wieder zum Leben erweckt werden könnte, welche Gedanken würden ihn wohl erfüllen? Geiz, Härte gegen seine Mitmenschen, gemeine Habsucht? Sie hatten ihn wahrlich zu einem reichen Ende gebracht!

Er lag in dem dunklen, leeren Haus – kein Mann, kein Weib, kein Kind zugegen, von denen eines hätte sagen können, er ist hiermit oder damit freundlich zu mir gewesen, und in der Erinnerung an dieses einzige gütige Wort will ich jetzt auch liebevoll gegen ihn sein. Eine Katze scharrte an der Tür, und unter dem Herdstein hörte man das Geräusch nagender Ratten. Was sie in dem Zimmer des Todes wollten und warum sie so unruhig und aufgeregt waren, darüber wagte Scrooge nicht nachzudenken.

„Geist!" sagte er. „Dies ist ein schrecklicher Ort. Glaube mir, auch wenn ich ihn verlasse, wird mir seine Lehre stets unvergeßlich bleiben. Laß uns gehen!"

Noch immer deutete der regungslose Finger des Geistes auf den Kopf.

„Ich verstehe dich", entgegnete Scrooge, „und ich würde es tun, wenn ich dazu imstande wäre. Aber es fehlt mir die Kraft dazu, Geist – es fehlt mir die Kraft dazu."

Abermals schien der Geist ihn anzublicken.

„Wenn es einen einzigen Menschen in der Stadt gibt, der bei dem Tod dieses Mannes von einem Gefühl bewegt ist", sagte Scrooge in der furchtbarsten Herzensangst, „so flehe ich dich an, Geist, zeige ihn mir!"

Der Geist breitete für einen Augenblick sein dunkles Gewand wie einen Flügel aus, und als er es wieder sinken ließ, standen sie bei hellem Tageslicht in einem Zimmer, in dem sich eine Mutter und ihre Kinder befanden.

Sie wartete auf jemand, und zwar mit ängstlicher Sorge, denn sie ging in der Stube hin und her, fuhr bei jedem Laut zusammen, sah zum Fenster hinaus, blickte zur Uhr hin, versuchte, wenn auch vergeblich, mit ihrer Nadel zu arbeiten, und konnte kaum die Stimmen der spielenden Kinder ertragen.

Endlich ließ sich das längst erwartete Pochen vernehmen. Sie eilte an die Tür und ihrem Gatten entgegen, einem Mann, dessen bekümmertes Gesicht die Spuren von Sorge und Not trug, obgleich er noch jung war. Dennoch lag jetzt ein eigentümlicher Ausdruck darauf, eine Art finsterer Freude, deren er sich schämte und die er niederzukämpfen suchte.

Er setzte sich zu dem Mahl, das am Feuer für ihn warm gehalten worden war, und als die Frau ihn nach einem langen Schweigen mit matter Stimme fragte, was er Neues bringe, war er augenscheinlich verlegen, was er antworten sollte.

„Ist es gut?" fragte sie. „Oder schlimm?" – um ihm das Reden zu erleichtern.

„Schlimm", antwortete er.

„So sind wir also ganz zugrunde gerichtet?"

„Nein. Es ist noch Hoffnung da, Caroline."

„Wenn *er* nachgibt", sagte sie erstaunt, „dann ist noch Hoffnung da. Wenn ein solches Wunder eintritt, dann gibt es nichts mehr, was ganz hoffnungslos wäre."

„Mit dem Nachgeben hat es ein Ende", entgegnete ihr Gatte. „Er ist tot."

Sie war ein mildes, geduldiges Geschöpf, wenn ihr Gesicht die Wahrheit sprach; aber dennoch dankte sie dem Himmel mit gefalteten Händen für diese Kunde – wenn auch nur in der ersten Aufwallung ihres Herzens, denn schon im nächsten Augenblick bereute sie ihre sündigen Worte und bat den Himmel um Vergebung.

„Was das halbbetrunkene Weib, von dem ich dir gestern abend erzählte, zu mir sagte, als ich bei ihm vorsprach und ihn um die Frist einer Woche bitten wollte, und was ich damals nur für einen Vorwand hielt, um mich fortzubekommen, hat sich als völlig wahr herausgestellt. Er war nicht nur sehr krank, sondern lag im Sterben."

„Auf wen wird unsere Schuld übertragen werden?"

„Ich weiß es nicht. Aber ehe diese Zeit herankommt, werden wir das Geld beschafft haben; und wenn das nicht möglich sein sollte, so müßten wir wirklich vom schlimmsten Mißgeschick verfolgt sein, wenn wir in seinem Nachfolger einen ebenso erbarmungslosen Gläubiger finden sollten. Wir können heute nacht mit leichtem Herzen schlafen, Caroline!"

Ja, so standen die Dinge. Mochten sie das Gefühl der Freude zu unterdrücken suchen, wie sie wollten, ihre Herzen waren leichter. Die Kinder, die still geworden waren und sich um die Eltern geschart hatten, um zu hören, was sie so wenig verstanden, machten fröhlichere Gesichter, und es war ein glücklicheres Heim, weil jener Mann gestorben war! Das einzige von jenem Ereignis hervorgerufene Gefühl, das der Geist ihm zeigen konnte, war ein freudiges.

„Laß mich ein herzliches Gefühl sehen, das sich irgendwo bei seinem Tod kundgibt", sagte Scrooge, „oder jene dunkle Kammer, Geist, die wir vorhin verlassen haben, wird mir für immer vor Augen stehen."

Der Geist führte ihn durch mehrere Straßen, die ihm bekannt waren, und während sie dahingingen, schaute Scrooge allenthalben umher, ob er nirgends sein eigenes Abbild zu sehen bekomme. Doch er wurde seiner selbst nicht ansichtig. Sie traten in das Haus des armen Bob Cratchit, das er schon früher besucht hatte, und fanden die Mutter und die Kinder um das Feuer sitzend.

Ruhig. Ganz ruhig. Die lärmenden kleinen Cratchits saßen alle in einer Ecke, so still wie Statuen, und blickten zu Peter auf, der ein Buch vor sich hatte. Die Mutter und ihre Töchter waren mit Nähen beschäftigt. Aber wie gesagt, sie waren sehr still.

„Und er nahm ein Kind und setzte es in ihre Mitte."

Wo hatte Scrooge diese Worte gehört? Er hatte sie nicht geträumt. Der Knabe mußte sie aus dem Buch gelesen haben, als er und der Geist über die Schwelle getreten waren. Warum fuhr er nicht fort?

Die Mutter legte ihre Arbeit auf den Tisch und führte die Hand vors Gesicht. „Die Farbe tut meinen Augen weh", sagte sie.

Die Farbe? Ach, armer Tiny Tim!

„Sie sind jetzt wieder besser", fuhr Cratchits Gattin fort. „Das Kerzenlicht schwächt sie, und ich möchte um nichts in der Welt eurem Vater trübe Augen zeigen, wenn er nach Hause kommt. Es muß jetzt so ziemlich an der Zeit sein."

„Sie ist schon vorüber", antwortete Peter, indem er sein Buch schloß. „Aber ich glaube, er geht während der letzten Abende ein wenig langsamer als sonst, Mutter."

Sie waren wieder sehr still. Endlich sagte sie mit fester und heiterer Stimme, die nur ein einziges Mal versagte: „Ich habe gesehen, wie er mit – ich habe gesehen, wie er mit Tiny Tim auf seiner Schulter früher oft galoppiert ist."

„Ich auch!" rief Peter. „Oh, und wie oft!"

„Ich auch!" rief ein anderes; und so alle nach der Reihe.

„Aber er war sehr leicht zu tragen", fuhr sie fort, über ihre Arbeit gebeugt, „und sein Vater liebte ihn so sehr, daß es ihm keine Mühe machte – nein, keine Mühe. Und da ist euer Vater an der Tür!"

Sie eilte ihm entgegen, und der kleine Bob kam mit seinem Seelenwärmer, dem Wollschal – der arme Bursche hatte ihn recht nötig –, in das Zimmer. Sein Tee stand auf dem Herd für ihn bereit, und alle beeilten sich, ihn zuerst zu bedienen. Dann kletterten die beiden jungen Cratchits auf seine Knie und legten ihre Wangen gegen sein Gesicht, als wollten sie sagen: Nimm dir's nicht so sehr zu Herzen, Vater. Gräme dich nicht zuviel!

Bob war sehr freundlich mit ihnen und sprach heiter mit der ganzen Familie. Er betrachtete die Arbeit auf dem Tisch, lobte den Fleiß seiner Frau und seiner Töchter und meinte, sie würden lange vor Sonntag fertig werden.

„Sonntag? Du warst also dort, Robert?" fragte seine Frau.

„Ja, meine Liebe", versetzte Bob. „Ich wollte, du hättest dabeisein können. Es hätte dir wohlgetan zu sehen, was für ein schöner grüner Platz es ist. Doch du wirst's noch oft sehen. Ich versprach ihm, daß ich an einem Sonntag hingehen wolle. Mein armes kleines Kind!" schluchzte Bob. „Mein kleines Kind!"

Er brach auf einmal zusammen – mit seiner Selbstbeherrschung war es zu Ende. Das Band zwischen ihm und seinem Sohn war zu innig gewesen, als daß es anders sein konnte.

Er verließ das Zimmer und ging in das obere Stübchen hinauf, das freundlich mit Kerzen erhellt und mit weihnachtlichem Grün geschmückt war. Dicht an der Seite des Kindes stand ein Stuhl; auch zeigten sich noch Spuren, daß kurz zuvor jemand dagewesen war. Der arme Bob setzte sich nieder, und nachdem er eine kleine Weile seinen Gedanken nachgehangen und sich gesammelt hatte, küßte er das kleine Gesicht. Er war mit dem

Vorgefallenen versöhnt und ging ganz heiter wieder hinunter.
Sie sammelten sich um das Feuer und plauderten, während die Mädchen und die Mutter noch immer arbeiteten. Bob erzählte ihnen, wie außerordentlich freundlich sich Mr. Scrooges Neffe benommen habe, obwohl er ihn kaum ein einziges Mal gesehen habe. Jener sei ihm heute auf der Straße begegnet und habe bemerkt, wie er, Bob, ein bißchen betrübt – „ihr wißt, nur ein kleines bißchen" – ausgesehen habe, worauf er ihn gefragt habe, was ihn bekümmere. „Ich sagte es ihm", fuhr Bob fort, „denn er hat die freundlichste Art von der Welt. ‚Das tut mir herzlich leid, Mr. Cratchit', versetzte er, ‚namentlich um Ihrer guten Frau willen.' Nebenbei, ich möchte nur wissen, wie er *das* erfahren haben mag."
„Was erfahren, mein Lieber?"
„Na, daß du eine gute Frau bist", versetzte Bob.
„Das weiß doch jeder", sagte Peter.
„Sehr gut bemerkt, mein Junge!" rief Bob. „Ich hoffe, du hast recht. ‚Tut mir herzlich leid um Ihrer guten Frau willen', sagte er also. ‚Wenn ich Ihnen in irgend etwas zu Diensten sein kann', fuhr er fort, indem er mir seine Karte gab, ‚so finden Sie hier, wo ich wohne. Suchen Sie mich bitte auf.' Es war nicht gerade der Umstand", fügte Bob hinzu, „daß er vielleicht etwas für uns tun könnte, als vielmehr sein freundliches Wesen, was mich so sehr dabei erfreute. Kam's mir doch wahrhaftig vor, als habe er unsern Tiny Tim gekannt und mit uns gefühlt."
„Ich bin überzeugt, er ist eine gute Seele", sagte Mrs. Cratchit.
„Du wärst noch mehr davon überzeugt, meine Liebe", versetzte Bob, „wenn du ihn sähest und mit ihm sprächest. Denk an mich, es sollte mich nicht wundern, wenn er für Peter eine bessere Stellung ausfindig machte."
„Hörst du, Peter?" sagte Mrs. Cratchit.
„Und dann", rief eines der Mädchen, „wird Peter sich ein Mädchen suchen und einen eignen Haushalt gründen!"
„Ach geh!" entgegnete Peter grinsend.
„Es ist ebensogut möglich als nicht, daß das eines Tages geschieht", sagte Bob, „obgleich es in jedem Falle noch eine schöne Zeit dauern wird. Aber wie und wann wir auch voneinander getrennt werden mögen, so bin ich überzeugt, keiner von uns

wird jemals den armen Tiny Tim und diese erste Trennung, die uns betroffen hat, vergessen; ist es nicht so?"

„Niemals, Vater!" riefen sie alle.

„Und ich weiß", fuhr Bob fort, „ich weiß, meine Lieben – wenn wir uns erinnern, wie geduldig und mild er trotz seines kindlichen Alters war, so werden wir untereinander nicht leicht Streit anfangen und dadurch das Andenken des armen Tiny Tim kränken."

„Nein, nie, Vater!" riefen sie alle wieder.

„Ich bin sehr glücklich", sagte der kleine Bob, „ich bin sehr glücklich!"

Mrs. Cratchit küßte ihn, seine Töchter küßten ihn, die beiden jungen Cratchits küßten ihn, und Peter wechselte mit ihm einen Händedruck. Geist des armen Tiny Tim, dein kindliches Wesen kam von Gott!

„Geist", sagte Scrooge, „etwas mahnt mich, daß der Augenblick unserer Trennung nahe ist. Ich fühle es, obgleich ich keinen Grund dafür angeben kann. Sage mir, wer war jener Mann, den wir tot daliegen sahen?"

Der Geist der künftigen Weihnacht brachte ihn wie zuvor in die Gegend des Geschäftsverkehrs, wo er jedoch auch diesmal sich selbst nicht zu Gesicht bekam. Der gegenwärtige Gang schien ihm jedoch in eine andere Zeit zu fallen, wie denn überhaupt in den letzteren Visionen keine weitere Ordnung zu finden war, als daß sie die Zukunft betrafen. In der Tat hielt sich der Geist bei nichts auf, sondern ging geradeaus, als wolle er unverzüglich das an ihn gestellte Gesuch erfüllen, bis ihn Scrooge bat, einen Augenblick zu verweilen.

„Dieser Hof", sagte Scrooge, „durch den wir jetzt eilen, ist meine Arbeitsstätte, wo ich eine lange Reihe von Jahren geweilt habe. Ich sehe das Haus; laß mich schauen, wie es in künftigen Tagen um mich stehen wird."

Der Geist hielt inne; seine Hand war anderswohin gerichtet.

„Das Haus steht dort!" rief Scrooge. „Warum deutest du in eine andere Richtung?"

Der unerbittliche Finger änderte seine Haltung nicht.

Scrooge eilte zum Fenster seines Kontors und schaute hinein. Es war noch immer ein Kontor, aber nicht das seinige. Er sah andere Möbel, und die Gestalt in dem Sessel war nicht er selbst. Der Finger des Gespenstes deutete immer noch in die frühere Richtung.

Er schloß sich dem Geist wieder an, wobei er sich verwundert fragte, wohin es jetzt ginge, und begleitete ihn, bis sie ein eisernes Tor erreichten. Er blieb stehen, um sich umzusehen, ehe er eintrat.

Ein Friedhof. Hier lag also der unglückliche Mann, dessen Namen er jetzt erfahren sollte, unter der Erde. Es war ein würdiger Ort – durch Häuser eingeengt, von wucherndem Unkraut, der Blüte nicht des Lebens, sondern des Todes, überwachsen, von allzuviel Leichen, die hier moderten, erstickt; ein Stück Erde, das bis zum Ekel übersättigt war. Ein würdiger Ort!

Der Geist trat zwischen die Gräber und zeigte auf eines nieder. Scrooge näherte sich mit Zittern. Die Erscheinung war ganz so, wie sie zuvor gewesen, aber es kam ihm vor, als sehe er eine neue Bedeutung in ihrer feierlichen Gestalt.

„Ehe ich näher an diesen Stein herantrete, den du mir zeigst", sagte Scrooge, „beantworte mir eine einzige Frage. Sind dies die Schatten von Ereignissen, die eintreten werden, oder nur die Schatten von Dingen, die kommen können?"

Noch immer deutete das Gespenst auf das Grab, neben dem es stand.

„Der Menschen Taten zeigen gewisse Ziele an, zu denen sie unvermeidlich führen müssen, wenn die Richtung der Lebensbahn dieselbe bleibt", sagte Scrooge. „Aber wenn das Leben andere Wege einschlägt, muß auch das Ziel ein anderes werden. Sprich, haben die Bilder, die du mir zeigst, diesen Sinn?"

Der Geist blieb so regungslos wie zuvor.

Scrooge kroch zitternd heran, folgte dem Finger und las auf dem Stein des vernachlässigten Grabes seinen eigenen Namen: EBENEZER SCROOGE.

„Bin also *ich* der Mann, der auf dem Bett lag?" rief er, neben dem Grab kniend.

Der Finger deutete von dem Grab auf ihn und dann wieder zurück.

„Nein, Geist! O nein, nein!"

Noch immer behielt der Finger seine Richtung bei.

SCROOGE

„Geist!" rief er, sich fest an dessen Gewand klammernd. „Höre mich! Ich bin nicht mehr der Mann, der ich war. Ich will nicht mehr der Mensch sein, der ich ohne diese Erscheinungen geblieben wäre. Warum zeigst du mir das, wenn alle Hoffnung für mich vorbei ist?"

Zum erstenmal schien die Hand zu erbeben.

„Guter Geist", fuhr er fort, während er ganz vor ihm niederfiel, „dein inneres Gefühl tritt für mich ein und hat Mitleid mit mir. Gib mir die Versicherung, daß ich durch ein verändertes Leben diese Schatten noch verändern kann, die du mir gezeigt hast."

Die freundliche Hand zitterte.

„Ich will Weihnachten ehren in meinem Herzen und versuchen, es das ganze Jahre über zu tun. Ich will leben in der Vergangenheit, in der Gegenwart und in der Zukunft. Alle diese drei Geister sollen in meinem Innern lebendig sein, und ich will mich nicht verhärten gegen die Lehren, die sie mir erteilt haben. Oh, sage mir, kann ich die Schrift auf diesem Stein wieder auslöschen?"

In seiner Angst ergriff er die gespenstige Hand. Sie versuchte sich zu befreien, aber er, stark in seinem Flehen, hielt sie fest. Doch der Geist war noch stärker und stieß ihn zurück.

Während er seine Hände in einem letzten Gebet um Abwendung seines Geschicks emporhielt, sah er eine Veränderung in der Kopfbedeckung und dem Gewand des Geistes. Er wurde kleiner, sank in sich ein und schrumpfte zu einem Bettpfosten zusammen.

Fünfte Strophe

DER AUSGANG DER GESCHICHTE

Ja, und der Bettpfosten war der seine. Das Bett war seines, das Zimmer war seines und – oh, das größte Glück von allem – die Zeit vor ihm war seine, um sie besser anwenden zu können!

„Ich will leben in der Vergangenheit, in der Gegenwart und in der Zukunft", wiederholte Scrooge, während er aus dem Bett kletterte. „Alle diese drei Geister sollen in meinem Innern lebendig sein. O Jacob Marley! Der Himmel und die Weihnachtszeit seien dafür gepriesen! Ich rufe das auf meinen Knien, alter Jacob – auf meinen Knien!"

Er war so erregt und glühend in der Fülle seiner guten Vorsätze, daß ihm seine gebrochene Stimme fast den Dienst versagte. Im Kampf mit dem Geist hatte er heftig geschluchzt, und sein Gesicht war naß von Tränen.

„Sie sind nicht heruntergerissen", rief Scrooge, indem er einen seiner Bettvorhänge mit den Armen umschlang, „sie sind nicht heruntergerissen samt Ringen und allem! Da sind sie. Ich bin hier, und die Schatten der Dinge, die ich als zukünftig sah, lassen sich vielleicht noch zerstreuen. Sie werden sich noch zerstreuen lassen. Ja, ich weiß es gewiß, daß das noch möglich ist!"

Seine Hände waren diese ganze Zeit über mit seinen Kleidern beschäftigt, und er war so aufgeregt, daß ihm alle nur erdenklichen Mißgriffe beim Ankleiden passierten.

„Ich weiß nicht, was ich tun soll!" rief Scrooge, im gleichen Atemzug lachend und weinend, während er mit seinen Strümpfen einen wahren Laokoon* aus sich machte. „Ich bin so leicht wie eine Feder, so glücklich wie ein Engel und so vergnügt wie ein Schuljunge. Ich bin so schwindlig wie ein Betrunkener. Frohe Weihnachten für jedermann! Ein glückliches neues Jahr der ganzen Welt! Holla da! Hupp! Holla!"

Er war in das Wohnzimmer gelaufen und stand nun ganz atemlos da.

„Da ist das Pfännchen, worin die Hafergrütze war!" rief Scrooge, wobei er abermals auffuhr und zum Kamin rannte. „Da ist die Tür, durch die der Geist Jacob Marleys eintrat! Das ist die Ecke, wo der Geist der gegenwärtigen Weihnacht saß! Hier ist das Fenster, wo ich die wandernden Geister sah! Es hat alles seine Richtigkeit; es ist alles wahr und wirklich vorgefallen. Hahaha!"

Für einen Mann, der so viele Jahre aus der Übung gekommen

* (griech. Myth.) Priester des Apollon in Troja, der mit seinen Söhnen von zwei riesigen Seeschlangen erwürgt wurde

war, konnte man dieses Lachen in Wahrheit ein herrliches, ein ganz prächtiges Lachen nennen – den Vater einer langen, langen Reihe köstlicher Gelächter!

„Ich weiß nicht, was wir für einen Monatstag haben", sagte Scrooge. „Ich weiß nicht, wie lange ich wohl unter den Geistern gewesen sein mag. Ich weiß gar nichts – ich bin wie ein Kind. Doch gleichviel, ich mache mir nichts daraus. Wollte Gott, ich wäre ein Kind. Holla! Hupp! Holla da!"

Er wurde in seinem Entzücken durch das lauteste und lustigste Geläute der Kirchenglocken, das er je gehört hatte, unterbrochen. Kling, klang, ding, dong, bum, bim, bam! Bam, bim, bum, dong, ding, klang, kling! Oh, herrlich, herrlich!

Er lief zum Fenster, öffnete es und steckte den Kopf hinaus. Kein Nebel; helle, klare, lustige, belebende Kälte, eine Kälte, die das Blut in den Adern zum Tanzen brachte. Goldenes Sonnenlicht; prächtig klarer Himmel; süße, frische Luft; fröhliches Glockengeläute! Oh, herrlich – herrlich!

„Was ist heute?" rief Scrooge einem Jungen im Sonntagsstaat zu, der vielleicht in den Hof hereingekommen war, um sich ein bißchen umzuschauen.

„Hä?" entgegnete der Junge so verwundert wie nur möglich.

„Was heute für ein Tag ist, mein hübsches Bürschchen?" fragte Scrooge.

„Heute?" versetzte der Junge. „Nun, Weihnachtstag."

„Es ist Weihnachtstag!" sagte Scrooge zu sich selbst. „Ich habe ihn nicht versäumt. Die Geister haben das Ganze in einer einzigen Nacht abgemacht. Sie können alles, was sie wollen. Natürlich können sie das – selbstverständlich. Hallo, mein hübscher Bursche!"

„Hallo!" erwiderte der Junge.

„Kennst du den Geflügelhändler an der Ecke in der übernächsten Straße?" fragte Scrooge.

„Das will ich meinen", versetzte der Junge.

„Ein gescheiter Junge!" sagte Scrooge. „Ein bemerkenswerter Junge! Weißt du, ob sie den preisgekrönten Truthahn verkauft haben, der gestern dort hing? Ich meine nicht den kleinen preisgekrönten Truthahn, sondern den großen."

„Wie, den, der so groß ist wie ich?" entgegnete der Junge.

„Was für ein prächtiger Junge!" sagte Scrooge. „Es ist eine wahre Freude, mit ihm zu sprechen. Ja, mein Sohn."

„Er hängt noch dort", erwiderte der Junge.

„Wirklich?" sagte Scrooge. „So geh hin und kaufe ihn."

„Ach was!" rief der Junge.

„Nein, nein", versetzte Scrooge, „es ist mir Ernst. Geh, kaufe ihn und sage, man solle ihn hierherbringen, damit ich Anweisung geben kann, wohin er geschafft werden soll. Komm mit dem Mann hierher, und ich will dir einen Shilling geben. Wenn du in weniger als fünf Minuten wieder da bist, so kriegst du eine halbe Krone."

Der Knabe schoß davon wie eine Kugel aus dem Lauf. Doch nein, es müßte einer schon eine recht feste Hand am Drücker haben, wenn er eine Kugel nur mit der halben Geschwindigkeit abfeuern wollte.

„Ich will ihn zu Bob Cratchit schicken", flüsterte Scrooge, seine Hände reibend und vor Lachen fast berstend. „Er soll nicht wissen, wer ihm den Braten schickt. Er ist zweimal so groß wie Tiny Tim. Nie hat Eulenspiegel einen besseren Spaß gemacht, als dieser sein wird, wenn ich den Truthahn zu Bob schicke!"

Die Hand, mit der er die Adresse aufzeichnete, war nicht die festeste; aber er kam doch damit zustande, ging dann die Treppe hinunter und öffnete die Tür, um den Gehilfen des Geflügelhändlers sogleich in Empfang nehmen zu können. Während er so dastand und der Ankunft des Mannes entgegensah, fiel sein Blick auf den Türklopfer.

„Ich will ihn lieben, solange ich lebe!" rief Scrooge und streichelte ihn mit der Hand. „Früher habe ich ihn kaum angesehen. Welch ein ehrlicher Ausdruck liegt in seinem Gesicht! Es ist ein wunderbarer Klopfer! Ha, da kommt der Truthahn. Hallo! Hupp! Wie geht's Ihnen? Frohe Weihnachten!"

Das war ein Truthahn! Dieser Vogel hätte nie auf seinen Beinen stehen können, denn sie wären ihm in einer Minute abgeknickt wie zwei Stangen Siegelwachs.

„Es ist wohl nicht möglich, dieses Tier nach Camden Town zu tragen", sagte Scrooge. „Sie müssen eine Droschke nehmen."

Das Kichern, mit dem er das sagte, und das Kichern, mit dem er den Truthahn bezahlte, und das Kichern, mit dem er den Fuhrlohn entrichtete, und das Kichern, mit dem er den Knaben belohnte – all diese Heiterkeit wurde nur von dem Kichern übertroffen, mit dem er sich atemlos wieder in seinen Stuhl setzte und vor sich hin kicherte, bis ihm die Tränen über die Wangen liefen.

Das Rasieren war kein leichtes Geschäft, denn seine Hand zitterte sehr, und Rasieren erfordert Aufmerksamkeit, auch wenn man nicht gerade tanzt, während man diese Operation vornimmt. Aber selbst wenn er sich die Nasenspitze abgesäbelt hätte, so hätte er ein Stück Pflaster darauf geklebt und sich vollkommen damit zufriedengegeben.

Er zog seinen besten Anzug an und ging endlich auf die Straße hinunter. Die Leute strömten an ihm vorbei, wie er sie im Geleit des Geistes der gegenwärtigen Weihnacht gesehen hatte; und Scrooge betrachtete sie, die Hände auf den Rücken gelegt, samt und sonders mit einem entzückten Lächeln. Mit einem Wort, er sah so unwiderstehlich freundlich aus, daß drei oder vier gutmütige Burschen zu ihm sagten: „Guten Morgen, Sir! Frohe Weihnachten!", und Scrooge versicherte nachher oft, von allen frohen Tönen, die er je gehört habe, seien das die allerbeseligendsten gewesen.

Er war noch nicht weit gekommen, als er dem stattlichen Gentleman begegnete, der abends zuvor in seinem Kontor vorgesprochen und gesagt hatte: „Scrooge & Marley, nehme ich an?" Er fühlte einen Stich durchs Herz, wenn er daran dachte, mit welchem Auge dieser alte Gentleman ihn wohl betrachten werde; aber er wußte, welch ein Pfad gerade vor ihm lag, und schlug ihn ein.

„Werter Herr", sagte Scrooge, indem er seinen Schritt beschleunigte und den alten Gentleman bei den Händen faßte, „wie geht es Ihnen? Ich hoffe, Ihre Bemühungen sind Ihnen gestern gut gelungen. Es war sehr gütig von Ihnen. Frohe Weihnachten, Sir!"

„Mr. Scrooge?"

„Ja", sagte Scrooge. „Das ist mein Name, und ich fürchte, daß er nicht sehr angenehm in Ihren Ohren klingt. Erlauben Sie mir, Sie um Verzeihung zu bitten, und wollen Sie die Güte haben ..." Hier flüsterte Scrooge ihm etwas ins Ohr.

„Gott behüte mich!" rief der Gentleman, als ob ihm der Atem stockte. „Mein lieber Mr. Scrooge, ist das Ihr Ernst?"

„Allerdings", sagte Scrooge. „Keinen Farthing* weniger. Es sind viele Rückstände darin eingeschlossen. Wollen Sie mir diese Gunst erweisen?"

„Mein werter Herr", sagte der andere und drückte ihm die Hand, „ich weiß nicht, was ich sagen soll zu einer solchen Freigeb–"

„Sie sollen gar nichts dazu sagen, wenn ich bitten darf", entgegnete Scrooge. „Besuchen Sie mich. Wollen Sie zu mir kommen?"

„Ich will es!" erwiderte der alte Gentleman. Und es war augenscheinlich, daß er sein Versprechen wirklich zu halten gedachte.

„Ich danke Ihnen", sagte Scrooge. „Ich bin Ihnen sehr verbunden. Tausend Dank! Gott behüte Sie!"

Er begab sich in die Kirche, ging danach in den Straßen umher, sah zu, wie die Leute auf und ab liefen, tätschelte Kindern den Kopf, unterhielt sich mit Bettlern, blickte in die Küchen der Häuser hinunter oder zu den Fenstern hinauf und fand, daß ihm alles eine Freude bereiten konnte. Er hatte sich's nie träumen lassen, daß ein Spaziergang oder irgend etwas imstande wäre, ihn so glücklich zu machen. Am Nachmittag lenkte er seine Schritte zum Haus seines Neffen.

Er spazierte ein dutzendmal an der Tür vorbei, ehe er den Mut fand, hinaufzugehen und zu klopfen. Endlich aber nahm er einen Anlauf und tat es.

„Ist Ihr Herr zu Hause, meine Liebe?" fragte Scrooge das Mädchen. Ein hübsches Kind, wahrhaftig!

„Ja, Sir."

„Wo ist er, meine Liebe?" fragte Scrooge.

„Er befindet sich mit der gnädigen Frau im Speisezimmer. Wenn Sie wünschen, will ich Sie die Treppe hinaufführen."

„Danke. Er kennt mich", entgegnete Scrooge, der die Hand bereits auf die Klinke des Speisezimmers gelegt hatte. „Ich will ohne Umstände zu ihm hineingehen, meine Liebe."

Er drückte sacht auf die Klinke und steckte den Kopf halb zur

---

* Damals die kleinste englische Münze

Tür hinein. Sie betrachteten gerade den Tisch, der prächtig gedeckt war, denn junge Hausfrauen sind immer nervös in solchen Dingen und haben's gern, wenn alles in Ordnung ist.

„Fred!" sagte Scrooge.

Ach, du lieber Himmel, wie seine Nichte zusammenfuhr! Scrooge hatte für den Augenblick vergessen, wie sie mit dem Schemel in der Ecke gesessen hatte, sonst hätte er sie um keinen Preis so erschreckt.

„Ach, du lieber Gott!" rief Fred. „Wer ist das?"

„Ich bin's. Dein Onkel Scrooge. Ich bin zum Essen gekommen. Willst du mich einlassen, Fred?"

Ihn einlassen! Es war noch ein Glück, daß er ihm nicht den Arm aus dem Leib riß. In fünf Minuten fühlte sich Scrooge wie zu Hause. Nichts konnte herzlicher sein. Auch seine Nichte war ihm gegenüber die Freundlichkeit selbst. Ebenso Topper, als er kam; ebenso die rundliche Schwester, als sie kam; ebenso alle übrigen Gäste, als sie sich der Reihe nach einstellten. Eine wundervolle Gesellschaft, wundervolle Spiele, wundervolle Harmonie, wun-der-vol-les Glück!

Aber am andern Morgen war er früh in seinem Kontor – oh, er war sehr früh dort. Wenn er nur zuerst eintreffen und Bob Cratchit dabei ertappen konnte, daß er zu spät kam; das war es, worauf er seine Hoffnung gesetzt hatte.

Und es gelang ihm – ja, es gelang ihm! Die Glocke schlug neun, kein Bob. Viertel. Kein Bob. Er kam volle achtzehn und eine halbe Minute nach der Zeit. Scrooge hatte seine Tür weit offengelassen, um Zeuge zu sein, wie er in seine Zelle hereinkam.

Bobs Hut und Seelenwärmer waren herunter, ehe er noch die Tür öffnete. Im Nu saß er auf seinem Schreibbock und ließ seine Feder dahinfliegen, als versuche er, neun Uhr wieder einzuholen.

„Heda!" brummte Scrooge, so gut wie möglich in seiner gewöhnlichen Stimme. „Was soll das heißen, daß Sie heute um diese Zeit kommen?"

„Es tut mir sehr leid, Sir", sagte Bob. „Ich habe mich verspätet."

„Wirklich?" sagte Scrooge. „Ja, ich glaube auch. Kommen Sie hierher, wenn ich bitten darf."

„Es ist nur einmal im Jahr, Sir", entschuldigte sich Bob, während er aus der Zelle hervorkam. „Es soll nicht wieder vorkommen. Ich habe mich gestern ein wenig amüsiert, Sir."

„Ich will Ihnen jetzt was sagen, mein Freund", entgegnete Scrooge. „So kann das alles nicht weitergehen. Und deshalb", fügte er hinzu, indem er von seinem Bock heruntersprang und Bob mit dem Finger einen solchen Stoß vor den Magen gab, daß dieser wieder in die Zelle zurücktaumelte – „und deshalb habe ich mir vorgenommen, Ihr Gehalt zu erhöhen!"

Bob zitterte und versuchte, in die Nähe des Lineals zu kommen. Einen Augenblick lang überlegte er, ob er nicht Scrooge damit niederschlagen, ihn festhalten und den Leuten im Hof zurufen sollte, sie mögen ihm helfen und eine Zwangsjacke herbeischaffen.

„Frohe Weihnachten, Bob!" sagte Scrooge mit einem Ernst, der nicht mißverstanden werden konnte, während er ihn auf den Rücken klopfte. „Fröhlichere Weihnachten, Bob, mein guter Bursche, als ich sie Ihnen seit vielen Jahren geboten habe! Ich will Ihr Gehalt erhöhen und mich bemühen, Ihrer Familie, die sich so schwer plagen muß, beizustehen. Wir wollen Ihre Angelegenheiten diesen Nachmittag bei einem dampfenden Weihnachtspunsch besprechen, Bob. Schüren Sie jetzt die Feuer, und kaufen Sie einen zweiten Kohlenkasten, ehe Sie auch nur das Tüpfelchen auf ein neues i setzen können, Bob Cratchit!"

SCROOGE hielt mehr als Wort. Er tat nicht nur alles, was er versprochen hatte, sondern auch noch unendlich viel mehr. Namentlich war er für Tiny Tim, der nicht starb, ein zweiter Vater. Er wurde ein so guter Freund, ein so guter Arbeitgeber und ein so guter Mensch, wie ihn die gute alte City oder irgendeine andere gute alte Stadt, ein Dorf oder Flecken in der guten alten Welt jemals aufzuweisen hatte. Einige Leute lachten über ihn, als sie ihn so verändert fanden; aber er ließ sie lachen und achtete nicht auf sie. Denn er war klug genug, um zu wissen, daß auf diesem Erdball nie ein Wandel zum Besseren vorgeht, ohne daß einige Leute diese Veränderung anfangs mit Gelächter begrüßen. Da er wohl einsah, daß diese Lacher für alle Fälle blind bleiben würden, so dachte er, es sei ebenso gut, daß sie ihre Augen mit Lachfältchen umgaben, als daß sie ihre Krankheit in weniger anziehenden Formen zeigten. Sein eigenes Herz lachte, und das war ihm vollkommen genug.

Er hatte keinen Umgang mehr mit Geistern, sondern lebte fortan stets nach dem Grundsatz vollständiger Abstinenz, und man sagte ihm nach, wenn irgendein Mensch auf Erden die Kunst besitze, gut Weihnachten zu feiern, so müsse man sie bei ihm suchen. Möge sich das in Wahrheit auch von uns – und zwar von uns allen – sagen lassen! Und so möge denn, wie Tiny Tim bemerkte, Gott uns segnen allesamt!

DIE GLOCKEN

Die Glocken

Eine Geistergeschichte von einigen Glocken,
die ein altes Jahr aus- und ein neues einläuteten

Das erste Viertel

Es gibt nicht viele Menschen – und da es wünschenswert ist, daß zwischen einem Erzähler und seinem Leser möglichst von vornherein ein wechselseitiges Einverständnis bestehe, so bitte ich darauf zu achten, daß ich meine Bemerkung nicht auf junge oder kleine Leute beschränke, sondern sie auf alle ausdehne, mögen sie nun klein oder groß, jung oder alt, erst in der Entwicklung oder bereits wieder im Abstieg ihres Lebens sein –, ich sage, es gibt nicht viele Menschen, die gern in einer Kirche schlafen möchten. Ich meine damit nicht während der Predigt bei warmem Wetter (was ein- oder zweimal tatsächlich vorgekommen ist), sondern in der Nacht und allein. Ich weiß, sehr viele Menschen wären am hellichten Tag über eine solche Zumutung aufs höchste befremdet, aber ich habe die Nacht im Auge, und der Fall muß bei Nacht erörtert werden. Ich bin bereit, meine Behauptung in jeder beliebigen stürmischen Winternacht erfolgreich zu beweisen. Es braucht nur einer aus der Menge meiner Gegner mit mir allein auf einem alten Friedhof vor einer alten Kirchentür zusammenzutreffen und mir im voraus die Ermächtigung zu erteilen, ihn, falls es zu seiner Überzeugung notwendig wäre, bis zum Morgen einzusperren.

Denn der Nachtwind hat die unheimliche Gewohnheit, ein derartiges Gebäude stöhnend zu umwandeln, mit unsichtbarer Hand an Fenstern und Türen zu rütteln und irgendeine Spalte aufzuspüren, durch die er eindringen kann. Ist er endlich drinnen, so winselt und heult er, um wieder hinauszukommen, wie jemand, der nicht gefunden hat, was er sucht, wobei er sich nicht begnügt, durch die Gänge zu wandern, um die Säulen zu schlüpfen und die tieftönende Orgel auszuprobieren, sondern sich auch zum Dach erhebt und das Gebälk zu erschüttern versucht; dann wirft er sich verzweifelnd auf die Steine unten und dringt murrend in die Grüfte. Endlich kommt er verstohlen wieder herauf, schleicht an den Wänden entlang und scheint in Flüstertönen die Inschriften, die den Toten geweiht sind, zu lesen. Bei einigen bricht er in schrille Töne aus wie im Gelächter, während er bei anderen ächzt und klagt, als wäre er voll Trauer. In der Nähe des Altars stimmt er einen gar gespenstischen Ton an und singt in seiner wilden Weise von Unrecht, Mord und Götzendienst, den Gesetzestafeln zum Trotz, die so zerbrochen und voller Risse sind, obgleich sie so schön und glatt aussehen. Hu! Der Himmel bewahre uns, die wir so gemütlich um das Feuer sitzen! Er hat eine gar schreckliche Stimme – dieser Wind, der um Mitternacht in einer Kirche singt!

Aber hoch oben im Turm! Dort brüllen und pfeifen unheimliche Windstöße! Hoch oben im Turm, wo sie durch manche luftige Öffnung frei ein- und ausziehen, sich um die schwindelnde Treppe winden, den stöhnenden Wetterhahn umherwirbeln und sogar das Gemäuer selbst zum Schütteln und Rütteln bringen! Hoch oben im Turm, wo sich der Glockenstuhl erhebt, wo die eisernen Geländer vom Rost zerfressen sind und die Blei- und Kupferplatten, abgenutzt vom wechselnden Wetter, unter dem ungewohnten Tritt krachen und seufzen; wo Vögel ihre Nester in die Ecken des alten Eichengebälks stopfen, der Staub alt und grau wird, fleckige Spinnen, von langer Sicherheit faul und fett, beim Schwingen der Glockenschläge müßig hin und her pendeln, ohne je aus ihren Fadenschlössern in der Luft herabzufallen oder angsterfüllt wie Matrosen emporzuklettern, oder sich auf den Boden niederzulassen, um acht hurtige Beine zur Rettung ihres Lebens in Tätigkeit zu setzen! Hoch oben im Turm einer alten Kirche, weit über dem Licht und Lärm der Stadt und weit unter den fliegenden Wolken, die ihn beschatten, ist nächtens ein wilder, trauriger Ort, und hoch oben im Turm einer alten Kirche hingen die Glocken, von denen ich spreche.

Es waren alte Glocken, die vor Jahrhunderten von Bischöfen getauft wurden – vor so vielen Jahrhunderten, daß ihr Taufregister schon vor Menschengedenken verlorenging und niemand mehr ihre Namen kennt. Sie hatten ihre Paten und Patinnen gehabt (nebenbei bemerkt, ich für meinen Teil möchte lieber die Verantwortlichkeit übernehmen, bei einem Glockenschwengel als bei einem Lockenbengel Pate zu stehen) und ohne Zweifel auch ihre silbernen Becher erhalten; aber die Zeit mähte die ersteren hin, und Heinrich VIII. ließ die letzteren einschmelzen – so daß sie jetzt ohne Namen und ohne Patengeschenk im Kirchturm hingen.

Doch nicht ohne Stimme und Sprache – das keineswegs. Sie hatten klare, laute, lustige, volltönende Stimmen, die der Wind weit hinaus und überallhin trug. Dabei waren sie aber viel zu trotzige Glocken, um sich von der Willkür des Windes abhängig zu machen. War er ihnen gegenüber übellaunig, dann kämpften sie kräftig gegen ihn an und ließen ihre lieblichen Klänge recht königlich in die lauschenden Ohren dringen. Namentlich waren sie darauf erpicht, in stürmischen Nächten irgendeine arme Mutter, die bei ihrem kranken Kind wachte, oder eine einsame Frau, deren Mann zur See war, zu grüßen, und so waren sie bekannt dafür, schon manches Mal einen pustenden Nordwest geschlagen zu haben, „daß er Krämpfe kriegte", wie Toby Veck sagte; denn obgleich man ihn Trotty Veck zu nennen pflegte, hieß er doch Toby, und niemand konnte ihn ohne ausdrücklichen Parlamentsbeschluß zu etwas anderem machen. War er doch zu seiner Zeit ebenso gesetzlich getauft worden wie die Glocken zu der ihrigen, obwohl nicht mit ganz soviel Feierlichkeit oder öffentlichem Jubel.

Ich bekenne mich für meinen Teil zu Toby Vecks Meinung, denn ich bin überzeugt, daß er hinreichend Gelegenheit hatte, sich eine richtige Ansicht zu bilden. Was daher Toby Veck sagte, sage auch ich, und ich stelle mich Toby zur Seite, obgleich er den lieben langen Tag just vor der Kirchentür stand – was wahrhaftig kein Vergnügen war. Er war nämlich ein Dienstmann und wartete dort auf Aufträge.

Freilich war es ein windiger, gänsehäutiger, blaunasiger, rotäugiger, steinzehiger und zähneklappernder Warteplatz zur

Winterszeit, wie Toby Veck wohl wußte. Der Wind kam um die Ecke gerast – namentlich der Ostwind –, als sei er ausdrücklich von den Grenzen der Erde losgestürmt, um Toby einmal tüchtig anzuwehen. Ja, oft schien er sogar früher auf ihn zu stoßen, als er erwartet hatte; denn er raste um die Ecke und fuhr an Toby vorbei, drehte aber dann plötzlich wieder um, als wollte er ausrufen: „He, da ist er ja!" Im nächsten Augenblick flog dann Tobys kleine weiße Schürze wie das Röckchen eines wilden Jungen über seinen Kopf, und man sah das schwache Stöcklein vergeblich in seiner Hand ringen und kämpfen, während seine Beine in furchtbare Aufregung gerieten und er selbst windschief, das Gesicht bald da-, bald dorthin wendend, so zerzaust, gezerrt, getrieben, gestoßen, gewirbelt, ja von seinen Füßen gelupft wurde, daß es fast ein Wunder war, daß er nicht gleich einer Kolonie von Fröschen, Schnecken oder anderen leichten Geschöpfen in die Luft entführt und in irgendeinem fernen Erdenwinkel, wo Dienstmänner unbekannt sind, zum großen Erstaunen der Einheimischen niedergeregnet wurde.

Windiges Wetter war dennoch eine Art Festtag für Toby, obwohl es ihn so rauh behandelte. Denn er schien im Wind nicht so lange auf ein Sechspencestück warten zu müssen wie zu anderen Zeiten. Der Kampf mit dem ungestümen Element lenkte seine Aufmerksamkeit ab und frischte ihn auf, wenn er hungrig und übellaunig wurde. Auch strenger Frost oder Schneegestöber wurden für ihn zu einem Ereignis und schienen ihm in der einen oder andern Weise gutzutun, obgleich sich der eigentliche Grund nur schwer angeben ließe. So waren Wind, Frost, Schnee und vielleicht ein tüchtiger Hagel für Toby Veck die rotgedruckten Tage im Kalender.

Nasses Wetter war das schlimmste, die kalte, unfreundliche, klebrige Feuchtigkeit, die ihn wie ein nasser Mantel einhüllte – die einzige Art von Mantel, den Toby sein eigen nennen konnte, den er aber um seines Wohlbefindens willen trotzdem gern entbehrt hätte. Nasse Tage, wenn der Regen langsam, dicht und hartnäckig niederfiel – wenn die Kehlen der Straßen, wie seine eigene, von Nebel erstickt waren – wenn dampfende Schirme hin und her gingen und wie ebenso viele Kreisel tanzten, sooft sie auf den gedrängt vollen Gehwegen aneinanderstießen und einen kleinen Sprühregen ungemütlicher Tröpfchen niederspritzten – wenn die Dachrinnen rauschten und die Abflußrohre voll und lärmend waren – wenn das Naß von den vorspringenden Simsen der Kirche tropf, tropf, tropf auf Toby niederrieselte und den Strohwisch, auf dem er stand, im Nu zu bloßem Schmutz umwandelte – das waren für ihn Tage der Heimsuchung. Man konnte dann unseren Toby ängstlich und mit trostlosem langem Gesicht unter seinem Schlupfwinkel in einer Ecke der Kirchenmauer hervorgucken sehen – einem so mageren Schlupfwinkel freilich, daß er zur Sommerszeit nie einen breiteren Schatten auf das sonnige Pflaster warf als ein dicker Spazierstock. Bald aber kam Toby wieder heraus, um sich durch Bewegung aufzuwärmen, und trabte ein paar dutzendmal auf und ab, und da das schon genügte, um ihn aufzuheitern, so kehrte er dann wieder in besserer Laune in seine Nische zurück.

Man nannte ihn Trotty wegen seines Ganges, der zumindest Eile andeuten sollte. Er wäre vielleicht schneller vom Fleck gekommen, wenn er einfach gegangen wäre; aber würde man ihn seines Trotts beraubt haben, so hätte er sich zu Bett gelegt, um zu sterben. Zwar beschmutzte er sich dadurch bei schlechtem Wetter, sein Trab brachte ihn in alle möglichen Schwierigkeiten, und es wäre unendlich bequemer für ihn gewesen zu gehen, aber gerade das war der Grund dafür, daß er so hartnäckig daran festhielt. Denn obgleich ein schwaches, schmächtiges, kleines altes Männlein, war Toby doch ein wahrer Herkules an guter Absicht. Er liebte es, sein Geld wirklich zu verdienen. Der Gedanke, daß er sein Salz wert sei, bereitete ihm Genuß, und bei seiner Armut konnte er nicht leicht auf einen Genuß verzichten. Mit einem Auftrag, der ihm einen Shilling oder achtzehn Pence eintrug, oder mit einem kleinen Päckchen in der Hand steigerte sich sein Mut, an dem es ihm nie gebrach, nur um so mehr. Während er dahintrabte, pflegte er den schnell gehenden Briefträgern vor ihm zuzurufen, sie sollten ihm den Weg frei machen, weil er nicht anders glaubte, als daß er sie im natürlichen Lauf der Dinge unausbleiblich einholen und niederrennen müsse. Auch lebte er in der festen Überzeugung – die freilich nicht oft auf die Probe gestellt wurde –, daß er alles zu tragen imstande sei, was ein Mensch zu heben vermag.

Toby trabte daher auch, wenn er an einem nassen Tag aus seinem Winkel hervorkam, um sich zu wärmen. Er trabte, wenn er mit lecken Schuhen eine krumme Linie schlammiger Fußstapfen in den Straßenschmutz drückte und mit gebeugten Knien und seinem Stock unter dem Arm in seine frostigen Hände blies oder sie aneinander rieb, da sie gegen die beißende Kälte nur durch ärmliche und fadenscheinige grauwollene Fäustlinge geschützt waren, in denen nur die Daumen eine einzelne, die übrigen Finger aber eine gemeinschaftliche Herberge hatten. Ebenso trabte er, wenn er auf die Straße hinausging, um beim Klang der Glocken zum Turm hinaufzusehen.

Diesen letzten Ausflug machte er mehrmals am Tag, denn die Glocken waren seine Gesellschaft, und wenn er ihre Stimme hörte, so blickte er gern zu ihrem Wohnplatz hinauf und machte sich dabei Gedanken, wie sie sich bewegten und was für Hämmer auf sie schlügen. Vielleicht besaßen sie um so mehr Interessantes für ihn, weil zwischen ihnen und ihm selbst manche Übereinstimmung bestand. Sie hingen da bei jedem Wetter, in Wind und Regen, und betrachteten nur die Außenseite all jener Häuser, ohne je den lodernden Feuern nahe zu kommen, die durch die Fenster leuchteten oder zu den Schornsteinen herauspusteten; auch waren sie nicht imstande, an den guten Dingen teilzuhaben, die ohne Unterlaß durch Haustüren und Gitter hindurch an bemerkenswerte Köchinnen abgegeben wurden. Viele Gesichter erschienen an den Fenstern und verschwanden wieder – hübsche Gesichter bisweilen, jugendliche Gesichter, angenehme Gesichter, hin und wieder aber auch das Gegenteil. Doch Toby wußte ebensowenig wie die Glocken (obgleich er oft, wenn er müßig in den Straßen stand, Betrachtungen über diese Kleinigkeiten anstellte), woher sie kamen und wohin sie gingen oder ob im ganzen Jahr nur ein einziges freundliches Wort über ihn gesprochen wurde, wenn sich ihre Lippen bewegten.

Toby war kein Kasuist – seines Wissens wenigstens nicht –, und ich will nicht behaupten, daß er derartige Betrachtungen einzeln anstellte oder eine förmliche Heerschau über seine Gedanken hielt, als er begann, eine Zuneigung zu den Glocken zu fassen und die Fäden seiner ersten oberflächlichen Bekanntschaft mit ihnen zu einem dichteren und feineren Gewebe zu flechten.

Was ich aber fest behaupte, ist dies: in derselben Weise, wie Tobys körperliche Funktionen, seine Verdauungsorgane zum Beispiel, aufgrund ihrer eigenen Schlauheit und ihres mannigfaltigen, ihm unbewußten Zusammenwirkens, dessen Kenntnis ihm nicht geringes Erstaunen bereitet haben würde, zu einem gewissen Ziel gelangten, so setzten auch seine geistigen Fähigkeiten, ohne daß er dabei wissentlich tätig war, alle diese Räder und Federn nebst tausend anderen in Bewegung, um seine Zuneigung zu den Glocken hervorzubringen.

Und wenn ich diese letztere Empfindung sogar Liebe genannt hätte, so würde ich das Wort nicht zurücknehmen, obgleich es kaum dem vielfältigen Inhalt seines Gefühls gerecht geworden wäre. Denn da er bloß ein einfacher Mann war, schrieb er ihnen einen wundersamen und feierlichen Charakter zu. Sie waren so geheimnisvoll – oft gehört und doch nie gesehen –, so hoch oben, so weit weg und so voll tiefer, kräftiger Melodie, daß er mit einer Art Ehrfurcht zu ihnen aufblickte. Ja, wenn er die dunklen, gewölbten Fenster des Turmes betrachtete, so erwartete er bisweilen halb und halb, es werde ihm etwas zuwinken, was keine Glocke war und doch in den Klängen ihm so oft ins Ohr getönt hatte. Dennoch wies Toby mit Entrüstung ein unbestimmtes Gerücht zurück, daß die Töne verhext seien, weil das soviel hieß, als stünden sie möglicherweise zu etwas Bösem in Beziehung. Mit einem Wort, sie tönten sehr oft in seinen Ohren, beschäftigten sehr oft seine Gedanken und standen stets hoch in seiner Gunst; auch bekam er nicht selten, wenn er lange mit weit offenem Mund am Kirchturm hinaufgeschaut hatte, einen so steifen Hals, daß er anschließend ein wenig Getrabe außer der Reihe vollführen mußte, um dieses Übel wieder loszuwerden.

In dieser Tätigkeit war er eben an einem kalten Tag begriffen, als der letzte schläfrige Ton des Zwölfuhrschlages wie eine ungeheuer melodische, wenn auch sehr träge Biene durch den ganzen Turm summte.

„Oh, Zeit zum Mittagessen", sagte Toby und trabte vor der Kirche auf und ab. „Ah!"

Tobys Nase und Augenlider waren sehr rot, er blinzelte gewaltig, seine Schultern waren seinen Ohren ganz nahe, und aus seinen Beinen wollte die Steifheit nicht weichen. Er machte deutlich den Eindruck, daß ihm nicht bloß kühl, sondern daß er schon tüchtig durchgefroren war.

„Zeit zum Mittagessen", wiederholte Toby, wobei er den Fäustling seiner rechten Hand wie einen Boxhandschuh gebrauchte und damit seine Brust strafte, weil sie die Kälte spürte. „Ah-h-h-h!"

Hierauf gab er sich ein paar Minuten lang einem stummen Trab hin.

„Es gibt nichts –", begann Toby aufs neue, aber mit einemmal machte er in seinem Trott halt und betastete mit einem Gesicht, in dem sich Interesse mit etwas Unruhe mischte, seine Nase sorgfältig von unten bis oben. Er war bald damit fertig, denn er war mit Nase nicht allzu reichlich ausgestattet, und so war der Weg nur kurz.

„Ich dachte, sie wäre weg", sagte Toby zu sich, während er seinen Trab wiederaufnahm. „Es ist aber alles in Ordnung. Übrigens könnte ich es ihr nicht einmal übelnehmen, wenn sie sich davonmachen wollte. Sie leistet einen wirklich harten Dienst in dem bitterkalten Wetter, und dabei hat sie herzlich wenig zu erwarten, denn ich nehme nie eine Prise. Und selbst zu den besten Zeiten wird das gute arme Geschöpf viel geprüft, denn wenn sie wirklich einmal ein liebliches Düftchen erfaßt, was nicht allzuoft geschieht, so kommt's gewöhnlich von dem Mittagessen eines andern, das vom Bäcker nach Hause getragen wird."

Diese Betrachtung erinnerte ihn an die andere, die er unbeendet gelassen hatte.

„Es gibt nichts Regelmäßigeres", fuhr er fort, „als die Wiederkehr der Mittagessenszeit und nichts Unregelmäßigeres als das Kommen des Mittagessens selbst. Da besteht ein großer Unterschied, und es hat mich viel Zeit gekostet, bis ich es herausgefunden habe. Möchte doch wissen, ob sich's nicht für einen Gentleman der Mühe lohnte, diese Bemerkung für die Zeitungen oder für das Parlament zu kaufen!"

Toby meinte das bloß im Scherz, denn ernst schüttelte er in Mißbilligung seiner selbst den Kopf.

„Du lieber Himmel!" sagte er. „Die Zeitungen sind voll von Bemerkungen wie dieser, und ebenso ist's mit dem Parlament. Da habe ich eine Nummer von der letzten Woche" – er zog ein sehr schmutziges Blatt aus seiner Tasche und hielt es auf Armlänge vor sich hin –, „nichts als Bemerkungen – nichts als Bemerkungen! Ich möchte so gern wie jeder andere Neuigkeiten erfahren", fügte er langsam hinzu, während er den Bogen noch ein wenig kleiner zusammenfaltete und ihn wieder in die Tasche steckte, „aber es geht mir fast gegen den Strich, jetzt eine Zeitung zu lesen. Ich habe beinahe Angst davor. Was soll noch aus uns armen Leuten werden? Gott gebe, daß das herannahende neue Jahr uns etwas Besseres bringt!"

„Vater! Vater!" rief eine angenehme Stimme in der Nähe.

Aber Toby hörte sie nicht, sondern fuhr fort, vorwärts und rückwärts zu traben, während er sich in weiteren Gedanken erging und mit sich selbst sprach.

„Es ist, als ob aus uns nichts Rechtes werden könnte", sagte Toby. „Als ich jung war, bin ich nicht groß in die Schule geschickt worden, und ich kann nicht dahinterkommen, ob wir auf der Erde etwas zu schaffen haben oder nicht. Bisweilen denke ich, wir hätten es, wenn auch nur ein wenig, dann aber meine ich wieder, wir wären bloß lästig. Mitunter weiß ich gar nicht mehr, was ich denken soll, so daß ich nicht einmal mit mir ins reine kommen kann, ob überhaupt etwas Gutes an uns ist oder ob wir böse geboren wurden. Es sieht aus, als täten wir schreckliche Dinge und richteten viel Unheil an; man beklagt sich immer über uns und trifft Maßregeln, um sich vor uns zu schützen. Irgendwie sind die Zeitungen immer voll von uns. Ein Gesprächsthema für Neujahr!" fuhr Toby traurig fort. „Ich kann zu den meisten Zeiten soviel aushalten wie jeder andere – mehr sogar als die meisten, denn ich bin stark wie ein Löwe, was sich nicht von allen Leuten sagen läßt; aber gesetzt, es wäre wirklich wahr, daß wir kein Recht auf ein Neujahr haben – gesetzt den Fall, wir wären wirklich bloß lästig –"

„Vater! Vater!" ließ sich die liebliche Stimme abermals vernehmen.

Toby hörte es diesmal; er stutzte, blieb stehen, wandte seinen Blick, den er in die Ferne hatte schweifen lassen, als suche er mitten im Herzen des herannahenden Jahres nach einer Erleuchtung, wieder seiner Umgebung zu und fand sich seinem eigenen Kind gegenüber, das ihm ganz nahe in die Augen blickte.

Und es war ein Paar recht leuchtende Augen – Augen, in die eine ganze Welt schauen mochte, ehe sie ihre Tiefe ergründen konnte. Dunkle Augen, die die hineinblickenden Augen widerspiegelten, nicht indem sie ihnen absichtlich entgegenblitzten, sondern mit einem klaren, ruhigen, ehrlichen, geduldigen Glanz, der auf Verwandtschaft mit jenem Licht Anspruch erhob, das der Himmel ins Dasein rief. Augen, schön, wahr und hoffnungsstrahlend – mit so junger und frischer, mit so zuversichtlicher und freudiger Hoffnung, trotz der zwanzig Jahre Arbeit und Armut, die sie gesehen hatten, daß sie Trotty Veck zu sagen schienen: Ich glaube, wir haben auf der Erde etwas zu schaffen – ein wenig!

Trotty küßte die Lippen, die zu den Augen gehörten, und nahm das blühende Gesicht zwischen seine Hände.

„Na, Herzchen", sagte Trotty, „was gibt's? Ich habe dich heute nicht erwartet, Meg."

„Auch ich habe nicht mit meinem Kommen gerechnet, Vater!" rief das Mädchen, indem es lächelnd mit dem Kopf nickte. „Aber da bin ich – und obendrein nicht allein; nicht allein!"

„Wie, du willst doch nicht sagen", bemerkte Trotty und blickte neugierig auf einen bedeckten Korb, den sie in der Hand trug, „daß du –"

„Riecht daran, lieber Vater!" versetzte Meg. „Riecht einmal!"

Trotty war eben im Begriff, hastig den Deckel abzuheben, als das Mädchen scherzend mit der Hand dazwischenfuhr.

„Nein, nein, nein!" sagte Meg mit der Freude eines Kindes. „So geschwind geht's nicht. Ich will den Deckelrand nur ein klein bißchen anheben", fügte sie hinzu, indem sie ganz sacht den Worten die Handlung folgen ließ und dabei so leise sprach, als fürchte sie, von etwas im Korb drinnen gehört zu werden. „So. Nun, was ist es?"

Toby schnüffelte ein wenig am Rand des Korbes und rief entzückt: „Es ist heiß!"

„Es ist brennend heiß", versetzte Meg. „Hahaha! Es ist siedend heiß."

„Hahaha!" brüllte Toby mit einem Luftsprung. „Es ist siedend heiß."

„Aber was ist es, Vater?" fragte Meg. „Ihr habt noch nicht erraten, was es ist, und das müßt Ihr jetzt tun. Ich werde nicht daran denken, es herauszunehmen, bis Ihr's erraten habt. Ihr braucht Euch nicht so zu beeilen – wartet eine Minute. Ich will ein bißchen mehr von dem Deckel zurückschieben. Jetzt ratet!"

Meg war geradezu in Angst, er könnte zu bald das Richtige erraten, und wich deshalb ein wenig zurück, während sie ihm den Korb hinhielt. Zugleich zog sie ihre hübschen Schultern in die Höhe und hielt sich das Ohr mit der Hand zu, als könnte sie auf diese Weise das rechte Wort von Tobys Lippen fernhalten. Dabei lachte sie die ganze Zeit über leise vor sich hin.

Toby hatte mittlerweile die Hände auf die Knie gelegt und seine Nase zum Korb niedergebeugt und sog nun den Duft außerhalb des Deckels tief ein. Während er das tat, wurde das Grinsen auf seinem welken Gesicht immer breiter, als atme er Lachgas ein.

„Ah, das riecht prächtig", sagte Toby. „Ist es nicht – es werden doch keine Bratwürste sein?"

„Nein, nein, nein!" rief Meg entzückt. „Nichts da von Bratwürsten!"

„Nein", fuhr Toby nach abermaligem Schnüffeln fort, „es ist – es ist zarter als Bratwürste. Es riecht recht gut und mit jedem Augenblick besser. Der Geruch ist zu stark für Schweinsfüße – nicht wahr?"

Meg war außer sich vor Freude. Er hätte nicht weiter von der Wahrheit entfernt sein können als mit Schweinsfüßen die Bratwürste ausgenommen.

„Leber?" sagte Toby zu sich selbst. „Nein. Der Geruch hat eine Milde, die nicht zu Leber paßt. Eisbein? Nein. Er ist zu stark für Eisbein. Auch fehlt ihm der Beigeschmack der Hahnenköpfe. Ich will dir sagen, was drinnen ist – Innereien!"

„Nein, falsch!" rief Meg in einem Ausbruch des Entzückens. „Nicht erraten!"

„An was denke ich auch!" entgegnete Toby, plötzlich eine so senkrechte Stellung einnehmend, wie ihm möglich war. „Ich werde zuletzt noch meinen eigenen Namen vergessen. Es sind Kutteln!"

Es waren Kutteln, und Meg beteuerte voller Freude, er werde in einer weiteren halben Minute sagen, es seien die besten Kutteln, die je gekocht worden seien.

„Und so will ich jetzt gleich den Tisch decken, Vater", fuhr Meg fort, indem sie sich jubelnd mit dem Korb beschäftigte; „denn ich habe die Kutteln in einer Schüssel gebracht und die Schüssel in ein Taschentuch eingebunden. Wenn ich nun einmal stolz sein und es als Tischtuch ausbreiten will, so kann mich kein Gesetz hindern, es Tischtuch zu nennen. Ist's nicht so, Vater?"

„Nicht daß ich wüßte, meine Liebe", sagte Toby. „Aber sie bringen alle Augenblicke das eine oder andere neue Gesetz."

„Und nach dem, was ich Euch letzthin aus der Zeitung vorlas, Vater – Ihr wißt, was der Richter sagte –, glaubt man, wir armen Leute würden sie alle kennen. Haha! Welch ein Irrtum! Du meine Güte, sie halten uns für gewaltig gescheit!"

„Ja, meine Liebe", rief Trotty, „und sie hätten eine gewaltige Freude an einem von uns, der sie wirklich alle wüßte! Er würde fett werden von der Arbeit, die er kriegte, dieser Mann, und er hätte einen Stein im Brett bei allen vornehmen Leuten in seiner Nachbarschaft. Gewiß und wahrhaftig!"

„Wer er auch sein möchte, er würde sein Mittagessen mit Appetit verzehren, wenn es so gut röche wie dieses", sagte Meg heiter. „Beeilt Euch, Vater, denn da sind außerdem auch noch ein paar heiße Kartoffeln und ein halbes Pint Bier, frisch vom Faß in einer Flasche. Wo wollt Ihr essen, Vater? Auf dem Pfosten oder auf den Stufen? Lieber Himmel, wie gut wir's haben – zwei Plätze, zwischen denen man wählen kann!"

„Heute auf den Stufen, mein Kind", versetzte Trotty. „Bei trockenem Wetter auf den Stufen, bei nassem auf dem Pfosten. Die Stufen sind immer bequemer, weil man dabei sitzen kann; aber wenn's naß ist, kriegt man Rheumatismus."

„Hier also", sagte Meg, nach kurzer Beschäftigung in die Hände klatschend. „Hier ist es – alles bereit. Und wie schön es aussieht! Kommt, Vater, kommt!"

Seit Trotty herausgefunden hatte, was in dem Körbchen war, stand er da und blickte sie fortwährend, auch wenn er mit ihr sprach, in einer merkwürdig zerstreuten Weise an. Es ließ sich daraus entnehmen, daß er, mochte sie auch der ausschließliche

Gegenstand seiner Gedanken und Augen sein, sogar die Kutteln nicht ausgenommen, nicht entfernt an sie dachte, wie sie in jenem Augenblick war, sondern irgendeinen geträumten skizzierten Entwurf oder Rohumriß ihres künftigen Lebens vor sich hatte. Durch ihre heitere Aufforderung aus seinen Betrachtungen aufgeweckt, unterdrückte er jetzt ein melancholisches Kopfschütteln, das ihn eben anwandelte, und trabte an ihre Seite. In dem Augenblick, als er sich zum Sitzen niederbeugte, erklangen die Glocken.

„Amen!" sagte Trotty, nahm seinen Hut ab und blickte zu ihnen auf.

„Amen zu den Glocken, Vater?" rief Meg.

„Sie fielen ein wie ein Tischgebet, meine Liebe", sagte Trotty, während er Platz nahm. „Ich bin überzeugt, sie würden ein schönes sprechen, wenn sie könnten. Überhaupt sagen sie mir manche angenehmen Dinge."

„Die Glocken, Vater?" erwiderte Meg lachend, während sie die Schüssel niedersetzte und Messer und Gabel dazulegte. „Du liebe Güte!"

„Sie scheinen's zu tun, mein Herzchen", versetzte Trotty, während er gewaltig über das Essen herfiel. „Und wo ist da der Unterschied? Wenn ich sie höre, was macht es aus, ob sie sprechen oder nicht? Gott behüte dich, mein Kind", fügte er hinzu, indem er mit der Gabel zum Turm deutete und unter dem Einfluß seines Mahls lebhafter wurde, „wie oft habe ich jene Glocken sagen hören: ‚Toby Veck, Toby Veck, sei guten Mutes, Toby! Toby Veck, Toby Veck, sei guten Mutes, Toby!' Millionenmal? Reicht nicht – noch öfter!"

„Nun, ich noch nie!" rief Meg.

Dennoch hatte sie es schon oft und oft gehört, denn es war Tobys beständiger Gesprächsgegenstand.

„Wenn es recht schlechtgeht", fuhr Trotty fort, „ich meine, wenn es recht schlechtgeht – fast am schlechtesten, dann rufen sie: ‚Toby Veck, Toby Veck, bald kommt Arbeit, Toby! Toby Veck, Toby Veck, bald kommt Arbeit, Toby!'"

„Und sie kommt dann auch – endlich, Vater", versetzte Meg mit einem Anflug von Trauer in ihrer lieblichen Stimme.

„Immer", erwiderte Toby, dem dies entging. „Bleibt nie aus."

Während dieses Gesprächs ließ Trotty in seinen Angriffen auf das würzige Mahl vor ihm nicht nach, sondern schnitt ab und aß, schnitt ab und trank, schnitt ab und kaute, kam von den Kutteln zu den heißen Kartoffeln und von den heißen Kartoffeln wieder zu den Kutteln zurück – alles mit einem salbungsvollen und nicht nachlassenden Wohlbehagen. Als er jedoch einmal um die Straßenecke sah, um sich zu überzeugen, ob man nicht von irgendeiner Tür oder einem Fenster nach einem Dienstmann winke, begegneten seine Augen auf dem Rückweg dem Mädchen, das mit verschlungenen Armen ihm gegenübersaß und mit glücklichem Lächeln dem emsigen Fortschreiten seines Mahls zusah.

„Ach, Gott verzeihe mir!" rief Trotty, indem er Messer und Gabel fallen ließ. „Meg, mein Täubchen, warum sagst du mir nicht, was ich für ein Vieh bin?"

„Vater!"

„Sitze ich da", fuhr Trotty in reuiger Erklärung fort, „und stopfe mich voll, während du vor mir sitzt, ohne den kleinsten Happen und ohne auch nur einen Bissen zu fordern."

„Ach, Vater, ich habe mein Mittagessen schon gehabt", unterbrach ihn seine Tochter lachend.

„Rede keinen Unsinn!" versetzte Trotty. „Zwei Mittagessen an einem Tag? Nicht möglich! Du könntest mir ebensogut sagen, daß zwei Neujahrstage auf einmal kommen oder daß ich mein ganzes Leben über ein Goldstück gehabt habe, ohne es je wechseln zu lassen."

„Dennoch habe ich schon zu Mittag gegessen, Vater", sagte Meg, näher herankommend, „und wenn Ihr weiter eßt, will ich Euch sagen, wie und wo. Auch wie es zuging, daß ich Euch das Essen brachte, und – und noch etwas anderes dazu."

Toby machte noch immer eine ungläubige Miene; aber sie sah ihm mit ihren klaren Augen ins Gesicht, legte ihre Hand auf seine Schulter und bedeutete ihm zu essen, solange das Fleisch noch warm sei. Trotty nahm daher Messer und Gabel wieder auf und machte sich erneut ans Werk, aber viel langsamer als zuvor, und er schüttelte dabei den Kopf, als sei er durchaus nicht mit sich selbst zufrieden.

„Ich habe schon gegessen, Vater", sagte Meg nach einigem

Zögern, „mit – mit Richard. Er ißt früh, und da er sein Mittagessen mitbrachte, als er mich besuchte, so – so verzehrten wir es miteinander, Vater."

Trotty nahm einen Schluck Bier und schmatzte mit den Lippen. Dann aber erwiderte er, weil das Mädchen wartete: „Oh!"

„Und Richard sagt, Vater –", begann Meg wieder. Dann stockte sie.

„Was sagt Richard, Meg?"fragte Toby.

„Richard sagt, Vater –" Erneutes Stocken.

„Richard braucht lange, bis er etwas sagt", bemerkte Toby.

„Nun ja, Vater, er sagte", fuhr Meg fort, indem sie endlich ihre Augen erhob und in bebendem, doch völlig deutlichem Ton sprach, „es sei wieder beinahe ein Jahr herum, und was nütze es, von einem Jahr zum anderen zu warten, wo es doch so unwahrscheinlich sei, daß es uns je besser als jetzt ergehen werde. Er sagt, Vater, wir seien jetzt arm und würden auch dann arm sein; aber wir seien jung, und die Jahre würden uns alt machen, ehe wir es wüßten. Er meint, wenn Leute in unserer Lage warten wollten, bis sie ihren Weg klar vor sich sähen, so würde er wohl recht eng werden – der Weg, der allen gemein ist, der ins Grab, Vater."

Sogar ein mutigerer Mann als Trotty Veck hätte all seine Kühnheit zusammennehmen müssen, um das in Abrede zu stellen; er blieb daher lieber still.

„Und wie hart ist es, Vater, alt zu werden und zu sterben mit dem Gedanken, daß wir einander hätten aufheitern und uns gegenseitig helfen können! Wie hart ist es, sich sein ganzes Leben über zu lieben und doch sich getrennt abzuhärmen beim Anblick, wie jeder arbeitet, anders und alt und grau wird. Selbst wenn ich es überwinden und ihn vergessen könnte, was nie möglich ist – lieber Vater, wie schwer wäre es dann, ein Herz zu haben, so voll, wie das meinige jetzt ist, und das Leben langsam tropfenweise verrinnen zu sehen, ohne eine Erinnerung an einen einzigen glücklichen Augenblick, die mich trösten und besser machen könnte!"

Trotty blieb mäuschenstill. Meg trocknete ihre Augen und fuhr heiterer fort – das heißt mit einem Lachen, das mit Schluchzen abwechselte: „Richard sagt daher, Vater, da er gestern für einige Zeit eine feste Beschäftigung erhalten habe und ich ihn schon volle drei Jahre liebe – ach, es ist schon länger her, aber das weiß er nicht! –, so solle ich mich am Neujahrstag mit ihm zusammengeben lassen: am besten und glücklichsten Tag im ganzen Jahr, sagt er, der uns fast gewiß Glück bringen müsse. Das ist freilich sehr kurz, Vater, nicht wahr? – Aber ich habe ja keine Vermögensangelegenheiten zu ordnen und Hochzeitskleider nähen zu lassen wie die vornehmen Damen, Vater. Und er sagte so viel und sagte es in so nachdrücklicher, ernster, aber doch so sanfter und freundlicher Weise, daß ich ihm versprach, ich wolle mit Euch darüber sprechen, Vater. Und da mir ganz unerwarteterweise diesen Morgen das Geld für meine Arbeit ausgezahlt wurde und Ihr die ganze Woche über nur sehr kärgliches Essen gehabt habt, so konnte ich den Wunsch nicht unterdrücken, heute meinem Vater und mir selbst einen lieben und glücklichen Feiertag zu machen, weshalb ich dieses kleine Gericht kochte und es mitbrachte, um Euch zu überraschen."

„Und sieh nun, wie er es auf der Treppe kalt werden läßt!" ließ sich eine andere Stimme vernehmen.

Es war die Stimme des besagten Richard, der unbemerkt herangekommen war und nun vor Vater und Tochter stand. Er blickte mit einem Gesicht auf sie nieder, so glühend wie das Eisen, auf dem täglich sein derber Schmiedehammer klang. Er war ein schöner, wohlgebauter, kräftiger Junge, mit Augen, die gleich den rotglühenden Funken eines Eisenfeuers sprühten. Sein schwarzes Haar kräuselte sich locker um die dunklen Schläfen, und dazu sein Lächeln – ein Lächeln, das Megs Lob über seine Art zu reden ganz und gar bestätigte.

„Sieh, wie er es auf der Treppe kalt werden läßt!" sagte Richard. „Meg weiß nicht, was er gern ißt – nein, gewiß nicht."

Voll Behendigkeit und Begeisterung streckte Trotty augenblicklich Richard die Hand entgegen und wollte ihn eben eilig begrüßen, als unversehens die Haustür aufging und ein Bediensteter beinahe seinen Fuß in die Kuttelnschüssel gesetzt hätte.

„Aus dem Weg da! Müßt Ihr Euch denn immer auf unsere Stufen setzen? Beehrt doch einmal die eines Nachbarn! Wollt Ihr endlich den Weg frei machen oder nicht?"

Genaugenommen war die letztere Frage bedeutungslos, da der Aufforderung bereits Folge geleistet worden war.

„Was gibt's da?"fragte der Gentleman, für den die Tür geöffnet worden war. Er trat mit jenem leicht-schweren Schritt, dieser besonderen Mischung aus Schlendern und Schreiten, aus dem Haus, den sich ein Gentleman auf dem glatten Abwärtsweg des Lebens leisten kann, wenn er mit knarrenden Stiefeln, Uhrkette und reinem Hemd aus seinem Haus kommt. Er vergibt dadurch seiner Würde durchaus nichts, sondern es gewinnt vielmehr den Anschein, daß er zu irgendeiner wichtigen, viel Geld einbringenden Besprechung gehe. „Was gibt's da? Was gibt's da?"

„Muß man Euch denn gar auf den Knien bitten", fuhr der Bedienstete mit großem Nachdruck Trotty Veck gegenüber fort, „unsere Türtreppe in Frieden zu lassen? Warum kommt Ihr denn immer wieder? Könnt Ihr nicht einmal wegbleiben?"

„So – das genügt, das genügt!" bemerkte der Gentleman. „Heda, Dienstmann!" Er winkte Trotty Veck mit dem Kopf heran. „Kommt her. Was ist das – Euer Mittagessen?"

„Ja, Sir", versetzte Trotty und ließ seine Schüssel in einer Ecke stehen.

„Laßt es nicht dort, sondern bringt es her, bringt es her!" rief der Gentleman. „So, das ist also Euer Essen, wie?"

„Ja, Sir", antwortete Trotty, wobei er mit festem Blick und wässerndem Mund zu dem Stück Kutteln hinsah, das er sich als letzten Leckerbissen aufbewahrt hatte, während es der Gentleman am Ende der Gabel um und um drehte.

Mit ihm waren noch zwei andere Gentlemen herausgekommen. Der eine war ein trübseliges Männchen von mittlerem Alter, dürftig gekleidet und mit einem trostlosen Gesicht. Er hielt die Hände beständig in den ausgebeulten Taschen seiner knappen Pfeffer-und-Salz-Hose und schien mit Bürste oder Seife keine sonderlich vertraute Bekanntschaft zu unterhalten. Der andere dagegen war ein großer, glatter, wohlbeleibter Gentleman in einem blauen Rock mit gelben Knöpfen und einer weißen Krawatte. Dieser Gentleman hatte ein sehr rotes Gesicht, als ob ein ungehöriger Teil seines Blutes in den Kopf gedrängt worden sei, was vielleicht auch der Grund dafür war, daß er ziemlich kaltherzig aussah.

Derjenige, der Tobys Fleisch auf der Gabel hatte, rief nun den ersten Gentleman, den er Filer nannte, heran, und dieser, der ungemein kurzsichtig war, mußte zur Untersuchung von Tobys noch übrigem Mittagsmahl seinen Kopf so nahe daran bringen, daß der arme Dienstmann vor Angst laut hätte hinausschreien mögen. Aber Mr. Filer aß es nicht.

„Das ist eine Art von tierischer Nahrung, Herr Stadtrat", sagte Filer, indem er mit einem Bleistiftrohr kleine Löcher hineinstach, „das in der arbeitenden Klasse dieses Landes allgemein unter dem Namen Kutteln bekannt ist."

Der Stadtrat lachte und blinzelte – denn Stadtrat Cute war ein lustiger Knabe. Dabei war er auch ein schlauer, verschmitzter Bursche und allen Sätteln gerecht. Er ließ sich von niemandem ein X für ein U vormachen und blickte tief in die Herzen der Menschen. Er kannte sie gründlich, das mag man mir glauben!

„Aber wer ißt Kutteln?" fuhr Mr. Filer fort, indem er umherschaute. „Kutteln sind ohne Ausnahme der unökonomischste und verschwenderischste Konsumartikel, den die Märkte dieses Landes nur hervorbringen können. Man hat gefunden, daß ein Pfund Kutteln beim Kochen sieben Vierzigstel mehr verliert als ein Pfund jeder andern animalischen

Nahrung. Kutteln sind verhältnismäßig kostspieliger als die Treibhausananas. Wenn man die Anzahl der jährlich geschlachteten Tiere in Rechnung stellt und einen niedrigen Überschlag über die Menge von Kutteln macht, die diese Tiere geben, so stellt sich heraus, daß man von dem Kochverlust der Kutteln allein eine Garnison von fünfhundert Mann fünf Monate lang, jeder zu einunddreißig Tagen gerechnet, und noch einen Februar dazu, verpflegen könnte. Welche Vergeudung – welche Vergeudung!"

Trotty stand entsetzt da, und die Knie zitterten ihm. Er schien mit eigner Hand eine Garnison von fünfhundert Mann ausgehungert zu haben.

„Wer ißt Kutteln?" fuhr Mr. Filer umherblickend fort. „Wer ißt Kutteln?"

Trotty machte eine klägliche Verbeugung.

„Ihr also, Ihr?" sagte Mr. Filer. „So will ich Euch etwas sagen. Ihr reißt Eure Kutteln Witwen und Waisen aus dem Mund, mein Freund."

„Ich hoffe nicht, Sir", versetzte Trotty mit matter Stimme. „Lieber wollte ich Hungers sterben."

„Teilt man die Menge der vorhin erwähnten Kutteln durch die geschätzte Zahl der existierenden Witwen und Waisen, Herr Stadtrat", begann Mr. Filer wieder, „so kommt pro Kopf ungefähr eine Menge von Kutteln für einen Penny. Für diesen Mann da bleibt kein Gran übrig – folglich ist er ein Räuber."

Trotty war so erschüttert, daß er sich nicht einmal etwas daraus machte, als der Stadtrat selbst die Kutteln vollends aufzehrte. In gewisser Weise war er sogar erleichtert, sie nun auf diese Art los zu sein.

„Und was sagen Sie?" fragte der Stadtrat scherzhaft den rotgesichtigen Gentleman in dem blauen Rock. „Sie haben Freund Filer gehört. Was sagen Sie?"

„Was läßt sich da wohl sagen?" entgegnete der Gentleman. „Was läßt sich *überhaupt* sagen? Wer kann sich in so schlechten Zeiten für einen Menschen wie diesen da" – er meinte Trotty – „interessieren? Schaut ihn an! Welch eine Kreatur! Oh, die guten alten Zeiten, die herrlichen alten Zeiten, die großartigen alten Zeiten. Das waren Zeiten für ein mutiges Bauernvolk und dergleichen. Das waren in der Tat Zeiten für alles. Heutzutage ist gar nichts mehr los. Ach!" seufzte der rotgesichtige Gentleman. „Die guten alten Zeiten, die guten alten Zeiten!"

Der Gentleman setzte nicht näher auseinander, was für besondere Zeiten er meinte. Auch ließ er sich nicht darüber aus, ob ihm die Gegenwart deshalb mißfiel, weil er sich in unvoreingenommener Selbsterkenntnis bewußt war, daß sie nichts sehr Hervorragendes geleistet hatte, als sie ihn selbst ins Dasein gerufen hatte.

„Die guten alten Zeiten, die guten alten Zeiten", wiederholte der Gentleman. „Was waren das für Zeiten! Das waren noch Zeiten. Wozu nützt's aber, von anderen Zeiten zu reden oder sich darüber auszulassen, was die Leute in diesen Zeiten sind? Sie werden das jetzt doch nicht etwa Zeiten nennen wollen? Ich wenigstens tue es nicht. Betrachtet nur einmal Strutts ‚Kostüme'* und seht, was ein Lastträger unter den guten alten englischen Regierungen zu sein pflegte."

„Wenn es ihm recht gutging, hatte er nicht einmal ein Hemd auf dem Leib oder Strümpfe an den Füßen, und in ganz England wuchs für ihn kaum ein einziges Gemüse", sagte Mr. Filer. „Ich kann das durch Tabellen beweisen."

Aber dennoch pries der rotgesichtige alte Gentleman die guten alten Zeiten, die herrlichen alten Zeiten, die großen alten Zeiten. Was immer auch jemand anders sagen mochte, er leierte stets dieselben Ausdrücke herunter, wie ein armes Eichhörnchen das Rad in seinem Käfig um und um dreht. Und das Tierchen hat von dem Mechanismus seines Käfigs wahrscheinlich ebenso klare Vorstellungen wie dieser rotgesichtige Gentleman von seinem entschwundenen goldenen Jahrtausend.

Möglich, daß der Glaube des armen alten Trotty an diese sehr wirren alten Zeiten nicht ganz zerstört war, denn er fühlte sich in diesem Augenblick verwirrt genug. Soviel aber wurde ihm in seiner Not klar, daß, wie sehr auch diese Gentlemen im einzelnen

---

* *Strutt's Costumes. A Complete View of the Dress and Habits of the People of England* („Strutts Kostüme. Ein vollständiger Überblick der Kleidung und Trachten der Engländer"), ein zwischen 1796 und 1799 erschienenes und 1842 wiederveröffentlichtes Buch des englischen Kupferstechers und Altertumsforschers Joseph Strutt (1742–1802)

verschiedener Meinung sein mochten, seine Bedenken von diesem Morgen und von vielen anderen Morgen ganz begründet waren. Nein, nein, wir können nichts recht machen, dachte Trotty voller Verzweiflung. Es ist nichts Gutes in uns. Wir sind böse geboren!

Aber Trotty trug ein Vaterherz in seinem Innern, das dieses Urteils zum Trotz irgendwie in seine Brust gekommen war, und er konnte es nicht ertragen, daß diese weisen Gentlemen seiner Tochter gerade zur Zeit der Blüte ihres kurzen Glücks ihr Geschick voraussagen sollten. Gott helfe ihr, dachte der arme Trotty, sie wird es bald genug von selbst erfahren.

Er gab daher dem jungen Schmied ängstlich durch Zeichen zu verstehen, daß er sie fortführen solle; aber Richard plauderte in einiger Entfernung so angeregt mit ihr, daß ihm dieser Wunsch erst zu gleicher Zeit mit dem Stadtrat Cute deutlich wurde. Nun hatte der Stadtrat sein Sprüchlein noch nicht angebracht; aber er war ein Philosoph, und obendrein ein praktischer, oh, ein sehr praktischer Philosoph, und da er keine Lust hatte, auf einen Teil seiner Zuhörerschaft zu verzichten, so rief er: „Halt!"

„Sie wissen", sagte der Stadtrat dann mit einem selbstgefälligen Lächeln, das gewöhnlich auf seinem Gesicht lag, zu seinen beiden Freunden, „ich bin ein einfacher, praktischer Mann und liebe es, in einfacher, praktischer Weise zu Werke zu gehen. Das ist so meine Manier. Es fällt durchaus nicht schwer, und es ist gar keine geheimnisvolle Kunst, mit derartigen Leuten umzugehen, wenn man sie nur versteht und in ihrer eigenen Weise mit ihnen sprechen kann. Nun, Dienstmann, weder Ihr noch irgend jemand anders, mein Freund, braucht mir zu sagen, daß Ihr nicht immer genug und vom Besten zu essen habt, denn ich weiß das besser. Ich habe Eure Kutteln gekostet, müßt Ihr wissen, und Ihr könnt mich nicht verkohlen. Ihr wißt, was ‚verkohlen' bedeutet, he? Das ist das rechte Wort – nicht wahr? Hahaha! Du lieber Himmel", fuhr der Stadtrat zu seinen Freunden gewandt fort, „es ist die leichteste Sache von der Welt, mit derartigen Leuten zu verkehren, wenn man sie nur versteht."

Ein famoser Mann für das gemeine Volk, der Stadtrat Cute! Nie aufgebracht über die einfachen Leute. Ein umgänglicher, gesprächiger, scherzhafter, gescheiter Gentleman!

„Ihr seht, mein Freund", fuhr er fort, „man spricht da viel Unsinn von Mangel und vom ‚Sichdurchschlagen' – nicht wahr, so nennt man's? Hahaha! –, aber ich gedenke, dem Geschrei ein Ende zu machen. Es ist ja geradezu Mode, übers Verhungern zu jammern; aber ich will der Sache einen Riegel vorschieben. Gott behüte", fuhr der Stadtrat zu seinen Freunden fort, „man kann bei solcher Art Leute allem ein Ende machen, wenn man nur weiß, wie man's angehen muß!"

Trotty ergriff Megs Hand und zog sie durch seinen Arm, ohne eigentlich recht zu wissen, was er tat.

„Eure Tochter, wie?" fragte der Stadtrat und faßte ihr vertraulich unter das Kinn.

Stets leutselig gegenüber der arbeitenden Klasse, der Stadtrat Cute! Wußte, was den Leuten gefiel! Kein bißchen stolz!

„Wo ist ihre Mutter?" fragte der würdige Gentleman.

„Tot", erwiderte Toby. „Ihre Mutter besserte Wäsche aus, und sie wurde in den Himmel abberufen, als Meg auf die Welt kam."

„Vermutlich nicht, um dort Wäsche auszubessern", bemerkte der Stadtrat scherzhaft.

Ob Toby seine Frau im Himmel von ihrer alten Beschäftigung trennen konnte oder nicht, bleibe dahingestellt. Jedoch sei eine Frage gestattet: Wenn Mrs. Cute in den Himmel eingegangen wäre, hätte dann Mr. Cute von ihr so gesprochen, als hätte sie dort irgendeine Stellung oder Beschäftigung inne?

„Und Ihr seid ihr Liebster, was?" fragte Cute den jungen Schmied.

„Ja", entgegnete Richard hastig, denn die Frage ärgerte ihn. „Und wir werden am Neujahrstag heiraten."

„Was sagt Ihr da?" rief Mr. Filer scharf. „Heiraten?"

„Nun ja, wir denken daran, Herr", versetzte Richard. „Ihr seht, wir müssen uns ein bißchen ranhalten für den Fall, daß diesbezüglich für die armen Leute demnächst ein Ende gemacht wird."

„Ah!" rief Filer mit einem Stöhnen. „Jawohl, Herr Stadtrat, wenn Sie das beenden könnten, so hätten Sie etwas geleistet. Heiraten! Heiraten!! Die Unwissenheit dieser Leute in den einfachsten Grundlagen der Nationalökonomie, ihre Unvorsichtigkeit und ihre Gottlosigkeit sind, beim Himmel, genug, um – da, sehen Sie nur einmal dieses Paar an!"

Nun, man durfte sie wohl ansehen – und heiraten schien das vernünftigste und passendste Vorhaben zu sein, das sie im Sinne haben konnten.

„Man kann so alt werden wie Methusalem", sagte Mr. Filer, „und sich sein ganzes Leben lang zum Besten solcher Leute abmühen; man kann bergehoch Tatsachen auf Zahlen, Tatsachen auf Zahlen, Tatsachen auf Zahlen häufen, aber es ist ebenso vergebene Hoffnung, sie zu überzeugen, daß sie keine Befugnis und kein Recht haben zu heiraten, wie man ihnen vergeblich nachweisen wird, daß ihnen jede Befugnis abgeht, geboren zu werden. Und daß das der Fall ist, wissen wir recht wohl, da wir's längst zu einer mathematischen Gewißheit erhoben haben."

Stadtrat Cute wirkte ungemein amüsiert und legte seinen rechten Zeigefinger an die Seite seiner Nase, als wollte er zu seinen beiden Freunden sagen: Gebt jetzt gut acht, hört ihr? Paßt auf, was der praktische Mann zu sagen hat! Dann rief er Meg heran.

„Kommt her, mein Mädchen!" sagte Stadtrat Cute.

Das junge Blut ihres Geliebten war in den letzten paar Minuten zornig aufgewallt, und er hatte keine Lust, sie gehen zu lassen. Dennoch legte er sich Zurückhaltung auf und trat, als Meg sich dem Stadtrat näherte, mit einem weiten Schritt vor und stellte sich an ihre Seite. Trotty hielt noch immer ihre Hand unter seinem Arm, blickte aber so wirr wie ein Schläfer im Traum von Gesicht zu Gesicht.

„Ich will Euch jetzt ein paar Wörtchen als guten Rat mitgeben, mein Mädchen", sagte der Stadtrat in seiner leichten, angenehmen Art. „Ihr wißt, daß es mir zusteht, Rat zu erteilen, weil ich Friedensrichter bin. Es ist Euch wahrscheinlich bekannt, daß ich ein Friedensrichter bin?"

Meg bejahte schüchtern. Jedermann wußte, daß Stadtrat Cute ein Friedensrichter war – und, o mein Gott, welch ein tätiger Friedensrichter! Nie gab es einen so glänzenden Splitter im Auge der Öffentlichkeit wie Cute.

„Ihr wollt also heiraten, sagt Ihr?" fuhr der Stadtrat fort. „Das ist sehr unschicklich und unanständig von einer Person Eures Geschlechts! Doch reden wir nicht davon. Wenn Ihr geheiratet habt, werdet Ihr mit Eurem Mann zanken und ein unglückliches Weib werden. Ihr glaubt's vielleicht nicht, aber es wird doch so kommen, weil ich's Euch sage. Ich warne Euch deshalb ehrlich und bemerke im voraus, daß ich mir vorgenommen habe, auch den unglücklichen Eheweibern ein Ende zu machen. Mir dürft Ihr also nicht kommen. Ihr werdet Kinder kriegen – Jungen. Diese Jungen werden natürlich schlimm aufwachsen und ohne Schuhe und Strümpfe wild durch die Straßen laufen. Merkt Euch das, meine junge Freundin – ich werde sie samt und sonders einsperren lassen, denn ich bin entschlossen, auch den Jungen ohne Schuhe und Strümpfe ein Ende zu machen. Vielleicht stirbt Euer Mann jung (sehr wahrscheinlich) und läßt Euch mit einem Säugling zurück. Man weist Euch dann die Tür, und Ihr müßt auf der Straße umherwandern. Kommt nur mir aber nicht in die Nähe, meine Liebe, denn ich bin entschlossen, allen wandernden Müttern ein Ende zu machen. Ja, ich bin entschlossen, allen Müttern, welcher Art und von welchem Schlag sie sein mögen, ein Ende zu machen. Glaubt nicht, Ihr könntet Euch mit Krankheit oder mit Säuglingen vor mir entschuldigen, denn ich habe mir vorgenommen, allen kranken Personen und jungen Kindern (ich hoffe, Ihr wißt, wie's im Kirchengebet heißt, fürchte aber leider das Gegenteil) ein Ende zu machen; und wenn Ihr gar verzweifelt, undankbar, gottlos und betrügerisch einen Versuch macht, Euch zu ersäufen oder aufzuhängen, so will ich kein Mitleid mit Euch haben, denn ich bin festen Willens, auch den Selbstmord abzuschaffen. Wenn es etwas gibt", fuhr der Stadtrat mit seinem selbstgefälligen Lächeln fort, „von dem ich sagen kann, daß mein Sinn mehr darauf erpicht sei als auf etwas anderes, so ist es die Abschaffung des Selbstmords. Versucht Euch also nicht daran. Haha! Jetzt verstehen wir einander."

Toby wußte nicht, sollte er sich grämen oder freuen, als er bemerkte, daß Meg totenblaß geworden war und die Hand ihres Geliebten losgelassen hatte.

„Und was Euch betrifft, Ihr junger Bullenbeißer", fuhr der Stadtrat fort, indem er sich mit noch größerer Heiterkeit und

Leutseligkeit an den jungen Schmied wandte, „was denkt Ihr Euch eigentlich dabei, daß Ihr heiraten wollt? Wozu braucht Ihr überhaupt zu heiraten, einfältiger Mensch? Wenn ich ein hübscher, starker junger Bursche wäre wie Ihr, so würde ich mich schämen, solch ein Weichling zu sein, mich an die Schürzenbänder eines Weibes zu heften! Sie wird alt sein, ehe Ihr noch in den besten Jahren steht, und schön werdet Ihr aussehen, wenn Euch auf Wegen und Stegen eine Schlampe und ein Haufen krakeelender Kinder nachschreiten."

Oh, wie nett wußte Stadtrat Cute mit den gemeinen Leuten zu scherzen!

„So – jetzt geht hin und bereut!" sagte er. „Seid kein solcher Narr, am Neujahrstag zu heiraten. Ihr werdet lange vor dem nächsten Neujahrstag schon ganz anders darüber denken, ein hübscher junger Kerl wie Ihr, dem alle Mädels nachgucken. So – ihr könnt jetzt gehen!"

Und sie gingen. Nicht Arm in Arm, Hand in Hand oder mit glänzenden Augen einander anblickend, sondern sie in Tränen, er aber düster und niedergeschlagen. Waren das die Herzen, die erst kürzlich noch das des alten Toby aus seiner Verzagtheit gerissen hatten? Nein, nein. Der Stadtrat – Segen über sein Haupt! – hatte ihnen ein Ende gemacht.

„Da Ihr zufällig hier seid", sagte der Stadtrat zu Toby, „so könnt Ihr einen Brief für mich überbringen. Wie steht's aber mit der Geschwindigkeit? – Ihr seid ein alter Mann."

Toby, der ganz betäubt Meg nachgeblickt hatte, versuchte zu murmeln, daß er sehr rasch und recht gut bei Kräften sei.

„Wie alt seid Ihr?" fragte der Stadtrat.

„Über sechzig, Sir", versetzte Toby.

„Der Mann hat das Durchschnittsalter weit überschritten", warf Mr. Filer giftig ein, als ob seine Geduld allerhand zu ertragen fähig sei, daß nun aber die Sache wirklich ein wenig zu weit gehe.

„Ich spüre wohl, daß ich lästig bin, Sir", sagte Toby. „Ich – ich hab's schon diesen Morgen geargwöhnt. Ach, du lieber Himmel!"

Der Stadtrat unterbrach ihn, indem er einen Brief aus seiner Tasche zog und ihn Toby Veck übergab. Letzterer würde dazu auch einen Shilling erhalten haben; da aber Mr. Filer eindeutig nachwies, daß er in diesem Fall eine gewisse Anzahl von Personen um je neuneinhalb Pence bringe, so erhielt er nur ein Sechspencestück. Gleichwohl war er schon darüber überfroh.

Dann reichte der Stadtrat jedem seiner Freunde einen Arm und zog in gehobener Stimmung von dannen; unmittelbar darauf kam er jedoch eiligst allein zurück, als ob er etwas vergessen hätte.

„Dienstmann!" sagte er.

„Sir!" versetzte Toby.

„Gebt auf Eure Tochter acht. Sie ist viel zu hübsch."

Schätze wohl, selbst ihr hübsches Aussehen muß jemandem gestohlen sein, dachte Toby, indem er das Sechspencestück in seiner Hand ansah und sich im Geiste die Kutteln vergegenwärtigte. Sollte mich nicht wundern, wenn sie fünfhundert vornehmen Damen je ein Stück von deren Blüte entrissen hätte. Es ist ganz schrecklich!

„Sie ist viel zu hübsch, mein guter Mann", wiederholte der Stadtrat. „Ich sehe deutlich voraus, daß aus ihr nichts Gutes werden wird. Merkt Euch, was ich Euch sage, und habt ein wachsames Auge auf sie!" Mit diesen Worten eilte er wieder davon.

„Überall im Unrecht – überall im Unrecht!" sagte Trotty und schlug seine Hände zusammen. „Zum Schlechten geboren. Nichts hier zu schaffen!"

Die Glocken setzten hallend ein, als er diese Worte sprach – voll, laut und kräftig, aber ohne Ermutigung. Nein, keine Spur davon.

„Ihr Klang hat sich geändert!" rief der alte Mann, während er horchte. „Es ist nicht ein Ton darin, an dem man seine Freude haben könnte, wie ich mir eingebildet hatte. Doch warum auch? Was habe ich mit dem neuen oder dem alten Jahr zu schaffen? Laßt mich sterben!"

Dennoch hallten die Töne fort, daß die ganze Luft davon erdröhnte. „Ein Ende machen, ein Ende machen! Gute alte Zeiten, gute alte Zeiten! Tatsachen und Zahlen, Tatsachen und Zahlen! Ein Ende machen, ein Ende machen!" Wenn sie überhaupt etwas sagten, so sagten sie nur das, bis dem alten Toby der Kopf schwindelte.

Er drückte seine Hände an die Schläfen, als wollte er sie vor dem Bersten bewahren. Wie sich herausstellte, tat er sehr gut daran, denn er stellte fest, daß er in der einen den Brief hatte, und wurde dadurch an seinen Auftrag erinnert. Mechanisch setzte er sich in seinen gewöhnlichen Trab und trottete davon.

Das zweite Viertel

Der Brief, den Toby von Stadtrat Cute erhalten hatte, war an einen großen Mann im großen Distrikt der Stadt adressiert. Im größten Distrikt der Stadt. Er mußte es auch wohl sein, weil er gemeinhin von seinen Bewohnern „die Welt" genannt wurde.

Der Brief kam Tobys Hand entschieden schwerer vor als ein anderer Brief – nicht weil ihn der Stadtrat mit einem sehr großen Wappen und unter endloser Lackverschwendung versiegelt hatte, sondern wegen des wichtigen Namens auf dem Umschlag und der schweren Menge von Gold und Silber, an die er erinnerte.

Wie ganz anders ist's da als bei uns! dachte Toby in aller Einfalt und Aufrichtigkeit, als er die Adresse las. Teile man die Anzahl der geschlachteten Schildkröten unter die Zahl der vornehmen Leute, die sie kaufen können, und welchen Anteil würde dieser Herr davon nehmen als eben seinen eigenen? Er würde es verschmähen, einem andern seine Kutteln vom Mund wegzureißen.

Mit der unwillkürlichen Huldigung, die einem so hochstehenden Mann gebührte, brachte Toby einen Zipfel seiner Schürze zwischen den Brief und seine Finger.

„Seine Kinder", fuhr Trotty laut fort, und ein Nebel legte sich vor seine Augen, „seine Töchter – Gentlemen können kommen, ihre Herzen gewinnen und sie heiraten. Sie dürfen glückliche Frauen und Mütter werden; sie dürfen hübsch sein, wie meine liebe Me–"

Er konnte den Namen nicht zu Ende bringen. Der letzte Buchstabe schwoll in seiner Kehle zu dem Umfang des ganzen Alphabets an.

Doch gleichviel, dachte Trotty, ich weiß, was ich meine, und das ist mehr als genug für mich.

Und mit dieser tröstlichen Betrachtung trabte er weiter.

Es herrschte an diesem Tag tüchtiger Frost, und die Luft war stärkend, frisch und klar. Die winterliche Sonne gab zwar keine Wärme, goß aber auf das Eis, das sie nicht schmelzen konnte, ihren Glanz aus, so daß es strahlte und funkelte. Zu anderen Zeiten hätte Trotty vielleicht aus dieser Wintersonne die Lehre eines armen Mannes ziehen können, aber er war jetzt darüber hinaus.

Das Jahr war alt an diesem Tag. Es hatte geduldig die Vorwürfe und Schmähungen seiner Lästerer überlebt und getreulich sein Werk verrichtet. Frühling, Sommer, Herbst, Winter. Es hatte sich durch den ihm bestimmten Kreislauf hindurchgearbeitet und legte jetzt sein müdes Haupt nieder, um zu sterben. Selbst aller weiteren Hoffnung, jedes hohen Antriebs und tätigen Glückes bar und nur noch ein Bote vieler Freuden für andere, verlangte es weiter nichts, als daß man sich seiner vielen mühseligen Tage und geduldigen Stunden erinnere und es dann in Frieden hinscheiden lasse. Trotty hätte aus dem entschwindenden Jahr die Allegorie für einen armen Mann herauslesen können, aber er war jetzt darüber hinaus.

Und nur er? Oder war nicht immer und immer wieder dieselbe Mahnung seit siebzig Jahren an jeden englischen Arbeiter ergangen, und war sie nicht stets vergeblich gewesen?

Die Straßen waren voller Leben, und in den Schaufenstern gewahrte man prunkhafte Auslagen. Wie einem jugendlichen Erben der ganzen Welt sah man dem neuen Jahr mit Freude, Willkommen und Geschenken entgegen. Da lagen Bücher und Spielzeug für das neue Jahr, funkelndes Geschmeide für das neue Jahr, Anzüge für das neue Jahr, Glückspläne für das neue Jahr und neue Erfindungen, um es um seine Zeit zu betrügen. Sein Leben war in Kalendern und Taschenbüchern genau eingeteilt; man wußte im voraus auf den Augenblick genau das Eintreten seiner Monde, Sterne und Festtage; alle Wechsel seiner Jahreszeiten bei Tag und bei Nacht waren mit ebenso großer Genauigkeit berechnet, wie Mr. Filer aus Männern und Frauen Summen herausarbeiten konnte.

Das neue Jahr, das neue Jahr – überall das neue Jahr! Das alte betrachtete man schon als tot, und seine Habseligkeiten wurden billig verkauft wie die eines ertrunkenen Matrosen an Bord. Seine Moden wurden schon zur Vergangenheit gerechnet und gingen unter Preis ab, ehe es noch den letzten Atemzug getan hatte. Seine Schätze waren bloßer Schmutz neben den Reichtümern des neugeborenen Nachfolgers.

Trotty hatte seiner Meinung nach weder an dem neuen noch an dem alten Jahr einen Anteil.

„Ein Ende machen, ein Ende machen! Tatsachen und Zahlen, Tatsachen und Zahlen! Gute alte Zeiten, gute alte Zeiten! Ein Ende machen, ein Ende machen!" – Sein Trab richtete sich nach diesem Takt und wollte sich in keinen anderen schicken.

Doch auch dieser, so traurig er war, brachte ihn schließlich ans Ende seiner Wanderung zur Wohnung von Sir Joseph Bowley, Parlamentsmitglied.

Die Tür wurde von einem Portier geöffnet. Und von was für einem Portier! Das war kein Dienstmann von Tobys Ordnung. Das war etwas ganz anderes; mit so einer Stelle hatte man das große Los gezogen, nicht mit so einer wie der des armen Toby.

Dieser Portier mußte zunächst einmal schwer schnaufen, ehe er sprechen konnte. Er war ganz außer Atem geraten, weil er unvorsichtigerweise aus seinem Stuhl aufgestanden war, ohne sich zuvor Zeit zu lassen, darüber nachzudenken und in eine ruhige Gemütsverfassung zu kommen. Als er endlich seine Stimme gefunden hatte – freilich dauerte das lange, denn sie war weit weg und unter einer Menge Fleisch verborgen –, sagte er mit fettem Flüstern: „Von wem ist der Brief?"

Toby sagte es ihm.

„Ihr müßt ihn selbst hineintragen", sagte der Portier und deutete auf ein Zimmer am Ende eines langen Ganges, der an die Halle stieß. „An diesem Tag des Jahres geht alles geradewegs hinein. Ihr seid kein bißchen zu früh hier, denn der Wagen steht schon vor der Tür, und sie sind ausdrücklich nur für ein paar Stunden in die Stadt gekommen."

Toby putzte sich sorgfältig die Füße ab, obwohl sie ganz trocken waren, und schlug den ihm angedeuteten Weg ein. Im Gehen bemerkte er, daß es ein furchtbar großartiges Haus war, aber alles so still und bedeckt, als befände sich die Familie auf dem Land. Er klopfte an die Zimmertür, und als er auf die Aufforderung von drinnen eintrat, sah er sich in einem geräumigen Bibliothekszimmer, wo vor einem mit Papier übersäten Tisch eine stattliche Dame mit Hut saß. Ein nicht sehr stattlicher, schwarzgekleideter Gentleman schrieb nach ihrem Diktat, und ein anderer, älterer und viel stattlicherer Gentleman, dessen Hut und Stock auf dem Tisch lagen, ging, die eine Hand in die Brust gesteckt, auf und ab und betrachtete von Zeit zu Zeit sein eigenes Porträt in Lebensgröße, das über dem Kamin hing.

„Was ist das?" fragte der letzterwähnte Gentleman. „Mr. Fish, wollen Sie die Güte haben, ein bißchen aufzupassen?"

Mr. Fish bat um Verzeihung, nahm Toby den Brief ab und überreichte ihn mit großem Respekt. „Von Stadtrat Cute, Sir Joseph."

„Ist das alles? Habt Ihr sonst nichts, Dienstmann?" fragte Sir Joseph.

Toby antwortete verneinend.

„Habt Ihr keine Rechnung, keine Anforderung an mich, von welcher Seite es auch sein mag?" fragte Sir Joseph. „Mein Name ist Bowley – Sir Joseph Bowley; wenn Ihr etwas habt, so gebt es her. Mr. Fish hat ein Scheckbuch neben sich liegen. Ich lasse nichts ins neue Jahr hinübergehen. Jede Art Rechnung muß in diesem Haus am Ende des alten bereinigt werden, damit, wenn der Tod – wenn der Tod –"

„Mich wegraffen sollte", half Mr. Fish.

„Die Saite meines Daseins zerreißen sollte, Sir", erwiderte Sir Joseph mit großer Strenge, „meine Angelegenheiten, wie ich hoffe, in vollkommener Ordnung befunden werden."

„Mein teurer Sir Joseph!" sagte die Dame, die viel jünger war als der Gentleman. „Wie erschütternd!"

„Mylady Bowley", entgegnete Sir Joseph, in der großen Tiefe seiner Bemerkungen hin und wieder den Halt verlierend, „zu dieser Zeit des Jahres müssen wir an – an – uns selbst denken. Wir sollten Einsicht nehmen in – in – unsere Rechnungen. Wir sollten fühlen, daß jede Wiederkehr eines so ereignisvollen Zeitabschnitts im menschlichen Leben Dinge mit sich bringt – Dinge von tiefer Bedeutung zwischen einem Mann und seinem – und seinem Bankier."

Sir Joseph entledigte sich dieser Worte in einer Weise, als fühle er die ganze Tiefe ihrer moralischen Bedeutsamkeit und wünsche, daß sogar Trotty Gelegenheit habe, sich an einem derartigen Gespräch zu erbauen. Vielleicht ließ er in dieser Absicht das Siegel des Briefs immer noch ungeöffnet und sagte zu Trotty, er solle noch eine Minute warten.

„Sie wünschten, Mylady, daß Mr. Fish noch etwas schreiben möge . . .", bemerkte Sir Joseph.

„Ich glaube, Mr. Fish hat das bereits getan", versetzte die gnädige Frau und sah zu dem Brief hinüber. „Aber auf mein Wort, Sir Joseph, ich glaube nicht, daß ich es so abschicken kann. Es ist gar so kostspielig."

„Was ist kostspielig?" fragte Sir Joseph.

„Dieser Wohltätigkeitsverein, mein Lieber. Sie gestatten nur zwei Stimmen für eine Unterzeichnung von fünf Pfund. Das ist in der Tat zu arg."

„Mylady Bowley", entgegnete Sir Joseph, „Sie setzen mich in Erstaunen. Steht der Hochgenuß des Gefühls im Verhältnis zu der Anzahl der Stimmen? Oder steht er nicht vielmehr für eine edle Seele im Verhältnis zu der Anzahl der Bewerber und zu der heilsamen Gemütsverfassung, zu der sie durch ihre Bewerbung genötigt werden? Liegt nicht eine Freude der reinsten Art in dem Umstand, unter fünfzig Personen über zwei Stimmen zu verfügen?"

„Ich gestehe, für mich nicht, denn man langweilt sich dabei", entgegnete die gnädige Frau. „Außerdem kann man niemandes Bekanntschaft erzwingen. Doch ich weiß ja, Sie sind des armen Mannes Freund, Sir Joseph, und denken anders."

„Ich bin allerdings des armen Mannes Freund", bemerkte Sir Joseph, wobei er zu dem anwesenden armen Mann hinüberblickte. „Als solchen mag man mich ruhig verhöhnen, wie man mich schon verhöhnt hat; ich verlange dennoch keinen andern Titel."

Gott segne diesen edlen Gentleman! dachte Trotty.

„Mit Cute da zum Beispiel bin ich nicht einverstanden", sagte Sir Joseph, indem er den Brief vor sich hinhielt. „Ebensowenig sagt mir Filers Partei zu. Ich will überhaupt von keiner Partei etwas wissen. Mein Freund, der arme Mann, hat nichts damit zu schaffen, und solche Dinge gehen ihn auch gar nichts an. Mir liegt mein Freund, der arme Mann in meinem Distrikt, am Herzen, und niemand, weder ein einzelner noch eine Gruppe von Menschen, hat ein Recht, sich zwischen mich und meinen Freund zu drängen. Das ist der Standpunkt, auf den ich mich stelle. Ich stehe meinem Freund in der – in der Eigenschaft eines Vaters gegenüber und sage zu ihm: ‚Mein guter Bursche, ich will väterlich an dir handeln.'"

Toby hörte mit großem Ernst zu, und es wurde ihm allmählich wohler zumute.

„Mein guter Freund", fuhr Sir Joseph fort, indem er zerstreut zu Toby hinblickte, „du hast in diesem Leben nichts – ganz und gar nichts zu tun, als dich auf mich zu verlassen, und brauchst dich nicht zu bemühen, über irgend etwas nachzudenken. Ich will für dich denken, denn ich weiß, was gut für dich ist, und bin stets dein Vater. Das ist die Fügung einer allweisen Vorsehung! Du bist nicht dazu geschaffen, um zu schlemmen, zu trinken und wie das Vieh deine Lust im Essen zu suchen" – Toby dachte mit Gewissensbissen an die Kutteln –, „sondern du sollst die Würde der Arbeit fühlen. Geh aufrecht hinaus in die erfrischende Morgenluft und – und bleibe dort. Lebe fröhlich und mäßig, benimm dich achtungsvoll, übe dich in der Selbstverleugnung, ziehe deine Kinder mit fast nichts auf, entrichte deine Steuern so regelmäßig, wie die Uhr schlägt, sei pünktlich beim Bezahlen – ich gebe dir darin ein gutes Beispiel, denn du wirst Mr. Fish, meinen Geheimschreiber, stets mit einer Geldtruhe vor sich sehen –, und du kannst auf mich als auf deinen Freund und Vater bauen."

„Wahrhaftig, saubere Kinder, Sir Joseph", sagte die Dame mit einem Schauder. „Rheumatismus, Fieber, verkrümmte Beine, Asthma und alle möglichen ähnlichen Widerwärtigkeiten."

„Mylady", versetzte Sir Joseph mit Feierlichkeit, „nichtsdestoweniger bin ich des armen Mannes Freund und Vater. Nichtsdestoweniger soll er von mir Ermutigung erhalten. An jedem Vierteljahrstag kann er sich mit Mr. Fish besprechen. An jedem Neujahrstag werde ich mit Freunden auf seine Gesundheit trinken. Einmal im Jahr werden ich selbst und Freunde mit dem tiefsten Gefühl zu ihm sprechen. Einmal in seinem Leben kann er vielleicht öffentlich und in Anwesenheit der Honoratiorenschaft sogar eine Kleinigkeit von einem Freund erhalten. Und wenn er, nicht mehr durch derartige Anreize und durch die Würde der Arbeit aufrechtgehalten, in sein bequemes Grab sinkt, dann, Mylady" – hier schneuzte sich Sir Joseph –, „werde ich unter denselben Bedingungen ein Freund und Vater seinen Kindern sein."

Toby fühlte sich tief bewegt.

„Oh! Sie haben eine dankbare Familie, Sir Joseph!" rief seine Gattin.

„Mylady", versetzte Sir Joseph in majestätischem Ton, „Undank ist bekanntermaßen die Sünde dieser Klasse. Ich erwarte keinen andern Lohn."

Ah! Böse geboren! dachte Toby. Nichts kann uns erweichen.

„Was ein Mensch tun kann, geschieht von meiner Seite aus", fuhr Sir Joseph fort. „Ich erfülle meine Pflicht als des armen Mannes Freund und Vater und bemühe mich, seinen Geist zu bilden, indem ich ihm bei allen Gelegenheiten die eine große moralische Lehre, die diese Klasse braucht, einpräge. Sie besteht in einer gänzlichen Hingabe an mich. Sie haben durchaus nichts mit – mit sich selbst zu schaffen. Aber auch wenn gottlose und ränkevolle Menschen sie eines andern belehren wollen – wenn sie ungeduldig und unzufrieden werden und sich eines unbotmäßigen Betragens und schwärzesten Undanks schuldig machen, was ohne Zweifel der Fall ist, bleibe ich dennoch ihr Freund und Vater. Es ist so von der Vorsehung bestimmt und liegt in der Natur der Dinge."

Mit dieser großartigen Gefühlsregung öffnete er den Brief des Stadtrats und las ihn.

„Wirklich sehr höflich und aufmerksam!" rief Sir Joseph aus. „Mylady, der Stadtrat ist so entgegenkommend, mich zu erinnern, daß er die ‚außerordentliche Ehre' hatte – er ist sehr gütig –, mich im Haus unsres gemeinschaftlichen Freundes, des Bankiers Deedles, zu treffen, und erweist mir die Gunst anzufragen, ob es mir angenehm sei, wenn mit Will Fern ein Ende gemacht werde."

„Höchst angenehm!" versetzte Lady Bowley. „Der Allerschlimmste unter ihnen! Hoffentlich hat er einen Raub begangen?"

„Äh, nein", entgegnete Sir Joseph und blickte in den Brief. „Nicht ganz. Sehr nahe zwar, aber nicht ganz. Es scheint, daß er nach London kam, um Arbeit zu suchen (um sich zu verbessern, sagt er), und da wurde er denn nachts in einem Schuppen schlafend gefunden, in Haft genommen und am andern Morgen vor den Stadtrat gebracht. Dieser bemerkt sehr richtig, er sei entschlossen, derartige Dinge abzuschaffen, und wenn es mir angenehm sei, daß mit Will Fern ein Ende gemacht werde, so werde er sich glücklich schätzen, mit ihm den Anfang zu machen."

„Ganz recht", entgegnete die gnädige Frau, „an dem soll ein tüchtiges Exempel statuiert werden. Als ich letzten Winter unter den Männern und Knaben des Dorfs als eine hübsche Abendbeschäftigung das Spitzen und Öhren der Nadeln einführte und bei dieser Gelegenheit den Vers

O laßt uns unsere Arbeit üben,
Den Gutsherrn und seine Verwandten lieben,
Von unserem Tagesverdienste leben
Und unseres Standes nicht überheben

in Musik setzte, damit sie ihn dazu sängen, langte derselbe Fern – ich sehe ihn noch vor mir – an seinen Hut und sagte: ‚Bitte demütig um Verzeihung, Mylady, aber bin ich nicht etwas anderes als ein vornehmes Mädchen?' Natürlich hatte ich das erwartet, denn von dieser Klasse ist doch nichts als Unverschämtheit und Undank zu erwarten. Doch warum sollte ich mich ereifern! Sir Joseph! Lassen Sie ein Exempel an ihm statuieren!"

„Hm, hm!" hustete Sir Joseph. „Mr. Fish, wollen Sie so gut sein zu notieren –"

Mr. Fish ergriff augenblicklich seine Feder und schrieb, wie ihm Sir Joseph diktierte.

„Vertraulich

Mein werter Herr!

Ich bin Ihnen für Ihre Aufmerksamkeit in der Sache dieses William Fern sehr verpflichtet. Leider kann ich von dem Mann nichts Günstiges sagen. Ich habe mich durchweg als sein Freund und Vater betrachtet, bin aber (wie es leider nur zu gewöhnlich der Fall ist) mit

Undank und beharrlichem Widerstand gegen meine Pläne belohnt worden. Er ist ein unruhiger, rebellischer Geist, auf dessen Charakter besser nicht näher eingegangen werden sollte, und nichts wird ihn dazu bringen, glücklich zu sein, wo er es doch so gut sein könnte. Unter diesen Umständen würden Sie meiner Ansicht nach der Gesellschaft einen Dienst leisten und ein heilsames Beispiel in einem Land geben, wo sowohl im Interesse derer, die unter guten und schlimmen Verhältnissen die Freunde und Väter der Armen sind, als auch wegen dieser im allgemeinen irregeleiteten Klasse selbst Beispiele so nötig sind – wenn Sie diesen Mann für einige Zeit als einen Vagabunden einsperren ließen, im Falle derselbe, wie er Ihnen beim Verhör versprochen hat (und ich glaube, daß er soweit Wort halten wird), wieder bei Ihnen vorstellig werden sollte. Ich verbleibe usw.

Es scheint", bemerkte Sir Joseph, als er diesen Brief unterzeichnet hatte und Mr. Fish eben im Siegeln begriffen war, „als ob das wahrhaftig der Wille der Vorsehung sei. Am Schluß des Jahres kann ich sogar mit William Fern meine Rechnung begleichen und meine Bilanz ziehen."

Trotty, dem der Mut schon längst ganz und gar wieder gesunken war, trat jetzt mit Jammermiene vor, um den Brief in Empfang zu nehmen.

„Mit meinem Kompliment und meinem Dank", sagte Sir Joseph. „Halt!"

„Halt!" echote Mr. Fish.

„Ihr habt vielleicht gewisse Bemerkungen gehört", fuhr Sir Joseph orakelhaft fort, „zu denen ich veranlaßt worden bin und die sich auf die feierliche Zeit, in der wir stehen, und auf die gebieterische Pflicht bezogen, in einer solchen Zeit alle häuslichen Angelegenheiten in Ordnung zu haben. Ihr habt bemerkt, daß ich mich nicht hinter meiner hohen Stellung in der Gesellschaft verschanze, sondern daß Mr. Fish – dieser Gentleman hier – ein Scheckbuch neben sich liegen hat und zu dem ausdrücklichen Zweck hier anwesend ist, um mich in den Stand zu setzen, ein vollkommen neues Blatt aufzuschlagen und die neue Epoche vor uns mit einer gänzlich ausgeglichenen Bilanz anzutreten. Nun, mein Freund, könnt Ihr Eure Hand aufs Herz legen und sagen, daß auch Ihr Eure Vorbereitungen für ein neues Jahr getroffen habt?"

„Ich fürchte, Sir", stammelte Trotty und blickte ihn demütig an, „daß ich mit der Welt ein – ein – wenig im Rückstand bin."

„Im Rückstand mit der Welt?" wiederholte Sir Joseph Bowley im Ton furchtbarer Bestimmtheit.

„Ich fürchte, Sir", stotterte Trotty, „daß da noch zehn oder zwölf Shilling sind, die ich Mrs. Chickenstalker schuldig bin."

„Mrs. Chickenstalker schuldig", wiederholte Sir Joseph in demselben Ton wie zuvor.

„Sie hat einen Laden, in dem alles zu haben ist", entgegnete Toby. „Auch fehlt noch ein – ein wenig an der Hausmiete. Nur sehr wenig, Sir. Ich weiß, wir sollten nichts schuldig sein, aber es ist uns wahrhaftig arg schlimm ergangen."

Sir Joseph musterte seine Gattin, Mr. Fish und Trotty zweimal nacheinander, worauf er mit beiden Händen eine trostlose Gebärde machte, als gebe er die Sache ganz und gar auf. „Wie kann ein Mann, sogar unter dieser unvorsichtigen und unpraktischen Rasse – ein alter Mann, ein Mann mit grauen Haaren, einem neuen Jahr ins Gesicht sehen, während seine Angelegenheiten sich in einer solchen Lage befinden! Wie kann er sich nachts zu Bett legen und am Morgen wieder aufstehen, während ... Da!" fügte er hinzu, indem er Trotty den Rücken zuwandte. „Nehmt den Brief, nehmt den Brief!"

„Wollte Gott, es wäre anders, Sir", sagte Trotty, der sich sehnlichst zu entschuldigen wünschte. „Aber wir sind bitter heimgesucht worden."

Da Sir Joseph noch immer sein „Nehmt den Brief, nehmt den Brief!" wiederholte und Mr. Fish nicht nur das gleiche sagte, sondern auch der Aufforderung dadurch weiteren Nachdruck verlieh, daß er zur Tür hin winkte, blieb dem armen Trotty nichts übrig, als seine Verbeugung zu machen und das Haus zu verlassen. Auf der Straße angelangt, zog er seinen alten, abgenutzten Hut ins Gesicht, um den Schmerz zu verbergen, den er darüber empfand, daß er nirgends dem Neujahr einen Halt abgewinnen konnte.

Er lupfte seine Kopfbedeckung nicht einmal, um zum Glockenturm hinaufblicken zu können, als er auf dem Rückweg an der alten Kirche vorbeikam. Für einen Augenblick machte er aus alter Gewohnheit halt. Er wußte, daß es dunkel wurde und der

Kirchturm matt und undeutlich über ihm in die trübe Luft stieg; auch wußte er, daß die Glocken bald erklingen würden und daß sie zu einer solchen Zeit wie Stimmen aus den Wolken an seine Ohren zu dringen pflegten. Aber er beeilte sich nur um so mehr, den Brief an den Stadtrat abzuliefern und ihnen aus dem Weg zu gehen, ehe sie begannen, denn er fürchtete zu hören, wie sie den Worten, die sie ihm letzthin zugesungen hatten, „Freund und Vater, Freund und Vater" hinzufügten.

Toby sputete sich daher nach Kräften, seinen Auftrag auszurichten, und trabte dann nach Hause. Sein Gang war aber im besten Fall linkisch und wurde durch den tief ins Gesicht gezogenen Hut nicht verbessert, weshalb er im nächsten Augenblick gegen jemand prallte und taumelnd auf die Straße gestoßen wurde.

„Ich bitte um Verzeihung!" sagte Trotty und zog in großer Verwirrung seinen Hut in die Höhe, so daß sein Kopf zwischen dem Filz und dem zerrissenen Futter wie in einem Bienenkorb steckte. „Hoffentlich habe ich Euch nicht verletzt?"

Toby war nicht gerade ein solcher Samson, daß er möglicherweise irgend jemand hätte verletzen können; vielmehr lag die Wahrscheinlichkeit weit näher, daß er selbst Schaden genommen hatte, denn er war wie ein Weberschiffchen auf die Straße hinausgeflogen. Dennoch hatte er eine so hohe Meinung von seiner eigenen Kraft, daß er in wirklicher Sorge um die andere Person war, weshalb er abermals sagte: „Hoffentlich habe ich Euch nicht verletzt?"

Der Mann, gegen den er gerannt war, ein sonnenverbrannter, kräftiger Bauer mit grauen Haaren und unrasiertem Kinn, starrte ihn einen Augenblick an, als glaube er, Toby wolle mit ihm spaßen. Sobald er jedoch dessen ehrliche Miene gesehen hatte, antwortete er: „Nein, mein Freund."

„Und auch das Kind nicht?" fragte Trotty.

„Auch das Kind nicht", erwiderte der Mann. „Ich danke Euch schön."

Bei diesen Worten blickte er auf die Kleine, die schlafend in seinen Armen lag, bedeckte ihr Gesicht mit dem langen Ende seines zerrissenen Halstuchs und ging langsam weiter.

Der Ton, mit dem er sagte: „Ich danke Euch schön", rührte

Trottys Herz. Der Mann war so ermüdet, so beschmutzt von der Wanderung und blickte so fremd und verlassen um sich, daß es ihm wohl ein Trost sein mußte, jemand danken zu können, für wie wenig es auch sein mochte. Toby blieb stehen und schaute ihm nach, wie er mühselig weiterging, während das Kind den Arm um seinen Hals geschlungen hatte.

Trotty hatte nur noch Augen für den Mann in den abgenutzten Schuhen – jetzt nur noch die Schatten und Ahnungen einer vormaligen Fußbekleidung –, in den rauhen Lederhosen, dem Arbeitskittel und dem breitkrempigen Hut, wie er, das sich an seinen Hals anklammernde Kind auf dem Arm, dahinschritt.

Ehe der Wanderer in der Dunkelheit verschwand, machte er halt und blickte umher. Als er Trotty noch dastehen sah, schien er unschlüssig zu sein, ob er weitergehen oder umkehren sollte. Nachdem er zuerst das eine, dann das andere getan hatte, kam er wieder zurück, und Trotty ging ihm auf dem halben Weg entgegen.

„Könnt Ihr mir vielleicht sagen", begann der Mann mit einem matten Lächeln, „wo Stadtrat Cute wohnt? Wenn Ihr's wißt, werdet Ihr mir gewiß Auskunft geben, und ich frage lieber Euch als irgend jemand anders."

„Ganz in der Nähe", versetzte Toby. „Ich will Euch mit Freuden sein Haus zeigen."

„Ich sollte morgen an einem andern Ort mit ihm zusammentreffen", sagte der Mann und ging nun neben Toby her, „aber man hat einen Verdacht gegen mich, und das läßt mir keine Ruhe. Ich möchte mich rechtfertigen, damit ich frei hingehen und mein Brot suchen kann, obgleich ich nicht weiß, wo. Er wird mir daher wohl vergeben, wenn ich heute abend zu seinem Haus komme."

„Wie – nein, unmöglich!" rief Toby zusammenfahrend. „Ihr werdet doch nicht Fern heißen?"

„He!" entgegnete der andere und wandte sich erstaunt zu dem Dienstmann um.

„Fern? Will Fern?" sagte Trotty.

„Das ist mein Name", versetzte der Mann.

„Dann, um Himmels willen, geht nicht zu ihm!" rief Trotty, ergriff ihn am Arm und blickte sich vorsichtig um. „Geht nicht zu ihm! Er wird Euch ein Ende machen, so wahr Ihr geboren seid. Da – kommt in dieses Gäßchen; ich will Euch dann sagen, was ich meine. Aber Ihr dürft nicht zu ihm gehen."

Der Mann sah Toby an, als halte er ihn für verrückt, folgte ihm aber trotzdem. Sobald sie vor Beobachtung sicher waren, teilte ihm Trotty alles mit, was er im Haus von Sir Joseph Bowley über ihn vernommen hatte.

Der Fremde hörte mit einer Ruhe zu, die Trotty in Erstaunen versetzte. Er unterbrach ihn weder, noch widersprach er ihm ein einziges Mal, sondern nickte nur hin und wieder mit dem Kopf, mehr, wie es schien, in Bekräftigung einer alten, längst abgedroschenen Geschichte als in der Absicht, sich dagegen zu verwahren. Ein- oder zweimal schob er seinen Hut zurück und fuhr mit der sommersprossigen Hand über seine Stirn, wo jede Furche, die er gepflügt hatte, ihr Bild im kleinen abgedrückt zu haben schien. Doch das war alles.

„Es ist alles in allem wahr", sagte er. „Ich könnte zwar da und dort den Weizen von der Spreu sichten – aber lassen wir's lieber. Wozu auch? Ich habe gegen seine Pläne gehandelt, und das ist mein Unglück, obwohl ich nicht anders konnte und es morgen wieder ebenso machen würde. Was den Ruf betrifft, so spähen und spähen diese vornehmen Leute und wollen ihn frei von allem Makel haben, ehe sie uns auch nur mit einem dürren guten Wort aushelfen. Na, ich hoffe, daß sie ihren guten Leumund nicht so leicht verlieren wie wir, denn ihr Leben wäre dann schlimm genug, und es lohnte sich kaum der Mühe, es zu erhalten. Was mich betrifft, Meister, so hat diese Hand" – er streckte sie vor sich aus – „nie etwas angetastet, was nicht mein Eigentum war, und hat sich nie vor der Arbeit gescheut, mochte sie auch noch so schwer und der Lohn noch so kärglich sein. Wer das leugnen kann, der soll sie mir abhacken! Aber wenn mir die Arbeit nicht einen menschenwürdigen Unterhalt gibt – wenn ich so schlecht leben muß, daß ich sowohl in wie außerhalb des Hauses hungere – wenn ich sehe, daß ein ganzes Arbeitsleben so beginnt, so weitergeht und so endet, ohne jede Aussicht auf irgendeinen Wechsel, dann sage ich zu den vornehmen Leuten: ‚Haltet euch fern von mir, und laßt meine Hütte in Ruhe. Meine Türen sind dunkel genug, auch ohne daß noch euer Schatten dazukommt.

Von mir dürft ihr nicht verlangen, daß ich in dem Park bei einer Schau mitmache, wenn's da einen Geburtstag, eine schöne Rede oder sonst etwas in der Art gibt. Führt eure Komödien ohne mich auf, und mögen sie euch wohl bekommen. Wir haben nichts miteinander zu schaffen, und es ist am besten, wenn man mich in Frieden läßt!'"

Da er bemerkte, daß die Kleine in seinen Armen jetzt die Augen geöffnet hatte und verwundert umhersah, hielt er inne, sagte ein paar Scherzworte zu ihr und stellte sie dann auf den Boden. Während er einen der langen Zöpfe des Mädchens wie einen Ring um seinen rauhen Zeigefinger wickelte, fuhr er an Trotty gerichtet fort: „Ich bin, glaub ich, nicht widerborstig von Natur und lasse mich leicht zufriedenstellen. Auch trage ich niemand etwas nach und wünsche nur, wie ein Geschöpf Gottes zu leben. Das kann ich jedoch nicht, und so liegt denn eine tiefe Kluft zwischen mir und jenen, die es können. Es gibt andere, denen es genauso ergeht wie mir, und das sind nicht gerade wenige, sondern ihre Zahl geht in die Hunderttausende."

Trotty wußte, daß der Mann die Wahrheit sprach, und nickte zustimmend.

„Ich habe mir dadurch einen schlimmen Ruf eingehandelt", sagte Fern, „und fürchte, daß ich wahrscheinlich nie zu einem bessern kommen werde. Es ist nicht gesetzlich, übellaunig zu sein, und ich bin wirklich übellaunig, obgleich Gott weiß, daß ich weit lieber wohlgemut wäre, wenn ich's sein könnte. Nun, ich weiß nicht, ob dieser Stadtrat mir weh tun könnte, wenn er mich ins Gefängnis steckte; aber falls nicht ein Freund ein Wort für mich einlegte, so wär er wohl dazu imstande, und Ihr seht –!" Er deutete mit dem Finger auf die Kleine.

„Sie hat ein hübsches Gesicht", sagte Trotty.

„Ja, so ist's!" entgegnete der Mann mit gedämpfter Stimme, indem er das Gesicht des Mädchens mit beiden Händen sanft zu sich hochhob und es anschaute. „Ich habe das oft selbst gedacht. Ich habe das gedacht, wenn mein Herd sehr kalt und mein Schrank sehr leer war. Ich dachte so erst gestern nacht, als wir wie zwei Diebe aufgegriffen wurden. Aber sie – sie sollten das kleine Gesicht nicht zu oft heimsuchen – meinst du nicht, Lilian? Es wäre schon zuviel für einen Mann!"

Seine Stimme war ganz leise geworden, und sein Blick ruhte so finster und seltsam auf dem Mädchen, daß Toby, um den Lauf seiner Gedanken abzulenken, die Frage stellte, ob seine Frau noch am Leben sei.

„Ich habe nie eine Frau gehabt", entgegnete er mit einem Kopfschütteln. „Sie ist meines Bruders Kind – eine Waise –, neun Jahre alt, obgleich Ihr's kaum glauben würdet; aber sie ist jetzt müde und abgezehrt. Der Armenhausdistrikt wollte die Sorge für sie übernehmen und sie 28 Meilen von dem Ort, wo wir wohnen, zwischen vier Wände einsperren, wie sie's auch mit meinem alten Vater gemacht haben, als er nicht mehr arbeiten konnte, wenn er ihnen auch nicht lange lästig fiel. Da habe ich sie zu mir genommen, und sie ist seitdem bei mir geblieben. Ihre Mutter hatte einmal eine Freundin hier in London. Wir sind dabei, sie zu suchen, und suchen zugleich nach Arbeit; aber es ist ein großer Ort. Nun ja, ist auch recht – wir haben dafür um so mehr Platz umherzugehen, Lilly!"

Er sah das Kind mit einem Lächeln an, das Toby mehr als Tränen rührte, und drückte dann dem Dienstmann die Hand.

„Ich kenne zwar noch nicht einmal Euren Namen", sagte er, „aber ich habe mein Herz freimütig gegen Euch geöffnet, denn ich bin Euch dankbar – und aus gutem Grund. Ich will Euern Rat befolgen und mich fernhalten von diesem –"

„Friedensrichter", ergänzte Toby.

„Ja", fuhr er fort, „wenn das der Name ist, den man ihm gibt, von diesem Friedensrichter. Und morgen will ich versuchen, ob mir nicht irgendwo in der Nähe von London ein besseres Glück blüht. Gute Nacht. Ein glückliches neues Jahr!"

„Halt!" rief Trotty und hielt die Hand des anderen fest, als dieser sie lösen wollte. „Halt! Das neue Jahr kann nicht glücklich für mich sein, wenn wir uns so trennen. Das neue Jahr kann nicht glücklich für mich sein, wenn ich mit ansehen müßte, wie Ihr mit dem Kind davongeht, ohne zu wissen, wohin, und ohne ein Obdach für die Nacht. Kommt mit zu mir nach Hause! Ich bin zwar nur ein armer Mann und habe bloß eine elende Wohnung; aber ich kann Euch doch für eine Nacht Unterkunft geben. Kommt mit mir! So, ich will sie nehmen!" fügte Trotty hinzu, indem er das Kind nahm. „Eine hübsche Kleine! Ich wollte mir zwanzigfach ihr Gewicht aufladen lassen, ohne daß ich es besonders spürte. Sagt mir, ob ich vielleicht zu schnell für Euch gehe. Ich gehe sehr rasch. Stets!"

Während Trotty das sagte, mußte er stets sechs von seinen Trabschritten tun, während sein müder Begleiter einen einzigen machte, und seine dünnen Beine zitterten unter der Last, die er trug.

„Ach, sie ist so leicht", sagte Trotty, wobei er sowohl seine Rede wie auch seinen Weg fortsetzte, denn er wollte keinen Dank hören und scheute sich daher, eine Pause eintreten zu lassen, „so leicht wie eine Feder; ja, leichter als eine Pfauenfeder – viel leichter. So, da sind wir – jetzt geht's da hinein, um diese erste Ecke rechts, Onkel Will, an der Pumpe vorbei und dann das Gäßchen links hinauf, dem Wirtshaus gegenüber. Jetzt über den Weg hinüber, Onkel Will, und dort auf den Pastetenladen an der Ecke zu. Da wären wir! Nur noch an den Ställen entlang, Onkel Will, und dann bleibt vor der schwarzen Tür stehen, über der TOBY VECK – DIENSTMANN auf einem Brett geschrieben steht. So, jetzt sind wir wirklich zu Hause, und nun kannst du große Augen machen, meine hübsche Meg!"

Mit diesen Worten setzte der atemlose Trotty das Kind mitten in der Stube zu den Füßen seiner Tochter nieder. Die kleine Fremde blickte Meg an, und da sie in ihrem Gesicht nichts sah, was nicht sogleich Vertrauen erweckte, lief sie in ihre Arme.

„So, da sind wir!" rief Trotty, lief im Zimmer umher und rang hörbar nach Atem. „Hier, Onkel Will – Ihr seht, hier ist ein Feuer. Warum kommt Ihr nicht ans Feuer? Na, da sind wir! Meg, mein Herz, wo ist der Kessel? So – er wird augenblicklich kochen!"

Trotty hatte wirklich während seines wilden Umherrennens den Kessel aufzulesen gewußt und auf das Feuer gesetzt, während Meg in einer warmen Ecke vor dem Kind niedergekniet war, um ihm die Schuhe auszuziehen und die nassen Füßchen mit einem Tuch zu trocknen. Ja, und sie lachte Trotty auch zu – so fröhlich, so herzlich, daß Trotty sie augenblicklich hätte segnen mögen, denn er hatte beim Eintreten ganz gut gesehen, wie sie tränenüberströmt vor dem Feuer gesessen hatte.

„Vater", sagte Meg, „Ihr seid, glaube ich, diesen Abend ganz närrisch. Ich weiß nicht, was die Glocken dazu sagen würden. Die armen Füßchen – wie kalt sie sind!"

„Oh, sie sind jetzt wärmer!" rief das Kind. „Sie sind jetzt ganz warm!"

„Nein, nein, nein", widersprach Meg. „Wir haben sie noch nicht halb genug gerieben. Wir müssen noch mehr reiben, immer noch mehr reiben. Und dann wollen wir das feuchte Haar auskämmen. Sind wir damit fertig, so wollen wir mit einem bißchen frischen Wasser etwas Farbe in das arme blasse Gesicht bringen, und dann werden wir so froh, heiter und glücklich sein –"

Das Kind umschlang schluchzend ihren Hals, streichelte mit seinen Händchen ihre Wange und sagte: „O Meg! O liebe Meg!"

Tobys Segen hätte nicht mehr tun können. Wer wäre auch imstande gewesen, mehr zu tun?

„Vater!" rief Meg nach einer Pause.

„Da bin ich, meine Liebe", sagte Trotty.

„Gütiger Himmel!" rief Meg. „Er ist ganz von Sinnen! Setzt da das Hütchen des lieben Kindes auf den Kessel und hängt den Deckel hinter die Tür!"

„Ich habe es nicht mit Absicht getan, mein Herz", entgegnete Trotty, indem er hastig sein Versehen wiedergutmachte. „Meg, mein Kind?"

Meg blickte zu ihm hinüber und sah, daß er sich mit Bedacht hinter den Stuhl seines männlichen Gastes gestellt hatte, wo er mit vielen geheimnisvollen Gebärden das Sechspencestück, das er verdient hatte, in die Höhe hielt.

„Als ich hereinkam", sagte Trotty, „habe ich irgendwo auf der Treppe eine halbe Unze Tee liegen sehen; auch glaube ich wahrhaftig, daß ein Stückchen Speck dabei war. Da ich mich nicht mehr recht entsinne, wo das war, will ich selbst hingehen und sehen, ob ich's nicht finde."

Unter diesem unergründlich scharfsinnigen Vorwand entfernte sich Toby, um die genannten Lebensmittel für bares Geld bei Mrs. Chickenstalker zu kaufen. Er kam bald wieder zurück und sagte, er habe die Sachen anfangs in der Dunkelheit nicht finden können.

„Aber da sind sie endlich", sagte Trotty und setzte das Teegeschirr auf. „Alles stimmte! Ich wußte es ja, daß es Tee und eine schöne Speckschnitte war. Da, seht selbst! Meg, mein Herzchen, wenn du den Tee zubereiten willst, während dein unwürdiger Vater den Speck röstet, so wird alles bald fertig sein. Es ist seltsam", fuhr Trotty fort, indem er sich mit Hilfe der Röstgabel an seine Arbeit machte, „höchst seltsam, aber allen meinen Freunden wohlbekannt, daß ich für meine Person mir weder aus Speck noch aus Tee etwas mache. Ich habe meine Freude daran, wenn andere Leute sich's dabei gutgehen lassen", sagte er in sehr lautem Ton, um seinem Gast die Tatsache recht deutlich zu Gemüt zu führen, „aber mir selbst sagt diese Nahrung nicht zu."

Doch schnüffelte Trotty den Wohlgeruch des zischenden Specks ein – „ah!" –, als ob er mit Freuden selbst hätte zulangen mögen, und als er das kochende Wasser in den Teetopf goß, blickte er sehnsüchtig in dessen Tiefe hinunter und ließ den würzigen Dampf um seine Nase kräuseln und sein Gesicht mit einer dichten Wolke einhüllen. Aber trotzdem genoß er nichts weiter davon als zu Anfang der Form wegen einen einzigen Bissen, der ihm ungemein gut zu schmecken schien, obwohl er erklärte, daß er sich nicht das mindeste daraus mache.

Nein. Trottys Beschäftigung bestand darin, Will Fern und Lilian essen und trinken zu sehen, und das gleiche war bei Meg der Fall. Und nie fand ein Zuschauer bei einem Stadt- oder Hofbankett einen solchen Hochgenuß darin, andere – wäre es sogar ein König oder ein Papst gewesen – schmausen zu sehen, wie unsere beiden Wirte an jenem Abend. Meg lächelte Trotty zu, und Trotty lachte Meg zu. Meg nickte mit dem Kopf und tat, als klatschte sie mit den Händen, um Trotty ihren Beifall zu erkennen zu geben, während Trotty in stummer Zeichensprache Meg eine unverständliche Geschichte erzählte, wann und wo er seine Gäste gefunden hatte. Und sie waren glücklich – sehr glücklich.

Obgleich ich sehen muß, daß Megs Verhältnis aufgelöst ist, dachte Trotty bekümmert, als er das Gesicht seiner Tochter betrachtete.

„Also, ich will Euch was sagen", begann Trotty nach dem Tee. „Die Kleine schläft bei Meg."

„Bei der guten Meg!" rief das Kind und liebkoste sie. „Bei Meg!"

„So ist's recht", sagte Trotty. „Und es sollte mich nicht wundern, wenn sie Megs Vater einen Kuß gäbe. Was meinst du, Kind? Ich bin Megs Vater."

Trotty war hoch entzückt, als das Kind sich ihm schüchtern näherte, ihn küßte und dann wieder zu Meg zurückkehrte.

„Sie ist so weise wie Salomon", sagte Trotty. „Da kommen wir, und da gehen – nein, das meinte ich nicht –, ich – was wollte ich denn sagen, meine liebste Meg?"

Meg blickte auf ihren Gast, der sich an ihren Stuhl gelehnt hatte und mit von ihr abgewandtem Gesicht den in ihrem Schoß verborgenen Kopf der Kleinen streichelte.

„Natürlich", sagte Toby. „Natürlich! Ich weiß wahrhaftig nicht, was ich heute abend treibe. Was geht mir bloß im Kopf herum? Will Fern, Ihr kommt mit mir. Ihr seid todmüde und völlig erschöpft, weil Ihr so lange nicht geruht habt. Kommt mit mir."

Der fremde Mann spielte immer noch mit den Locken des Kindes; er lehnte sich immer noch über Megs Sessel, und sein Gesicht blieb abgewandt. Er sprach nicht, aber in der Bewegung seiner rauhen Finger, wie sie das schöne blonde Haar des Mädchens bald faßten, bald losließen, lag Beredsamkeit genug.

„Ja, ja", fuhr Trotty fort und beantwortete damit unbewußt die

Frage, die er im Gesicht seiner Tochter las. „Nimm sie mit dir, Meg. Bring sie zu Bett. So! Jetzt will ich Euch zeigen, wo Ihr schlafen werdet, Will. Es ist zwar nichts Besonderes, sondern nur ein Heuboden; aber eine der größten Bequemlichkeiten, die man in einem Stall finden kann, ist, wie ich immer zu sagen pflege, der Heuboden. Außerdem leben wir hier billig, bis dieser Schuppen und dieser Stall besser vermietet werden können. Oben ist viel duftendes Heu, das einem Nachbarn gehört, und es ist ein so reinliches Lager, wie es Hände und Meg nur machen können. Kopf hoch! Laßt den Mut nicht sinken. Ein neues Herz zum neuen Jahr!"

Die Hand, die sich aus dem Haar des Kindes losgemacht hatte, war zitternd in die Trottys gefallen, und dieser führte seinen Gast, in einem fort sprechend, so vorsichtig und leicht hinaus, als wäre er gleichfalls ein Kind.

Da er vor Meg wieder zurückkam, horchte er einen Augenblick an der Tür ihrer kleinen Kammer, die neben der Stube lag. Die Kleine murmelte ein einfaches Nachtgebet, in das sie auch den Namen der „lieben, lieben Meg", wie sie sagte, einflocht. Dann hörte Trotty, wie sie innehielt und nach dem seinen fragte.

Es dauerte einige Zeit, ehe der törichte alte Knabe sich so weit fassen konnte, daß er das Feuer schürte und seinen Stuhl an den warmen Herd rückte. Als es aber endlich geschehen war und er die Kerze geputzt hatte, nahm er seine Zeitung aus der Tasche und begann zu lesen, anfangs gleichgültig, indem er rasch über die Spalten hinflog, sehr bald aber mit großem Ernst und kummervoller Aufmerksamkeit.

Denn eben diese gefürchtete Zeitung lenkte Trottys Gedanken abermals in die gleiche Richtung, die sie den ganzen Tag über, besonders infolge der vorgefallenen Ereignisse, genommen hatten. Sein Interesse an den beiden Wanderern hatte ihn zwar für eine Weile in eine glücklichere Stimmung versetzt; sobald er aber wieder allein war und die Verbrechen und Gewalttaten des Volkes las, fiel er wieder in die frühere zurück.

In dieser Gemütsverfassung kam er an einen Bericht (und es war nicht der erste derartige, den er gelesen hatte), welcher schilderte, wie ein Weib verzweiflungsvoll die Hand nicht nur an ihr eigenes Leben, sondern auch an das ihres kleinen Kindes gelegt hatte. Dieses schreckliche Verbrechen wirkte auf ihn, der Meg so zärtlich liebte, derartig empörend, daß er das Zeitungsblatt fallen ließ und entsetzt in seinen Stuhl zurücksank.

„Unnatürlich und grausam!" rief Toby. „Unnatürlich und grausam! Nur Leute von ganz verderbtem Herzen, die zum Bösen geboren sind und auf Erden nichts zu suchen haben, können solche Taten verüben. Was ich heute den Tag über gehört habe, ist nur zu wahr, nur zu vollständig erwiesen. Wir sind schlecht!"

Die Glocken nahmen die Worte so plötzlich auf und erklangen so laut, so klar und so volltönend, daß er meinte, sie träfen ihn direkt in seinem Stuhl.

Und was sagten sie?

„Toby Veck, Toby Veck, wir warten auf dich, Toby! Toby Veck, Toby Veck, wir warten auf dich, Toby! Komm, besuch uns; komm, besuch uns! Schleppt ihn zu uns, schleppt ihn zu uns! Hetzt und jagt ihn, hetzt und jagt ihn! Sollst nicht schlafen! Sollst nicht schlafen! Toby Veck, Toby Veck, die Tür steht offen, Toby; Toby Veck, Toby Veck, die Tür steht offen, Toby!" Dann begannen sie diesen Gesang wieder von vorn und läuteten dermaßen, daß die Töne sogar aus den Ziegeln und dem Mörtel hervorzuquellen schienen.

Toby lauschte. Das war doch alles bloß seine eigene Einbildung! Das waren doch nur seine Gewissensbisse, weil er ihnen diesen Abend entlaufen war! Aber nein, nein. So war es nicht. Wieder und wieder, ja noch ein dutzendmal erklang es: „Hetzt und jagt ihn, hetzt und jagt ihn! Schleppt ihn zu uns, schleppt ihn zu uns!" Die ganze Stadt wurde damit betäubt.

„Meg", sagte Trotty leise, indem er an ihre Tür klopfte. „Hörst du nichts?"

„Ich höre die Glocken, Vater. Gewiß, sie sind diesen Abend sehr laut."

„Schläft sie?" fuhr Toby fort und benutzte diese Frage als Vorwand, um hineinschauen zu können.

„Ganz ruhig und glücklich! Aber ich kann sie noch nicht verlassen, Vater – seht nur, wie sie meine Hand festhält!"

„Meg!" flüsterte Trotty. „Höre nur auf die Glocken!"

Sie lauschte, während ihr Gesicht ihrem Vater zugewandt war. Aber in ihren Zügen ließ sich keine Veränderung bemerken. Sie verstand die Stimmen nicht.

Trotty zog sich zurück, nahm wieder am Feuer Platz und lauschte abermals allein. So blieb er eine Weile sitzen.

Aber nein, er konnte es unmöglich länger ertragen; ihr Drängen war zu schrecklich.

„Wenn die Turmtür wirklich offen ist“, sagte Toby zu sich, indem er hastig seine Schürze beiseite legte, ohne jedoch an seinen Hut zu denken, „was hindert mich dann, hinaufzugehen und mich zu überzeugen? Ist sie aber geschlossen, so brauche ich keinen weiteren Beweis mehr. Dann ist's genug.“

Während er ruhig auf die Straße hinaustrat, war er fest überzeugt, daß er sie geschlossen und verriegelt finden würde; denn er kannte die Tür wohl und hatte sie selten, im ganzen vielleicht dreimal, offenstehen sehen. Es war ein niederes Bogenportal außerhalb der Kirche in einer dunklen Nische hinter einer Säule. Von der Tür selbst war freilich kaum etwas zu sehen, denn Angeln und Schloß waren so gewaltig, daß sie sie fast verdeckten.

Wie groß war jedoch sein Erstaunen, als er barhäuptig bei der Kirche anlangte und mit der Hand die dunkle Nische abtastete! Während er fast erwartete, sie könnte plötzlich erfaßt werden, und eine schaudernde Neigung verspürte, sie wieder zurückzuziehen, fand er mit einemmal, daß die Tür, die nach außen aufging, wirklich halb offenstand!

In der ersten Überraschung wollte er wieder zurückgehen oder wenigstens ein Licht oder einen Begleiter holen; sein Mut kam ihm jedoch bald zu Hilfe, und er beschloß, allein hinaufzusteigen.

Was habe ich zu befürchten? fragte sich Trotty. Es ist eine Kirche! Außerdem sind vielleicht noch die Läuter da und haben vergessen, die Tür zu schließen.

Er ging daher hinein und tastete sich weiter wie ein Blinder, denn es war sehr dunkel – dazu auch sehr ruhig, denn die Glocken ließen keinen Laut mehr vernehmen.

Der Straßenstaub war in die Nische eingedrungen und lag so dicht aufgehäuft, daß der Fuß wie auf weichen Samt trat. Auch hierin lag etwas Befremdliches. Zugleich befand sich die enge Treppe so nahe an der Tür, daß er auf der ersten Stufe strauchelte. Dadurch stieß er mit dem Fuß an die Tür, daß sie heftig zurückprallte und schwerfällig in ihr Schloß fiel, und als er sie wieder zu öffnen versuchte, stellte er fest, daß dies unmöglich war.

Das war jedoch nur ein Grund mehr weiterzugehen. Trotty tastete sich vorwärts – hinauf, hinauf, hinauf, stets im Kreis hinauf, hinauf, hinauf – höher, höher und höher hinauf!

Wenn man sich so vorwärts tasten mußte, war es ein sehr unangenehmes Treppenhaus, so niedrig und so schmal, daß die prüfende Hand stets etwas berührte. Oft schien es ihm, als stünde ein Mensch oder eine gespenstische Gestalt aufrecht da und mache Platz für ihn, damit sie unentdeckt an ihm vorbeigleiten könne, so daß er mit der Hand an der glatten Mauer aufwärts strich, um deren Gesicht, und abwärts, um deren Füße zu suchen, während zugleich ein eisiger Schauer seinen Körper durchrieselte. Zwei- oder dreimal unterbrach eine Tür oder eine Nische die einförmige Fläche, und dann kam es ihm vor, als sei eine Öffnung da, so groß wie die ganze Kirche. Er meinte bei solchen Gelegenheiten, am Rand eines Abgrunds zu stehen, in den er kopfüber hinunterstürzen müsse, bis er die Mauer wiedergefunden hatte.

Dennoch ging es hinauf, hinauf, hinauf – im Kreis hinauf, hinauf, hinauf, höher, höher, höher hinauf!

Endlich begann die dumpfe, erstickende Atmosphäre frischer zu werden. Eine Minute später wurde es windig, und bald blies der Wind so stark, daß Trotty sich kaum auf den Beinen halten konnte. Aber er gelangte an ein gewölbtes, brusthohes Fenster im Turm, hielt sich daran fest und schaute hinunter auf die Hausgiebel, die rauchenden Schornsteine und die matt scheinenden Lichter, die alle zu einem Teig von Nebel und Dunkelheit zusammengeknetet waren. Er blickte dorthin, wo Meg war. Sicherlich fragte sie sich erstaunt, wohin er gegangen war, und rief vielleicht seinen Namen.

Das war der Teil des Glockenhauses, wo die Läuter ihr Werk verrichteten. Er hatte eines der abgeriebenen Seile gefaßt, die durch Öffnungen in dem Eichendach herabhingen. Anfangs fuhr er zusammen, denn er hielt es für Haar; dann aber zitterte er schon bei dem Gedanken, die tiefe Glocke zu wecken. Die Glocken selbst hingen höher, und Trotty tastete sich weiter hinauf, dem Zauber folgend, der ihn trieb. Der Weg wurde jetzt mühsamer und ging über steile Leitern, die dem Fuß keinen allzu sicheren Halt boten.

Hinauf, hinauf, hinauf, klimmend und kletternd; hinauf, hinauf, hinauf – höher, höher, höher hinauf!

Endlich erreichte er den oberen Boden und gelangte, als er den Kopf über das Gebälk erhob, unter die Glocken. Kaum vermochte er die großen Gestalten im Dunkel zu unterscheiden; aber da waren sie – schattenhaft, stumm und nachtumhüllt.

Ein banges Gefühl von Furcht und Einsamkeit bemächtigte sich seiner augenblicklich, als er in dieses luftige Nest von Stein und Metall hineinkletterte. Ihm schwindelte – er lauschte und erhob dann seine Stimme zu einem wilden „Hallo!"

„Hallo!" hallte kläglich das gedehnte Echo nach.

Taumelnd, schwindlig, erschrocken und atemlos blickte Toby wirr um sich her und brach dann ohnmächtig zusammen.

Das dritte Viertel

Schwarz sind die brütenden Wolken und wild bewegt die tiefen Wasser, wenn die See der Gedanken sich aus ihrer Windstille aufrafft und ihre Toten herausgibt. Wilde, gräßliche Ungeheuer erheben sich in voreiliger, unvollkommener Auferstehung; die Teile und Gestalten verschiedener Dinge mischen und vereinigen sich nach dem blinden Walten des Zufalls, und wann und wie und in was für wunderbaren Abstufungen sich eines von dem anderen trennt oder jedes Gefühl und jeder Gegenstand des Geistes die gewöhnliche Form, das gewöhnliche Leben wieder annimmt, weiß niemand zu sagen, obgleich jeder Mensch an jedem Tag das Behältnis dieses Teiles des großen Weltgeheimnisses ist.

Wann und wie also die Dunkelheit des nachtschwarzen Kirchturms sich in helles Licht verwandelte – wann und wie der einsame Raum sich mit Myriaden von Gestalten bevölkerte – wann und wie das geflüsterte „Hetzt und jagt ihn", das eintönig durch seinen Schlummer oder seine Ohnmacht klang, zu einer Stimme wurde, die in Trottys erwachendes Ohr rief: „Sollst nicht schlafen!" – wann und wie er aufhörte, eine träge und wirre Vorstellung zu beherbergen, daß es solche Dinge gebe, die sich mit einer Schar anderer, nicht vorhandener mischten – von alledem kann niemand etwas sagen. Aber wachend stand er jetzt auf den Brettern, wo er kurz zuvor gelegen hatte, und sah dieses gespenstische Schauspiel.

Er sah den Turm, auf den ihn seine gebannten Schritte geführt hatten, voller zwerghafter Erscheinungen und Geister, den Kobolden der Glocken. Er sah, wie sie ohne Unterlaß aus den Glocken herausquollen, -sprangen, -flogen und niedersanken. Sie umringten ihn auf dem Boden, in der Luft, kletterten an den Glockenseilen abwärts, schauten von den massiven, eisenbeschlagenen Balken auf ihn herab, blickten durch die Spalten und Öffnungen der Mauern zu ihm herüber und umflatterten ihn in immer weiter werdenden Kreisen, ähnlich den Wellenringen des Wassers, in das plötzlich ein großer Stein hineingeworfen wird.

Er sah sie von allen Seiten und in allen Gestalten – häßlich und schön, verkrüppelt und vollkommen gebaut; jung und alt, wohlwollend und grausam, fröhlich und grimmig. Er sah, wie sie tanzten, und hörte sie singen – er sah, wie sie ihr Haar zerrauften, und hörte sie heulen. Die ganze Luft war von ihnen erfüllt. Sie kamen und gingen unablässig. Er sah, wie sie herabglitten oder sich in die Höhe schwangen, wie sie in die Weite schwebten oder sich ganz in seiner Nähe niederließen – alles in rastloser, ungestümer Tätigkeit. Steine, Ziegel und Schiefer wurden für ihn so durchsichtig wie für sie. Er sah sie in den Häusern geschäftig an den Betten der Schläfer. Er sah, wie sie da den Leuten beruhigende Träume brachten, dort sie mit knotigen Peitschen schlugen. Er sah, wie sie den Daliegenden in den Ohren zeterten oder über ihren Kopfkissen die sanfteste Musik spielten. Er sah, wie sie die einen mit dem Gesang der Vögel und dem Duft der Blumen entzückten, während sie anderen in ihrem unruhigen Schlaf aus Zauberspiegeln, die sie in Händen trugen, schreckliche Grimassen erscheinen ließen.

Aber er sah diese Gestalten nicht nur unter den Schlafenden, sondern auch unter den Wachenden – in der verschiedensten Weise unter ihnen tätig und Dinge vollführend, die miteinander gänzlich unvereinbar waren. Dort hatte sich ein Geist zahllose Schwingen angeschnallt, um seine Geschwindigkeit zu vergrößern, während ein anderer sich mit Ketten und Gewichten belud, um die seine zu mäßigen. Einige trieben die Uhrzeiger vorwärts, andere drehten sie wieder zurück, während wieder andere bemüht waren, das Räderwerk ganz zum Stillstand zu bringen. Hier stellten sie eine Hochzeit, dort eine Beerdigung, in diesem Saal eine Wahl, in jenem einen Ball dar; aber stets und überall waren sie in rastloser, unermüdlicher Bewegung.

Von der Anzahl der wechselnden und fremdartigen Gestalten ebenso verwirrt wie durch das Getöse der Glocken, die die ganze Zeit über läuteten, klammerte sich Toby an einen hölzernen Pfeiler und drehte in stummem, betäubtem Erstaunen sein leichenblasses Gesicht bald dahin, bald dorthin.

Wie er so umherblickte, hielt das Glockengeläute inne. Augenblicklicher Wechsel! Der ganze Schwarm wurde undeutlicher; ihre Gestalten fielen in sich zusammen, und ihre Eile verließ sie. Sie suchten im Flug zu enteilen; aber im Niedersinken erstarben sie und zerflossen in der Luft. Keine frische Schar folgte ihnen nach. Ein einziger Nachzügler sprang noch ziemlich rüstig von der großen Glocke herunter und kam auf seinen Füßen zu stehen; aber er war tot und dahin, noch ehe er sich umdrehen konnte. Einige von den Spätankömmlingen, die sich im Turm herumgetrieben hatten, flatterten noch eine Weile länger umher; sie wurden jedoch bei jeder Wendung schwächer und minder zahlreich, bis auch sie den übrigen gefolgt waren. Der letzte von allen war ein kleiner buckliger Kobold, der sich in eine widerhallende Ecke geflüchtet hatte, wo er noch geraume Zeit umherwirbelte und allein auf und ab schwebte; dabei zeigte er eine solche Hartnäckigkeit, daß er zuletzt zu einem einzigen Bein zusammenschmolz, ehe er ganz dahinging. Aber endlich entschwand auch er, und es war stumm und still im Turm.

Jetzt erst und nicht früher bemerkte Trotty in jeder Glocke eine bärtige Gestalt von dem Umfang und der Statur der Glocke – unbegreiflicherweise eine Gestalt und zugleich die Glocke selbst. Riesenhaft und ernst betrachteten sie ihn düster, während er wie angewurzelt dastand.

Geheimnisvolle, grauenhafte Gestalten, auf nichts fußend, frei schwebend in der Nachtluft des Turmes, die verhüllten und vermummten Häupter aufragend in die Dunkelheit des Daches – regungslos und schattenhaft. Schattenhaft und finster, obgleich er sie bei einem schwachen Licht, das von ihnen selbst ausging – dem einzigen Licht im Turm –, wahrnahm, jede Gestalt mit der verhüllten Hand auf dem gespenstigen Mund.

Er konnte sich nicht entsetzt durch die Öffnung im Boden hinabstürzen, denn alle Kraft der Bewegung hatte ihn verlassen. Andernfalls würde er es getan, ja, sich sogar kopfüber von der Turmspitze auf die Straße hinunter geworfen haben – so unerträglich war ihm der Blick aus diesen Augen, die da wachten und beobachteten, obwohl ihnen die Pupillen fehlten.

Wieder und wieder berührte ihn der Schrecken und das Entsetzen des einsamen Ortes und der wilden, furchtbaren Nacht, die hier wie eine Gespensterhand herrschte. Jede Hilfe war weit von ihm entfernt; zwischen ihm und der Erde, auf der die Menschen lebten, ein langer, finsterer, gewundener und von Geistern belagerter Weg; er selbst hoch, hoch oben, wohin zu blicken es ihm schwindelte, wenn er bei Tag dem Flug der Vögel zusah, abgeschnitten von allen guten Leuten, die zu einer solchen Stunde wohlbehalten zu Hause waren und in ihren Betten schliefen – all das durchzuckte ihn kalt, nicht als ein Gedanke, sondern als körperliches Gefühl. Mittlerweile hafteten seine Blicke angstvoll auf den wachsamen Gestalten. Sie sahen in der tiefen Düsternis und den Schatten, die sie umhüllten, nicht aus wie Gebilde dieser Welt, um so weniger, da sie so übernatürlich über dem Boden schwebten; aber dennoch waren sie so deutlich zu unterscheiden wie das wuchtige eichene Rahmenwerk und das Kreuz- und Quergebälk, zwischen dem die Glocken hingen. Das engte sie ein wie ein ganzer Wald von geschlagenem Holz; und zwischen den vielfachen und verwickelten Verästelungen dieses Gehäuses hielten sie wie unter den Zweigen toter Bäume, die zu ihrem gespenstigen Gebrauch sterben mußten, ihre düstere, unablässige Wache.

Ein Windstoß – wie kalt und schrill! – fuhr stöhnend durch den Turm. Als er dahinstarb, begann die große Glocke – oder vielmehr der Geist der großen Glocke – zu sprechen.

„Was ist das für ein Besuch?" fragte er.

Die Stimme war dumpf und tief, und Trotty meinte, sie tönte ebensogut auch in den anderen Figuren.

„Ich glaubte, die Glocken hätten meinen Namen gerufen!" sagte Trotty und erhob seine Hände mit bittender Gebärde. „Ich weiß kaum, warum ich hier bin oder wie ich heraufkam. Ich habe schon seit vielen Jahren auf die Glockentöne gelauscht, und sie haben mir oft Freude geschenkt."

„Hast du ihnen auch gedankt?" fragte die Glocke.

„Oh, tausendmal!" rief Trotty.

„Wie?"

„Ich bin ein armer Mann", stotterte Trotty, „und konnte ihnen nur mit Worten danken."

„Hast du das auch immer so gehalten?" fragte der Geist der Glocke. „Hast du uns nie in Worten unrecht getan?"

„Nein!" rief Trotty hastig.

„Uns nie schnöde, falsch und boshaft unrecht behandelt mit deinen Worten?" fuhr der Glockengeist fort.

Trotty wollte eben antworten: „Nie!", als er auf einmal verwirrt innehielt.

„Die Stimme der Zeit", sagte der Geist, „ruft dem Menschen zu: ‚Vorwärts!' Die Zeit ist für seinen Fortschritt und seine Besserung bestimmt, für die Erhöhung seines Wertes und seines Glücks, die Veredelung seines Lebens, für die Annäherung an dieses Ziel, dessen er sich bewußt ist und das vor seinen Augen liegt und das ihm gesetzt wurde, als die Zeit und er begannen. Jahrhunderte der Finsternis, der Gottlosigkeit und der Gewalttaten sind gekommen und gegangen; unzählige Millionen haben geduldet, gelebt und sind gestorben, um dem Menschen den Weg, der vor ihm liegt, zu zeigen. Wer ihn zurücktreiben oder in seinem Lauf hemmen will, versucht sich an einer gewaltigen Maschine, die den Eindringling erschlägt und nur um so ungestümer und wilder wieder losbricht, weil sie für einen Augenblick gestört wurde!"

„Meines Wissens habe ich das nie getan", sagte Trotty, „und wenn es geschah, muß es ganz zufällig gewesen sein. Ganz bestimmt, ich hatte nie etwas Derartiges im Sinn."

„Wer der Zeit oder ihren Dienern", fuhr der Glockengeist fort, „einen Klageschrei in den Mund legt über Tage, die ihre Heimsuchungen und ihre Mißerfolge gehabt und so tiefe Spuren davon zurückgelassen haben, daß sogar die Blinden sie sehen können – einen Schrei, der nur der gegenwärtigen Zeit dient, indem er den Menschen zeigt, wie sehr sie ihrer Hilfe bedarf, wenn es Ohren gibt, die der Klage über eine solche Vergangenheit lauschen können –, wer das tut, begeht ein Unrecht. Und du hast uns, den Glocken, ein solches Unrecht angetan."

Die übermäßige Furcht, die Trotty anfangs empfunden hatte, war jetzt vorüber. Aber er hatte für die Glocken zärtliche und dankbare Gefühle gehegt, und wie er sich jetzt als einen Menschen angeklagt hörte, der sie so schwer beleidigt haben sollte, erfüllten Reue und Gram sein Herz.

„Wenn ihr wüßtet", sagte Trotty und schlug dabei seine Hände zusammen, „oder vielleicht wißt ihr es bereits – wenn ihr aber wißt, wie oft ihr mir Gesellschaft geleistet, wie oft ihr mich aufgeheitert habt, wenn ich verzagte, und wie ihr meiner kleinen Tochter Meg fast als das einzige Spielzeug dientet, das sie je hatte, seit ihre Mutter starb und uns allein zurückließ, so wäret ihr wegen eines übereilten Wortes nicht nachtragend."

„Wer in uns, den Glocken, nur eine einzige Note hört, die Lieblosigkeit oder Strenge ausdrückt gegenüber den Hoffnungen, Freuden und Schmerzen der vielgeplagten Menge; wer uns antworten hört auf Gesinnungen, die die menschlichen Leidenschaften und Gefühle abmessen gleich der Menge der erbärmlichen Nahrung, an der die Menschheit dahinsiecht, tut uns unrecht. Dieses Unrecht hast du uns angetan!" sagte die Glocke.

„Ja, ich habe es getan!" versetzte Trotty. „Oh, vergib mir."

„Wer in uns den Widerhall hört auf die Worte des üblen Ungeziefers dieser Erde, jener Unterdrücker gebeugter und gebrochener Wesen, die geschaffen sind, um sich viel höher zu erheben, als solche Maden der Zeit klettern oder denken können", fuhr der Glockengeist fort, „wer das tut, begeht ein Unrecht gegen uns. Und du hast dieses Unrecht gegen uns begangen!"

„Nicht mit Absicht!" sagte Trotty. „Nur in meiner Unwissenheit – nicht mit Absicht!"

„Zuletzt und vor allem", begann die Glocke wieder, „wer den Gefallenen seines Geschlechts den Rücken kehrt, sie als schlecht aufgibt und nicht mit mitleidigen Augen den uneingezäunten Abgrund erkennt, durch den sie vom Guten abfielen – wobei sie noch im Sturz nach einigen Schollen des verlornen Bodens griffen und sie noch umklammerten, selbst als sie schon zerschmettert und sterbend in der Tiefe lagen –, wer das tut, begeht ein Unrecht am Himmel, an der Menschheit, an Zeit und Ewigkeit. Und du hast dieses Unrecht begangen."

„Schone mich!" rief Trotty und fiel auf die Knie nieder. „Um aller Barmherzigkeit willen!"

„Horch!" sagte der Schatten.

„Horch!" riefen die übrigen Schatten.

„Horch!" sagte eine klare, kindliche Stimme, die Trotty schon früher gehört zu haben meinte.

Die Orgel ertönte leise in der Kirche unten. Die Musik steigerte sich allmählich, stieg zum Dach hinauf und erfüllte Chor und Schiff. Mehr und mehr sich ausbreitend, erhob sie sich herauf, herauf, herauf – höher, höher, höher herauf, und weckte sogar in dem derben Eichengebälk, den hohlen Glocken, den eisenbeschlagenen Türen und den steinernen Treppen aufgeregte Herzen; bis die Turmmauern schließlich nicht mehr imstande waren, die Klänge zu fassen, und sie gen Himmel entschweben ließen.

Kein Wunder, daß die Brust eines alten Mannes einen so ungeheuren, gewaltigen Ton nicht einzuschließen vermochte. Er brach aus diesem schwachen Gefängnis in einem Strom von Tränen hervor, und Trotty schlug die Hände vor das Gesicht.

„Horch!" sagte der Schatten.

„Horch!" riefen die anderen Schatten.

„Horch!" sagte die Kinderstimme.

Feierliche Akkorde gemischter Stimmen drangen jetzt in den Turm.

Es war eine gedämpfte, schwermütige Melodie – ein Totengesang; und als Trotty lauschte, hörte er sein Kind unter den Singenden.

„Sie ist tot!" rief der alte Mann. „Meg ist tot! Ihr Geist ruft mich – ich höre ihn!"

„Der Geist deines Kindes beklagt die Toten und verkehrt mit dem Tod – mit erstorbenen Hoffnungen und erstorbenen Jugendträumen", erwiderte die Glocke. „Aber sie lebt. Lerne aus ihrem Leben eine lebendige Wahrheit. Lerne von dem Wesen, das deinem Herzen am teuersten ist, wie schlimm die Schlimmen geboren sind. Sieh, wie jede Knospe und jedes Blatt nacheinander von dem schönsten Stengel gepflückt werden, und erkenne, wie kahl und elend er dann sein mag. Folge ihr – zur Verzweiflung!"

Alle Schattengestalten streckten ihren rechten Arm aus und deuteten nach unten.

„Der Geist der Glocken ist dein Begleiter", sagte die Gestalt. „Geh! Er steht hinter dir!"

Trotty wandte sich um und sah – das Kind? Das Kind, das Will Fern auf der Straße getragen hatte; das Kind, an dessen Bett Meg eben noch gewacht hatte, während es schlafend dalag!

„Ich habe die Kleine diesen Abend selbst getragen", sagte Trotty. „In diesen meinen Armen!"

„Zeigt ihm, was er sein Selbst nennt", sagten die dunklen Gestalten allesamt.

Der Turm öffnete sich unter seinen Füßen. Er blickte hinab und sah seine eigene Gestalt draußen auf der Erde liegen – zerschmettert und regungslos.

„Kein lebendiger Mensch mehr!" schrie Trotty. „Tot!"

„Tot!" sagten die Gestalten alle miteinander.

„Barmherziger Himmel! Und das Neujahr –"

„Vergangen", sagten die Gestalten.

„Wie?" rief er schaudernd. „So habe ich wohl meinen Weg verfehlt, bin in der Dunkelheit an die Außenseite dieses Turmes gelangt und hinuntergefallen – vor einem Jahr?"

„Vor neun Jahren!" versetzten die Gestalten.

Während sie diese Antwort gaben, zogen sie ihre ausgestreckten Hände zurück, und wo ihre Gestalten geschwebt hatten, befanden sich jetzt die Glocken.

Und sie erklangen – ihre Zeit war wieder gekommen. Und abermals erschienen zahllose Geister, die abermals, wie zuvor, die verschiedenartigsten Dinge trieben; abermals verblichen sie, sobald die Glockenzungen ruhten, und lösten sich in Nichts auf.

„Wer sind sie?" fragte er seinen Führer. „Wenn ich nicht verrückt bin, wer sind sie?"

„Es sind Geister der Glocken – ihr Ton in der Luft", entgegnete das Kind. „Sie nehmen die Gestalten und Beschäftigungen an, die ihnen von den Hoffnungen, Gedanken und Erinnerungen der Sterblichen gegeben werden."

„Und du", rief Trotty außer sich, „wer bist du?"

„Still, still!" erwiderte das Kind. „Sieh nur!"

In einem schlechten, ärmlichen Gemach, an derselben Art von Stickerei arbeitend, die er so oft in ihren Händen gesehen, erblickte er seine liebe Tochter Meg. Er versuchte nicht, Küsse auf ihr Gesicht zu drücken oder sie an sein klopfendes Herz zu pressen, denn er wußte, daß es für ihn keine solche Liebkosungen mehr gab. Aber er hielt seinen zitternden Atem an und wischte die blind machenden Tränen weg, um sie sehen – nur sehen zu können.

Ach! Verändert – und wie verändert! Wie trüb war das Licht des klaren Auges, wie verblichen der zartrosige Ton ihrer Wangen. Zwar war sie noch so schön wie immer, aber die Hoffnung, die

Hoffnung, die Hoffnung – ach, wo war die frische Hoffnung, die wie eine Stimme zu ihm gesprochen hatte!

Sie schaute von ihrer Arbeit auf nach einer Gefährtin. Der alte Mann folgte ihrem Blick und fuhr betroffen zurück.

In dem erwachsenen Mädchen erkannte er sie auf den ersten Blick. Er sah in den langen seidenen Haaren noch dieselben Locken, und um die Lippen schwebte noch immer der Ausdruck des Kindes. Ja, in den Augen, die sich jetzt fragend auf Meg richteten, leuchtete noch derselbe Blick wie zu jener Zeit, als er sie nach Hause gebracht hatte.

Was war dann das neben ihm?

Mit Grausen sah er sich danach um und bemerkte in dessen Gesicht etwas Stolzes, Unbestimmtes, das – ebenso wie die andere Gestalt – nur noch eine Erinnerung an das Kind war; und doch war es dieselbe – dieselbe – und trug auch dasselbe Kleid.

Horch. Sie sprachen!

„Meg", sagte Lilian stockend. „Du hebst so oft den Kopf von der Arbeit, um mich anzusehen!"

„Sind meine Blicke so verändert, daß sie dich erschrecken?" fragte Meg.

„Nein, meine Liebe! Aber du lächelst selbst über das – warum lächelst du nicht, wenn du mich ansiehst?"

„Ich tue es ja. Oder nicht?" antwortete sie und lächelte ihr zu.

„Jetzt wohl", sagte Lilian, „aber gewöhnlich nicht. Wenn du denkst, ich wäre beschäftigt und sähe dich nicht, ist deine Miene so ängstlich und sorgenvoll, daß ich kaum meinen Blick zu erheben wage. Man hat wohl in diesem harten und mühsamen Leben wenig Grund zum Lächeln; aber du warst einst so fröhlich!"

„Bin ich's nicht noch?" rief Meg im Ton seltsamer Unruhe, während sie sich erhob, um ihre Gefährtin zu umarmen. „Mache ich dir unser mühsames Leben noch mühsamer, Lilian?"

„Du bist das einzige gewesen, was es zu einem Leben für mich machte", sagte Lilian und küßte sie glühend, „manchmal das einzige, um dessentwillen ich ein solches Leben noch länger ertrug, Meg. Ach, diese Arbeit, diese Arbeit! So viele Stunden, so viele Tage, so viele lange, lange Nächte hoffnungsloser, freudloser und nie endender Arbeit – nicht um Reichtümer aufzuhäufen, nicht um herrlich und in Freuden zu leben, nicht um genug zu haben, wie einfach unsere Kost auch sein mag, sondern nur, um das trockene Brot zu verdienen, gerade genug zusammenzuraffen, um wieder weiterarbeiten zu können und das Leben in fortwährendem Bewußtsein unseres Mangels und unseres harten Schicksals zu erhalten! O Meg, Meg!" Sie erhob ihre Stimme und schlang ihre Arme um sie wie in tiefem Schmerz. „Wie kann die grausame Welt ihren Kreislauf gehen und den Anblick solcher Leben ertragen!"

„Lilly!" sagte Meg beschwichtigend, wobei sie ihr das Haar aus dem feuchten Gesicht strich. „Ach, Lilly! Du! So hübsch und so jung!"

„O Meg!" fiel ihr Lilian ins Wort, indem sie ihre Freundin auf Armlänge von sich hielt und ihr flehend ins Gesicht blickte. „Das ist das Schlimmste, das Schlimmste von allem! Mache mich alt, Meg! Gib mir Runzeln und einen welken Leib, um mich von den schrecklichen Gedanken zu befreien, die mich in meiner Jugend zu verlocken suchen!"

Trotty wandte sich, um nach seinem Führer zu sehen. Doch der Geist des Kindes war entflohen – fort.

Aber auch er blieb nicht an demselben Ort. Sir Joseph Bowley, der Freund und Vater der Armen, gab in Bowley Hall zu Ehren des Geburtstags von Lady Bowley ein großes Fest. Und da Lady Bowley am Neujahrstag geboren war – ein Umstand, den die Lokalzeitungen als einen ausdrücklichen Wink der Vorsehung bezeichneten, da Lady Bowley in der Rangfolge der Schöpfung die Nummer eins zugedacht sei –, so fand auch besagtes Fest an einem Neujahrstag statt.

Bowley Hall war voller Gäste. Der rotgesichtige Gentleman war da, Mr. Filer war da, der große Stadtrat Cute war da – Stadtrat Cute hatte eine Sympathie für vornehme Leute, und durch seinen höflichen Brief war er sehr in Sir Joseph Bowleys Ansehen gestiegen, ja, er war seitdem geradezu ein Freund der Familie geworden –, und noch viele andere Gäste waren da. Auch Trottys Geist war zugegen und wanderte traurig als ein armes Phantom umher, wobei er überall nach seinem Führer suchte.

Im großen Saal sollte ein prachtvolles Dinner gegeben werden, und Sir Joseph Bowley als weithin gefeierter Freund und Vater der Armen sollte eine bedeutsame Rede dabei halten. Seine Freunde und Kinder durften zuerst in einem anderen Saal eine gewisse Anzahl von Plumpuddingen verzehren und sollten dann auf ein Signal hin zu ihren Freunden und Vätern hereinschwärmen, um eine Familienversammlung zu bilden, in der kein Männerauge von Tränen unbenetzt bleiben sollte.

Aber noch mehr als das sollte geschehen – ja, noch mehr als selbst das. Sir Joseph Bowley, Baronet und Parlamentsmitglied, hatte sich vorgenommen, mit seinen Lieben eine Kegelpartie – eine wirkliche Kegelpartie – zu machen!

„Das erinnert mich ganz an die Tage Heinrichs VIII., des alten Königs Hal, wie man ihn nennt, des stämmigen Königs Hal, des derben Königs Hal", sagte Stadtrat Cute. „Ah! Ein prachtvoller Charakter!"

„Durchaus", bemerkte Mr. Filer trocken, „um Weiber zu heiraten und sie umzubringen. Und noch obendrein beträchtlich mehr als die Durchschnittszahl an Eheweibern."

„Du wirst die schönen Damen heiraten und sie nicht umbringen, wie?" sagte Stadtrat Cute zu dem Erben von Bowley, einem zwölfjährigen Jungen. „Ein süßer Knabe! Wir werden diesen kleinen Gentleman im Parlament haben", fügte er hinzu, indem er ihn bei der Schulter faßte und so nachdenklich wie nur möglich ansah, „ehe wir wissen, wo wir sind. Wir werden hören von seiner erfolgreichen Wahl, von seinen Reden im Hohen Haus, von den Angeboten, die ihm die Regierung macht, von seinen Fähigkeiten auf allen Gebieten! Ja, ich sehe es voraus, wir werden im Stadtrat kleine Reden über ihn halten, ehe wir Zeit haben, uns umzusehen."

Oh, welchen Unterschied machen doch Schuhe und Strümpfe aus! dachte Trotty.

Aber sein Herz sehnte sich nach seinem kleinen Führer um derselben schuh- und strumpflosen Jungen willen, die die Kinder der armen Meg hätten sein können und der Prophezeiung des Stadtrats zufolge schlecht ausfallen mußten.

„Richard", stöhnte Trotty, während er inmitten der Gesellschaft hin und her ging, „wo ist er? Ich kann Richard nicht finden! Wo ist Richard?"

Wenig wahrscheinlich, daß er sich hier befand, wenn er noch am Leben war. Doch Trotty war in dem Gefühl seines Schmerzes und seiner Verlassenheit ganz verwirrt; er wanderte immer noch inmitten der prunkvollen Gesellschaft umher, spähte nach seinem Führer und rief: „Wo ist Richard? Zeige mir Richard!"

Auf seinen Streifzügen begegnete er Mr. Fish, dem vertrauten Sekretär, der in großer Aufregung ausrief: „Gott behüte mich! Wo ist Stadtrat Cute? Hat niemand den Stadtrat gesehen?"

Den Stadtrat gesehen? O Himmel, wer hätte den Stadtrat übersehen können? Er war so rücksichtsvoll, so leutselig, sich so sehr bewußt, daß die Leute natürlicherweise danach verlangten, ihn zu sehen, daß, wenn wirklich ein Fehler an ihm war, dieser höchstens in dem Umstand seiner beharrlichen eigenen Zurschaustellung bestand. Und wo immer vornehme Leute waren, da durfte man sicher auch auf Cute zählen, der von der Sympathie, die zwischen großen Seelen besteht, angezogen war.

Mehrere Stimmen riefen, er befände sich in dem Kreis um Sir Joseph. Mr. Fish eilte dahin, fand ihn und führte ihn verstohlen an ein nahes Fenster. Trotty näherte sich ihnen – nicht aus eignem Antrieb, er fühlte vielmehr, daß seine Schritte in diese Richtung gelenkt wurden.

„Mein werter Stadtrat Cute", sagte Mr. Fish, „ein wenig mehr hierher. Es hat sich, wie ich in diesem Augenblick erst erfahre, etwas ganz Schreckliches zugetragen, und ich glaube, es wird am besten sein, Sir Joseph erst davon in Kenntnis zu setzen, wenn der Tag vorüber ist. Sie kennen Sir Joseph und werden mir Ihre Ansicht mitteilen. Es ist ein solch schrecklicher und beklagenswerter Vorfall!"

„Fish!" entgegnete der Stadtrat. „Fish, mein guter Freund! Was gibt es? Doch hoffentlich nichts Revolutionäres? Doch nicht – doch nicht ein Versuch, sich in Magistratsangelegenheiten einzumischen?"

„Deedles, der Bankier", keuchte der Sekretär. „Deedles von der Firma ‚Gebrüder Deedles' – der heute hier anwesend sein sollte und einen so hohen Posten in der Goldschmiede-Gesellschaft innehatte –"

„Ist doch nicht in Konkurs gegangen?" rief der Stadtrat. „Es kann nicht sein!"

„Er hat sich erschossen."

„Großer Gott!"

„Hat sich in seinem eigenen Kontor eine doppelläufige Pistole in den Mund gesteckt", fuhr Mr. Fish fort, „und sich eine Kugel in den Kopf gejagt. Kein Beweggrund. Fürstliche Verhältnisse!"

„Verhältnisse!" rief der Stadtrat. „Ein Mann von größtem Vermögen. Einer der achtbarsten Männer. Selbstmord, Mr. Fish, durch eigene Hand?"

„Heute morgen", erwiderte Mr. Fish.

„Oh, das Gehirn, das Gehirn!" rief der fromme Stadtrat, seine Hände erhebend. „Oh, die Nerven, die Nerven – die Geheimnisse dieser Maschine, die man Mensch nennt! Welche Kleinigkeit reicht aus, sie in Unordnung zu bringen! Was sind wir für arme Geschöpfe! Vielleicht ein Dinner, Mr. Fish. Vielleicht das Betragen seines Sohnes, der dem Vernehmen nach ein wildes Leben führt und Wechsel auf ihn zu ziehen pflegt, ohne im mindesten dazu berechtigt zu sein. Ein höchst achtbarer Mann – einer der achtbarsten Männer, die ich kannte! Ein beklagenswerter Fall, Mr. Fish! Ein öffentliches Unglück! Ich werde mir's zur Ehrensache machen, die tiefste Trauer um ihn zu tragen! Ein höchst achtbarer Mann. Aber da ist *einer* über uns. Wir müssen uns darin fügen, Mr. Fish. Wir müssen uns fügen!"

Wie, Stadtrat? Kein Wort vom Endemachen? Erinnere dich, Friedensrichter, wie du dich stolz deiner hohen Moral rühmtest! Bring diese Waagschalen ins Gleichgewicht, Stadtrat! Wirf mich, den Hungernden, ohne Dinner, in die leere und in die andere die Quellen der Natur, die bei irgendeiner armen Frau durch Hunger und Elend ausgetrocknet wurden, so daß sie gegen die Ansprüche, die der Sprößling ihres Leibes von der heiligen Mutter Eva her geltend machen darf, verhärtet worden ist. Wäge mir diese beiden ab, du richtender Daniel, wenn dein Gerichtstag kommen wird! Wäge sie vor den Augen Tausender von Leidenden, die aufmerksam der greulichen Posse, die du spielst, zusehen! Oder angenommen, du seiest irre geworden in deinen fünf Sinnen – du bist nicht mehr so weit davon entfernt, daß es nicht möglich wäre – und legtest Hand an diese deine Kehle, nachdem du vorher noch deinesgleichen gewarnt hast (wenn es noch deinesgleichen gibt), daß sie nicht ihre bequeme

Schlechtigkeit rasenden Köpfen und gequälten Herzen vorkrächzen – was dann?

Die Worte stiegen aus Trottys Brust empor, als würden sie in seinem Innern von einer anderen Stimme gesprochen. Stadtrat Cute versprach Mr. Fish seinen Beistand, um nach Ablauf des Tages Sir Joseph die traurige Kunde zu eröffnen. Ehe sie sich trennten, drückte er noch Mr. Fish in bitterem Schmerz die Hand, sagte abermals: „Der achtbarste Mann!" und fügte noch hinzu, daß er kaum wisse – nicht einmal er –, warum solche Trübsal auf Erden vorkommen dürfe.

„Wenn man's nicht besser wüßte, so möchte man fast glauben", fuhr Stadtrat Cute fort, „daß bisweilen in den Dingen eine umstürzlerische Bewegung vorgehe, die die allgemeine Ökonomie der sozialen Maschine krankhaft verändert. Die Gebrüder Deedles!"

Die Kegelpartie fand mit ungeheurem Erfolg statt. Sir Joseph warf die Kegel mit wunderbarer Geschicklichkeit; Master Bowley spielte aus kürzerer Entfernung gleichfalls eine Partie, und jedermann sagte, jetzt wo ein Baronet und der Sohn eines Baronets Kegel spielten, müsse es in größter Geschwindigkeit mit dem Land ganz anders werden.

Zu gebührender Zeit wurde das Festmahl aufgetragen. Trotty begab sich unwillkürlich mit den übrigen in den Saal, denn er fühlte sich durch eine stärkere Gewalt als die seines eigenen freien Willens dorthin gedrängt. Der Anblick war ausnehmend prachtvoll; die Damen waren wunderschön, und die Gäste waren erfreut, ausgelassen und gut gelaunt. Als die unteren Türen geöffnet wurden und die Leute in ihrer ländlichen Kleidung hereinschwärmten, erreichte die Schönheit des Schauspiels ihren Höhepunkt; aber Trotty murmelte nur um so öfter: „Wo ist Richard? Er sollte ihr helfen und sie trösten! Ich kann Richard nicht sehen!"

Es wurden einige Reden gehalten, auf Lady Bowleys Gesundheit wurde getrunken, und Sir Joseph Bowley dankte dafür. Jetzt hielt er auch selbst eine großartige Rede und zeigte mittels unterschiedlicher Beweise, daß er der geborene Freund und Vater und so weiter sei. Er hatte eben einen Trinkspruch auf das Wohl seiner Freunde und Kinder, desgleichen auf die Würde der Arbeit ausgebracht, als eine kleine Störung unten im Saal Tobys Aufmerksamkeit fesselte. Nach einigem Lärm und Widerstand drängte ein einzelner Mann durch die Reihen der übrigen und trat vor.

Nicht Richard. Nein. Aber einer, an den er auch schon gedacht und nach dem er sich oftmals umgesehen hatte. Bei einer spärlichen Beleuchtung hätte er die Identität des alten grauen, gebeugten und abgelebten Mannes bezweifelt; so aber fiel ein heller Lampenschein auf dessen verrunzeltes Gesicht, und er erkannte in dem Fremden, sowie er vortrat, augenblicklich Will Fern.

„Was ist das?" rief Sir Joseph aufstehend. „Wer hat diesen Mann eingelassen? Das ist ein Verbrecher aus dem Gefängnis! Mr. Fish, Sir, wollen Sie die Güte haben –"

„Eine Minute!" sagte Will Fern. „Eine Minute! Mylady, Sie sind an diesem Tag mit einem neuen Jahr geboren worden. Lassen Sie mich eine einzige Minute sprechen!"

Sie legte ein gutes Wort für ihn ein, und Sir Joseph nahm mit angeborener Würde seinen Sitz wieder ein.

Der zerlumpte Gast – denn er war erbärmlich gekleidet – blickte in der Gesellschaft umher und erwies ihr seine Huldigung mit einer demütigen Verbeugung.

„Ihr vornehmen Leute", sagte er, „ihr habt auf die Gesundheit des Arbeiters getrunken. Seht mich an!"

„Kommt gerade aus dem Gefängnis", sagte Mr. Fish.

„Ja, ich komme aus dem Gefängnis", versetzte Will. „Und zwar nicht zum ersten-, zweiten- oder dritten-, ja, nicht einmal zum viertenmal."

Man hörte Mr. Filer verdrießlich bemerken, daß viermal die Durchschnittszahl übersteige und er solle sich vor sich selbst schämen.

„Seht mich nur an, ihr vornehmen Leute", wiederholte Will Fern. „Ihr seht, ich bin aufs äußerste heruntergekommen. Man kann mir nichts Schlimmeres mehr antun, und ihr könnt mir nicht mehr helfen, denn die Zeit, in der eure freundlichen Worte oder freundlichen Handlungen mir hätten guttun können" – er schlug dabei mit der Hand auf die Brust und schüttelte den Kopf –, „ist vorbei wie der Duft des Klees vom vorigen Jahr.

Aber laßt mich ein Wort für diese hier sprechen" – er deutete auf die Arbeiter im Saal –, „und, da ihr alle zusammengekommen seid, so vernehmt ein einziges Mal die reine Wahrheit."

„Es ist niemand hier", sagte der Gastgeber, „der diesen Mann da zum Sprecher haben möchte."

„Das mag wohl sein, Sir Joseph. Ich glaube es. Aber deshalb ist das, was ich sage, vielleicht nicht weniger wahr. Vielleicht ist ebendas ein Beweis dafür. Ihr vornehmen Leute, ich habe manches Jahr an diesem Ort gelebt, und ihr könnt dort hinter dem verfallenen Zaun meine Hütte sehen. Hundertmal war ich Zeuge, wie die Damen sie in ihre Bücher zeichneten. Ich habe sagen hören, sie nehme sich gut auf einem Bild aus; aber auf Bildern gibt es kein Wetter, und sie mag sich daher besser dafür eignen denn als eine Wohnung. Gut! Dort habe ich gelebt. Wie hart – wie bitter hart es mir dort erging, will ich nicht sagen. Ihr könnt euch an jedem Tag im Jahr selbst davon überzeugen."

Er sprach wie an jenem Abend, als Trotty ihn auf der Straße getroffen hatte. Seine Stimme klang tiefer und rauher, und hin und wieder zitterte sie; aber er erhob sie nie leidenschaftlich und tat selten mehr, als die Tatsachen in ihrem ganz unwiderlegbaren Ernst für sich selbst sprechen zu lassen.

„Es ist schwerer, als ihr vornehmen Leute denken mögt, an einem solchen Ort wie ein Mensch, nur wie ein einfacher Mensch, aufzuwachsen. Daß ich zu einem Mann und nicht zu einem Vieh darin heranwuchs, spricht schon ein wenig für mich – so, wie ich damals war. Wie ich jetzt bin, läßt sich nichts mehr für mich sagen oder tun. Damit ist es für mich vorbei!"

„Ich freue mich, daß dieser Mann eingetreten ist", sagte Sir Joseph und blickte heiter im Kreis umher. „Stört ihn nicht. Es scheint von der Vorsehung so gewollt zu sein. Er ist ein Beispiel – ein lebendiges Beispiel. Ich hoffe und erwarte zuversichtlich, daß es an meinen Freunden hier nicht verloren sein wird."

„Ich schleppte mich fort", sagte Fern nach einer kurzen Pause, „wie es eben gehen mochte. Weder ich noch irgendein anderer Mensch weiß, wie – jedenfalls aber so schwer, daß ich kein heiteres Gesicht dazu schneiden oder mich so stellen konnte, als wäre ich etwas anderes, als was ich war. Nun, Gentlemen – ihr Gentlemen, die ihr in den Sitzungen sitzt –, wenn ihr einen Mann mit einem unzufriedenen Gesicht seht, so sagt ihr zueinander: ‚Er ist verdächtig. Ich habe meine Bedenken', sagt ihr, ‚über Will Fern. Behaltet diesen Burschen im Auge.' Ich will nicht behaupten, Gentlemen, daß das nicht ganz natürlich sei – aber ich sage, es ist so, und von dieser Stunde an, mag nun Will Fern tun oder lassen, was er will, geht ihm alles schief."

Stadtrat Cute steckte seine Daumen in die Westentaschen, lehnte sich lächelnd in seinem Stuhl zurück und blinzelte zu einem benachbarten Leuchter hin, als wollte er sagen: Natürlich! Ich sagte es ja. Das gewöhnliche Geschrei! Du lieber Gott, das ist uns durchaus nichts Neues – mir selbst und der Menschennatur.

„Wohlan, Gentlemen", fuhr Will Fern mit ausgestreckten Händen fort, während sein hageres Gesicht für einen Augenblick erglühte, „seht, wie eure Gesetze dazu angetan sind, zu Fallgruben für uns zu werden, wenn wir einmal so weit gebracht sind. Ich versuche, anderswo meinen Unterhalt zu finden, und man behandelt mich wie einen Landstreicher. Ins Gefängnis mit ihm! Ich komme hierher zurück, sammle in den Wäldern Nüsse und breche – wer täte es nicht? – ein paar schwache Zweige ab. Ins Gefängnis mit ihm! Einer von den Förstern sieht mich am hellen Tag in der Nähe meines eigenen Gartens mit einem Gewehr. Ins Gefängnis mit ihm! Sobald ich wieder frei bin, gerate ich in einen heftigen Wortwechsel mit diesem Mann. Ins Gefängnis mit ihm! Ich schneide mir einen Stock. Ins Gefängnis mit ihm! Ich esse einen faulen Apfel oder eine Rübe. Ins Gefängnis mit ihm! Es ist zwanzig Meilen entfernt, und als ich wieder zurückkomme, bettle ich an der Straße um eine Kleinigkeit. Ins Gefängnis mit ihm! Endlich findet mich der Gendarm oder der Wildhüter oder sonstjemand da und da, wo ich irgend etwas tue. Ins Gefängnis mit ihm, denn er ist ein Landstreicher und bekannter Gefängnisvogel, und das Gefängnis ist das einzige Heim, das er hat."

Der Stadtrat nickte wissend, als wollte er sagen: Und obendrein ein recht gutes Heim!

„Glaubt ja nicht, daß ich das sage, um meiner Sache zu dienen!" rief Fern. „Wer kann mir meine Freiheit, meinen guten Namen und meine unschuldige Nichte zurückgeben? Alle Lords und Ladies im weiten England sind nicht dazu imstande. Aber Gentlemen, wenn ihr es mit andern zu tun habt als mit mir, so fangt die Sache am rechten Ende an. Gebt uns aus Barmherzigkeit ein besseres Heim, wenn wir in unsern Wiegen liegen; reicht uns bessere Kost, wenn wir für unsern Unterhalt arbeiten, und gebt uns wohlwollendere Gesetze, die uns wieder auf den rechten Weg zurückbringen können, wenn wir von ihm abgekommen sind; aber stellt uns nicht allenthalben, wohin wir uns auch wenden mögen, ewig nur das Gefängnis, das Gefängnis, das Gefängnis vor Augen. Dann wird der Arbeiter jede Herablassung, die ihr ihm erweisen mögt, so bereitwillig und dankbar hinnehmen, wie nur ein Mensch kann, denn er hat ein geduldiges, friedliches und williges Herz. Aber ihr müßt zuerst den rechten Geist in ihn pflanzen, denn bis jetzt ist der seinige noch von euch getrennt – mag er nun eine solche Ruine sein wie ich oder denen gleichen, die hier herumstehen. Bringt ihn zurück, bringt ihn zurück, ihr vornehmen Leute! Bringt ihn zurück, ehe der Tag kommt, wenn in seiner veränderten Seele sogar die Bibel einen anderen Sinn bekommt und ihm ihre Worte so erscheinen, wie sie mir bisweilen im Gefängnis vorkamen: ‚Wo du hingehst, kann ich nicht hingehen; wo du wohnst, wohne ich nicht; dein Volk ist nicht mein Volk und dein Gott nicht der meinige!'"

Auf einmal entstand eine heftige Unruhe im Saal. Trotty meinte anfangs, es wären einige aufgestanden, um den Mann hinauszuwerfen, und daher rühre die Veränderung. Aber der nächste Augenblick belehrte ihn, daß der Saal mit der ganzen

Gesellschaft seinen Augen entschwunden war und seine Tochter wieder vor ihm saß, mit ihrer Arbeit beschäftigt. Ihr Dachstübchen war armseliger und schlechter als früher, und Lilian befand sich nicht an ihrer Seite.

Der Rahmen, an dem diese gearbeitet hatte, lag auf einem Sims und war zugedeckt, ihr Stuhl aber stand gegen die Wand gekehrt. All diese kleinen Dinge und Megs gramvolles Gesicht schienen eine lange Geschichte zu erzählen – oh, und wer hätte sie nicht zu lesen vermocht!

Meg hielt den Blick auf ihre Arbeit geheftet, bis es zu dunkel war, um den Faden zu sehen, und als die Nacht hereinbrach, zündete sie ihre dünne Kerze an, um weiterzuarbeiten. Noch immer befand sich ihr alter Vater unsichtbar in ihrer Nähe, schaute auf sie nieder und sprach zu ihr – oh, und mit welch inniger Liebe! – in zärtlichem Ton über die alten Zeiten und über die Glocken. Gleichwohl wußte der arme Trotty sehr wohl, daß sie ihn nicht zu hören vermochte.

Der größere Teil des Abends war bereits vergangen, als an ihre Tür gepocht wurde. Sie öffnete. Ein Mann stand auf der Schwelle – ein zerlumpter, mürrischer Trunkenbold, abgezehrt von Unmäßigkeit und Laster, mit verfilztem Haar und ungeschorenem Bart. Aber trotz allem waren einige Züge an ihm zu bemerken, die zeigten, daß er in seiner Jugend ein stattlicher, hübscher Mensch gewesen war.

Er blieb stehen und wartete, bis sie ihm einzutreten erlaubte; sie aber wich ein paar Schritte von der offenen Tür zurück und sah ihn stumm und bekümmert an. Trottys Wunsch war erfüllt – er hatte Richard vor sich.

„Darf ich hereinkommen, Margaret?"

„Ja! Komm herein. Komm herein!"

Es war gut, daß Trotty ihn erkannt hatte, ehe er sprach; denn wenn ihm auch nur der geringste Zweifel geblieben wäre, so hätte ihn die rauhe, mißtönende Stimme überzeugt, daß dies nicht Richard, sondern ein anderer Mann war.

Es waren nur zwei Stühle in der Stube. Sie gab ihm den ihrigen und blieb in kurzer Entfernung vor ihm stehen, während sie darauf wartete, was er ihr zu sagen habe.

Er saß jedoch da und blickte mit einem matten, stumpfsinnigen Lächeln starr zu Boden – ein Schauspiel so tiefer Herabwürdigung, gänzlicher Hoffnungslosigkeit und kläglicher Verwahrlosung, daß sie die Hand vor das Gesicht hielt und sich abwandte, um ihn nicht sehen zu lassen, wie ergriffen sie war.

Durch das Rascheln ihres Kleides oder irgendein anderes unbedeutendes Geräusch aufgeschreckt, hob er den Kopf und begann zu sprechen, als wäre seit seinem Eintreten kein Augenblick verflossen.

„Noch immer bei der Arbeit, Margaret? Du arbeitest spät."

„Das tue ich gewöhnlich."

„Und auch früh?"

„Auch früh."

„Das hat sie mir gesagt. Sie sagte, du wärest nie müde, oder gäbest nie zu, daß du müde wärest. Nie, solange ihr beisammen lebtet – nicht einmal, als du von Arbeit und Hunger ohnmächtig wurdest. Doch ich habe dir das bereits gesagt, als ich das letztemal hier war."

„Das tatest du", antwortete sie, „und ich beschwor dich, mir nichts mehr dergleichen zu sagen. Und das hast du mir feierlich versprochen, Richard."

„Feierlich versprochen", wiederholte er mit einem kindischen Gelächter und einem hohlen Blick. „Feierlich versprochen, natürlich. Feierlich versprochen." Nach einer Weile schien er wie zuvor aufzuwachen, denn er fügte mit plötzlicher Lebhaftigkeit hinzu: „Aber wie kann ich anders, Margaret? Was soll ich tun? Sie ist wieder bei mir gewesen!"

„Wieder?" rief Meg, ihre Hände zusammenschlagend. „Oh, denkt sie so oft an mich? Schon wieder!"

„Oh, schon zwanzigmal", sagte Richard. „Margaret, sie läßt mir keine Ruhe. Sie läuft auf der Straße hinter mir her und steckt mir's in die Hand. Ich höre ihren Fuß in der Asche, wenn ich bei meiner Arbeit bin (haha! Das ist nicht oft), und ehe ich meinen Kopf umdrehen kann, tönt mir ihre Stimme ins Ohr: ‚Richard, dreht Euch nicht um. Um des Himmels Barmherzigkeit willen, gebt ihr das!' Sie bringt's zu meiner Wohnung, schickt es in Briefen, klopft an das Fenster und legt es auf den Sims. Was kann ich tun? Sieh es an!"

Er hielt ihr in der Hand eine kleine Börse entgegen und klimperte mit dem Geld darin.

„Steck es weg", sagte Meg, „steck es weg! Wenn sie wiederkommt, so sage ihr, Richard, daß ich sie von Herzen liebe – daß ich mich nie schlafen lege, ohne sie zu segnen und für sie zu beten – daß ich bei meiner einsamen Arbeit nie aufhöre, an sie zu denken. Sie sei Tag und Nacht bei mir, und wenn ich morgen stürbe, würde ich mit meinem letzten Atemzug noch an sie denken. Aber ich könne es nicht ansehen!"

Er zog die Hand langsam wieder an sich, drückte den Geldbeutel zusammen und sagte mit einer Art schläfriger Nachdenklichkeit: „Ich habe ihr das gesagt. Ich hab's ihr so deutlich gesagt, wie es sich mit Worten nur sagen läßt. Ein dutzendmal habe ich seitdem diese Gabe wieder zurückgenommen und sie an ihrer Tür liegengelassen. Aber als sie schließlich kam und ich ihr von Angesicht zu Angesicht gegenüberstand, was hätte ich tun sollen?"

„Du hast sie gesehen?" rief Meg. „Du hast sie gesehen! O Lilian, mein süßes Mädchen! O Lilian, Lilian!"

„Ich habe sie gesehen", fuhr er fort, wobei er ihr nicht antwortete, sondern weiter dem langsamen Lauf seiner Gedanken folgte.

„Sie stand zitternd da. ,Wie sieht sie aus, Richard? Spricht sie nie von mir? Ist sie schmächtiger geworden? Mein alter Platz an dem Tisch – was ist an meinem alten Platz? Und der Rahmen, an dem sie mich unsere frühere Arbeit lehrte – hat sie ihn verbrannt, Richard?' Da stand sie, und dies waren ihre Worte."

Meg unterdrückte ihr Schluchzen und beugte sich mit tränenüberströmtem Gesicht vor, um ihm zuzuhören und ja keines seiner Worte zu überhören.

Die Arme auf die Knie gestützt und in seinem Stuhl vorgebeugt, als wäre das, was er sagte, in halb leserlichen Zügen, die er erst entziffern und miteinander in Zusammenhang bringen müßte, auf den Boden geschrieben, fuhr er fort: „,Richard, ich bin sehr tief gefallen, und Ihr könnt Euch denken, wieviel ich bei dieser Zurückweisung gelitten habe, daß ich es über mich bringen konnte, es Euch eigenhändig wiederzugeben. Aber soviel ich mich erinnern kann, habt Ihr sie einmal zärtlich geliebt. Andere sind zwischen euch beide getreten. Furcht, Eifersucht, Zweifel und Eitelkeit entfremdeten Euch ihr; aber ich weiß, daß Ihr sie geliebt habt!' Ich glaube, darin hat sie recht", sagte er und hielt für einen Augenblick inne. „Das war wirklich so! Doch es gehört nicht hierher. ,O Richard, wenn Ihr sie je geliebt habt – wenn Ihr noch ein Gedächtnis habt für das, was dahin ist und verloren, so bringt es ihr noch einmal. Nur noch ein einziges Mal! Sagt ihr, wie ich gebeten und gebettelt habe. Sagt ihr, wie ich meinen Kopf auf Eure Schulter legte, wo ihr eigener Kopf hätte ruhen können, und wie ich so demütig gegen Euch war, Richard. Sagt ihr, Ihr hättet mir ins Gesicht gesehen und gefunden, wie die Schönheit, die sie sonst so zu preisen pflegte, völlig dahin sei – völlig dahin –, und an ihrer Stelle nur eine so arme, bleiche, hohle Wange, daß sie weinen würde, wenn sie sie sähe. Sagt ihr alles das, und nehmt es wieder mit, sie wird es nicht aufs neue zurückweisen. Nein, sie wird nicht das Herz dazu haben!'"

Er blieb sinnend sitzen und wiederholte die letzten Worte, bis er wieder zu sich kam und sich erhob. „Du willst es nicht nehmen, Margaret?"

Sie schüttelte den Kopf und gab ihm ein Zeichen, sich zu entfernen.

„Gute Nacht, Margaret."

„Gute Nacht!"

Er wandte sich nach ihr um, betroffen von dem Ausdruck des Schmerzes und vielleicht auch des Mitleids mit ihm, der in ihrer zitternden Stimme mitschwang. Die Bewegung war rasch und hastig, und für eine Sekunde schien etwas von seinem früheren Wesen in seiner Haltung aufzuleben. Im nächsten Augenblick aber ging er, wie er gekommen war. Zudem schien es nicht, als ob dieses Aufblitzen eines erloschenen Feuers ein lebhafteres Empfinden dafür geweckt hätte, wie tief er gesunken war.

Bei jeder Stimmung, jedem Kummer, jeder Qual des Körpers oder des Geistes mußte Megs Arbeit fertig werden. Sie setzte sich daher wieder daran und beschäftigte sich emsig damit. Der Abend schritt voran, es wurde Mitternacht – und noch immer arbeitete sie.

Ein schwaches Feuer brannte in ihrem Herd, denn die Nacht war sehr kalt, und sie stand von Zeit zu Zeit auf, um es zu schüren. Während sie so beschäftigt war, schlugen die Glocken halb eins, und als sie ausgeklungen waren, hörte sie ein leises Pochen an der Tür. Sie öffnete sich, noch ehe Meg Zeit hatte, sich Gedanken darüber zu machen, wer sie wohl zu einer so ungewöhnlichen Stunde besuchen möge.

O glückliche Jugend und Schönheit, blickt hierher! O Jugend und Schönheit, gesegnet und alles segnend, was in euren Bereich kommt, und die Zwecke erfüllend, die euch euer gütiger Schöpfer gesetzt hat, blickt hierher!

Sie sah die eintretende Gestalt, stieß schreiend ihren Namen hervor, rief: „Lilian!"

Die Gestalt eilte schnell heran, fiel vor ihr auf die Knie und klammerte sich an ihrem Kleid fest.

„Steh auf, Liebste! Steh auf, Lilian! Mein Liebling!"

„Nie, Meg, nimmermehr! Hier! Hier, zu deinen Füßen, will ich mich an dich klammern, damit ich deinen teuren Atem auf meinem Gesicht fühle!"

„Süße Lilian! Liebste Lilian! Kind meines Herzens – die Liebe einer Mutter kann nicht zärtlicher sein. Lege dein Haupt an meine Brust!"

„Nie, Meg. Nimmermehr! Als ich zum erstenmal zu deinem Gesicht aufblickte, knietest du vor mir. Laß mich auf den Knien vor dir sterben. Laß – laß mich!"

„Du bist zurückgekommen. Mein Schatz, wir wollen wieder miteinander leben, miteinander arbeiten, miteinander hoffen und miteinander sterben."

„Ach, küsse mich, Meg, schlinge deine Arme um mich und drücke mich an dein Herz! Sieh mich freundlich an – aber laß mich hier liegen! Laß mich zum letztenmal dein liebes Gesicht auf den Knien betrachten!"

O glückliche Jugend und Schönheit, blickt hierher! O Jugend und Schönheit, die ihr die Zwecke eures gütigen Schöpfers erfüllt, blickt hierher!

„Vergib mir, Meg! Liebste, liebste Meg! Vergib mir! Ich weiß, du tust es – ich sehe, daß du es tust; aber sprich es auch aus, Meg!"

Sie sprach es aus, ihre Lippen auf Lilians Wange gepreßt. Und mit ihren Armen umschlang sie – sie wußte es jetzt – ein gebrochenes Herz!

„Gottes Segen über dich, mein Alles. Küsse mich noch einmal! *Er* duldete es, daß die Sünderin sich zu seinen Füßen niedersetzte und sie mit ihren Haaren abtrocknete. O Meg, welch ein Erbarmen – welch ein Mitleid!"

Während sie starb, kehrte auch der Geist des Kindes wieder zurück, strahlend und unschuldig. Er berührte den alten Mann mit seiner Hand und winkte ihn fort.

Das vierte Viertel

Eine neuerliche Erinnerung an die gespenstischen Gestalten in den Glocken; ein unbestimmter Eindruck, als ob letztere wieder läuteten; ein unklares Bewußtsein, den Geisterschwarm wieder und wieder gesehen zu haben, bis sich in der endlosen Zahl der Wiederholungen jedes klare Bild von ihnen verloren hatte; ein in ihm aufblitzendes Wissen – über dessen Herkunft er sich nicht klarwerden konnte –, daß noch mehr Jahre entschwunden waren; und Trotty stand, von dem

Geist des Kindes begleitet, wieder da und beobachtete die Gesellschaft der Sterblichen.

Eine beleibte Gesellschaft, eine rosenwangige Gesellschaft, eine behagliche Gesellschaft. Es waren nur zwei, aber sie waren rot genug für zehn. Sie saßen, einen kleinen, niedrigen Tisch zwischen sich, vor einem lodernden Feuer, und falls nicht der Duft von heißem Tee und Semmeln in diesem Gemach länger weilte als in den meisten anderen, so mußte der Tisch kurz zuvor gedeckt gewesen sein. Aber die Tassen waren rein und standen an ihren Plätzen in dem Eckschrank; die Röstgabel aus Messing hing in ihrem gewöhnlichen Winkel und breitete ihre vier müßigen Finger aus, als wollte sie sich einen Handschuh anmessen lassen; und es waren keine weiteren erkennbaren Merkmale eines eben beendeten Mahles vorhanden als das Schnurren und Bartputzen der am Feuer ausgestreckten Katze und die lieblich (um nicht zu sagen fettig) glänzenden Gesichter der beiden Personen.

Dieses behagliche Paar (augenscheinlich verheiratet) hatte das Feuer ehrlich zwischen sich geteilt und sah den sprühenden Funken zu, die in den Rost fielen. Bald nickten beide ein wenig ein, bald wachten sie wieder auf, wenn etwa ein ungewöhnlich großes glühendes Kohlenstück prasselnd niederfiel, als wollte ihm das Feuer nachfolgen.

Es stand jedoch kein plötzliches Erlöschen zu befürchten, denn es leuchtete nicht nur in dem kleinen Zimmer und an den Glasscheiben der Tür und dem darübergezogenen Vorhang, sondern auch in dem kleinen Laden draußen. Ein kleiner Laden, zum Ersticken vollgestopft mit dem Überfluß seiner Vorräte – ein wahrhaft gefräßiger kleiner Laden mit einem Magen so nachgiebig und voll wie der eines Haifisches. Käse, Butter, Brennholz, Seife, Senfgurken, Schwefelhölzer, Speckseiten, Tafelbier, Kreisel, Zuckerkonfekt, Papierdrachen, Vogelfutter, Schinken, Reisigbesen, Herdplatten, Salz, Weinessig, Stiefelwichse, Bücklinge, Schreibmaterialien, Schmalz, Pilzsoße, Schnürbänder, Brotlaibe, Federbälle, Eier und Schieferstifte – alles war wie Fisch, das in das Netz dieses gierigen kleinen Ladens kam, und alle diese Gegenstände befanden sich in seinem Netz. Wie viele Arten anderer kleiner Handelsartikel noch vorhanden waren, hätte sich schwer aufzählen lassen; aber da sah man noch Bindfadenrollen, Zwiebelkränze, Kerzenbündel, Kohlnetze und Bürsten, die traubenförmig wie seltsame Früchte von der Decke niederhingen, während unterschiedliche Blechbüchsen aromatische Düfte entsandten und damit die Wahrhaftigkeit der Inschrift über der Außentür bezeugten, die das Publikum belehrte, daß der kleine Laden auch die Lizenz für Tee, Kaffee, Pfeffer, Schnupf- und Rauchtabak besitze.

Ein Blick auf so viele von diesen Artikeln, wie in dem Licht des Feuers und dem weniger lieblichen Glanz zweier rauchender Lampen unterscheidbar waren, die so düster in dem Laden brannten, als drücke ihnen die Fülle desselben schwer auf die Lungen, und hernach ein Blick auf eines der beiden Gesichter bei dem Stubenfeuer überzeugten Trotty sofort, daß die stämmige alte Dame Mrs. Chickenstalker war. Sie hatte stets zur Korpulenz geneigt, schon in den Tagen, als er sie gekannt und ein kleines unbezahltes Pöstchen in ihren Büchern stehen hatte.

Die Züge des Mannes neben ihr waren für ihn weniger leicht erkennbar. Das große, breite Kinn mit Furchen darin, groß genug, daß man einen Finger hineinlegen konnte, die erstaunten Augen, die sich selbst Vorwürfe zu machen schienen, daß sie immer tiefer und tiefer in das nachgiebige Fett seines nachgiebigen Gesichts einsanken; die Nase, die mit jener Funktionsstörung behaftet war, die man in der Regel Schnüffeln nennt; den kurzen, dicken Hals und die asthmatische Brust, nebst anderen derartigen Schönheiten, konnte Trotty, wie sehr sie auch geeignet sein mochten, sich dem Gedächtnis einzuprägen, anfangs niemand zuschreiben, den er gekannt hatte, obgleich es ihm vorkam, als hätte er das alles schon gesehen. Endlich aber erkannte er in Mrs. Chickenstalkers Lebens- und Handelsgefährten den vormaligen Portier von Sir Joseph Bowley – ein Dummkopf an der Schwelle zum Schlaganfall, der in Trottys Erinnerung schon vor Jahren in eine Beziehung zu Mrs. Chickenstalker getreten war, weil er ihm Zutritt zu jenem Herrenhaus gestattet hatte, wo er seine Verpflichtungen gegenüber ebendieser Dame bekannt und sich dadurch einen so ernsten Vorwurf eingehandelt hatte.

Nach den Veränderungen, die Trotty bereits gesehen hatte,

interessierte er sich wenig für einen derartigen Wechsel; indes sind die Ideenverknüpfungen bisweilen sehr stark, und er blickte unwillkürlich hinter die Stubentür, wo gewöhnlich die Posten der borgenden Kunden in Kreide angeschrieben waren. Sein Name stand nicht da, wohl aber einige andere, die ihm fremd waren. Ihre Anzahl freilich war weit geringer als früher, woraus er den Schluß zog, der Portier sei ein Freund von barer Zahlung und habe, als er in das Geschäft kam, hübsch scharf nach Mrs. Chickenstalkers säumiger Kundschaft gesehen.

Trotty fühlte ein solches Herzweh und trauerte so sehr um die verlorene Jugend und Lebenshoffnung seines armen Kindes, daß es ihm sogar leid tat, keinen Platz mehr in Mrs. Chickenstalkers Hauptbuch einzunehmen.

„Was ist draußen für Wetter, Anne?" fragte der vormalige Portier von Sir Joseph Bowley, wobei er die Beine vor dem Feuer ausstreckte und soviel davon rieb, wie er mit seinen kurzen Armen erreichen konnte. Dabei machte er ein Gesicht, als wollte er sagen: Hier sitze ich, wenn's schlecht ist, und verlange nicht auszugehen, wenn's gut ist.

„Es stürmt und graupelt, und es sieht gefährlich nach Schnee aus", entgegnete seine Frau. „Dunkel. Und sehr kalt."

„Es freut mich, daran zu denken, daß wir Muffins hatten", sagte der vormalige Portier in dem Ton eines Mannes, der sein Gewissen zur Ruhe gebracht hat. „Es ist eine Art Nacht, wie für Muffins gemacht. Ebenso für Sauerteigfladen. Und auch für Teekuchen."

Der vormalige Portier nannte diese Eßwaren eine nach der anderen, als zählte er nachsinnend seine guten Handlungen auf. Dann rieb er sich wieder seine fetten Beine, zog die Knie an, damit das Feuer die noch nicht durchgewärmten Körperteile erreichen könne, und lachte, als ob ihn jemand gekitzelt hätte.

„Du bist ja recht heiter, mein lieber Tugby", bemerkte seine Frau.

Die Firma hieß jetzt „Tugby, vormals Chickenstalker".

„Nein", versetzte Tugby, „nein. Nicht besonders. Nur ein wenig gehoben. Die Muffins kamen so gelegen!"

Er kicherte, bis er ganz dunkel im Gesicht anlief, und hatte so viel Not, wieder eine andere Farbe zu kriegen, daß seine fetten

Beine die seltsamsten Verrenkungen in der Luft machten. Sie wollten erst wieder einigermaßen Vernunft annehmen, als Mrs. Tugby ihn heftig auf den Rücken geklopft und wie eine große Flasche geschüttelt hatte.

„Gütiger, barmherziger Gott! Was treibt dieser Mann nur!" rief Mrs. Tugby in großem Schrecken.

Mr. Tugby wischte sich die Augen und wiederholte mit matter Stimme, daß er sich ein wenig gehoben fühle.

„Na, sei so gut und laß es in Zukunft bleiben", versetzte Mrs. Tugby, „wenn du mich mit deinem Zappeln und Strampeln nicht zu Tode erschrecken willst!"

Mr. Tugby erklärte, er wolle es nicht wieder tun; aber sein ganzes Dasein war ein Kampf, in dem er, wenn man aus seinem beständig rascher werdenden Atem und sich tiefer rötenden Gesicht einen Schluß ziehen durfte, stets der Unterlegene war.

„So stürmt's also und graupelt und droht zu schneien; und es ist dunkel und sehr kalt, meine Liebe?" sagte Mr. Tugby, wobei er zum Feuer blickte und zu dem eigentlichen Gegenstand seiner augenblicklichen Erhebung zurückkehrte.

„Wirklich, schlechtes Wetter", erwiderte seine Frau und schüttelte den Kopf.

„Ja, ja!" sagte Mr. Tugby. „Jahre sind in dieser Hinsicht wie Christenmenschen. Einige sterben hart, und bei anderen geht es leicht ab. Das gegenwärtige hat es nicht mehr weit und wehrt sich seiner Haut; aber es gefällt mir dafür nur um so besser. Da ist ein Kunde, meine Liebe!"

Mrs. Tugby hatte das Rasseln der Tür bereits vernommen und sich erhoben.

„Nun, was darf's sein?" fragte die Dame, indem sie in den kleinen Laden hinausging. „Oh! Ich bitte um Verzeihung, Sir; wahrhaftig, ich dachte nicht, daß Ihr es wäret."

Diese Entschuldigung galt einem Gentleman in Schwarz, der, mit zurückgeschlagenen Manschetten, den Hut seitwärts auf den Kopf gedrückt und die Hände in den Rocktaschen, rittlings auf dem Tafelbierfäßchen saß und ihr als Antwort zunickte.

„Das ist eine schlimme Geschichte droben, Mrs. Tugby", sagte der Gentleman. „Der Mann kann nicht leben."

„Wie, das hintere Dachstübchen?" rief Tugby, der in den Laden herauskam und sich dem Gespräch anschloß.

„Das hintere Dachstübchen, Mr. Tugby", entgegnete der Gentleman, „wird demnächst die Treppe herunterkommen und gar bald unter dem Rasen liegen."

Während er abwechselnd Tugby und dessen Gattin anschaute, klopfte er mit den Knöcheln das Fäßchen nach der Tiefe des Biers ab, und sobald er diese gefunden hatte, trommelte er einen Marsch auf dem leeren Teil.

„Das hintere Dachstübchen ist dabei, sich zu verabschieden, Mr. Tugby", fuhr der Gentleman fort.

Tugby stand eine Weile in stummer Bestürzung da und sagte dann zu seiner Frau: „Dann muß er fort, ehe es mit ihm aus ist."

„Ich glaube nicht, daß Ihr ihn fortschaffen könnt", sagte der Gentleman, den Kopf schüttelnd. „Ich für meinen Teil möchte wenigstens nicht die Verantwortung auf mich nehmen, das für möglich zu erklären. Laßt ihn bleiben, wo er ist. Er kann's nicht mehr lange machen."

„Das ist der einzige Gegenstand", sagte Tugby, der die Butterwaagschale krachend auf den Ladentisch schlagen ließ, indem er seine Faust darin wog, „über den wir je einen Wortwechsel miteinander gehabt haben – sie und ich –, und da sieht man, was am Ende dabei herauskommt! Zuletzt stirbt er gar hier – stirbt auf unserm Grund und Boden – stirbt in unserm Haus!"

„Und wo willst du denn, daß er sterben soll, Tugby?" rief seine Frau.

„Im Armenhaus", entgegnete er. „Wozu hat man denn die Armenhäuser?"

„Nicht dafür", erwiderte Mrs. Tugby mit großem Nachdruck. „Nicht dafür. Außerdem habe ich dich nicht dafür geheiratet. Schlag dir diesen Gedanken aus dem Kopf, Tugby – das kommt nicht in Frage. Ich will das nun einmal nicht – eher lass' ich mich scheiden und sehe dein Gesicht nie wieder. Als mein Witwenname noch über dieser Tür stand – und er hat viele, viele Jahre da gestanden –, war dieses Haus weit und breit als Mrs. Chickenstalkers bekannt, und jedermann rühmte es wegen seines ehrbaren Ansehens und seines guten Rufs. Als mein Witwenname noch über dieser Tür stand, Tugby, kannte ich ihn als einen hübschen, gesetzten, mannhaften, unabhängigen jungen Menschen – ich kannte sie als das süßeste und sanfteste Mädchen der Welt – ich kannte ihren Vater (der arme alte Bursche fiel, als er schlafwandelte, vom Kirchturm herunter) als den einfachsten, arbeitsamsten und gutherzigsten Mann, der je geatmet hat, und wenn ich die beiden aus dem Haus weise, mögen mich die Engel aus dem Himmel weisen. Ja, und sie würden's auch tun, und mir geschähe damit nur recht."

Ihr altes Gesicht, das vor den vielen langen Jahren, die darüber hingegangen waren, rund und voll Grübchen gewesen war, schien wieder aus ihr hervorzuleuchten, während sie diese Worte sprach. Als sie sich dann die Augen trocknete und mit einem Ausdruck von Entschlossenheit, der augenscheinlich keinen Widerstand duldete, ihren Kopf und ihr Schnupftuch gegen Tugby schüttelte, sprach Trotty vor sich hin: „Gott segne sie! Gott segne sie!"

Dann horchte er mit klopfendem Herzen auf das, was nun folgen mochte; denn er wußte noch nichts, als daß sie von Meg sprachen.

Wenn Tugby in dem Stübchen ein wenig gehoben gewesen war, so leistete er dafür jetzt mehr als Ersatz, indem er im Laden sehr niedergedrückt wirkte; er glotzte seine Frau an, ohne eine Antwort zu versuchen, während er zugleich – sei es in einer Anwandlung von Zerstreutheit oder als Vorsichtsmaßnahme – heimlich alles Geld aus der Ladenkasse in seine eigenen Taschen gleiten ließ.

Der Gentleman auf dem Tafelbierfaß, der offenbar ein zugelassener Armenarzt war, mochte wohl an kleine Meinungsverschiedenheiten zwischen Mann und Frau zu sehr gewöhnt sein, um sich im gegenwärtigen Fall eine Bemerkung zu erlauben. Er blieb pfeifend sitzen und ließ kleine Tropfen aus dem Hahn auf den Boden rinnen, bis vollkommene Stille eingetreten war. Dann hob er den Kopf und sagte zu Mrs. Tugby, vormals Chickenstalker: „Es ist sogar jetzt noch etwas Interessantes an der Frauensperson. Wie kam sie dazu, ihn zu heiraten?"

„Ach", versetzte Mrs. Tugby und nahm neben ihm Platz, „das ist ein kläglicher Teil ihrer Geschichte, Sir. Ihr müßt nämlich wissen, daß sie und Richard vor vielen Jahren zusammen waren. Als sie noch ein junges und schönes Paar waren, hatten sie alles miteinander ausgemacht, und sie wollten sich an einem Neujahrstag trauen lassen. Da aber setzte ein Gentleman Richard in den Kopf, daß er etwas Besseres tun könne; er werde den Schritt bald bereuen – das Mädchen sei nicht gut genug für ihn, und ein lebensfroher junger Mann hätte keinen Grund zu heiraten. Und der Gentleman schüchterte auch sie ein und machte sie melancholisch, indem er ihr sagte, ihr Mann werde sie verlassen, ihre Kinder kämen an den Galgen, und es sei gottlos zu heiraten, und was dergleichen mehr war. Kurz, sie zögerten und zögerten – ihr Vertrauen zueinander war gebrochen, und so wurde schließlich nichts aus der Heirat. Aber der Fehler lag an ihm, denn sie hätte ihn mit Freuden geheiratet, Sir. Oftmals nachher habe ich gesehen, wie ihr fast das Herz brach, wenn er stolz und gleichmütig an ihr vorbeiging, und nie grämte sich ein Mädchen aufrichtiger um einen Mann, als sie sich abhärmte, wie sie zum erstenmal hörte, daß Richard auf Abwege geraten war."

„Oh! So geriet er also auf Abwege?" sagte der Gentleman, indem er den Spund des Fäßchens herauszog und durch das Loch das Bier zu erspähen versuchte.

„Ja, seht Ihr, Sir, ich glaube nicht, daß er sich selbst recht verstand. Ich glaube, es ließ ihm keine Ruhe, daß sie miteinander gebrochen hatten, und hätte er sich nicht vor dem Gentleman geschämt – vielleicht war er auch nicht sicher, wie sie es aufnehmen würde –, so hätte er jede Plage gern auf sich genommen, um Megs Versprechen und Hand wiederzugewinnen. Das glaube ich wenigstens, obgleich er mir's leider nie gesagt hat. Er verlegte sich dann aufs Trinken, wurde arbeitsscheu und geriet in schlechte Gesellschaft – das waren die sauberen Erholungen, die nach der Ansicht des Gentlemans soviel besser für ihn waren, als ein eigenes Heim zu haben. So verlor er denn sein gutes Aussehen, seinen guten Ruf, seine Gesundheit, seine Kräfte, seine Freunde, seine Arbeit – kurz alles!"

„Er hat nicht alles verloren, Mr. Tugby", erwiderte der Gentleman, „denn er gewann ja ein Weib; und ich möchte wissen, wie das zuging."

„Ich komme sogleich dazu, Sir. So trieb er's Jahr für Jahr und sank immer tiefer und tiefer; das arme Ding aber erduldete so viel Elend, daß man sich wundern mußte, wie sie ihr Leben noch meisterte. Endlich war er so heruntergekommen, daß ihm niemand mehr Beschäftigung geben oder etwas mit ihm zu tun haben wollte, und wohin er kam, wurde ihm die Tür vor der Nase zugeschlagen. Er wanderte von einer Stelle zur andern und kam zum hundertstenmal zu einem gewissen Gentleman, der es oft und oft mit ihm versucht hatte; denn er war im Grunde ein guter Arbeiter. Der Gentleman, der seine Geschichte kannte, sagte zu ihm: ‚Ich glaube, Ihr seid unverbesserlich, und es gibt nur eine einzige Person auf der Welt, die Euch möglicherweise noch retten kann. Wendet Euch nicht mehr an mich, wenn sie's nicht zuvor mit Euch versucht hat.' So sprach er in seinem Zorn und Ärger."

„Aha!" entgegnete der Gentleman. „Und weiter?"

„Nun, Sir, er ging zu ihr und kniete vor ihr nieder – sagte, so sei es, und so sei es stets gewesen, und flehte sie an, ihn zu retten."

„Und sie? – Laßt's Euch nicht so zu Herzen gehen, Mrs. Tugby."

„Sie kam noch am selben Abend zu mir und fragte mich, ob sie nicht in meinem Haus wohnen könnten. ‚Was er mir einmal gewesen ist', sagte sie, ‚ist tot und begraben, Seite an Seite mit dem, was ich ihm war. Aber ich habe mir die Sache überlegt und will den Versuch machen – in der Hoffnung, ihn zu retten, und um der Liebe des sorglosen Mädchens willen, das Ihr noch gekannt habt und das an einem Neujahrstag heiraten sollte; um jener Liebe für ihren Richard willen.' Und sie sagte, er sei von Lilian zu ihr gekommen und Lilian habe ihm vertraut und sie könne das nie vergessen. So ließen sie sich denn trauen; und als sie hierherkamen und ich sie sah, hoffte ich in meinem Herzen, daß sich Prophezeiungen wie diejenige, die sie in ihrer Jugend voneinander trennte, nicht oft erfüllen möchten wie in diesem Fall, denn ich möchte sonst eine derartige Prophezeiung nicht für eine Mine Gold abgeben."

Der Gentleman stieg von dem Faß herunter und streckte sich, wobei er zugleich bemerkte: „Vermutlich mißhandelte er sie, sobald sie verheiratet waren?"

„Ich glaube nicht, daß er das je getan hat", versetzte Mrs. Tugby, schüttelte den Kopf und wischte ihre Augen. „Eine kurze Zeit ging es mit ihm besser; aber seine Gewohnheiten waren zu alt und zu verwurzelt, als daß er sie hätte loswerden können. Er fiel erst ein wenig, dann immer mehr in seine alte Lebensweise zurück, bis ihn endlich diese schlimme Krankheit packte. Ich glaube, er hat sie immer geliebt, ja, ich bin fest davon überzeugt. Ich habe gesehen, wie er in seinen Anfällen weinend und zitternd ihre Hand zu küssen versuchte, und hörte, wie er sie Meg nannte und wie er sagte, es sei ihr neunzehnter Geburtstag. Jetzt liegt er schon wochen- und monatelang da. Da sie ihre Zeit zwischen ihm und ihrem Kind teilen muß, war sie nicht imstande, ihre frühere Arbeit fortzusetzen; und da sie nicht regelmäßig abliefern konnte, hat sie ihre Beschäftigung ganz verloren, selbst wenn sie etwas hätte fertigbringen können. Ich weiß kaum, wovon sie gelebt haben."

„Aber ich weiß es", murmelte Mr. Tugby, indem er die Ladenkasse, das Geschäft und seine Frau anblickte und darauf wissend seinen Kopf hin und her bewegte. „Wie Kampfhähne!"

Er wurde durch einen Schrei – einen Klagelaut – aus dem oberen Stockwerk des Hauses unterbrochen. Der Gentleman bewegte sich hastig zur Tür.

„Mein Freund", sagte er zurückblickend, „Ihr braucht jetzt nicht mehr zu streiten, ob er fortgeschafft werden soll oder nicht; ich glaube, er hat Euch die Mühe erspart."

Mit diesen Worten eilte er die Treppe hinauf, und Mrs. Tugby folgte ihm, während Mr. Tugby langsam hinterdrein keuchte und brummte. Sein Atem ging noch heftiger als gewöhnlich aufgrund der Last des Ladenkasseninhalts, unter dem sich eine unbequeme Menge Kupfergeld befand. Trotty schwebte, das Kind an seiner Seite, wie ein Windhauch die Treppe hinauf.

„Folge ihr! Folge ihr! Folge ihr!" Er hörte beim Hinaufsteigen die gespenstischen Stimmen in den Glocken ihre Worte wiederholen. „Lerne es von dem Wesen, das deinem Herzen am teuersten ist!"

Es war vorüber. Es war vorüber. Und das war sie, der Stolz und die Freude ihres Vaters! Dieses hagere, elende Weib, das neben dem Bett, wenn es diesen Namen verdiente, weinte und gesenkten Hauptes ein Kind an ihre Brust drückte? Wie abgezehrt, krank und elend das arme Kind aussah – und doch, wer kann sagen, wie teuer es ihr war?

„Gott sei Dank!" rief Trotty, rang seine Hände und hielt sie in die Höhe. „Oh, Gott sei gedankt! Sie liebt ihr Kind!"

Der Gentleman, an sich kein herzloser und unempfindlicher Mensch, aber durch täglich sich wiederholende ähnliche Szenen gleichgültig gegen den Anblick geworden und sich bewußt, daß sie nur Zahlen ohne jeglichen Belang in Filers Aufstellungen waren – ein bloßes Durchstreichen bei der Ausarbeitung jener Berechnungen –, legte seine Hand auf das Herz, das nicht mehr schlug, lauschte auf den Atem und sagte: „Seine Leiden sind vorüber. Es ist besser so!"

Mrs. Tugby versuchte, die arme Frau mit liebevoller Teilnahme zu trösten, während Mr. Tugby mit Philosophie daherkam.

„Beruhigt Euch!" sagte er, die Hände in den Taschen. „Ihr müßt Euch nicht dem Schmerz hingeben. Es führt zu nichts. Ihr müßt dagegen ankämpfen. Was wäre aus mir geworden, wenn ich, als ich noch Portier war, mich so hätte hinreißen lassen – und wir hatten einmal in einer einzigen Nacht nicht weniger als sechs ausgerissene Wagen vor unserer Tür! Aber ich raffte meine Geistesgegenwart zusammen und machte nicht auf!"

Abermals hörte Trotty die Stimmen sagen: „Folge ihr!" Er wandte sich nach der Gestalt seines Führers um und sah, wie jener sich vor ihm erhob und durch die Luft schwebte. „Folge ihr!" sagte er und verschwand.

Trotty schwebte um sie her, setzte sich zu ihren Füßen nieder, blickte zu ihrem Gesicht auf, um auch nur eine einzige Spur ihres früheren Ichs zu finden, und lauschte, ob er nicht einen Ton ihrer alten lieblichen Stimme wieder vernähme. Auch das Kind umwandelte er – es war so abgezehrt, so frühzeitig gealtert, so kläglich mit seinem schwachen, traurigen Wimmern. Er hätte fast vor ihm auf die Knie niederfallen mögen und klammerte sich daran als an ihren einzigen Schutz – das letzte unzerbrochene Glied, das sie noch an das Leben fesselte. Er setzte seine Vaterhoffnung, sein ganzes Vertrauen auf dieses schwache Kind, bewachte jeden ihrer Blicke, als sie es in ihren Armen hielt, und rief tausendmal: „Sie liebt es! Gott sei Dank, sie liebt es!"

Er war Zeuge, wie die Frau am späten Abend nach ihr sah; zu ihr zurückkehrte, als ihr mißgelaunter Mann schlief und alles still war, um ihr Nahrung vorzusetzen, sie zu ermutigen und mit ihr Tränen zu vergießen. Der Tag kam und dann wieder die Nacht – abermals ein Tag und wieder eine Nacht; die Zeit verrann. Das Haus des Todes entledigte sich seines Toten, und das Zimmer blieb ihr und dem Kind überlassen. Er hörte es stöhnen und weinen; er sah, wie es die Mutter quälte und ermüdete – die vor Erschöpfung kaum Eingeschlummerte wieder weckte und sie mit seinen kleinen Händchen folterte. Aber sie blieb ausdauernd, sanft und geduldig. Geduldig! Sie war seine liebevolle Mutter, der es ans Herz gewachsen war, und sein Wesen war mit dem ihrigen verkettet, als trüge sie das Kind ungeboren in sich.

All diese Zeit litt sie Not, verzehrte sie sich in furchtbarem, bitterem Mangel. Mit dem Kind in den Armen wanderte sie dahin und dorthin, um Beschäftigung zu suchen, und während sein hageres Gesichtchen in ihrem Schoß lag und zu ihrem Antlitz aufblickte, verrichtete sie jede Arbeit für den erbärmlichsten Lohn – mühte sich Tag und Nacht ab für so viele Farthings, wie Zahlen auf dem Zifferblatt sind. Wenn sie es angeschrien, vernachlässigt, nur einen Augenblick mit Haß angesehen oder gar in einer raschen zornigen Aufwallung geschlagen hätte! Doch nein. Sein Trost war, daß sie es immer liebte.

Sie teilte niemand ihre Not mit und wanderte tagsüber draußen umher, um nicht von ihrer einzigen Freundin befragt zu werden. Denn jede Hilfe, die sie von ihren Händen erhielt, hatte einen neuen Hader zwischen der guten Frau und ihrem Gatten zur Folge, und es war eine Bitternis mehr für sie, auch noch die Ursache zu täglichem Zank und Streit zu sein für Leute, denen sie schon so viel schuldete.

Dennoch liebte sie es. Sie liebte es mehr und mehr. Aber es kam eine Nacht, in der ihre Liebe einen neuen Zug annahm.

Sie sang es leise in den Schlaf und ging auf und ab, um es einzulullen, als sich sacht die Tür öffnete und ein Mann hereinblickte.

„Zum letztenmal“, sagte er.

„William Fern!“

„Zum letztenmal."

Er lauschte wie ein verfolgter Mann und sprach flüsternd. „Margaret, meine Zeit ist nahezu abgelaufen. Ich konnte sie nicht zu Ende bringen ohne ein Wort des Abschieds an Euch, ohne ein einziges dankbares Wort."

„Was habt Ihr getan?" fragte sie, ihn mit Entsetzen betrachtend.

Er sah sie an, gab aber keine Antwort.

Nach einem kurzen Schweigen machte er eine Bewegung mit der Hand, als schöbe er ihre Frage beiseite, und sagte: „Es ist jetzt lange her, Margaret; aber jene Nacht ist noch so frisch in meinem Gedächtnis, als wäre es gestern gewesen. Wir dachten damals wohl kaum", fügte er hinzu, indem er umherschaute, „daß wir uns je so wiedertreffen würden. Euer Kind, Margaret? Gebt mir's ein wenig – laßt mich Euer Kind in meine Arme nehmen."

Er legte seinen Hut auf den Boden und nahm es auf. Er zitterte dabei von Kopf bis Fuß.

„Ist es ein Mädchen?"

„Ja."

Er hielt seine Hand vor des Kindes Gesichtchen.

„Seht, wie schwach ich geworden bin, Margaret, wenn ich nicht einmal den Mut aufbringe, um es anzusehen! Laßt mir's noch einen Augenblick – ich tue ihm nichts zuleide. Es ist lange her, aber – wie heißt die Kleine?"

„Margaret", antwortete sie rasch.

„Das freut mich", sagte er. „Das freut mich."

Er schien freier zu atmen. Nach einer kurzen Pause nahm er seine Hand weg und sah dem Kind ins Antlitz. Dann aber bedeckte er es augenblicklich wieder.

„Margaret!" sagte er und gab ihr das Kind zurück. „Es ist Lilians."

„Lilians?"

„Ich hielt dasselbe Gesicht in meinen Armen, als Lilians Mutter starb und sie zurückließ."

„Als Lilians Mutter starb und sie zurückließ?" wiederholte sie außer sich.

„Wie schrill Ihr sprecht! Warum blickt Ihr mich so an? Margaret!"

Sie sank in einen Stuhl, preßte das Kind an ihre Brust und weinte. Bisweilen hielt sie es vor sich hin und sah ihm ängstlich ins Gesicht; dann drückte sie es abermals an ihr Herz. Wenn sie es aber so betrachtete, schien sich etwas Wildes und Schreckliches in ihre Liebe zu mischen, und ihr alter Vater begann zu zittern.

„Folge ihr!" tönte es durch das Haus. „Lerne von dem Wesen, das deinem Herzen am teuersten ist!"

„Margaret", sagte Fern, beugte sich über sie nieder und küßte sie auf die Stirn. „Ich danke Euch zum letztenmal. Gute Nacht. Gott behüte Euch! Gebt mir Eure Hand und versprecht mir, mich von dieser Stunde an zu vergessen. Versucht zu glauben, mein Ende habe hier stattgefunden."

„Was habt Ihr getan?" fragte sie abermals.

„Es wird heute nacht ein Feuer geben", sagte er und trat von ihr zurück. „Man braucht in dieser Winterszeit Feuer, um die dunklen Nächte zu erhellen im Osten, Westen, Norden und Süden. Wenn Ihr den fernen Himmel rot seht, so werden sie lodern. Wenn Ihr den fernen Himmel rot seht, so denkt nicht mehr an mich; oder wenn Ihr's tut, so erinnert Euch, welche Hölle in meinem Innern angezündet wurde – denkt dann, Ihr seht ihre Flammen in den Wolken widerstrahlen. Gute Nacht. Gott befohlen!"

Sie rief ihn; aber er war fort. Sie setzte sich betäubt nieder, bis ihr Kind sie an ihr Gefühl des Hungers, der Kälte und der Dunkelheit erinnerte. Sie ging die liebe lange Nacht in der Stube auf und ab, wiegte es in den Armen und beschwichtigte es, wobei sie zwischendurch sprach: „Es gleicht Lilian, als ihre Mutter starb und sie zurückließ!" Warum war ihr Schritt so hastig, ihr Auge so wild, ihre Liebe so ungestüm und schrecklich, sooft sie diese Worte wiederholte?

„Aber es ist Liebe", sagte Trotty. „Es ist Liebe. Sie wird nie aufhören, es zu lieben. Meine arme Meg!"

Am anderen Morgen kleidete sie das Kind mit ungewöhnlicher Sorgfalt – eine vergebliche Mühe bei so elenden Fetzen! – und versuchte abermals, eine Beschäftigung zu finden. Es war der letzte Tag des alten Jahres. Ohne einen Bissen zu sich zu nehmen, lief sie bis in die Nacht umher; aber alles war vergebens.

Sie mischte sich unter eine Gruppe jämmerlicher Menschen,

die im Schnee umherstanden, bis es einem Beamten, der die Weisung hatte, die Gaben der öffentlichen Barmherzigkeit zu verteilen (der durchs Gesetz gebotenen Barmherzigkeit, nicht derjenigen, die einst auf einem Berg gepredigt wurde), gefiel, die Leute hereinzurufen. Er nahm sie ins Verhör, sagte zu dem einen, er solle da und dahin gehen, zu einem anderen, er solle nächste Woche wiederkommen, schleuderte einen dritten Elenden wie einen Ball von dahin nach dorthin, von Hand zu Hand, von Haus zu Haus, bis er ermattet niedersank, um zu sterben, oder wieder aufsprang, um einen Diebstahl zu begehen und so zu einer höheren Art von Verbrecher zu werden, dessen Ansprüche keinen Aufschub gestatteten. Aber auch hier war jeder Versuch für sie vergebens.

Sie liebte ihr Kind und wünschte, daß es an ihrer Brust läge. Das war genug.

Es war Nacht – eine kalte, dunkle, schneidende Nacht, als sie, das Kind an ihrem Leib wärmend, an das Haus gelangte, das sie ihr Heim nannte. Sie war so matt und schwindlig, daß sie nicht den Mann auf der Schwelle sah, bis sie dicht daran war und eintreten wollte. Jetzt erst erkannte sie den Hausherrn, der sich hier so hingestellt hatte – bei seiner beleibten Person war das nicht schwer –, daß er den ganzen Eingang versperrte.

„Oh!" sagte er halblaut. „Ihr seid zurückgekommen?"

Sie blickte ihr Kind an und schüttelte den Kopf.

„Glaubt Ihr nicht, Ihr habt hier lange genug gewohnt, ohne Miete zu bezahlen? Glaubt Ihr nicht, Ihr seid ohne Geld ein recht beständiger Kunde in diesem Laden gewesen?" fuhr Mr. Tugby fort.

Sie wiederholte dieselbe stumme Bitte.

„Wie wär's, wenn Ihr mal einen andern Laden aufsuchtet?" sagte er. „Und könntet Ihr Euch nicht nach einer andern Wohnung umsehen? Na, glaubt Ihr nicht, das ließe sich machen?"

Sie versetzte mit gedämpfter Stimme, daß es schon sehr spät sei. Morgen.

„Ah, ich sehe schon, was Ihr wollt und was Ihr meint", entgegnete Tugby. „Ihr wißt, daß es in diesem Haus Euretwegen zwei Parteien gibt, und es macht Euch Freude, sie gegeneinander zu hetzen. Ich will keinen Streit haben und spreche jetzt so leise, damit es keinen Streit gibt; aber wenn Ihr nicht geht, werde ich laut genug reden, und es wird Worte setzen, die so deutlich sind, wie Ihr nur wünschen könnt. Ihr werdet nicht hereinkommen, das steht fest."

Sie strich sich das Haar mit der Hand zurück und sah plötzlich zum Himmel auf und in die düstere, dunkle Ferne.

„Das ist die letzte Nacht des alten Jahres, und ich will nicht, um Euch oder irgend jemand anderem einen Gefallen zu tun, böses Blut, Streit und Unfrieden ins neue hinübernehmen", sagte Tugby, der im kleinen ein rechter Freund und Vater der Armen war. „Es wundert mich, daß Ihr Euch nicht vor Euch selbst schämt, mit solchen Praktiken ein neues Jahr anzufangen. Wenn Ihr in der Welt nichts anderes zu tun habt als stets zu heulen und Zwietracht zu säen zwischen Mann und Weib, so tut Ihr besser, sie zu verlassen. Fort mit Euch!"

„Folge ihr! Bis zur Verzweiflung!"

Abermals hörte der alte Mann die Stimmen. Er blickte auf und sah die Gestalten in der Luft schweben, die in die dunkle Straße hinabdeuteten, wo sie ging.

„Sie liebt es!" rief er in angstvollem Flehen für sie. „Ihr Glocken, sie liebt es noch immer!"

„Folge ihr!"

Die Schatten schwebten in die Richtung, die sie eingeschlagen hatte, gleich einer Wolke.

Er schloß sich gleichfalls an, hielt sich dicht an Meg und blickte ihr ins Gesicht. Da war derselbe wilde, schreckliche Ausdruck, der sich in ihre Liebe mengte und aus ihren Augen blitzte. Er hörte sie sagen: „Wie Lilian! Wird werden wie Lilian!", und ihre Geschwindigkeit verdoppelte sich.

Will sie denn gar nichts aus ihrem Taumel wecken? Kein Anblick, kein Laut, kein Duft, der in einem glühenden Geist zartere Erinnerungen heraufbeschwören könnte? Kein sanftes Bild der Vergangenheit, um vor sie hinzutreten?

„Ich war ihr Vater! Ich war ihr Vater!" rief der alte Mann und streckte seine Hand nach den dunklen Schatten aus, die in der Luft dahinflogen. „Habt Erbarmen mit ihr und mit mir! Wohin geht sie? Haltet sie zurück! Ich war ihr Vater!"

Aber sie deuteten bloß auf sie, während sie weitereilte, und sagten: „Bis zur Verzweiflung! Lerne von dem Wesen, das deinem Herzen am teuersten ist!"

Hundert Stimmen wiederholten es hallend, und die ganze Luft erschallte von diesen Worten. Bei jedem Atemzug schien er sie in sich aufzusaugen. Sie waren überall, und er konnte ihnen nicht entkommen. Dennoch eilte sie weiter – dasselbe unheimliche Licht in ihren Augen, dieselben Worte auf ihren Lippen: „Wie Lilian! Wird werden wie Lilian!"

Mit einemmal blieb sie stehen.

„Oh, haltet sie zurück!" rief der alte Mann und raufte sich das weiße Haar. „Mein Kind! Meine Meg! Haltet sie zurück! Ewiger Vater, tu ihr Einhalt!"

Sie wickelte das Kind warm in ihr eigenes dünnes Tuch. Mit fiebrigen Händen streichelte sie seine Glieder, legte sein Köpflein zurecht und ordnete den armseligen Anzug. Sie umschlang es mit ihren abgemagerten Armen, als wollte sie es nimmer von sich lassen, und küßte es in dem letzten langen Schmerz der Liebe mit ihren dünnen Lippen.

Sie legte des Kindes abgemagerte Hand auf ihren Hals und drückte es an ihr verzweifelndes Herz; dann zog sie das schlafende Gesichtchen dicht an ihre Brust und eilte weiter, dem Strom zu.

Zum wogenden, raschen und dunklen Strom, auf dem die Winternacht brütend lastete wie die letzten düsteren Gedanken vieler, die früher hier eine Zuflucht gesucht hatten. Wo zerstreute Lichter am Ufer unheimlich rot und trübe glimmten, als wären sie Fackeln, die den Weg zum Tod wiesen. Wo kein Wohnplatz lebender Menschen seinen Schatten warf auf das tiefe, undurchdringliche, melancholische Dunkel.

Zum Strom, zu jener Tür zur Ewigkeit lenkte sie ihre verzweifelten Schritte mit derselben Schnelligkeit, mit der seine raschen Wellen dem Meer zutrieben. Trotty versuchte, sie festzuhalten, als sie auf ihrem Weg zu der dunklen Fläche an ihm vorbeikam; aber die wirre, wahnsinnige Gestalt, die wilde und schreckliche Liebe, die Verzweiflung, die jede menschliche Hemmung hinter sich gelassen hatte, fegte wie der Wind an ihm vorbei.

Er folgte ihr. Sie hielt einen Augenblick am Ufer inne, ehe sie den entsetzlichen Sprung tat. Er fiel auf die Knie nieder und rief kreischend die Gestalten in den Glocken an, die jetzt über ihnen schwebten.

„Ich habe es gelernt!" rief der alte Mann. „Von dem Wesen, das meinem Herzen am teuersten ist! Oh, rettet sie, rettet sie!"

Er konnte seine Finger in ihr Kleid schlingen und es festhalten! Als diese Worte seinen Lippen entschlüpft waren, fühlte er seinen Tastsinn wiederkehren, und er wußte, daß er sie zurückhielt.

Die Gestalten schauten unentwegten Blickes auf ihn nieder.

„Ich habe es gelernt!" rief der alte Mann. „Oh, habt Erbarmen mit mir in dieser Stunde, wenn ich in meiner Liebe zu ihr, die so jung und so gut war, die Natur in den Herzen verzweifelter Mütter schmähte! Habt Mitleid mit meiner Anmaßung, mit meinem Frevel und mit meiner Unwissenheit und rettet sie!"

Er fühlte, wie seine Hand kraftloser wurde. Sie waren noch immer stumm.

„Habt Erbarmen mit ihr!" rief er. „Habt Erbarmen mit einem Wesen, bei dem dieses schreckliche Verbrechen aus falscher Liebe entsprang – aus der stärksten und tiefsten Liebe, die wir gefallenen Geschöpfe kennen! Bedenkt, wie elend sie sein muß, wenn solche Saat eine solche Frucht bringt! Der Himmel hat sie zum Guten bestimmt. Es gibt keine liebende Mutter auf Erden, die nicht so weit kommen könnte wie diese, wenn ein solches Leben vorangegangen ist. Oh, habt Erbarmen mit meinem Kind, das selbst mit dieser schrecklichen Tat ihrem eigenen Blut Barmherzigkeit erweisen will und selbst in den Tod geht und ihre unsterbliche Seele gefährdet, um es zu retten!"

Sie lag in seinen Armen. Er hielt sie jetzt fest. Seine Kraft war die eines Riesen.

„Ich sehe den Geist der Glockentöne unter euch!" rief der alte Mann, wobei er seinen Blick auf das Kind richtete, das er jetzt wieder unter der Geisterschar erkannte, und in einer Art von Begeisterung sprach, die der Anblick der Gestalten in ihm erweckte. „Ich weiß, daß uns unser Erbe durch die Zeit aufbewahrt wird. Ich weiß, es gibt ein Zeitenmeer, das sich eines Tages erheben und alle, die uns unrecht tun und uns bedrücken, wie Laub dahinfegen wird. Ich sehe, wie es flutet! Ich weiß, daß wir vertrauen und hoffen müssen, ohne je an uns selbst oder an dem Guten in anderen zu verzweifeln. Ich habe es gelernt von dem Wesen, das meinem Herzen am teuersten ist. Ich drücke es wieder in meine Arme. O ihr barmherzigen und guten Geister, mit ihr nehme ich eure Lehre in meine Brust auf! O ihr barmherzigen und guten Geister, ich bin euch dankbar!"

Er hätte vielleicht noch mehr gesprochen, aber die Glocken, die alten vertrauten Glocken, seine lieben, beharrlichen, treuen Freunde, die Glocken, begannen freudig das neue Jahr einzuläuten – so lustig, so heiter, so glücklich und so froh, daß er auf die Füße sprang und damit den Zauber löste, der ihn gefangengehalten hatte.

„Was Ihr auch sonst tun mögt, Vater", sagte Meg, „eßt nicht wieder Kutteln, ohne zuvor einen Doktor zu fragen, ob es Euch auch zuträglich ist; denn, barmherziger Himmel, was habt Ihr für Sachen gemacht!"

Sie war an dem kleinen Tisch neben dem Feuer mit ihrer Nadel beschäftigt und schmückte ihr einfaches Kleid mit Bändern für die Hochzeit. So innig glücklich, so blühend und jugendlich, so voll schöner Hoffnungen, daß er einen lauten Schrei ausstieß, als sähe er einen Engel in seinem Haus. Dann flog er auf sie zu, um sie mit seinen Armen zu umschlingen.

Aber seine Füße verfingen sich in der Zeitung, die von dem Herd heruntergefallen war, und eine Gestalt drängte sich ungestüm zwischen beide.

„Nein!" rief die Stimme dieser Gestalt – und es war eine lustige, wackere Stimme. „Nicht einmal Ihr. Nicht einmal Ihr. Megs erster Kuß im neuen Jahr muß mir gehören. Mir! Ich habe vor dem Haus draußen eine ganze Stunde gewartet, bis die Glocken läuteten und ich meinen Kuß fordern konnte. Meg, mein Herz – glückliches neues Jahr! Ein Leben voll vieler glücklicher Jahre, mein teures Weibchen!"

Und Richard erstickte sie fast mit seinen Küssen.

Mein lieber Leser, in deinem ganzen Leben hast du sicher nichts Derartiges wie jetzt unseren Trotty gesehen. Gleichviel, wo du gelebt oder was du gesehen hast, in keinem Fall sahst du etwas, was ihm überhaupt nur nahekam! Er setzte sich in seinen Stuhl, schlug sich auf die Knie und weinte; er setzte sich in seinen Stuhl, schlug sich auf die Knie und lachte; er setzte sich in seinen Stuhl, schlug sich auf die Knie und lachte und weinte zugleich; er stand von seinem Stuhl auf und umarmte Meg; er stand von seinem Stuhl auf und umarmte Richard; er stand von seinem Stuhl auf und umarmte beide zugleich; er lief auf Meg zu, drückte ihr frisches Gesicht zwischen seine Hände und küßte es, ging dann wieder rückwärts von ihr weg, um sie nicht aus den Augen zu verlieren, und eilte wieder vorwärts, wie eine Figur in einer Laterna magica; und was er auch tun mochte, stets setzte er sich wieder auf den Stuhl nieder, ohne länger als einen einzigen Augenblick darauf zu verweilen – denn er war wahrhaftig ganz außer sich vor Freude.

„Und morgen ist dein Hochzeitstag, mein Herzchen!" rief Trotty. „Dein wahrhaftiger, glücklicher Hochzeitstag!"

„Heute!" rief Richard, indem er ihm die Hand drückte. „Heute. Die Glocken läuten schon das neue Jahr ein. Hört Ihr sie?"

Und sie läuteten wirklich! Gott segne ihre wackeren Herzen – wie sie läuteten! Oh, die herrlichen Glocken – die melodischen, tieftönenden Glocken – nicht aus gemeinem Metall gegossen – nicht von einem gemeinen Gießer angefertigt; wann hatten sie je zuvor so geläutet?

„Aber wie ist's, mein Herzchen?" sagte Trotty. „Du und Richard, ihr beide habt heute einigen Streit gehabt."

„Weil er ein gar so schlimmer Mensch ist, Vater!" rief Meg. „Ist's nicht wahr, Richard? So ein halsstarriger, ungestümer Mensch! Er hätte sich so wenig daraus gemacht, jenem vornehmen Stadtrat die Meinung zu sagen und ihm ein Ende zu machen, wie er zögern würde –"

„Meg zu küssen", ergänzte Richard, indem er dem Wort die Tat folgen ließ.

„Nein, kein bißchen mehr", sagte Meg. „Aber ich wollte es nicht zulassen, Vater. Was hätte es auch genützt?"

„Richard, mein Junge!" rief Trotty. „Ihr wart ursprünglich ein Glückspilz, und Ihr müßt ein Glückspilz bleiben, bis Ihr sterbt. Aber du hast, als ich heute abend nach Hause kam, vor dem Feuer geweint, mein Herzchen! Warum hast du vor dem Feuer geweint?"

„Ich dachte an die Jahre, die wir miteinander gelebt haben,

Vater, weiter nichts. Und ich dachte, Ihr könntet mich vermissen und Euch einsam fühlen."

Trotty wollte sich eben wieder auf jenen außerordentlichen Stuhl zurückziehen, als das Kind, das durch den Lärm geweckt worden war, halb angekleidet hereinlief.

„He, da ist sie!" rief Trotty und nahm das Mädchen auf seine Arme. „Da ist die kleine Lilian! Hahaha! Da sind wir, und da gehen wir! Oh, da sind wir, und da gehen wir wieder! Und da sind wir, und da gehen wir! Und auch Onkel Will!" Er hielt in seinem Trab inne, um ihn herzlich zu begrüßen. „O Onkel Will, was hab ich nicht heute nacht für einen Traum gehabt, weil ich Euch beherbergte! O Onkel Will, wie dankbar muß ich Euch sein, daß Ihr zu mir gekommen seid, mein guter Freund!"

Ehe noch Will Fern eine Antwort geben konnte, stürmte ein Häuflein Musikanten in die Stube, und hinterdrein folgte ein Schwarm von Nachbarn und rief: „Ein glückliches neues Jahr, Meg!"; „Eine glückliche Hochzeit!"; „Noch viele glückliche Jahre!" und was dergleichen fragmentarische gute Wünsche mehr sind. Dann trat der Trommler, ein guter Freund von Trotty, vor und sagte: „Trotty Veck, mein Junge, es ist bekanntgeworden, daß Eure Tochter morgen heiraten will. Wer Euch kennt, wünscht Euch alles Gute, und wer sie kennt, wünscht ihr alles Gute. Und wer euch beide kennt, wünscht euch beiden alles Glück, was das neue Jahr nur immer bringen kann. Und deshalb sind wir da, um es einzuspielen und einzutanzen."

Diese Anrede wurde mit allgemeinem Jubel aufgenommen. Nebenbei bemerkt, der Trommler war ziemlich betrunken; aber das hatte nichts zu sagen.

„Wahrhaftig, es ist ein großes Glück", sagte Trotty, „so geschätzt zu sein! Wie freundlich und nachbarlich ihr seid! Aber das geschieht alles nur wegen meiner lieben Tochter. Und sie verdient es auch!"

In Sekundenschnelle waren sie, Meg und Richard an der Spitze, zu einem Tanz bereit, und der Trommler stand schon im Begriff, mit aller Macht draufloszuklopfen, als sich auf einmal von draußen ein Gemisch wundersamer Töne vernehmen ließ. Eine heitere, hübsche Frau von ungefähr fünfzig Jahren oder darüber kam hereingerannt, von einem Mann begleitet, der einen ungeheuer großen Steinkrug trug, und dicht hinterdrein kamen die Klappern und die Glocken – nicht *die* Glocken, sondern eine tragbare Sammlung auf einem Brett.

Trotty sagte: „Es ist Mrs. Chickenstalker!" Und er setzte sich nieder und schlug sich von neuem auf die Knie.

„Ihr wollt heiraten und sagt mir nichts davon, Meg!" rief die gute Frau. „Nein, das ist nicht recht! Aber ich hätte die letzte Nacht des alten Jahres nicht schlafen können, ohne heraufzukommen und Euch Glück zu wünschen. Es wäre mir unmöglich gewesen, Meg, und ich hätte nicht zu Hause bleiben können, selbst wenn ich krank im Bett gelegen hätte. So bin ich jetzt da, und da Silvester ist und dazu der Vorabend Eurer Hochzeit, meine Liebe, so habe ich ein bißchen Punsch gemacht und ihn mit heraufgebracht."

Mrs. Chickenstalkers Begriff von einem bißchen Punsch machte ihrem Charakter alle Ehre. Der Krug dampfte, qualmte und rauchte wie ein Vulkan, während der Mann, der ihn getragen hatte, nach Atem rang.

„Mrs. Tugby!" sagte Trotty, der etlichemal entzückt um sie herumgelaufen war. „Wollte sagen Chickenstalker – Gott behüte Euch an Leib und Seele! Ein glückliches neues Jahr und noch viele nachfolgende! Mrs. Tugby", fügte er hinzu, nachdem er sie mit einem Kuß begrüßt hatte, „wollte sagen Chickenstalker, das sind William Fern und Lilian."

Zu seinem Erstaunen wurde die würdige Dame sehr blaß und dann wieder sehr rot.

„Doch nicht Lilian Fern, deren Mutter in Dorsetshire starb?" fragte sie.

Ihr Onkel antwortete bejahend, und Mrs. Chickenstalker wechselte einige hastige Worte mit ihm. Das Ende war, daß sie ihm beide Hände drückte, Trotty zur Erwiderung seiner Begrüßung aus freien Stücken auf die Wange küßte und das Kind an ihre üppige Brust drückte.

„Will Fern!" sagte Trotty und zog seinen rechten Fäustling an. „Das ist doch nicht etwa die Freundin, die Ihr zu finden hofftet?"

„Doch!" erwiderte Will, indem er seine Hände auf Trottys Schultern legte. „Und sie wird dem Kind wahrscheinlich eine fast ebenso gute Freundin sein, wie der ein Freund ist, den ich gefunden habe."

„Oh!" sagte Trotty. „Seid doch so gut, jetzt eins aufzuspielen!"

Zu der Musik der Spielleute erschallten nun auch die Glocken und die Klappern, alles zugleich, und während draußen auf dem Kirchturm die Glocken noch lustiger läuteten, führte Trotty vor Meg und Richard, die das zweite Paar bildeten, Mrs. Chickenstalker zum Tanz. Er tanzte einen Schritt, wie er weder vorher noch nachher je gesehen wurde und dessen Grundlage der ihm eigentümliche Trab war.

Hatte Trotty geträumt? Sind seine Freuden und Leiden nebst den handelnden Personen darin nur ein Traum, er selbst ein Traum und der Erzähler dieser Geschichte ein Träumer, der jetzt erst erwacht? Wenn das der Fall ist, o Zuhörer, der du ihm in allen seinen Visionen teuer bist, so halte dir die ernste Wirklichkeit vor Augen, aus der solche Schatten kommen, und bemühe dich, sie in deinem Wirkungskreis – keiner ist dafür zu weit oder zu beschränkt – zu verbessern, zu ändern und zu mildern. So wird auch das neue Jahr für dich ein glückliches sein und glücklich für noch viele andere, deren Glück von dir abhängt! Möge dann jedes Jahr glücklicher werden als das vorige und auch der Geringste unter unseren Nebenmenschen nicht ausgeschlossen sein von seinem rechtmäßigen Anteil an dem, was der Allmächtige zur Freude aller geschaffen hat!

Das Heimchen am Herd

Das Heimchen am Herd

Ein Hausmärchen

Erstes Gezirp

Der Kessel begann damit! Sprecht mir nicht davon, was Mrs. Peerybingle sagte. Ich weiß es besser. Mrs. Peerybingle mag für ewige Zeiten zu Protokoll geben, daß sie nicht mit Gewißheit behaupten könne, wer damit anfing, aber ich sage, der Kessel tat es – und ich muß es doch schließlich wissen. Der Kessel fing an, nach der in der Ecke stehenden kleinen Holländeruhr mit dem wachsgelben Zifferblatt, volle fünf Minuten ehe das Heimchen sich hören ließ.

Als ob die Wanduhr nicht erst ausgeschlagen und der zuckende kleine Mäher obendrauf, der vor einem maurischen Palast rechts und links seine Sichel schwang, nicht schon einen halben Morgen nur in seiner Phantasie vorhandenen Grases niedergemäht hätte, ehe das Heimchen überhaupt einstimmte!

Ich bin von Natur aus wahrhaftig nicht rechthaberisch, und jedermann weiß das. Ich würde daher auch meine Ansicht nicht derjenigen von Mrs. Peerybingle entgegenstellen, wenn ich meiner Sache nicht ganz sicher wäre. Andernfalls könnte mich nichts dazu veranlassen – aber es handelt sich hier um eine Tatsache, und die Tatsache ist, daß der Kessel wenigstens fünf Minuten früher anfing, ehe das Heimchen nur ein Zeichen seines Daseins von sich gab. Widersprecht mir, und ich sage sogar, daß es zehn waren.

Laßt mich genau erzählen, wie es zuging. Ich hätte gleich damit angefangen, wenn ich nicht folgende einfache Überlegung angestellt hätte: Wenn ich eine Geschichte erzählen soll, so muß ich mit dem Anfang beginnen, und wie wäre das möglich, wenn ich nicht mit dem Kessel begänne?

Ihr müßt nämlich wissen, daß zwischen dem Kessel und dem Heimchen eine Art Zweikampf, ein Geschicklichkeitswettstreit stattzufinden schien – und dies ist's, was ihn herbeiführte und wie es dazu kam:

Mrs. Peerybingle war, als es dämmerte, hinausgegangen – wobei sie in einem Paar Holzschuhen, die unzählige Rohentwürfe des ersten Lehrsatzes von Euklid* auf dem ganzen Hof zurückließen, über die nassen Steine geklappert war – und hatte den Kessel am Wasserfaß gefüllt. Als sie, um die Holzschuhe erleichtert (und das heißt beträchtlich erleichtert, denn die Schuhe waren groß, und Mrs. Peerybingle war nur klein), wieder zurückgekehrt war, setzte sie den Kessel aufs Feuer. Während sie das tat, verlor sie ihre gute Stimmung oder verlegte sie wenigstens für einen Augenblick; denn das Wasser, das unbehaglich kalt, zugleich aber auch in jenem schlüpfrigen, eisigen Zustand war, in dem es jede Art von Substanz, sogar Holzschuhe nicht ausgenommen, zu durchdringen scheint, hatte Mrs. Peerybingles Zehen angegriffen und selbst ihre Beine bespritzt. Und wenn wir uns – noch obendrein mit Recht – etwas auf unsere Beine zugute tun, namentlich aber Wert darauf legen, sie und die Strümpfe besonders reinlich zu halten, so finden wir etwas Derartiges, für den Augenblick wenigstens, schwer erträglich.

Außerdem war der Kessel linkisch und störrisch. Er wollte sich nicht auf den Ring setzen lassen und sich nicht gutwillig mit der Kohlenunterlage anfreunden, sondern lehnte sich mit trunkener Miene nach vorn und tröpfelte, ein wahrer Tölpel von einem Kessel, auf den Herd. Streitsüchtig zischte und sprudelte er in ärgerlicher Stimmung auf das Feuer herab. Um dem Ganzen die Krone aufzusetzen, leistete der Deckel Mrs. Peerybingles Fingern Widerstand, drehte sich anfangs kopfüber und tauchte dann mit einer edlen Hartnäckigkeit, die einer besseren Sache würdig gewesen wäre, seitlich in den Kessel hinein und bis ganz auf den Boden hinunter. Und der Rumpf der *Royal George*** hat nie mehr Unlust gezeigt, wieder aus dem Wasser

* Zwei sich schneidende Kreise umschließen ein gleichseitiges Dreieck.

** Ein Kriegsschiff, das 1782 vor Anker im Hafen von Spithead sank. Bis 1840 waren mehrere erfolglose Versuche unternommen worden, das Schiff zu heben.

herauszukommen, als dieser Kesseldeckel Mrs. Peerybingle gegenüber zeigte, ehe sie ihn wieder in die Höhe bekommen konnte.

Aber auch dann sah der Kessel verdrießlich und dickköpfig genug aus, denn er trug seinen Henkel mit trotziger Miene und rümpfte die Tülle in naseweisem Hohn gegen Mrs. Peerybingle, als wollte er sagen: Ich mag nicht kochen. Nichts wird mich dazu bringen!

Aber Mrs. Peerybingle klatschte mit wiederhergestellter guter Laune in ihre runden kleinen Hände und setzte sich lachend vor dem Kessel nieder. Mittlerweile tanzte die lustige Flamme auf und nieder und ließ den kleinen Mäher auf der Holländeruhr in ihrem Licht funkeln, bis man hätte glauben mögen, er stehe stocksteif vor dem maurischen Palast und nichts sei in Bewegung als die Flamme.

Er war allerdings sehr wohl in Bewegung und hatte sein Zucken jeweils zweimal pro Sekunde, ganz richtig und regelmäßig. Aber sein Leiden, wenn die Uhr zu schlagen begann, war fürchterlich anzuschauen, und als ein Kuckuck aus einer Falltür im Palast heraussah und sechsmal seinen Ruf erhob, erschütterte ihn jeder Schrei wie eine Geisterstimme – oder wie etwas aus Draht, das an seinen Füßen zupfte.

Erst nachdem sich die ungestüme Bewegung und das rasselnde Getöse der Gewichte und Schnüre unter ihm gelegt hatte, wurde der erschreckte Mäher wieder er selbst. Nebenbei war sein Entsetzen nicht ohne Grund, denn diese rasselnden, knöchernen Skelette von Wanduhren gehen einem tüchtig auf die Nerven, und ich wundere mich sehr, wie Menschen, vor allem aber wie Holländer Gefallen daran haben konnten, sie zu erfinden. Es ist eine weitverbreitete Meinung, daß die Holländer üppig geschnittene Kleidungsstücke und eine reichliche Bekleidung ihres unteren Ichs lieben; sie hätten's daher wahrhaftig besser wissen und ihre Uhren nicht gar so mager und ungeschützt lassen sollen.

Ungefähr jetzt geschah es, müßt ihr wissen, daß der Kessel seinen abendlichen Zeitvertreib begann. Er wurde sanft und musikalisch, begann mit nicht zu unterdrückenden Gurgellauten in seiner Kehle und erging sich in kurzen melodischen Schnarrlauten, die er im Keim wieder erstickte, als sei er mit seinem

Entschluß, eine Abendunterhaltung zu veranstalten, noch nicht ganz mit sich ins reine gekommen. Doch nach zwei oder drei solchen vergeblichen Versuchen, seine geselligen Absichten zu unterdrücken, warf er alle üble Laune und alle Zurückhaltung ab und brach in einen so zärtlichen und fröhlichen Gesang aus, wie er noch nie einer sentimentalen Nachtigall auch nur im mindesten in den Sinn gekommen ist.

Und noch obendrein so schlicht! Wahrhaftig, man hätte ihn verstehen können wie ein Buch – besser vielleicht als manche Bücher, die ich und ihr anführen könnten. Sein warmer Atem hob sich wie eine leichte Wolke, die lustig und anmutig ein paar Fuß hochstieg und dann über der Kaminecke, gewissermaßen ihrem eigenen häuslichen Himmel, hängenblieb; dazu orgelte das Lied mit jener kräftigen Heiterkeit, daß sogar der eiserne Körper des Kessels mitsummte und sich auf dem Feuer bewegte; und selbst der Deckel, jener kürzlich noch so rebellische Deckel – so stark ist der Einfluß eines guten Beispiels –, führte eine Art von Tanz auf und klapperte wie eine taubstumme junge Zimbel, die von dem Gebrauch ihrer Zwillingsschwester noch nie etwas gehört hat.

Daß dieser Gesang des Kessels ein Einladungs- und Willkommenslied für jemanden draußen war, für jemanden, der sich in diesem Augenblick dem behaglichen kleinen Heim und dem lustigen Feuer näherte, darüber konnte es nicht den leisesten Zweifel geben. Mrs. Peerybingle wußte das wohl, während sie sinnend vor dem Herd saß. „Es ist dunkle Nacht", sang der Kessel, „und das mürbe Laub liegt am Weg. Über allem lastet Nebel und Dunkelheit, und unten ist alles Schmutz und Lehm. Es gibt nur eine einzige Helligkeit in dieser traurigen, finsteren Luft, und ich weiß nicht einmal, ob man sie so nennen kann, denn sie ist nichts als ein greller Schein aus tiefem, zornigem Scharlachrot, wo Sonne und Wind gemeinschaftlich die Wolken in Brand zu stecken suchen, weil sie sich eines solchen Wetters schuldig gemacht haben. Das weiteste offene Feld ist ein langer, trüber Streifen von Schwarz; auf dem Wegweiser liegt Reif, und auf der Straße taut es. Und das Eis, es ist nicht Wasser, und das Wasser ist nicht frei, und man kann wahrhaftig nicht sagen, daß irgend etwas ist, wie es sein sollte; aber er kommt, er kommt, er kommt!"

Und jetzt, wenn ihr nichts dagegen habt, stimmte das Heimchen wirklich im Chor mit ein – mit einem Zirp-zirp-zirp von solcher Großartigkeit, mit einer Stimme von so erstaunlichem Mißverhältnis zu seiner Körpergröße, wenn man sie mit dem Kessel verglich (Größe? Man konnte es nicht einmal sehen!), daß man es nur für eine natürliche und unausbleibliche Folge, die ganz in seiner Absicht lag, hätte halten müssen, wenn das arme Tierchen wie eine überladene Kanone zerborsten – wenn es als Opfer auf der Strecke geblieben und vor lauter Zirpen in fünfzig Stücke geborsten wäre.

Mit der Solovorstellung des Kessels war es vorbei; aber er fuhr mit unvermindertem Eifer fort, obwohl jetzt das Heimchen die erste Violine übernahm und nicht wieder aufhörte. Gütiger Himmel, wie es zirpte! Seine schrille, scharfe, eindringliche Stimme klang durch das ganze Haus und schien wie ein Stern in der tiefen Dunkelheit draußen zu funkeln. Wenn sie am lautesten war, lag ein so unbeschreibliches kleines Trillern und Beben darin, daß man denken mußte, das Heimchen könne sich nicht auf den Beinen halten, sondern vollführe im Übermaß seiner Begeisterung regelrechte Sprünge. Und doch sangen sie recht hübsch miteinander, das Heimchen und der Kessel. Die Melodie war stets dieselbe, und in ihrem Wetteifer erhoben sie ihre Stimmen lauter, lauter und immer lauter.

Die hübsche kleine Zuhörerin – denn hübsch war sie und jung dazu, obgleich ein wenig rundlich, wogegen ich aber meinerseits nichts einzuwenden habe – zündete eine Kerze an, blickte hinüber zum Mäher oben auf der Uhr, der eine hübsche Durchschnittsernte von Minuten einsammelte, und schaute zum Fenster hinaus. Doch sah sie dort vor Dunkelheit nichts als das Abbild ihres eigenen Gesichts im Glas; und sie hätte meiner Ansicht nach – und der Leser wäre gewiß mit mir einverstanden gewesen – weit umherschauen können, ohne auch nur etwas halb so Angenehmes zu erblicken. Als sie wieder zu ihrem früheren Platz zurückkehrte und sich darauf niederließ, ereiferten sich Heimchen und Kessel noch immer in wahrem Wettstreit. Die Schwäche des Kessels bestand offenbar darin, daß er nicht wußte, wann er geschlagen war.

Es war genauso aufregend wie ein Wettrennen. Zirp, zirp,

zirp! Das Heimchen tausend Schritte voraus. Hum, hum, hum – m – m! Der Kessel hinterdrein wie ein großer Kreisel. Zirp, zirp, zirp! Das Heimchen bereits um die Ecke. Hum, hum, hum – m – m! Der Kessel ihm in seiner Weise dicht auf den Fersen, keineswegs gewillt nachzugeben. Zirp, zirp, zirp! Das Heimchen so frisch wie nie zuvor. Hum, hum, hum – m – m! Der Kessel langsam und stetig. Zirp, zirp, zirp! Ein Anlauf des Heimchens, um ihn endgültig zu schlagen. Hum, hum, hum – m – m! Erfolgreicher Widerstand des Kessels. Schließlich gab es in dem Durcheinander des Wettstreits eine derartige Verwirrung, daß es wohl eines klareren Kopfes als des meinigen oder des deinigen, lieber Leser, bedurft hätte, um mit Sicherheit zu ermitteln, ob der Kessel zirpte und das Heimchen summte oder ob das Heimchen zirpte und der Kessel summte oder ob beide zugleich zirpten und summten. Darüber aber kann kein Zweifel herrschen, daß aufgrund einer geheimnisvollen Kraft zur Verschmelzung, die ihnen selbst wohl am besten bekannt war, Kessel und Heimchen ihr einladendes Lied vom heimischen Herd zugleich in einen Strahl des Kerzenlichtes ergossen, der zum Fenster hinaus und ein gutes Stück die Gasse hinauf schien. Und dieses Licht, das auf eine bestimmte Person traf, die in demselben Augenblick durch die Dunkelheit darauf zukam, erklärte dieser die ganze Sache buchstäblich in einem Blinzeln und rief ihr zu: „Willkommen zu Hause, alter Freund! Willkommen zu Hause, mein Junge!“

Als es so weit gekommen war, war es auch mit dem Kessel zu Ende, denn er lief über und wurde vom Feuer genommen. Mrs. Peerybingle eilte sogleich zur Tür, wo die rasselnden Räder eines Karrens, ein stampfendes Pferd, ein laut rufender Mann, ein hinein und hinaus laufender, aufgeregt kläffender Hund und ein überraschend und geheimnisvoll auftauchendes Bübchen zusammen einen wahren Höllenlärm vollführten.

Wo das Bübchen herkam oder auf welche Weise Mrs. Peerybingle in diesem kurzen Augenblick seiner habhaft wurde, weiß ich nicht. Aber ein lebendiges Kindchen lag da plötzlich in Mrs. Peerybingles Armen, und sie schien mächtig stolz darauf zu sein, während ein kräftiger Mann, der viel größer und viel älter war als sie, sie sacht ans Feuer zog. Er mußte sich ein ganzes

Stück niederbücken, um sie zu küssen, aber sie war wohl diese Mühe wert; sogar einsneunzig Körpergröße und Hexenschuß dazu hätten kein Hindernis dafür darstellen können.

„Ach, du meine Güte, John!" rief Mrs. Peerybingle. „Du siehst schön aus von diesem Wetter!"

Es hatte ihn ohne Frage ein wenig zerzaust, denn der dicke Nebel hing in Klümpchen wie kandierter Tau auf seinen Wimpern, und das Feuer ließ sogar in seinem feuchten Backenbart Regenbogen erscheinen.

„Nun ja, du siehst, Dot", erwiderte John langsam, während er sich ein Tuch vom Hals wickelte und seine Hände wärmte, „es ist – es ist nicht gerade Sommerwetter. Kein Wunder also."

„Du solltest mich nicht Dot* nennen, John; ich habe das gar nicht gern", versetzte Mrs. Peerybingle, in einer Weise schmollend, die deutlich zeigte, daß sie es in Wirklichkeit recht gern hatte.

„Aber was bist du denn anderes?" entgegnete John, wobei er lächelnd auf sie niederblickte und ihren Leib so sanft drückte, wie es seiner breiten Hand und seinem mächtigen Arm möglich war. „Eine Dot und" – nun warf er einen Blick auf das Bübchen – „eine Dot und – doch nein, ich will's nicht sagen, weil ich es zu verderben fürchte; aber ich war sehr nahe an einem Scherz – ich glaube wahrhaftig, in meinem Leben nie näher."

Wenn man seiner eigenen Angabe Glauben schenken durfte, so

* (engl.) Tüpfelchen, Pünktchen

war er oft nahe daran, das eine oder andere sehr Gescheite zu sagen – dieser tapsige, langsame, ehrliche John; dieser John, so schwerfälligen, aber doch so leichten Gemüts, so rauh und einfältig von außen und doch so zart und so rasch verstehend im Herzen, so täppisch und doch so gut! O Mutter Natur, gib deinen Kindern die wahre Poesie des Herzens, die sich in der Brust dieses armen Fuhrmanns verbarg – er war nur ein Fuhrmann, beiläufig bemerkt –, und wir können's ihnen nachsehen, wenn sie prosaisch sprechen und ein prosaisches Leben führen; sie sind uns trotzdem liebe Gefährten, und wir segnen dich dafür!

Sie sah sehr hübsch aus, die kleine Dot mit ihrem Bübchen in den Armen – einer wahren Puppe von einem Bübchen –, wie sie mit koketter Nachdenklichkeit ins Feuer blickte und ihren zartgeformten kleinen Kopf gerade genug auf die Seite neigte, um ihn in einer eigentümlichen, halb gezierten, halb natürlichen, aber sich zärtlich anschmiegenden Weise an der gewaltigen, derben Gestalt des Fuhrmanns ruhen zu lassen. Und es war ein hübscher Anblick, wie er in linkischer Zärtlichkeit sich bemühte, seine rauhe Kraft ihrem zarten Bedürfnis anzupassen und sein kräftiges Mannesalter zu einer nicht unpassenden Stütze für ihre blühende Jugend zu machen. Auch war es hübsch, mit anzusehen, wie Tilly Slowboy, die im Hintergrund darauf wartete, daß ihr das Bübchen übergeben würde, diese Gruppe mit tiefem Verständnis betrachtete, obwohl sie kaum zwölf oder dreizehn Jahre alt sein mochte, und, Augen und Mund weit geöffnet und den Kopf vorgeschoben, dastand und den Anblick einsog, als wäre er Luft. Nicht weniger hübsch war es zu beobachten, wie der Fuhrmann John, als Dot das Bübchen erwähnte, nach dem Kind greifen wollte, aber mitten in der Bewegung innehielt, als fürchte er, es zu zerbrechen. Er beugte sich nieder und betrachtete es mit einer Art verlegenen Stolzes aus sicherer Entfernung, wie man sich etwa einen gemütlichen Bullenbeißer vorstellen könnte, wenn er sich eines Tages als Vater eines jungen Kanarienvogels fände.

„Ist er nicht schön, John? Sieht er nicht reizend aus, wenn er schläft?"

„Ganz reizend", versetzte John. „Überaus. Er schläft fast immer, nicht wahr?"

„Was du dir denkst, John! Du meine Güte, nein."

„Oh", entgegnete John nachdenklich, „ich dachte, seine Augen wären in der Regel geschlossen. Hallo!"

„Himmel, John, wie du einen erschreckst!"

„Das kann doch nicht in Ordnung sein, daß er sie in dieser Weise aufschlägt?" fragte der erstaunte Fuhrmann. „Sieh, wie er mit beiden zugleich blinzelt! Und betrachte nur seinen Mund! Er schnappt ja wie ein Goldfisch."

„Du verdienst wahrhaftig nicht, Vater zu sein", sagte Dot mit der ganzen Würde einer erfahrenen Matrone. „Aber wie solltest du auch wissen, mit welchen kleinen Beschwerden Kinder geplagt sind, John! Du kennst sie nicht einmal dem Namen nach, du dummer Kerl."

Und nachdem sie den Kleinen auf den linken Arm genommen und ihn zur Beruhigung auf den Rücken geklopft hatte, zwickte sie lachend ihren Mann ins Ohr.

„Nein", versetzte John und zog seinen Überrock aus, „das ist wahr, Dot. Ich verstehe nicht viel davon und weiß nur, daß ich heute abend einen tüchtigen Kampf mit dem Wind gehabt habe. Es war eine steife Nordostbrise, und sie blies auf dem ganzen Heimweg gerade in meinen Karren hinein."

„Nein, wirklich, du armer alter Mann!" rief Mrs. Peerybingle und wurde sofort sehr geschäftig. „Da, nimm das süße Herzchen, Tilly, während ich mich ein bißchen nützlich mache. Gott segne es, ich könnte es wahrhaftig mit Küssen ersticken! Leg dich, guter Hund – leg dich, Boxer! Laß mich nur erst den Tee machen, John, und dann will ich dir bei den Paketen helfen wie eine emsige Biene. ‚Was macht die kleine emsige Biene'*, und wie's weiter heißt – du weißt schon, John. Hast du je das Lied gelernt, John, als du zur Schule gingst?"

„Nicht so, daß ich's auswendig wußte", entgegnete John. „Ich war einmal sehr nahe daran, hätt's aber wahrscheinlich nur verdorben."

„Haha!" lachte Dot. Sie hatte das fröhlichste kleine Lachen von der Welt. „Welch ein lieber, guter alter Dummkopf du bist, John – ja, wahrhaftig."

---

* Englisches Kinderlied von Isaac Watts (1674–1748), Autor der *Divine Songs for Children* („Fromme Lieder für Kinder", 1715)

Ohne diese Behauptung auch nur im mindesten zu bestreiten, ging John hinaus, um zu sehen, ob der Junge mit der Laterne, der wie ein Irrwisch vor Tür und Fenster hin und her tanzte, das Pferd auch gehörig versorgt hatte. Es war fetter, als der Leser wohl glauben würde, wenn ich ihm dessen Maß angeben wollte, und schon so bejahrt, daß sein Geburtstag sich im Nebel grauer Vorzeit verlor. Boxer, der fühlte, daß seine Aufmerksamkeit der Familie im allgemeinen gehörte und unparteiisch verteilt werden mußte, raste in verwirrender Unbeständigkeit ein und aus. Jetzt rannte er unter kurzem Bellen um das Pferd herum, das an der Stalltür gestriegelt wurde, dann wieder tat er so, als wollte er wild auf seine Gebieterin losgehen, und machte plötzlich scherzhaft wieder halt. Bald entlockte er Tilly Slowboy, die auf dem niedrigen Schemel beim Feuer saß, einen Schrei, indem er ihr unerwartet mit seiner feuchten Nase ins Gesicht fuhr, bald legte er ein aufdringliches Interesse für das Bübchen an den Tag. Dann strich er ein dutzendmal um den Herd und legte sich hernach nieder, als habe er sich für die Nacht eingerichtet, doch gleich darauf stand er wieder auf und trug seinen Stummelschwanz, ein wahres Nichts von einem Schwanz, ins Wetter hinaus, als habe er sich plötzlich an eine Verabredung erinnert und liefe eilends davon, um sie einzuhalten.

„Sieh, da ist der Teetopf bereits aufgesetzt", sagte Dot, so eifrig und geschäftig wie ein Kind, das Haushalten spielt. „Und hier ist die kalte Schinkenkeule – und hier die Butter – und hier das knusprige Brot und alles! Da ist ein Waschkorb für die kleinen Paketchen, John, wenn du welche hast – wo bist du, John? Tilly, laß mir ja nicht das liebe Kind unter das Kamingitter fallen!"

Von Miß Slowboy muß hier bemerkt werden, daß sie, mochte sie sich auch gegen diese Warnung mit einiger Lebhaftigkeit verwahren, ein seltenes und überraschendes Talent besaß, das Bübchen in alle möglichen Nöte zu bringen. Sie hatte in einer ihr eigentümlichen ruhigen Weise schon mehrere Male dessen kurzes Leben gefährdet. Tilly war von schmächtiger, hagerer Gestalt, und ihre Kleider schienen stets in Gefahr zu sein, von den scharfkantigen knochigen Schultern, von denen sie lose herabhingen, herunterzurutschen. Ihr Aufzug zeichnete sich dadurch aus, daß bei allen möglichen Gelegenheiten eine Flanellbekleidung von auffallender Musterung teilweise sichtbar wurde; und er ließ außerdem in der Gegend des Rückens Blicke auf einen Schnürleib von verschossenem Grün zu. Da sie sich beständig in einem Zustand von alles begaffender Verwunderung befand und in hohem Maße davon in Anspruch genommen wurde, die Vollkommenheit ihrer Herrin und des Bübchens unablässig zu bewundern, so konnte man wohl sagen, daß die kleinen Verirrungen ihres Urteils ihrem Kopf und ihrem Herzen gleichermaßen Ehre machten. Der Kopf des Bübchens fuhr freilich weniger gut dabei, da er dadurch in gelegentliche Berührung mit Türen, Schränken, Treppengeländern, Bettpfosten und anderen fremden Gegenständen geriet. Aber diese Verstöße waren letztlich nur die Folge von Tilly Slowboys ständigem Staunen, daß sie so freundlich behandelt wurde und ein solch behagliches Heim gefunden hatte. Mutter und Vater Slowboy waren nämlich gleichermaßen unbekannt, und Tilly verdankte als Findling ihre Erziehung der öffentlichen Wohltätigkeit.

Wie die kleine Mrs. Peerybingle mit ihrem Gatten zurückkam, an dem Waschkorb zerrte und sich den Anschein gab, als strenge sie sich gewaltig an, obgleich sie nichts tat, da er den Korb trug – dieser Anblick würde dich, lieber Leser, fast ebensosehr erfreut haben, wie er John erfreute. Ich möchte fast sagen, daß auch das Heimchen großen Gefallen daran fand, denn soviel ist gewiß, daß es jetzt mit allem Ungestüm wieder zu zirpen begann.

„Heda!" sagte John in seiner langsamen Weise. „Mir scheint, als wäre es heute abend lustiger als je."

„Und man darf darauf zählen, daß es uns Glück bringt, John! Das ist immer so gewesen. Ein Heimchen auf dem Herd zu haben ist der glücklichste Umstand in der ganzen Welt."

John sah sie an, als hege er fast den Gedanken, *sie* sei hauptsächlich sein Heimchen und er teile ihre Ansicht vollkommen. Wahrscheinlich aber war es wie gewöhnlich nur so, daß er ganz nah dran war, denn er sagte nichts.

„Das erstemal, John, hörte ich seinen fröhlichen kleinen Gesang an dem Abend, als du mich hierher in dieses mein neues Heim brachtest, dessen kleine Gebieterin ich von da an war. Es ist fast ein Jahr her. Du erinnerst dich, John?"

O ja. John erinnerte sich. Und ob er sich erinnerte!

„Sein Gezirp war mir ein so liebes Willkommen – es klang so verheißungsvoll und ermutigend und schien mir zu sagen, du würdest sanft und freundlich zu mir sein, nicht aber – wie ich damals fürchtete, John – auf den Schultern deines törichten Weibchens einen weisen Kopf erwarten."

John tätschelte gedankenvoll eine dieser Schultern und dann den Kopf, als wollte er sagen: Nein, nein, etwas Derartiges habe ich gar nicht erwartet; ich bin ganz zufrieden gewesen, alles zu nehmen, wie es war. Und in der Tat, er hatte auch allen Grund dazu, da er sich nichts Zierlicheres hätte wünschen können.

„Das Heimchen hat wahr gesprochen, John, als es so zu prophezeien schien; denn wahrhaftig, du bist stets der beste, rücksichtsvollste und zärtlichste Ehemann für mich gewesen. Unser Haus ist eine Heimstätte des Glücks, John, und ich liebe das Heimchen darum."

„Nun, ich auch", versetzte der Fuhrmann. „Ich auch, Dot."

„Ich liebe es, weil es sich so oft hören läßt und weil seine harmlose Musik mir so viele Gedanken eingegeben hat. Bisweilen, wenn ich mich in der Dämmerung ein bißchen einsam und niedergeschlagen fühlte, John – in der Zeit, ehe das Bübchen da war, um mir Gesellschaft zu leisten und das Haus lustig zu machen –, wenn ich dann dachte, wie einsam du sein würdest, sollte ich sterben, und wie einsam ich sein würde, wenn ich dort wissen könnte, daß du mich verloren hast, mein Lieber – da schien mir das Zirp-zirp-zirp auf dem Herd von einer andern kleinen Stimme zu erzählen, süß und mir teuer, vor deren herannahendem Laut meine Angst wie ein Traum entschwand. Und wenn ich fürchtete – ich fürchtete das wirklich einmal, John, denn du weißt, ich war sehr jung –, daß wir in der Ehe schlecht zusammenpassen würden, denn ich war fast noch ein Kind und du glichst mehr meinem Vormund als meinem Mann, und du könntest, wie sehr du dir auch Mühe gäbest, nicht imstande sein, mich lieben zu lernen, wie du es hofftest und darum betetest – da hat dann wieder das Heimchen mit seinem Zirp-zirp-zirp mich aufgeheitert und mich aufs neue mit Vertrauen und Zuversicht erfüllt. Ich dachte heute abend über diese Dinge nach, mein Liebster, als ich dasaß und auf dich wartete, und das Heimchen ist mir eben deswegen lieb."

„Und mir auch", wiederholte John. „Aber, Dot, wie kannst du sagen, ich hätte gehofft und gebetet, daß ich dich lieben lernen möchte? Ich hatte das gelernt, Dot, lange ehe ich dich hierherbrachte, damit du die kleine Herrin des Heimchens seiest."

Sie legte einen Augenblick die Hand auf seinen Arm und blickte mit erregtem Gesicht zu ihm auf, als habe sie ihm etwas zu sagen. Im nächsten Augenblick aber kniete sie vor dem Korb, machte sich eifrig mit den Paketen zu schaffen und sprach in lebhaftem Ton: „Du hast diesen Abend nicht viele, John, aber ich sah eben vorhin einige Waren hinter dem Karren, und obwohl sie vielleicht mehr Mühe machen, so bringen sie doch was ein. Wir haben deshalb keinen Grund, unzufrieden zu sein – meinst du nicht? Außerdem hast du vermutlich auf dem Herweg schon einiges abgeliefert, nicht wahr?"

„O ja", versetzte John. „Ziemlich viel."

„Was ist wohl in dieser runden Schachtel? So wahr ich lebe, John, es ist ein Hochzeitskuchen!"

„So was findet eine Frau doch gleich heraus", sagte John bewundernd. „Ein Mann hätte nie daran gedacht. Dagegen glaube ich wahrhaftig, wenn man einen Hochzeitskuchen in eine Teekiste, in ein Klappbett, in ein Faß mit mariniertem Salm oder in irgendeinen anderen ganz unwahrscheinlichen Behälter packte, so würde es eine Frau sicher auf der Stelle herausfinden. Ja, ich habe die Schachtel beim Pastetenbäcker abgeholt."

„Und sie wiegt, ich weiß nicht, wieviel – einen ganzen Zentner!" rief Dot, die so tat, als versuchte sie mit der größten Anstrengung, die Schachtel zu heben. „Für wen ist sie, John? Wohin geht sie?"

„Lies die Aufschrift auf der andern Seite", sagte John.

„Ach, John! Du meine Güte, John!"

„Tja! Wer hätte das wohl gedacht!" entgegnete John.

„Du willst doch nicht sagen", fuhr Dot fort, während sie auf dem Boden saß und John kopfschüttelnd ansah, „daß es sich um Gruff & Tackleton, den Spielzeugfabrikanten, handelt?"

John nickte.

Mrs. Peerybingle nickte gleichfalls und wohl fünfzigmal – nicht zustimmend, sondern in stummem, bedauerndem Erstaunen. Sie warf dabei mit aller Gewalt die Lippen auf (soviel ist gewiß, daß sie dafür nicht gemacht waren) und sah vor lauter Nachdenken durch den guten Fuhrmann geradezu hindurch. Miß Slowboy, die eine mechanische Fertigkeit besaß, Brocken aus der vorgehenden Unterhaltung zum Ergötzen des Bübchens wiederzukäuen, wobei jeder vernünftige Sinn verlorenging und sie die Hauptworte stets in die Mehrzahl verwandelte, fragte laut ihren jungen Schutzbefohlenen: „Waren es also Gruffs & Tackletons, die Spielzeugfabrikanten, und wollten die Bübchen auch bei Pastetenbäckern Hochzeitskuchen bestellen, und kannten seine Mütter die Schachteln, wenn sie von seinen Vätern nach Hause gebracht wurden?" und so fort.

„Ist's also wirklich so weit gekommen?" sagte Dot. „Sie und ich gingen als Mädchen miteinander in die Schule, John."

Er dachte vielleicht daran – möglicherweise dachte er auch nur fast daran –, wie sie in jener Schulzeit ausgesehen hatte. Er blickte sie mit gedankenvollem Wohlbehagen an, gab aber keine Antwort.

„Und er ist so alt, ihr so ungleich! – Wie viele Jahre mag wohl Gruff & Tackleton älter sein als du, John?"

„Ich möchte wissen, wie viele Tassen Tee ich heute abend in einer Sitzung mehr trinken werde, als Gruff & Tackleton je in vier einnahm", entgegnete John scherzhaft, indem er einen Stuhl an den runden Tisch zog und begann, sich über die Schinkenkeule herzumachen. „Was das Essen betrifft, so genieße ich nur wenig; aber dieses wenige schmeckt mir, Dot."

Selbst dies – sein gewöhnlicher Spruch beim Essen und eine seiner unschuldigen Selbsttäuschungen, denn sein Appetit blieb eigensinnig dabei, ihn Lügen zu strafen – weckte kein Lächeln im Antlitz seiner kleinen Frau, die zwischen den Paketen stand, die Kuchenschachtel langsam mit dem Fuß zurückschob und, obgleich ihre Augen niedergeschlagen waren, nicht ein einziges Mal auf den netten Schuh blickte, um den sie sonst so sehr besorgt war. In Gedanken vertieft, stand sie da, ohne sich um den Tee oder John zu kümmern (obwohl dieser ihr zurief und mit dem Messer auf den Tisch klopfte, um sie aufzuschrecken), bis er sich erhob und sie am Arm faßte. Jetzt erst sah sie ihn einen Augenblick lang an und eilte zu ihrem Platz hinter dem

Teebrett, wobei sie über ihre Nachlässigkeit lachte. Aber nicht, wie sie zuvor gelacht hatte. Art und Tonfall waren völlig verändert.

Auch das Heimchen hatte aufgehört. Wie es auch kommen mochte, im Zimmer war es nicht mehr so fröhlich wie zuvor – bei weitem nicht.

„Das sind also alle Pakete, John?" sagte sie nach langem Stillschweigen, währenddessen der ehrliche Fuhrmann sich bemüht hatte, wenigstens den einen Teil seines beliebten Spruches praktisch zu beweisen. Das Essen schmeckte ihm zweifellos, obwohl man nicht eben sagen konnte, daß er nur wenig aß. „Das sind also alle Pakete, John?"

„Es ist alles", versetzte John. „Doch – nein – ich –" er legte Messer und Gabel nieder, um tief durchzuatmen. „Wahrhaftig – ich habe den alten Gentleman glatt vergessen."

„Den alten Gentleman?"

„Im Karren", entgegnete John. „Als ich ihn zum letztenmal sah, schlief er unter dem Stroh. Seit ich hereingekommen bin, hätte ich beinahe zweimal an ihn gedacht, aber er geriet mir wieder aus dem Sinn. Hallo! Ihr da draußen – aufgewacht! So ist's recht, mein Bester!"

John sprach diese letzten Worte auf der Straße draußen, wohin er mit der Kerze in der Hand gelaufen war.

Miß Slowboy, die eine geheimnisvolle Anspielung auf den alten Gentleman vernommen hatte und in ihrer erregten Phantasie gewisse Vorstellungen religiöser Natur mit dieser Äußerung verknüpfte*, war so erschrocken, daß sie hastig von dem Schemel am Feuer aufstand, um in der Nähe der Röcke ihrer Herrin Schutz zu suchen. Dabei prallte sie aber, als sie an der Schwelle vorbeieilte, mit einem alten Fremden zusammen und führte bei dieser Gelegenheit instinktiv mit dem einzigen Instrument, das in ihrer Reichweite war, einen Angriff auf ihn durch. Dieses Instrument war zufälligerweise das Bübchen, und infolgedessen gab es einen gewaltigen Lärm, den Boxers Scharfsinn noch schlimmer machte. Denn dieser gute Hund hatte, aufmerksamer als

* „The old Gentleman", der alte Gentleman, ist im Englischen eine Bezeichnung für den Teufel.

sein Herr, den alten Gentleman, wie es schien, in seinem Schlaf bewacht, damit er nicht mit einigen jungen Pappelbäumen auf und davon ginge, die hinten auf dem Karren aufgebunden waren. Auch jetzt noch folgte er ihm dicht auf den Fersen, machte sich viel mit seinen Gamaschen zu schaffen und attackierte heftig seine Knöpfe.

„Ihr seid ein so unleugbar guter Schläfer, Sir", sagte John, sobald die Ruhe wiederhergestellt war, zu dem alten Gentleman, der barhäuptig und regungslos in der Mitte des Raumes stand, „daß ich fast Lust habe, Euch zu fragen, wo die anderen sechs seien. Das wäre freilich ein Spaß, und ich würde ihn, glaube ich, verderben. Ich bin nah dran", murmelte der Fuhrmann mit einem Kichern, „nah dran."

Der Fremde, der lange weiße Haare und angenehme Gesichtszüge hatte, die für einen alten Mann auffallend kühn und scharf waren, blickte mit seinen dunklen, glänzenden und durchdringenden Augen lächelnd umher und begrüßte die Frau des Fuhrmanns mit einem ernsten Neigen des Kopfes.

Sein Gewand war seltsam und altertümlich – weit, weit hinter der Zeit zurück; die Farbe war in allen Stücken braun. In der Hand trug er einen großen braunen Knüttel oder Spazierstock, und als er mit diesem auf den Boden schlug, faltete er sich auseinander und wurde zu einem Stuhl. Auf diesen setzte er sich ganz ruhig nieder.

„Da!" sagte der Fuhrmann, sich zu seiner Dot wendend. „So habe ich ihn gefunden, am Weg sitzend, aufrecht wie ein Meilenstein und fast ebenso taub."

„Wie, er saß in der freien Luft, John?"

„Ja, in der freien Luft, just wie's dunkel wurde", entgegnete der Fuhrmann. „‚Fahrt bezahlt', sagte er und gab mir achtzehn Pence. Dann stieg er ein, und hier ist er."

„Mir scheint, er will gleich wieder gehen, John."

Aber das war durchaus nicht der Fall. Er wollte bloß etwas sagen.

„Verzeihung, ich sollte bleiben, bis ich abgeholt werde", sagte der Fremde mild. „Laßt Euch durch mich nicht stören."

Mit diesen Worten nahm er aus einer seiner großen Taschen eine Brille und aus einer anderen ein Buch, worauf er in aller

Ruhe zu lesen begann, ohne sich um Boxer mehr als um ein Hauslämmlein zu kümmern.

Der Fuhrmann und seine Frau wechselten verlegene Blicke. Der Fremde richtete den Kopf auf, sah von ihr zu ihm und begann: „Eure Tochter, guter Freund?"

„Meine Frau", entgegnete John.

„Nichte?"

„Frau!" schrie John.

„Wirklich?" bemerkte der Fremde. „Ist's wahr? Sehr jung!"

Er blätterte in seinem Buch und nahm seine Lektüre wieder auf, hatte aber noch keine zwei Zeilen gelesen, als er sich wieder mit den Worten unterbrach: „Euer Kind?"

John antwortete mit einem kolossalen Nicken, gleichbedeutend mit einer bejahenden Antwort durch ein Sprachrohr.

„Mädchen?"

„Ju–u–nge!" schrie John.

„Auch sehr jung, wie?"

Mrs. Peerybingle fiel augenblicklich ein: „Zwei Monate und drei Tage. Just vor sechs Wochen geimpft! Hat's gut durchgestanden! Der Doktor sagte, es sei ein ungewöhnlich schönes Kind – und es sei schon so weit wie eines von fünf Monaten! Ist bereits so aufmerksam, daß es ganz wunderbar ist! Ihr haltet's vielleicht für unmöglich, aber es betastet schon seine Füßchen."

Hier hielt die atemlose kleine Mutter, die vorstehende kurze Sätze in das Ohr des alten Mannes geschrien hatte, bis ihr hübsches Gesichtchen tiefrot war, das Bübchen als eine unwiderlegbare, triumphierende Tatsache in die Höhe. Unterdessen tanzte Tilly Slowboy mit dem melodischen Ausruf: „Hatzi, hatzi" – man glaubte, unbekannte Worte zu hören, die einem populären Niesen angepaßt waren – wie ein Kälblein um die von allem nichts ahnende Unschuld herum.

„Horch! Wahrhaftig, man kommt, um ihn zu holen", sagte John. „Es ist jemand an der Tür. Mach auf, Tilly."

Ehe diese aber so weit kam, wurde die Tür von außen geöffnet, denn sie war sehr primitiv, mit einer Klinke, die aufdrücken konnte, wer da wollte – und gar viele taten das, weil die ganze Nachbarschaft gern ein paar gemütliche Worte mit dem

Fuhrmann sprach, wenn er auch kein großer Plauderer war. Durch die Tür trat ein mageres, nachdenkliches Männchen mit einem ungewaschenen Gesicht, das sich aus der sackleinenen Verpackung einer alten Kiste einen Überrock gemacht zu haben schien. Denn als er sich umwandte, um die Tür wieder zuzudrücken und den Wind auszuschließen, sah man auf der Hinterseite dieses Gewandes die Aufschrift G & T in großen schwarzen Buchstaben; auch konnte man darauf das Wort GLAS in kühnen Lettern erkennen.

„Guten Abend, John!" sagte der kleine Mann. „Guten Abend, Frau. Guten Abend, Tilly. Guten Abend, Unbekannter. Was macht der Kleine, Frau? Boxer ist doch hoffentlich wohlauf?"

„Allen geht es glänzend, Caleb", versetzte Dot. „Wahrhaftig, Ihr braucht nur einen Blick auf das liebe Kind zu werfen, um gleich über eines von uns gewiß zu sein."

„Und ich brauche wirklich nur auf Euch einen Blick zu werfen, um auch über ein zweites gewiß zu sein", versetzte Caleb.

Er sah sie übrigens nicht an, denn er hatte einen unsteten, zerstreuten Blick und schien bei allem, was er sagte, irgendeine andere Zeit oder einen anderen Ort im Auge zu haben – eine Eigentümlichkeit, die ebenso für seine Stimme galt.

„Oder auch auf John oder Tilly oder auf Boxer", sagte Caleb.

„Viel zu tun im Augenblick, Caleb?" fragte der Fuhrmann.

„Ziemlich, John", entgegnete er mit der zerstreuten Miene eines Mannes, der mindestens nach dem Stein der Weisen Ausschau hält. „Ziemlich. Es herrscht gegenwärtig starke Nachfrage nach Noahs Archen. Ich hätte gern die Familie noch ein bißchen besser gemacht, sehe aber nicht, wie das um diesen Preis möglich ist. Es wäre sehr befriedigend, wenn man klarer andeuten könnte, wer die Sems und Hams und wer die Weibspersonen sind. Die Fliegen, wißt Ihr, sind auch nicht im rechten Maßstab, wenn man sie mit den Elefanten vergleicht. Nun, habt Ihr etwas in Eurem Gepäck für mich, John?"

Der Fuhrmann langte in die Tasche des Rocks, den er abgelegt hatte, und brachte, sorgfältig in Moos und Papier eingewickelt, einen winzigen Blumentopf hervor.

„Da ist's", sagte er, indem er ihn mit großer Sorgfalt zurechtmachte. „Nicht ein Blättchen daran beschädigt. Voller Knospen."

Calebs stumpfe Augen hellten sich auf, als er den Topf in Empfang nahm und John dankte.

„Teuer", sagte der Fuhrmann. „Sehr teuer zu dieser Jahreszeit."

„Macht nichts; er wäre immer billig für mich, was er auch kosten mag", entgegnete der kleine Mann. „Vielleicht noch etwas, John?"

„Eine kleine Schachtel", entgegnete der Fuhrmann. „Hier!"

„Für Caleb Plummer", buchstabierte der kleine Mann die Adresse. *„Mit Bargeld.* Mit barem Geld, John? Ich glaube nicht, daß das für mich ist."

„Mit Sorgfalt heißt's", entgegnete der Fuhrmann, der ihm über die Schulter blickte. „Wie lest Ihr bloß *Bargeld* daraus?"

„Oh, natürlich!" sagte Caleb. „Richtig – *Mit Sorgfalt.* Ja, ja – das gehört mir. Es könnte auch *Bargeld* heißen, wenn mein lieber Junge im goldnen Südamerika noch lebte, John. Ihr habt ihn wie einen Sohn geliebt, nicht wahr? Ah, Ihr braucht's nicht zu sagen, denn ich weiß es ja selbst. *Für Caleb Plummer. Mit Sorgfalt.* Ja, ja, es ist alles in Ordnung, es ist eine Schachtel mit Puppenaugen für die Arbeit meiner Tochter. Ich wollte, es wären ihre eigenen Augen in einer Schachtel, John."

„Ich wollte es auch. Wenn's nur möglich wäre!" versetzte der Fuhrmann.

„Danke", sagte der kleine Mann. „Ihr sprecht sehr herzlich. Zu denken, daß sie die Puppen nie sehen kann, und doch starren sie sie den ganzen Tag lang so keck an! Das trifft einen. Was habe ich Euch zu bezahlen, John?"

„Ich werde es Euch heimzahlen, wenn Ihr fragt", versetzte John. „Dot, war das nicht beinahe –?"

„Na, es sieht Euch ähnlich, so zu sprechen", bemerkte der kleine Mann. „Es ist so Eure freundliche Art. Laßt mich sehen – ich denke, das wird alles sein."

„Ich denke nicht", erwiderte der Fuhrmann. „Versucht's noch einmal."

„Etwas für unsern Chef, wie?" fragte Caleb, nachdem er eine Weile nachgedacht hatte. „Natürlich; deshalb bin ich ja auch hergekommen. Aber ich habe den Kopf ganz voll mit diesen Archen und so! – Ist er etwa hier gewesen?"

„O nein", entgegnete der Fuhrmann. „Er hat zuviel zu tun – geht auf Freiersfüßen."

„Er kommt trotzdem noch vorbei", meinte Caleb, „denn er sagte mir, ich solle mich auf dem Heimweg auf dieser Seite des Wegs halten, und es ist zehn gegen eins zu wetten, daß er mich mitnehmen will. Es ist daher am besten, ich gehe jetzt. – Ihr werdet wohl nicht so gut sein, mich Boxer in den Schwanz kneifen zu lassen, Frau – nur einen kleinen Augenblick?"

„Caleb, welch ein Wunsch!"

„Oh, macht nichts, Frau", versetzte der kleine Mann. „Es wird ihm vielleicht nicht zusagen. Es ist eben ein kleiner Auftrag eingelaufen auf bellende Hunde – sechs Pence das Stück, und ich möchte der Natur so nahe wie möglich kommen. Das ist alles. Es liegt nichts weiter daran, Frau."

Es traf sich sehr günstig, daß Boxer, ohne die vorgeschlagene Aufmunterung zu erhalten, mit großem Eifer zu bellen begann. Da das jedoch die Annäherung eines neuen Gastes in Aussicht stellte, verschob Caleb sein Studium vom Leben auf eine passendere Zeit, nahm die runde Schachtel auf den Rücken und verabschiedete sich hastig. Aber er hätte sich die Mühe ersparen können, da ihm der Besucher auf der Schwelle entgegentrat.

„Ah, Ihr seid hier? Wartet noch ein wenig. Ich will Euch mit nach Hause nehmen. John Peerybingle, guten Tag. Einen noch schöneren Tag Eurem hübschen Weib. Wird mit jedem Tag schöner. Womöglich auch noch besser. Und jünger", fügte der Sprecher nachdenklich und mit gedämpfter Stimme hinzu. „Das ist eben das Verteufelte!"

„Ich wäre erstaunt, daß Sie Komplimente machen, Mr. Tackleton", sagte Dot nicht gerade besonders liebenswürdig, „wenn mir nicht Ihre Lage bekannt wäre."

„Ihr wißt also alles?"

„Ich habe mich endlich dazu durchgerungen, es zu glauben", sagte Dot.

„Nach einem harten Kampf, vermute ich?"

„Allerdings."

Tackleton, der Spielzeugfabrikant, allgemein nur unter dem Namen Gruff & Tackleton bekannt – denn so lautete die Firma, obgleich Gruff* längst ausgeschieden war und im Geschäft nichts als seinen Namen und, wie einige sagten, auch seine Wesensart, wenigstens der Wortbedeutung nach, zurückgelassen hatte –, Tackleton, der Spielzeugfabrikant, war ein Mann, über dessen Fähigkeiten seine Eltern und Vormunde sich gründlich getäuscht hatten.

Wären sie auf den Gedanken gekommen, einen Geldverleiher, einen gerissenen Advokaten, einen Polizeibeamten oder einen Börsenmakler aus ihm zu machen, so hätte er sein übellauniges Wesen vielleicht in der Jugend gründlich ausgetobt und wäre, nachdem er sich zur Genüge harte und rücksichtslose Handlungen geleistet hätte, schließlich menschenfreundlich geworden – und wenn auch nur, um einmal etwas Abwechslung zu haben. Aber wider seinen Willen eingespannt in die friedliche Tätigkeit der Fabrikation von Kinderspielzeug, hatte er sich zu einem häuslichen Tyrannen entwickelt, der sein ganzes Leben lang von Kindern lebte und ihr unversöhnlicher Feind war. Er verachtete jegliches Spielzeug, hätte um nichts in der Welt welches gekauft und leistete sich aus Bosheit den Spaß, den Pappbauern, die Schweine auf den Markt trieben, den Ausrufern, die verlorene Advokatengewissen verkündeten, den beweglichen alten Damen, die Strümpfe stopften oder Pasteten backten, und anderen derartigen Mustern seiner Handelsware einen recht grimmigen Ausdruck in die Gesichter zu legen. Seine Seele weidete sich an abschreckenden Masken, häßlichen, haarigen, rotäugigen Schachtelmännchen, vampirartigen Papierdrachen und dämonischen Stehaufmännchen, die sich nicht legen wollten, sondern beharrlich wieder vorwärts sprangen, um die armen Kinder in Angst zu versetzen. Sie waren seine einzige Erholung, das einzige, womit er sich Entspannung verschaffen konnte, und er war wahrhaft groß in solchen Erfindungen. Ein Spielzeug, das einem Kind ein kleines Alpdrücken verursachen mußte, bereitete ihm die größte Wonne. Er hatte sogar Geld dadurch verloren, und doch machte ihm dieses Spielzeug viel Freude, indem er für Zauberlaternen Koboldglasbilder entwickelte, auf denen die Mächte der Finsternis wie übernatürliche Schellfische mit menschlichen

* (engl.) mürrisch, grob

Gesichtern dargestellt waren. Auf die ganz besonders drastische Ausführung der Figuren, die Riesen darstellten, hatte er ein kleines Vermögen verwendet, und obwohl er nicht zu malen verstand, konnte er doch zur Belehrung seiner Künstler mit einem Stückchen Kreide für die Gesichter dieser Ungeheuer ein gewisses verstohlenes Schielen andeuten, das mit Sicherheit den Seelenfrieden eines jeden jungen Gentleman im Alter zwischen sechs und elf Jahren für die ganzen Weihnachts- oder Sommerferien zerstören mußte.

So wie er sich in Hinsicht auf sein Spielzeug verhielt, war er nach Ansicht der meisten Menschen auch in allen anderen Dingen. Man kann sich daher leicht denken, daß in dem weiten grünen Umhang, der ihm bis zu den Waden reichte, ein ungemein angenehmer Geselle bis zum Kinn eingeknöpft war – ein so erlesener Geist und liebenswürdiger Zeitgenosse, wie nur je einer in einem Paar ochsenköpfig aussehender Stiefel mit mahagonifarbenen Stulpen stand.

Und doch ging Tackleton, der Spielzeugfabrikant, auf Freiersfüßen. Trotz alledem war er im Begriff, sich zu verehelichen – dazu noch mit einem jungen und schönen Mädchen.

Er sah nicht sehr wie ein Bräutigam aus, als er so mit seinem verzerrten, mageren Gesicht und seiner schiefen Haltung in der Hütte des Fuhrmanns stand. Er hatte seinen Hut bis über die Nase gezogen, die Hände tief in die Taschen gesteckt, und sein ganzes sarkastisches, übellauniges Ich sah aus einer kleinen Ecke eines einzigen kleinen Auges heraus wie bei einem Raben. Aber ein Bräutigam wollte er sein.

„In drei Tagen. Nächsten Donnerstag. Am letzten Tag des ersten Monats im Jahr. Das ist mein Hochzeitstag", sagte Tackleton.

Habe ich schon erwähnt, daß er stets ein Auge weit offen und das andere fast geschlossen hielt – und daß ferner dieses eine fast geschlossene Auge stets das ausdrucksvolle Auge war? Ich glaube nicht.

„Das ist mein Hochzeitstag!" sagte Tackleton, mit seinem Geld klimpernd.

„Na, so was, es ist auch unser Hochzeitstag!" rief der Fuhrmann.

„Haha!" lachte Tackleton. „Seltsam! Ihr seid eben genau ein zweites solches Paar. Genau ein solches!"

Dots Unwille über diese anmaßende Behauptung läßt sich nicht beschreiben. Was mochte noch kommen? Seine Einbildungskraft verstieg sich vielleicht sogar bis zu der Möglichkeit eines zweiten solchen Bübchens. Der Mensch war irre.

„Hört – auf ein Wort", murmelte Tackleton, stieß dabei den Fuhrmann mit dem Ellbogen an und nahm ihn ein wenig beiseite. „Ihr werdet doch zur Hochzeit kommen? Ihr wißt, wir stecken in den gleichen Schuhen."

„Wieso in den gleichen Schuhen?" fragte der Fuhrmann.

„Bezüglich des Unterschiedes, meine ich", versetzte Tackleton mit einem weiteren Ellbogenstoß. „Kommt und verbringt einen Abend bei uns – schon vorher."

„Warum?" fragte John, über diese drängende Gastfreundlichkeit erstaunt.

„Warum?" erwiderte der andere. „Das ist eine neue Art, eine Einladung aufzunehmen. Na, wegen des Vergnügens – Ihr wißt schon, Geselligkeit und all das!"

„Ich habe Sie nie für gesellig gehalten", sagte John in seiner aufrichtigen Weise.

„Je nun, ich sehe schon, bei Euch muß man frei mit der Sprache heraus", sagte Tackleton. „Wohlan denn, die Wahrheit ist, ihr habt, wie's die teetrinkenden Leute zu nennen pflegen, eine Art von behaglichem Aussehen miteinander – Ihr und Euer Weib. Wir wissen das zwar besser, aber –"

„Nein, wir wissen das nicht besser", fiel ihm John ins Wort. „Wovon sprechen Sie denn?"

„Nun gut, so wissen's wir also *nicht* besser", versetzte Tackleton. „Wir wollen uns dahingehend einigen, daß wir es nicht besser wissen. Wie Ihr wollt; was liegt daran? Ich wollte sagen, da Ihr diese Art von Aussehen habt, so wird Eure Gesellschaft einen günstigen Eindruck auf die künftige Mrs. Tackleton machen. Und obwohl ich nicht glaube, daß mir Eure gute Frau sehr freundlich gesinnt ist, so kann sie doch in diesem Fall nicht umhin, meine Ansicht zu teilen; denn es ist eine Sicherheit und Lieblichkeit in ihrem Äußern, die stets für sich selbst spricht, selbst in einem unbedeutenden Fall. Ihr sagt also zu, daß Ihr kommen wollt?"

„Wir haben miteinander ausgemacht, unsern Hochzeitstag zu Hause zu feiern, soweit das möglich ist", sagte John. „Wir haben uns das schon vor sechs Monaten versprochen, denn wir sind der Meinung, verstehen Sie, daß das eigne Heim –"

„Pah, was ist das Heim?" rief Tackleton. „Vier Wände und eine Decke! (Warum bringt Ihr übrigens dieses Heimchen nicht um? Ich täte es. Ihr Lärm ist mir verhaßt, und ich mache allen den Garaus.) Auch mein Haus hat vier Wände und eine Decke. Kommt zu mir."

„Wie, Sie töten Ihre Heimchen?" fragte John.

„Zertrete sie, Sir", erwiderte der andere und setzte seinen Absatz schwer auf den Boden. „Na, versprecht Ihr mir, daß Ihr kommen wollt? Ihr wißt, es liegt ebenso in Eurem wie in meinem Interesse, daß die Frauen sich gegenseitig überreden, sie wären glücklich und zufrieden und könnten es gar nicht besser haben. Ich kenne ihre Art. Was die eine sagt, darauf schwört auch die andere steif und fest. Es ist ein solcher Wetteifer unter ihnen, Sir, daß, wenn Eure Frau zu der meinigen sagt: ‚Ich bin die glücklichste Frau von der Welt und habe den besten Mann von der Welt, den ich von Herzen liebe', meine Frau zu Eurer genauso sprechen wird oder gar noch mehr – ja, sie wird's sogar halb glauben."

„Wollen Sie damit sagen, daß sie das nicht tut?" fragte der Fuhrmann.

„Nicht tut?" rief Tackleton mit einem kurzen, scharfen Lachen. „Was nicht tut?"

Der Fuhrmann war einen Augenblick lang geneigt hinzuzufügen: Sie lieben. Als sein Blick jedoch auf das halb geschlossene Auge fiel, wie es ihm über dem aufgeschlagenen Kragen des Umhangs zuzwinkerte, wobei es in Gefahr war, von diesem ausgestochen zu werden, fühlte er zu lebhaft, daß man diesen Gegenstand wirklich nicht lieben könne. Er fragte deshalb statt dessen: „Daß sie Euch keinen Glauben schenkt?"

„Ah, Ihr Schelm – Ihr seid ein Spaßvogel", sagte Tackleton.

Aber der Fuhrmann, obwohl zu langsam, um den vollen Sinn seiner Worte zu verstehen, blickte den anderen so ernst an, daß dieser ein wenig ausführlicher erklären mußte.

„Ich habe Lust", sagte Tackleton, erhob die Finger seiner linken Hand und berührte den Zeigefinger, um damit anzudeuten:

Das bin ich, Tackleton, „ich habe Lust, Sir, eine junge und hübsche Frau zu heiraten.“ Und während er das sagte, schlug er nicht sacht, sondern scharf und mit einem Bewußtsein von Macht auf seinen kleinen Finger, um damit die Braut zu bezeichnen. „Ich bin in der Lage, dieser meiner Laune nachzukommen, und ich tue es. Wie gesagt, es ist eine fixe Idee von mir. Aber nun schaut her.“

Er deutete auf die Stelle, wo Dot gedankenvoll vor dem Feuer saß, das Grübchenkinn auf die Hand gestützt und in das helle Feuer blickend. Der Fuhrmann sah zu ihr hin, dann auf ihn, dann wieder auf sie und endlich wieder auf Tackleton.

„Sie ist ohne Zweifel ehrerbietig und gehorsam“, sagte Tackleton, „und das ist ganz genug für mich, da ich nicht der Mann bin, der sich etwas aus Gefühlen macht. Aber glaubt Ihr, es sei etwas mehr daran?“

„Ich denke“, bemerkte der Fuhrmann, „ich würde jeden zum Fenster rausschmeißen, der da nein sagte.“

„Ganz richtig“, entgegnete der andere und stimmte ihm mit einer ungewöhnlichen Lebhaftigkeit zu. „Natürlich! Das tätet Ihr ohne Zweifel. Ich bin davon überzeugt. Gute Nacht. Angenehme Träume!“

Der gute Fuhrmann war verblüfft und fühlte sich wider Willen unbehaglich; und er konnte nicht umhin, das in seinem Verhalten zu zeigen.

„Gute Nacht, mein lieber Freund“, sagte Tackleton mitleidig. „Ich muß fort. Ich sehe, daß wir in Wirklichkeit ganz gleich sind. Ihr wollt uns den morgigen Abend nicht schenken? Gut! Ich weiß, Ihr macht am folgenden Tag einen Besuch. Ich will Euch dort treffen und meine Zukünftige mitbringen. Es wird ihr guttun. Es ist Euch doch angenehm? Danke. Was ist das?“

Es war ein lauter Schrei von Dot, ein lauter, scharfer, plötzlicher Schrei, so daß das Zimmer wie ein Glasgefäß erdröhnte. Sie hatte sich von ihrem Sitz erhoben und stand da wie ein Mensch, der durch Schrecken und Überraschung gebannt ist. Der Fremde hatte sich dem Feuer genähert, um sich zu wärmen, und stand nur einen kleinen Schritt von ihrem Stuhl entfernt, aber vollkommen ruhig.

„Dot!“ rief der Fuhrmann. „Herrje, Liebchen, was gibt's?“

Im Nu waren alle um sie herum. Caleb, der auf der Kuchenschachtel geschlummert hatte, faßte in der ersten Verwirrung des plötzlichen Erwachens Miß Slowboy beim Zopf, bat aber augenblicklich um Verzeihung.

„Herrje!" rief der Fuhrmann und stützte Dot mit den Armen. „Fühlst du dich unwohl? Was gibt's denn? Sprich, mein Herz!"

Sie antwortete nur, indem sie die Hände zusammenschlug und in ein wildes Gelächter ausbrach. Dann sank sie aus seinen Armen auf den Boden nieder, bedeckte das Gesicht mit ihrer Schürze und weinte bitterlich. Dann lachte sie wieder, und dann weinte sie wieder, und dann klagte sie, daß ihr so kalt sei, und ließ sich von John ans Feuer führen, vor dem sie wieder wie zuvor Platz nahm. Der alte Mann blieb so still und ruhig stehen wie früher.

„Es geht mir besser, John", sagte sie. „Ich fühle mich jetzt ganz wohl – ich –"

John! Aber John befand sich auf ihrer anderen Seite. Warum wandte sie ihr Gesicht dem fremden alten Gentleman zu, als gälten ihre Worte ihm? Redete sie irre?

„Nur eine Einbildung, lieber John – eine Art Schreck –, ein Etwas, das mir plötzlich vor die Augen kam – ich weiß nicht, was es war. Aber es ist jetzt ganz weg, ganz und gar weg."

„Ich bin froh, daß es weg ist", murmelte Tackleton und ließ den Blick seines ausdrucksvollen Auges durch das ganze Zimmer gleiten. „Möchte doch wissen, wohin es verschwand und was es war. Hm! Caleb, kommt hierher! Wer ist das mit dem grauen Haar?"

„Weiß nicht, Sir", entgegnete Caleb flüsternd. „Habe ihn nie zuvor gesehen, in meinem ganzen Leben nicht. Eine schöne Figur für einen Nußknacker, ein ganz neues Modell. Mit einer Schraubenkinnlade, die in die Weste hinunterginge, wäre er allerliebst!"

„Nicht häßlich genug", sagte Tackleton.

„Oder für eine Streichholzschachtel", bemerkte Caleb in tiefer Betrachtung. „Welch ein Modell! Man könnte den Kopf abschrauben, um die Schwefelhölzchen hineinzutun, und ihn umwenden, um sie an den Sohlen anzuzünden. Wahrhaftig, wie er dasteht, die schönste Streichholzschachtel für den Kaminsims eines Gentleman!"

„Nicht annähernd häßlich genug", sagte Tackleton. „Es ist überhaupt nichts an ihm. Kommt, bringt die Schachtel – es ist doch hoffentlich jetzt alles in Ordnung?"

„Oh, ganz vorbei – ganz vorbei!" sagte die kleine Frau und winkte hastig ab. „Gute Nacht."

„Gute Nacht", entgegnete Tackleton. „Gute Nacht, John Peerybingle! Gebt auf die Schachtel acht, Caleb. Wenn Ihr sie fallen laßt, bringe ich Euch um. Pechfinster und das Wetter schlimmer als je, wie? Gute Nacht!"

Er sah sich noch einmal genau im Zimmer um und ging dann zur Tür hinaus, während Caleb, den Hochzeitskuchen auf dem Kopf, ihm folgte.

Der Fuhrmann war über seine kleine Frau so sehr erschrocken und so emsig beschäftigt, sie zu beruhigen und zu pflegen, daß er die Anwesenheit des Fremden fast vergessen hatte. Erst jetzt, als dieser, der noch genauso wie vorher dastand, ihr einziger Gast war, bemerkte er ihn wieder.

„Du siehst, er gehört nicht zu ihnen", sagte John. „Ich muß ihm einen Wink geben, daß er gehen soll."

„Ich bitte um Verzeihung, Freund", sagte der alte Gentleman und ging auf ihn zu, „um so mehr, da ich fürchte, Eurer Frau ist nicht wohl gewesen. Aber der Begleiter, den mein Gebrechen" – er berührte dabei sein Ohr und schüttelte den Kopf – „fast unentbehrlich macht, ist nicht angelangt, und ich fürchte, daß irgend etwas nicht in Ordnung ist. Die schlimme Nacht, die mir das Obdach Eures behaglichen Karrens – möge ich nie ein schlechteres haben – so angenehm machte, ist noch so schlimm wie zuvor. Würdet Ihr mir freundlicherweise gestatten, mir hier ein Nachtlager zu mieten?"

„Ja, ja!" rief Dot. „Ja! Gewiß!"

„Oh!" versetzte der Fuhrmann, über die Raschheit dieser Zustimmung erstaunt. „Na, ich habe nichts einzuwenden; aber gleichwohl weiß ich nicht ganz gewiß, ob –"

„Still!" unterbrach sie ihn. „Lieber John!"

„Er ist ja stocktaub", erwiderte John.

„Ich weiß es wohl, aber . . . Ja, Sir, gewiß, ganz gewiß! Ich will ihm sogleich ein Bett aufschlagen, John."

Während sie zu diesem Zweck hinauseilte, war die Erregung

ihres Gemüts und die Hast ihrer Bewegungen so befremdlich, daß der Fuhrmann ihr völlig verdutzt nachblickte.

„Die Mütterlein schlagen also Betten auf!" rief Miß Slowboy dem Bübchen zu. „Und seine Haare sind braun und lockig geworden, als seine Käppchen gelupft wurden, und die lieben Bübchen sind erschrocken, als sie beim Feuer saßen."

Mit jenem unerklärlichen Verweilen des Geistes bei Kleinigkeiten, das häufig in einem Zustand des Zweifels und der Verwirrung auftritt, ertappte sich der Fuhrmann, der langsam hin und her ging, dabei, wie er diese ungereimten Worte oftmals wiederholte. So oft sogar, daß er sie auswendig wußte und sie immer wieder vor sich hin sprach wie eine Schulaufgabe, bis Tilly, nachdem sie in der Weise der Ammen das kleine kahle Köpfchen so lange mit der Hand gerieben hatte, wie sie für heilsam hielt, das Häubchen des Kindes wieder aufband.

„Und die lieben Bübchen sind erschrocken, als sie beim Feuer saßen. Möchte doch wissen, was Dot erschreckt hat", sann der Fuhrmann beim Aufundabgehen vor sich hin.

Er verachtete die Andeutungen des Spielzeugfabrikanten aus der Tiefe seines Herzens, und dennoch erfüllten sie ihn mit einer unbestimmten Unruhe. Denn Tackleton war schlau und von rascher Auffassungsgabe, während er selbst das peinliche Gefühl hatte, nur langsam zu begreifen, weshalb denn auch eine abgebrochene Andeutung ihn stets in Unruhe versetzte. Er hatte gewiß nicht im Sinn, irgend etwas, was Tackleton gesagt hatte, mit dem ungewöhnlichen Benehmen seiner Frau in Verbindung zu bringen; aber die beiden Dinge kamen ihm zugleich in den Kopf, und er konnte sie nicht voneinander trennen.

Das Bett war bald bereitet, und der Gast, der jede Erfrischung mit Ausnahme einer Tasse Tee ablehnte, zog sich zurück. Dann richtete Dot, „wieder ganz wohl", wie sie sagte, „vollkommen wohl", den großen Armstuhl in der Kaminecke für ihren Mann her, füllte seine Pfeife, gab sie ihm und nahm neben ihm am Herd auf ihrem gewöhnlichen kleinen Schemel Platz.

Sie wollte nirgends anders sitzen als auf diesem kleinen Schemel – ich denke wohl, sie muß gewußt haben, welch ein einschmeichelnder, beschwatzender kleiner Schemel es war.

Mochte man auch alle vier Viertel der Erdkugel absuchen, so

war gewiß nirgends eine bessere Pfeifenstopferin zu finden. Es war hübsch, mit anzusehen, wie sie den runden kleinen Finger in den Kopf steckte und dann in das Rohr hineinblies, um es zu säubern. Und wenn sie das vollbracht hatte, tat sie so, als glaube sie, es sei wirklich noch etwas drinnen, blies wohl ein dutzendmal hindurch und hielt es, während sie ihr niedliches Gesichtchen auf das reizendste verzog, wie ein Fernrohr vors Auge,

um hineinzusehen. Auch was den Tabak betraf, so verstand sie sich meisterhaft darauf, und wenn der Fuhrmann die Pfeife im Mund hatte und sie einen brennenden Papierwisch nahm, um sie anzuzünden – ganz in der Nähe seiner Nase, ohne sie jedoch zu versengen –, das war Kunst, hohe Kunst, kann ich euch sagen.

Und auch die Grille und der Kessel, die wieder ihre Weise anstimmten, waren ganz dieser Meinung. Die helle Flamme, die hoch aufloderte, erkannte das neidlos an. Auch der kleine Mäher auf der Uhr in seiner unbeachteten Arbeit erkannte es an, und der Fuhrmann mit seiner sich glättenden Stirn und seinem sich aufheiternden Gesicht erkannte es von allen am bereitwilligsten an.

Und wie er gesetzt und gedankenvoll seine alte Pfeife paffte, wie die holländische Wanduhr tickte, das rote Feuer strahlte und die kleine Grille zirpte, kam dieser Schutzgeist seines Herdes und seines Hauses (denn das war das Heimchen) als eine Fee in das Zimmer herein und führte ihm sein Heim in vielerlei Gestalten vor Augen. Dots von jedem Alter und jeder Größe erfüllten das Zimmer. Dots als lustige Kinder, die vor ihm herliefen und Feldblumen sammelten – scheue Dots, die halb vor seinem eigenen rauhen Gesicht zurückwichen, halb sich daran anschmiegten – soeben vermählte Dots, dic an der Tür abstiegen und verwundert Besitz von den Haushaltsschlüsseln nahmen – mütterliche kleine Dots, von nachgemachten Slowboys begleitet, die Bübchen zur Taufe trugen – matronenhafte Dots, obwohl noch jung und blühend, die töchterlichen Dots zusahen, wie sie auf ländlichen Bällen tanzten – wohlbeleibte Dots, von Scharen rosiger Enkelkinder umkreist und umlagert – welke Dots, die sich auf Krücken lehnten und sich schwankend dahinschleppten. Auch alte Fuhrmänner tauchten auf, mit blinden alten Boxern zu ihren Füßen, und neuere Fuhrwerke mit jüngeren Fuhrmännern, die auf der Plane die Inschrift GEBRÜDER PEERYBINGLE führten, und kranke alte Fuhrmänner, die von den freundlichsten Händen gepflegt wurden, und grünbewachsene Gräber von toten und heimgegangenen alten Fuhrmännern auf dem Friedhof. Und wie das Heimchen ihm alle diese Dinge zeigte – er sah sie deutlich, obgleich sein Blick fest auf das Feuer gerichtet war –, wurde das Herz des Fuhrmanns leicht und glücklich; er dankte seinen Hausgöttern aus voller Seele und kümmerte sich nicht mehr um Gruff & Tackleton als mein geneigter Leser.

Aber was war das für eine junge Mannesgestalt, die von demselben feenhaften Heimchen so nahe an ihren Schemel gebracht wurde und die einzeln und allein dort stehenblieb? Warum zögerte die Gestalt so in ihrer Nähe, stützte den Arm auf den Kaminsims und wiederholte stets die Worte: „Verheiratet, doch nicht mit mir!"

O Dot! O irrende Dot! Für ihn gibt es keinen Platz in all den Vorstellungen deines Mannes; warum mußte der Schatten dieser Gestalt auf seinen Herd fallen?

Zweites Gezirp

Caleb Plummer und seine blinde Tochter lebten ganz allein für sich, wie die Erzählungen in den Märchenbüchern anfangen – und mein Segen, hoffentlich mit dem deinigen, lieber Leser, obendrein, über die Märchenbücher, weil sie uns in dieser Alltagswelt überhaupt etwas erzählen –, Caleb und seine blinde Tochter lebten ganz allein für sich in einer kleinen, rissigen Nußschale von einem hölzernen Haus, das in Wahrheit nicht mehr war als ein Pickel auf der hervorstehenden roten Ziegelnase von Gruff & Tackleton. Das Gebäude von Gruff & Tackleton bildete den Hauptzug der Straße; aber Caleb Plummers Wohnstätte hätte man mit ein paar Hämmern zusammenschlagen und die Stücke in einem Karren fortbringen können.

Falls irgend jemand nach einer solchen Verwüstung Caleb Plummers Hütte überhaupt die Ehre erwiesen hätte, sie zu vermissen, so wäre es ohne Zweifel nur geschehen, um diesen Abriß als eine unendliche Verbesserung auf das höchste zu loben. Sie klebte an dem Gebäude von Gruff & Tackleton wie eine Entenmuschel am Schiffskiel, eine Schnecke an der Tür oder eine kleine Gruppe von Pilzen an einem Baumstamm. Gleichwohl war sie der Keim, aus dem der ausgewachsene Stamm von Gruff & Tackleton hervorgegangen war, da unter ihrem baufälligen Dach der vorletzte Gruff in kleinem Maßstab Spielzeug für eine frühere Generation von Jungen und Mädchen angefertigt hatte, die sich damit unterhielten, es zuletzt satt wurden, den Tand zerbrachen und sich dann schlafen legten.

Ich habe gesagt, daß Caleb und seine arme blinde Tochter hier lebten. Ich hätte aber sagen sollen, daß Caleb hier lebte und seine arme blinde Tochter anderswo – in einem verzauberten Heim, von Caleb eingerichtet, wo es Mangel und Ärmlichkeit nicht gab und die Sorge niemals Einzug hielt. Caleb war in der einzigen magischen Kunst, die uns noch übriggeblieben ist, ein Zauberer – in der Magie einer aufopferungsvollen, unsterblichen Liebe. Die Natur hatte seinem Studium zum Vorbild gedient, und aus ihrer Schule kamen alle die Wunder.

Das blinde Mädchen erfuhr nie, daß die Decken verblichen, die Wände voller Flecke und da und dort unverputzt waren, die sich abwärts neigenden Balken morsch und die mit jedem Tag sich mehr erweiternden Risse ungeflickt. Es war ihr unbekannt, daß Eisen rosten oder Holz faulen kann und Tapeten sich abschälen können – daß sogar der Umfang, die Gestalt und die Verhältnisse der Wohnung mehr und mehr einschrumpften. Sie erfuhr nicht, daß häßliches irdenes Geschirr auf dem Sims stand, daß Kummer und Mutlosigkeit im Haus herrschten und daß Calebs spärliche Haare vor ihrem des Augenlichts beraubten Antlitz grauer und grauer wurden. Das blinde Mädchen wußte nichts davon, daß sie einen kalten, rücksichtslosen, eigennützigen Herrn hatten – sie wußte nicht, daß Tackleton wirklich Tackleton war, sondern lebte im Glauben, er sei ein humorvoller Sonderling, der es liebte, seine Scherze mit ihnen zu treiben, und nichts von Dankbarkeit hören wollte, obwohl er der Schutzengel ihres und ihres Vaters Lebens war.

Und das alles hatte Caleb, ihr einfacher Vater, fertiggebracht! Doch auch er hatte ein Heimchen auf seinem Herd, auf dessen Gesang er schon wehmütig gelauscht hatte, als das mutterlose blinde Kind noch ganz jung gewesen war, und dieser Geist hatte ihm den Gedanken eingegeben, daß selbst ihr großer Mangel fast in einen Segen umgewandelt und das Mädchen auf diese einfache Weise glücklich gemacht werden könne. Denn alle Mitglieder der Grillenzunft sind gewaltige Geister, obwohl es häufig der Fall ist, daß die Leute, die mit ihnen verkehren, es nicht einmal wissen. Ja, wahrlich, in der ganzen unsichtbaren Welt gibt es keine holderen und wahrhaftigeren Stimmen, auf die man sich so sicher verlassen kann oder die so bestimmt den liebevollsten Rat erteilen, als die Stimmen, in denen die Geister des heimischen Herdes sich an das menschliche Geschlecht wenden.

Caleb und seine Tochter saßen zusammen bei der Arbeit in ihrer gewöhnlichen Arbeitsstube, die ihnen zugleich als Wohnstube diente; und es sah seltsam darin aus. Man sah Häuser darin, fertig und halbfertig, für Puppen aller Lebenslagen. Vorstadtwohnungen für Puppen mit mäßigen Mitteln, Küchen und einzelne Zimmer für Puppen aus der niederen Klasse, prachtvolle Stadtpaläste für Puppen des höchsten Ranges. Einige von diesen Häusern waren bereits für die Bequemlichkeit von Puppen mit beschränktem Einkommen möbliert; andere konnten jeden Augenblick im kostspieligsten Maßstab mit ganzen Garnituren von Sesseln, Tischen, Sofas, Bettstellen und anderen Möbeln ausgestattet werden. Der Adel, der Mittelstand und die große Masse, für deren Bequemlichkeit die Behausungen berechnet waren, lagen da und dort in Körben und blickten starr zur Decke hinauf. Aber bei der Bezeichnung der Stellung in der Gesellschaft und der Zuweisung zu den Schichten, in die sie gehörten – eine Aufgabe, die erfahrungsgemäß in der wirklichen Welt jämmerlich schwer ist –, hatten die Verfertiger dieser Puppen die oft so eigensinnige und verkehrte Natur ganz außerordentlich verbessert. Sie begnügten sich nicht mit den willkürlichen Abzeichen von Seide, Kattun und schlechten Fetzen, sondern hatten augenfällige persönliche Unterschiede anzubringen verstanden, die keinen Irrtum aufkommen ließen. So hatte zum Beispiel die Puppendame von Stand Wachsglieder von vollkommenem Ebenmaß, die sich aber nur bei ihr und ihren Standesgenossinnen fanden. Die nächste Stufe auf der gesellschaftlichen Leiter war dagegen aus Leder gemacht, die darauffolgende aus grobem Leinenstoff. Was das gemeine Volk betraf, so hatten sie statt der Arme und Beine Schwefelhölzchen aus den Zündbüchsen, und so waren sie mit einem Schlag in ihre Sphäre versetzt, ohne eine Möglichkeit, je wieder herauszukommen.

Außer den Puppen gab es in Caleb Plummers Zimmer noch viele andere Proben seines Handwerks. So sah man zum Beispiel zahlreiche Ausgaben der Arche Noah, in die Vögel und Tiere nur mit knappster Not hineingingen; doch konnte man sie irgendwie durch das Dach hineinzwängen und es dann durch langes Schütteln so weit bringen, daß sie auf engstem Raum Platz fanden. Aufgrund einer kühnen schöpferischen Freiheit hatten die meisten dieser Archen Klopfer an den Türen – vielleicht unpassende Anhängsel, da sie an Morgenbesuche und Briefträger erinnerten, aber gleichwohl rundeten sie das Äußere des Gebäudes in hübscher Weise ab. Man sah ferner Dutzende von traurigen kleinen Karren, die, wenn die Räder sich drehten, eine höchst klägliche Musik vollführten. Ferner gab es viele kleine Geigen, Trommeln und andere Folterinstrumente, desgleichen eine Unmenge von

Kanonen, Schilden, Schwertern, Speeren und Gewehren. Da waren kleine Gaukler in roten Hosen, die unablässig an hohen Hindernissen aus roten Bändern hinaufkletterten; da waren zahllose alte Gentlemen von achtbarem, um nicht zu sagen ehrwürdigem Aussehen, die wahnsinnigerweise über horizontale, ausdrücklich für diesen Zweck an ihren Haustüren angebrachte Nägel wegflogen; da waren Tiere aller Arten, namentlich Pferde jeder nur erdenklichen Rasse, von der scheckigen Walze auf vier Pfählen mit einem kleinen Kragen statt der Mähne bis zum feurigen Vollblutschaukelpferd. Es wäre nicht leicht, die Dutzende und aber Dutzende von grotesken Figuren aufzuzählen, die stets bereit waren, auf das Drehen eines Antriebs hin alle Arten von Unsinn zu begehen; aber eine ebenso schwere Aufgabe wäre es gewesen, irgendeine der menschlichen Torheiten, Laster oder Schwächen herauszufinden, die nicht ihr getreues oder entfernt angedeutetes Abbild in Caleb Plummers Stübchen gehabt hätten. Dabei waren sie keineswegs übertrieben, denn ganz geringe Antriebe genügen, um Männer und Frauen zu so seltsamen Verrichtungen zu bewegen, wie sie nur je ein Spielzeug ausgeführt hat.

Inmitten aller dieser Gegenstände saßen Caleb und seine Tochter bei der Arbeit. Das blinde Mädchen war mit der Anfertigung von Puppenkleidern beschäftigt, und Caleb bemalte und firnißte die vier Doppelfenster aufweisende Front eines neiderweckenden Familienhauses.

Die sorgenvollen Linien in Calebs Gesicht und sein zerstreutes, träumerisches Wesen, das gut zu einem Alchimisten oder

Hieroglyphenforscher gepaßt hätte, standen auf den ersten Anblick in seltsamem Gegensatz zu seiner Beschäftigung und den Spielereien um ihn. Aber Spielereien, die um des lieben Brotes willen erfunden und ausgeführt werden, sind gar ernsthafte Tatsachen, und abgesehen von diesem Umstand weiß ich wahrhaftig nicht zu sagen, ob Caleb, wäre er ein Kammerherr, ein Parlamentsmitglied, ein Rechtsgelehrter oder auch nur ein großer Spekulant gewesen, es mit Spielzeug zu tun gehabt hätte, das auch nur um ein Haar weniger wunderlich gewesen wäre, während es dagegen sehr in Frage steht, ob es denselben harmlosen Charakter gehabt hätte.

„Ihr seid also gestern abend mit Eurem schönen neuen Überrock in den Regen gekommen, Vater?" fragte Calebs Tochter.

„Ja, in meinem schönen neuen Überrock", erwiderte Caleb und blickte zu der im Zimmer aufgespannten Wäscheleine hinüber, an der das früher beschriebene sackleinene Gewand sorgfältig zum Trocknen aufgehängt war.

„Wie freut es mich, Vater, daß Ihr ihn gekauft habt!"

„Und noch obendrein solche Schneiderarbeit", sagte Caleb. „Ganz neumodisch. Er ist zu gut für mich."

Das blinde Mädchen unterbrach seine Arbeit und lachte entzückt. „Zu gut, Vater? Was kann für Euch zu gut sein?"

„Gleichwohl schäme ich mich fast, ihn zu tragen", versetzte Caleb und beobachtete die Wirkung seiner Worte in ihrem sich aufhellenden Gesicht, „ja, wahrhaftig. Wenn ich höre, wie die Jungen und Leute hinter mir sagen: ‚Holla, da läuft ein Stutzer!', so weiß ich nicht, wohin ich sehen soll. Und als der Bettler gestern abend nicht fortgehen wollte und, als ich ihm erklärte, ich sei nur ein ganz gewöhnlicher Mann, sagte: ‚Na, na, Euer Gnaden – Gott behüt Euer Gnaden, sprecht nicht so!', da schämte ich mich geradezu, und es war mir, als hätte ich kein Recht, ihn zu tragen."

Glückliches blindes Mädchen! Wie selig fühlte es sich in seiner Herzensfreude!

„Ich sehe Euch so deutlich, Vater", sagte die Blinde und schlug die Hände zusammen, „als hätte ich die Augen, die ich nie vermisse, wenn Ihr bei mir seid. Ein blauer Rock –"

„Hellblau", versetzte Caleb.

„Ja, ja! Hellblau!" rief die Blinde und richtete ihr leuchtendes Antlitz auf. „Dieser Farbe kann ich mich gerade noch erinnern von dem lieben Himmel her! Ihr sagtet mir früher, daß er blau sei. Ein hellblauer Rock –"

„Bequem geschnitten", ergänzte Caleb.

„Ja, bequem geschnitten!" rief die Blinde unter herzlichem Lachen. „Und wenn Ihr ihn anhabt, lieber Vater, so seht Ihr so jung und schön aus mit Euren heiteren Augen, mit Eurem lächelnden Gesicht, mit Eurem freien Schritt und Euren dunklen Haaren!"

„Aber Mädchen", entgegnete Caleb, „du machst mich ja wahrhaftig ganz eitel."

„Ich denke, Ihr seid's bereits!" rief die Blinde, wobei sie in ihrer fröhlichen Stimmung auf ihn deutete. „Ich kenne Euch, Vater! Hahaha! Ihr seht, ich komme Euch auf die Schliche."

Wie wich das Bild, das sie in ihrem Innern trug, von dem Caleb ab, der neben ihr saß und sie beobachtete! Sie hatte von seinem freien Schritt gesprochen – darin hatte sie recht, denn seit langen, langen Jahren war er nie mit seinem gewöhnlichen langsamen Gang über die Schwelle geschritten, sondern mit einem vorgetäuschten, der für ihr Ohr bestimmt war; und selbst wenn sein Herz ihm besonders schwer war, vergaß er nie, mit dem leichten Tritt hereinzukommen, der sie so froh und zuversichtlich machte.

Der Himmel weiß es, aber ich glaube, daß Calebs verwirrtes Wesen seinen Grund zur Hälfte darin hatte, daß er aus Liebe zu seiner blinden Tochter nicht mehr recht wußte, wie er mit sich selbst und mit seiner ganzen Umgebung dran war. Wie hätte der kleine Mann auch anders als verwirrt sein können, nachdem er so viele Jahre daran gearbeitet hatte, seine eigene Identität ebenso wie die der Gegenstände, die in irgendeiner Beziehung zu ihr standen, zu zerstören!

„Nun wären wir fertig", sagte Caleb und trat ein paar Schritte zurück, um seine Arbeit besser beurteilen zu können. „Es ist dem wirklichen Ding so ähnlich wie zwölf halbe Pence einem Sechspencestück. Wie schade, daß die ganze Vorderseite des Hauses mit einemmal aufgeht! Wenn nur auch eine Treppe drin wäre – und richtige Türen zu den Zimmern, daß man dadurch hineingehen könnte! Aber das ist das schlimmste in meinem Geschäft, daß ich mich stets selbst täusche und betrüge."

„Ihr sprecht ja so leise. Ihr seid doch nicht müde, Vater?"

„Müde?" wiederholte Caleb mit einem gewaltigen Ausbruch von Lebhaftigkeit. „Was sollte mich müde machen, Bertha? *Ich* bin nie müde – weiß gar nicht, was das Wort bedeuten soll."

Um seiner Versicherung größeren Nachdruck zu geben, unterbrach er seine unwillkürliche Nachahmung zweier sich streckender und gähnender Halbfiguren auf dem Kaminsims, wo sie sich in einem ewigen Zustand von Schläfrigkeit von der Hüfte an aufwärts präsentierten. Er begann das Bruchstück eines Liedes zu summen – eines Trinkliedes, in dem etwas von einem schäumenden Becher vorkam –, und er trug dies mit einer unbekümmert lustigen Stimme vor, die sein Gesicht noch tausendmal hagerer und gedankenvoller als je zuvor erscheinen ließ.

„Ja, was denn – ich glaube wahrhaftig, Ihr singt!" sagte Tackleton und streckte seinen Kopf zur Tür herein. „Nur weiter so. Ich kann nicht singen."

Das hätte ihm auch keiner zugetraut, denn sein Gesicht hätte wohl nie jemanden an ein fröhliches Lied denken lassen.

„Ich kann es mir nicht leisten zu singen", sagte Tackleton. „Freut mich jedoch, daß es bei Euch der Fall ist. Aber hoffentlich versäumt Ihr die Arbeit nicht darüber. Die Zeit wird kaum zu beidem reichen, sollte man meinen."

„Wenn du ihn nur sehen könntest, Bertha, wie er mir zublinzelt!" flüsterte Caleb. „So ein spaßhafter Mann! Wenn du ihn nicht kennen würdest, könntest du meinen, es sei ihm Ernst – nicht wahr?"

Die Blinde lächelte und nickte.

„Es heißt im Sprichwort, den Vogel, der singen kann und nicht will, muß man dazu zwingen", brummte Tackleton. „Wie hält man's aber mit der Eule, die nicht singen kann und nicht singen sollte und doch singen will – gibt's da etwas, wozu man sie zwingen kann?"

„Oh, wie er in diesem Augenblick blinzelt", flüsterte Caleb seiner Tochter zu. „Du gütiger Himmel!"

„Stets heiter und leichtherzig bei uns!" rief die lächelnde Bertha.

„Ah, Ihr seid auch da, wie?" entgegnete Tackleton. „Arme Närrin!"

Er glaubte wirklich, sie sei närrisch, und führte seine Meinung – ich weiß nicht, ob bewußt oder nicht – auf den Umstand zurück, daß sie ihn gern hatte.

„Nun, da Ihr nun einmal da seid – wie geht's Euch?" sagte Tackleton in seiner übellaunigen Weise.

„Oh, gut – ganz gut. Und so glücklich, wie sogar Sie nur wünschen können, daß ich es sein möchte. So glücklich, wie Sie die ganze Welt machen würden, wenn es in Ihrer Macht stünde."

„Arme Blöde!" murmelte Tackleton. „Kein Fünkchen Verstand – nicht ein Fünkchen!"

Die Blinde nahm seine Hand, küßte sie, hielt sie einen Augenblick zwischen den ihrigen fest und schmiegte mit Innigkeit ihre Wange daran, ehe sie sie losließ. Es lag eine so unaussprechliche Zartheit, eine so glühende Dankbarkeit in dieser Gebärde, daß sogar Tackleton sich genötigt fühlte, in einem milderen Brummen zu fragen: „Nun, was gibt's denn?"

„Ich habe ihn neben mein Kissen gestellt, als ich mich gestern abend schlafen legte, und es kam in meinen Träumen vor. Und als der Tag anbrach und die herrliche rote Sonne – die *rote* Sonne, Vater?"

„Rot am Morgen und am Abend, Bertha", versetzte der arme Caleb mit einem schmerzerfüllten Blick auf seinen Brotherrn.

„Als sie aufging und das helle Licht – ich fürchte mich fast, im Gehen dagegen zu stoßen – ins Zimmer drang, drehte ich den kleinen Stock in die Richtung und pries den Himmel, daß er so köstliche Dinge hervorbringt, und segnete Sie, daß Sie ihn mir geschickt haben, um mich zu erfreuen."

„Die Narren sind los!" bemerkte Tackleton halblaut. „Bald wird's zur Zwangsjacke und zu den Armfesseln kommen. Es entwickelt sich rasch!"

Während seine Tochter sprach, blickte Caleb, die Hände lose ineinandergeschlungen, mit leerem Ausdruck vor sich hin, als wüßte er wirklich nicht – und ich glaube, es war auch so –, ob Tackleton am Ende nicht doch etwas getan habe, was ihren Dank verdiene. Hätte er in diesem Augenblick vollkommen frei handeln können und wäre er bei Todesstrafe aufgefordert worden, dem Spielzeugfabrikanten einen Fußtritt zu versetzen oder ihm zu Füßen zu fallen, je nach seinen Verdiensten, so wäre ihm, glaube ich, die Wahl wirklich sehr schwer geworden. Und doch wußte Caleb wohl, daß er eigenhändig mit der allergrößten Sorgfalt den kleinen Rosenstock für seine Tochter heimgebracht und daß er mit eigenen Lippen die unschuldige Täuschung vorgebracht hatte in der Absicht, daß sie ja nicht argwöhnen sollte, wieviel er sich jeden Tag selbst versagte, nur damit sie sich um so glücklicher fühlte.

„Bertha!" sagte Tackleton und nahm besonderer Absicht halber ein wenig Freundlichkeit an. „Kommt her."

„Oh, ich kann gerade auf Sie zukommen – Sie brauchen mich nicht zu führen", entgegnete sie.

„Soll ich Euch ein Geheimnis mitteilen, Bertha?"

„Wenn Ihr wollt", entgegnete sie gespannt.

Wie glänzend das des Augenlichts beraubte Antlitz! Wie leuchtend der lauschende Kopf!

„Dies ist der Tag, an dem die kleine – wie heißt sie doch, das verzogene Kind, Peerybingles Weib? – Euch ihren regelmäßigen Besuch macht – hier ihr phantastisches Picknick hält –, ist's nicht so?" fragte Tackleton mit einem Ausdruck lebhaften Widerwillens gegen die ganze Sache.

„Ja", versetzte Bertha. „Dies ist der Tag."

„Dacht ich's doch", sagte Tackleton. „Ich möchte mich gern der Partie anschließen."

„Hört Ihr, Vater?" rief die Blinde entzückt.

„Ja, ja, ich höre es", murmelte Caleb mit dem starren Blick eines Nachtwandlers, „aber ich glaub's nicht. Es ist eine von meinen Lügen, ohne Zweifel."

„Ja, seht, ich – ich möchte die Peerybingles ein bißchen mehr in Gesellschaft mit May Fielding bringen", sagte Tackleton. „Ich stehe im Begriff, May zu heiraten."

„Zu heiraten?" rief die Blinde und wich von ihm zurück.

„Sie ist so verwünscht blödsinnig", murmelte Tackleton, „daß ich fürchtete, sie würde mich nie begreifen. Ja, Bertha – heiraten! Kirche, Pfarrer, Küster, Kirchendiener, Glaskutsche, Glocken, Frühstück, Brautkuchen, Festschleifen, Hochzeitsmusik und die ganzen übrigen Narreteien. Eine Hochzeit eben, eine Hochzeit. Ihr wißt doch, was eine Hochzeit ist?"

„Ich weiß", versetzte die Blinde in sanftem Ton. „Ich verstehe."

„Wirklich?" murmelte Tackleton. „Das ist mehr, als ich erwartete. Gut; und darum eben möchte ich mich der Partie anschließen und May mit ihrer Mutter herbringen. Ich will zu Mittag eine Kleinigkeit herschicken – eine kalte Hammelkeule oder irgendeinen andern kleinen Leckerbissen. Ihr werdet mich doch erwarten?"

„Ja", antwortete sie. Sie hatte den Kopf gesenkt und sich abgewandt und stand so mit gekreuzten Händen nachsinnend da.

„Ich glaube kaum", murmelte Tackleton, der zu ihr hinsah, „denn Ihr scheint mir jetzt schon alles vergessen zu haben. Caleb!"

Ich glaube, ich kann es wagen zu sagen, daß ich hier bin, dachte Caleb. „Sir!"

„Sorgt mir dafür, daß sie nicht vergißt, was ich ihr gesagt habe."

„Sie vergißt nie etwas", entgegnete Caleb. „Das ist eines von den wenigen Dingen, in denen sie nicht gescheit ist."

„Jeder hält seine eigenen Gänse für Schwäne", bemerkte der Spielzeugfabrikant mit einem Achselzucken. „Armer Teufel!"

Nachdem sich der alte Gruff & Tackleton mit unaussprechlicher Verachtung dieser Bemerkung entledigt hatte, entfernte er sich.

Bertha blieb an der Stelle, wo er sie verlassen hatte, in tiefe Betrachtung versunken. Die Heiterkeit war aus ihrem niedergeschlagenen Gesicht verschwunden, und ihre Züge drückten schwere Trauer aus. Drei- oder viermal schüttelte sie den Kopf, als beklage sie irgendeine Erinnerung oder einen Verlust; aber ihre trübseligen Betrachtungen machten sich nicht in Worten Luft.

Erst nach einer ganzen Weile, während der Caleb damit beschäftigt war, ein Paar Pferde vor einen Frachtwagen zu spannen, indem er kurzerhand das Geschirr auf die lebenswichtigen Teile ihrer Körper aufnagelte, näherte sie sich seinem Arbeitsschemel und nahm neben ihm Platz mit den Worten: „Vater, ich fühle mich einsam in der Finsternis. Ich möchte meine Augen haben – meine geduldigen, willigen Augen."

„Hier sind sie", versetzte Caleb. „Stets bereit. Jede Stunde in den vierundzwanzig des Tages gehören sie mehr dir als mir, Bertha. Was sollen meine Augen für dich tun, mein Liebling?"

„Seht Euch im Zimmer um, Vater."

„Gut", sagte Caleb. „Gesagt, getan, Bertha."

„Erzählt mir davon."

„Es ist ganz so wie gewöhnlich", entgegnete Caleb. „Nicht reich, aber sehr behaglich. Die helle Farbe an den Wänden, die schönen Blumen auf den Tellern und Schüsseln, das helle Holz an den Balken und an der Täfelung, die Gemütlichkeit und Nettigkeit des Hauses im allgemeinen – alles das macht es sehr hübsch."

Gemütlich und nett war es, wo immer Bertha die geschäftigen Hände anlegen konnte. Aber nirgends anders war Gemütlichkeit und Nettigkeit möglich in dem alten, baufälligen Schuppen, den Calebs Phantasie so umgewandelt hatte.

„Ihr habt heute Euer Arbeitszeug an und seid nicht so herausgeputzt, wie wenn Ihr den schönen Rock tragt?" fragte Bertha, indem sie ihn betastete.

„Nicht so herausgeputzt", erwiderte Caleb, „aber doch recht hübsch."

„Vater", sagte die Blinde, schmiegte sich dicht an seine Seite und schlang einen Arm um seinen Nacken. „Erzählt mir etwas von May. Sie ist sehr schön?"

„Jawohl", versetzte Caleb.

Und so verhielt es sich auch in der Wirklichkeit. Es war etwas Seltenes für Caleb, nicht aus den Schätzen seiner Erfindungsgabe schöpfen zu müssen.

„Ihr Haar ist dunkel", sagte Bertha nachsinnend, „dunkler als das meinige. Ich weiß, ihre Stimme ist sanft und melodisch. Ich habe ihr oft so gern zugehört. Ihre Gestalt –"

„Es ist keine Puppe im ganzen Zimmer, die sich mit ihr vergleichen könnte", entgegnete Caleb. „Und ihre Augen!"

Er hielt inne, denn Bertha hatte seinen Nacken fester umschlungen, und von dem Arm ging ein warnender Druck aus, den er nur zu gut verstand.

Er hustete einen Augenblick und hämmerte ein bißchen; dann kam er wieder auf sein Lied von dem schäumenden Becher zurück – seine unfehlbare Zuflucht in allen derartigen Schwierigkeiten.

„Unser Freund, Vater, unser Wohltäter – Ihr wißt, ich werde nie müde, von ihm zu hören. Oder konntet Ihr dies je von mir sagen?" fügte sie hastig hinzu.

„Natürlich nicht", antwortete Caleb. „Und du hast auch allen Grund dazu."

„Ach, und wieviel Grund!" rief die Blinde mit solcher Innigkeit, daß Caleb trotz der Reinheit seiner Beweggründe ihr nicht ins Gesicht sehen konnte. Er schlug seine Augen nieder, als wäre sie imstande, den unschuldigen Betrug darin zu lesen.

„So erzählt mir wieder von ihm, lieber Vater", sagte Bertha. „Und das noch oft! Sein Gesicht ist wohlwollend, freundlich und gefühlvoll – gewiß auch ehrlich und treu. Das männliche Herz, das alle seine Wohltaten mit dem Anschein von Rauheit und Unwillen zu bemänteln versucht, gibt sich in jeder Miene und jedem Blick seines Antlitzes zu erkennen."

„Und macht es edel", fügte Caleb in seiner ruhigen Verzweiflung hinzu.

„Und macht es edel!" rief die Blinde. „Er ist älter als May, Vater?"

„Ja-a", versetzte Caleb widerstrebend. „Er ist ein bißchen älter als May. Aber das hat nichts zu bedeuten."

„Oh, Vater, ja! Seine geduldige Gefährtin in Gebrechen und Alter, seine sanfte Pflegerin in Krankheit und seine standhafte Freundin in Leiden und Kummer zu sein, nicht zu ermüden in der Arbeit um seinetwillen, für ihn zu wachen, ihn zu pflegen, an der Seite seines Bettes zu sitzen, mit ihm zu sprechen, wenn er wacht, für ihn zu beten, wenn er schläft – welch herrliches Vorrecht würde das sein! Welche Gelegenheit, ihm Treue und Hingebung zu beweisen! Wird sie wohl alles das tun, lieber Vater?"

„Ohne Zweifel", sagte Caleb.

„Ich liebe sie, Vater; ich kann sie aus meiner ganzen Seele lieben!" rief die Blinde. Und mit diesen Worten legte sie ihr armes blindes Antlitz auf Calebs Schulter und weinte so sehr, daß es ihm fast leid tat, dieses tränenvolle Glück über sie gebracht zu haben.

Mittlerweile hatte es in John Peerybingles Haus nicht wenig Aufruhr gegeben. Denn die kleine Mrs. Peerybingle konnte natürlich nicht daran denken, irgendwohin ohne das Bübchen zu gehen, und das Bübchen aufbruchfertig zu machen brauchte Zeit. Nicht, daß viel an dem Menschlein gewesen wäre, was Maß und Gewicht anging, aber es gab eine Unmenge für sein Wohlbefinden zu tun, und alles mußte in gemächlicher Reihenfolge geschehen. Wenn es zum Beispiel mit zahllosen Handgriffen bis zu einem gewissen Punkt angezogen war und man mit Grund hätte glauben können, daß nur noch ein paar Kleinigkeiten fehlten, um es als ein Prachtbübchen, das alle Welt herausforderte, spazierenzuführen, so wurde es unerwartet mittels einer Flanellkappe zum Schweigen und hurtig zu Bett gebracht. Dort mußte es während des größeren Teils einer Stunde zwischen zwei Decken gar werden, wenn man sich so ausdrücken darf. Aus diesem Zustand der Untätigkeit wurde es sodann, mit glühendem Gesicht und ungestüm schreiend, herausgeholt, um ein kleines Mahl einzunehmen. Danach ging es wieder schlafen. Diese Zwischenzeit benutzte Mrs. Peerybingle, um sich in ihrer bescheidenen Weise so schmuck herauszuputzen, wie man nur je eine kleine Frau zu sehen bekommen kann; und im Lauf desselben kurzen Waffenstillstands zwängte sich Miß Slowboy in einen Spenzer* von so überraschendem und unvergleichlichem Schnitt, daß er nicht im geringsten Zusammenhang mit ihr selbst oder mit irgend etwas sonst im Universum stand, sondern ein zusammengeschrumpftes, zerknülltes, unabhängiges Etwas war, das seine einsame Bahn ohne die mindeste Rücksicht auf irgend jemand verfolgte. Mittlerweile war das Bübchen wieder ganz lebendig geworden und wurde jetzt durch die vereinte Anstrengung von Mrs. Peerybingle und Miß Slowboy in einen rahmfarbenen Mantel gesteckt, während seinem Kopf eine Art nankingfarbene** Pastete aufgesetzt wurde. Und so gelangten im Lauf der Zeit alle drei zur Tür hinunter, wo der alte Gaul bereits mehr als

* Kurzes, enganliegendes Jäckchen, benannt nach dem englischen Grafen G. J. Spencer

** Rötlichgelbes Baumwollgewebe

den vollen Wert seines Tagzolles aus der Wegbaukasse genommen hatte, indem er mit ungeduldigen Schriftzügen das Pflaster aufriß. Boxer aber war in der Ferne sichtbar, wie er zurückschauend dastand, als wollte er das Pferd verlocken, ihm ohne Auftrag nachzukommen.

Wer glaubt, daß Mrs. Peerybingle einen Stuhl oder irgendein anderes Hilfsmittel zum Besteigen des Karrens benötigt hätte, der kannte John schlecht. Ehe man sehen konnte, wie er sie vom Boden aufhob, saß sie schon frisch und rosig auf ihrem Platz und sagte: „John! Wie kannst du bloß! Denk doch an Tilly!"

Wenn es gestattet wäre, in irgendeiner Weise von den Beinen einer jungen Dame zu sprechen, so würde ich bemerken, daß die von Miß Slowboy vom Geschick dazu bestimmt zu sein schienen, sich bei jeder Gelegenheit aufzuschürfen. Sie konnte nie auch nur das unbedeutendste Auf- oder Absteigen vornehmen, ohne dies mit einer Kerbe zu verzeichnen, so wie Robinson Crusoe die Tage in seinen hölzernen Kalender eintrug. Doch da dies vielleicht als wenig vornehm angesehen werden kann, so will ich's mir noch überlegen.

„John, du hast doch den Korb mit der Kalbs- und Schweinspastete samt den übrigen Sachen – und die Bierflaschen?" fragte Dot. „Wenn nicht, mußt du augenblicklich wieder umkehren."

„Du bist mir eine saubere kleine Person", entgegnete der Fuhrmann, „daß du von Umkehren sprichst, nachdem du mich eine volle Viertelstunde aufgehalten hast."

„Es tut mir leid, John", versetzte Dot in großer Geschäftigkeit, „aber ich könnte wirklich nicht daran denken, zu Bertha zu gehen – nein, ich möchte es um keinen Preis, John –, ohne die Kalbs- und Schweinspastete mit den andern Sachen und den Bierflaschen. Brrr!"

Dieses einsilbige Wort galt dem Pferd, das nicht im geringsten darauf achtete.

„Ruf du brrr, John!" sagte Mrs. Peerybingle. „Sei so gut!"

„Es wird Zeit genug dazu sein", entgegnete John, „wenn ich anfange, Sachen zurückzulassen. Der Korb ist hier – ganz wohlbehalten."

„Was bist du für ein hartherziges Ungeheuer, John, daß du es nicht gleich gesagt und mir die Sorge erspart hast. Ja, wahrhaftig, ich möchte um kein Geld zu Bertha gehen, ohne die Kalbs- und Schweinspastete nebst den anderen Sachen und den Bierflaschen. Regelmäßig alle vierzehn Tage, seit wir verheiratet sind, John, haben wir unsere kleinen Picknicks dort abgehalten. Wenn das einmal irgendwie schiefgehen sollte, so würde ich fast glauben, wir könnten nie wieder glücklich sein."

„Es war vor allem ein menschenfreundlicher Gedanke", sagte der Fuhrmann, „und ich ehre dich darum, mein Weibchen."

„Mein lieber John", versetzte Dot, tief errötend, „wie kannst du davon sprechen, mich zu ehren? Du meine Güte!"

„Beiläufig", bemerkte der Fuhrmann, „jener alte Gentleman –"

Abermals eine plötzliche und ganz deutlich wahrnehmbare Verlegenheit.

„Er ist ein kurioser Kauz", sagte der Fuhrmann, während er geradeaus auf die Straße blickte, die vor ihnen lag. „Ich kann nicht aus ihm klug werden. Indes glaube ich nicht, daß etwas Unrechtes an ihm ist."

„Durchaus nicht. Ich bin – ich bin überzeugt, nicht das mindeste."

„Ja", versetzte der Fuhrmann, indem er, verwundert über den großen Ernst, mit dem sie sprach, die Augen auf sie richtete. „Es freut mich, daß du dessen so gewiß bist, weil es eine Bestätigung für mein Gefühl ist. Sonderbar ist es übrigens, daß er sich's in den Kopf gesetzt hat, weiter bei uns wohnen zu bleiben – meinst du nicht? Manches kommt so unerwartet."

„So ganz unerwartet", entgegnete sie mit gedämpfter, kaum hörbarer Stimme.

„Gleichwohl ist er ein gutmütiger alter Gentleman", sagte John, „und zahlt wie ein Gentleman, und ich glaube, man kann sich auf sein Wort verlassen wie auf das eines Gentleman. Ich habe diesen Morgen eine lange Unterhaltung mit ihm gehabt. Er versteht mich bereits besser, sagt er, da er sich an meine Stimme gewöhnt habe. Er erzählte mir einen guten Teil von sich selber, und ich erzählte ihm viel von mir, und er stellte einen ganzen Haufen Fragen an mich. Ich teilte ihm mit, daß ich zwei Runden in meinem Geschäft hätte – den einen Tag rechts von unserem Haus und wieder zurück, den andern Tag links und wieder zurück (denn er ist ein Fremder und kennt die Namen der

Ortschaften hier in der Gegend nicht), und er schien sich darüber zu freuen. ‚Gut, dann werde ich heute abend auf Eurem Weg nach Hause zurückkehren', sagte er, ‚wenngleich ich dachte, Ihr würdet gerade aus der entgegengesetzten Richtung kommen. Das ist ja prächtig. Ich bemühe Euch vielleicht abermals um einen Platz, verspreche aber, nicht wieder so tief einzuschlafen.' Und er hat einen recht gesunden Schlaf gehabt, das muß man ihm lassen. – Dot, an was denkst du?"

„An was ich denke, John? Ich – ich hörte dir zu."

„Oh, dann ist's schon recht", sagte der ehrliche Fuhrmann. „Nach dem Aussehen deines Gesichts fürchtete ich, ich hätte so lange geredet, daß du mit deinen Gedanken anderswohin geraten wärst. Allen Ernstes, beinahe hätte ich's geglaubt."

Dot gab keine Antwort, und sie holperten eine Weile schweigend weiter. Indes war es nicht leicht, in John Peerybingles Karren sehr lange schweigsam zu sein, da jedermann auf der Straße etwas zu sagen hatte. Wenn es auch, wie gar häufig, nur ein „Wie geht's?" war, so mußte doch auch dieses im rechten Geist der Herzlichkeit erwidert werden – nicht bloß mit einem Nicken und einem Lächeln, sondern mit einer gesunden Tätigkeit des ganzen Lungenapparats wie bei einer langatmigen Parlamentsrede. Bisweilen trabten Leute zu Fuß oder zu Pferd eine Strecke weit neben dem Karren her, nur um ein bißchen plaudern zu können, und dann gab es auf beiden Seiten gar viel zu sagen.

Ferner gab Boxer Anlaß zu weit mehr wohlgemeinten Begrüßungsszenen, als ein halbes Dutzend Christen getan haben könnten. Auf dem ganzen Weg kannte ihn alles, namentlich aber die Hühner und die Schweine. Wenn diese ihn herankommen sahen, den Körper ganz auf eine Seite gelegt, die Ohren fragend gespitzt und das Stümpfchen von einem Schwanz eifrig in der Luft hin und her wedelnd, so versteckten sie sich augenblicklich in einem verborgenen Winkel, ohne auf die Ehre näherer Bekanntschaft zu warten. Er hatte überall zu schaffen, lief zu jeder Straßenecke, guckte in alle Brunnen, schoß zu allen Haustüren hinein und wieder heraus, mischte sich mitten unter alle Schulkinder, verscheuchte alle Tauben, zupfte an den Schwänzen aller Katzen und trabte wie ein regelmäßiger Kunde in die Wirtshäuser hinein. Und wohin er auch gehen mochte, hörte man den einen oder den anderen schreien: „He, da ist Boxer!", und dieser Jemand kam dann unverweilt, von wenigstens zwei oder drei anderen Jemanden begleitet, heraus, um John Peerybingle und seiner hübschen jungen Frau guten Tag zu sagen.

Die Pakete und Schachteln für den Botenkarren waren zahlreich, und man mußte oft haltmachen, um welche entgegenzunehmen oder abzugeben. Das war bei weitem nicht der langweiligste Teil der Fahrt, denn manche Leute waren voller Erwartung hinsichtlich ihrer Pakete, andere waren so neugierig über ihre Pakete, und wieder andere konnten mit ihren Anweisungen über ihre Pakete fast kein Ende finden, und John nahm an allen Paketen einen so lebhaften Anteil, daß es wie in einer Komödie war. Ferner gab es Sachen mitzunehmen, die besondere Sorgfalt und eine eigene Besprechung betreffs einer angemessenen Beförderung erforderten. An diesen Beratungen zwischen dem Fuhrmann und den Versendern pflegte Boxer teilzunehmen, indem er jeweils eine kurze Zeit mit der größten Aufmerksamkeit zuhörte und dann minutenlang die versammelten Weisen umkreiste, wobei er sich heiser bellte. All diesen kleinen Vorkommnissen sah Dot von ihrem Sitz auf dem Karren mit großem Vergnügen zu. Und wie sie so dasaß, ein bezauberndes kleines Porträt, trefflich durch die Plane eingerahmt, fehlte es unter den jüngeren Männern nicht an gegenseitigen Ellbogenstößen, Blicken und neidischem Flüstern. Hierüber war John, der Fuhrmann, über die Maßen entzückt, denn es machte ihn stolz, seine Frau bewundert zu sehen; er wußte ja, daß sie es nicht übelnahm, sondern vielleicht eher eine Freude daran hatte.

Der Ausflug in dem Januarwetter war ein bißchen neblig und rauh und kalt. Aber wen kümmerten solche Kleinigkeiten? Dot gewiß nicht. Auch Tilly Slowboy nicht, denn sie hielt das Sitzen in einem Karren unter allen Umständen für die höchste aller menschlichen Freuden – für die Krone der Erdenhoffnungen. Ebensowenig das Bübchen – darauf will ich einen Eid ablegen; denn kein Bübchen könnte wärmer oder gesünder schlafen, egal, wie groß seine Fähigkeiten in beiderlei Hinsicht sein mögen, als ebendieser gesegnete junge Peerybingle auf dem ganzen Weg.

Man konnte im Nebel natürlich nicht weit sehen; aber gleichwohl vermochte man eine Menge Dinge wahrzunehmen. Es ist erstaunlich, wieviel man sogar in einem noch dichteren Nebel, als dieser war, bemerken kann, wenn man nur seine Augen gebraucht. Sogar bloß dazusitzen und auf die Feenkreise in den Feldern oder auf die bereiften Flecke zu achten, die sich an Hecken und Bäumen im Schatten noch erhalten hatten, war ein angenehmer Zeitvertreib; ganz zu schweigen von den unerwarteten Gestalten, in denen die Bäume selbst aus dem Nebel hervortraten und wieder in ihn zurückglitten. Die Hecken waren struppig und kahl und schwenkten eine Menge dürrer Girlanden im Wind. Aber das war kein deprimierender Anblick, sondern weckte eher angenehme Gedanken, weil es den heimischen Herd wärmer und den in Aussicht stehenden Sommer grüner erscheinen ließ. Der Fluß sah allerdings frostig aus, aber er war in Bewegung und bewegte sich obendrein recht schnell – was viel war. Nur der Kanal war langsam und träge; doch gleichviel, er gefror dann nur um so schneller, wenn es kälter wurde, und dann konnte man Schlittschuh laufen und schlittern. Und die schweren alten Barken, die irgendwo in der Nähe des Kais eingefroren sein würden, rauchten dann ihre rostigen eisernen Kaminpfeifen den ganzen Tag und hatten freie Zeit.

An einer Stelle wurde ein großer Haufen Stoppeln verbrannt, und sie sahen dem durch den Nebel flackernden Feuer zu, das bei Tag so weiß erschien und nur hin und wieder einen roten Streifen zeigte. Schließlich begann Miß Slowboy zu husten – sie brachte das bei dem geringsten Anlaß fertig –, weil, wie sie sagte, ihr „der Rauch in die Nase stieg", und infolgedessen wachte das Bübchen auf und wollte nicht wieder einschlafen. Aber Boxer, der ein paar hundert Schritte voraus war, hatte bereits die Außenposten der Stadt hinter sich gelassen und die Straßenecke erreicht, wo Caleb mit seiner Tochter wohnte; und lange bevor sie an der Tür ankamen, waren er und das blinde Mädchen schon vor dem Haus, um sie willkommen zu heißen.

Beiläufig bemerkt, legte Boxer in seinem Umgang mit Bertha in gewisser Weise ein rücksichtsvolleres Verhalten als sonst an den Tag, was mich fest daran glauben läßt, daß er recht wohl wußte, daß sie blind war. Denn er suchte nie ihre Aufmerksamkeit dadurch auf sich zu ziehen, daß er sie ansah, wie er es oft mit anderen Leuten tat, sondern pflegte sie zu diesem Zweck stets zu berühren. Welche Erfahrungen er mit blinden Leuten oder blinden Hunden gemacht haben konnte, weiß ich nicht. Er hatte nie bei einem blinden Herrn gelebt, und ebensowenig waren, soviel mir bekannt ist, Mr. Boxer senior, Mrs. Boxer oder irgendein Mitglied seiner achtbaren Familie väterlicher- oder mütterlicherseits, je von Blindheit heimgesucht gewesen. Vielleicht hatte er's selbständig herausgefunden, aber auf jeden Fall war er in irgendeiner Weise dahintergekommen; er hatte daher Bertha beim Rocksaum erfaßt und hielt sie fest, bis Mrs. Peerybingle, das Bübchen, Miß Slowboy und der Korb samt und sonders wohlbehalten ins Haus hineingelangt waren.

May Fielding war bereits angekommen, desgleichen ihre Mutter, eine kleine, zänkische alte Dame mit einem grämlichen Gesicht, die kraft des Umstands, daß sie eine Figur wie ein Bettpfosten bewahrt hatte, als eine ganz hervorragende Erscheinung galt. Sie hatte einmal bessere Tage gesehen, oder, was so ziemlich auf das gleiche hinauskommt, sie lebte unter dem Eindruck, daß es ihr hätte gutgehen können, wenn etwas eingetreten wäre, was sich nie zutrug und sich aller Wahrscheinlichkeit nach auch nie zutragen konnte, und war deshalb äußerst vornehm und herablassend. Gruff & Tackleton war gleichfalls zugegen und spielte den Angenehmen. Man merkte es ihm an, daß er sich dabei ebensosehr zu Hause und in seinem Element fühlte wie ein frischer junger Lachs auf der Spitze der Großen Pyramide.

„May! Meine liebe alte Freundin!" rief Dot und eilte auf sie zu. „Wie glücklich bin ich, dich wiederzusehen!"

Die alte Freundin war ebenso herzlich erfreut wie sie, und man darf es mir aufs Wort glauben, wenn ich sage, daß es ein ungewöhnlich hübscher Anblick war, wie sie sich beide umarmten. Tackleton besaß ohne Frage Geschmack: May war sehr hübsch.

Ist man an ein hübsches Gesicht gewöhnt, so erscheint es einem bisweilen für einen Augenblick gewöhnlich und reizlos, wenn es mit einem anderen hübschen Gesicht zusammenkommt und man Vergleiche zwischen den beiden anstellt; man glaubt dann leicht, es verdiene nicht die hohe Meinung, die man davon hatte. Bei Dot oder May war das aber durchaus nicht der Fall, denn das Gesicht der einen stach gegen das der anderen so natürlich und angenehm ab, daß sie eigentlich – wie John Peerybingle beinahe gesagt hätte, als er ins Zimmer trat – als Schwestern hätten geboren werden können; denn das wäre die einzige Verbesserung gewesen, die man möglicherweise noch hätte wünschen können.

Tackleton hatte seine Hammelkeule und – welch erfreuliche Kunde – außerdem noch eine Torte mitgebracht. Freilich, wenn es um eine Braut geht, so macht man sich nichts aus ein bißchen Verschwendung, denn man heiratet nicht alle Tage. Außer diesen Leckerbissen waren noch die Kalbs- und Schweinspastete und die „anderen Sachen", wie Mrs. Peerybingle sie nannte, vorhanden – nämlich Nüsse, Orangen, Kuchen und ein wenig Bier. Sobald dieses Mahl nebst Calebs Beitrag, einer großen hölzernen Schüssel voll dampfender Kartoffeln – denn er durfte aufgrund eines feierlichen Vertrags keinen anderen Anteil liefern –, auf dem Tisch aufgetragen war, führte Tackleton seine künftige Schwiegermutter zu ihrem Ehrenplatz. Um bei der hohen Festlichkeit diesen Platz um so besser zu zieren, hatte sich die majestätische alte Seele mit einer Haube herausgeputzt, die darauf berechnet war, den Gedankenlosen Gefühle der Ehrfurcht einzuflößen. Außerdem hatte sie ihre Handschuhe an. Ja, lieber sterben, als nicht vornehm zu sein!

Caleb saß neben seiner Tochter, Dot mit ihrer alten Schulkameradin Seite an Seite, und der gute Fuhrmann übernahm die Obhut über den unteren Teil der Tafel. Miß Slowboy sah sich für den Augenblick mit Ausnahme des Stuhls, auf dem sie saß, von jedem anderen Möbelstück entfernt, damit sie nichts hatte, wogegen sie den Kopf des Bübchens hätte stoßen können.

Tilly machte große Augen angesichts der Puppen und Spielsachen, die ihrerseits die junge Dame und die ganze übrige Gesellschaft anstarrten. Die ehrwürdigen alten Gentlemen an den Haustüren, die alle in voller Tätigkeit waren, zeigten ein besonderes Interesse für die Gesellschaft, hielten gelegentlich an, ehe sie einen Sprung machten, als wollten sie der Unterhaltung lauschen, und vollführten dann zahllose Purzelbäume, ohne sich auch nur zum Atmen Zeit zu lassen, als seien sie vor Entzücken über den Vorgang völlig außer sich.

Zweifellos, wenn besagte alte Gentlemen Lust gehabt hätten,

über Tackletons Mißerfolg eine diebische Freude zu äußern, so hätten sie hinreichend Grund zur Zufriedenheit gehabt. Tackleton kam seinem Ziel einfach nicht näher, und je fröhlicher seine zukünftige Braut in Dots Gesellschaft wurde, desto weniger gefiel ihm das, obwohl er sie ausdrücklich zu diesem Zweck zusammengebracht hatte. Denn Tackleton war mißgünstig wie der Hund am Futtertrog, und wenn sie lachten, ohne daß er mitlachen konnte, so setzte er sich augenblicklich in den Kopf, daß sie sich über ihn lustig machten.

„Ah, May!" sagte Dot. „Du lieber Gott, welche Veränderungen! Man wird wieder jung, wenn man von den frohen Tagen der Schulzeit sprechen kann."

„Ihr seid doch noch gar nicht besonders alt, oder?" bemerkte Tackleton.

„Sehen Sie nur meinen gesetzten, schwer arbeitenden Mann da an", entgegnete Dot. „Er ist meinem Alter mindestens zwanzig Jahre voraus. Ist es nicht so, John?"

„Vierzig", versetzte John.

„Wie viele Jahre Sie May voraus sind, weiß ich natürlich nicht", sagte Dot lachend, „aber an ihrem nächsten Geburtstag kann sie nicht viel weniger als hundert Jahre alt werden."

„Haha!" lachte Tackleton; aber sein Lachen klang so hohl wie eine Trommel. Und er machte dabei eine Miene, als hätte er Dot am liebsten den Hals umgedreht.

„Du meine Güte!" rief Dot. „Denk nur daran, wie wir in der Schule von den Männern zu plaudern pflegten, die wir einst wählen würden. Ich weiß nicht, wie jung und wie schön und wie heiter und wie lebhaft der meinige hätte sein sollen! Und was Mays betrifft! – Ach, Himmel, ich weiß kaum, soll ich lachen oder weinen, wenn ich daran denke, was für einfältige Mädchen wir waren."

May schien wohl zu wissen, was sie tun sollte, denn eine tiefe Röte überzog ihr Gesicht, und Tränen traten ihr in die Augen.

„Ja, sogar die Personen selbst – leibhaftige, lebendige junge Männer – suchten wir uns bisweilen aus", sagte Dot. „Wir konnten ja nicht ahnen, wie die Dinge kommen würden. John habe ich mir sicherlich nie ausgesucht – ja, nicht einmal an ihn gedacht; und wenn ich dir je gesagt hätte, du würdest einmal

Mr. Tackleton heiraten, so hättest du mir wahrhaftig einen Klaps gegeben. Meinst du nicht, May?"

Obgleich May nicht ja sagte, so antwortete sie doch keineswegs mit Nein oder stellte es auf irgendeine andere Weise in Abrede.

Tackleton lachte – ja, brüllte geradezu vor Lachen. Auch John Peerybingle lachte in seiner gewöhnlichen gutmütigen und zufriedenen Weise; aber es war nur ein Flüstern gegen das Gelächter von Tackleton.

„Gleichwohl konntet ihr nicht anders – ihr seht, daß ihr uns nicht zu widerstehen vermochtet", sagte Tackleton. „Wir – wir sind da; aber wo sind jetzt eure schmucken jungen Bräutigame?"

„Einige sind gestorben", sagte Dot, „und einige vergessen. Manche davon, wenn sie in diesem Augenblick unter uns sein könnten, würden gar nicht glauben, daß wir dieselben Geschöpfe sind, würden ihren Sinnen nicht trauen, wenn sie die Wirklichkeit sehen und hören könnten – wenn sie sich überzeugen müßten, daß wir imstande waren, sie so ganz und gar zu vergessen. Nein, sie würden kein Wort davon glauben."

„Aber Dot!" rief der Fuhrmann. „Meine Kleine!"

Sie hatte mit solchem Ernst und solchem Feuer gesprochen, daß es zweifellos nötig war, sie wieder zur Besinnung zu bringen. Der Zuruf ihres Gatten war zwar sanft und sollte seiner Absicht nach nur den alten Tackleton in Schutz nehmen; aber er erwies sich als wirksamer, denn er brachte die Sprecherin ganz und gar zum Verstummen. Doch auch in ihrem Schweigen lag eine ungewöhnliche Aufregung, die der schlaue Tackleton – er hatte sein halb geschlossenes Auge aufmerksam auf sie gerichtet – genau beobachtete und, wie man später sehen wird, auch für seine Absichten zu benutzen wußte.

May sprach keine Silbe, weder im Guten noch im Bösen, sondern saß still und mit niedergeschlagenen Augen da. Kein Anzeichen verriet, daß sie an dem, was vorging, irgendein Interesse nahm. Die gute Dame, ihre Mutter, schritt nun vermittelnd ein, indem sie zuallererst bemerkte, daß Mädchen eben Mädchen und vergangene Zeiten vergangen seien; solange das junge Volk jung und gedankenlos sei, werde es sich stets wie junges und gedankenloses Volk benehmen. Nachdem sie noch ein paar andere Sätze von nicht weniger gesunder und unwiderlegbarer Vernünftigkeit aufgestellt hatte, fuhr sie in frommem Ton fort, sie danke dem Himmel, daß sie in ihrer Tochter May stets ein pflichtbewußtes, gehorsames Kind gefunden habe. Sie wolle sich zwar nichts auf die Art, wie sie sie erzogen habe, einbilden, habe aber doch allen Grund zu glauben, daß dies auf sie zurückzuführen sei. In Hinblick auf Tackleton sagte sie, kein vernünftiger Mensch könne bestreiten, daß er vom moralischen Gesichtspunkt aus ein tadelloser Mensch und vom Standpunkt der Heiratsfähigkeit aus der allerwünschenswerteste Schwiegersohn sei. Diese letzte Behauptung stellte sie mit großem Nachdruck auf. Was die Familie betreffe, in die er nach einigem Werben so bald aufgenommen werden sollte, so glaube sie, Mr. Tackleton werde wohl wissen, daß sie, wenn auch in weniger günstigen Vermögensverhältnissen, doch berechtigte Ansprüche auf Vornehmheit habe. Ja, wenn gewisse Umstände, die nicht ganz ohne Zusammenhang mit dem Indigohandel seien – sie wolle so weit gehen, dies zu sagen, sich aber auf nichts Ausführlicheres einlassen –, anders ausgefallen wären, so könnte sie vielleicht im Besitz von Reichtümern sein. Sie bemerkte sodann, sie wolle nicht auf die Vergangenheit anspielen und deshalb ganz außer acht lassen, daß ihre Tochter eine Zeitlang Tackletons Werben zurückgewiesen habe, wie sie denn überhaupt von noch vielen anderen Dingen nicht reden wollte, die sie längstens und breitestens ausführte. Zuletzt stellte sie es als ein allgemeines Ergebnis ihrer Beobachtungen und Erfahrungen hin, daß diejenigen ehelichen Verbindungen, in die sich am wenigsten von der romantischer- und törichterweise so genannten Liebe mische, stets die glücklichsten seien; sie erwarte daher die größtmögliche Summe von Glück von der bevorstehenden Heirat – nicht einen Freudentaumel, sondern ein solides, ruhiges Glück. Sie schloß mit der Mitteilung an die Runde, daß der morgige Tag derjenige sei, für den sie ausdrücklich gelebt habe; sei dieser vorüber, so habe sie keinen anderen Wunsch mehr, als zu sterben und auf irgendeinem vornehmen Begräbnisplatz bestattet zu werden.

Da diese Bemerkungen ganz unwiderlegbar waren – eine glückliche Eigenschaft all jener Bemerkungen, die hinreichend weit von der eigentlichen Sache entfernt sind –, so nahm die Richtung des Gesprächs eine andere Wendung, und die allgemeine

Aufmerksamkeit wandte sich der Kalbs- und Schweinspastete, der kalten Hammelkeule, den Kartoffeln und der Torte zu. Damit außerdem das Flaschenbier nicht ungenutzt bliebe, brachte John Peerybingle einen Trinkspruch auf den morgigen Hochzeitstag aus und forderte alle Anwesenden auf, ein volles Glas darauf zu leeren, ehe er seine Fahrt wieder antreten müsse.

Man muß nämlich wissen, daß er hier nur für eine Weile haltmachte und seinem alten Gaul Futter gab. Er hatte noch eine Runde von einigen Meilen zu machen, und wenn er abends wieder zurückkehrte, so holte er Dot ab und gönnte sich eine neuerliche Rast. Das war das Tagesprogramm bei all diesen Picknickgesellschaften, und es war seit ihrer Einführung nie anders gehalten worden.

Außer der Braut und dem glücklichen Bräutigam waren noch zwei Personen anwesend, die den Trinkspruch recht gleichgültig aufnahmen. Die eine davon war Dot, die zu sehr erregt und verstimmt war, um sich an irgendeiner unbedeutenden Sache, die gerade vorging, beteiligen zu können; die andere war Bertha, die vor den übrigen hastig aufstand und den Tisch verließ.

„Gott befohlen!" sagte der derbe John Peerybingle und legte seinen wetterfesten Rock an. „Ich werde zur gewohnten Zeit wieder zurück sein. Gott befohlen bis dahin."

„Gott befohlen, John", entgegnete Caleb.

Er schien diesen Segenswunsch mechanisch herzusagen und in derselben unbewußten Weise die Hand zu schwenken, denn er stand da und beobachtete Bertha mit einem ängstlich verwunderten Gesicht, das nie seinen Ausdruck wechselte.

„Gott befohlen, du Grünschnabel!" sagte der lustige Fuhrmann, indem er sich niederbeugte, um das Bübchen zu küssen, das Tilly Slowboy, die jetzt nur noch auf ihr Messer und ihre Gabel achtete, zum Schlafen – seltsamerweise ohne Schaden anzurichten – in ein kleines, von Bertha bereitgestelltes Bett gelegt hatte. „Gott befohlen! Ich denke, einmal wird die Zeit kommen, wo du, mein kleiner Freund, ins kalte Wetter hinausfährst, damit dein alter Vater in der Ofenecke seine Pfeife rauchen und sein Rheuma pflegen kann. Wo ist Dot?"

„Hier bin ich, John!" sagte sie aufspringend.

„Na, wie steht's?" entgegnete der Fuhrmann und klatschte laut in die Hände. „Wo ist die Pfeife?"

„Ich habe sie ganz vergessen, John."

Die Pfeife vergessen! Hatte man so etwas schon je zuvor gehört? Dot und die Pfeife vergessen!

„Ich will – ich will sie augenblicklich stopfen. Es ist im Nu geschehen."

Gleichwohl war es nicht so ganz im Nu abgetan. Die Pfeife steckte an ihrem gewöhnlichen Platz in der Tasche von Johns wetterfestem Mantel, zusammen mit dem kleinen Beutel, den sie selbst angefertigt hatte und aus dem sie sie zu füllen pflegte. Doch ihre Hand zitterte so, daß sie sich ganz verstrickte (und gleichwohl war ihre Hand sicherlich klein genug, um leicht wieder herauskommen zu können) und ihre Sache schrecklich stümperhaft machte. Das Füllen und Anzünden der Pfeife, diese kleinen Dienste, für die wir ihr oben so großes Lob gespendet haben, verliefen von Anfang bis Ende in geradezu jämmerlicher Weise. Während des ganzen Vorgangs stand Tackleton da und sah boshaft mit dem halb geschlossenen Auge zu, und sooft sein Blick dem ihren begegnete, nahm ihre Verwirrung in einem höchst merkwürdigen Grad zu. Dabei legte er es regelrecht darauf an, ihrem Blick zu begegnen, denn er sah kaum jemand anderen an, und sein Auge stellte geradezu eine Art Falle dar, um das ihrige zu fangen.

„Himmel, was bist du doch diesen Nachmittag für eine ungeschickte Dot!" sagte John. „Ich glaube wahrhaftig, daß ich es selbst hätte besser machen können!"

Mit diesen gutmütigen Worten schritt er von dannen, und bald darauf hörte man, wie er gemeinsam mit Boxer, dem alten Gaul und dem Karren die Straße hinunter lebhafte Musik machte. Die ganze Zeit über hatte der träumerische Caleb dagestanden und mit dem gleichen Gesichtsausdruck seine blinde Tochter beobachtet.

„Bertha", sagte Caleb sanft, „was ist geschehen? Wie verändert bist du, mein Herz, seit wenigen Stunden – seit diesem Morgen erst. Du bist stumm und düster den ganzen Tag über! Was gibt's? Sprich!"

„O Vater, Vater!" rief die Blinde und brach in Tränen aus. „O mein hartes, hartes Geschick!"

Caleb fuhr sich mit der Hand über die Augen, ehe er ihr

antwortete. „Aber denk nur daran, wie heiter und glücklich du warst, Bertha! Wie gut und wie sehr geliebt von vielen Leuten."

„Eben das geht mir zu Herzen, lieber Vater. Immer sind alle so rücksichtsvoll zu mir – stets so freundlich zu mir!"

Caleb war in großer Verlegenheit und wußte nicht, wie er sie verstehen sollte. „Seiner – seiner Augen beraubt zu sein, meine liebe arme Bertha", stotterte er, „ist ein großes Unglück; aber –"

„Ich habe es nie gefühlt!" rief die Blinde. „Ich habe es nie in seiner ganzen Schwere gefühlt. Ich habe wohl bisweilen gewünscht, ich könnte Euch oder ihn sehen – nur ein einziges Mal, lieber Vater, nur eine einzige kleine Minute –, damit ich auch wüßte, was ich hier" – sie legte ihre Hand auf die Brust –„aufbewahre und festhalte! Damit ich überzeugt sein könne, es entspreche der Wahrheit! Und bisweilen (aber damals war ich noch ein Kind) weinte ich in meinen nächtlichen Gebeten, sooft ich mir dachte, daß Eure Bilder, wenn sie aus meinem Herzen zum Himmel stiegen, Euch nicht wirklich gleichen mochten. Aber solche Gefühle haben mich niemals lange beschäftigt; sie entschwanden, und ich konnte wieder ruhig und zufrieden sein."

„Das wird wieder so werden", sagte Caleb.

„Aber Vater – o mein guter, sanfter Vater, habt Nachsicht mit mir, wenn ich mich versündige!" sagte die Blinde. „Das ist nicht der Kummer, der mich so bedrückt!"

Ihr Vater konnte sich nicht länger beherrschen – seine feuchten Augen strömten über, so ernst, so rührend sprach sie. Aber er verstand sie immer noch nicht.

„Bringt sie zu mir", sagte Bertha. „Ich kann's nicht in mir verschlossen tragen. Bringt sie zu mir, Vater!"

Sie wußte, daß er zögerte, und sagte daher: „May – bringt May her!"

May hörte ihren Namen, kam ruhig heran und berührte sie am Arm. Die Blinde wandte sich ihr augenblicklich zu und ergriff ihre beiden Hände.

„Sieh mir ins Gesicht, teures Herz, süßes Herz", sagte Bertha. „Lies darin mit deinen schönen Augen und sag mir, ob die Wahrheit darin geschrieben steht."

„Liebe Bertha, ja!"

Das blinde Mädchen hatte noch immer das blasse, des Augenlichts beraubte Antlitz aufwärts gewandt, und während ihr die Tränen über die Wangen strömten, sprach sie folgende Worte zu ihr: „In meiner Seele ist kein Wunsch, kein Gedanke, der nicht Glück und Segen für dich erfleht, schöne May. In meiner Seele ist keine dankbare Erinnerung stärker als das innige Gedenken an die Zeit, wo du, im stolzen Besitz deines Augenlichts und deiner Schönheit, so oft und vielmals freundlich warst zur blinden Bertha – selbst als wir zwei noch Kinder waren, soweit die blinde Bertha eben ein Kind sein konnte. Segen auf dein Haupt und strahlendes Licht auf deinen Lebensweg! Mein Wunsch ist nicht weniger innig, meine teure May", und sie zog ihre Freundin fester an sich, „mein Wunsch ist nicht weniger innig, weil mir heute die Nachricht, daß du sein Weib werden sollst, fast das Herz gebrochen hat! Vater, May – o vergebt mir, daß es so ist, um all dessen willen, was er getan hat, um das schwere Schicksal meines umnachteten Lebens zu erleichtern, und um des Glaubens willen, den ihr mir schenkt, wenn ich den Himmel zum Zeugen anrufe, daß ich ihm kein Weib wünschen könnte, das seiner Güte würdiger wäre!"

Während sie so sprach, hatte sie May Fieldings Hände losgelassen und streichelte ihre Kleider in einer Weise, in der sich Liebe mit bittendem Flehen mengte. Während sie ihr seltsames Bekenntnis ablegte, sank sie immer tiefer und tiefer an ihrer Freundin herab, bis sie zuletzt ganz zu ihren Füßen lag, wo sie ihr erblindetes Antlitz in den Falten ihres Gewandes verbarg.

„O Allmächtiger!" rief ihr Vater, dem jetzt schlagartig alles klar wurde. „Mußte ich sie von ihrer Wiege an täuschen, nur um ihr am Ende das Herz zu brechen?"

Es war gut für sie alle, daß Dot, die strahlende, nützliche, geschäftige kleine Dot – denn das war sie trotz all ihrer Fehler und obwohl sie der Leser in geraumer Zeit hassen lernen wird –, ich sage, es war gut für sie alle, daß sie da war, denn sonst wäre kaum abzusehen gewesen, wozu alles das noch geführt hätte. Dot hatte ihre Selbstbeherrschung wiedergewonnen und mischte sich ein, ehe noch May antworten oder Caleb ein weiteres Wort sprechen konnte.

„Komm, komm, liebe Bertha – komm mit mir! Gib ihr deinen Arm, May. So ist's recht – ihr seht, daß sie schon wieder gefaßt ist, und wie gut es von ihr ist, sich an uns zu erinnern", sagte die fröhliche Dot und küßte sie auf die Stirn. „Komm mit, liebe Bertha. So, und auch ihr guter Vater geht mit, nicht wahr, Caleb? Oh – natürlich!"

Wahrlich, sie war eine tüchtige kleine Dot in solchen Dingen, und nur ein ganz verhärtetes Gemüt hätte ihrem Einfluß widerstehen können. Sobald sie den armen Caleb und seine Bertha fortgebracht hatte, damit sie sich gegenseitig beruhigen und trösten konnten, wie, das wußte sie wohl, nur sie allein es vermochten, kam sie augenblicklich höchst lebhaft – die Redewendung sagt taufrisch, ich aber sage, noch frischer – wieder zurück, um bei jener bedeutenden kleinen Zeitgenossin in der Haube und den Handschuhen, die die Nase so hoch trug, ihren Wachposten zu beziehen und zu verhindern, daß das liebe alte Geschöpf Entdeckungen machte.

„So, bring mir das liebe Bübchen her", sagte sie und zog einen Stuhl ans Feuer, „und während ich's in meinem Schoß habe, Tilly, wird mir Mrs. Fielding hier sagen, wie man mit Kindern umgeht, und mich über ein Dutzend Dinge belehren, bei denen ich mich so dumm wie nur möglich verhalte. Nicht wahr, Mrs. Fielding?"

Nicht einmal der walisische Riese, der so dumm war, im Wetteifer mit einem Gauklerstückchen, das ihm sein Erzfeind beim Frühstück vorgemacht hatte, eine verhängnisvolle chirurgische Operation an sich selbst vorzunehmen* – nicht einmal er ging auch nur halb so bereitwillig in die ihm gelegte Schlinge, wie die alte Dame in diese arglistige Grube fiel. Der Umstand, daß Tackleton hinausgegangen war und außerdem zwei oder drei Personen in einiger Entfernung ein paar Minuten miteinander gesprochen und sie sich gänzlich selbst überlassen hatten, hätte sonst eigentlich dazu ausgereicht, sie zu kränken und sie volle vierundzwanzig Stunden lang jene geheimnisvolle Katastrophe im Indigohandel beklagen zu lassen. Doch diese schickliche Verneigung vor ihrer Erfahrung von seiten der jungen Mutter war so unwiderstehlich, daß sie nach einigen kurzen Augenblicken scheinbarer

* Anspielung auf eine Episode aus der Legende „John, der Riesentöter". John, eine Art „tapferes Schneiderlein", bringt durch List einen Riesen dazu, sich ein Messer in den Bauch zu stoßen und damit selbst zu töten.

bescheidener Abwehr in der liebenswürdigsten Stimmung von der Welt begann, die andere mit ihrer Weisheit zu erleuchten. Sie saß kerzengerade vor der hinterlistigen Dot und teilte ihr im Lauf einer halben Stunde eine so große Anzahl von untrüglichen Hausmittelchen und Ratschlägen mit, daß diese, wenn danach gehandelt worden wäre, dem jungen Peerybingle vollständig den Garaus hätten machen müssen, selbst wenn er ein jugendlicher Samson gewesen wäre.

Um den Gegenstand der Unterhaltung zu wechseln, griff Dot nach einer kleinen Handarbeit – sie führte nämlich (wie sie das anstellte, weiß ich nicht) stets den Inhalt eines ganzen Arbeitskörbchens in der Tasche –, gab sich dann wieder mit dem Kind ab, griff abermals zur Nadel, unterhielt sich dann in flüsterndem Ton ein wenig mit May, während die alte Dame schlummerte, und so verging mit diesen kleinen Beschäftigungen, wie es stets ihre Art war, der Nachmittag sehr schnell. Der Abend brach herein, und da es eine feierliche Übereinkunft bei diesen Picknickgesellschaften war, daß Dot alle Hausfrauenpflichten Berthas übernahm, schürte sie das Feuer, fegte den Herd ab, machte den Teetisch zurecht, ließ den Vorhang herunter und zündete eine Kerze an. Dann spielte sie ein paar Lieder auf einer einfachen Harfe, die Caleb für Bertha zurechtgezimmert hatte, und spielte sie sehr gut. Denn die Natur hatte ihr ein zartes Ohr verliehen, das ebensogut für Musik geeignet war wie für Juwelen, wenn sie welche zum Tragen gehabt hätte. Mittlerweile war die Teestunde herangekommen, und Tackleton fand sich wieder ein, um an dem Mahl teilzunehmen und den Abend in Gesellschaft zu verbringen.

Caleb und Bertha waren schon vor einiger Zeit wieder zurückgekehrt, und ersterer saß bei seiner Nachmittagsarbeit. Doch konnte er seine Gedanken nicht auf die Arbeit richten, da ihm die Sorge um seine Tochter und die Vorwürfe, die er sich ihretwegen machte, keinen Augenblick Ruhe ließen. Es war rührend, mit anzusehen, wie er untätig auf seinem Werkstuhl saß und, von schmerzlichen Gedanken bewegt, zu ihr hinschaute, während sein Gesicht die ganze Zeit über deutlich zu fragen schien: Mußte ich sie von ihrer Wiege an täuschen, nur um ihr am Ende das Herz zu brechen?

Als es Abend wurde, der Tee getrunken und Dot mit dem Spülen der Tassen fertig war – mit einem Wort (denn ich muß dazu kommen, und es führt zu nichts, es zu verschieben), als die Zeit herannahte, um die man mit jedem fernen Rädergerassel die Rückkehr des Fuhrmanns erwartete, änderte sich Dots Wesen wieder. Ihr Gesicht wechselte ständig die Farbe, und sie wurde sehr unruhig – nicht wie gute Frauen unruhig sind, wenn sie die Ankunft ihrer Männer erwarten; nein, nein, nein, es war eine ganz andere Art von Unruhe.

Man vernahm ein Räderknirschen – die Huftritte eines Pferdes – das Bellen eines Hundes. Die Laute kamen allmählich näher. Endlich kratzte Boxers Pfote an der Tür.

„Wessen Schritt ist das?" rief Bertha auffahrend.

„Wessen Schritt?" entgegnete der in der Tür stehende Fuhrmann, dessen braunes Gesicht von der scharfen Nachtluft wie eine Winterbeere gerötet war. „Na, der meinige."

„Der andere Schritt", sagte Bertha. „Der männliche Schritt hinter Euch!"

„Sie ist nicht leicht zu täuschen", bemerkte der Fuhrmann lachend. „Kommt nur, Sir. Seid unbesorgt, Ihr werdet willkommen sein!"

Er sprach das in lautem Ton, und unmittelbar darauf trat der taube alte Gentleman ein.

„Er ist nicht so fremd, daß Ihr ihn nicht schon einmal gesehen hättet, Caleb", sagte der Fuhrmann. „Ihr werdet ihm einen Platz im Haus geben, bis wir gehen?"

„Aber freilich, John; und es ist mir eine Ehre."

„Er ist die beste Gesellschaft auf Erden, wenn's etwas Geheimes zu sagen gibt", bemerkte John. „Ich habe doch leidlich gute Lungen, aber er hat ihnen zu schaffen gemacht, kann ich Euch sagen. Nehmt Platz, Sir. Es sind lauter Freunde hier, die sich freuen, Euch zu sehen."

Nachdem er ihm diese Versicherung mit einer Stimme mitgeteilt hatte, die in vollem Maße bekräftigte, was er von seinen Lungen gesprochen hatte, fügte er in seinem natürlichen Ton hinzu: „Er braucht nichts als einen Stuhl in der Kaminecke, auf dem er ruhig sitzen und behaglich um sich schauen kann. Er ist leicht zufriedengestellt."

Bertha hatte mit größter Aufmerksamkeit zugehört. Sobald Caleb den Stuhl zurechtgerückt hatte, rief sie ihn an ihre Seite und bat ihn mit gedämpfter Stimme, ihr den Besucher zu beschreiben. Er tat das – jetzt mit gewissenhafter Treue; und zum erstenmal, seit er hereingekommen war, rührte sich das arme Mädchen seufzend von ihrer Stelle und zeigte augenscheinlich kein weiteres Interesse an dem Fremden.

Der gute Fuhrmann war sehr aufgeräumt und seiner kleinen Frau gegenüber zärtlicher als je.

„Sie ist diesen Nachmittag eine sehr ungeschickte Dot gewesen", sagte er, während er, in einiger Entfernung von den übrigen, seinen derben Arm um ihren Leib schlang, „aber trotzdem muß ich sie gern haben. Sieh einmal dorthin, Dot!"

Er deutete auf den alten Mann. Sie schlug die Augen nieder, und ich glaube gar, sie zitterte.

„Er ist – hahaha! – voll Bewunderung für dich!" sagte der Fuhrmann. „Hat auf dem ganzen Weg hierher von nichts anderem gesprochen. Na, er ist ein wackerer alter Knabe, und ich liebe ihn darum!"

„Ich wünschte, er hätte sich einen besseren Gegenstand gewählt", sagte sie und blickte unruhig im Zimmer umher. Vor allem ruhte ihr Blick auf Tackleton.

„Einen besseren Gegenstand?" rief der lustige John. „Es gibt gar keinen besseren. Na, herunter jetzt mit dem Überrock, herunter mit dem dicken Halstuch, herunter mit dem schweren Zeug – und ein behagliches halbes Stündchen beim Feuer! Gehorsamer Diener, Mistress. Ein Spielchen Cribbage, Sie und ich? Das ist ja prächtig. Die Karten und die Tafel, Dot. Und ein Glas Bier hierher, wenn noch was davon übrig ist, kleine Frau!"

Seine Aufforderung war an die alte Dame gerichtet, und da sie mit gnädiger Bereitwilligkeit angenommen wurde, so saßen beide bald beim Spiel. Anfangs sah sich der Fuhrmann bisweilen lächelnd um oder rief mitunter Dot zu, sie solle doch einmal über seine Schulter auf die Karten blicken und ihm bei irgendeinem schwierigen Punkt einen Rat geben. Da sich jedoch seine Gegnerin streng an die Spielregeln hielt und gelegentlich der Schwäche unterlag, mehr aufzuschreiben, als ihr zukam, so bedurfte es von seiner Seite aller Aufmerksamkeit, und er hatte bald weder Ohr noch Auge für etwas anderes übrig. Er vertiefte sich daher ganz und gar in seine Karten, ohne an sonst etwas zu denken, bis ihm eine Hand, die sich auf seine Schulter legte, zu Bewußtsein brachte, daß Tackleton neben ihm stand.

„Es tut mir leid, daß ich störe – aber rasch, auf ein Wort."

„Ich muß geben", entgegnete der Fuhrmann. „Ich bin gerade in einer schwierigen Lage."

„Allerdings", versetzte Tackleton. „Kommt hierher, Mann!"

In seinem blassen Gesicht lag etwas, was den Fuhrmann bewog, sich augenblicklich zu erheben und den anderen hastig zu fragen, was es gebe.

„Still, John Peerybingle!" sagte Tackleton. „Es tut mir leid. Wahrhaftig. Aber ich habe das gefürchtet – habe es geargwöhnt von Anfang an."

„Was gibt es?" fragte der Fuhrmann mit erschrockenem Gesichtsausdruck.

„Still! Ich will's Euch zeigen, wenn Ihr mit mir kommt."

Der Fuhrmann begleitete ihn, ohne ein weiteres Wort zu sprechen. Sie gingen über einen Hof, von dem aus man die Sterne blinken sehen konnte, und traten durch eine kleine Seitentür in Tackletons Kontor, von dem aus man durch ein Glasfenster das für die Nacht geschlossene Magazin überschauen konnte. In dem Kontor selbst befand sich kein Licht; dagegen waren in dem langen, engen Magazin Lampen angebracht, und infolgedessen war das Fenster erhellt.

„Einen Augenblick!" sagte Tackleton. „Begeht keine Gewalttat. Es nützt doch nichts und ist gefährlich. Ihr seid ein kräftiger Mann und könntet einen Mord begehen, ehe Ihr es wißt."

Der Fuhrmann sah ihm ins Gesicht und wich wie von einem Faustschlag getroffen einen Schritt zurück. Im Nu war er am Fenster und sah –

O Schatten auf dem Herd! O aufrichtiges Heimchen! O treuloses Weib!

Er sah sie mit dem alten Mann, der nicht länger alt, sondern aufrecht und stattlich war und in der Hand das falsche weiße Haar hielt, mit dem er sich in ihren unglücklichen Haushalt eingeschlichen hatte. Er sah, wie sie ihm zuhörte, wie er den Kopf niederbeugte, um ihr ins Ohr zu flüstern. Sie duldete es, daß er seinen Arm um ihren Leib schlang, während sie langsam die düstere Holzgalerie hinab zur Tür gingen, durch die sie eingetreten waren. Sie machten halt, und er sah, wie sie sich umwandte – oh, so daß er das Gesicht, das Gesicht, das er so sehr liebte, erblicken mußte! Er sah, wie sie mit ihren eigenen Händen dem Kopf des anderen das Blendwerk wieder anpaßte – und sie tat es lachend über die Arglosigkeit ihres Mannes!

Anfangs ballte er seine kräftige Rechte, als wollte er damit einen Löwen niederschlagen. Sogleich aber öffnete er sie wieder und breitete sie vor Tackletons Augen aus – denn er liebte sein Weib auch jetzt noch –, und sobald sie hinausgegangen waren, sank er, schwach wie ein Kind, auf einen Tisch nieder.

Er war bis zum Kinn eingehüllt und machte sich eben mit seinem Pferd und seinen Paketen zu schaffen, als sie, für die Heimfahrt gerüstet, ins Zimmer trat.

„Hier bin ich, lieber John! Gute Nacht, May! Gute Nacht, Bertha!"

Konnte sie ihre Freundinnen küssen? Konnte sie beim Abschied heiter und froh sein? Konnte sie es wagen, ohne Erröten ihr Gesicht vor ihnen zu zeigen? Ja. Tackleton beobachtete sie aufs genaueste – sie konnte es.

Tilly hüllte das Bübchen ein und ging wohl ein dutzendmal vor Tackleton auf und ab, wobei sie schläfrig vor sich hin leierte: „Hatte also die Kunde, daß sie seine Frauen werden sollen, ihre Herzen fast zum Brechen gebracht, und mußte ihr Vater sie täuschen von ihren Wiegen an, nur um am Ende ihre Herzen zu brechen!"

„Tilly, gib mir jetzt das Bübchen. Gute Nacht, Mr. Tackleton. Um Gottes willen, wo ist John?"

„Er will neben dem Pferd hergehen", sagte Tackleton, der ihr auf ihren Sitz half.

„Mein lieber John – gehen? Heute nacht?"

Ihr dicht verhüllter Gatte machte ein hastiges Zeichen der Bejahung, und sobald der falsche Fremde und das kleine Kindermädchen auf ihren Plätzen waren, zog der alte Gaul an. Boxer, der nichtsahnende Boxer, lief wie früher voraus, lief wieder zurück, lief um den Karren herum und bellte so triumphierend und lustig wie immer.

Nachdem Tackleton, der May und ihre Mutter nach Hause geleitet hatte, sich gleichfalls entfernt hatte, setzte sich der arme Caleb neben seiner Tochter am Feuer nieder. Sein Inneres war von Sorge und Gewissensbissen erfüllt, und als er sie schmerzlich betrachtete, sagte er noch immer vor sich hin: „Mußte ich sie von ihrer Wiege an täuschen, nur um ihr am Ende das Herz zu brechen!"

Die Spielsachen, die er für das Bübchen in Bewegung gesetzt hatte, waren längst abgelaufen und standen ruhig da. In dem schwachen Licht und in der tiefen Stille hätte man glauben können, die unerschütterlich ruhigen Puppen, die aufgeregten Schaukelpferde mit weitgeöffneten Augen und Nüstern, die alten Gentlemen an den Haustüren, die gebeugt auf ihren wackeligen Knien und Knöcheln dastanden, die Nußknacker mit den verzerrten Gesichtern und sogar die Tiere auf ihrem Weg in die Arche, zwei und zwei wie die Kinder einer Internatsschule, wären erstarrt vor ungläubigem Staunen darüber, daß, weil sich die Umstände so seltsam verketteten, Dot falsch und Tackleton geliebt sein könnte.

Drittes Gezirp

Die holländische Wanduhr in der Ecke schlug zehn, als der Fuhrmann sich an seinem Herd niedersetzte – so fassungslos und schmerzerfüllt, daß sogar der Kuckuck vor ihm zu erschrecken schien. Denn nachdem er seine zehn melodischen Rufe in möglichster Kürze von sich gegeben hatte, stürzte er wieder in den maurischen Palast zurück und schlug das Türchen hinter sich zu, als sei der ungewohnte Anblick zuviel für seine Gefühle.

Wäre der kleine Mäher mit der schärfsten aller Sensen bewaffnet gewesen und hätte er bei jedem Streich das Herz des Fuhrmanns damit getroffen, so hätte er es nicht tiefer verwunden können, als Dot es getan hatte. Es war ein Herz, so voll Liebe für sie – so gefesselt und umstrickt durch zahllose Fäden bezaubernder Erinnerungen, die das tägliche Entfalten ihrer vielen gewinnenden Eigenschaften gesponnen hatte. Es war ein Herz, in dem sie so liebevoll und fest eingeschlossen war – ein Herz, so einzig und so innig in seiner Treue, so stark im Recht und so schwach im Unrecht, daß es anfangs keiner Leidenschaft oder Rachsucht Raum geben konnte, sondern bloß Platz hatte, um das zerbrochene Bild seines Abgotts aufzubewahren.

Aber langsam, langsam, während der Fuhrmann brütend an seinem jetzt kalten und düsteren Herd saß, begannen ungestümere Gedanken in seinem Inneren aufzutauchen, gerade wie sich ein zorniger Wind in der Nacht erhebt. Der Fremde befand sich unter seinem beschimpften Dach. Drei Schritte brachten ihn vor dessen Kammertür. Ein einziger Schlag, und sie war eingestoßen. „Ihr könntet einen Mord begehen, ehe Ihr es wißt", hatte Tackleton gesagt. Wie konnte von Mord die Rede sein, wenn er dem Schurken Zeit ließ, Faust gegen Faust mit ihm zu kämpfen? Er war der Jüngere.

Es war ein schlimmer Gedanke, der da gerade zur Unzeit in seinem verdüsterten Gemüt auftauchte. Es war ein vom Zorn eingegebener Gedanke, der ihn zu irgendeiner Rachehandlung anspornte – zu einer Handlung, die sein glückliches Heim zu einem gespenstischen Ort verwandeln mußte, an dem einsame Wanderer nachts vorbeizuziehen sich scheuen würden und wo die Ängstlichen im matten Mondlicht hinter den verfallenen Fenstern Schatten kämpfen und in stürmischem Wetter wildes Getöse hören würden.

Er war der Jüngere! Ja, ja; irgendein Liebhaber, der das Herz gewonnen hatte, das nie für ihn selbst geschlagen hatte. Irgendein Liebhaber aus früherer Zeit, dem ihre Gedanken und Träume gegolten und nach dem sie sich gesehnt und gesehnt hatte, während er sie an seiner Seite so glücklich glaubte. O welche Qual, das denken zu müssen!

Sie war oben mit dem Bübchen beschäftigt gewesen, um es schlafen zu legen. Jetzt kam sie, während er brütend am Herd saß, dicht an seine Seite und rückte ihren kleinen Schemel vor seine Füße. Er merkte nichts davon, denn die Folter seines Elends hatte ihn gegen alles andere taub gemacht. Erst als sie ihre Hand auf die seinige legte, wurde er sich ihrer Anwesenheit bewußt. Er sah, wie sie zu seinem Gesicht aufblickte.

Mit Verwunderung? Nein. Im ersten Augenblick schien es ihm

zwar so, und er mußte deshalb noch einmal zu ihr hinsehen, um seinen Irrtum zu berichtigen. Nein, nicht mit Verwunderung. Es war ein brennender und scharfer Blick, aber es lag nichts von Verwunderung darin. Anfangs war dieser Blick unruhig und ernst, dann aber verwandelte er sich in ein seltsames, wildes, schreckliches Lächeln, das zeigte, wie sie seine Gedanken erkannt hatte, und dann sah man nichts von ihr als die vor der Stirn zusammengeschlagenen Hände, das gebeugte Haupt und das niederfallende Haar.

Und wenn in diesem Augenblick die ganze Allmacht in seinen Händen gelegen hätte, so hätte er doch zuviel von der noch göttlicheren Eigenschaft des Erbarmens in seiner Brust gehabt, als daß er auch nur ein Quentchen seiner Kraft hätte gegen sie kehren können. Aber er konnte es nicht ertragen zu sehen, wie sie zusammengekauert auf dem kleinen Schemel saß, wo er so oft mit Liebe und Stolz auf die fröhliche Unschuld niedergeschaut hatte; und als sie aufstand und ihn schluchzend verließ, empfand er es als eine Erleichterung, ihren leeren Platz neben sich zu sehen, an Stelle ihrer sonst so teuren Anwesenheit. Das war an sich schon eine Folter, qualvoller als alles andere, denn es erinnerte ihn daran, wie einsam er geworden und wie das große Band seines Lebens zerrissen war.

Je mehr er das fühlte, und je mehr er empfand, daß er es leichter ertragen könnte, sie, frühzeitig vom Tod ereilt, mit ihrem Kindchen an der Brust vor sich liegen zu sehen, desto mehr steigerte sich der Grimm gegen seinen Feind. Er sah sich nach einer Waffe um.

An der Wand hing ein Gewehr. Er nahm es herunter und näherte sich um einige Schritte der Tür der Kammer, in der sich der treulose Fremde befand. Er wußte, daß das Gewehr geladen war, und der schemenhafte Gedanke bemächtigte sich seiner, es wäre gerecht, wenn er diesen Mann wie ein wildes Tier niederschösse. Diese Vorstellung breitete sich in seinem Geist immer mehr aus, bis sie zu einem ungeheuren Dämon geworden war, der ganz von ihm Besitz ergriff und alle milderen Gedanken aus seinem ungeteilten Herrschaftsgebiet verdrängte.

Der Ausdruck ist unrichtig: Er verdrängte nicht die milderen Gedanken, sondern formte sie arglistig um, verwandelte sie in

Geißeln, die ihn vorwärts trieben, verkehrte Wasser in Blut, Liebe in Haß und Sanftmut in blinde Wildheit. Ihr Bild, kummervoll, gedemütigt, flehte ihn doch immer noch mit unwiderstehlicher Gewalt um Milde und Erbarmen an und wich nie aus seinem Sinn; aber während es da festwurzelte, drängte es ihn zu der Tür, setzte ihm die Waffe an die Schulter, führte und stählte seinen Finger für den Abzug und rief ihm zu: Töte ihn! Töte ihn in seinem Bett!

Er kehrte das Gewehr um in der Absicht, mit dem Schaft die Tür einzuschlagen. Er hielt ihn bereits in die Luft erhoben; in seinem Innern regte sich ein dunkler Gedanke, ihm zuzurufen, er solle um Gottes willen zum Fenster hinaus fliehen –

Da erhellte plötzlich das zuckende Feuer den ganzen Kamin mit einem lichten Schein, und das Heimchen auf dem Herd begann zu zirpen. Kein Ton, den er je gehört hatte, keine menschliche Stimme, nicht einmal die von Dot, hätte ihn so ergreifen und besänftigen können. Die einfachen Worte, mit denen sie ihm gesagt hatte, wie sie dieses Heimchen liebe, erklangen wieder in seinen Ohren; er sah sie wieder vor sich, behend und voll tiefer Aufrichtigkeit, wie sie in jenem Augenblick gewesen war. Ihre sanfte Stimme – oh, welch eine Stimme, um am Herd eines ehrlichen Mannes die süße Musik des trauten Heims ertönen zu lassen! – erklang im tiefsten Innern seines besseren Ichs und erweckte es zu Leben und Tätigkeit.

Er wich wie ein Nachtwandler, der aus einem schrecklichen Traum erwacht, von der Tür zurück und stellte das Gewehr beiseite. Dann setzte er sich, die Hände vors Gesicht geschlagen, wieder neben dem Feuer nieder und verschaffte sich durch Tränen Erleichterung.

Das Heimchen kam in das Zimmer herein und trat in Feengestalt vor ihn hin.

„Ich liebe es", sagte die Feenstimme, indem es die Worte wiederholte, an die er sich so gut erinnerte, „weil es sich so oft hören ließ und weil seine harmlose Musik mir so viele Gedanken eingegeben hat."

„So sagte sie!" rief der Fuhrmann. „Ganz richtig."

„Unser Haus ist eine Heimstätte des Glücks, John, und ich liebe das Heimchen darum!"

„Ja, das war es – der Himmel weiß es", entgegnete der Fuhrmann. „Sie machte es stets glücklich – bis auf jetzt."

„So lieblich und gutmütig; eine so gute Haushälterin – so heiter, tätig und frohen Herzens!" sagte die Stimme.

„Sonst hätte ich sie nie so lieben können, wie ich sie liebte", entgegnete der Fuhrmann.

Die Stimme verbesserte ihn: „Wie ich sie liebe."

Der Fuhrmann wiederholte: „Wie ich sie liebte." Aber nicht mit Festigkeit. Seine stammelnde Zunge wollte nicht gehorchen und sprach in ihrer eigenen Weise für sich und für ihn.

Die Gestalt erhob in beschwörender Haltung die Hand und sagte: „An deinem eigenen Herd –"

„Dem Herd, den sie vernichtet hat", warf John ein.

„Dem Herd, den sie – oh, wie oft! – gesegnet und heiter gemacht hat", sagte das Heimchen, „dem Herd, der ohne sie nichts wäre als ein paar Steine, Ziegel und rostige Stangen, durch sie aber der Altar deines Heims wurde, auf dem du jede Nacht eine kleinliche Leidenschaft, ein Stückchen Selbstsucht oder eine Sorge opfertest, während du dafür einen ruhigen Sinn, ein vertrauensvolles Wesen und ein überströmendes Herz gewannst, so daß der Rauch von diesem armen Kamin einen weit lieblicheren Duft aufwärts trug als der reichste Weihrauch, der je vor den kostbarsten Altären in all den prachtvollen Tempeln dieser Welt verbrannt wurde! An deinem eigenen Herd, diesem stillen Heiligtum, das allenthalben seinen sanften Einfluß und seine Erinnerungen geltend macht, höre auf sie, höre auf mich!

Höre auf alles, was die Sprache deines Herds und deines Heims sagt!"

„Und für sie eintritt?" fragte der Fuhrmann.

„Alle Dinge, die die Sprache deines Herds und deines Heims sprechen, müssen für sie eintreten!" entgegnete das Heimchen. „Denn sie sprechen die Wahrheit."

Und während der Fuhrmann, den Kopf auf die Hände gestützt, fortfuhr, in seinem Sessel vor sich hin zu brüten, trat die Erscheinung an seine Seite und leitete durch ihre Macht seine Betrachtungen und führte sie ihm wie in einem Spiegel oder einem Gemälde vor. Es war keine einsame Erscheinung. Aus der Herdplatte, aus dem Kamin, aus der Uhr, aus der Pfeife, aus dem Kessel und aus der Wiege – aus dem Boden, aus den Wänden, aus der Decke und aus der Treppe – aus dem Karren draußen und aus dem Schrank drinnen, wie aus allen Haushaltsgegenständen – aus jedem Ding und aus jeder Stelle, mit der sie je zu tun gehabt hatte und mit der sich im Geiste ihres unglücklichen Mannes irgendeine Erinnerung an sie verband, kamen scharenweise Feen hervor. Nicht um an seine Seite zu treten, wie es das Heimchen tat, sondern um sich geschäftig zu rühren und ihrem Bild Ehre zu erweisen – ihn an den Schößen zu zupfen und es ihm zu zeigen, wenn es erschien – es zu umringen, zu umarmen und Blumen unter seine Füße zu streuen – das schöne Köpfchen mit ihren winzigen Händen zu krönen – zu zeigen, daß sie es liebten und daß es nicht ein einziges häßliches, boshaftes oder anklagendes Geschöpf gab, das Anspruch darauf erheben konnte, es zu kennen – niemand als ihre eigenen neckischen und Beifall zollenden Wesen.

Seine Gedanken beschäftigten sich unablässig mit ihrem Bild. Es war stets anwesend.

Sie saß mit einer Handarbeit vor dem Feuer und sang vor sich hin – welch eine fröhliche, blühende, ruhige kleine Dot! Die feenhaften Gestalten wandten sich auf einmal, wie auf gemeinschaftliche Verabredung, ihm zu und blickten ihn mit großen Augen starr an, als wollten sie sagen: Ist dies das leichtfertige Weib, um das du trauerst?

Draußen ließen sich heitere Töne vernehmen – Musikinstrumente, plaudernde Stimmen und Gelächter. Eine Schar fröhlichen jungen Volks strömte herein, darunter May Fielding und ein

Dutzend hübscher Mädchen. Dot war die Schönste von allen und so jugendlich wie jede von ihnen. Sie kamen, um sie zu einer Tanzgesellschaft abzuholen. Wenn je kleine Füße zum Tanzen geformt waren, so sicherlich die ihrigen. Aber sie lachte, schüttelte den Kopf und deutete auf ihr Kochgeschirr am Feuer und den bereits gedeckten Tisch – sie tat das mit einem frohlockenden Trotz, der sie noch bezaubernder machte, als sie je zuvor gewesen war. Und so schickte sie sie mit fröhlicher Miene wieder fort, indem sie jeder beim Hinausgehen mit gutgelaunter Gleichgültigkeit zunickte – ja, wahrhaftig, so gleichgültig, daß die sich Entfernenden, wären sie ihre Verehrer gewesen, zweifellos hätten gehen und sich ertränken müssen. Und doch lag Gleichgültigkeit nicht in ihrem Charakter. O nein; denn gleich darauf kam ein gewisser Fuhrmann an die Tür, und, Gott segne sie, wie hieß sie ihn willkommen!

Abermals richteten die Gestalten alle auf einmal ihre starren Blicke auf ihn und schienen zu sagen: Ist dies das Weib, das dich vergessen hat?

Ein Schatten fiel auf den Spiegel oder das Gemälde – wie man es nun nennen will. Der große Schatten des Fremden, wie er zum erstenmal unter ihrem Dach gestanden hatte, bedeckte die ganze Fläche und löschte alle übrigen Gegenstände aus. Aber die hurtigen Elfen arbeiteten emsig wie die Bienen, um sie wieder von ihm frei zu machen, und Dot trat abermals hervor – noch immer schön und heiter.

Sie schaukelte das Bübchen in seiner Wiege und sang leise dazu. Ihr Haupt ruhte auf der Schulter eines Mannes, der das treue Abbild der nachsinnenden Gestalt war, neben der das Feenheimchen stand.

Die Nacht – ich meine die wirkliche Nacht, nicht die, die nach Feenuhren ablief – brach an, und als der Fuhrmann in seinen Gedanken bis an diesen Punkt gelangt war, ging der Mond auf und schien klar am Himmel. Vielleicht war auch in der Seele des Fuhrmanns ein stilles Licht aufgegangen, denn er konnte über das Vorgefallene nun ruhiger nachdenken.

Obwohl der Schatten des Fremden von Zeit zu Zeit auf den Spiegel fiel – stets bestimmt, groß und in deutlichen Umrissen –, so war er doch jetzt nie mehr so dunkel wie am Anfang. Sooft er sich zeigte, stießen die Elfen einen Schrei der Bestürzung aus und rührten mit unbegreiflicher Behendigkeit Ärmchen und Beinchen, um ihn wieder zu vertreiben. Und sooft sie wieder an Dot kamen und sie ihm aufs neue schön und heiter zeigten, jubelten sie begeistert.

Sie zeigten sie nie anders als schön und heiter, denn sie waren Schutzgeister des Herdes, die durch Falschheit vernichtet werden; was konnte daher Dot anderes für sie sein als das rührige, strahlende, liebliche Geschöpfchen, das für das Heim des Fuhrmanns Licht und Sonne gewesen war!

Wunderbar regsam waren die Elfen, als sie Dot mit dem Bübchen zeigten, wie sie in einer Gruppe weiser alter Matronen plauderte und selbst so erstaunlich alt und matronenhaft tat. Sie stützte sich in einer gesetzten, ehrbar bejahrten Weise auf den Arm ihres Gatten und versuchte – sie, diese Knospe von einer jungen Frau – den Eindruck hervorzurufen, daß sie den Eitelkeiten der Welt im allgemeinen abgeschworen habe und daß sie zu denen gehöre, für die es durchaus nichts Neues war, Mutter zu sein. Im selben Atemzug aber zeigten sie sie, wie sie über das linkische Wesen des Fuhrmanns lachte, an seinem Hemdkragen zupfte, um ihn herauszuputzen, und im Stübchen heiter umherwirbelte, um ihn das Tanzen zu lehren.

Die Elfen wandten sich wieder um und starrten ihn groß an, als sie ihm Dot in Gesellschaft mit dem blinden Mädchen zeigten; denn obgleich sie stets Heiterkeit und Leben mit sich brachte, wohin sie auch immer gehen mochte, so pflegte diese Wirkung in Caleb Plummers Stübchen noch zehnmal stärker zu sein als sonst. Die Liebe der Blinden zu ihr und das Vertrauen und die Dankbarkeit, die sie ihr entgegenbrachte; die Geschäftigkeit, mit der sie Berthas Dankbezeigungen abzuwehren wußte; ihre geschickten kleinen Listen, jeden Augenblick ihres Besuchs mit nützlichem Wirken für das Haus auszufüllen und in Wirklichkeit hart zu arbeiten, während sie so tat, als mache sie sich einen Feiertag; ihre freigebige Besorgung jener ständigen Leckerbissen, der Kalbs- und Schweinspastete samt den Bierflaschen; ihr strahlendes Gesichtchen, wenn sie ankam und wenn sie Abschied nahm; der wundervolle Ausdruck in ihrer ganzen Person, von ihrem zierlichen Fuß bis zum Scheitel ihres Kopfs, als gehörte sie wie ein unentbehrlicher Bestandteil mit zum Haushalt – das alles waren Dinge, in denen die Elfen geradezu schwelgten und um derentwillen sie sie liebten. Und wieder sahen sie alle zugleich bittend zu ihm hin und schienen, während einige von ihnen sich an Dots Kleider schmiegten und sie liebkosten, zu fragen: Ist dies das Weib, das dein Vertrauen verraten hat?

Mehr als ein-, zwei- oder dreimal in der langen, gedankenschweren Nacht zeigten sie ihm Dot, wie sie auf ihrem Lieblingsschemel saß, das Haupt gesenkt, die Hände vor die Stirn geschlagen und mit herabfallendem Haar. So, wie er sie zuletzt gesehen hatte. Aber wenn sie sie so fanden, wandten sie sich weder um, noch sahen sie zu ihm hin, sondern scharten sich eng um sie und trösteten sie unter Küssen. Sie drängten sich darum, ihr Teilnahme und Liebe zu beweisen, während sie ihn ganz und gar vergaßen.

So verging die Nacht. Der Mond ging unter, die Sterne verblichen, der kalte Tag brach an, und die Sonne ging auf. Der Fuhrmann saß noch immer mit seinen Gedanken beschäftigt in der Kaminecke. Er hatte die ganze Nacht hindurch, den Kopf auf die Hand gestützt, dort gesessen. Die ganze Nacht hindurch hatte das treue Heimchen sein Zirp-zirp-zirp auf dem Herd vernehmen lassen, und er hatte der Stimme Gehör geschenkt. Die ganze Nacht hindurch waren die Hausgeistchen um ihn geschäftig gewesen. Die ganze Nacht hindurch hatte sie sich lieblich und tadellos im Spiegel gezeigt, nur dann nicht, wenn jener Schatten auf sie fiel.

Es war schon heller Tag, als er aufstand, um sich zu waschen und sich umzuziehen. Er konnte nicht mit der gewöhnlichen Heiterkeit an die Arbeit gehen, denn er war zu bedrückt dazu; jedoch lag um so weniger daran, als Tackletons Hochzeitstag war und er für einen Stellvertreter gesorgt hatte, der an seiner Stelle die Runde machte. Er hatte sich vorgenommen, fröhlich mit Dot zur Kirche zu gehen, aber mit diesen Plänen hatte es jetzt ein Ende. Auch sein eigener Hochzeitstag war heute – ach, wie wenig hatte er mit einem solchen Jahresschluß gerechnet!

Der Fuhrmann erwartete, daß Tackleton ihm früh einen Besuch machen werde, und er hatte sich nicht getäuscht. Er war noch nicht lange vor seiner Tür auf und ab gegangen, da sah er den Spielzeugfabrikanten in seiner Kutsche herankommen. Als das Fuhrwerk sich näherte, bemerkte er, daß Tackleton stattlich zur Hochzeit herausgeputzt war und sogar den Kopf seines Pferdes mit Blumen und Schleifen geschmückt hatte.

Das Pferd sah weit eher wie ein Bräutigam aus als Tackleton, denn sein halb geschlossenes Auge hatte einen unangenehmeren Ausdruck als jemals zuvor. Jedoch achtete der Fuhrmann wenig darauf; seine Gedanken waren anderweitig beschäftigt.

„John Peerybingle!" sagte Tackleton mit der Miene bedauernder Teilnahme. „Mein guter Freund, wie geht's Euch diesen Morgen?"

„Ich habe eine traurige Nacht gehabt, Mr. Tackleton", entgegnete der Fuhrmann und schüttelte den Kopf, „denn ich war sehr verstört. Doch jetzt ist's vorüber! Haben Sie ein halbes Stündchen oder etwas mehr zu einem Privatgespräch für mich übrig?"

„Ich bin in dieser Absicht hergekommen", entgegnete Tackleton, während er abstieg. „Laßt das Pferd nur. Es wird ruhig genug bleiben, wenn ich die Zügel über diesen Pfosten schlinge und Ihr ihm ein Maulvoll Heu geben wollt."

Der Fuhrmann holte Heu aus seinem Stall und warf es dem Tier vor. Dann begaben sie sich ins Haus.

„Die Trauung findet nicht vor Mittag statt, nicht wahr?" fragte der Fuhrmann.

„Genau", antwortete Tackleton. „Es ist noch reichlich Zeit. Jede Menge Zeit."

Als sie in die Küche traten, klopfte Tilly Slowboy eben an die Tür des Fremden, zu der bloß einige wenige Stufen hinaufführten. Sie hielt eines ihrer sehr geröteten Augen (denn Tilly hatte die ganze Nacht durch geweint, weil ihre Herrin geweint hatte) an das Schlüsselloch, und dabei klopfte sie sehr laut und schien in Angst zu sein.

„Mit Verlaub, sosehr ich's auch versuche, keiner hört", sagte Tilly und blickte sich um. „Hoffentlich ist niemand fort und gestorben, mit Verlaub!"

Miß Slowboy verlieh diesem menschenfreundlichen Wunsch durch mehrere neue Schläge und Fußtritte gegen die Tür größeren Nachdruck, ohne jedoch einen Erfolg zu erzielen.

„Soll ich hingehen?" sagte Tackleton. „Es ist doch merkwürdig."

Der Fuhrmann, der sein Gesicht von der Tür abgewandt hatte, bedeutete ihm, er solle tun, was er wolle.

Tackleton kam also Tilly Slowboy zu Hilfe. Auch er trat und klopfte, aber auch er erhielt nicht die geringste Antwort. Dann kam er auf den Gedanken, die Türklinke zu probieren. Sie ließ sich leicht niederdrücken, und die Tür ging auf. Er guckte hinein, schob den ganzen Kopf nach und trat zuletzt in das Zimmer, kam aber sofort eiligst wieder heraus.

„John Peerybingle", flüsterte Tackleton dem Fuhrmann ins Ohr, „ich hoffe, es hat in der Nacht nichts – nichts Übereiltes gegeben?"

Der Fuhrmann wandte sich rasch zu ihm um.

„Weil er fort ist", begann Tackleton wieder, „und das Fenster offensteht. Ich sehe keine Spuren – natürlich, es ist fast in gleicher Höhe mit dem Garten; aber ich fürchte, es könnte eine – eine Balgerei gegeben haben. He?"

Er schloß das ausdrucksvolle Auge fast ganz und sah den Fuhrmann fest an; zugleich verzog er Auge, Gesicht und Körper in einer eigentümlich forschenden Weise, als wollte er aus dem anderen die Wahrheit herausbohren.

„Seien Sie ganz ruhig", sagte der Fuhrmann. „Er ging gestern abend in dieses Zimmer, ohne daß ihm von mir in Wort oder Tat ein Leid angetan worden wäre, und niemand hat es seitdem betreten. Er ist aus freien Stücken fortgegangen. Ich würde gern zu dieser Tür hinausgehen und lebenslang mein Brot von Haus zu Haus betteln, wenn ich die Vergangenheit so ändern könnte, daß er nie gekommen wäre. Aber er ist gekommen und gegangen, und ich bin fertig mit ihm!"

„Oh! Nun, ich denke, er ist ziemlich leicht davongekommen", versetzte Tackleton und nahm sich einen Stuhl.

Der Hohn ging an dem Fuhrmann vorbei. Er setzte sich gleichfalls nieder und beschattete eine Weile sein Gesicht mit der Hand, ehe er fortfuhr.

„Sie haben mir gestern abend meine Frau gezeigt", sagte er endlich, „die Frau, die ich liebe, wie sie im geheimen –"

„Und recht zärtlich", fügte Tackleton hinzu.

„– die Verkleidung dieses Menschen hingenommen und ihm Gelegenheit gegeben hat, allein mit ihr zusammenzutreffen. Ich glaube, es gibt keinen Anblick, der mir nicht lieber gewesen wäre als dieser, und ich glaube, von jedem andern Mann in der Welt, der mich darauf aufmerksam machte, hätte ich es besser ertragen können."

„Ich gestehe, daß ich stets meinen Verdacht hatte", sagte Tackleton. „Und das hat mich hier so unbeliebt gemacht, ich weiß es wohl."

„Da Sie es mir aber gezeigt haben", fuhr der Fuhrmann fort, ohne auf ihn zu achten, „und da Sie meine Frau sahen, die Frau, die ich liebe" – seine Stimme, sein Auge und seine Hand wurden fester und stetiger, als er diese Worte wiederholte und damit offenbar eine feste Absicht verfolgte –, „da Sie sie in diesem unvorteilhaften Licht sahen, so ist es nur recht und billig, daß Sie sie auch mit meinen Augen sehen, daß Sie einen Blick tun in meine Brust und erfahren, wie ich darüber denke. Denn meine Meinung steht fest", sagte der Fuhrmann, wobei er ihn aufmerksam anblickte, „und nichts kann sie jetzt mehr erschüttern."

Tackleton murmelte einige allgemeine Worte der Zustimmung und daß man in der einen oder anderen Beziehung schon Nachsicht haben müsse. Jedoch fühlte er sich eingeschüchtert durch das Wesen seines Gegenübers, da es trotz seiner Rauheit und Einfachheit etwas Würdevolles und Edles an sich hatte, wie es nur aus dem hohen Ehrgefühl, das in dem Fuhrmann wohnte, fließen konnte.

„Ich bin ein rauher, einfacher Mann", fuhr dieser nun fort, „und habe nur wenig, was zu meinen Gunsten spricht. Sie wissen wohl, daß ich nicht sonderlich gescheit und auch nicht jung bin. Ich liebte meine kleine Dot, weil ich sie von Kindesbeinen an in ihres Vaters Haus aufwachsen sah, weil ich wußte, welchen Wert sie besaß und weil sie jahrelang mein einziges Leben war. Es gibt viele Männer, mit denen ich mich nicht vergleichen kann, aber sie hätten, glaube ich, meine kleine Dot nie so lieben können wie ich."

Er hielt inne und klopfte eine Weile leise mit dem Fuß auf den Boden, ehe er wieder begann.

„Ich habe oft gedacht, ich könnte, obwohl ich nicht gut genug für sie sei, doch einen liebevollen Mann für sie abgeben und wisse ihren Wert vielleicht besser zu schätzen als ein anderer. In dieser

Weise freundete ich mich mit diesem Gedanken an und hielt es schließlich für möglich, daß wir Mann und Frau würden. Und am Ende kam's soweit, daß wir wirklich heirateten."

„Ha!" sagte Tackleton mit einem bedeutsamen Kopfschütteln.

„Ich hatte mich selbst erforscht, ich kannte mich selbst und wußte, wie innig ich sie liebte und wie glücklich ich sein würde", fuhr der Fuhrmann fort. „Aber ich hatte – jetzt fühle ich's wohl – nicht genug an sie gedacht."

„Sicherlich", versetzte Tackleton. „Vergnügungssucht, Leichtfertigkeit, Wankelmut, Eitelkeit! Das alles nicht bedacht – ganz außer acht gelassen! Ha!"

„Es wird am besten sein, wenn Sie mich nicht unterbrechen, bis Sie mich verstanden haben", sagte der Fuhrmann mit finsterer Miene, „und dahin haben Sie es noch weit. Wenn ich gestern den Mann mit einem Schlag niedergestreckt hätte, der es hätte wagen wollen, auch nur ein Wort gegen sie verlauten zu lassen, so würde ich ihm heute meinen Fuß aufs Gesicht setzen, und wenn er mein Bruder wäre."

Der Spielzeugfabrikant sah ihn erstaunt an. Der Fuhrmann fuhr darauf in sanfterem Ton fort: „Habe ich bedacht", sagte er, „daß ich sie, so jung und schön, wie sie war, von ihren jugendlichen Spielgefährtinnen und mitten aus den vielen Dingen riß, denen sie wie das schönste Sternlein des Himmels zur Zierde gereichte, um sie Tag für Tag in einem langweiligen Haus einzusperren, ohne andere Gesellschaft als mich plumpen Menschen? Habe ich erwogen, wie wenig ich zu ihrer heiteren Laune paßte und wie bald sie bei ihrem lebhaften Geist eines Mannes überdrüssig werden mußte, der nichts ist als ein sich schwer abmühender Arbeiter? Habe ich bedacht, daß meine Liebe zu ihr kein Verdienst war, mir keine Ansprüche geben konnte, da jedermann sie lieben mußte, der sie nur kannte? Nie. Ich nutzte ihre Hoffnungsfreudigkeit und ihren Frohmut zu meinen Gunsten aus und heiratete sie. Wollte Gott, ich hätte es nie getan – um ihret-, nicht um meinetwillen!"

Der Spielzeugfabrikant schaute ihn an, ohne zu blinzeln. Sogar das sonst halb geschlossene Auge war jetzt offen.

„Der Himmel segne sie", sagte der Fuhrmann, „für die fröhliche Festigkeit, mit der sie diese Erkenntnis von mir fernzuhalten suchte, und Gott helfe mir, daß ich es in meiner Langsamkeit nicht schon früher selbst entdeckte! Armes Kind! Arme Dot! Daß ich nicht dahinterkam, wenn ich sah, wie sich ihre Augen mit Tränen füllten, sooft von einer Heirat wie der unsrigen die Rede war! Ich, der ich hundertmal das geheime Zittern auf ihren Lippen bemerkte, ohne bis gestern abend auch nur einen Argwohn zu schöpfen! Armes Ding – daß ich je hoffen konnte, sie werde mich einst lieben! Daß ich je glauben konnte, sie liebe mich bereits!"

„Sie hat so getan", sagte Tackleton. „Sie hat so viel Wesens davon gemacht, daß ich Euch offen gestehen muß, es war der erste Anlaß meiner Bedenken."

Und hier bemerkte er, wieviel besser May Fielding sei, denn sie tue nie so, als ob sie ihn liebte.

„Sie hat sich Mühe gegeben", fuhr der arme Fuhrmann mit größerer Bewegung, als er bisher gezeigt hatte, fort, „ich fange erst jetzt an zu merken, wieviel Mühe sie sich gegeben hat, mein gehorsames und eifriges Weib zu sein. Wie gut sie gewesen ist – wieviel sie getan hat – welch braves und starkes Herz in ihr schlägt – davon mögen die glücklichen Stunden zeugen, die ich unter diesem Dach mit ihr verlebte. Dieses Bewußtsein wird mir eine Stütze und ein Trost sein, wenn ich hier allein bin."

„Hier allein?" versetzte Tackleton. „Oh! Ihr gedenkt also von dieser Geschichte Notiz zu nehmen?"

„Ich gedenke", erwiderte der Fuhrmann, „so freundlich an ihr zu handeln und alles so weit wiedergutzumachen, wie es in meiner Macht steht. Ich kann sie von der täglichen Qual einer ungleichen Ehe und des schweren Kampfes, sie zu verbergen, erlösen. Sie soll so frei sein, wie ich sie machen kann."

„Bei ihr wollt Ihr etwas gutmachen?" rief Tackleton und drehte und zerrte mit den Händen an seinen großen Ohren. „Da kann etwas nicht richtig sein. Bestimmt habt Ihr es nicht so gemeint?"

Der Fuhrmann packte den Spielzeugfabrikanten am Kragen und schüttelte ihn wie ein Rohr. „Hören Sie mich an!" sagte er. „Und sehen Sie sich vor, daß Sie richtig hören. Sperren Sie die Ohren auf. Spreche ich deutlich?"

„In der Tat, sehr deutlich", erwiderte Tackleton.

„Als ob's mir Ernst damit sei?"

„Ganz so, als ob's Euch Ernst sei."

„Ich saß letzte Nacht – die ganze Nacht an diesem Herd!" rief der Fuhrmann. „Auf dem Platz, wo sie so oft an meiner Seite gesessen und mit ihrem süßen Antlitz zu dem meinigen aufgeblickt hat. Ich vergegenwärtigte mir ihr ganzes Leben, Tag um Tag, ich verfolgte ihr teures Bild durch alles, was ihr je begegnet ist. Und, bei meiner Seele, sie ist unschuldig, wenn es einen gibt, der da richtet über Schuld und Unschuld!"

Wackeres Heimchen am Herd! Treue Hausgeistchen!

„Leidenschaft und Mißtrauen haben mich verlassen", sagte der Fuhrmann, „und nichts ist zurückgeblieben als mein Kummer. In einem unglücklichen Augenblick ist ein alter Liebhaber, der seinem Wesen und seinen Jahren nach besser zu ihr paßt als ich und den sie vielleicht gegen ihren Willen meinetwegen hatte aufgeben müssen, zurückgekehrt. In einem unglücklichen Augenblick – sie war überrascht, und es fehlte ihr an Zeit, um darüber nachzudenken, was sie tat – machte sie sich an seinem Verrat mitschuldig, indem sie ihn verheimlichte. Gestern nacht sprach sie ihn bei der Zusammenkunft, die wir mit ansahen. Es war nicht recht. Aber in jeder anderen Beziehung ist sie unschuldig, wenn es überhaupt noch Wahrheit auf Erden gibt."

„Wenn das Eure Meinung ist –", begann Tackleton.

„So mag sie denn ziehen", fuhr der Fuhrmann fort, „und meinen Segen mitnehmen für die vielen glücklichen Stunden, die sie mir bereitet hat – auch meine Vergebung für die Wunden, die sie meinem Herzen schlug. Sie mag dahinziehen in Frieden, und möge ihr der Friede der Seele erhalten bleiben, den ich ihr wünsche! Sie wird mich nie hassen – ja, sie wird es vielleicht lernen, freundlicher an mich zu denken, wenn ich ihr nicht mehr zur Last falle und sie die Kette, die ich geschmiedet habe, nicht mehr so schwer fühlt. Heute ist der Tag des Jahres, an dem ich sie mit so wenig Rücksicht auf ihr Glück aus ihrem Elternhaus holte. Heute soll sie dahin zurückkehren, und ich will ihr nicht mehr beschwerlich fallen. Ihr Vater und ihre Mutter werden heute kommen – wir hatten einen kleinen Plan entworfen, den Tag gemeinsam zu begehen –, und sie sollen sie wieder nach Hause mitnehmen. Ich kann ihr dort und auch überall sonst trauen. Sie verläßt mich ohne Makel, und ich bin überzeugt, daß sie auch so leben wird. Wenn ich sterbe – und vielleicht geschieht's, während sie noch jung ist, denn ich habe in wenigen Stunden viel von meinem Lebensmut verloren –, wird sie feststellen, daß ich bis zum letzten Augenblick an sie gedacht und sie geliebt habe. Das ist das Ende von dem, was Sie mir gezeigt haben. So, jetzt ist's vorüber!"

„O nein, John, nicht vorüber. Sage nicht, es sei schon vorüber! Noch nicht ganz. Ich habe deine edlen Worte gehört. Ich konnte mich nicht wegstehlen und so tun, als wüßte ich nichts von dem, was mich so ergriffen und mit so tiefem Dank gegen dich erfüllt hat. Sage nicht, es sei schon vorüber, ehe die Glocke wieder geschlagen hat."

Sie war bald nach Tackleton eingetreten und dageblieben. Zu Tackleton schaute sie kein einzigesmal hinüber, sondern hatte stets ihren Blick auf ihren Gatten gerichtet. Doch hielt sie sich fern von ihm und ließ einen möglichst großen Zwischenraum zwischen sich und ihm; ja, obwohl sie mit leidenschaftlicher Innigkeit sprach, kam sie ihm doch selbst dann nicht näher. Wie ganz anders als ihr sonstiges Wesen!

„Keine Hand kann die Uhr machen, die für mich wieder die Stunden schlagen wird, die dahin sind", versetzte der Fuhrmann mit einem matten Lächeln. „Aber es sei so, wenn du willst, meine Liebe. Es wird bald schlagen. Was liegt viel an unseren Reden? Ich will mir Mühe geben, auch in einer schwereren Aufgabe als dieser dir zu Gefallen zu handeln."

„Gut!" murmelte Tackleton. „Ich muß mich fortmachen, denn wenn die Glocke wieder schlägt, muß ich auf dem Weg zur Kirche sein. Guten Morgen, John Peerybingle. Es tut mir leid, mich des Vergnügens Eurer Gesellschaft berauben zu müssen; ich bedaure den Verlust und auch die Gelegenheit, die ihn herbeiführte."

„Habe ich verständlich gesprochen?" fragte der Fuhrmann, als er ihn zur Tür begleitete.

„Oh, vollkommen."

„Und Sie wollen sich merken, was ich gesagt habe?"

„Ja nun, wenn Ihr durchaus so wollt", versetzte Tackleton, der vorsichtshalber zuerst in seine Kutsche gestiegen war, „so muß ich Euch sagen, es kam für mich so ganz und gar unerwartet, daß ich es nicht so leicht vergessen werde."

„Um so besser für uns beide", erwiderte der Fuhrmann. „Gott befohlen. Ich wünsche Ihnen Glück."

„Ich wollte, ich könnte Euren Glückwunsch erwidern", sagte Tackleton. „Da das aber nicht geht, so danke ich Euch. Unter uns bemerkt (wie ich Euch schon früher sagte, was?), ich glaube kaum, daß ich in meiner Ehe weniger Freude finden werde, weil May nicht allzu eifrig und liebevoll mir gegenüber war. Gott befohlen! Denkt an Euch selbst, und sorgt für Euch!"

Der Fuhrmann sah ihm nach, bis er sich in der Entfernung sogar noch kleiner ausnahm als die Blumen und Festschleifen seines Pferdes aus der Nähe, seufzte tief auf und schritt langsam auf ein paar benachbarte Ulmen zu. Dort ging er unruhig und bedrückt auf und ab, denn er wollte erst mit dem Schlag der Glocke wieder zurückkehren.

Seine kleine Frau, die allein zurückblieb, schluchzte bitterlich; aber oft hielt sie inne und trocknete sich die Augen, um zu sagen, wie gut, wie vortrefflich er sei. Ein- oder zweimal lachte sie sogar, und zwar so herzlich, triumphierend und unerwartet (denn sie weinte dabei weiter), daß Tilly ganz entsetzt war.

„Oh, mit Verlaub, tut's nicht!" sagte Tilly. „Es reicht ja hin, das Bübchen umzubringen und zu begraben, mit Verlaub."

„Willst du ihn bisweilen bringen, damit er seinen Vater besucht, Tilly?" fragte ihre Herrin und trocknete sich die Augen, „wenn ich nicht mehr hier wohnen darf und in mein altes Heim zurückgekehrt bin?"

„Oh, mit Verlaub, tut das nicht!" rief Tilly, warf ihren Kopf zurück und brach in ein Geheul aus; sie sah in diesem Augenblick fast so wie Boxer aus. „Oh, mit Verlaub, tut es nicht! Oh, wie konnte bloß jeder hingehn und mit jedem was anstellen, daß jeder jeden so elend gemacht hat! Oh, oh, oh!"

Die weichherzige Slowboy brach hier in ein jämmerliches Heulen aus, das um so fürchterlicher war, als sie es so lange hatte unterdrücken müssen. Sie hätte auch unfehlbar das Bübchen aufgeweckt und es derartig erschreckt, daß ihm etwas Ernstliches (wahrscheinlich Krämpfe) zugestoßen wäre, wenn ihre Augen nicht plötzlich auf Caleb Plummer gefallen wären, der seine Tochter hereinführte. Dieser Anblick ermahnte sie, daß sie sich benehmen müsse, und sie stand nun einige Augenblicke schweigend und mit weit offenem Mund da. Dann lief sie zu dem Bett, in dem das Bübchen schlief, bewegte ihre Glieder in einer solch unheimlichen Weise auf dem Boden, als hätte sie den Veitstanz, und wühlte zu gleicher Zeit mit Gesicht und Kopf in den Bettlaken umher, und dieses sonderbare Benehmen verschaffte ihr augenscheinlich große Erleichterung.

„Mary!" sagte Bertha. „Nicht bei der Hochzeit?"

„Ich sagte ihr, daß Ihr nicht dort sein würdet, Ma'am", flüsterte Caleb. „Ich hörte gestern abend davon. Aber Gott behüte Euch", fügte der kleine Mann hinzu, indem er sie zart bei beiden Händen faßte, „ich kümmre mich nicht um das, was sie sagen, und glaube auch nicht daran. Es ist nicht viel an mir, aber dieses bißchen ließe ich mir lieber in Stücke reißen, als daß ich einem Wort gegen Euch Glauben schenken würde."

Er schlang ihr die Arme um den Hals und drückte sie an sich, wie etwa ein Kind eine seiner Puppen umarmt haben würde.

„Bertha konnte diesen Morgen nicht zu Hause bleiben", sagte Caleb. „Ich weiß, sie scheute sich davor, die Glocken läuten zu hören, und konnte ihnen am Hochzeitstag nicht so nahe sein. So brachen wir denn frühzeitig auf und kamen hierher. Ich habe darüber nachgedacht, was ich getan habe", fuhr Caleb nach kurzer Pause fort, „und habe mir wegen des Kummers, den ich ihr bereitet habe, Vorwürfe gemacht, bis ich kaum mehr wußte, was ich tun oder wohin ich mich wenden sollte. Und da kam ich denn zu dem Schluß, es würde wohl am besten sein, wenn ich ihr die Wahrheit sagte, vorausgesetzt, daß Ihr dabei anwesend seid, Ma'am. Ihr helft mir doch?" fragte er und zitterte dabei von Kopf bis Fuß. „Ich weiß nicht, welche Wirkung es auf sie haben könnte; ich weiß nicht, was sie von mir denken wird; ich weiß nicht, ob sie sich später jemals wieder um ihren armen Vater kümmern wird. Aber es ist am besten für sie, wenn man sie aus ihrem Wahn reißt, und ich muß eben die Folgen tragen, wie ich's verdiene."

„Mary", sagte Bertha, „wo ist deine Hand? Ah! Hier ist sie, hier ist sie!" Sie drückte sie lächelnd an ihre Lippen und legte sie in ihren Arm. „Ich hörte sie gestern nacht leise miteinander sprechen, und sie redeten Böses von dir. Sie hatten unrecht."

Die Frau des Fuhrmanns blieb stumm. Caleb antwortete für sie.

„Sie hatten unrecht", sagte er.

„Ich wußte es wohl", rief Bertha stolz, „und ich sagte es ihnen auch! Ich wollte kein Wort von ihnen hören! Wie sollte man ihr mit Recht Vorwürfe machen können!" Sie drückte Dots Hand zwischen den ihrigen und schmiegte ihre Wange an das Antlitz ihrer Freundin. „Nein, so blind bin ich nicht."

Caleb trat auf der einen Seite neben sie hin, während Dot, die ihre Hand hielt, auf der anderen blieb.

„Ich kenne euch alle", sagte Bertha, „besser, als ihr glaubt. Aber keinen so gut wie sie. Nicht einmal Euch, Vater. Es ist nichts auch nur halb so gut und so wahr an mir, wie sie es ist. Wenn ich in diesem Augenblick wieder sehen könnte, ich würde sie, ohne daß ein Wort gesprochen würde, aus einer riesigen Menschenmenge herausfinden. Meine Schwester!"

„Bertha, meine Liebe!" sagte Caleb. „Ich habe etwas auf dem Herzen, was ich dir sagen muß, während wir drei hier allein sind. Höre mich freundlich an. Ich habe dir ein Bekenntnis abzulegen, mein Herz."

„Ein Bekenntnis, Vater?"

„Ich bin vom Weg der Wahrheit abgewichen und habe mich dabei verirrt, mein Kind", fuhr Caleb mit einem kläglichen Ausdruck in seinem erregten Gesicht fort. „Ich bin von der Wahrheit abgegangen in der Absicht, dir Gutes zu tun, aber es hat sich so gefügt, daß ich grausam gegen dich war."

Sie wandte ihm ihr erstauntes Gesicht zu und wiederholte: „Grausam?"

„Er ist zu streng gegen sich selbst, Bertha", sagte Dot. „Du wirst das gleich selbst sagen. Du wirst die erste sein, die ihm das versichert."

„Er grausam gegen mich?" rief Bertha mit einem ungläubigen Lächeln.

„Nicht mit Absicht, mein Kind", sagte Caleb. „Aber ich bin's gewesen, obgleich ich bis gestern niemals eine Ahnung davon hatte. Meine teure blinde Tochter, höre mich an, und vergib mir!

Die Welt, in der du lebst, mein Herz, ist nicht so, wie ich sie dir dargestellt habe. Meine Augen, auf die du dich verlassen hast, sind falsch zu dir gewesen."

Sie kehrte ihm noch immer das erstaunte Antlitz zu; dabei wich sie aber zurück und schmiegte sich inniger an ihre Freundin.

„Dein Weg durchs Leben war rauh, mein armes Kind", sagte Caleb, „und ich wollte ihn für dich glätten. Ich habe dir die Gegenstände und die Charaktere der Menschen verändert dargestellt, habe viele Dinge, die nie vorhanden waren, erfunden, um dich glücklicher zu machen. Ich habe vieles vor dir geheimgehalten, habe dich getäuscht – Gott verzeihe mir! – und dich mit Einbildungen umgeben."

„Aber lebende Menschen sind doch keine Einbildungen", entgegnete sie hastig. Sie wurde sehr blaß und zog sich immer weiter von ihm zurück. „Die konntet Ihr doch nicht verändern."

„Und doch habe ich's getan, Bertha", erwiderte Caleb. „Es gibt eine Person, die du kennst, meine Taube –"

„O Vater! Warum sagt Ihr, ich kenne sie?" antwortete sie im Ton herben Vorwurfs. „Was und wen kenne ich – ich, die ich keinen Führer habe? Ich arme Blinde!"

In der Not ihres Herzens streckte sie ihre Hände aus, als wolle sie tastend ihren Weg suchen, und schlug sie dann mit einer Bewegung voll tiefster Trostlosigkeit vor das Gesicht.

„Die Hochzeit, die heute stattfindet", sagte Caleb, „wird von einem finsteren, schmutzigen, habgierigen Menschen gefeiert, der mir und dir, meine Liebe, viele Jahre lang ein harter Herr war. Häßlich in seinem Aussehen und in seinem Wesen, stets kalt und gefühllos und in nichts dem Bild ähnlich, das ich dir von ihm entworfen habe."

„Oh, warum", rief das blinde Mädchen in einem Schmerz, den sie kaum ertragen zu können schien, „warum habt Ihr das getan? Warum erfülltet Ihr mein Herz, um dann heranzukommen wie der Tod und die Gegenstände meiner Liebe herauszureißen! O Himmel, wie blind – wie hoffnungslos und verlassen bin ich!"

Ihr bekümmerter Vater senkte den Kopf und sprach kein Wort. Nur sein Schmerz und seine Reue antworteten für ihn.

Sie hatte sich diesem Schmerzausbruch noch nicht lange

hingegeben, als das Heimchen, nur ihrem eigenen Ohr hörbar, zu zirpen begann. Nicht fröhlich, sondern in einem gedämpften, leisen, teilnahmsvollen Ton. Dieses Lied klang so traurig, daß ihre Tränen zu strömen begannen, und als die Erscheinung, die die ganze Nacht über an der Seite des Fuhrmanns gewesen war, sich hinter ihr zeigte und auf ihren Vater deutete, fielen sie gleich einem Regenguß nieder.

Sie hörte die Stimme des Heimchens bald deutlicher und wurde sich trotz ihrer Blindheit bewußt, daß die Erscheinung ihren Vater umschwebte.

„Mary", sagte das blinde Mädchen, „erzähle mir, wie es in meinem Heim aussieht – wie es wirklich ist."

„Es ist ein ärmlicher Ort, Bertha – wirklich sehr ärmlich und kahl. Das Haus wird kaum noch einen Winter lang Wind und Regen abhalten. Es ist ebenso schlecht gegen das Wetter geschützt, Bertha", fuhr Dot mit gedämpfter, aber klarer Stimme fort, „wie dein armer Vater in seinem Rock von Sackleinen."

Das blinde Mädchen erhob sich in großer Aufregung und führte die Frau des Fuhrmanns ein wenig beiseite.

„Und jene Geschenke, die ich mit soviel Sorgfalt pflegte – die fast auf meinen bloßen Wunsch hin kamen und mir so hoch willkommen waren", sagte sie mit bebender Stimme, „woher kamen sie? Hast du sie mir geschickt?"

„Nein."

„Wer dann?"

Dot bemerkte, daß sie es bereits wußte, und blieb still. Das blinde Mädchen schlug die Hände abermals vor das Gesicht – aber jetzt in ganz anderer Weise.

„Liebe Mary, einen Augenblick. Einen einzigen Augenblick! Mehr hierher. Sprich leise mit mir. Ich weiß, du sagst mir die Wahrheit. Gewiß, du kannst mich jetzt nicht täuschen."

„Nein, Bertha, bestimmt nicht."

„Ich wußte es ja, denn du hast zuviel Mitleid mit mir. Mary, blicke durch das Zimmer zu der Stelle hin, wo mein Vater ist – mein Vater, der mich so sehr liebt und ein so mitleidiges Herz hat –, und sage mir, was du siehst."

„Ich sehe", versetzte Dot, die sie wohl verstand, „einen alten Mann, der in einem Stuhl sitzt, sich kummervoll auf die Lehne stützt und das Gesicht auf der Hand ruhen läßt, als ob seine Tochter ihn trösten sollte, Bertha."

„Ja, ja. Sie will es. Fahre fort."

„Er ist ein alter Mann, aufgerieben von Sorgen und Arbeit. Er ist ein schmächtiger, gedrückter, gedankenvoller, grauhaariger Mann. Ich sehe ihn jetzt, wie er, gebeugt und verzagt, sich müht, um gegen ein Nichts anzukämpfen. Aber, Bertha, ich habe ihn früher oft gesehen, wie er sich in vielfacher Weise für einen einzigen großen heiligen Zweck abmühte. Und ich ehre darum sein graues Haupt und segne ihn."

Die Blinde riß sich von ihr los, warf sich vor ihm auf die Knie und drückte sein graues Haupt an ihre Brust.

„Mein Augenlicht ist wiederhergestellt! Ich kann sehen!" rief sie. „Ich bin blind gewesen, und jetzt sind meine Augen offen. Ich kannte ihn nie! O der Gedanke, daß ich hätte sterben können, ohne den Vater, der mich so liebte, je in Wahrheit zu sehen!"

Caleb konnte vor Rührung kein Wort hervorbringen.

„Es gibt keine schöne Gestalt auf dieser Erde", rief die Blinde, ihn in ihren Armen festhaltend, „die ich so innig und hingebungsvoll lieben könnte wie diese! Je grauer und gedrückter, desto teurer, Vater. Man soll niemals mehr sagen, ich sei blind. Es gibt keine Furche in diesem Antlitz, es gibt kein Haar auf diesem Kopf, das in meinen Bitt- und Dankgebeten an den Himmel vergessen werden soll!"

Caleb brachte mit Mühe die Worte hervor: „Meine Bertha!"

„Und in meiner Blindheit glaubte ich", rief das Mädchen, das ihn unter Tränen inniger Liebe streichelte, „er sei so ganz anders! Tag um Tag hatte ich ihn an meiner Seite, stets so liebevoll um mich besorgt, und ich ahnte nichts von dieser Wahrheit!"

„Der frische, geschniegelte Vater in dem blauen Rock, Bertha", sagte der arme Caleb, „er ist fort!"

„Nichts ist fort", erwiderte sie. „Liebster Vater, nein! Alles ist hier – in Euch. Der Vater, den ich so sehr liebte; der Vater, den ich nie genug liebte und niemals kannte; der Wohltäter, den ich zu lieben und zu verehren lernte, weil er so viel Teilnahme für mich hatte – alle sind hier in Euch vereinigt. Nichts ist tot für mich. Die Seele, die mir am teuersten war, finde ich hier – hier in diesem abgezehrten Antlitz, in diesem grauen Haupt. Und ich bin nicht länger blind, Vater."

Dots ganze Aufmerksamkeit galt während dieses Gesprächs ganz dem Vater und der Tochter. Jetzt aber blickte sie zu dem kleinen Mäher auf der maurischen Wiese hinüber, und da sie bemerkte, daß der Zeiger nur noch einige Minuten von der vollen Stunde entfernt war, geriet sie in einen unruhigen und aufgeregten Zustand.

„Vater", sagte Bertha zögernd. „Mary."

„Ja, meine Liebe", entgegnete Caleb. „Hier ist sie."

„Bei ihr ist doch wohl nichts verändert? Von ihr habt Ihr mir doch nie etwas gesagt, was nicht wahr wäre?"

„Ich fürchte, ich hätte es getan, mein Kind", erwiderte Caleb, „wenn ich imstande gewesen wäre, sie besser zu machen, als sie ist. Aber ich hätte sie zum Schlimmeren verändern müssen, wenn ich sie überhaupt hätte verändern wollen. Nichts kann sie verschönern, Bertha."

So zuversichtlich auch die Blinde ihre Frage gestellt hatte, so bezaubernd war doch jetzt ihr Entzücken und ihr froher Stolz über diese Antwort. Sie eilte auf Dot zu, um sie zu umarmen.

„Dennoch werden sich noch mehr Veränderungen zutragen, als du glaubst, meine Liebe", sagte Dot. „Ich meine, Veränderungen zum Besseren; Wechsel, die einigen von uns große Freude bringen werden. Du darfst dich nur nicht allzusehr aufregen, wenn sich etwas ereignet, was dich betrifft. – Sind das nicht Räder auf der Straße? Du hast ein feines Gehör, Bertha. Sind es Räder?"

„Ja. Sie kommen sehr schnell."

„Ich – ich – ich weiß, du hast ein feines Gehör", sagte Dot, die dabei die Hand auf ihr Herz legte und augenscheinlich so schnell wie möglich sprach, um dessen Klopfen zu verbergen, „denn ich habe es schon oft bemerkt – vor allem gestern abend, als du den fremden Tritt so schnell wahrnahmst. Freilich weiß ich nicht, Bertha, warum du gefragt hast – denn ich entsinne mich der Worte noch recht gut –, ‚Wessen Schritt ist das?', und warum du mehr darauf geachtet hast als auf jeden andern Schritt. Doch wie gesagt, es gibt gar vielerlei Veränderungen in der Welt – große Veränderungen, und wir können nichts Besseres tun, als uns vorzubereiten, damit wir durch nichts allzusehr überrascht werden."

Caleb wunderte sich, was sie wohl damit meinte, denn er bemerkte, daß sie ihre Worte ebenso an ihn wie an seine Tochter richtete. Mit Erstaunen bemerkte er, daß sie vor Unruhe und Aufregung kaum atmen konnte und sich an einem Stuhl festhalten mußte, um nicht zu fallen.

„Es sind in der Tat Räder", keuchte sie, „die immer näher kommen! Noch näher! Ganz nahe! Und nun hört ihr, wie sie am Gartentor haltmachen! Jetzt ist's draußen an der Tür – derselbe Tritt, Bertha, nicht wahr? Und jetzt –!"

Sie stieß einen lauten Schrei unbezähmbaren Entzückens aus und eilte auf Caleb zu, dem sie die Augen mit den Händen zuhielt. Zu gleicher Zeit stürzte ein junger Mann ins Zimmer, schleuderte seinen Hut in die Luft und kam hastig auf sie zu.

„Ist's vorüber?" rief Dot.

„Ja!"

„Glücklich vorüber?"

„Ja!"

„Erinnert Ihr Euch an die Stimme, lieber Caleb? Habt Ihr sie früher schon gehört?" rief Dot.

„Wenn mein Junge im goldenen Südamerika noch lebte –", sagte Caleb zitternd.

„Er lebt!" rief Dot, nahm die Hände von seinen Augen und schlug sie jubelnd zusammen. „Schaut ihn an! Seht, wie gesund und stark er vor Euch steht! Euer lieber Sohn! Dein teurer, lebendiger, liebender Bruder, Bertha!"

Ehre dem kleinen Geschöpf für ihre überschwengliche Freude! Ehre ihren Tränen und ihrem Lachen, als die drei sich innig mit den Armen umschlungen hielten! Ehre der Herzlichkeit, mit der sie dem sonnenverbrannten Matrosen mit dem dunklen, wallenden Haar entgegenkam und ihren rosigen kleinen Mund auch nicht ein bißchen beiseite wandte, sondern sich frischweg von ihm küssen und an die klopfende Brust drücken ließ!

Und Ehre auch dem Kuckuck – warum nicht? –, denn er stürzte aus der Falltür in dem maurischen Palast wie ein Einbrecher hervor und schluchzte zwölfmal der versammelten Gesellschaft zu, als wäre er trunken vor Freude.

Der eintretende Fuhrmann fuhr zurück – und das durfte er wohl, da er sich in so guter Gesellschaft sah.

„Schaut, John!" rief Caleb jubelnd. „Schaut her! Mein Junge aus dem goldenen Südamerika! Mein einziger Sohn! Er, den Ihr selbst ausstattetet und fortschicktet – er, dem Ihr stets ein so treuer Freund gewesen seid!"

Der Fuhrmann trat vor, um ihm die Hand zu reichen, wich aber wieder zurück, da er in seinen Zügen eine Ähnlichkeit mit denen des schwerhörigen Mannes im Karren entdeckte, und sagte: „Edward, wart Ihr das?"

„Sagt ihm jetzt alles!" rief Dot. „Sagt ihm alles, Edward, und schont mich nicht, denn nichts soll mich veranlassen, mich selbst je wieder in seinen Augen zu schonen."

„Ich war dieser Mann", sagte Edward.

„Und Ihr konntet Euch verkleidet in das Haus Eures alten Freundes stehlen?" entgegnete der Fuhrmann. „Es gab einmal einen wackeren Jungen – wie viele Jahre ist es her, Caleb, seit wir hörten, daß er tot sei, und auch den Beweis dafür hatten, wie wir glaubten? –, der nie etwas Derartiges getan hätte."

„Ich hatte einmal einen edelmütigen Freund", sagte Edward, „der mir mehr ein Vater als ein Freund war und der mich oder irgendeinen andern Mann nie ungehört verurteilt hätte. Ihr wart dieser Mann, und deshalb bin ich überzeugt, daß Ihr mir auch jetzt Gehör schenken werdet."

Der Fuhrmann erwiderte mit einem unruhigen Blick auf Dot, die sich noch immer weit von ihm entfernt hielt: „Gut! Das ist nur recht und billig. Ich will Euch anhören."

„Ihr müßt wissen", sagte Edward, „daß ich damals, als ich, noch ein halber Knabe, die Heimat verließ, verliebt war und daß meine Liebe erwidert wurde. Sie war ein sehr junges Mädchen, das vielleicht, wie Ihr mir sagen werdet, selbst nicht wußte, was es wollte. Ich aber war meiner selbst sicher und hatte eine leidenschaftliche Zuneigung zu ihr gefaßt."

„Ihr?" rief der Fuhrmann. „Ihr?"

„Jawohl", entgegnete der andere. „Und sie erwiderte sie. Ich habe es stets geglaubt, und jetzt bin ich überzeugt davon."

„Der Himmel steh mir bei!" sagte der Fuhrmann. „Das ist schlimmer als alles andere."

„Ich blieb ihr treu", sagte Edward, „und kehrte nach vielen Mühen und Gefahren hoffnungsvoll zurück, um meinen Teil unserer alten Übereinkunft zu erfüllen. Da hörte ich – schon vier Meilen von hier –, sie sei falsch gegen mich gewesen, habe mich vergessen und ihre Hand einem anderen, einem reicheren Mann gereicht. Ich hatte nicht im Sinn, ihr Vorwürfe zu machen; aber ich wünschte, sie zu sehen und mich ganz sicher zu überzeugen, daß das wahr sei. Immer noch hoffte ich, sie könnte gegen ihre Wünsche und gegen ihre frühere Neigung gezwungen worden sein. Freilich nur ein schwacher Trost, aber doch ein Trost, dachte ich; und ich kam hierher. Um die Wahrheit, die wirkliche Wahrheit zu erfahren, um für mich selbst beobachten und urteilen zu können, ohne einerseits Hindernisse zu finden oder andererseits meinen eigenen Einfluß, wenn ich einen besaß, auf sie geltend zu machen, verkleidete ich mich – Ihr wißt, wie – und wartete am Weg – Ihr wißt wo. Ihr hegtet keinen Argwohn gegen mich und auch sie nicht" – er deutete auf Dot –, „bis ich ihr an diesem Kamin ins Ohr flüsterte und sie mich beinahe verraten hätte."

„Aber als sie wußte, daß Edward noch lebte und zurückgekommen war", sagte Dot schluchzend, die jetzt für sich selbst sprach, wie sie schon während der ganzen Erzählung vor Verlangen danach gebrannt hatte, „und als sie seine Absicht erfuhr, riet sie ihm, sein Geheimnis ja gut zu bewahren; denn sein alter Freund John Peerybingle sei viel zu offen in seinem Wesen und viel zu ungeschickt für jede List – wie er denn überhaupt ein zu ungeschickter Mann sei", sagte Dot, halb lachend und halb weinend, „um es für sich zu behalten. Und als sie – das bin ich, John", fuhr sie schluchzend fort, „ihm alles sagte, wie sein Liebchen ihn für tot gehalten und wie sie endlich von ihrer Mutter zu einer Heirat überredet worden sei, die das törichte gute alte Geschöpf vorteilhaft nennt; und als sie – das bin wieder ich, John – ihm sagte, sie seien noch nicht verheiratet, obgleich nahe daran, und daß es nur ein Opfer wäre, wenn die Hochzeit stattfände, denn auf ihrer Seite sei keine Liebe vorhanden; und als er vor Freude nahezu verrückt wurde bei dieser Nachricht, sagte sie – das bin wieder ich –, sie wolle die Vermittlung übernehmen, wie sie es so oft in alten Zeiten getan habe, John, und wolle sein Liebchen aushorchen und sich überzeugen, ob das, was sie sagte und dachte – abermals ich, John –, auch wirklich richtig sei. Und es war richtig, John! Und sie kamen zusammen, John! Und sie wurden vor einer Stunde getraut, John! Und da ist die Braut! Und Gruff & Tackleton kann als Junggeselle sterben! Und ich bin eine glückliche kleine Frau, May – Gott segne dich!"

Sie war eine unwiderstehliche kleine Frau, falls das überhaupt zur Sache gehört, und nie war sie so völlig unwiderstehlich wie in ihrer gegenwärtigen Freude. Und nie hat es innigere und zärtlichere Glückwünsche gegeben als die, mit denen sie jetzt die Braut überhäufte.

Im Sturm seiner inneren Erregung stand der Fuhrmann ganz fassungslos da; aber als er auf Dot zustürzen wollte, streckte diese ihre Hand aus, um ihn abzuwehren, und zog sich wie früher zurück.

„Nein, John, nein! Höre alles! Du mußt mich nicht wieder lieben, John, bis du jedes Wort vernommen hast, das ich zu sagen habe. Es war unrecht, daß ich ein Geheimnis vor dir hatte, John. Es tut mir sehr leid. Freilich habe ich es für ganz harmlos gehalten, bis ich gestern abend kam und mich neben dich auf den kleinen Schemel setzte. Aber als ich in deinem Gesicht las, daß du mich in der Galerie mit Edward gesehen hattest, und deine Gedanken erkannte, da fühlte ich, wie übereilt und unrecht ich gehandelt hatte. Doch, lieber John, wie konntest du – wie konntest du nur so von mir denken!"

Die kleine Frau, wie sie jetzt wieder schluchzte! John Peerybingle wollte sie in seine Arme nehmen – aber nein, sie ließ es nicht zu.

„Du darfst mich noch nicht liebhaben, John – noch lange nicht! Wenn ich traurig war über diese beabsichtigte Heirat, so geschah es deshalb, weil ich an May und Edward dachte, wie sie zur Zeit ihrer jungen Liebe waren, und weil ich wußte, daß ihr Herz nicht für Tackleton schlug. Du glaubst das jetzt – nicht wahr, John?"

Auf diese Anrede hin wollte John abermals zu ihr eilen; aber sie hielt ihn wieder zurück.

„Nein, sei so gut und bleibe dort, John! Wenn ich über dich lache, wie ich es bisweilen tue, John – wenn ich sage, du seist ungeschickt, dich einen lieben alten Gänserich nenne und dir andere ähnliche Namen gebe, so geschieht das, weil ich dich so sehr liebe, John, und weil mir dein Wesen gefällt. Ich möchte dich nicht im mindesten verändert sehen, und wenn du morgen König werden könntest."

„Hurra!" rief Caleb mit ungewöhnlich lauter Stimme. „Ganz meine Ansicht!"

„Und wenn ich von gesetzten Leuten in mittlerem Alter spreche, John, und so tue, als wären wir ein langweiliges Paar, das so in gleichmäßigem Trott dahinlebt, so geschieht das nur, weil ich ein so törichtes kleines Ding bin, John, und weil mir's bisweilen Spaß macht, eine Art Komödie mit unserm Bübchen zu spielen und mich zu verstellen."

Sie sah, daß er herankam, und hielt wieder die Hand vor; aber es war beinahe zu spät.

„Nein, nur noch eine Minute oder zwei, wenn ich bitten darf! Was ich dir am meisten sagen möchte, habe ich mir bis zuletzt aufgespart! Mein lieber, guter, edelmütiger John, als wir kürzlich von dem Heimchen sprachen, lag es mir auf den Lippen, dir zu sagen, daß ich dich anfangs nicht ganz so innig liebte wie jetzt; daß ich damals, als ich zum erstenmal hierherkam, halb fürchtete, ich könnte dich nicht ganz so lieben lernen, wie ich hoffte und wie ich darum betete – weil ich gar so jung war, John! Aber, mein teurer John, jeden Tag und jede Stunde liebte ich dich mehr und mehr. Und wenn ich dich je inniger lieben könnte, als ich es tue, so müßte es um der edlen Worte willen sein, die ich dich diesen Morgen sprechen hörte. Aber das ist unmöglich. Ich habe allen Vorrat an Liebe, den ich besitze (und er ist sehr groß, John), dir gegeben – schon längst, längst, wie du es verdienst, und es ist mir nichts mehr übriggeblieben. Jetzt, mein teurer Mann, nimm mich wieder an dein Herz! Das ist mein Heim, John, und denke nie, nie mehr daran, mich in ein anderes zu schicken!"

Mein lieber Leser, es wird dir niemals soviel Freude machen können, eine herrliche kleine Frau in den Armen eines Dritten zu sehen, wie wenn du jetzt Zeuge gewesen wärest, wie Dot an die Brust des Fuhrmanns eilte. Es war der vollendetste, seelenvollste Anblick von Innigkeit, den du dein ganzes Leben über hättest zu Gesicht bekommen können.

Man kann sich denken, daß der Fuhrmann in einem Zustand

der vollkommensten Verzückung war. Ebenso erging es Dot, und so erging es auch allen Anwesenden, Miß Slowboy eingeschlossen, die vor lauter Freude in Tränen zerfloß und, da sie auch ihren jungen Pflegling an dem allgemeinen Austausch von Glückwünschen teilnehmen lassen wollte, ihn der Reihe nach jedermann anbot, als ob er etwas zu trinken wäre.

Aber nun ließ sich abermals das Rasseln von Rädern draußen vernehmen, und jemand rief, daß Gruff & Tackleton zurückkomme. Kurz darauf trat auch dieser würdige Gentleman mit erhitztem und aufgeregtem Gesicht ein.

„Was zum Teufel ist das, John Peerybingle?" fragte Tackleton. „Da muß ein Irrtum vorliegen. Ich habe mit Mrs. Tackleton verabredet, sie solle an der Kirche mit mir zusammentreffen, und ich könnte schwören, daß ich auf dem Weg hierher an ihr vorbeikam. Oh, da ist sie! Ich bitte um Verzeihung, Sir; ich habe nicht das Vergnügen, Sie zu kennen, muß Sie aber um den Gefallen bitten, diese junge Dame mir abzutreten, da sie für heute morgen eine besondere Verabredung hat."

„Ich denke nicht daran, sie Ihnen abzutreten", entgegnete Edward.

„Was wollen Sie damit sagen, Sie Landstreicher?" fragte Tackleton.

„Weiter nichts, als daß ich Ihrem Ärger Verständnis entgegenbringen kann", erwiderte der andere mit einem Lächeln. „Ich bin diesen Morgen so taub gegenüber scharfen Reden, wie ich es gestern abend für Reden überhaupt war."

Der Blick, den ihm Tackleton zuwarf – und wie er auffuhr!

„Es tut mir leid, Sir", sagte Edward, indem er Mays linke Hand und vor allem den dritten Finger vorzeigte, „daß die junge Dame Sie nicht zur Kirche begleiten kann; aber da sie diesen Morgen schon einmal dort gewesen ist, so werden Sie sie vielleicht entschuldigen."

Tackleton blickte scharf den dritten Finger an. Dann nahm er ein kleines Stück Silberpapier, das augenscheinlich einen Ring enthielt, aus seiner Westentasche.

„Miß Slowboy", sagte Tackleton, „wollt Ihr so gut sein, das ins Feuer zu werfen? Danke."

„Es war eine frühere Übereinkunft, eine sehr alte Übereinkunft, die meine Gattin daran hinderte, der Verabredung mit Ihnen Folge zu leisten. Das kann ich Ihnen versichern", sagte Edward.

„Mr. Tackleton wird mir die Gerechtigkeit widerfahren lassen zuzugestehen, daß ich ihm den Sachverhalt treulich mitgeteilt habe und daß ich ihm oft und vielmals sagte, ich könnte mein früheres Verhältnis nie vergessen", fügte May errötend hinzu.

„Oh, das stimmt!" sagte Tackleton. „Oh, sicherlich. Oh, es ist alles richtig – vollkommen in Ordnung. Mrs. Edward Plummer, wenn ich richtig vermute?"

„Das ist ihr Name", entgegnete der Bräutigam.

„Ah, ich hätte Sie nicht wiedererkannt, Sir", sagte Tackleton, während er sein Gesicht genau musterte und eine tiefe Verbeugung machte. „Ich wünsche Ihnen Glück, Sir."

„Schönen Dank."

„Mrs. Peerybingle", fuhr Tackleton fort, indem er sich plötzlich zu der Stelle umwandte, wo sie neben ihrem Gatten stand, „ich bitte Euch um Verzeihung. Ihr habt mir nicht gerade einen großen Freundschaftsdienst erwiesen, aber, bei meinem Leben, ich bitte Euch um Verzeihung. Ihr seid besser, als ich von Euch glaubte. John Peerybingle, ich bedauere. Ihr versteht mich, das ist genug. Es ist alles in Ordnung, Ladies und Gentlemen, und vollkommen befriedigend. Guten Morgen."

Mit diesen Worten nahm er ungerührt Abschied. Er machte nur einmal an der Tür halt, um die Blumen und Festschleifen vom Kopf seines Pferdes zu nehmen und dem armen Tier einen Fußtritt in die Rippen zu versetzen, als Andeutung, daß es in seinen Angelegenheiten eine entscheidende Veränderung gegeben habe.

Natürlich war es nun eine ernste Pflicht, den Tag in einer Weise zu begehen, daß die Erinnerung an diese Ereignisse für immer zu einem hohen Fest- und Feiertag im Peerybingle-Kalender wurde. Dementsprechend machte sich Dot ans Werk, um ein Mahl herzurichten, das dem Haus und allen Dazugehörigen unsterbliche Ehre einbringen sollte. Schon nach ganz kurzer Zeit war sie bis über die Grübchenellbogen in Mehl eingetaucht und bestäubte den Rock des Fuhrmanns, sooft er in ihre Nähe kam, indem sie ihn festhielt, um ihm einen Kuß zu geben. Dieser gute Bursche wusch das Gemüse, schälte die Rüben, zerbrach die

Teller, stürzte die mit kaltem Wasser gefüllten Eisentöpfe ins Feuer und machte sich auf alle nur erdenkliche Weise nützlich, während ein paar kunstfertige Gehilfinnen, die, als gälte es Leben und Tod, in aller Eile von irgendwoher aus der Nachbarschaft aufgeboten worden waren, auf allen Türschwellen und an allen Ecken gegeneinanderrannten. Und jedermann stolperte über Tilly Slowboy und das Bübchen, die überall anzutreffen waren. Tilly hatte sich nie zuvor in solchem Glanz gezeigt, und ihre Fähigkeit, überall zugleich zu sein, war Gegenstand der allgemeinen Bewunderung. Fünfundzwanzig Minuten nach zwei ließ sie jemanden im Flur ins Stolpern geraten, Punkt halb drei Uhr stellte sie jemandem in der Küche ein Bein, und fünf Minuten später brachte sie im Dachstübchen jemanden zu Fall. Der Kopf des Bübchens war sozusagen ein Prüfstein für alle Arten von Materie, tierischer, pflanzlicher und mineralischer, und es gab nichts an jenem Tag, was nicht das eine oder das andere Mal in sehr enge Berührung mit ihm gekommen wäre.

Dann machte sich eine große Expedition auf die Beine, um Mrs. Fielding aufzusuchen und gegenüber dieser vortrefflichen Dame ganz kläglich reumütig zu tun. Man wollte sie im Notfall mit Gewalt zurückbringen und dazu zwingen, glücklich und vergebungsvoll zu sein. Und als die Expedition sie endlich fand, wollte sie anfangs um keinen Preis etwas hören, sondern jammerte unzählige Male darüber, daß sie es habe erleben müssen, diesen Tag zu sehen! Auch war sie zu keiner anderen Äußerung zu bewegen als zu den Worten: „Bringt mich zu Grabe", was abgeschmackt genug schien, zumal sie nicht nur nicht tot war, sondern auch durchaus nicht danach aussah. Nach einer Weile verfiel sie in einen Zustand schrecklicher Ruhe und bemerkte, als jener unglückliche Gang der Dinge bei dem Indigohandel stattgefunden habe, habe sie vorausgesehen, daß sie ihr ganzes Leben über jeder Art von Schimpf und Schmach ausgesetzt sein werde; es freue sie daher festzustellen, daß sie damals recht gehabt habe, und sie bitte, man solle sich nicht weiter um sie kümmern – denn was sei sie im Grunde? O Himmel, ein Nichts! –, sondern vergessen, daß ein solches Wesen noch am Leben sei, und ohne sie auszukommen versuchen. Aus dieser bitter sarkastischen Stimmung ging sie in eine zornige über, in der sie sich mit der denkwürdigen Äußerung Luft machte, daß auch der Wurm sich krümme, wenn er getreten werde; und dann gab sie sich einem sanften Bedauern hin und sagte, wenn man ihr nur Vertrauen geschenkt hätte, wie hätte sie dann mit Rat und Tat zur Hand gehen können! Diesen Wendepunkt in ihren Gefühlen machte sich die Expedition zunutze und umarmte sie vielfach, und schon bald danach hatte die gnädige Frau Mama ihre Handschuhe angezogen, um sich in einem Zustand tadelloser Vornehmheit zu John Peerybingles Heim zu begeben. Neben ihr in der Kutsche lag eine Papiertüte, die eine stattliche Haube enthielt, fast so groß und ebenso steif wie eine Bischofsmütze.

Ferner wurden Dots Vater und Mutter in einer zweiten kleinen Kutsche erwartet. Da sie über die erwartete Zeit hinaus ausblieben, war man besorgt und schaute häufig auf den Weg hinaus. Mrs. Fielding blickte dabei stets in die falsche und offenkundig unmögliche Richtung, und wenn man sie darauf aufmerksam machte, so erklärte sie, es stehe ihr doch hoffentlich frei hinzusehen, wohin sie wolle. Endlich trafen sie ein – ein rundliches kleines Paar, das in der gemächlichen, behaglichen Weise, wie sie für die ganze Dotsche Familie eigentypisch war, dahergefahren kam. Dot und ihre Mutter, Seite an Seite, waren wundervoll anzuschauen. Sie sahen sich wirklich sehr ähnlich.

Dann mußte Dots Mutter ihre Bekanntschaft mit Mays Mutter auffrischen. Mays Mutter hielt sich immer noch an ihre Vornehmheit, während Dots Mutter sich nie auf etwas anderem hielt als auf ihren rühriger kleinen Füßen. Und der alte Dot – wenn wir Dots Vater so nennen dürfen, denn ich vergaß, daß das nicht sein richtiger Name war; doch egal –, der alte Dot nahm sich Freiheiten heraus, drückte Leuten, die er zum erstenmal sah, gleich die Hand, schien eine Haube nur für eine Menge Musselin und Stärke zu halten und zeigte gar keinen Respekt vor dem Indigohandel, sondern meinte, da sei jetzt nicht mehr zu helfen. Wenn Mrs. Fielding daher alles zusammenfaßte, so kam sie zu der Ansicht, er sei zwar ein gutmütiger, freundlicher Mann – aber ungebildet, meine Liebe, ganz ungebildet.

Und Dot – meinen Segen über ihr strahlendes Gesicht! –, ich hätte Dot um keinen Preis missen mögen, wie sie in ihrem Hochzeitskleid die Gäste willkommen hieß. Nein, und auch den guten

Fuhrmann nicht, der mit so fröhlich gerötetem Gesicht unten am Tisch saß. Ebensowenig den braungebrannten, prächtigen Matrosen und seine schmucke Braut. Kurz, keinen von allen. Das Essen zu verpassen hätte bedeutet, ein so fröhliches und kräftiges Mahl zu verpassen, wie man nur eines einnehmen kann, und ohne die überströmenden Becher, mit denen sie auf den Hochzeitstag anstießen, hätte dem Ganzen die Krone gefehlt.

Nach dem Mahl sang Caleb das Lied von dem schäumenden Becher. So wahr ich am Leben bin und es noch ein Jährchen oder zwei zu bleiben hoffe, er sang es ganz durch.

Und beiläufig, just als der letzte Vers beendet war, trat ein höchst unerwartetes Ereignis ein.

An der Tür ließ sich ein Pochen vernehmen, und ein Mann stolperte herein, ohne „mit Verlaub" oder „bitte um Entschuldigung" zu sagen, der etwas Schweres auf dem Kopf trug. Er setzte dies auf den Tisch nieder, genau in die Mitte zwischen den Nüssen und Äpfeln, und sagte: „Mit den besten Empfehlungen von Mr. Tackleton; da der Kuchen ihm selbst zu nichts nütze sei, so möchtet ihr ihn vielleicht gern essen."

Und mit diesen Worten verschwand er.

Man kann sich denken, daß das eine Überraschung für die Gesellschaft war. Mrs. Fielding, die eine Dame von größtem Scharfblick war, äußerte die Vermutung, daß der Kuchen vergiftet sei, und erzählte eine Geschichte von einem Kuchen, durch den, wie sie sich noch genau erinnerte, ein ganzes Seminar von jungen Mädchen blau angelaufen sei. Aber sie wurde durch Zuruf überstimmt, und May schnitt feierlich und unter allgemeinem Jubel den Kuchen an.

Ich glaube kaum, daß jemand schon davon gekostet hatte, als sich abermals ein Pochen an der Tür vernehmen ließ und derselbe Mann wieder erschien, unter seinem Arm ein riesiges, in braunes Papier eingeschlagenes Paket.

„Nochmals Empfehlungen von Mr. Tackleton, und er schickt hier einiges Spielzeug für das Bübchen. Die Sachen seien nicht häßlich, läßt er ausrichten."

Nachdem er sich dieses Auftrags entledigt hatte, entfernte er sich wieder.

Es wäre wohl der ganzen Gesellschaft sehr schwergefallen,

Worte für ihr Erstaunen zu finden, selbst wenn sie hinreichend Zeit gehabt hätte, danach zu suchen. Aber letzteres war nicht der Fall, denn der Bote hatte kaum die Tür hinter sich zugedrückt, als sich aufs neue ein Pochen vernehmen ließ und Tackleton selbst eintrat.

„Mrs. Peerybingle", sagte der Spielzeugfabrikant, den Hut in der Hand, „ich bitte um Verzeihung. Ich bitte noch ernstlicher um Verzeihung als an diesem Morgen. Ich habe Zeit gehabt, darüber nachzudenken. John Peerybingle, ich bin griesgrämig von Natur, aber ich kann es nicht verhindern, daß dieser mein Charakterzug mehr oder weniger abgemildert wird, wenn ich einen Mann, wie Ihr seid, von Angesicht zu Angesicht treffe. Caleb, dieses nichtsahnende kleine Kindermädchen gab mir gestern abend mit ein paar abgerissenen Worten einen Wink, den ich jetzt richtig verstanden habe. Ich erröte bei dem Gedanken, wie leicht ich Euch und Eure Tochter hätte an mich fesseln können und welch ein blödsinniger Tropf ich selbst war, als ich sie für närrisch hielt! Ihr Freunde insgesamt, mein Haus ist sehr einsam diesen Abend. Ich habe nicht einmal ein Heimchen auf meinem Herd, denn ich habe sie alle fortgescheucht. Seid gnädig zu mir, und gestattet mir, daß ich mich diesem glücklichen Kreis anschließe!"

Er fühlte sich in fünf Minuten heimisch. Man hätte es kaum glauben sollen. Was hatte er bloß sein ganzes Leben über mit sich selbst angefangen, daß er nie zuvor erfahren hatte, wie fröhlich er sein konnte? Oder was hatten die Elfen mit ihm getrieben, daß eine solche Wandlung möglich wurde!

„John, du willst mich diesen Abend nicht nach Hause schicken, oder?" flüsterte Dot.

Dabei hätte er genau das beinahe getan!

Es fehlte nur ein einziges lebendes Wesen, um die Gesellschaft vollständig zu machen; aber ehe man daran dachte, war es da – sehr durstig vom scharfen Laufen und mit dem hoffnungslosen Versuch beschäftigt, seinen Kopf in einen engen Krug zu zwängen. Er war mit dem Karren bis ans Ende der Fahrt gelaufen, sehr ärgerlich über die Abwesenheit seines Herrn und erstaunlich rebellisch gegen den Stellvertreter. Nachdem er eine Weile im Stall umhergeschnuppert und vergeblich den Versuch gemacht hatte, den alten Gaul zu einer meuterischen Umkehr auf eigene

Faust zu veranlassen, war er zu der Schankstube gegangen und hatte sich dort vor dem Feuer niedergelegt. Aber von der plötzlichen Überzeugung erfaßt, daß der Stellvertreter ein bloßer Schwindel sei und nicht wert, daß er bei ihm bleibe, war er wieder aufgestanden, hatte dem Wirtshaus den Schwanz zugekehrt und war nach Hause gekommen.

Abends wurde getanzt. Ich hätte es bei dieser allgemeinen Erwähnung bewenden lassen, wenn ich nicht mit einigem Grund annehmen könnte, daß es ein ganz origineller Tanz mit höchst ungewöhnlichen Figuren war. Letztere bildeten sich in seltsamer Weise – und zwar in folgender:

Edward, der Matrose – ein guter, verwegener, schmucker Bursche –, hatte allerlei Wunder von Papageien, Minen, Mexikanern und Goldstaub erzählt, als es ihm auf einmal einfiel, von seinem Sitz aufzuspringen und einen Tanz vorzuschlagen, denn Berthas Harfe war gleichfalls da, und das blinde Mädchen vermochte mit einer Fertigkeit darauf zu spielen, wie man sie selten zu hören kriegt. Dot – die sich aufs raffinierteste zieren konnte, wenn sie wollte – behauptete, ihre Tanztage seien vorüber; ich aber glaube, sie sagte das nur, weil der Fuhrmann seine Pfeife rauchte und sie am liebsten bei ihm saß. Darauf hatte Mrs. Fielding keine andere Wahl, als gleichfalls zu sagen, ihre Tanztage seien vorüber; und jedermann sagte das gleiche, ausgenommen May. May war bereit.

So fangen denn May und Edward unter großem Beifall allein zu tanzen an, während Bertha ihre lieblichste Weise spielt.

Nun, ob ihr mir glauben wollt oder nicht – sie haben noch keine fünf Minuten getanzt, als der Fuhrmann plötzlich seine Pfeife wegwirft, Dot um den Leib faßt, ins Zimmer hineinschießt und mit ihr – Hacke, Spitze – ganz wundervoll loslegt. Tackleton hat das kaum gesehen, als er zu Mrs. Fielding hinüberschlüpft, sie um den Leib faßt und sich dem Tanz anschließt. Der alte Dot wird bei diesem Anblick gleichfalls ganz lebendig, huscht mit Mrs. Dot mitten unter die Tanzenden und ist bald der vorderste. Kaum sieht Caleb das, da faßt er Tilly Slowboy bei beiden Händen und hüpft tüchtig drauflos – wobei Miß Slowboy der festen Überzeugung ist, es sei das einzige Prinzip der Tanzkunst, hitzig unter die anderen Paare hineinzufahren und alle Augenblicke mit ihnen zusammenzuprallen.

Horcht, wie das Heimchen mit seinem Zirp-zirp-zirp sich der Musik anschließt und wie der Kessel summt!

DOCH was ist das? Wie ich noch fröhlich zuhöre und mich Dot zuwende, um die kleine Gestalt, die mir so lieb ist, zum letztenmal zu betrachten, ist sie samt den übrigen in der Luft verschwunden, und ich bin allein. Ein Heimchen zirpt auf dem Herd, ein zerbrochenes Kinderspielzeug liegt auf dem Boden, und nichts sonst ist übriggeblieben.

Der Kampf des Lebens

Der Kampf des Lebens

Eine Liebesgeschichte

Erster Teil

Vor langer, langer Zeit – wann und wo tut nichts zur Sache – wurde auf englischem Boden eine heiße Schlacht geschlagen. Sie wurde geschlagen an einem langen Sommertag, als das wogende Gras grün war. Manche wilde Blume, geschaffen von des Allmächtigen Hand zu einem duftenden Pokal für den Tau, sah an diesem Tag ihren bunten Kelch überschäumen von Blut und starb schaudernd. Manches Insekt, das seine zarte Farbe von unschuldigen Blättern und Pflanzen hatte, wurde an diesem Tag neu gefärbt von sterbenden Menschen und bezeichnete seine hastige Flucht mit einer unnatürlichen Spur. Der bunte Schmetterling trug auf dem Rand seiner Flügel Blut in die Luft. Der Bach flutete rot dahin. Das zertretene Erdreich verwandelte sich in einen Sumpf, wo in trüben Pfützen, die sich in den Spuren von menschlichen Füßen und Pferdehufen gesammelt hatten, die eine Farbe, die sich überall ausbreitete, unheimlich in der Sonne schimmerte.

Der Himmel bewahre uns vor dem Anblick eines Schauspiels, wie es der Mond auf diesem Feld sah, als er über den waldumsäumten schwarzen Hügelrücken in der Ferne heraufzog und auf die Ebene herabblickte, übersät mit himmelwärts gerichteten Gesichtern, die dereinst an der Mutterbrust die Mutteraugen angelächelt oder ruhig geschlummert hatten.

Der Himmel bewahre uns vor den Geheimnissen, die der verpestete Wind über dem Schauplatz von dieses Tages Arbeit und dieser Nacht Tod und Leiden flüsterte. Mancher einsame Mond schien hell hinab auf dieses Feld, mancher Stern hielt trauervoll darüber Wacht, mancher Wind aus jeder Weltgegend wehte darüber hin, ehe die Spuren dieses Kampfes verwischt waren.

Sie hielten sich noch lange Zeit; aber es waren nur unbedeutende Erscheinungen, die an das Vergangene erinnerten. Denn die Natur, hoch erhaben über die bösen Leidenschaften der Menschen, gewann bald ihre Heiterkeit wieder und lächelte auf das schuldige Schlachtfeld herab wie ehedem, als es noch schuldlos gewesen war. Die Lerchen sangen hoch über ihm, die Schwalben flitzten hin und her, die Schatten der fliehenden Wolken verfolgten einander spielend über Wiese und Wald und über Dächer und Kirchtürme der von Bäumen umsäumten Stadt hinaus in die glänzende Ferne, wo Erde und Himmel zusammenfließen und das Abendrot verglüht. Saaten wurden gesät und wuchsen empor und wurden geerntet; der Bach, der purpurn gefärbt gewesen war, drehte ein Mühlrad; Männer pfiffen hinter dem Pflug; Gruppen von Ährenlesern und Mähern waren ruhig mit ihrer Arbeit beschäftigt; Schafe und Kühe grasten auf der Weide; Knaben schrien auf den Feldern, um die Vögel zu verscheuchen; Rauch stieg aus den Schornsteinen der Hütten empor; Sonntagsglocken ließen ihr friedliches Geläut ertönen; alte Leute lebten und starben; die scheuen Geschöpfe des Feldes und die einfachen Blumen des Waldes und des Gartens blühten und welkten dahin in der ihnen bestimmten Zeit – alles auf dem blutigen Feld, wo tausend und aber tausend Menschen in der großen Schlacht gefallen waren.

Aber anfangs sah man dunklere Flecken in der jungen Saat, die die Leute mit scheuem Grauen betrachteten. Jahr für Jahr kehrten sie wieder; und man wußte, daß auf diesen fruchtbaren Stellen Menschen und Pferde wahllos begraben lagen und den Boden düngten. Der Ackersmann, der dort pflügte, scheute zurück vor den großen Würmern, die dort aus der Erde krochen; und die Garben, die man dort erntete, wurden viele, viele Jahre lang die Schlachtgarben genannt und beiseite gesetzt, und niemals kam eine Schlachtgarbe unter die letzte Erntefuhre. Lange Zeit kam mit jeder Furche, die gezogen wurde, ein Überbleibsel des Kampfes an den Tag. Lange Zeit sah man beschädigte Bäume auf dem Feld und halb zerstörte Hecken und Mauern an den Stellen, wo ein mörderisches Handgemenge gewesen war; und auf manchen festgestampften Flecken wollten weder Halm noch Gras wachsen. Lange Zeit scheute sich jedes Mädchen, sich Haar oder Busen mit der schönsten Blume dieses Totenfeldes zu schmücken; und selbst als schon viele Jahre vergangen waren, hielt sich immer noch der Glaube, die dort wachsenden Beeren hinterließen in der Hand, die sie pflückte, einen Fleck, der nicht zu tilgen wäre.

Aber die Jahreszeiten, mochten sie auch so flüchtig vorübergehen wie die Sommerwolken, verwischten in ihrem Verlauf selbst diese Spuren des alten Kampfes. Die sagenhaften Erinnerungen daran verschwanden aus dem Gedächtnis der Menschen, bis sie zu Altweibermärchen geworden waren, die am winterlichen Herd noch ab und zu erzählt wurden und mit jedem Jahr mehr in Vergessenheit gerieten. Wo die wilden Blumen und Beeren so lange ungepflückt geblieben waren, da standen jetzt Gärten und Häuser, und Kinder spielten Krieg auf dem Rasen. Die beschädigten Bäume waren schon längst zur Weihnachtszeit als Scheite verbrannt worden. Die dunkelgrünen Flecken waren inzwischen ebenso vergangen wie das Gedenken an jene, die darunter bestattet lagen. Noch immer brachte die Pflugschar von Zeit zu Zeit Stücke verrosteten Eisens zutage, aber es war schwer zu erkennen, wozu es gedient hatte, und die Finder grübelten und stritten darüber. Ein alter schwarzer Harnisch und ein Helm hatten so lange in der Kirche gehangen, daß derselbe schwache, halbblinde Greis, der sich jetzt vergebens bemühte, sie oben an dem weißen Gewölbe zu erkennen, sie schon als Kind staunend betrachtet hatte. Wenn das auf dem Feld erschlagene Heer, jeder in der Gestalt, wie er gefallen war, und auf der Stelle, wo er seinen Tod gefunden hatte, einen Augenblick lang hätte auferstehen können, dann hätten Soldaten mit klaffenden Wunden zu Hunderten in Hüttentüren und Fenster hineingeblickt; wären erschienen um den friedlichen Herd; wären aufgespeichert gewesen in den Scheuern; wären emporgestiegen zwischen dem Kind in der Wiege und seiner Amme; hätten den Bach aufgestaut, sich um das Mühlrad gedreht, den Obstgarten und die Wiese bedeckt und den Heuschober bis oben hin angefüllt mit Sterbenden. So verändert war das Feld, wo tausend und aber tausend Menschen in der großen Schlacht gefallen waren.

Vielleicht nirgends mehr verändert als vor etwa hundert Jahren in einem kleinen Obstgarten hinter einem alten steinernen Haus mit einer Geißblattlaube vor der Tür. Dort vernahm man an einem schönen Herbstmorgen Musik und heiteres Lachen, und zwei Mädchen tanzten lustig auf dem Rasen. Ein halbes Dutzend Bauersfrauen, die, auf Leitern stehend, damit beschäftigt waren, Äpfel von den Bäumen zu pflücken, hielten zuweilen in ihrer Arbeit inne und sahen den Fröhlichen zu. Es war ein anmutiges, natürliches Schauspiel; ein schöner Tag, ein stiller Ort; und die beiden Mädchen tanzten froh und ungezwungen nach Herzenslust.

Ich glaube – und hoffentlich stimmt ihr mit mir überein –, daß es viel besser um uns stünde und daß wir unendlich besser miteinander auskommen würden, wenn sich auf der Welt niemand besonders zur Schau stellen wollte. Es war ganz allerliebst anzusehen, wie diese beiden Mädchen tanzten. Sie hatten keine Zuschauer als die Äpfel pflückenden Frauen auf den Leitern. Sie freuten sich sehr, ihnen zu gefallen, aber sie tanzten doch bloß sich selbst zu Gefallen (oder wenigstens hatte es den Anschein); und man konnte sich ebensowenig der Bewunderung wie sie sich des Tanzens enthalten. Und wie sie tanzten!

Nicht wie Ballettänzerinnen. Durchaus nicht! Und nicht wie Madame Soundsos ausgezeichnete Schülerinnen. Nicht im mindesten! Es war keine Quadrille, kein Menuett, nicht einmal ein einfacher Ländler; es war nicht nach dem französischen, nicht nach dem englischen Stil; eher zufällig ein wenig im spanischen Stil, der, wie man sagt, ein freier und munterer Stil ist und durch

MACLISE R A

die klappernden Kastagnetten den Anschein einer ungezwungenen Improvisation bekommt. Wie sie unter den Obstbäumen tanzten, den Garten hinauf und hinab schwebten und sich im Kreis drehten, schien sich der Einfluß ihrer schwebenden Bewegung in der sonnig heiteren Umgebung weiter und weiter auszubreiten wie ein immer größer werdender Kreis im Wasser. Ihr fliegendes Haar und ihre wehenden Gewänder, das elastische Gras unter ihren Füßen, die Zweige, die im Morgenwind schaukelten, die glänzenden Blätter und ihre zitternden Schatten auf dem weichen grünen Boden, das balsamische Lüftchen, das durch die Landschaft wehte und sich darauf freute, die fernen Windmühlen zu drehen – alles zwischen den beiden Mädchen und dem pflügenden Ackersmann auf der fernen Höhe, der sich vom Himmel abhob, als stünde er am Ende der Welt, schien ebenfalls zu tanzen.

Endlich sank die jüngere der beiden tanzenden Schwestern atemlos und heiter lachend auf eine Bank, um auszuruhen. Die andere lehnte sich an einen Baum dicht daneben. Die Spielleute, eine Harfe und eine Fiedel, schlossen mit einem Tusch, als prahlten sie mit ihrer Munterkeit. Gleichwohl hatten sie sich in ihrem Bestreben, mit der Schnelligkeit des Tanzes Schritt zu halten, so beeilen müssen, daß sie es keine halbe Minute länger hätten aushalten können. Die Äpfel pflückenden Frauen auf den Leitern ließen ein beifälliges Summen vernehmen und machten sich dann, dem Laut, den sie von sich gegeben hatten, ganz angemessen, wie Bienen wieder an ihre Arbeit.

Um so fleißiger vielleicht, weil ein ältlicher Gentleman, nämlich Dr. Jeddler höchstpersönlich – es war Dr. Jeddlers Haus und Garten, müßt ihr wissen, und die beiden Mädchen waren Dr. Jeddlers Töchter –, aus dem Haus kam, um zu sehen, was es gäbe und wer zum Kuckuck auf seinem Grund und Boden vor dem Frühstück Musik mache. Denn Dr. Jeddler war ein großer Philosoph und nicht sehr musikalisch.

„Musik und Tanz heute?" sprach der Doktor zu sich selbst und blieb verwundert stehen. „Ich glaubte, sie fürchteten den heutigen Tag. Doch es ist eine Welt voller Widersprüche. Aber Grace, aber Marion!" fügte er laut hinzu. „Ist die Welt heute morgen verrückter als gewöhnlich?"

„Wenn es der Fall wäre, so seien Sie diesmal etwas nachsichtig, Vater", gab ihm die jüngere Tochter Marion zur Antwort, indem sie an ihn herantrat und zu ihm aufblickte, „denn es ist jemandes Geburtstag heute."

„Jemandes Geburtstag, mein Mäuschen?" fragte der Doktor. „Weißt du nicht, daß alle Tage jemandes Geburtstag ist? Weißt du nicht, wie viele Neulinge jede Minute das wunderliche und lächerliche Ding – hahaha!, man kann gar nicht ernsthaft davon sprechen –, das man das Leben nennt, beginnen?"

„Nein, Vater!"

„Natürlich, du nicht; du bist eine Frau – beinahe", sagte der Doktor. „Übrigens", setzte er hinzu und blickte in das hübsche Gesicht dicht vor seinen Augen, „glaube ich, es ist *dein* Geburtstag."

„Was? Wirklich, Vater?" rief seine Lieblingstochter und bot ihm die Lippen zum Kuß.

„Da! Und meine Liebe dazu", sagte der Doktor und küßte sie, „und möge der Tag noch sehr oft wiederkehren. Übrigens, was für ein Gedanke!" fügte der Doktor zu sich selbst hinzu. „Bei einem solchen Possenspiel eine häufige Wiederholung zu wünschen, das ist wirklich gut! Hahaha!"

Dr. Jeddler war, wie ich bereits bemerkt habe, ein großer Philosoph; und der Hauptsatz seiner Philosophie war, die ganze Welt als einen ungeheuren Witz zu betrachten, als etwas zu Albernes, als daß ein vernünftiger Mensch sie ernst nehmen könnte. Dieser Glaubenssatz war ursprünglich ein Ergebnis des Schlachtfeldes, auf dem er lebte, wie dem Leser bald klarwerden wird.

„Wie seid ihr eigentlich zu der Musik gekommen?" fragte der Doktor. „Natürlich sind's Hühnerdiebe. Aber wo kommen diese fahrenden Künstler her?"

„Alfred hat sie hergeschickt", gab seine Tochter Grace zur Antwort und steckte ein paar einfache Blumen, mit denen sie ihrer Schwester das Haar zuvor geschmückt und die der Tanz gelockert hatte, wieder fest.

„Also Alfred hat die Musik geschickt?" entgegnete der Doktor.

„Ja, er traf sie unterwegs, als er in der Frühe in die Stadt ging. Die Leute wandern zu Fuß und hatten diese Nacht in der Stadt gerastet; und da Marions Geburtstag ist und er ihr eine Freude zu machen glaubte, schickte er sie her mit einem Zettelchen, daß sie ihr, wenn ich es für gut fände, ein Ständchen bringen sollten."

„Ja, ja", sagte der Doktor leichthin, „er fragt immer nach deiner Meinung."

„Und da meine Meinung günstig ausfiel", sagte Grace heiter und hielt einen Augenblick inne, um den lieblichen Kopf, den sie schmückte, zu bewundern, „und da Marion lustig war und zu tanzen anfing, so tanzten wir zuletzt beide nach Alfreds Musik, bis uns der Atem ausging. Und die Musik gefiel uns um so mehr, weil Alfred sie geschickt hatte. Nicht wahr, liebe Marion?"

„Oh, ich weiß nicht, Grace. Wie du mich mit Alfred quälst!"

„Ich soll dich quälen, wenn ich deinen Liebsten nenne?" entgegnete ihre Schwester.

„Mir ist es herzlich gleichgültig, wenn sein Name genannt wird", sagte die kleine Kokette, wobei sie ein paar Blumen, die sie in der Hand hatte, zerpflückte und die Blätter auf den Boden streute. „Ich habe es fast satt, von ihm zu hören; und wenn du sagst, er sei mein Liebster –"

„Still! Sprich nicht leichtfertig von einem treuen Herzen, das ganz dir gehört, Marion!" rief ihre Schwester. „Nicht einmal im Scherz. Es gibt kein treueres Herz auf der Welt als Alfred!"

„Nein – nein", sagte Marion und zog ihre Brauen mit einem reizenden Ausdruck gleichgültigen Nachdenkens in die Höhe, „vielleicht nicht. Aber ich weiß nicht, ob das ein großes Verdienst ist. Ich – ich mag ihn eigentlich gar nicht so sehr treu haben. Ich habe ihn nie dazu aufgefordert. Wenn er denkt, daß ich – Aber, liebe Grace, warum müssen wir gerade jetzt von ihm sprechen?"

Es war ein lieblicher Anblick, die beiden anmutigen Gestalten der blühenden Schwestern dicht aneinandergeschmiegt unter den Bäumen wandeln und miteinander sprechen zu sehen, Ernst gegenüber Leichtlebigkeit, aber Liebe in zärtlicher Erwiderung von Liebe. Und sonderbar war es anzusehen, wie in den Augen der jüngeren Schwester eine Träne schwamm und wie durch den Eigensinn ihrer Worte ein tiefes, inniges Gefühl durchbrach und schmerzlich damit zu ringen schien.

Der Unterschied im Alter der beiden Mädchen konnte nicht mehr als vier Jahre betragen. Aber Grace erschien, wie oft in solchen Fällen, wo keine Mutter über beide wacht (des Doktors Frau war gestorben), in der fürsorglichen Liebe zu ihrer jüngeren Schwester älter, als sie war; und von Natur aus war ihr die Teilnahme – außer durch mitfühlende Liebe – an ihren eigenwilligen Launen fremder, als man nach ihren Jahren hätte meinen sollen. Hoher Mutterberuf, der selbst in diesem seinem Schattenbild das Herz reinigt und das geheiligte Gemüt den Engeln näherbringt!

Während der Doktor ihnen nachsah und zuhörte, bestanden seine Gedanken anfangs nur aus verschiedenen amüsanten Betrachtungen über die Torheit, etwas zu lieben oder gern zu haben. Es war eine bloße Selbsttäuschung junger Herzen, wenn sie einen Augenblick glaubten, es könnte etwas Ernsthaftes hinter einer solchen Seifenblase wie der Liebe stecken. Und am Ende kam dann die Ernüchterung – stets und immerdar!

Aber das bescheidene, selbstverleugnende Wesen seiner älteren Tochter, ihr sanftes Gemüt, das doch so viel Standhaftigkeit und Lebensmut in sich barg, trat ihm im Gegensatz zwischen ihrer anspruchslosen Gestalt und der Schönheit seiner jüngeren Tochter vor Augen; und es tat ihm um ihretwillen – ja, um ihrer beider willen – leid, daß das Leben eine so lächerliche Sache war.

Der Doktor kam nie auf den Gedanken, danach zu fragen, ob seine Kinder auf irgendeine Weise dazu beitrugen, es zu einer ernsten Sache zu machen. Aber dafür war er ein Philosoph.

Von Natur aus ein Mann mit einem weichen und warmen Herzen, war er durch Zufall auf jenen gewöhnlichen Stein der Weisen gestoßen (viel leichter zu finden als der, den die Alchimisten suchen), der oft gutherzige Leute zu Fall bringt und die unangenehme Eigenschaft hat, Gold in Schlacke und jeden kostbaren Gegenstand in etwas Nichtsnutziges zu verwandeln.

„Britain!" rief der Doktor. „Britain! Heda!"

Ein kleiner Mann mit ungewöhnlich mürrischem und unzufriedenem Gesicht trat jetzt aus dem Haus und beantwortete diesen Ruf mit den wenig förmlichen Worten: „Nun, was gibt's denn?"

„Wo ist zum Frühstück gedeckt?" fragte der Doktor.

„Im Haus", gab Britain zur Antwort.

„Wirst du den Tisch hier draußen decken, wie ich dir gestern abend befahl?" fragte der Doktor. „Weißt du nicht, daß Gesellschaft kommt? Daß hier noch Geschäfte abgemacht werden müssen, ehe die Landkutsche vorbeikommt? Daß heute ein ganz besonderer Tag ist?"

„Konnte ich denn etwas machen, Dr. Jeddler, bevor die Frauen ihre Äpfel gepflückt hatten, he?" sagte Britain, seine Stimme allmählich steigernd, so daß er zuletzt förmlich schrie.

„Nun, sind sie denn jetzt fertig?" sagte der Doktor und sah auf die Uhr. „Vorwärts! Mach schnell! Wo ist Clemency?"

„Hier bin ich, Mister!" rief eine Stimme von einer der Leitern herunter, auf der ein paar plumpe Füße rasch abwärts stiegen. „Wir sind fertig. Räumt weg, Mädchen. In einer halben Minute soll alles in Ordnung sein, Mister."

Mit diesen Worten machte sie sich eifrig an die Arbeit. Sie bot dabei einen Anblick dar, der eigenartig genug war, um einige Worte der Einführung über sie zu rechtfertigen.

Sie war etwa dreißig Jahre alt und hatte ein ziemlich rundes und freundliches Gesicht, obgleich es sich einen Ausdruck von Gesetztheit aufgezwungen hatte, der es recht komisch wirken ließ. Aber ihr ausnehmend linkisches Wesen stellte das noch in den Schatten. Wenn wir sagen, sie habe zwei linke Beine und zwei Arme gehabt, die eigentlich jemand anders gehörten, und daß diese vier Gliedmaßen ausgerenkt und gar nicht an ihrer rechten Stelle angesetzt zu sein schienen, so stellen wir bloß die Wirklichkeit in ihrem mildesten Licht dar. Wenn wir aber sagen, daß sie mit dieser Einrichtung vollkommen zufrieden war, ihre Arme und Beine nahm, wie sie waren, und es ihnen überließ, sich zu bewegen, wie sie wollten, so lassen wir ihrem Gleichmut nichts als die strikteste Gerechtigkeit widerfahren. Ihr Aufzug bestand aus ein paar riesigen, eigenwilligen Schuhen, die immer woandershin wollten als ihre Füße, blauen Strümpfen, einem bunten Kattunkleid mit dem häßlichsten Muster, das für Geld aufzutreiben war, und einer weißen Schürze. Sie trug immer kurze Ärmel und hatte sich immer die Ellbogen wund gestoßen. Mit diesen Verletzungen aber beschäftigte sie sich so sehr, daß sie ständig bemüht war, sie herumzudrehen und sich an Stellen zu besehen, wo das rein unmöglich war. Gewöhnlich saß ein Häubchen irgendwo auf ihrem Kopf, obgleich es nur selten auf der

Stelle zu sehen war, die dieses Kleidungsstück bei anderen Leuten meistens einnimmt; aber vom Scheitel bis zur Zehe war sie musterhaft sauber und zeigte eine Art von linkischer Adrettheit. Ihr an sich löbliches Bestreben, stets sowohl vor ihrem eigenen Gewissen als auch in den Augen der Leute nett und ordentlich zu sein, gab sogar zu einer ihrer verblüffendsten Verwandlungen Anlaß. Diese bestand darin, daß sie sich bei einer Art hölzernem Griff (der zu ihrer Kleidung gehörte und gewöhnlich „Mieder" genannt wird) packte und damit rang, als kämpfe sie mit ihren Kleidern, bis diese in eine symmetrische Anordnung fielen.

So sah die äußere Gestalt und Tracht von Clemency Newcome aus, die man im Verdacht hatte, unschuldigerweise selbst eine Verfälschung ihres Taufnamens Clementina veranlaßt zu haben. Freilich wußte das niemand mit Bestimmtheit, denn ihre taube alte Mutter, die ein geradezu erstaunlich hohes Alter erreicht hatte und von ihr fast seit ihrer Kindheit unterstützt worden war, war tot, und andere Verwandte hatte sie nicht. Jetzt beschäftigte sie sich damit, den Tisch zu decken, wobei sie von Zeit zu Zeit innehielt, die roten Arme übereinanderlegte und den wund gestoßenen Ellbogen, den sie sehr gelassen betrachtete, mit der Hand des anderen Armes rieb, bis sie sich plötzlich auf etwas besann, was noch fehlte, und forttrabte, um es zu holen.

„Da kommen die beiden Advokaten, Mister!" sagte Clemency in nicht besonders freundlichem Ton.

„Ah!" rief der Doktor, indem er ihnen entgegenging. „Guten Morgen, guten Morgen! Grace, mein Kind! Marion! Hier sind Mr. Snitchey und Mr. Craggs. Wo ist Alfred?"

„Er wird gewiß gleich kommen, Vater", sagte Grace. „Er hatte diesen Morgen mit den Vorbereitungen zur Abreise so viel zu tun, daß er schon bei Tagesanbruch aufgestanden und ausgegangen ist. Guten Morgen, Gentlemen!"

„Einen guten Morgen, meine Damen", sagte Mr. Snitchey, „für mich und Craggs" – dieser verbeugte sich –, „guten Morgen, Miß" – zu Marion –, „ich küsse Ihnen die Hand", was er auch wirklich tat. „Und ich wünsche Ihnen" – das sah man ihm freilich nicht an, denn auf den ersten Blick konnte man ihm eigentlich nicht sehr viel gute Wünsche für andere Leute zutrauen –, „daß dieser glückliche Tag hundertmal wiederkehren möge."

„Hahaha!" lachte der Doktor nachdenklich, die Hände in den Taschen. „Das große Possenspiel in hundert Akten!"

„Sie können doch sicherlich nicht wünschen, Dr. Jeddler", sagte Mr. Snitchey, während er eine kleine blaue Aktenmappe an das Tischbein stellte, „das große Possenspiel für diese Schauspielerin abzukürzen?"

„O nein", entgegnete der Doktor. „Gott behüte! Möge sie leben und darüber lachen, solange sie lachen *kann*, und dann mit jenem Franzosen sagen: ‚Die Komödie ist aus, laßt den Vorhang fallen.'*"

„Der Franzose", sagte Mr. Snitchey und guckte in die blaue Mappe, „hatte unrecht, Dr. Jeddler; und Ihre Philosophie hat auch gänzlich unrecht, darauf können Sie sich verlassen, und ich habe es Ihnen schon oft gesagt. Es soll keinen Ernst im Leben geben? Und wie nennen Sie dann Recht und Gesetz?"

„Einen Witz", erwiderte der Doktor.

„Haben Sie jemals mit Recht und Gesetz zu tun gehabt?" fragte Mr. Snitchey und blickte von der blauen Mappe auf.

„Nie", gab der Doktor zur Antwort.

„Wenn Sie einmal dazu kommen", sagte Mr. Snitchey, „so lernen Sie vielleicht, anders zu denken."

Craggs, der von Snitchey repräsentiert zu werden schien und sich seines eigenständigen Daseins und Ichs offenbar nur wenig oder gar nicht bewußt war, gab jetzt eine eigene Bemerkung zum besten. Er äußerte damit den einzigen Gedanken, bei dem er nicht mit Snitchey einer Meinung war; dafür teilten ihn einige andere kluge und erfahrene Leute.

„Es wird den Leuten viel zu leicht gemacht", sagte Craggs.

„Mit Recht und Gesetz?" fragte der Doktor.

„Ja", sagte Mr. Craggs, „wie auch mit allem anderen. Alles auf der Welt wird meiner Ansicht nach heutzutage zu leicht gemacht. Das ist die Schwäche unserer Zeit. Wenn die Welt ein Witz ist (ich bin nicht bereit, es abzustreiten), so sollte sie ein sehr schwieriger Witz sein. Das Leben sollte ein möglichst anstrengender Kampf sein, Sir. Das ist sein Zweck. Aber jetzt

---

* Ausspruch des französischen Schriftstellers François Rabelais (1494–1558) auf dem Totenbett

wird es zu leicht gemacht. Wir ölen die Pforten des Lebens. Sie sollten rostig sein. Wir werden sie bald ganz leise auftun lernen. Und doch sollten sie in den Angeln knarren, Sir."

Mr. Craggs schien selbst in seinen Angeln zu knarren, als er diese Ansicht vortrug. Der Eindruck seiner Worte wurde durch sein Äußeres bedeutend verstärkt, denn er war ein kalter, trockner, strenger Mann, in Grau und Weiß gehüllt wie ein Feuerstein, und hatte kleine, funkelnde Augen, als ob man Feuer aus ihnen schlüge. Alle drei Naturreiche waren in diesen drei Männern vertreten. Denn Snitchey glich einer Elster oder einem Raben (nur daß er nicht so glänzend war), und der Doktor hatte ein gestreiftes Gesicht wie ein Winterapfel, hier und da mit einem Grübchen, wo die Vögel gepickt haben konnten, und hinten einen kleinen Zopf, der den Stiel darstellte.

Jetzt betrat die behende Gestalt eines hübschen Jünglings im Reiseanzug, begleitet von einem Mann, der sein Gepäck trug, mit schnellem Schritt und einem Gesicht voll Frohsinn und Hoffnung, wie es zu dem Morgen paßte, den Garten. Bei seinem Anblick bildeten die drei eine Gruppe, wie die Brüder der drei Parzen oder wie die höchst effektvoll verkleideten drei Grazien oder wie die grauen Propheten auf der Heide, und begrüßten ihn.

„Noch viele solche glücklichen Tage, Alf!" sagte der Doktor leichthin.

„Möge dieser glückliche Tag hundertmal wiederkehren, Mr. Heathfield!" sagte Mr. Snitchey mit einer tiefen Verbeugung.

„Möge er vielmals wiederkehren!" wiederholte Craggs in tiefem Baß.

„Welch eine Salve", rief Alfred aus und blieb stehen, „und einer – zwei – drei – lauter Verkünder von nichts Gutem auf dem großen Lebensmeer! Ich bin froh, daß ihr nicht die ersten seid, die ich heut morgen sehe: Ich hätte es als ein böses Zeichen gedeutet. Aber Grace war die erste – meine liebe, gute Grace –, deshalb nehme ich's mit euch allen auf!"

„Wenn Sie erlauben, Mister, *ich* war die erste", sagte Clemency Newcome. „Sie erinnern sich, sie ging hier draußen vor Sonnenaufgang spazieren. Ich war drin im Haus."

„Das ist wahr! Clemency war die erste", sagte Alfred. „So trete ich euch mit Clemency entgegen."

„Hahaha! – Mir und Craggs", sagte Snitchey. „Welche Herausforderung!"

„Vielleicht keine so schlechte, wie es aussieht", sagte Alfred. Er schüttelte erst dem Doktor, dann auch Snitchey und Craggs herzlich die Hand und sah sich um. „Wo sind die – mein Gott!"

Mit einer raschen Bewegung, die für einen Augenblick Jonathan Snitchey und Thomas Craggs in nähere Berührung miteinander brachte, als sie in ihrem Geschäftskontrakt festgesetzt hatten, eilte er dorthin, wo die beiden Schwestern standen, und – doch ich brauche nicht zu erzählen, wie er zunächst Marion und dann Grace begrüßte, und bemerke nur, daß Mr. Craggs vielleicht fand, daß er es sich zu leicht mache.

Vielleicht um das Thema zu wechseln, beeilte sich Dr. Jeddler, an den Frühstückstisch zu treten, und alle setzten sich. Grace führte den Vorsitz, hatte ihren Platz aber so gewählt, daß sie ihre Schwester und Alfred von der übrigen Gesellschaft trennte. Snitchey und Craggs saßen einander gegenüber, die blaue Mappe der Sicherheit wegen zwischen sich; der Doktor hatte seinen üblichen Platz Grace gegenüber. Clemency schwebte zuckend um den Tisch und servierte; und der melancholische Britain versah an einem kleinen Seitentisch das wichtige Amt, einen Rinderbraten und einen Schinken aufzuschneiden.

„Fleisch?" fragte Britain, indem er sich Mr. Snitchey, Vorschneidemesser und Gabel in der Hand, näherte und ihm die Frage wie einen Stein an den Kopf warf.

„Ja", erwiderte der Advokat.

„Wollen *Sie* welches?" wandte Britain sich dann an Craggs.

„Mager und gut durch", antwortete dieser.

Nachdem er die Wünsche dieser beiden befriedigt und den Doktor mäßig versorgt hatte (er schien zu wissen, daß die anderen nicht nach Speise verlangten), blieb er den beiden Advokaten so nahe, wie es der Anstand erlaubte, und beobachtete sie mit starrem Blick. Nur einmal glättete sich sein unfreundliches Gesicht ein wenig, und zwar als Mr. Craggs, dessen Zähne nicht die besten waren, sich verschluckt hatte und von einem krampfhaften Husten befallen wurde; da rief er mit großer Lebhaftigkeit aus: „Ich dachte, er müßte ersticken!"

„Nun, Alfred", sagte der Doktor, „ein paar Worte über Geschäftssachen, solange wir noch beim Frühstück sind."

„Solange wir noch beim Frühstück sind", sagten Snitchey und Craggs, die noch gar nicht ans Aufhören zu denken schienen.

Obgleich Alfred noch nichts gegessen und dem Anschein nach gerade genug zu tun hatte, gab er doch ehrerbietig zur Antwort: „Wie Sie belieben, Sir!"

„Wenn es etwas Ernsthaftes geben könnte", begann der Doktor, „bei diesem –"

„Possenspiel, Sir", ergänzte Alfred.

„Bei diesem Possenspiel", fuhr der Doktor fort, „so wäre es dieses Zusammenfallen des Abschiedstages mit einem doppelten Geburtstag, an den sich für uns vier manche angenehme Erinnerung knüpft und der uns immer unser langes und freundschaftliches Verhältnis ins Gedächtnis zurückrufen wird. Doch das gehört nicht hierher."

„O doch, Dr. Jeddler", sagte der Jüngling. „Es gehört sehr wohl hierher, das sagt mir mein Herz diesen Morgen, und Ihres würde es auch tun, wenn Sie ihm Gehör schenken wollten. Ich verlasse heute Ihr Haus; ich höre heute auf, Ihr Mündel zu sein. Wir scheiden als halbe Verwandte, die ein Band lösen, das so nie wieder hergestellt werden kann, während andere uns schon in der Zukunft winken", er blickte bei diesen Worten auf Marion herab, die neben ihm saß, „Bande so reich an Hoffnungen, wie es Worte nicht sagen können. Sie sehen", setzte er heiter hinzu, „Sie sehen, Doktor, es ist noch ein Körnchen Ernst in diesem großen, närrischen Haufen Staub. Heute wenigstens wollen wir zugeben, daß noch ein Körnchen Ernst vorhanden ist."

„Heute!" rief der Doktor. „Hört nur, hört! Hahaha! Von allen Tagen in dem närrischen Jahr gerade heute! Heute, wo hier die große Schlacht geschlagen wurde! Auf dieser Stelle, wo wir jetzt sitzen, wo ich meine Mädchen heute morgen tanzen sah, wo das Obst zu unserem Frühstück eben gepflückt wurde von diesen Bäumen, die nicht in der Erde, sondern in Menschen wurzeln, traf so viele der Tod, daß in meiner Jugend noch, viele Menschenalter später, ein ganzer Friedhof voll Gebeine und Staub von Gebeinen und Splitter gespaltener Schädel hier ausgegraben wurde. Und doch wußten nicht hundert Menschen in dieser Schlacht, für was und warum sie kämpften; nicht hundert von denen, die über den Sieg frohlockten, warum sie es taten! Nicht fünfzig Menschen wurden glücklicher durch den Gewinn und den Verlust. Nicht sechs Menschen sind bis heute über die Ursache und die Wirkungen einig; kurz, niemand, außer denjenigen, die um die Erschlagenen trauerten, hat jemals etwas Bestimmtes darüber gewußt. Ernst!" sagte der Doktor lachend. „Eine solche Welt!"

„Aber mir scheint das alles sehr ernst zu sein", sagte Alfred.

„Ernst!" rief der Doktor aus. „Wenn du solche Dinge als ernst gelten lassen willst, so mußt du verrückt werden oder sterben oder auf einen hohen Berg steigen und Einsiedler werden."

„Und zudem ist's so lange her", sagte Alfred.

„Lange her!" entgegnete der Doktor. „Wissen Sie, was die Welt seit dieser Zeit getrieben hat? Ich weiß es nicht!"

„Sie hat ein wenig Recht und Gesetz gepflegt", bemerkte Mr. Snitchey und rührte seinen Tee um.

„Obgleich es den Leuten immer zu leicht gemacht worden ist", sagte sein Partner.

„Und Sie werden mir erlauben zu sagen, Doktor", fuhr Mr. Snitchey fort, „was ich Ihnen ja bereits tausendmal wiederholt habe, daß ich in Recht und Gesetz der Welt, in dem ganzen System ihres Rechtswesens etwas wahrhaft Ernstes, etwas Reelles erkenne, etwas voller Sinn und Zweck –"

Clemency Newcome stieß jetzt an den Tisch, daß alle Teller und Tassen klapperten.

„Nun, was gibt's da?" rief der Doktor aus.

„Es ist die dumme Mappe", sagte Clemency, „die einem immer zwischen die Beine kommt!"

„Etwas voller Sinn und Zweck, sagte ich", begann Snitchey wieder, „was unsere Achtung verlangt. Das Leben soll ein Possenspiel sein, Dr. Jeddler? Mit Recht und Gesetz darin?"

Der Doktor lachte und sah Alfred an.

„Zugegeben, der Krieg ist eine Torheit", sagte Snitchey. „Darin stimmen wir überein. Zum Beispiel, hier sehen wir eine reizende Gegend", er wies mit der Gabel ins Freie, „vorzeiten bedeckt von Scharen von Soldaten – jeder einzelne des Landfriedensbruchs schuldig – und verheert durch Feuer und Schwert. Hahaha! Der bloße Gedanke, daß sich ein Mensch freiwillig dem Tod durch Feuer und Schwert aussetzt! Das ist einfältig, blödsinnig, vollkommen lächerlich; man muß die Achseln zucken über seine Mitmenschen, wenn man daran denkt! Aber nehmen wir diese freundliche Gegend, wie sie jetzt ist. Denken wir an die aus dem Grundeigentum entspringenden Rechtsverhältnisse; die Vererbung und Schenkung des Grundeigentums, die Verpfändung und Einlösung des Grundeigentums; Freipacht, Erbpacht, Zeitpacht; denken wir", sagte Mr. Snitchey in solcher Erregung, daß er mit den Lippen schmatzte, „denken wir an die komplizierten Gesetze, die sich auf das Besitzrecht und den Beweis des Besitzrechtes beziehen, nebst allen sich widersprechenden Präzedenzfällen und Parlamentsbeschlüssen, die dazugehören; an die riesige Menge von verwickelten und endlosen Kanzleigerichtsprozessen, zu denen diese schöne Aussicht Veranlassung gibt – und erkennen Sie an, Dr. Jeddler, daß dies eine Oase in der Welt ist! Ich hoffe", sagte Mr. Snitchey mit einem Blick auf seinen Partner, „daß ich im Namen der Firma spreche, Mr. Craggs?"

Da Mr. Craggs zustimmte, bemerkte Mr. Snitchey, dessen Appetit die Rede angeregt hatte, daß er noch eine Fleischschnitte und eine Tasse Tee zu sich nehmen wolle.

„Ich will nicht das Leben im allgemeinen verteidigen", fügte er hinzu, während er sich die Hände rieb und in sich hineinlachte; „es ist voller Torheit, voll von noch Schlimmerem. Beteuerungen der Treue, des Vertrauens und der Uneigennützigkeit und dergleichen. Bah, bah! Wir sehen, was sie wert sind. Aber Sie dürfen nicht über das Leben lachen; Sie haben eine Partie zu spielen, eine sehr schwere Partie! Alle Menschen spielen gegen Sie, und Sie spielen gegen alle Menschen. Oh, es ist eine sehr interessante Sache. Es gibt feine Züge auf dem Brett. Sie dürfen nur lachen, Dr. Jeddler, wenn Sie gewinnen; und dann nicht zu sehr. Hahaha! Und dann nicht zu sehr", wiederholte Snitchey, indem er den Kopf wiegte und das eine Auge zukniff, als wollte er hinzufügen: Sie können das trotzdem tun!

„Nun, Alfred", rief der Doktor, „was sagst du dazu?"

„Ich sage bloß", erwiderte Alfred, „daß der größte Gefallen, den Sie mir, und ich glaube auch sich selbst, tun könnten, der wäre, daß Sie manchmal versuchten, dieses Schlachtfeld und andere ähnliche über das größere Schlachtfeld des Lebens, auf das die Sonne jeden Tag scheint, zu vergessen."

„Nun, ich fürchte, das würde ihn nicht sanfter stimmen, Mr. Alfred", sagte Snitchey. „Die Streiter in diesem Lebenskampf sind sehr hitzig und erbittert aufeinander. Gar heftig wird gehauen und gestoßen und heimlich von hinten niedergestoßen. Einer tritt den andern rücksichtslos zu Boden, und das Ganze sieht übel genug aus."

„Ich glaube, Mr. Snitchey", sagte Alfred, „daß in diesem Kampf stille Siege und Mühen, große Selbstaufopferung und edle Taten voll Heldenmut – selbst in seinen scheinbaren Nichtigkeiten und Widersprüchen – vorkommen, die nicht weniger schwer zu verrichten sind, weil sie in keiner irdischen Chronik verzeichnet werden, weil kein irdisches Publikum sie sieht; Taten, die jeden Tag in versteckten Winkeln, in Hütten und in den Herzen von Männern und Frauen geschehen – von denen eine einzige den strengsten Tadler mit dieser Welt versöhnen und ihn lehren könnte, auf sie zu vertrauen und zu hoffen, obgleich eine Hälfte ihrer Bewohner im Krieg und ein weiteres Viertel im Rechtsstreit begriffen wäre; und das ist viel gesagt."

Beide Schwestern hörten mit gespannter Aufmerksamkeit zu.

„Gut, gut!" sagte der Doktor. „Ich bin zu alt, um noch bekehrt zu werden, selbst von meinem Freund Snitchey hier oder von meiner guten unverheirateten Schwester Martha Jeddler. Die hat auch ihre Prüfungen gehabt, wie sie es nennt, und ist seitdem mild gesinnt und wohltätig allerlei Leuten gegenüber geworden. Sie ist so sehr Ihrer Meinung (nur ist sie als Weib weniger vernünftig und hartnäckiger), daß wir uns nicht vertragen können und selten sehen. Ich bin geboren auf diesem Schlachtfeld. Von Kindheit an richteten sich meine Gedanken auf die Geschichte dieses Schlachtfeldes. Sechzig Jahre sind über mein Haupt dahingegangen, und ich habe immer gesehen, daß die ganze Christenwelt, mit der Himmel weiß wie vielen zärtlichen Müttern und leidlich guten Töchtern, so wie die meinen, regelrecht versessen auf ein Schlachtfeld war. Dieselben Widersprüche finden wir überall. Man muß entweder lachen oder weinen über diese lächerlichen Inkonsequenzen; und ich lache lieber darüber."

Britain, der jedem einzelnen Sprecher mit größter Aufmerksamkeit zugehört hatte, schien sich plötzlich dieser Meinung anzuschließen, wenn man einen tiefen Grabeston, der ihm entschlüpfte, für ein Lachen halten durfte. Sein Gesicht blieb aber dabei so unbewegt, daß, obgleich einige Frühstücksgäste, erschreckt von dem unheimlichen Ton, sich umdrehten, doch niemand den Täter verdächtigte.

Lediglich die mit ihm servierende Clemency Newcome gab ihm mit einem ihrer Lieblingsgliedmaßen, dem Ellbogen, einen Stoß und fragte ihn mit vorwurfsvollem Geflüster, worüber er lache.

„Nicht über Euch!" sagte Britain.

„Über wen dann?"

„Über die Menschheit", sagte Britain. „Das ist der Witz."

„Wahrhaftig, zwischen dem Herrn und diesen Advokaten wird er mit jedem Tag einfältiger!" rief Clemency aus und gab ihm einen Stoß mit dem anderen Ellbogen. „Wißt Ihr, wo Ihr seid? Wollt Ihr fortgeschickt werden?"

„Ich weiß gar nichts", sagte Britain mit leerem Blick und unbewegtem Gesicht. „Ich kümmere mich um nichts. Ich verstehe nichts. Ich glaube nichts. Ich verlange nach nichts."

Wenn diese trübselige Schilderung in einem Anfall von Melancholie vielleicht auch etwas übertrieben war, so hatte doch Benjamin Britain – zuweilen *Little Britain,* Klein-Britain, genannt, zum Unterschied von *Great Britain,* Großbritannien; wie man auch *Young England,* junges England, sagt, um eine klare Unterscheidung vom alten England auszudrücken* – seinen wahren Geisteszustand besser bezeichnet, als man hätte meinen sollen. Denn da der Arme Tag für Tag den zahllosen Reden zuhörte, die der Doktor an verschiedene Leute richtete und die alle auf den Beweis abzielten, daß sogar seine Existenz im besten Fall ein Irrtum und eine Absurdität sei, so war er allmählich in einen solchen Abgrund verwirrter und widersprechender Begriffe geraten, die ihn von außen und von innen bedrängten, daß die Wahrheit auf dem Grund ihres Brunnens sich auf ebener Erde befand im Vergleich zu Britain in der Tiefe seiner geistigen Verdunkelung. Das einzige, was er deutlich einsah, war, daß das neue Element, das Snitchey und Craggs gewöhnlich in diese Diskussionen brachten, diese nur unverständlicher machte und für den Doktor stets eine Art Vorteil und Bestätigung abzugeben schien. Deshalb betrachtete er die beiden Advokaten als Miturheber seines Gemütszustandes und verabscheute sie gründlich.

„Aber jetzt haben wir uns mit anderen Dingen zu beschäftigen, Alfred", sagte der Doktor. „Indem du heute aufhörst, mein Mündel zu sein, und uns verläßt, ausgestattet mit dem, was dich die lateinische Schule hier und deine Studien in London und ein alter einfacher Landdoktor wie ich lehren konnten, trittst du jetzt in die Welt ein. Der erste Abschnitt deiner von deinem seligen Vater festgesetzten Prüfungszeit ist jetzt vorbei. Du gehst gemäß seinem zweiten Wunsch als dein eigener Herr in die Welt hinaus, und lange ehe dein dreijähriger Aufenthalt auf den medizinischen Schulen des Auslands zu Ende ist, wirst du uns vergessen haben. Gott! Du wirst uns in sechs Monaten vergessen!"

„Wenn ich das tue – doch Sie wissen's besser –, warum sollte ich mit Ihnen streiten?" fragte Alfred lachend.

„Davon verstehe ich nichts", erwiderte der Doktor. „Was meinst du dazu, Marion?"

---

* Als „Young England" bezeichnete sich eine Splittergruppe junger adeliger, der Konservativen Partei angehörender Parlamentsmitglieder aus Eton und Cambridge, die, beeinflußt von den Romanen Sir Walter Scotts, für die Rückkehr zum alten Feudalsystem als erstrebenswerteste Gesellschaftsform in England eintraten. Dickens spielt auf den Widerspruch zwischen Namensgebung und politischen Inhalten der Gruppe an.

Marion, die mit ihrer Tasse spielte, schien zu sagen – aber sie sagte es nicht –, daß er sie nur ruhig vergessen möge, wenn er es könne. Grace drückte das blühende Gesicht an ihre Wange und lächelte.

„Ich bin, hoffe ich, kein allzu ungerechter Verwalter des mir anvertrauten Guts gewesen", sprach der Doktor weiter, „aber wie auch immer, heute muß ich meines Amtes förmlich entbunden und entlassen werden; und hier sind unsere guten Freunde Snitchey und Craggs mit einem ganzen Sack voller Papiere und Rechnungen und Dokumente über das Vermögen, das ich dir zu übergeben habe (ich wollte, es wäre bedeutender, Alfred, aber du mußt ein großer Mann werden und es bedeutender machen), und anderem dummen Zeug der Art, das zu unterzeichnen, zu besiegeln und zu übergeben ist."

„Und rechtskräftig zu bezeugen, wie es das Gesetz vorschreibt", sagte Snitchey, indem er seinen Teller wegschob und die Papiere hervorholte, die sein Partner auf dem Tisch ausbreitete. „Und da ich und Craggs gemeinschaftlich mit Ihnen, Doktor, Kuratoren des Vermögens waren, so werden uns Ihre beiden Dienstboten als Zeugen dienen – könnt Ihr lesen, Mrs. Newcome?"

„Ich bin nicht verheiratet, Mister", sagte Clemency.

„Oh, ich bitte um Verzeihung. Hätte mir's ja denken können", erwiderte Snitchey kichernd, indem er einen Blick auf die wunderliche Gestalt warf. „Ihr könnt lesen?"

„Ein wenig", antwortete Clemency.

„Die Trauungsformeln früh und abends, nicht wahr?" bemerkte scherzend der Advokat.

„Nein", sagte Clemency. „Zu schwer. Ich les nur den Fingerhut."

„Den Fingerhut?" wiederholte Snitchey. „Was soll das heißen?"

Clemency nickte und sagte: „Und die Muskatreibe."

„Die ist verrückt! Ein Fall für den Lordkanzler*!" sagte Snitchey und starrte sie an.

„Wenn sie im Besitz von Eigentum ist", bemerkte Craggs.

* Der Lord- oder Großkanzler war als „erster Staatsbeamter" nicht nur Mitglied des Geheimen Rats, Präsident des Oberhauses und Chef der Reichskanzlei, sondern auch Justizminister und Vorsitzender des Obersten Gerichtshofs.

Doch jetzt mischte sich Grace ein und erklärte ihnen, daß auf den beiden fraglichen Artikeln ein eingraviertes Motto stünde. Auf diese Weise bildeten sie die Taschenbibliothek Clemencys, die sich mit Büchern nicht viel abgab.

„Ach, so ist das, Miß Grace!" sagte Snitchey. „Ja, ja. Hahaha! Ich dachte, das gute Mädchen wäre verrückt. Sie sieht ganz danach aus", sagte er kopfschüttelnd vor sich hin. „Und was steht auf dem Fingerhut, Mrs. Newcome?"

„Ich bin nicht verheiratet, Mister", bemerkte Clemency.

„Na, dann eben Newcome. Ist das recht so?" fragte der Advokat. „Was steht auf dem Fingerhut, Newcome?"

Wie Clemency, ehe sie diese Frage beantwortete, eine Tasche öffnete und in ihre gähnende Tiefe nach dem Fingerhut hinuntersah, der nicht darin war, und wie sie es mit der anderen Tasche ebenso machte und ihn tief unten wie eine Perle von großem Wert zu entdecken schien; wie sie dann alle dazwischenliegenden Hindernisse, bestehend aus einem Taschentuch, einem Wachslichtstumpf, einem rotbackigen Apfel, einer Apfelsine, einem Glückspfennig, einem Schloß, einer Schere in einem Futteral, die eher wie eine vielversprechende junge Schafschere aussah, einer Handvoll Glasperlen, mehreren Garnknäueln, einer Nadelbüchse, einer vollständigen Sammlung von Haarwickeln und einem Zwieback, wegräumte und jeden dieser Gegenstände einzeln Britain zu halten gab – darauf wollen wir hier nicht weiter eingehen. Auch nicht darauf, wie sie bei ihrem Bemühen, die Tasche am Hals zu packen und festzuhalten (denn diese hatte einen eigentümlichen Hang, zu baumeln und in die nächste Ecke zu schlüpfen), eine Stellung einnahm und sich ruhig darin behauptete, die allem Anschein nach zur menschlichen Anatomie und den Gesetzen der Schwerkraft in vollkommenstem Widerspruch stand. Es genügt uns, daß sie zuletzt frohlockend den Fingerhut an den Finger steckte und mit der Muskatreibe klapperte, wobei zu bemerken ist, daß die Schrift auf diesen beiden Geräten infolge übermäßiger Reibung dem Verschwinden nahe war.

„Das ist also der Fingerhut?" erkundigte sich Mr. Snitchey, um sich auf ihre Kosten einen Witz zu machen. „Und was sagt der Fingerhut?"

„Er sagt", erwiderte Clemency und buchstabierte langsam die Inschrift: „VER-GISS UND VER-GIB."

Snitchey und Craggs lachten herzlich. „Das ist hübsch!" sagte Snitchey.

„Nicht übel!" sagte Craggs.

„Verrät so viel Menschenkenntnis!" sagte Snitchey.

„So gut anwendbar für das praktische Leben!" sagte Craggs.

„Und die Muskatreibe?" fragte Snitchey weiter.

„Die Muskatreibe sagt", entgegnete Clemency: „TU – WIE – DU – WILLST – DASS – DIR – GESCHEHE."

„Tue den Leuten etwas, damit sie dir nichts tun, meint Ihr wohl?" sagte Mr. Snitchey.

„Versteh ich nicht", erwiderte Clemency, den Kopf schüttelnd. „Ich bin kein Advokat."

„Ich fürchte, wenn sie es wäre, Doktor", sagte Mr. Snitchey, indem er sich schnell zu ihm wandte, als wollte er im voraus etwas gegen den Eindruck tun, den diese Antwort vielleicht hervorbringen könnte, „so würde sie feststellen, daß das die goldene Regel der Mehrzahl ihrer Klienten wäre. Darin sind sie sehr ernsthaft – so verrückt diese Welt sonst ist – und schieben dann die Schuld auf uns. Wir Juristen sind im Grunde wenig mehr als Spiegel, Mr. Alfred; aber meistens ziehen uns zornige und zänkische Leute, die nicht zum besten aussehen, zu Rate; und es ist wirklich nicht recht, auf unsere unfreundlichen Gesichter zu schimpfen, wo sie doch bloß die der Klienten widerspiegeln. Ich glaube", sagte Mr. Snitchey, „ich spreche zugleich die Meinung unseres Mr. Craggs aus."

„Unbedingt", sagte Craggs.

„Und so wollen wir denn, wenn Mr. Britain uns ein wenig Tinte gönnen will", sagte Mr. Snitchey, der die Papiere wieder zur Hand nahm, „so bald wie möglich unterzeichnen, besiegeln und übergeben, sonst kommt die Postkutsche, ehe wir wissen, wo wir sind."

Wenn man nach dem Äußeren Mr. Britains urteilen wollte, so war es sehr wahrscheinlich, daß die Kutsche vorbeikommen würde, ehe *er* wußte, wo er war. Denn er stand ganz in Gedanken verloren da und wog die Gründe des Doktors gegen die der Advokaten und die der Advokaten gegen die des Doktors und die der

Klienten gegen beide gegeneinander ab und machte schwache Versuche, den Fingerhut und die Muskatreibe (ein ihm ganz neuer Begriff) mit irgendeiner ihm bekannten Philosophie in Einklang zu bringen. Kurz, er zerbrach sich den Kopf über Theorien und Systemen, wie es einst sein großer Namensvetter getan hat. Aber Clemency, die sein guter Geist war – obgleich er nur eine ganz geringe Meinung von ihrem Verstand hatte, weil sie sich nur selten um abstrakte Spekulationen kümmerte und immer bei der Hand war, um das Rechte zur rechten Zeit zu tun –, war unterdessen mit der Tinte erschienen. Jetzt leistete sie ihm noch den weiteren Dienst, ihn durch einen Stoß mit dem Ellbogen aus seiner Zerstreuung zu wecken und ganz munter zu machen.

Ich unterlasse zu erzählen, wie ihn die bei Leuten seines Standes, die mit der Feder nicht umzugehen wissen, häufige Furcht quälte, daß er ein nicht von ihm selbst geschriebenes Dokument nicht mit seinem Namen unterzeichnen könnte, ohne sich einer unbekannten Gefahr auszusetzen oder sich ohne sein Vorwissen zur Zahlung ungeheurer Summen zu verpflichten. So näherte er sich den Dokumenten nur mit Sträuben und bloß, weil ihn der Doktor dazu zwang. Er bestand darauf, sie durchzusehen, ehe er unterschrieb (die verschnörkelte Schrift war für ihn so gut wie chinesisch, ganz zu schweigen von den juristischen Ausdrücken), und drehte das Blatt erst um, um zu sehen, ob auf der anderen Seite nichts Gefährlicheres stünde. Nachdem er aber endlich seinen Namen darunter gesetzt hatte, war er ganz unglücklich wie jemand, der sein Vermögen und seine Rechte aus der Hand gegeben hat. Ich kann auch nicht ausführlich berichten, wie die blaue Mappe, in der seine Unterschrift aufbewahrt war, später eine geheimnisvolle Anziehungskraft auf ihn ausübte, so daß er sie nicht verlassen konnte. Ferner, wie Clemency Newcome, ganz außer sich vor Lachen bei dem Gedanken, sie sei eine Person von Wichtigkeit, sich mit ihren beiden Ellbogen über die ganze Tafel legte und den Kopf auf dem linken Arm ruhen ließ, ehe sie anfing, ihre kabbalistischen Zeichen zu machen, zu denen sie sehr viel Tinte brauchte und die sie zu gleicher Zeit mit der Zunge in der Luft nachmalte. Ferner, wie sie, nachdem sie einmal Tinte gekostet hatte, durstig danach wurde wie ein Tiger, wenn er Blut geleckt hat, und alles mögliche unterzeichnen und ihren

Namen in alle Ecken schreiben wollte. Kurz, der Doktor wurde seines Amtes und seiner Verantwortlichkeit entbunden, und Alfred nahm sie selbst auf sich und trat seine Lebensreise an.

„Britain", sagte der Doktor, „lauf zur Gartentür und sieh, ob die Kutsche kommt! Die Zeit eilt davon, Alfred."

„Ja, Sir, ja", entgegnete der Jüngling hastig. „Liebe Grace, einen Augenblick! Marion – so jung und schön, so liebenswert und so bewundert, meinem Herzen so teuer wie nichts auf der Welt –, vergiß es nicht! Ich lege Marion in deine Hände."

„Sie war mir immer ein teurer Schützling, Alfred. Jetzt ist sie mir doppelt teuer. Ich werde mich deines Vertrauens würdig erweisen", sagte Grace.

„Ich glaube es, Grace", erwiderte Alfred. „Ich weiß es. Wer könnte in dein Auge blicken und deine Stimme vernehmen und es nicht wissen? Ach, gute Grace! Hätte ich deine ruhige Selbstbeherrschung, dein gelassenes Gemüt, wie sorglos würde ich heute von diesem Ort scheiden!"

„Meinst du?" antwortete sie mit ruhigem Lächeln.

„Und doch, Grace – Schwester, möchte ich fast sagen –"

„Sag es!" unterbrach sie ihn lebhaft. „Ich höre es gern, nenne mich nie anders."

„Schwester also", sagte Alfred, „und doch ist es besser für Marion und mich, wenn uns dein standhaftes und treues Gemüt hier unterstützt und uns glücklicher und besser macht. Selbst wenn ich könnte, würde ich diese Eigenschaften nicht meinetwegen mitnehmen."

„Die Kutsche ist auf dem Berg!" rief Britain.

„Die Zeit eilt davon, Alfred", mahnte der Doktor.

Marion hatte abseits gestanden, den Blick zu Boden gesenkt; aber jetzt führte Alfred sie liebevoll zur Schwester hin und dieser in die Arme.

„Ich habe Grace gesagt, liebe Marion", sprach er, „daß ich dich in ihre Obhut gebe, dich ihr beim Abschied als mein teuerstes Kleinod anvertraue. Und wenn ich zurückkehre und dich zurückfordere, Geliebteste, und die schöne Zukunft unserer Ehe vor uns liegt, dann soll es zu unseren größten Freuden gehören nachzudenken, wie wir Grace glücklich machen, ihren Wünschen entgegenkommen, ihr unsere Liebe und Dankbarkeit zeigen und ihr etwas von der Schuld zurückzahlen können, die auf uns lastet.“

Die jüngere Schwester hatte eine Hand in die seine gelegt; mit der anderen hielt sie ihre Schwester umschlungen. Sie sah in die ruhig heiteren Augen ihrer Schwester mit einem Blick, in dem sich Liebe, Bewunderung, Schmerz und fast Verehrung mischten. Sie sah auf zu der Schwester Gesicht, als wäre es das Antlitz eines himmlischen Engels. Heiter und ruhig blickte dieses Antlitz auf sie und ihren Geliebten herab.

„Und wenn die Zeit kommt, wie sie einmal kommen muß“, sagte Alfred, „es wundert mich, daß sie noch nicht gekommen ist, aber Grace weiß es am besten, und Grace hat immer recht –, wo sie ein Freundesherz braucht, dem sie vertrauen kann, wie wir ihr vertrauten, wie treu wollen wir dann sein, Marion, und wie wollen wir uns freuen, daß unsere gute Schwester liebt und geliebt wird, wie sie es verdient!“

Immer noch blickte ihr die jüngere Schwester in die Augen und wandte sich nicht ab – nicht einmal ihm zu. Und immer noch verweilte der Blick dieser treuen Augen heiter und ruhig auf ihr und ihrem Geliebten.

„Und wenn all das vorüber ist und wir alt sind und zusammenleben und oft von alten Zeiten sprechen“, sagte Alfred, „dann soll dies vor allen anderen unsere Lieblingszeit sein – vor allem der heutige Tag. Und dann werden wir uns erzählen, was wir beim Abschied dachten und fühlten und hofften und fürchteten; und wie wir uns nicht Lebewohl sagen konnten.“

„Die Kutsche fährt durch den Wald!“ rief Britain.

„Ja! Ich bin bereit – und wie wir trotz alledem uns so glücklich wiedersahen. Diesen Tag wollen wir zum glücklichsten im ganzen Jahr machen und als einen dreifachen Geburtstag feiern. Nicht wahr, Liebste?“

„Ja!“ sagte die ältere Schwester eifrig und mit einem strahlenden Lächeln. „Ja! Alfred, zögere nicht länger. Du hast keine Zeit mehr zu verlieren. Sage Marion Lebewohl. Und möge Gott dich behüten!“

Er zog die jüngere Schwester an seine Brust. Als er sie aus seinen Armen ließ, schmiegte sie sich wieder an Grace und sah ihr wieder mit demselben Blick, in dem so viele verschiedene Empfindungen lagen, in die ruhigen Augen.

„Leb wohl, mein Junge!" sagte der Doktor. „Von ernstem Briefwechsel oder ernster Zuneigung und Verpflichtung und so weiter in dieser – hahaha! – ihr wißt, was ich sagen will – zu sprechen, das wäre natürlich eine Torheit. Ich kann bloß sagen, daß, wenn ihr beide, du und Marion, derselben verrückten Meinung bleibt, ich nichts dagegen haben werde, daß du eines Tages mein Schwiegersohn wirst."

„Auf der Brücke!" rief Britain.

„Mag sie kommen!" sagte Alfred und schüttelte dem Doktor herzlich die Hand. „Denken Sie manchmal an mich, mein alter Freund und Vormund, so ernst, wie es Ihnen möglich ist! Leben Sie wohl, Mr. Snitchey! Leben Sie wohl, Mr. Craggs!"

„Sie kommt die Straße herab!" rief Britain.

„Einen Kuß, Clemency Newcome, unserer alten Bekanntschaft wegen – die Hand her, Britain. Marion, teuerstes Herz, leb wohl! Schwester Grace, vergiß nicht!"

Die stille, bescheidene Gestalt und das Gesicht, so schön in seiner heiteren Ruhe, wandte sich ihm zu; aber Marions Blick konnte sich nicht von ihrer Schwester lösen.

Die Kutsche war vor der Tür. Das Gepäck wurde hinaufgegeben. Die Kutsche rollte davon. Marion regte sich nicht.

„Er winkt dir mit dem Hut, Liebe", sagte Grace. „Dein Bräutigam, teures Herz. Sieh!"

Die jüngere Schwester schaute auf und wandte für einen Augenblick den Kopf in jene Richtung. Wie sie aber dann zum erstenmal dem Blick dieser ruhigen Augen voll begegnete, fiel sie der älteren schluchzend um den Hals.

„O Grace, Gott segne dich! Aber ich kann es nicht mit ansehen, Grace! Es bricht mir das Herz."

Zweiter Teil

Snitchey und Craggs hatten ein hübsches kleines Büro auf dem alten Schlachtfeld, wo sie ein hübsches kleines Geschäft betrieben und viele kleine Schlachten für viele streitende Parteien ausfochten. Obgleich man eigentlich nicht sagen konnte, daß diese Kämpfe leichte und muntere

Tirailleurgefechte* waren – denn sie verliefen in der Regel sehr langsam und schwerfällig –, so konnte man doch den Anteil der Firma daran insofern unter dieser Kampfesweise klassifizieren, als sie hier einen Schuß auf diesen Kläger, dort eine Kugel auf jenen Verteidiger absandten, da mit aller Macht über ein unter treuhänderischer Verwaltung stehendes Grundstück herfielen und dann wieder ein Scharmützel mit einem irregulären Korps kleiner Schuldner hatten, gerade wie sich die Gelegenheit bot und der Feind sich ihnen entgegenstellte. Die *Gazette*** war für sie, ebenso wie für berühmtere Leute, ein wichtiges und höchst interessantes Blatt; und von den meisten Aktionen, in denen sie ihr Feldherrntalent gezeigt, sagten die Fechtenden später aus, daß sie wegen des vielen Qualms, von dem sie umgeben gewesen seien, sich nur sehr schwer hätten erkennen und kaum hätten sehen können, was sie eigentlich machten.

Das Büro der Firma Snitchey & Craggs lag sehr bequem auf dem Markt hinter einer offenen Tür und zwei flachen, abwärts führenden Stufen, so daß der erzürnte Pächter, der nach einem Prozeß verlangte, mit der größten Leichtigkeit hineinstolpern konnte. Ihre Konferenzen hielten sie in einem Hinterzimmer eine Treppe höher ab. Dies war ein Raum mit einer niedrigen, dunklen Decke, die aussah, als zöge sie die Brauen in düsterem Nachdenken über verwickelte Rechtsangelegenheiten zusammen. Die Einrichtung bestand aus mehreren Lederstühlen mit hohen Lehnen, besetzt mit großen runden Messingnägeln, von denen einzelne ausgefallen, vielleicht auch unbewußt von den Fingern verwirrter Klienten herausgezogen worden waren. Außerdem sah man einen Kupferstich von einem berühmten Richter, der mit jeder Locke seiner großen Perücke einem Menschen die Haare konnte zu Berge stehen lassen. Papiere füllten ballenweise die staubigen Schränke, Regale und Tische; und der untere Teil der Täfelung war verdeckt von Reihen feuerfester Kisten mit Vorhängeschlössern und groß geschriebenen Namen. Ein unentrinnbarer Zauber zwang angsterfüllte Klienten, diese

---

* Tirailleure: Plänkler, Schützen; in einer lockeren Linie kämpfende Truppe
** Offizielle Publikation der Regierung, die u. a. sowohl Konkursmeldungen als auch militärische Beförderungen und Ernennungen anzeigte

Namen vorwärts und rückwärts zu buchstabieren, während sie scheinbar Snitchey und Craggs zuhörten, ohne ein Wort von dem zu verstehen, was diese sagten.

Snitchey und Craggs waren, wie gesagt, Partner, aber außerdem besaß jeder noch einen Partner im Privatleben. Snitchey und Craggs waren die besten Freunde von der Welt und schenkten einander wirkliches Vertrauen; aber wie es nicht selten im Leben zugeht, war Mrs. Snitchey grundsätzlich argwöhnisch gegen Mr. Craggs, und ebenso verhielt sich Mrs. Craggs gegenüber Mr. Snitchey. „Du mit deinem Snitchey", pflegte letztere Dame zuweilen zu Mr. Craggs zu sagen, „ich weiß gar nicht, was du mit deinem Snitchey willst. Du verläßt dich viel zu sehr auf deinen Snitchey, meiner Meinung nach, und ich hoffe nur, du wirst nie auf eine andere Weise davon überzeugt werden." Dagegen äußerte Mrs. Snitchey zu ihrem Mann über Craggs, daß, wenn er sich jemals von einem Menschen auf Abwege führen ließe, es durch diesen Mann geschehen würde und daß, wenn je aus den Augen eines Menschen böse Absichten ablesbar seien, dies bei Craggs der Fall sei. Trotzdem herrschte aber doch im ganzen unter ihnen allen recht gute Freundschaft; und zwischen Mrs. Snitchey und Mrs. Craggs bestand ein enges Schutz- und Trutzbündnis gegen das Büro, das in ihren Augen eine Blaubartskammer und ein gemeinschaftlicher Feind voll gefährlicher und geheimnisvoller Machenschaften war.

Und doch sammelten in diesem Büro Snitchey und Craggs ihren Honig. Hier standen sie zuweilen an schönen Abenden an dem Fenster ihres Konferenzzimmers, das auf das alte Schlachtfeld hinaussah, und wunderten sich über die Torheit der Menschenkinder, die nicht in Frieden miteinander leben konnten, sondern ihren Streit gemütlich vor Gericht ausfechten wollten. Freilich geschah dies in der Regel nur zur Zeit der Gerichtstagungen, wo die Überlastung mit Geschäften sie sentimental machte. Hier gingen Tage, Wochen, Monate und Jahre über sie hin, wobei die allmählich abnehmende Zahl der Messingnägel in den Lederstühlen und die wachsende Last von Papieren auf dem Tisch den Kalender für die verfließende Zeit abgaben. Hier hatten fast drei seit dem Frühstück im Obstgarten verflossene Jahre die einen vermindert und die anderen anschwellen lassen, als sie eines Abends in einer Beratung beisammensaßen.

Nicht allein, sondern mit einem Mann von etwa dreißig Jahren, nachlässig angezogen und etwas schmal im Gesicht, aber sonst wohlgebaut, wohlgekleidet und von hübschem Aussehen. Er saß in trübes Nachdenken versunken in einem Prunklehnstuhl, die eine Hand in der Brust des Rockes, die andere in dem ungeordneten Haar. Snitchey und Craggs saßen an einem Pult daneben einander gegenüber. Eine von den feuerfesten Kisten stand geöffnet darauf; ein Teil des Inhalts lag auf dem Tisch ausgebreitet, während der Rest durch die Hand Mr. Snitcheys ging. Er hielt ein Dokument nach dem anderen ans Licht, sah jedes Papier einzeln an und reichte es kopfschüttelnd Mr. Craggs, der es seinerseits ansah und es kopfschüttelnd hinlegte. Zuweilen machten sie eine Pause, schüttelten beide gemeinsam den Kopf und blickten zu ihrem in Gedanken versunkenen Klienten hin. Und da auf der Kiste stand: MICHAEL WARDEN, ESQUIRE, so dürfen wir aus alledem schließen, daß Name und Kiste ihm gehörten und daß die Angelegenheiten von Michael Warden, Esquire, nicht zum besten standen.

„Das ist alles", sagte Mr. Snitchey und legte das letzte Papier hin. „Ich sehe keine Hilfe mehr. Keine Hilfe mehr."

„Alles verloren, vergeudet, verpfändet, beliehen und verkauft?" sagte der Klient aufblickend.

„Alles", erwiderte Mr. Snitchey.

„Und nichts zu machen, sagen Sie?"

„Überhaupt nichts", lautete die Antwort des Advokaten.

Der Klient kaute an den Nägeln und versank wieder in sein Brüten. „Und sogar meine persönliche Sicherheit ist gefährdet, meinen Sie?" fing er nach einer Weile wieder an.

„In jedem Teil des Vereinigten Königreichs Großbritannien und Irland", entgegnete Mr. Snitchey.

„Also bloß ein verlorener Sohn, der zu keinem Vater mehr zurückzukehren vermag, keine Schweine zu hüten hat und keine Treber mit ihnen teilen kann?" fuhr der Klient fort, indem er ein Bein über dem anderen wiegte und zu Boden blickte.

Mr. Snitchey hustete, als wollte er die Zumutung zurückweisen, an irgendeiner allegorischen Darstellung eines Rechtsverhältnisses teilzunehmen. Mr. Craggs hustete ebenfalls, als wollte er zu erkennen geben, daß das die Ansicht der Firma sei.

„Zugrunde gerichtet mit dreißig Jahren", sagte der Klient. „Hm!"

„Nicht zugrunde gerichtet, Mr. Warden", entgegnete Snitchey. „So schlimm ist es noch nicht. Sie haben zwar Ihr möglichstes in dieser Richtung getan, das muß ich sagen, aber Sie sind nicht zugrunde gerichtet. Ein wenig Einschränkung –"

„Zum Teufel mit der Einschränkung", sagte der Klient.

„Mr. Craggs, wollen Sie mir eine Prise erlauben? Ich danke Ihnen", sagte Mr. Snitchey.

Während der gelassene Advokat die Prise allem Anschein nach mit großem Genuß und ganz darin vertieft in die Nase steckte, verzog sich das Gesicht des Klienten allmählich zu einem Lächeln, und er sagte: „Sie sprechen von Einschränkung. Wie lange?"

„Wie lange?" wiederholte Snitchey, indem er sich den Tabak von den Fingern schnippte und in Gedanken zu rechnen schien. „Wenn Sie Ihren Besitz in guten Händen lassen – sagen wir bei Snitchey & Craggs –, sechs oder sieben Jahre."

„Sechs oder sieben Jahre hungern!" sagte der Klient, lachte ärgerlich und rückte ungeduldig auf dem Stuhl hin und her.

„Sechs oder sieben Jahre zu hungern, Mr. Warden, wäre allerdings etwas Ungewöhnliches", sagte Snitchey. „Wenn Sie sich in dieser Zeit zeigten, könnten Sie wohl auf andere Weise ein Einkommen verdienen. Aber wir glauben nicht, daß Sie das tun könnten, und raten es Ihnen daher auch nicht."

„Was raten Sie mir dann?"

„Einschränkung", wiederholte Snitchey. „Ein paar Jahre Einschränkung unter unserer Aufsicht würde Ihr Gut wieder frei von Schulden machen. Aber dann müßten Sie im Ausland leben. Was das Hungern betrifft, so könnten wir Ihnen selbst jetzt schon ein paar hundert Pfund jährlich zusichern, Mr. Warden."

„Ein paar hundert Pfund?" sagte der Klient. „Und ich habe Tausende verbraucht!"

„Daran", entgegnete Mr. Snitchey und legte die Papiere bedächtig wieder in die eiserne Kiste, „besteht allerdings kein Zweifel. Kein Zweifel", wiederholte er langsam, während er seine Beschäftigung nachdenklich fortsetzte.

Der Advokat kannte höchstwahrscheinlich *seinen* Mann. Jedenfalls hatte sein trockener Humor einen günstigen Einfluß auf die Verdrießlichkeit des Klienten und machte ihn geneigt, offener und mitteilsamer zu sein. Oder vielleicht kannte auch der Klient *seinen* Mann und hatte ihm die ermutigenden Angebote nur entlockt, um einen Plan, den er enthüllen wollte, besser verteidigen zu können. Er hob jetzt allmählich das Haupt und sah seine gleichmütigen Ratgeber mit einem Lächeln an, das bald zu einem Lachen wurde.

„Im Grunde, mein unnachgiebiger Freund –"

Mr. Snitchey deutete auf seinen Partner: „Snitchey und – entschuldigen Sie – Craggs."

„Ich bitte Mr. Craggs um Verzeihung", sagte der Klient. „Im Grunde, meine unnachgiebigen Freunde", er beugte sich dabei vor und ließ die Stimme sinken, „wissen Sie noch gar nicht, wie schlimm es mit mir steht."

Mr. Snitchey erstarrte und sah ihn an. Mr. Craggs desgleichen.

„Ich bin nicht nur entsetzlich verschuldet", sagte der Klient, „sondern auch entsetzlich –"

„Doch nicht verliebt?" rief Snitchey aus.

„Ja!" sagte der Klient, indem er in den Stuhl zurücksank und die beiden Advokaten, die Hände in den Taschen, ansah. „Entsetzlich verliebt."

„Und nicht in eine Erbin?" forschte Snitchey.

„Nicht in eine Erbin."

„Auch nicht in eine reiche Dame?" fragte der Advokat weiter.

„Nicht reich, soviel ich weiß – außer an Schönheit und Tugend."

„Eine unverheiratete Dame, hoffe ich?" sagte Mr. Snitchey mit großem Nachdruck.

„Natürlich!"

„Nicht in eine von Dr. Jeddlers Töchtern?" sagte Snitchey, indem er die Ellbogen auf die Knie legte und sein Gesicht mindestens eine Elle vorschob.

„Doch!" erwiderte der Klient.

„Nicht in seine jüngere Tochter?" fragte Snitchey.

„Doch!" lautete die Antwort Mr. Wardens.

„Mr. Craggs", sagte Snitchey sehr erleichtert, „wollen Sie mir eine Prise erlauben? Ich danke Ihnen. Es freut mich, Ihnen sagen zu können, Mr. Warden, daß das nichts schadet; sie ist versprochen, Sir, sie ist vergeben. Mein Partner kann das bestätigen. Wir sind von der Sache unterrichtet."

„Wir sind von der Sache unterrichtet", wiederholte Craggs.

„Das bin ich vielleicht auch" war des Klienten Antwort. „Was macht das schon? Sie wollen welterfahrene Männer sein und hätten nie gehört, daß ein Weib seine Meinung geändert hätte?"

„Es sind allerdings Klagen wegen Bruchs des Eheversprechens vorgekommen", sagte Mr. Snitchey, „sowohl gegen Jungfrauen wie gegen Witwen, aber in den meisten Fällen –"

„Fällen!" unterbrach ihn der Klient ungeduldig. „Sprechen Sie mir nicht von Fällen. Das Leben ist ein viel größeres und inhaltsreicheres Buch als Ihre juristischen Wälzer. Und außerdem, denken Sie etwa, ich habe umsonst sechs Wochen lang in des Doktors Haus gewohnt?"

„Ich glaube, Sir", bemerkte Mr. Snitchey, indem er sich ernst an seinen Partner wandte, „ich glaube, daß von allen Streichen, die Mr. Warden von seinen Pferden gespielt worden sind – und sie waren ziemlich zahlreich und ziemlich teuer, wie er und wir beide am besten wissen –, der schlimmste der war, daß ihn eines mit drei eingedrückten Rippen, einem gebrochenen Schlüsselbein und Gott weiß wie vielen Quetschungen an des Doktors Gartenmauer zurückgelassen hat. Damals, als wir ihn unter des Doktors Pflege und Dach genesen sahen, ahnten wir nichts Böses; aber es sieht schlimm aus, Sir. Sogar sehr schlimm. Und noch dazu Dr. Jeddler – unser Klient, Mr. Craggs."

„Und Mr. Alfred Heathfield – auch eine Art Klient, Mr. Snitchey", sagte Mr. Craggs.

„Und Mr. Michael Warden, auch eine Art Klient", warf der Besucher nachlässig ein, „und kein schlechter, da er zehn oder zwölf Jahre lang leichtsinnig gelebt hat. Doch Mr. Michael Warden hat jetzt ausgetobt – dort in dem Kasten liegen die Früchte. Jetzt bereut er und will sich bessern. Und zum Beweis dafür will Mr. Warden, wenn er kann, Marion, des Doktors reizende Tochter, heiraten und mit sich nehmen."

„Wahrhaftig, Mr. Craggs –", begann Snitchey.

„Wahrhaftig, Mr. Snitchey und Mr. Craggs", unterbrach ihn der Klient, „Sie kennen Ihre Pflichten gegenüber Ihren Klienten und wissen sicherlich, daß darunter keineswegs fällt, sich in eine bloße Liebesangelegenheit zu mischen, die ich Ihnen anvertrauen muß. Ich will die junge Dame nicht ohne ihre Einwilligung entführen. Es ist nichts Ungesetzliches dabei. Ich war niemals Mr. Heathfields Busenfreund. Ich mache mich keines Vertrauensbruchs gegen ihn schuldig. Ich liebe, wie er liebt, und gedenke zu gewinnen, was er gewinnen wollte, wenn ich kann."

„Er kann nicht, Mr. Craggs", sagte Snitchey, offenbar sehr unruhig. „Es kann ihm nicht gelingen, Sir. Sie hängt sehr an Mr. Alfred."

„Wirklich?" erwiderte der Klient.

„Mr. Craggs, sie hängt sehr an ihm", beteuerte Snitchey.

„Ich habe nicht umsonst sechs Wochen lang in des Doktors Haus zugebracht, und mir sind bald Zweifel daran gekommen", bemerkte Mr. Warden. „Sie würde ihn lieben, wenn es nach dem Willen ihrer Schwester ginge, aber ich habe sie beobachtet. Marion vermied, ihn zu nennen, von ihm zu sprechen; bei der leisesten Anspielung auf ihn litt sie sichtlich."

„Warum sollte sie das, Mr. Craggs? Warum sollte sie das, Sir?" fragte Snitchey.

„Warum, weiß ich nicht, obgleich es viele Erklärungsmöglichkeiten dafür gibt", sagte der Klient mit einem Lächeln angesichts der Spannung und Verwirrung, die man in Snitcheys Gesicht erkennen konnte, und über die vorsichtige Weise, mit der er das Gespräch führte und von der Sache mehr zu erfahren versuchte, „aber ich weiß, daß es der Fall ist. Sie war sehr jung, als sie sich verlobte – wenn man es überhaupt so nennen darf –, und hat es vielleicht bereut. Vielleicht – es klingt eitel, aber ich meine es wahrhaftig nicht so – hat sie sich in mich verliebt, wie ich mich in sie verliebt habe."

„Hehe! Mr. Alfred, ihr alter Spielkamerad, Mr. Craggs", sagte Snitchey mit verlegenem Lachen, „kannte sie ja schon als ganz kleines Kind!"

„Um so wahrscheinlicher ist es, daß sie des Gedankens an ihn überdrüssig geworden ist", fuhr der Klient gelassen fort, „und nicht abgeneigt ist, ihn mit einem neuen Liebhaber zu vertauschen, der sich unter romantischen Umständen bei ihr einführt – oder von seinem Pferd eingeführt wird; der in dem für ein Mädchen vom Land nicht ungünstigen Ruf steht, leichtsinnig und flott gelebt zu haben – zu niemandes Schaden; und der es seinem Äußeren nach – das mag wieder eitel klingen, aber, auf Ehre, ich meine es nicht so – wohl auch noch mit Mr. Alfred aufnehmen könnte."

Das letztere ließ sich sicherlich nicht leugnen. Auch Mr. Snitchey war dieser Meinung, während er seinen Klienten ansah. Gerade sein nachlässiges Wesen gab ihm eine gewisse natürliche Anmut und erweckte Interesse. Es schien auszudrücken, daß sein hübsches Gesicht und seine wohlgebaute Gestalt sich noch viel vorteilhafter ausnehmen könnten, wenn er nur wollte. Eine feurige Energie schien in ihm zu schlummern, bereit hervorzubrechen, wenn er sich einmal aufraffte und Ernst machte, was er bisher noch nie getan hatte. Das ist ein gefährlicher Lebemann, sagte sich der menschenkundige Advokat, der das belebende Feuer, auf das er aus ist, aus den Augen eines Mädchens zu gewinnen scheint.

„Also, hören Sie, Snitchey", fuhr der Klient fort, indem er

aufstand und ihn bei einem Knopf faßte, „und Sie, Craggs", er faßte ihn ebenfalls bei einem Knopf und stellte den einen rechts, den anderen links neben sich, so daß sie ihm nicht entschlüpfen konnten, „ich frage Sie nicht um Rat. Sie tun recht daran, sich von derartigen Angelegenheiten unbedingt fernzuhalten, denn sie sind nicht von einer Art, daß sich gesetzte Männer wie Sie einmischen könnten. Ich will Ihnen bloß in wenigen Worten meine Lage und meine Absichten auseinandersetzen und es dann Ihnen überlassen, in meinen Geldangelegenheiten für mich das Bestmögliche zu tun. Denn Sie sehen ein, wenn ich jetzt mit des Doktors schöner Tochter entfliehe (und ich hoffe, das zu tun und durch ihre Liebe ein anderer Mensch zu werden), so wird das für den Augenblick kostspieliger sein, als wenn ich allein entfliehe. Doch werde ich das durch ein anderes Leben bald wieder einbringen."

„Ich glaube, es ist besser, wir hören uns das nicht an, Mr. Craggs", sagte Snitchey und sah seinen Partner an.

„Ich glaube auch", sagte Craggs. Aber beide hörten aufmerksam zu.

„Sie brauchen nicht zuzuhören", erwiderte ihr Klient. „Ich will es aber trotzdem erzählen. Ich beabsichtige nicht, den Doktor um seine Einwilligung zu bitten, denn er gäbe sie mir doch nicht. Aber ich will dem Doktor nichts Böses tun, weil (abgesehen davon, daß solche Kleinigkeiten nichts Ernstes sind, wie er sagt) ich sein Kind, meine Marion, von etwas befreien will, was sie – wie ich weiß – mit Bangen und Kummer herannahen sieht; ich meine die Rückkehr ihres Geliebten. Wenn etwas in der Welt wahr ist, so ist es dies, daß sie seine Rückkehr fürchtet. Soweit wird niemand in seinem Recht gekränkt. Freilich lebe ich jetzt wie ein gehetzter Hund, wage mich bloß im Dunkeln heraus und darf mein Haus und meine eigene Besitzung nicht betreten. Aber dieses Haus und diese Besitzung werden eines Tages wieder mir gehören, wie Sie wissen und sagen; und Marion wird als mein Weib in zehn Jahren – Sie sagen es selbst, und Sie sind doch wahrhaftig nicht voreilig – wahrscheinlich reicher sein, als wenn sie sich mit Alfred Heathfield verbindet. Dabei sieht sie (vergessen Sie das nicht) seiner Rückkehr mit Bangen entgegen und seine Liebe – und keine auf der Welt – kann nicht glühender sein als die meine. Wem wird dabei zu nahe getreten? Alles geschieht nach Recht und Billigkeit. Meine Sache ist so gerecht wie seine, wenn sie zu meinen Gunsten entscheidet; und ich will es auf ihre Entscheidung ankommen lassen. Es wird Ihnen lieb sein, nicht mehr von dieser Sache zu erfahren, und ich werde Sie auch nicht weiter damit behelligen. Sie wissen jetzt, was ich beabsichtige und nötig habe. Wann muß ich England verlassen?"

„In einer Woche", sagte Snitchey. „Mr. Craggs –?"

„Noch etwas eher, würde ich raten", gab Craggs zur Antwort.

„In einem Monat", sagte der Klient, nachdem er die beiden Gesichter beobachtet hatte. „Heute in einem Monat. Heute ist Donnerstag. Glücklich oder unglücklich, heute in einem Monat reise ich ab."

„Das ist eine zu lange Frist", sagte Snitchey, „viel zu lang. Aber es mag dabei bleiben. Ich glaubte, er würde sich drei ausbedingen", brummte er in sich hinein. „Wollen Sie fort? Gute Nacht, Sir."

„Gute Nacht!" erwiderte der Klient und schüttelte beiden die Hand. „Sie sollen noch sehen, wie ich Reichtum gut anzuwenden weiß. Von jetzt an ist Marion mein Glücksstern!"

„Nehmen Sie sich auf der Treppe in acht, Sir", sagte Snitchey, „denn dort scheint er nicht. Gute Nacht!"

„Gute Nacht!" erwiderte Mr. Warden.

Die beiden Partner blieben an der Treppe stehen und leuchteten ihm hinab; als er fort war, standen sie immer noch da und sahen sich an.

„Was sagen Sie dazu, Mr. Craggs?" begann Snitchey.

Mr. Craggs schüttelte den Kopf.

„Wir meinten, an dem Tag, wo jene Übergabe stattfand, daß in der Art, wie das Paar Abschied nahm, etwas Auffälliges lag; dessen entsinne ich mich", sagte Snitchey.

„Ja, ja", sagte Mr. Craggs.

„Vielleicht täuscht er sich", fuhr Mr. Snitchey fort, schloß den feuerfesten Kasten zu und stellte ihn an seinen gewöhnlichen Platz, „wenn das aber nicht der Fall ist, so wäre ein wenig Flatterhaftigkeit und Untreue auch kein Wunder, Mr. Craggs. Und doch hätte ich das hübsche Gesichtchen für sehr treu gehalten. Mir kam es vor", sagte Snitchey, indem er seinen Mantel und die

Handschuhe anzog (es war sehr kalt draußen) und eine Kerze ausblies, „als ob ihr Charakter in letzter Zeit gereifter und ernster geworden wäre. Mehr so wie der ihrer Schwester."

„Mrs. Craggs war derselben Meinung", bemerkte Craggs.

„Ich gäbe wirklich was darum", sprach Snitchey, der im Grunde sehr gutherzig war, „wenn ich glauben könnte, daß Mr. Warden die Rechnung ohne den Wirt gemacht hat. Aber so leichtsinnig und wandelbar er auch ist, so kennt er doch die Welt und die Menschen (und es wäre schlimm, wenn es nicht der Fall wäre, denn er hat seine Kenntnis teuer genug bezahlt); und ich kann mir das nicht recht denken. Wir werden uns wohl am besten nicht einmischen; wir können weiter nichts tun, Mr. Craggs, als zu schweigen."

„Weiter nichts", gab Craggs zur Antwort.

„Unser guter Freund, der Doktor, sieht solche Sachen mit einem Achselzucken an", sagte Snitchey kopfschüttelnd. „Ich will hoffen, daß er seine Philosophie nicht braucht. Unser Freund Alfred spricht vom Kampf des Lebens." Er schüttelte wieder den Kopf. „Ich hoffe wenigstens, er wird nicht zu Anfang des Gefechts fallen. Haben Sie Ihren Hut, Mr. Craggs? Ich will das andere Licht auslöschen."

Auf Mr. Craggs' bejahende Antwort ließ Mr. Snitchey seinen Worten die Tat folgen, und sie tappten zum Konferenzzimmer hinaus, das jetzt so dunkel war wie der Gegenstand ihrer Rede oder wie das Recht im allgemeinen.

MEINE Geschichte führt mich jetzt in ein kleines, stilles Studierzimmer, wo an demselben Abend die Schwestern und der muntere alte Doktor am traulichen Kamin saßen. Grace nähte, Marion las aus einem Buch vor. Der Doktor, in Schlafrock und Pantoffeln, die Füße auf dem warmen Teppich, saß im Großvaterstuhl, hörte der Lesenden zu und betrachtete seine Töchter.

Sie waren sehr schön anzusehen. Noch nie hatten zwei angenehmere Gesichter eine Kaminecke so gemütlich gemacht. Die vergangenen drei Jahre hatten etwas von dem Unterschied zwischen ihnen gemildert; und auf der reinen Stirn der jüngeren Schwester, in ihrem Blick und in dem Ton ihrer Stimme war dieselbe ernste Innigkeit zu erkennen, die die mutterlos verlebte

Jugend bei der älteren Schwester schon längst hatte heranreifen lassen. Aber immer noch schien sie lieblicher und schwächer als die andere; immer noch schien sie ihr Haupt an ihrer Schwester Brust zu legen und auf sie zu bauen und Rat und Hilfe in ihren Augen zu suchen. In diesen innigen Augen, die so ruhig, so heiter und so freundlich waren wie ehedem.

„Und da sie jetzt im Vaterhaus war", las Marion aus dem Buch, „das ihr so teuer war durch alle diese Erinnerungen, begann sie zu fühlen, daß die schwere Prüfung ihres Herzens bald kommen müsse und nicht hinauszuschieben sei. O Vaterhaus, unser Tröster und Freund, wenn alle anderen uns verlassen, von dem der Abschied bei jedem Schritt zwischen Wiege und Grab –"

„Liebste Marion!" sagte Grace.

„Mein Mäuschen!" rief der Vater aus. „Was fehlt dir?"

Sie faßte die Hand, die ihr die Schwester bot, und las weiter, aber mit immer noch zitternder Stimme, obgleich sie bemüht war, ihre Bewegung zu unterdrücken.

„Von dem der Abschied bei jedem Schritt zwischen Wiege und Grab stets schmerzlich ist. O Vaterhaus, du beständig treues und doch so oft von uns mißachtetes, sei nachsichtig gegen die, die sich von dir wenden, und verfolge ihre irrenden Schritte nicht mit zu bitterer Reue! Laß keinen freundlichen Blick, kein Lächeln aus alter Zeit auf deinem geisterhaften Antlitz glänzen. Laß keinen Strahl von Liebe, Milde, Nachsicht, Herzlichkeit von deinem weißen Haupt leuchten. Laß keine Erinnerung an Liebesworte und Liebesglück anklagend auftreten gegen den, der dich verlassen hat; sondern wenn dein Blick hart und streng sein kann, dann sieh so nur aus Barmherzigkeit die Reuigen an!"

„Liebe Marion, lies nicht weiter heute abend", sagte Grace – denn diese weinte.

„Ich kann nicht", erwiderte sie und machte das Buch zu. „Die Buchstaben scheinen alle zu brennen!"

Dem Doktor machte das Spaß; und er lachte, als er ihr die Wangen tätschelte. „Was denn! Bist zu Tränen gerührt von einem Roman?" sagte Dr. Jeddler. „Von Druckerschwärze und Papier? Nein, nein, es ist alles eins. Es ist ebenso vernünftig, Druckerschwärze und Papier ernst zu nehmen wie jedes andere Ding.

Aber trockne deine Tränen, trockne deine Tränen. Ich bin überzeugt, die Heldin ist längst wieder im Vaterhaus und hat sich mit allen versöhnt – und wenn sie es nicht getan hat, so besteht am Ende ein wirkliches Vaterhaus bloß aus vier Wänden; und ein eingebildetes aus Lumpen und Tinte. Was gibt's?"

„Ich bin's, Mister", sagte Clemency, den Kopf zur Tür hereinsteckend.

„Und was ist mit *dir* los?" fragte der Doktor.

„O mein Gott, mit mir ist nichts los", entgegnete Clemency – und recht mochte sie haben, nach ihrem frisch gewaschenen Gesicht zu urteilen, das wie immer in der besten Laune erstrahlte und sie, trotz ihrer plumpen Erscheinung, geradezu sympathisch machte. Wund gestoßene Ellbogen gelten freilich in der Regel nicht als besonders reizvoll, aber bei dem Gang durch das Leben ist es immer besser, sich auf dem engen Pfad bloß die Arme anstatt die gute Laune zu verderben, und in dieser Hinsicht war Clemency so gesund und unverletzt wie jedes schöne Mädchen im Land.

„Mit mir ist nichts los", sagte Clemency und trat vollends zur Tür herein, „aber kommen Sie etwas näher, Mister."

Etwas verwundert entsprach der Doktor ihrem Wunsch.

„Sie sagten, ich sollte Ihnen keinen in ihrer Gegenwart geben, wie Sie wissen", sagte Clemency.

Ein in der Familie Fremder hätte nach ihrem merkwürdigen Liebäugeln bei diesen Worten und der eigentümlich verzückten Bewegung ihrer Ellbogen, als ob sie sich selbst umarmen wollte, vielleicht glauben können, „keinen" bedeute, am günstigsten ausgelegt, einen ehrsamen Kuß. In der Tat schien der Doktor im ersten Augenblick selbst nicht zu wissen, was er denken sollte; aber er gewann schnell seine Fassung wieder, als Clemency, nachdem sie beide Taschen durchsucht hatte – wobei sie mit der rechten anfing, darauf in der falschen, der linken, wühlte und zuletzt wieder zu der rechten zurückkehrte –, einen Brief zum Vorschein brachte.

„Britain fuhr vorbei", sagte sie, indem sie den Brief dem Doktor reichte, „gerade als die Post ankam, und wartete darauf. Es steht *A. H.* in der Ecke. Ich wette, Mr. Alfred ist auf dem Heimweg. Wir bekommen eine Hochzeit im Haus – ich hatte heute früh zwei Löffel in meiner Tasse. O Gott! Wie langsam er ihn aufmacht!"

Sie brachte das alles als Selbstgespräch vor, indem sie sich vor Ungeduld, die Neuigkeit zu erfahren, auf die Fußspitzen stellte und einen Korkenzieher aus ihrer Schürze und eine Flasche aus ihrem Mund machte. Endlich auf dem Höhepunkt ihrer Erwartung angekommen, während der Doktor mit dem Brief immer noch nicht fertig war, ließ sie sich plötzlich wieder auf die Fußsohlen fallen und warf ihre Schürze als Schleier über den Kopf, ganz erfüllt von stummer Verzweiflung und außerstande, das länger auszuhalten.

„Hier, Mädchen!" rief der Doktor. „Ich kann nicht anders; ich habe in meinem Leben kein Geheimnis für mich behalten können. Es gibt auch nicht viele Geheimnisse, die des Behaltens wert sind, in einer solchen – doch still davon. Alfred ist auf dem Heimweg und kommt demnächst!"

„Demnächst!" rief Marion aus.

„Was! Der Roman ist so rasch vergessen!" sagte der Doktor und kniff sie in die Wange. „Ich dachte gleich, daß die Nachricht die Tränen trocknen würde. Ja! ‚Ich will sie überraschen', schreibt er hier. Aber das geht nicht. Er muß angemessen empfangen werden."

„Demnächst!" wiederholte Marion.

„Nun, vielleicht nicht, was deine Ungeduld ‚demnächst' nennt", erwiderte der Doktor, „aber ziemlich bald. Laßt einmal sehen. Heute ist Donnerstag, nicht wahr? Dann will er heute in einem Monat eintreffen."

„Heute in einem Monat", wiederholte Marion leise.

„Ein fröhlicher Tag und ein Festtag für uns alle", sagte die heitere Stimme ihrer Schwester Grace, die sie mit einem Kuß beglückwünschte. „Ein lange erwarteter Tag, Liebste, und endlich ist er da."

Ein Lächeln war die Antwort; ein trauriges Lächeln, aber voll schwesterlicher Liebe; und als sie ihrer Schwester ins Antlitz sah und der ruhigen Harmonie ihrer Stimme lauschte, wie sie die Freuden dieser Rückkehr weiter ausmalte, da leuchtete auch auf ihrem Gesicht Hoffnung und Freude.

Und noch etwas; etwas, was mehr und mehr durch die übrigen

Empfindungen durchschien und wofür ich keinen Namen habe. Es war weder Freude noch Frohlocken, noch stolze Begeisterung. Die äußern sich nicht in so ruhiger Weise. Es war nicht nur Liebe und Dankbarkeit, obgleich auch Liebe und Dankbarkeit darin enthalten waren. Es entsprang keinem engherzigen Gedanken, denn diese glänzen nicht so auf der Stirn, glühen nicht so auf den Lippen, lassen die ganze Gestalt nicht so erbeben.

Dr. Jeddler konnte trotz seiner Philosophie – die er beständig in der Praxis verleugnete, wie es berühmtere Philosophen schon getan haben – nicht umhin, ein ebenso großes Interesse an der Rückkehr seines alten Schülers und Mündels zu zeigen, als ob es ein ernsthaftes Ereignis wäre. So setzte er sich wieder in seinen Großvaterstuhl, streckte die Füße von neuem auf den warmen Teppich aus, las den Brief viele Male durch und sprach noch viel öfter von ihm.

„Einstmals, wenn er Ferien hatte", sagte der Doktor und blickte ins Feuer, „da lieft ihr beide, du, Grace, und er, Arm in Arm herum wie zwei lebendige Puppen. Weißt du noch?"

„O ja", antwortete sie mit munterem Lachen und nähte wieder emsig.

„Heute in einem Monat!" sagte der Doktor nachdenklich. „Es scheint kaum ein Jahr herzusein. Und wo war meine kleine Marion damals?"

„Nie weit von ihrer Schwester, so klein sie auch war", sagte Marion. „Grace war mein ein und alles, sogar als sie selbst noch ein Kind war."

„Sehr wahr, mein Mäuschen, sehr wahr", erwiderte der Doktor. „Sie war eine gesetzte kleine Hausfrau, meine Grace, und eine gute Haushälterin und ein geschäftiges, kluges Kind; voller Geduld für unsere Launen, immer bereit, unsere Wünsche zu erfüllen und die eigenen zu vergessen; selbst damals schon. Schon zu jener Zeit, Grace, warst du nie ärgerlich und halsstarrig außer im Hinblick auf einen Punkt."

„Ich fürchte, ich habe mich seit jener Zeit sehr zu meinem Nachteil verändert", erwiderte Grace lachend, immer noch emsig arbeitend. „Was war das für ein Punkt, Vater?"

„Alfred natürlich", sagte der Doktor. „Du bestandest unbedingt darauf, daß man dich Alfreds Frau nannte; so nannten wir dich Alfreds Frau; und das gefiel dir besser (so seltsam es auch jetzt erscheinen mag), als wenn wir dir den Titel einer Herzogin gegeben hätten, wenn wir dich dazu hätten machen können."

„War das wirklich so?" meinte Grace ruhig.

„Was, weißt du das nicht mehr?" fragte der Doktor.

„Ich glaube, ich erinnere mich noch ein wenig daran", erwiderte sie, „aber nur ein ganz klein wenig. Es ist zu lange her." Und während sie nähte, summte sie den Refrain eines alten Liedes, das der Doktor gern hatte.

„Alfred wird bald eine wirkliche Frau haben", sagte sie, indem sie dem Gespräch eine andere Wendung gab, „und das wird eine schöne Zeit für uns alle sein. Meine dreijährige Aufsicht ist bald zu Ende, Marion. Du hast es mir sehr leicht gemacht. Ich werde Alfred sagen, wenn ich dich ihm wieder zurückgebe, daß du ihn die ganze Zeit innig geliebt hast und daß er kein einziges Mal meiner Unterstützung bedurft hat. Darf ich ihm das sagen, Liebste?"

„Sage ihm, geliebte Grace", erwiderte Marion, „daß nie eine Pflicht so edel, so hochherzig, so standhaft erfüllt wurde, daß ich dich seit jener Zeit mit jedem Tag mehr geliebt habe und daß ich dich jetzt so unendlich liebe!"

„Das kann ich ihm kaum sagen", entgegnete ihre Schwester und erwiderte ihre Umarmung, „meine Verdienste mag sich Alfreds Phantasie ausmalen. Er wird genug übertreiben, liebe Marion, ganz wie du."

Sie nahm jetzt wieder ihre Arbeit auf, die sie aus der Hand gelegt hatte, als ihre Schwester mit so inniger Rührung sprach, und summte wieder das alte Lied, das dem Doktor so sehr gefiel. Und der Doktor, der immer noch im Lehnstuhl saß, lauschte dem Lied, schlug mit Alfreds Brief den Takt dazu auf seinem Knie, sah seine Töchter an und sagte sich, daß unter den vielen Eitelkeiten der eitlen Welt diese wenigstens annehmbar seien.

Unterdessen begab sich Clemency Newcome, nachdem sie ihre Botschaft ausgerichtet und im Zimmer gewartet hatte, bis sie alles wußte, wieder in die Küche. Dort machte es sich Mr. Britain nach dem Abendessen bequem, umgeben von einer so zahlreichen Sammlung von funkelnden Topfdeckeln, sauber gescheuerten Pfannen, polierten Schüsseln, glänzenden Kesseln und anderen Zeichen ihres Fleißes an den Wänden und auf den Simsen, daß er wie in der Mitte eines Spiegelsaales saß. Die meisten zeigten freilich kein sehr schmeichelhaftes Bild von ihm; auch waren ihre Darstellungen keineswegs gleichartig. Denn manche gaben ihm ein sehr langes Gesicht, manche ein sehr breites, manche ein ganz leidliches und andere ein sehr häßliches, je nach ihrer Art und Weise zu reflektieren, ganz wie es die Menschen machen. Aber alle stimmten darin überein, daß in ihrer Mitte ein Individuum saß, das sich, die Pfeife im Mund und einen Krug Bier vor sich, offenbar äußerst behaglich fühlte und Clemency herablassend zunickte, als sie sich an denselben Tisch setzte.

„Nun, Clemency", sagte Britain, „wie geht es Euch jetzt, und was gibt's Neues?"

Clemency sagte ihm, was sie erfahren hatte, und er nahm es sehr gnädig auf. Benjamin hatte sich vom Kopf bis zu den Zehen sehr zu seinem Vorteil verändert. Er war viel breiter und viel röter, viel heiterer und viel lustiger anzusehen. Es hatte den Anschein, als wäre sein Gesicht in einen Knoten zusammengebunden gewesen und jetzt aufgeknüpft und geglättet worden.

„Das wird wohl ein neues Geschäft für Snitchey und Craggs geben", bemerkte er, wobei er gemächlich Rauchwolken in die Luft blies. „Und wir werden vielleicht wieder Zeugen sein, Clemency!"

„Gott!" antwortete Clemency mit der gewohnten Bewegung ihrer Lieblingsgliedmaßen. „Ich wollte, ich wäre es, Britain!"

„Was denn!"

„Die kurz davorstände zu heiraten!"

Benjamin nahm die Pfeife aus dem Mund und lachte herzlich. „Ja! Ihr seid ganz die Rechte dazu", sagte er. „Arme Clemency!"

Clemency lachte ihrerseits ebenso herzlich wie er und schien an dem Gedanken ebensoviel Spaß zu finden. „Ja", stimmte sie bei, „ich bin ganz die Rechte dazu, nicht wahr?"

„Ihr werdet nie heiraten, versteht sich", sagte Mr. Britain und steckte die Pfeife wieder in den Mund.

„Meint Ihr wirklich nicht?" sagte Clemency ganz unschuldig.

Mr. Britain schüttelte den Kopf. „Keine Aussicht darauf!"

„Denkt nur!" sagte Clemency. „Na, ich glaube, Ihr werdet es eines Tages tun, Britain, nicht wahr?"

Eine so plötzlich gestellte Frage über eine so wichtige Sache verlangte Nachdenken. Mr. Britain blies eine große Rauchwolke von sich und betrachtete sie, wobei er den Kopf bald auf diese, bald auf jene Seite legte, als wäre diese Wolke die Frage und er nähme sie von verschiedenen Gesichtspunkten aus in Augenschein. Dann erwiderte er, daß er sich über das Ding nicht ganz im klaren sei, aber – ja, ja, er könnte sich vielleicht noch dazu entschließen.

„Wer immer sie sein mag, ich wünsche ihr Glück!" rief Clemency.

„Oh, daran wird es ihr nicht fehlen", sagte Benjamin, „sicherlich nicht."

„Aber sie würde nicht so glücklich leben und keinen so ganz guten und lieben Mann haben", sagte Clemency, indem sie sich halb über den Tisch legte und nachdenklich in das Licht sah, „wenn ich nicht gewesen wäre – nicht, daß ich's beabsichtigt hätte, denn es war reiner Zufall; ist das nicht wahr, Britain?"

„Gewiß", erwiderte Mr. Britain, der jetzt jenen vollen Genuß seiner Pfeife erreicht hatte, bei dem der Raucher den Mund nur ein ganz klein wenig zum Sprechen öffnen kann, in gemächlichster Ruhe in seinem Stuhl sitzt und nur imstande ist, den Blick auf seinen Gefährten zu richten, und das sehr langsam und ernst. „Oh, ich bin Euch sehr verbunden, Clem, das wißt Ihr ja!"

„Gott, welch ein hübscher Gedanke das ist!" sagte Clemency.

In diesem Augenblick richteten sich gleichermaßen ihre Gedanken und ihre Augen auf das geschmolzene Kerzenwachs, und da sie sich plötzlich auf dessen Heilkraft als Wundbalsam besann, salbte sie sich den linken Ellbogen reichlich mit dem neuen Mittel.

„Ihr wißt, ich habe manche Untersuchung über dieses und jenes angestellt", fuhr Mr. Britain mit dem gewichtigen Ernst eines Weisen fort, „weil ich immer sehr wißbegierig war. Ich habe viele Bücher über die Vorzüge und Mängel irdischer Dinge gelesen, denn ich habe mich selbst in meiner Jugend mit der Literatur befaßt."

„Wirklich!" rief die bewundernde Clemency.

„Ja", sagte Mr. Britain, „ich stand zwei der besten Jahre meines Lebens hinter einer Antiquarsbude, bereit herauszustürzen, wenn jemand ein Buch in die Tasche steckte. Und dann war ich Austräger eines Korsettschneiders und brachte in diesem Amt in Wachstuchpaketen nichts als Täuschung und Trug zu den Leuten – wodurch mein Gemüt verbittert und mein Vertrauen in die menschliche Natur zerstört wurde. Und darauf hörte ich hier in diesem Haus vielerlei Gerede, was mein Gemüt noch mehr verbitterte. Und nach alledem ist meine Meinung, daß als sicherer und angenehmer Besänftiger des Gemüts und guter Führer durchs Leben nichts über eine Muskatreibe geht."

Clemency wollte etwas dazu sagen, aber er kam ihr zuvor.

„Gemeinsam", fügte er ernst hinzu, „mit einem Fingerhut."

„Tu, wie du willst – und so weiter, nicht wahr?" bemerkte Clemency, indem sie ihre Arme in der Freude über das Geständnis übereinanderschlug und sich den Ellbogen streichelte. „Ein so treffender Spruch, nicht wahr?"

„Ich weiß freilich nicht", sagte Mr. Britain, „ob man es wahre Philosophie nennen könnte. Ich hege meine Zweifel darüber; aber es bewährt sich gut und erspart einem viel Zankerei, was die rechte Ware nicht immer tut."

„Bedenkt nur, wie Ihr selbst manchmal schimpftet", sagte Clemency.

„Ach!" sagte Mr. Britain. „Aber das merkwürdigste ist, Clemency, daß Ihr mich bekehren mußtet. Das ist das seltsamste dabei. Ihr! So was! Ich glaube, Ihr habt keinen halben Gedanken im Kopf!"

Ohne dies im geringsten übelzunehmen, schüttelte Clemency den Kopf, lachte und umarmte sich und sagte: „Nein, ich glaube auch nicht."

„Ich bin ziemlich überzeugt davon", sagte Mr. Britain.

„Oh! Ich glaube wohl, Ihr habt recht", sagte Clemency. „Ich mag gar keinen. Ich brauche keinen."

Benjamin nahm die Pfeife aus dem Mund und lachte, bis ihm die Tränen über die Backen liefen. „Wie einfältig Ihr seid, Clemency", setzte er hinzu, wobei er über den Spaß immer noch lachte und sich die Augen wischte.

Clemency, ohne das geringste einzuwenden, tat dasselbe und lachte so herzlich wie er.

„Aber ich habe Euch doch gern", sagte Mr. Britain. „Ihr seid ein ganz gutes Mädchen auf Eure Art; so gebt mir die Hand, Clem. Was auch geschehe, ich will mich immer um Euch kümmern und immer Euer Freund sein."

„Wirklich?" erwiderte Clemency. „Nun! Das ist gewiß recht gut von Euch."

„Ja, ja", sagte Mr. Britain und reichte ihr die Pfeife zum Ausklopfen hin; „ich will Euch nicht verlassen. Horcht! Das ist ein merkwürdiges Geräusch!"

„Geräusch!" wiederholte Clemency.

„Fußtritte draußen. Es klang, als ob jemand von der Mauer springt", sagte Britain. „Sind oben alle zu Bett?"

„Ja, jetzt sind sie alle schlafen gegangen."

„Habt Ihr nichts gehört?"

„Nein!"

Sie horchten beide, vernahmen aber nichts.

„Ich will Euch etwas sagen", meinte Benjamin und nahm eine Laterne herunter, „ich will vorsichtshalber einmal draußen die Runde machen, ehe ich zu Bett gehe. Schließt die Tür auf, während ich die Laterne anzünde, Clemmy."

Clemency gehorchte schnell, bemerkte aber dabei, daß er sich die Mühe umsonst mache, daß es Einbildung sei und so weiter.

Mr. Britain sagte: „Gut möglich", ging aber doch hinaus, mit dem Schüreisen bewaffnet, und leuchtete mit der Laterne nach allen Seiten.

„Es ist so still wie auf dem Friedhof", sagte Clemency, während sie ihm nachsah, „und auch fast so gruselig!"

Wie sie wieder in die Küche zurückblickte, schrie sie angstvoll auf, als sich ihr eine zarte Gestalt näherte. „Wer ist da?"

„Still!" flüsterte ihr Marion aufgeregt zu. „Du hast mich immer liebgehabt, nicht wahr?"

„Liebgehabt, Kind? Gewiß!"

„Ich weiß es. Und ich kann dir vertrauen, nicht? Ich habe jetzt hier fast niemanden, dem ich vertrauen kann."

„Ja", sagte Clemency herzlich.

„Es ist jemand draußen", sagte Marion und deutete zur Tür, „den ich heute abend noch sehen und sprechen muß. Michael Warden, um Gottes willen, entfernen Sie sich. Jetzt nicht!"

Clemency fuhr überrascht und erschrocken zusammen, als sie dem Blick der Sprechenden folgte und eine dunkle Gestalt im Torweg stehen sah.

„Im nächsten Augenblick können Sie entdeckt sein", sagte Marion. „Jetzt nicht! Warten Sie, wenn es möglich ist, in einem Versteck. Ich werde gleich kommen."

Er winkte ihr zu und war verschwunden.

„Geh nicht zu Bett. Warte hier auf mich!" sagte Marion mit unruhiger Hast. „Ich habe schon vor einer Stunde mit dir sprechen wollen. Oh, verrate mich nicht!"

Marion ergriff mit Heftigkeit ihre Hand und drückte sie an die Brust – eine Bewegung, die in ihrer Leidenschaft beredter war als jedes Wort. Dann entfernte sie sich, als das Licht der zurückkehrenden Laterne die Stube zu erhellen begann.

„Alles ruhig und still. Niemand da. Wohl Einbildung", sagte Mr. Britain, während er die Tür verschloß und den Riegel vorschob. „Eine Folge einer zu lebhaften Phantasie. Holla! Was gibt's denn?"

Clemency, die ihre Aufregung nicht verbergen konnte, saß blaß und am ganzen Leib zitternd auf einem Stuhl.

„Was es gibt?" wiederholte sie und rieb sich, nach Fassung suchend, die Hände und Ellbogen, während sie überallhin sah, nur nicht ihm ins Gesicht. „Das ist reizend von Euch, Britain! Erst jagt Ihr einem einen Todesschreck ein mit Geräuschen und Laternen und Gott weiß was sonst noch, und dann fragt Ihr, was es gibt. O ja!"

„Wenn Ihr einen Todesschreck von einer Laterne kriegt, Clemmy", sagte Mr. Britain, indem er sie kaltblütig ausblies und wieder aufhängte, „so läßt sich das Gespenst bald vertreiben. Aber Ihr habt sonst Courage genug", sagte er und blieb stehen, um sie zu betrachten, „und wart auch nach dem Geräusch und der Laterne ganz ruhig. Was ist Euch in den Kopf gefahren? Doch nicht ein Gedanke?"

Aber da ihm Clemency so wie sonst gute Nacht wünschte und

sich zum Schlafengehen fertigzumachen schien, sagte auch Klein-Britain ihr gute Nacht, nahm sein Licht und ging schläfrigen Schritts zu Bett. Vorher hatte er noch die originelle Bemerkung von sich gegeben, daß man nie wisse, woran man mit den Weibern sei.

Als alles ruhig war, kehrte Marion zurück.

„Mach die Tür auf", sagte sie, „und bleib dicht neben mir, während ich draußen mit ihm spreche."

So schüchtern ihr Benehmen auch war, so verriet es doch eine feste und unerschütterliche Entschlossenheit, der Clemency nicht widerstehen konnte. Sie entriegelte leise die Tür; aber ehe sie den Schlüssel im Schloß umdrehte, blickte sie zurück auf die jugendliche Gestalt, die auf das Öffnen wartete, um hinauszugehen.

Ihr Gesicht war nicht abgewendet oder zu Boden gesenkt, sondern sah sie voll an in der Blüte der Jugend und Schönheit. Eine Ahnung stieg in Clemencys einfacher Seele auf, welch schwache Schranke das glückliche Vaterhaus und die ehrsame Liebe des schönen Mädchens von dem trennte, was für dieses Haus Kummer und Sorge und die Vernichtung seiner schönsten Hoffnungen bedeutete. Dies traf ihr weiches Herz so tief und erfüllte es so mit Schmerz und Mitgefühl, daß sie in Tränen ausbrach und Marion ihre Arme um den Hals schlang.

„Ich weiß nur wenig, liebes Kind", rief Clemency, „sehr wenig; aber ich weiß, daß dies nicht recht ist! Bedenken Sie, was Sie tun."

„Ich habe es vielmals bedacht", sagte Marion sanft.

„Noch einmal", flehte Clemency. „Bis morgen!"

Marion schüttelte den Kopf.

„Um Mr. Alfreds willen", sagte Clemency. „Um seinetwillen, den Sie einst so sehr liebten!"

Sie bedeckte ihr Gesicht mit den Händen und wiederholte: „Einst!", als ob das Wort ihr das Herz zerrisse.

„Lassen Sie mich hinausgehen", bat Clemency. „Ich will ihm sagen, was Sie wollen. Gehen Sie heute nacht nicht über die Schwelle. Ich bin überzeugt, es kann nicht gut sein. Ach, es war ein Unglückstag, als Mr. Warden hierhergebracht wurde! Denken Sie an Ihren guten Vater, liebes Herz – an Ihre Schwester."

„Ich habe es getan", sagte Marion und hob rasch den Kopf. „Du weißt nicht, was ich tue. Ich *muß* mit ihm sprechen. Du hast dich durch das, was du gesagt hast, als meine beste und treueste Freundin auf der Welt erwiesen, aber ich muß diesen Schritt tun. Willst du mich begleiten, Clemency", sie küßte ihr freundliches Gesicht, „oder soll ich allein gehen?"

Verwirrt und bekümmert drehte Clemency den Schlüssel um und öffnete die Tür. Marion schritt schnell in die dunkle Nacht hinaus, die vor der Schwelle lag, und hielt sie bei der Hand.

In der Finsternis trat er zu ihr, und sie sprachen lange und ernst miteinander; und die Hand, mit der sie Clemency gefaßt hatte, zitterte oder wurde totenkalt oder drückte sich krampfhaft zusammen, wodurch sie unbewußt die starken Gefühle wiedergab, die sie während ihrer Worte bewegten. Als sie zurückkehrten, folgte er Marion bis an die Tür; hier ergriff er ihre andere Hand und drückte sie an die Lippen. Dann entfernte er sich vorsichtig.

Die Tür wurde wieder verriegelt und verschlossen, und wieder stand sie in ihres Vaters Haus. Nicht niedergedrückt von dem Geheimnis, das sie mitbrachte, obgleich sie noch so jung war; aber mit demselben Ausdruck auf dem Gesicht, für den mir schon früher der Name fehlte und der durch ihre Tränen hindurchschimmerte.

Sie dankte ihrer einfachen Freundin wiederholt und vertraute ihr, wie sie sagte, vollkommen und unbedingt. Als sie ihr Schlafgemach erreicht hatte, fiel sie auf die Knie. Trotz des Geheimnisses, das ihr auf dem Herzen lag, konnte sie beten!

Nach dem Gebet konnte sie ruhig und glücklich aufstehen und sich über die schlummernde Schwester beugen, sie ansehen und lächeln – wenn auch traurig. Und als sie sie auf die Stirn küßte, flüsterte sie leise vor sich hin, daß Grace ihr immer eine Mutter gewesen sei und daß sie sie wie ein Kind liebe! Und sie konnte sich den willenlosen Arm um ihren Hals legen, als sie sich zur Ruhe begab – der Arm schien sie sogar im Schlaf von selbst schützend und liebend zu umschlingen –, und auf die geöffneten Lippen hauchen: „Gott segne dich!"

Danach konnte sie selbst ruhig entschlummern, nur von einem Traum gestört, in dem sie mit ihrer unschuldigen und rührenden Stimme ausrief, daß sie ganz allein sei und alle sie vergessen hätten.

Ein Monat geht bald vorbei, selbst wenn er langsam dahinschleicht. Der Monat, der zwischen dieser Nacht und der Rückkehr lag, zog schnell vorüber und entschwand wie Nebeldunst.

Der Tag kam heran. Ein stürmischer Wintertag, der das alte Haus manchmal erzittern ließ, als fröstle es. Ein Tag, dazu angetan, den heimischen Herd doppelt teuer zu machen, der Kaminecke neue Annehmlichkeiten zu verleihen, eine rötliche Glut auf die um den Herd versammelten Gesichter zu werfen und die Gruppen um jeden Kamin einen engeren und geselligeren Bund gegen die wütenden Elemente draußen schließen zu lassen. Ein rauher Wintertag, wie er am besten auf die ausgesperrte Nacht, auf verhängte Fenster, freundliche Gesichter, Musik, Lachen, Tanz, Lichterpracht und gesellige Freude vorbereitet!

Für all das hatte der Doktor gesorgt, um Alfred willkommen zu heißen. Sie wußten, daß er erst in der Nacht ankommen konnte; und sie wollten die Nacht von Jauchzen widerhallen machen, wenn er käme, sagte er. Alle seine Freunde sollten versammelt sein. Er sollte kein Gesicht, das er gekannt und gern gehabt, vermissen. Nein, alle sollten dasein!

So wurden denn Gäste geladen, Musik bestellt und Tafeln

gedeckt, der Tanzsaal hergerichtet und mit gastlicher Freigebigkeit für jedes gesellige Bedürfnis reichlich gesorgt. Weil es Weihnachten war und seine Augen nicht mehr die englische Stechpalme und ihr dunkles, ausdauerndes Grün gewohnt waren, war der Tanzsaal damit ausgeschmückt; und die roten Beeren winkten ihm aus dem dunklen Laub ein englisches Willkommen zu.

Es war ein geschäftiger Tag für alle, aber für niemand so sehr wie für Grace, die still überall wirkte und die heitere Seele aller Vorbereitungen war. Oftmals an diesem Tag (wie oft während des Monats, der so schnell vergangen war) blickte Clemency angstvoll Marion an. Sie war vielleicht etwas blasser als gewöhnlich; aber auf dem Gesicht lag eine liebliche, gefaßte Ruhe, die es anmutiger machte als jemals zuvor.

Abends, als sie angekleidet war und in ihren Haaren einen Kranz trug, den Grace selbst hineingeflochten hatte – es waren Alfreds Lieblingsblumen, und deshalb hatte Grace sie gewählt –, ruhte jener alte Ausdruck, gedankenvoll, fast bekümmert, und doch so durchgeistigt, edel und selig, wieder auf ihrer Stirn und ließ sie noch hundertmal lieblicher aussehen.

„Der nächste Kranz, den ich in dieses Haar flechte, ist der Brautkranz", sagte Grace, „oder ich bin eine schlechte Prophetin."

Ihre Schwester lächelte und hielt sie in ihren Armen fest. „Noch einen Augenblick, Grace. Verlaß mich noch nicht. Weißt du sicher, daß mir nichts mehr fehlt?"

Aber das war nicht ihre wirkliche Sorge. Sie dachte über ihrer Schwester Gesicht nach, und ihr Blick war mit zärtlicher Innigkeit darauf gerichtet.

„Meine Kunst kann nicht weitergehen, teures Kind", sagte Grace, „und auch nicht deine Schönheit. Ich habe dich nie so schön gesehen wie jetzt."

„Ich habe mich noch nie so glücklich gefühlt", erwiderte sie.

„Ja, aber ein noch größeres Glück wartet auf dich. An einem anderen solchen Herd, ebenso freundlich und traulich wie dieser hier", sagte Grace, „werden bald Alfred und seine junge Gattin weilen."

Sie lächelte wieder. „Du denkst dir eine glückliche Häuslichkeit, Grace. Ich sehe es an deinen Augen. Ich weiß es, sie wird glücklich sein, Liebe. Wie froh bin ich, das zu wissen!"

„Na", sagte der Doktor und trat eilig ein, „sind wir alle bereit, Alfred zu empfangen? Er kann erst ziemlich spät kommen – etwa eine Stunde vor Mitternacht –, so daß wir Zeit genug haben, um uns vor seiner Ankunft in Stimmung zu bringen. Er soll nicht kommen, ehe das Eis gebrochen ist. Schüre das Feuer, Britain! Laß es auf die Stechpalmenzweige leuchten, bis sie glühen. Es ist eine Welt des Unsinns, mein Mäuschen; treue Liebhaber und alles andere – lauter Unsinn; aber wir wollen mit den anderen Menschen unsinnig sein und unserem treuen Liebhaber einen tollen Empfang bereiten. Auf mein Wort!" sagte der Doktor und sah seine Töchter mit stolzer Freude an. „Ich glaube heute abend fast, außer anderem Unsinn, daß ich Vater zweier hübscher Töchter bin."

„Und alles, was die eine je getan hat und noch tun kann, um dich zu kränken, lieber Vater", sagte Marion, „das vergib ihr jetzt, wo ihr Herz voll ist. Sage, daß du ihr vergibst. Daß du ihr vergeben willst. Daß sie immer deiner Liebe sicher sein kann und –" Sie verstummte und barg ihr Gesicht an des alten Mannes Brust.

„Kind, Kind!" sagte der Doktor sanft. „Vergeben! Was habe ich zu vergeben? Wahrhaftig, wenn unsere treuen Liebhaber zurückkehren, um uns solche Geschichten zu machen, dann müssen wir sie uns vom Leib halten; wir müssen ihnen Kuriere entgegenschicken und dürfen sie nur eine Stunde am Tag reisen lassen, bis wir ausreichend vorbereitet sind, um sie zu empfangen. Küsse mich, mein Mäuschen. Vergeben! Was für ein törichtes Kind du bist. Wenn du mich fünfzigmal des Tages geärgert hättest, anstatt gar nicht, so würde ich dir alles vergeben, außer einer solchen Bitte. Küsse mich noch einmal, mein Mäuschen. Da! Für Vergangenheit und Zukunft – nun ist alles zwischen uns bereinigt. Schürt das Feuer! Sollen die Leute in der kalten Dezembernacht erfrieren? Laßt es hell und warm und fröhlich sein, oder ich verzeihe dem einen oder anderen gewiß nicht!"

So aufgeräumt und lustig war der Doktor! Und das Feuer wurde geschürt, und die Lichter glänzten hell, und Gäste kamen, und ein fröhliches Gewimmel begann, und schon herrschte eine angenehme heitere Erregung im ganzen Haus.

Mehr und mehr Gäste erschienen. Helle Augen grüßten Marion; lächelnde Lippen wünschten ihr Glück; kluge Mütter spielten mit dem Fächer und hofften, sie möge nicht zu jung und flatterhaft für das häusliche Leben sein; feurige Väter fielen in Ungnade, weil sie ihre Schönheit zu sehr bewunderten; Töchter beneideten sie; Söhne beneideten ihn; zahllose Liebespaare machten sich die Gelegenheit zunutze; alle waren voll Teilnahme, Aufregung und Erwartung.

Mr. Craggs und Mrs. Craggs kamen Arm in Arm, aber Mrs. Snitchey kam allein.

„Mein Gott, wo haben Sie Ihren Mann gelassen?" fragte der Doktor.

Der Paradiesvogel auf Mrs. Snitcheys Turban zitterte, als ob er wieder lebendig geworden wäre, als sie sagte, daß Mr. Craggs es ganz sicher wisse. Ihr sagten sie es nie.

„Das garstige Büro", sagte Mrs. Craggs.

„Ich wollte, es würde bis auf den Grund abbrennen", seufzte Mrs. Snitchey.

„Er ist – er ist –, eine kleine Geschäftssache hält meinen Partner etwas auf", sagte Mr. Craggs und sah sich unruhig um.

„Oh, oh! Geschäftssache. Machen Sie mir das nicht weis!" sagte Mrs. Snitchey.

„*Wir* wissen, was das heißt, Geschäftssache", ergänzte Mrs. Craggs.

Aber daß sie es nicht wußten, war vielleicht der Grund, warum Mrs. Snitcheys Paradiesvogel so unheilverkündend zitterte und alle Einzelteile von Mrs. Craggs' Ohrringen wie kleine Glocken läuteten.

„Es wundert mich, daß *du* kommen konntest, Craggs", sagte seine Frau.

„Mr. Craggs hat Glück, gewiß", sagte Mrs. Snitchey.

„Das Büro nimmt sie so in Anspruch", sagte Mrs. Craggs.

„Wer ein Büro hat, sollte überhaupt nicht heiraten", sagte Mrs. Snitchey.

Dann sagte sich Mrs. Snitchey in ihrem Innern, daß der Blick, mit dem sie das gesagt hatte, Craggs mitten ins Herz getroffen habe und daß er das fühle, und Mrs. Craggs bemerkte zu ihrem Gatten, daß Snitchey ihn hinter seinem Rücken betrüge und daß er das einsehen werde, wenn es zu spät sei.

Aber Mr. Craggs achtete kaum auf diese Bemerkungen, sondern sah sich immer noch unruhig um, bis sein Blick auf Grace fiel, die er alsbald begrüßte.

„Guten Abend, Ma'am", sagte Craggs. „Sie sehen reizend aus. Ihre – Miß –, Ihre Schwester, Miß Marion, ist sie –"

„Oh, sie ist wohlauf, Mr. Craggs."

„Ja – ich –, ist sie hier?" fragte Craggs.

„Hier! Sehen Sie sie dort nicht? Sie geht gerade zum Tanzen", sagte Grace.

Mr. Craggs setzte die Brille auf, um besser zu sehen, betrachtete Marion eine Zeitlang, hustete und steckte die Brille mit zufriedener Miene wieder ins Futteral und dieses in die Tasche.

Jetzt ertönte Musik, und der Tanz begann. Das helle Feuer prasselte lustig und hüpfte, als ob es aus lauter Freude selbst mittanzen wollte. Zuweilen brauste es auf, als wollte es auch Musik machen. Manchmal glänzte und glühte es, als wäre es das Auge des alten Zimmers; und manchmal blinzelte dieses Auge schlau wie ein lustiger Greis über die jugendlichen Pärchen in den Ecken. Manchmal neckte es die Stechpalmenzweige, und wenn sein flackernder Schein auf die dunklen Blätter fiel, sah es aus, als stünden sie wieder draußen in der kalten Winternacht und zitterten im Wind. Manchmal wurde es ganz ausgelassen und mutwillig und überschritt alle Grenzen; und dann streute es laut aufbrausend mitten unter die Tanzenden einen Regen von unschuldigen Funken und schwang sich toll jauchzend den alten Schlot hinauf.

Ein zweiter Tanz war fast vorbei, als Mr. Snitchey seinen Partner, der zusah, am Arm berührte.

Mr. Craggs fuhr zusammen, als wäre sein Freund ein Gespenst.

„Ist er fort?" fragte er.

„Still!" sagte Snitchey. „Er ist länger als drei Stunden bei mir gewesen. Er ist alles durchgegangen und hat es sehr genau genommen. Er – ähem!"

Der Tanz war aus. Marion ging dicht an ihm vorbei, als er sprach. Sie bemerkte weder ihn noch seinen Partner, sondern sah sich nach ihrer Schwester im Hintergrund des Saales um, als sie langsam durch das Gedränge schritt und ihren Augen entschwand.

„Sehen Sie, alles gut und richtig", sagte Mr. Craggs. „Er sprach nicht wieder davon, vermute ich?"

„Kein Wort."

„Und ist er wirklich fort? Ganz sicher?"

„Er hält sein Wort. Er fährt in seiner Nußschale mit der Ebbe den Strom hinab und segelt vor dem Wind in dieser dunklen Nacht zum Meer. Waghalsig ist er nun einmal. Es gibt sonst nirgends eine so einsame Reede. Dies ist die einzige. Die Ebbe tritt um diese Zeit eine Stunde vor Mitternacht ein, sagte er. Ich bin froh, daß es vorbei ist."

Mr. Snitchey wischte sich den Schweiß vom Gesicht, das ganz rot und erregt war.

„Was meinen Sie", begann Craggs, „zu der –"

„Still!" warnte sein vorsichtiger Partner und sah gerade vor sich hin. „Ich verstehe Sie. Nennen Sie keinen Namen, und lassen Sie sich nicht anmerken, daß wir von Geheimnissen sprechen. Ich weiß nicht, was ich denken soll; und um Ihnen die Wahrheit zu gestehen, es ist mir jetzt auch einerlei. Es ist eine wahre Erleichterung. Ich glaube, seine Eigenliebe hat ihn getäuscht. Vielleicht hat auch das Mädchen ein wenig kokettiert. Es sieht fast danach aus. Ist Alfred da?"

„Noch nicht", sagte Mr. Craggs. „Er wird jede Minute erwartet."

„Gut." Mr. Snitchey wischte sich wieder die Stirn. „Es ist eine große Erleichterung. Ich bin noch nie so unruhig gewesen, seit wir als Partner zusammen sind. Ich gedenke jetzt den Abend zu genießen, Mr. Craggs."

Mrs. Craggs und Mrs. Snitchey traten zu ihnen, als er diese Absicht zu erkennen gab. Der Paradiesvogel war in großer Aufregung, und die Glöckchen läuteten hörbar.

„Es war ein allgemeines Gesprächsthema, Mr. Snitchey", sagte Mrs. Snitchey. „Ich hoffe, das Geschäft ist zufriedengestellt."

„Womit zufriedengestellt, meine Liebe?" fragte Mr. Snitchey.

„Daß ein wehrloses Weib dem Spott und dem Gerede der Welt ausgesetzt worden ist", gab seine Frau zur Antwort. „Das liegt ganz in der Natur des Geschäfts, das ist klar."

„Ich bin schon so lange gewohnt", sagte Mrs. Craggs, „das Geschäft mit allem, was das häusliche Glück zerstört, verknüpft zu sehen, daß ich froh bin, es als den erklärten Feind meiner Ruhe zu erkennen. Wenigstens liegt darin etwas Ehrliches und Aufrichtiges."

„Liebe Frau", sagte Mr. Craggs, „deine gute Meinung ist unschätzbar, aber ich habe nie gesagt, daß das Geschäft der Feind deiner Ruhe sei."

„Nein", erwiderte Mrs. Craggs und schüttelte ihre Glöckchen. „Nein, du gewiß nicht. Du wärest des Geschäfts nicht würdig, wenn du so aufrichtig wärst."

„Was mein Ausbleiben heute abend betrifft, meine Liebe", sagte Mr. Snitchey und reichte seiner Frau den Arm, „so lag der Verlust ganz auf meiner Seite; aber, wie Mr. Craggs weiß –"

Mrs. Snitchey ließ ihn nicht zu Ende reden. Sie zog ihren Gatten beiseite und forderte ihn auf, diesen Mann anzusehen. Ihr den Gefallen zu tun, ihn anzusehen.

„Wen, liebe Frau?" fragte Mr. Snitchey.

„Den Gefährten deines Lebens; denn das bin ich für dich bestimmt nicht, Mr. Snitchey", seufzte Mrs. Snitchey.

„O doch, das bist du, liebe Frau", warf ihr Gatte ein.

„Nein, nein", sagte Mrs. Snitchey mit majestätischem Lächeln. „Ich kenne meine Stellung. Sieh ihn an, den Gefährten deines Lebens; dein Vorbild; den Bewahrer deiner Geheimnisse; den Mann, dem du traust; mit einem Wort, dein anderes Selbst."

Dem Blick seiner Frau folgend, sah Snitchey zu seinem Partner hin.

„Wenn du diesen Abend dem Mann in die Augen sehen kannst", fuhr Mrs. Snitchey fort, „und nicht weißt, daß du hintergangen und betrogen wirst; daß du ein Opfer seiner Ränke, ein Sklave seines Willens geworden bist durch einen unerklärlichen Zauber, vor dem ich dich vergeblich gewarnt habe, so kann ich nur sagen: Ich bedauere dich!"

Zur gleichen Zeit redete Mrs. Craggs auf ihren Mann ein. Wie es nur möglich sei, fragte sie, daß er seinem Snitchey so blind vertrauen könne? Ob er denn nicht, sobald Snitchey das Zimmer betrete, in seinem Gesicht Hinterlist, Tücke und Verräterei lauern sehe? Ob er leugnen wolle, daß schon die Art, wie jener sich die Stirn abtrockne und unruhig um sich blicke, verraten habe, daß etwas schwer auf seines werten Snitcheys Gewissen laste, wenn sein Snitchey überhaupt ein Gewissen habe? Ob etwa andere Leute auch wie sein Snitchey zu festlichen Abenden wie Einbrecher kämen? – Was übrigens schwerlich ein treffendes Bild war, denn er war sehr sanft zur Tür hereingekommen. – Und ob er wirklich am hellichten Tag (es war fast Mitternacht) dabeibleiben wolle, seinen Snitchey gegen allen Augenschein und Verstand und alle Erfahrung zu verteidigen und zu unterstützen?

Weder Snitchey noch Craggs hielten es für sinnvoll, sich dem Strom dieses Zornes offen entgegenzustemmen, sondern beide begnügten sich damit, ruhig mit ihm dahinzuschwimmen, bis seine Kraft nachließ. Das geschah im selben Augenblick, als man zu einem neuen Tanz antrat. Mr. Snitchey nutzte die Gelegenheit, um Mrs. Craggs um diesen Tanz zu bitten, während Mr. Craggs so galant war, Mrs. Snitchey aufzufordern. Die Damen willigten auch nach einigen leichten Ausflüchten wie: „Warum bitten Sie nicht eine andere?" oder „Ich weiß, es wäre Ihnen lieb, wenn ich nein sagte" oder „Mich wundert's, daß Sie außerhalb des Büros tanzen können" (das schon scherzend) huldreich ein und traten an.

Das war schon seit langer Zeit bei ihnen üblich, und auch bei Diners und Soupers pflegten sie so kreuzweis zu Tisch zu gehen. Denn im Grunde waren sie die besten Freunde und standen miteinander auf sehr vertrautem Fuß. Vielleicht waren der falsche Craggs und der böse Snitchey bei den Frauen nur eine anerkannte Fiktion, so wie es die Herren Doe und Roe sind, die sich ständig vor den Gerichten begegnen.* Oder die beiden Frauen hatten lieber diese Art von Beteiligung am Geschäft genommen, nur um nicht ganz ausgeschlossen zu sein. Soviel ist jedenfalls gewiß, daß jede der beiden Frauen ihr Fach ebenso eifrig und fleißig betrieb wie ihr Mann das seine und daß jede ein glückliches Gedeihen der Firma ohne ihre lobenswerten Anstrengungen für beinahe unmöglich gehalten hätte.

Aber jetzt schwebte der Paradiesvogel die Mitte hinab, und

---

* John Doe und Richard Roe sind die Namen zweier fiktiver Personen aus dem englischen Rechtssystem. Doe stellt den Ankläger dar, Roe den Beklagten.

die Glöckchen fingen an zu springen und zu klingen. Des Doktors rotes Gesicht drehte sich im Kreis wie ein glänzend lackierter Kreisel mit einem Menschengesicht, und der atemlose Mr. Craggs fing schon an zu bezweifeln, daß das Tanzen wie das übrige Leben den Menschen zu leicht gemacht würde. Mr. Snitchey aber tanzte mit munteren Sprüngen für sich, Craggs und ein halbes Dutzend anderer.

Auch das Feuer faßte frischen Mut und loderte heller auf, angefacht von dem Zug, den der Tanz veranlaßte. Es war der Geist des Zimmers und überall gegenwärtig. Es glänzte in den Augen der Männer, schimmerte in den Juwelen auf den weißen Hälsen der Mädchen, spielte um ihre Ohren, als ob es ihnen neckisch etwas zuflüsterte, erhellte den Boden und legte ihren Füßen einen rosigen Teppich unter, glänzte an der Decke, so daß seine Glut sich auf ihren Gesichtern spiegelte, und entzündete eine große Illumination in Mrs. Craggs' kleinem Glockenturm.

Und jetzt wurde der Luftzug, der es anfachte, frischer, die Musik munterer, und der Tanz bewegte sich in lebhafterem Takt; ein Wehen erhob sich, das die Blätter und Beeren an den Wänden schaukeln ließ wie früher im Freien, und es rauschte durch das Zimmer, als ob eine unsichtbare Schar Elfen den irdischen Tänzern auf dem Fuß folgte. Jetzt war kein Ausdruck auf des Doktors Gesicht mehr zu erkennen, wie er sich im Kreis drehte; jetzt schienen ein Dutzend Paradiesvögel durchs Zimmer zu fliegen und tausend kleine Glöckchen zu klingen; und jetzt wurde eine Flotte wehender Kleider im Sturm von dannen getrieben, als die Musik verstummte und der Tanz aufhörte.

Die Erhitzung und Erschöpfung ließen den Doktor nur um so ungeduldiger auf Alfreds Kommen warten.

„Hast du etwas gesehen, Britain? Etwas gehört?"

„Es ist zu finster, um weit sehen, Sir, und zu viel Lärm im Haus, um etwas hören zu können", antwortete der Diener.

„Das ist wahr! Um so fröhlicher der Empfang. Wie spät ist's?"

„Gerade zwölf, Sir. Er kann nicht mehr lange ausbleiben, Sir."

„So schüre das Feuer, und wirf noch einen Klotz darauf", sagte der Doktor. „Sein Empfang soll ihm durch die Nacht entgegenleuchten, während er sich nähert!"

Er sah es – ja! Aus seinem Wagen erblickte er das Licht, als er um die Ecke bei der alten Kirche bog. Er kannte das Zimmer, aus dem es leuchtete. Er sah die kahlen Zweige der altbekannten Bäume zwischen dem Licht und sich. Er wußte, daß einer dieser Bäume in der Sommerszeit lieblich vor Marions Fenster rauschte.

Tränen standen ihm in den Augen. Sein Herz klopfte so heftig, daß er sein Glück kaum ertragen konnte. Wie oft hatte er an diesen Augenblick gedacht – ihn sich ausgemalt unter allen Verhältnissen – gebangt, daß er nicht kommen könnte – danach verlangt und geschmachtet in weiter, weiter Ferne!

Wieder das Licht! Deutlich und weithin leuchtend, angezündet, wie er wußte, um ihn willkommen zu heißen und ihm den Weg zu dem alten Haus zu weisen. Er winkte mit der Hand, schwenkte den Hut und rief dem Licht zu, als ob es die Gesellschaft wäre, die ihn sehen und hören könnte, wie er ihr jubelnd auf der Straße entgegenfuhr.

Halt! Er kannte den Doktor und ahnte, was jener getan hatte: Er sollte die Gesellschaft nicht überraschen. Aber er konnte es, wenn er zu Fuß zum Haus ging. Wenn die Gartentür offenstand, konnte er da hinein; war das nicht der Fall, so war die Mauer bald erstiegen, wie er von früher wußte, und im Nu stünde er mitten unter ihnen.

Er stieg aus dem Wagen und trug dem Kutscher auf – selbst das fiel ihm nicht leicht in seiner Aufregung –, ein paar Minuten zu halten und ihm dann langsam nachzufahren. Hierauf eilte er schnell voraus, probierte, ob das Tor offen sei, kletterte über die Mauer, sprang auf der anderen Seite herunter und stand keuchend in dem alten Obstgarten.

Es lag weißer Reif auf den Bäumen, der in dem schwachen Licht des umwölkten Mondes wie welke Girlanden an den dünnen Zweigen hing. Dürre Blätter raschelten unter seinen Füßen, als er leise zum Haus schlich. Die Traurigkeit einer Winternacht erfüllte Erde und Himmel. Aber der rote Schein schimmerte ihm freundlich aus den Fenstern entgegen, Gestalten bewegten sich daran vorbei, und der Laut menschlicher Stimmen klang ihm lieblich ins Ohr.

Bemüht, ihre Stimme aus den übrigen herauszuhören, und schon halb überzeugt, daß er sie erkenne, hatte er bereits fast die Tür erreicht, als sie schnell geöffnet wurde und eine Gestalt ihm entgegentrat. Sie wich erschrocken und mit einem halb unterdrückten Schrei zurück.

„Clemency", sagte er, „kennst du mich nicht mehr?"

„Treten Sie nicht ein", sagte sie, indem sie ihm den Eingang verwehrte. „Gehen Sie fort. Fragen Sie nicht, warum. Treten Sie nicht ein."

„Was ist los?" rief er aus.

„Ich weiß es nicht. Mir – mir graut's, daran zu denken. Gehen Sie fort. Hören Sie?"

Ein plötzlicher Tumult entstand im Haus. Sie hielt sich mit den Händen die Ohren zu. Ein wilder, ohrenbetäubender Schrei ertönte; und Grace – Entsetzen in Blick und Gebärden – stürzte aus dem Haus.

„Grace!" Er fing sie in den Armen auf. „Was ist los? Ist sie tot?"

Sie machte sich los, als wollte sie ihm ins Gesicht sehen, und sank bewußtlos vor ihm nieder.

Eine Schar Menschen kam hinausgestürmt. Unter ihnen war der Vater, ein Papier in der Hand.

„Was ist los?" rief Alfred und wandte seinen Blick verzweifelt von Gesicht zu Gesicht, während er neben der Ohnmächtigen kniete. „Will mich niemand ansehen? Will niemand mit mir reden? Kennt mich niemand? Ist niemand da, der mir sagt, was geschehen ist?"

Ein Gemurmel ließ sich vernehmen. „Sie ist fort!"

„Fort?" wiederholte er.

„Entflohen, lieber Alfred!" sagte der Doktor mit gebrochener Stimme und schlug die Hände vors Gesicht. „Entflohen aus dem Vaterhaus. Heute nacht! Sie sagt, sie habe eine freie und nicht zu tadelnde Entscheidung getroffen – bittet, wir möchten ihr vergeben – und ist entflohen."

„Mit wem? Wohin?"

Er sprang auf, als wollte er folgen. Aber als sie ihm aus dem Weg gingen, blickte er verstört um sich, wankte ein paar Schritte rückwärts und sank wieder zu Boden. Er blieb neben Grace knien, eine ihrer kalten Hände in der seinigen.

Es herrschte große Verwirrung und Aufregung; alles rannte ohne Plan und Ziel durcheinander. Einige eilten auf verschiedenen Straßen davon, andere holten Pferde oder Fackeln, wieder andere sprachen laut miteinander und wendeten ein, daß man nicht die geringste Spur habe. Einige traten zu ihm und versuchten ihn zu trösten; andere mahnten ihn, daß Grace ins Haus gebracht werden und er sie dazu loslassen müsse. Doch er hörte nichts und bewegte sich nicht.

Der Schnee fiel immer dichter. Er blickte einen Augenblick zum Himmel auf und dachte, daß diese weiße Asche, die auf sein Hoffen und sein Leid gestreut wurde, gut zu ihnen passe. Er blickte um sich auf den weißen Erdboden und sagte sich, daß die Spur von Marions Fuß, kaum eingedrückt, wieder zugedeckt werden und selbst diese Erinnerung an sie nicht dauern würde. Aber er fühlte das Wetter nicht und rührte sich nicht von der Stelle.

Dritter Teil

Die Welt war seit jener Nacht der Heimkehr sechs Jahre älter geworden. Es war ein warmer Herbstnachmittag, und ein starker Regen war gefallen. Die Sonne brach plötzlich aus den Wolken hervor, und das alte Schlachtfeld, das bei ihrem Anblick wie ein einziger grüner Fleck strahlend glänzte, schickte ihr ein Willkommen entgegen, das sich über das ganze Land ausbreitete, als ob man ein Freudenfeuer angezündet hätte, das von tausend Stellen beantwortet wurde.

Wie herrlich war die Landschaft in diesem himmlischen Licht! Der Wald, vorher eine dunkle schwarze Fläche, zeigte sein buntes Kleid von Gelb, Grün, Braun, Rot, und die verschiedenen Gestalten der Bäume, an deren Blättern Regentropfen zitterten und funkelnd niedersanken, traten hervor. Das sonnige Feld sah aus, als wäre es vor einer Minute noch blind gewesen und hätte jetzt einen Gesichtssinn gefunden, mit dem es zum strahlenden Himmel emporblickte. Kornfelder, Hecken, Hütten, die dichtgedrängten Dächer, der Kirchturm, der Bach, die Mühle, alles trat lächelnd aus nebelgrauem Dunkel hervor. Vögel sangen lieblich, Blumen hoben ihre gesenkten Häupter, frische Wohlgerüche entströmten dem erquickten Boden; die blauen Streifen oben wurden größer und breiter; schon trafen die schrägen Strahlen der Sonne mit tödlichem Pfeil die dunkle Wolkenwand, die noch zu fliehen zögerte; und ein Regenbogen, Inbegriff aller Farben, die Erde und Himmel schmückten, wölbte sich triumphierend über den ganzen Horizont.

Zu dieser Abendstunde zeigte eine kleine Schenke an der Straße, hübsch versteckt hinter einer große Ulme mit einer kostbaren Ruhebank um den dicken Stamm, ihr freundliches Angesicht dem Reisenden, wie es sich für ein Wirtshaus gehört, und lockte ihn mit mancher stummen, aber vielsagenden Versicherung einer freundlichen Aufnahme. Das rötliche Aushängeschild sah mit seinen goldenen, in der Sonne glänzenden Buchstaben aus dem dunklen Laub des Baumes wie ein vergnügtes Gesicht hervor und versprach gute Bewirtung. Die Tränke voll reinen Wassers und verstreute Halme wohlriechenden Heus auf dem Boden davor ließen jedes Pferd, das vorbeiging, die Ohren spitzen. Die roten Vorhänge in den Zimmern zu ebener Erde und die schneeweißen Gardinen in den kleinen Schlafstuben oben winkten mit jedem Lüftchen: Nur herein! Auf den glänzendgrünen Fensterläden war mit goldenen Buchstaben zu lesen von Bier und Ale und guten Weinen und guten Betten, und daneben war ein rührendes Bild einer braunen, überschäumenden Trinkkanne gemalt. Auf den Fenstersimsen standen Blumen in hellroten Töpfen, die sich hübsch von der weißen Front des Hauses abhoben; und in dem dunklen Torweg bemerkte man einzelne Streifen Licht, die um die glänzenden Flaschen und Zinnkrüge spielten.

In der Tür erschien jetzt ein Musterbild von einem Wirt. Denn wenn auch von kleiner Gestalt, war er doch rund und breit und stand da, die Hände in den Taschen und die Beine gerade weit genug auseinander, um dem Wanderer Zuversicht in seinen Keller und sorgloses Vertrauen – zu ruhig und bieder, um zum Prahler zu werden – in die Vorräte der Schenke einzuflößen. Die reichliche Nässe, die nach dem starken Regen von jedem Gegenstand herabtröpfelte, paßte recht gut zu ihm. Nichts um ihn herum war durstig. Einige Dahlien, die mit gesenkten Köpfen über den Zaun des gepflegten Gärtchens guckten, hatten soviel getrunken, wie sie vertragen konnten – vielleicht sogar etwas mehr –, und machten einen etwas weinschweren Eindruck; aber die Hagebutten, die Rosen, der Goldlack, die Blumen im Fenster und die Blätter des alten Baumes waren in der gemütlich heiteren Stimmung von

Leuten, die nur soviel getrunken haben, wie ihnen bekommt und wie nötig ist, um sich von der vorteilhaftesten Seite zu zeigen. Und als sie klare Tropfen auf dem Boden verstreuten, schienen sie unschuldige, funkelnde Heiterkeit im Überfluß zu spenden, die Gutes bewirkte, wo sie hindrang, vernachlässigte Winkel traf, wo der ernstere Regen nur selten hinkam, und niemand weh tat.

Diese Dorfschenke hatte bei ihrer Gründung einen ungewöhnlichen Namen angenommen: Sie hieß ZUR MUSKATREIBE. Und unter diesen Worten stand auf demselben roten Schild im dunklen Laub und mit den gleichen goldenen Buchstaben: BENJAMIN BRITAIN.

Auf den zweiten Blick und bei sorgfältigerer Betrachtung des Gesichts erkannte man, daß kein anderer als Benjamin Britain selbst in der Tür stand – ziemlich verändert, aber zu seinem Vorteil; ein ansehnlicher und schmucker Wirt.

„Mrs. B.", sagte Mr. Britain und sah die Straße hinab, „läßt recht lange auf sich warten. Es ist Teezeit."

Da noch keine Mrs. Britain zu entdecken war, schlenderte er langsam bis auf die Mitte der Straße und sah sich mit großer Zufriedenheit das Haus an.

„Sieht ganz wie das Haus aus", sagte Benjamin, „in dem ich einkehren würde, wenn es nicht schon meines wäre."

Dann ging er zu dem Gartenzaun und betrachtete die Dahlien.

Sie sahen ihn an und neigten hilflos und schläfrig die Köpfe, die stets nickten, wenn die schweren Regentropfen von ihnen auf den Boden fielen.

„Für euch muß Sorge getragen werden", sagte Benjamin. „Darf nicht vergessen, es ihr zu sagen. Sie bleibt lange."

Mr. Britains bessere Hälfte schien in so hohem Grad seine bessere Hälfte zu sein, daß er ohne sie ganz ratlos und verloren war.

„Sie hat nicht viel zu besorgen, glaube ich", sagte Ben. „Es waren ein paar Geschäfte nach dem Markt abzumachen, aber nicht viel. Oh! Da kommen wir endlich!"

Ein Wagen mit Halbverdeck, kutschiert von einem Burschen, kam die Straße dahergerasselt; und darin, einen tüchtig durchnäßten großen Regenschirm hinter sich zum Trocknen aufgespannt, saß die behäbige Gestalt einer Frau reiferen Alters, die bloßen Arme auf einem Korb, den sie auf dem Schoß trug, gekreuzt und verschiedene andere Körbe und Pakete um sich. Das freundliche, gutmütige Gesicht und eine gewisse zufriedene Unbeholfenheit, mit der sie durch die Stöße des Wagens auf ihrem Sitz hin und her schwankte, erinnerten schon aus der Ferne an alte Zeiten. Als sie näher kam, wurde das nicht minder deutlich; und als das Fuhrwerk an der Schenke hielt und ein Paar Schuhe aus dem Wagen stieg, schnell durch Mr. Britains geöffnete Arme schlüpfte und mit gewichtigem Nachdruck auf den Boden trafen, erkannte man gleich, daß diese Schuhe niemandem sonst als Clemency Newcome gehören konnten.

Und so war es auch. Da stand sie in ihnen vor dem Haus, eine gesunde, behäbige Seele; mit so viel Seife auf dem glänzenden Gesicht wie früher, aber mit heilen Ellbogen, die jetzt fast Grübchen zeigten.

„Du bist lange fortgeblieben, Clemmy!" sagte Mr. Britain.

„Ja, sieh, Ben, ich hatte viel zu tun!" erwiderte sie und beaufsichtigte geschäftig das Hineinschaffen ihrer Körbe und Pakete; „acht, neun, zehn – wo ist elf? Oh! Mein Korb ist elf! Ach, schon gut. Bring das Pferd in den Stall, Harry, und wenn es wieder hustet, so gib ihm heut abend ein warmes Mengfutter. Acht, neun, zehn. Nun, wo ist elf? Ach, ich hab's vergessen, aber es ist schon gut. Was machen die Kinder, Ben?"

„Sie sind gesund und munter, Clemmy."

„Gott behüte ihre freundlichen Gesichter!" sagte Mrs. Britain, indem sie den Hut absetzte (denn sie und ihr Mann waren jetzt in der Schankstube) und sich das Haar mit der flachen Hand glattstrich. „Gib mir einen Kuß, Alter."

Mr. Britain ließ sie nicht warten.

„Ich glaube", sagte Mrs. Britain, indem sie einen ganzen Packen dünner Bücher und zerknitterter Papiere aus der Tasche zog, „ich habe alles besorgt. Die Rechnungen alle bezahlt – die Rüben verkauft – Brauerrechnung beglichen – Tabakspfeifen bestellt – siebzehn Pfund vier Shilling in die Bank eingezahlt – und dann Dr. Heathfields Bezahlung für die Kleine – du wirst schon erraten, wie es ist – Dr. Heathfield will wieder nichts annehmen, Ben."

„Ich dachte mir's gleich", bemerkte Britain.

„Ja. Er sagte, Ben, wie groß deine Familie auch werden sollte, er werde dir nie auch nur einen halben Penny abnehmen. Nicht einmal, wenn du zwanzig Kinder kriegen solltest."

Mr. Britains Gesicht nahm einen ernsten Ausdruck an, und er blickte starr auf die Wand.

„Ist das nicht freundlich von ihm?" fragte Clemency.

„Gewiß", entgegnete Mr. Britain. „Aber es ist eine Freundlichkeit, die ich um keinen Preis ausnutzen möchte."

„Nein", sagte Clemency. „Natürlich nicht. Dann ist da das Pony – es hat acht Pfund zwei Shilling gebracht; und das ist nicht schlecht, wie?"

„Es ist sehr gut", sagte Ben.

„Es freut mich, daß du zufrieden bist!" rief seine Frau. „Ich dachte mir's gleich; und das, glaube ich, ist alles, und jetzt nichts mehr von Geschäften, Britain. Hahaha! Da! Nimm die Papiere und schließ sie weg. Oh! Wart einen Augenblick! Hier ist noch ein gedruckter Zettel zum Aushängen. Frisch aus der Druckerei. Wie gut er riecht!"

„Was ist das?" fragte Ben und sah das Blatt an.

„Ich weiß nicht", gab seine Frau zur Antwort. „Ich habe kein Wort davon gelesen."

„VERKAUF DURCH ÖFFENTLICHE VERSTEIGERUNG", las der Wirt, „MIT VORBEHALT EINER VORHERIGEN PRIVATEN ÜBEREINKUNFT."

„Das schreiben sie immer drauf", sagte Clemency.

„Ja, aber nicht immer das", erwiderte er. „Sieh her: HERRENHAUS UND WIRTSCHAFTSGEBÄUDE und so weiter, PARK UND GARTEN und so weiter, SNITCHEY & CRAGGS und so weiter, EIN SCHÖNES STÜCK DES UNBELASTETEN BESITZES DES MICHAEL WARDEN, ESQUIRE, WEGEN WEGZUGS INS AUSLAND."

„Wegen Wegzugs ins Ausland!" wiederholte Clemency.

„Hier steht's", sagte Mr. Britain. „Sieh her."

„Und erst heute hörte ich drüben, daß sie bald bessere und klarere Nachrichten schicken wolle!" sagte Clemency, schüttelte traurig den Kopf und griff wieder an ihren Ellbogen, als ob die Erinnerung an alte Zeiten auch alte Gewohnheiten wachriefe. „Hm, hm, hm! Das wird drüben wieder schwere Herzen geben, Ben."

Mr. Britain seufzte, schüttelte den Kopf und sagte, er könne die Sache nicht recht verstehen und habe es längst aufgegeben. Während er so sprach, klebte er den Zettel hinter das Büfettfenster. Clemency aber, nachdem sie eine Weile sinnend dagestanden hatte, raffte sich auf und eilte hinaus, um nach den Kindern zu sehen.

Obgleich der Wirt der Muskatreibe große Achtung vor seiner Frau hatte, so hatte er doch ihr gegenüber ganz die alte gönnerhafte Art beibehalten, und er amüsierte sich königlich über sie. Nichts hätte ihn mehr verwundert, als wenn ihm ein Dritter gezeigt hätte, wie sie allein die ganze Wirtschaft führte und ihn durch vernünftige Sparsamkeit, gute Laune, Ehrlichkeit und Fleiß zum wohlhabenden Mann machte. So leicht geschieht es in jeder Stufe des Lebens (eine Erfahrung, die man immer wieder macht), daß diese harmlos fröhlichen Charaktere, die nie ihre Verdienste ins Licht stellen, nur so bescheiden eingeschätzt werden, wie sie sich geben; während man wegen äußerlicher Seltsamkeiten und Wunderlichkeiten ein ganz unberechtigtes Gefallen an Menschen findet, deren innerer Wert im Vergleich mit jenen anderen, wenn wir so tief blicken wollten, uns vor Scham erröten machen müßte!

Es tat Mr. Britain sehr wohl, wenn er an die Herablassung dachte, die er Clemency dadurch erwiesen hatte, daß er sie zur Frau genommen hatte. Sie war für ihn ein beständiges Zeugnis seines guten Herzens, und er hatte das Gefühl, daß ihre treffliche

Bewährung als Hausfrau nur eine Bestätigung des alten Spruches sei, daß die Tugend sich selbst belohnt.

Er hatte den Zettel angeklebt und die Quittungen über die Geschäfte des heutigen Tages in den Schrank geschlossen, wobei er die ganze Zeit über ihre Geschäftstüchtigkeit vor sich hin lachte. Jetzt kehrte sie mit der Nachricht zurück, die beiden Master Britain spielten unter der Aufsicht einer gewissen Betsy im Wagenschuppen, die kleine Clemency aber schlafe „wie ein Engel". Damit setzte sie sich zum Tee nieder, der bereits auf einem kleinen Tisch für sie bereitstand. Es war ein nettes kleines Büfett mit dem gewöhnlichen Schmuck von Flaschen und Gläsern und einer würdigen Uhr, die auf die Minute genau ging (es war halb sechs); jegliches Ding stand an seinem ihm zukommenden Platz und war bis aufs äußerste blank gerieben und poliert.

„Das erste Mal, daß ich heute ruhig zum Sitzen komme", sagte Mrs. Britain und holte tief Atem, als ob sie sich nun für den Abend niedergelassen hätte; aber sie stand doch gleich wieder auf, um ihrem Mann Tee einzuschenken und sein Butterbrot zu machen. „Wie dieser Zettel mich an alte Zeiten erinnert!"

„Ja, ja!" sagte Mr. Britain, indem er seine Tasse faßte wie eine Auster und sie in derselben Weise ausschlürfte.

„Dieser Mr. Michael Warden", sagte Clemency nachdenklich, „brachte mich um meine alte Stellung."

„Und verschaffte dir einen Mann", sagte Mr. Britain.

„Nun ja", erwiderte Clemency, „und dafür will ich mich auch bei ihm bedanken."

„Der Mensch ist ein Sklave der Gewohnheit", sagte Mr. Britain und betrachtete sie über seine Untertasse hinweg. „Ich hatte mich an dich gewöhnt und sah, daß ich ohne dich nicht recht auskommen würde. Haha! Wer hätte das gedacht?"

„Ja, wahrhaftig!" rief Clemency. „Das war recht gut von dir, Ben."

„Nein, nein, nein", antwortete Ben mit selbstbewußter Bescheidenheit. „Nicht der Rede wert."

„O ja, Ben", sagte seine Frau mit Herzlichkeit, „ich glaube es doch und bin dir sehr dankbar. Ach" – sie blickte wieder auf den Zettel –, „als bekannt war, daß sie fort und in Sicherheit war, das liebe Mädchen, da konnte ich nicht anders – um ihretwillen und um der Schwester und des Vaters willen –, als zu sagen, was ich wußte, nicht wahr?"

„Jedenfalls erzähltest du es", bemerkte ihr Gatte.

„Und Dr. Jeddler", fuhr Clemency fort, während sie ihre Tasse absetzte und nachdenklich den Zettel betrachtete, „jagte mich in seinem Gram und Zorn aus dem Haus! Wie freut es mich, daß ich damals kein böses Wort gesagt habe und ihm nichts nachtrug; denn er hat es später aufrichtig bereut. Wie oft hat er hier gesessen und mir wieder und wieder gesagt, es tue ihm leid! Das letzte Mal erst gestern, als du nicht zu Hause warst. Wie oft hat er hier gesessen und stundenlang von diesem und jenem gesprochen, als ob es ihn interessiere! Aber eigentlich nur der alten Zeit zuliebe und weil er wußte, daß sie mich gern gehabt hat, Ben!"

„Mein Gott, wie hast du das herausgekriegt, Clem?" fragte ihr Mann, ganz erstaunt, daß sie eine Wahrheit deutlich erkannte, die sich seinem forschenden Geist nur langsam erschlossen hatte.

„Ich weiß es nicht", sagte Clemency und blies in ihren Tee, um ihn abzukühlen. „Gott! Ich könnte es nicht sagen, selbst wenn man eine Belohnung von hundert Pfund darauf aussetzte."

Er hätte seine metaphysischen Spekulationen wohl noch weiter fortgesetzt, wenn sie nicht hinter ihm an der Tür der Schankstube eine wirkliche Tatsache in Gestalt eines in Trauer gekleideten Herrn im Reitanzug wahrgenommen hätte. Er schien ihrem Gespräch zuzuhören und gar nicht willens zu sein, sie zu unterbrechen.

Clemency stand rasch auf. Auch Mr. Britain erhob sich und begrüßte den Gast.

„Wollen Sie bitte hinaufgehen, Sir? Oben ist eine sehr hübsche Stube, Sir."

„Ich danke Ihnen", sagte der Fremde und betrachtete Mrs. Britain aufmerksam. „Ist es erlaubt, hier einzutreten?"

„Oh, wenn es Ihnen beliebt", gab Clemency zur Antwort und ließ ihn eintreten. „Was wünschen Sie, Sir?"

Er hatte den Zettel erblickt und las ihn jetzt.

„Ein sehr schönes Grundstück, Sir", bemerkte Mr. Britain.

Er antwortete nicht, sondern drehte sich um, als er mit Lesen fertig war, und sah Clemency mit derselben forschenden Neugier wie zuvor an.

„Sie fragten –", sagte er, ohne das Auge von ihr abzuwenden.

„Was Sie wünschten, Sir", erwiderte Clemency und sah ihn ebenfalls verstohlen an.

„Wenn Sie mir einen Schluck Ale geben", sagte er und trat an einen Tisch am Fenster, „und zwar hierher geben wollen, ohne daß Sie sich bei Ihrem Tee stören lassen, werde ich Ihnen sehr verbunden sein."

Er nahm ohne weitere Umstände Platz und sah auf die Landschaft hinaus. Er war ein Mann in der Blüte seiner Jahre von ebenmäßiger, kräftiger Gestalt. Dunkle Haare beschatteten sein sonnengebräuntes Gesicht, und er trug einen Schnurrbart. Nachdem ihm sein Bier gebracht worden war, schenkte er sich ein Glas ein und trank freundlich auf das Wohl des Hauses. Als er das Glas wieder absetzte, fügte er hinzu: „Ein neues Haus, nicht wahr?"

„Nicht besonders neu, Sir", erwiderte Mr. Britain.

„Zwischen fünf und sechs Jahre alt", sagte Clemency sehr entschieden.

„Ich glaubte vorhin, als ich eintrat, Dr. Jeddlers Namen zu vernehmen", bemerkte der Fremde. „Dieser Zettel erinnert mich an ihn; denn ich weiß zufällig etwas von der Geschichte durch Hörensagen und gewisse Verbindungen. – Lebt der Alte noch?"

„O ja, Sir", sagte Clemency.

„Hat er sich sehr verändert?"

„Seit wann, Sir?" entgegnete Clemency mit besonderem Nachdruck.

„Seit seine Tochter – ihn verließ."

„Ja! Seitdem hat er sich verändert", sagte Clemency. „Er ist alt und grau geworden und ist gar nicht mehr derselbe Mann; aber ich glaube, er ist jetzt getröstet. Er hat sich seitdem mit seiner Schwester versöhnt und besucht sie oft. Das hat ihm gleich gutgetan. Anfangs war er sehr niedergedrückt, und das Herz blutete einem, wenn man ihn herumwandern sah und auf die Welt schelten hörte. Aber nach ein oder zwei Jahren trat eine große Veränderung zum Besseren bei ihm ein. Er fing an, gern von seiner verlorenen Tochter zu sprechen und sie zu loben und auch die Welt! Und er wurde nie müde, mit Tränen in seinen armen alten Augen zu sagen, wie schön und gut sie gewesen sei. Er hatte ihr vergeben. Das war um die Zeit von Miß Grace' Hochzeit. Du erinnerst dich noch, Britain?"

Mr. Britain erinnerte sich noch recht gut.

„Die Schwester ist also verheiratet", bemerkte der Fremde. Er schwieg eine Weile, ehe er fragte: „Mit wem?"

Clemency hätte aus Überraschung über diese Frage fast das Teebrett umgestoßen.

„Haben Sie nie davon gehört?" fragte sie.

„Nie, ich möchte es aber wissen", gab er zur Antwort und schenkte sich ein neues Glas ein, das er an die Lippen führte.

„Oh, es wäre eine lange Geschichte, wenn man sie ordentlich erzählen wollte", sagte Clemency und legte ihr Kinn in die linke Hand, während sie den linken Ellbogen auf die andere Hand stützte und kopfschüttelnd auf die dazwischenliegenden Jahre zurückblickte, wie man ein Feuer ansieht. „Es wäre eine lange Geschichte."

„Aber in Kürze erzählt?" bat der Fremde.

„In Kürze erzählt", wiederholte Clemency in demselben nachdenklichen Ton, scheinbar ohne sich um ihn zu kümmern oder zu wissen, daß sie Zuhörer hatte. „Was wäre da zu sagen? Daß sie sich zusammen grämten und ihrer gedachten wie einer Verstorbenen; daß sie sie in liebem Andenken hielten, ihr keine Vorwürfe machten und Entschuldigungen für sie fanden? Das weiß jeder. *Ich* wenigstens weiß es, und niemand besser!" fügte Clemency hinzu und wischte sich die Augen mit der Hand.

„Und so", half der Fremde nach.

„Und so", sagte Clemency, indem sie seine Worte mechanisch wiederholte und ohne ihre Haltung oder ihr Verhalten zu verändern, „so wurden sie endlich Mann und Weib. Sie wurden getraut an ihrem Geburtstag – er kehrt morgen wieder –, sehr still, sehr bescheiden, aber zufrieden und glücklich. Mr. Alfred sagte eines Abends, als sie im Obstgarten spazierengingen: ‚Grace, soll Marions Geburtstag unser Hochzeitstag sein?' Und so geschah es."

„Und sie leben glücklich miteinander?" fragte der Fremde.

„Ja", sagte Clemency. „Nie haben Eheleute glücklicher gelebt. Sie haben keinen Kummer als diesen."

Sie hob den Kopf, als besänne sie sich plötzlich auf die Umgebung, in der sie diese Ereignisse der Vergangenheit wiederaufleben ließ, und warf einen raschen Blick auf den Fremden. Da sie bemerkte, daß sein Gesicht dem Fenster zugewandt war, als wäre er in die Betrachtung der Aussicht versunken, gab sie ihrem Gatten einige rasche Zeichen. Sie wies dabei auf den Anschlag und bewegte den Mund, als ob sie ihm mit großem Nachdruck ein bestimmtes Wort oder einen Satz wiederholte. Da sie keinen Laut vernehmen ließ und ihre stummen Gebärden wie gewöhnlich sehr wunderlich waren, brachte dies unerklärliche Benehmen Mr. Britain an den Rand der Verzeiflung. Er glotzte den Tisch an, den Fremden, die silbernen Löffel, seine Frau – folgte ihren Gebärden mit Blicken tiefen Staunens und größter Ratlosigkeit – fragte sie in derselben Sprache, ob sein Eigentum, er oder sie in Gefahr sei – beantwortete ihre Zeichen mit anderen, die seine tiefste Betroffenheit ausdrückten – folgte der Bewegung ihrer Lippen – riet halblaut „Milch und Wasser", „Monatswechsel", „Maus und Walnuß" und konnte doch nichts herauskriegen.

Clemency gab zuletzt ihr hoffnungsloses Bemühen auf, rückte allmählich ihren Stuhl dem Fremden ein wenig näher und beobachtete ihn mit scheinbar gesenkten Augen aufmerksam in Erwartung einer neuen Frage. Sie brauchte nicht lange zu warten; denn er begann gleich wieder von neuem.

„Und wie verlief später die Geschichte der Tochter, die ihn verließ? Vermutlich sind Sie darüber informiert?"

Clemency schüttelte den Kopf. „Wie ich gehört habe", sagte sie, „vermutet man, daß Dr. Jeddler mehr davon weiß, als er sich anmerken läßt. Miß Grace hat Briefe von ihr bekommen, in denen sie schreibt, daß es ihr gutgehe und wie glücklich sie sei wegen ihrer Heirat mit Mr. Alfred; und sie hat wieder Briefe zurückgeschrieben. Aber es schwebt ein Geheimnis über ihrem Leben und ihrem Schicksal, das bis jetzt nicht aufgeklärt ist und das –" Ihre Stimme wurde unsicher, und sie stockte.

„Und das –", wiederholte der Fremde.

„Das nur eine einzige Person aufklären könnte", sagte Clemency, während ihr Atem rasch ging.

„Und wer wäre das?" fragte der Fremde.

„Mr. Michael Warden!" antwortete Clemency fast mit einem Schrei und offenbarte damit zugleich ihrem Gatten, was sie ihm vorhin hatte verständlich machen wollen, und Michael Warden, daß er erkannt sei.

„Sie kennen mich noch, Sir", sagte Clemency und zitterte dabei vor Aufregung. „Ich habe es eben bemerkt! Sie kennen mich noch von jener Nacht im Garten her. Ich war bei ihr!"

„Ja, ich weiß es", sagte er.

„Ja, Sir", erwiderte Clemency. „Ja, gewiß. Das ist mein Mann, Sir. Ben, lieber Ben, lauf zu Miß Grace – lauf zu Mr. Alfred –, lauf zu irgend jemand, Ben! Hol irgend jemand, gleich!"

„Bleiben Sie!" sagte Michael Warden und trat ruhig zwischen die Tür und Britain. „Was wollen Sie tun?"

„Lassen Sie sie wissen, daß Sie hier sind, Sir", bat Clemency, indem sie, ganz außer sich vor Aufregung, die Hände zusammenschlug. „Lassen Sie sie wissen, daß sie von Ihren Lippen mehr über sie hören können; daß sie für sie nicht ganz verloren ist, sondern daß sie wieder zurückkehren wird, um ihren Vater und ihre Schwester – und auch ihre alte Dienerin, mich –", sie schlug sich mit beiden Händen auf die Brust, „mit dem Anblick ihres lieben Gesichts zu beglücken. Lauf, Ben, lauf!"

Und immer noch drängte sie ihn zur Tür hin, und immer noch stand Mr. Warden davor und verstellte ihm den Ausgang, nicht mit zürnender, sondern mit bekümmerter Miene.

„Oder vielleicht", sagte Clemency und klammerte sich in ihrer Bewegung an Mr. Wardens Mantel, „vielleicht ist sie jetzt hier; vielleicht ist sie ganz in der Nähe. Ja, ich sehe es Ihnen an, sie muß hier sein. Bitte, Sir, lassen Sie mich zu ihr. Ich sorgte für sie, als sie noch ein kleines Kind war. Ich sah sie aufwachsen als den Stolz dieses Orts. Ich kannte sie, als sie Mr. Alfreds Braut war. Ich versuchte, sie zurückzuhalten, als Sie sie weglockten. Ich weiß, wie ihr Vaterhaus war, als sie noch dessen Seele war, und wie anders es geworden ist, seitdem sie entfloh. Bitte, lassen Sie mich zu ihr!"

Er sah sie mitleidig und etwas verwundert an, machte aber keine zustimmende Gebärde.

„Ich glaube nicht, daß sie wissen kann", fuhr Clemency fort, „wie aufrichtig sie ihr vergeben haben; wie sehr sie sie lieben;

welche Freude es ihnen machen würde, sie noch einmal zu sehen. Sie fürchtet sich vielleicht, nach Hause zurückzukehren. Ich kann ihr vielleicht Mut machen, wenn sie mich sieht. Nur sagen Sie mir, Mr. Warden, haben Sie sie mitgebracht?"

„Nein", sagte er mit einem Kopfschütteln.

Diese Antwort, sein Benehmen, seine Trauerkleidung, seine stille Rückkehr, dic angekündigte Absicht, weiterhin im Ausland zu bleiben, erklärten alles. Marion war tot.

Er widersprach ihr nicht; ja, sie war tot! Clemency setzte sich hin, legte das Gesicht auf den Tisch und weinte bitterlich.

In diesem Augenblick kam ein alter, grauhaariger Herr ganz atemlos hereingestürzt und keuchte so sehr, daß man seine Stimme kaum als die Mr. Snitcheys zu erkennen vermochte.

„Mein Gott, Mr. Warden", sagte der Advokat und zog ihn beiseite, „welcher Wind" – er war so erschöpft, daß er innehalten mußte und erst nach einer Weile ganz schwach vollenden konnte – „hat Sie hierhergeführt?"

„Ein schlimmer, fürchte ich", gab er zur Antwort. „Wenn Sie hätten hören können, was hier cben vorging – wie ich Unmögliches tun soll – wie ich Verwirrung und Kummer mitbringe!"

„Ich kann mir alles denken. Aber warum sind Sie gerade hierher gekommen?" sagte Snitchey.

„Warum sollte ich nicht? Wie konnte ich wissen, wer hier Wirt ist? Als ich meinen Bedienten zu Ihnen schickte, trat ich hier ein, weil mir das Haus neu war; und ich hatte ein natürliches Interesse an allem Neuen und Alten in dieser alten Umgebung. Außerdem wollte ich erst einmal vor der Stadt mit Ihnen zusammenkommen. Ich wollte wissen, was die Leute von mir sprechen. Ich schließe aus Ihrem Verhalten, daß Sie es mir sagen können. Wäre Ihre verwünschte Vorsicht nicht gewesen, so hätte ich längst alles wissen können."

„Unsere Vorsicht!" sagte der Advokat. „Im Namen meiner selbst und des verstorbenen Craggs", hier blickte er den Flor an seinem Hut an und schüttelte den Kopf, „zu Ihnen gesprochen, Mr. Warden, wie können Sie uns vernünftigerweise einen Vorwurf machen? Wir kamen überein, diesen Gegenstand nicht wieder zu berühren, da es keine Angelegenheit war, in die sich so ernste und gesetzte Männer wie wir (ich notierte mir Ihre damaligen Äußerungen) einmischen dürften. Unsere Vorsicht! Während Mr. Craggs in sein geachtetes Grab stieg in dem vollen Glauben –"

„Ich hatte ein feierliches Versprechen gegeben zu schweigen, bis ich zurückkehren würde, wann das immer geschehen möge", unterbrach ihn Mr. Warden, „und ich habe es gehalten."

„Gut, Sir, und ich wiederhole, wir waren ebenfalls zum Schweigen verpflichtet. Dazu zwang uns unsere Pflicht gegen uns selbst und gegen verschiedene Klienten, zu denen auch Sie zählten. Es kam uns nicht zu, Sie über eine so delikate Angelegenheit auszuforschen; ich hatte meinen Argwohn, Sir; aber erst seit sechs Monaten bin ich davon unterrichtet, daß Sie sie verloren haben."

„Durch wen?" fragte sein Klient.

„Durch Dr. Jeddler selbst, Sir, der mir aus freien Stücken sein Vertrauen schenkte. Er, und nur er, hat die ganze Wahrheit seit mehreren Jahren gewußt."

„Und Sie wissen sie auch?" fragte sein Klient.

„Ja, Sir!" erwiderte Snitchey. „Und ich habe auch Grund zu glauben, daß ihre Schwester sie morgen abend erfahren wird. Das hat man ihr versprochen. Unterdessen werden Sie mir hoffentlich die Ehre antun, Gast meines Hauses zu sein, da man Sie in dem Ihrigen nicht erwartet. Doch um etwaigen weiteren Verlegenheiten zu entgehen für den Fall, daß man Sie erkennen sollte – obgleich Sie sich sehr verändert haben; ich glaube, ich wäre selbst auf der Straße an Ihnen vorbeigegangen –, ist es besser, wir essen hier und gehen abends in die Stadt. Man ißt hier recht gut, Mr. Warden; der Grund und Boden gehört übrigens Ihnen. Ich und Craggs selig aßen hier oft ein Kotelett und wurden immer ausgezeichnet bedient. Mr. Craggs, Sir", sagte Snitchey, schloß die Augen auf einen Moment fest und öffnete sie dann wieder, „wurde zu früh aus dem Buch des Lebens gestrichen."

„Der Himmel verzeihe mir, daß ich Ihnen nicht mein Beileid bezeugt habe", erwiderte Michael Warden und fuhr sich mit der Hand über die Stirn, „aber ich fühle mich wie im Traum. Mir ist, als wäre ich nicht recht bei Verstand. Mr. Craggs – ja –, es tut mir sehr leid, daß wir Mr. Craggs verloren haben." Aber er sah bei diesen Worten auf Clemency und schien mit Ben, der sie tröstete, die Gefühle zu teilen.

„Mr. Craggs, Sir", bemerkte Snitchey, „fand, wie ich zu meinem Leidwesen sagen muß, daß das Leben nicht so leicht zu behalten war, wie ihm seine Theorie sagte, sonst weilte er noch unter uns. Es ist ein großer Verlust für mich. Mr. Craggs war mein rechter Arm, mein rechtes Bein, mein rechtes Ohr, mein rechtes Auge. Ich bin ohne ihn wie gelähmt. Er vermachte seinen Anteil an dem Geschäft Mrs. Craggs, den Testamentsvollstreckern, Administratoren und Kuratoren. Sein Name steht heutigentags noch in der Firma. Manchmal versuche ich wie ein Kind, mich glauben zu machen, er lebte noch. Sie haben vielleicht bemerkt, daß ich noch immer gemeinsam für mich und für den verstorbenen Craggs spreche, Sir, den verstorbenen", sagte der weichherzige Advokat und zog sein Taschentuch heraus.

Michael Warden, der Clemency nicht aus den Augen gelassen hatte, wandte sich zu Mr. Snitchey, als er zu sprechen aufhörte, und flüsterte ihm etwas ins Ohr.

„Ach, die arme Frau!" sagte Snitchey und schüttelte den Kopf. „Ja. Sie hing immer sehr an Marion. Hübsche Marion! Arme Marion! Kopf hoch, liebe Frau – Sie sind ja jetzt verheiratet, Clemency."

Clemency seufzte nur und schüttelte den Kopf.

„Nur Geduld bis morgen", sagte der Advokat gütig.

„Morgen macht die Toten nicht wieder lebendig, Mister", sagte Clemency schluchzend.

„Das freilich nicht, sonst würde es Mr. Craggs selig wieder lebendig machen", entgegnete der Advokat. „Aber Trost kann es bringen. Geduld bis morgen."

Clemency schüttelte die dargebotene Hand und versprach, sich zu beruhigen; und Britain, der bei dem Anblick seiner bekümmerten Frau (denn es war gerade, als ob auch das Geschäft den Kopf hängen ließ) ganz niedergeschlagen gewesen war, sagte, so sei es recht. Mr. Snitchey und Michael Warden gingen hinauf und waren oben bald in eine so vorsichtig geführte Unterhaltung vertieft, daß durch das Klappern der Teller und Schüsseln, das Zischen der Pfannen, das Brodeln der Töpfe, das eintönige Schnarren des Bratspießes – der von Zeit zu Zeit schrecklich schnappte, als wenn ihm in einem Anfall von Schwindel etwas zugestoßen sei – und die anderen Vorbereitungen zu ihrem Mittagsmahl in der Küche kein einziges Wörtchen hindurchdrang.

Der folgende Tag war schön und hell, und nirgends erschien die herbstlich gefärbte Landschaft lieblicher als von des Doktors friedlichem Obstgarten aus. Der Schnee vieler Winternächte war hier geschmolzen, und die welken Blätter manches Sommers hatten hier geraschelt, seitdem sie entflohen war. Die Geißblattlaube war wieder grün, die Bäume warfen schöne und schwankende Schatten auf das Gras, die Landschaft war so heiter und ruhig wie eh und je; aber wo war sie?

Nicht hier. Nicht da. Sie wäre jetzt ein ungewohnter Anblick in dem alten Haus gewesen, ungewohnter selbst, als im Anfang das Haus ohne sie gewesen war. Aber an ihrem gewohnten Platz saß eine Frau, aus deren Herzen sie nie entschwunden war; in deren treuem Gedächtnis sie noch lebte, unverändert, im vollen Glanz ihrer Jugend und Schönheit; in deren Liebe – und es war jetzt die Liebe einer Mutter: eine geliebte kleine Tochter spielte neben ihr – sie keine Nebenbuhlerin, keine Nachfolgerin hatte und auf deren zarten Lippen ihr Name jetzt schwebte.

Der Geist des verschwundenen Mädchens blickte aus diesen Augen; aus den Augen von Grace, ihrer Schwester, als sie mit dem Gatten an ihrem Hochzeitstag und Marions und seinem Geburtstag im Obstgarten saß.

Er war kein berühmter Mann geworden; auch nicht reich; er hatte die Orte und die Freunde seiner Jugend nicht vergessen; er hatte keine von des Doktors Prophezeiungen erfüllt. Aber in seinen heimlichen und wohltätigen Besuchen in den Hütten der Armen; in seinen Nachtwachen an Krankenbetten und in seiner täglichen Erkenntnis des vielen Schönen und Guten, das auf den Seitenpfaden des Lebens blüht und nicht niedergetreten wird von dem schweren Fuß der Armut, sondern kräftig emporsprießt in ihrer Spur, hatte er mit jedem Jahr die Wahrheit seines alten Glaubens besser gelernt und bewiesen. Seine Lebensweise, so still und bescheiden sie auch war, hatte ihm gezeigt, wie oft die Menschen wie in alten Zeiten, ohne es zu wissen, immer noch von Engeln besucht werden; und wie oft die unscheinbarsten Gestalten – selbst manche, die dem Auge gemein und häßlich erscheinen und in Lumpen gekleidet sind – am Schmerzenslager der Krankheit in neuem Licht erscheinen und zu hilfreichen Geistern werden mit einer Strahlenkrone um das Haupt.

Er erfüllte vielleicht seinen Beruf auf diesem alten Schlachtfeld besser, als wenn er rastlos auf ruhmvolleren Feldern gestritten hätte; und er war glücklich mit seiner Gattin Grace.

Und Marion? Hatte er sie vergessen?

„Die Zeit ist schnell entschwunden seitdem, liebe Grace", sagte er – sie sprachen von jener Nacht –, „und doch scheint es schon lange her zu sein. Wir zählen nach Veränderungen und Ereignissen unseres Innern, nicht nach Jahren."

„Aber auch nach Jahren haben wir zu zählen, seit Marion uns verlassen hat", erwiderte Grace. „Sechsmal, lieber Mann, den heutigen Tag mitgerechnet, haben wir an ihrem Geburtstag hier gesessen und von ihrer so heiß ersehnten und so lange verschobenen Rückkehr gesprochen. Wann wird es endlich soweit sein?"

Ihr Gatte betrachtete sie aufmerksam, als sich die Tränen in ihren Augen sammelten, und sagte dann, indem er sie näher an sich zog: „Aber Marion sagte dir in ihrem Abschiedsbrief, den sie auf dem Tisch zurückließ und den du so oft liest, daß Jahre vergehen müßten, ehe es geschehen kann. Ist das nicht wahr?"

Sie nahm einen Brief von ihrer Brust, küßte ihn und sagte: „Ja."

„Daß sie während dieser Jahre, so glücklich sie auch sein möge, der Zeit entgegensehen werde, wo sie zurückkehren und alles aufklären könne; und daß sie dich bitte, in Hoffnung und Vertrauen dasselbe zu tun. Das steht in dem Brief, nicht wahr, Liebste?"

„Ja, Alfred!"

„Und in jedem Brief, den sie seitdem geschrieben hat?"

„Außer in dem letzten – vor einigen Monaten –, in dem sie von dir sprach und von dem, was du damals erfahren hättest und was ich heute abend erfahren soll."

Er blickte zur Sonne hin, die nahe am Horizont stand, und sagte, die festgesetzte Zeit sei Sonnenuntergang.

„Alfred", sagte Grace, während sie die Hand mit Innigkeit auf seine Schulter legte, „es steht etwas in dem Brief, was ich dir nie gesagt habe. Aber heute abend, geliebter Gatte, wo dieser Sonnenuntergang naht und unser Leben mit dem scheidenden Tag feierlicher und stiller zu werden scheint, kann ich es nicht mehr geheimhalten."

„Was ist es, Geliebte?"

„Als Marion von uns ging, schrieb sie in diesem Brief, daß, wie du sie mir einst anvertraut, sie dich jetzt in meine Hände lege, Alfred; sie beschwor mich im Namen meiner Liebe zu ihr und zu dir, nicht die Neigung zurückzuweisen, die, wie sie wisse, du auf mich übertragen würdest, wenn die jetzt noch frische Wunde geheilt sei, sondern sie zu ermutigen und zu erwidern."

„Und mich wieder zu einem glücklichen und zufriedenen Mann zu machen, Grace. Schrieb sie das?"

„Sie wollte mich glücklich und verehrt in deiner Liebe machen!" war die Antwort seiner Frau, als er sie in seine Arme schloß.

„Höre mich, Geliebte!" sagte er. „Nein. So!" Und mit diesen Worten legte er sanft ihr Haupt an seine Brust. „Ich weiß, warum ich von dieser Stelle in dem Brief nie etwas gehört habe. Ich weiß, warum du damals weder mit Worten noch Blicken das geringste davon verraten hast. Ich weiß, warum Grace, obgleich sie es so treu und gut mit mir meinte, doch so schwer zu bewegen war, mein Weib zu werden. Ja, ich kenne den unermeßlichen Wert des Herzens, das ich in meinen Armen halte, und danke Gott für den kostbaren Schatz!"

Sie weinte, aber nicht aus Kummer, als er sie an sein Herz drückte. Nach einer Weile sah er auf das Kind nieder, das zu ihren Füßen saß und mit einem Körbchen voll Blumen spielte, und forderte es auf zu sehen, wie rot und golden die Sonne sei.

„Alfred", sagte Grace und blickte bei diesen Worten rasch auf. „Die Sonne sinkt. Du hast nicht vergessen, was ich erfahren soll, ehe sie untergeht."

„Du sollst die Wahrheit über Marions Schicksal erfahren, Liebste", antwortete er.

„Die ganze Wahrheit", bat sie flehend. „Nichts sollte mehr vor mir verborgen sein. So lautete das Versprechen. Nicht wahr?"

„Allerdings", sagte ihr Gatte.

„Ehe die Sonne sänke an Marions Geburtstag. Und du siehst, Alfred, sie ist dem Sinken nahe."

Er schlang die Arme um sie, sah ihr fest in die Augen und sagte:

„Nicht ich soll dir diese Kunde mitteilen, liebe Grace. Sie soll von anderen Lippen kommen."

„Von anderen Lippen?" wiederholte sie leise.

„Ja. Ich kenne dein standhaftes Herz, ich weiß, wie stark du bist und daß ein vorbereitendes Wort bei dir genügt. Du sagtest, die Zeit sei gekommen. Sie ist da. Sage mir, daß du stark genug bist, eine Überraschung, eine Erschütterung zu ertragen, und der Bote harrt vor der Pforte."

„Welcher Bote?" fragte sie. „Und welche Nachricht bringt er?"

„Ich darf nicht mehr sagen", antwortete er mit demselben ruhigen Blick. „Glaubst du, du verstehst mich?"

„Ich fürchte mich, es mir zu denken", sagte sie.

Trotz seines ruhigen Blicks lag ein Ausdruck auf seinem Gesicht, der sie erschreckte. Wieder verbarg sie ihr Antlitz an seiner Brust und bat ihn zitternd, noch einen Augenblick zu warten.

„Mut, arme Grace! Wenn du Kraft genug hast, harrt der Bote an der Pforte. Die Sonne sinkt über Marions Geburtstag. Mut, nur Mut, Grace!"

Sie hob das Haupt, sah ihn an und sagte, sie sei bereit. Während sie dastand und ihn ansah, erschien sie Marion in ihrer letzten Zeit zu Hause auf wunderbare Weise ähnlich. Er nahm das Kind mit sich. Sie rief es zurück – es trug der verlorenen Schwester Namen – und drückte es ans Herz. Aber als sie die Kleine wieder losließ, eilte diese ihm nach, und Grace war allein.

Sie wußte nicht, was sie fürchtete oder hoffte, sondern blieb regungslos stehen und blickte zu der Pforte, durch die sie verschwunden waren.

Gott! Was war das, was aus dem Schatten hervortrat und auf der Schwelle innehielt? Diese Gestalt in dem weißen, von der Abendluft bewegten Gewand, deren Haupt zärtlich an ihres Vaters Brust ruhte! O Gott! War es ein Traumbild, das sich aus ihres Vaters Armen riß und mit einem Schrei im Überschwang der Liebe in ihre Umarmung sank?

„O Marion, Marion! O meine Schwester! O mein teures, geliebtes Herz! O welch unaussprechliches Glück, daß wir uns so wiedersehen!"

Es war kein Traum, kein von Hoffnung und Furcht heraufbeschworenes Phantasiegebilde, sondern Marion selbst! So lieblich, so glücklich, so unberührt von Kummer und Leiden, so erhaben in ihrer Anmut, daß sie, als die untergehende Sonne auf ihr himmelwärts gerichtetes Gesicht schien, wie ein Engel aussah, der segenspendend zur Erde herabgestiegen war.

Marion hielt ihre Schwester, die auf eine Bank gesunken war, in den Armen, beugte sich über sie, lächelte unter Tränen und kniete dann vor ihr nieder und konnte keine Sekunde den Blick von ihr wenden. Endlich brach sie das Schweigen, und ihre Stimme war klar, leise und süß im Einklang mit der abendlichen Feierstille.

„Als ich noch unter diesem geliebten Dach weilte, Grace –"

„O geliebte Schwester! Nur einen Augenblick! O Marion, dich wieder sprechen zu hören!" Im ersten Augenblick war die Erschütterung, die geliebte Stimme wiederzuhören, zu stark.

„Als ich noch unter diesem geliebten Dach weilte, Grace, liebte ich ihn von ganzem Herzen. Ich liebte ihn aufs innigste. Ich hätte für ihn sterben können, obgleich ich noch so jung war. Tief in meinem Herzen habe ich seine Liebe nie verschmäht, keinen einzigen Augenblick. Sie war mir teurer, als ich sagen kann. Obgleich es so lange her und längst vorbei und alles ganz anders geworden ist, so könnte ich doch den Gedanken nicht ertragen, daß du glauben könntest, ich hätte ihn einst nicht treu geliebt. Ich liebte ihn nie mehr, Grace, als an jenem Tag, wo er von hier Abschied nahm. Ich liebte ihn nie mehr als an jenem Abend, wo ich von hier verschwand."

Ihre Schwester konnte ihr bloß ins Antlitz schauen und sie fest umschlungen halten.

„Aber ohne es zu wissen", sagte Marion mit sanftem Lächeln, „hatte er ein anderes Herz gewonnen, noch ehe ich eines besaß, um es ihm zu schenken. Dieses Herz – deines, Schwester – war so erfüllt von Zuneigung zu mir, war so hingebungsvoll und edel, daß es seine Liebe verbarg und sie geheimhielt vor aller Augen außer vor den meinen – ach, welche Augen wären auch so von Liebe und Dankbarkeit geschärft gewesen! – und sich für mich aufopferte. Aber ich kannte die Tiefe dieses Herzens. Ich kannte den Kampf, den es ausfocht. Ich wußte, wie unermeßlich sein Wert für ihn war und wie sehr er es schätzte, mochte er mich auch noch so sehr lieben. Ich wußte, wieviel ich diesem Herzen schuldete, ich hatte sein schönes Beispiel täglich vor Augen. Was du für mich getan hast, Grace, das, so wußte ich, würde ich auch für dich tun können, wenn ich wollte. Ich legte mich nie zur Ruhe, ohne Gott mit Tränen anzuflehen, mir die Kraft dazu zu verleihen. Ich legte mich nie zur Ruhe, ohne an Alfreds eigene Worte beim Abschied zu denken, daß täglich in menschlichen Herzen Siege gewonnen würden, gegen die jene auf diesen Schlachtfeldern nichts bedeuteten. Und als ich immer mehr und mehr darüber nachdachte, welche Heldentaten der Entsagung – mit frohem Gesicht vollbracht und von niemand beachtet – täglich und stündlich im Leben vorkommen, da schien auch mir meine Bürde leichter und leichter zu werden. Und er, der jetzt in unser Herz sieht und weiß, daß kein Tropfen Kummer oder Schmerz in dem meinen ist, nichts als ungetrübtes Glück, gab mir die Kraft zu dem Entschluß, nie Alfreds Frau zu werden; daß er mein Bruder und dein Gatte werde, wenn ich durch mein Verhalten dieses glückliche Ende herbeiführen könnte, daß ich aber nie (Grace, ich liebte ihn damals innig!) sein Weib sein wollte!"

„O Marion! O Marion!" flüsterte Grace.

„Ich versuchte, mich gleichgültig gegen ihn zu stellen", und sie drückte ihrer Schwester Gesicht an ihre Wange, „aber das war zu schwer, und du warst immer seine eifrige Fürsprecherin. Ich versuchte, dir meinen Entschluß mitzuteilen, aber du wolltest mich nie anhören – nie verstehen. Die Zeit seiner Rückkehr nahte. Ich fühlte, daß ich handeln mußte, ehe der tägliche Umgang erneut begann. Ich fühlte, daß ein großer Schmerz in diesem Augenblick uns allen lange Leiden ersparen würde. Ich wußte, daß, wenn ich vor ihm entfloh, am Ende das kommen müßte, was gekommen ist und was uns beide so glücklich gemacht hat, Grace! Ich schrieb an Tante Martha und bat sie um Aufnahme in ihrem Haus; ich sagte ihr damals nicht die ganze Wahrheit, aber sie gewährte mir gern meine Bitte. Während ich noch im Innern mit mir rang und diesen Entschluß meiner Liebe zu euch und dem Vaterhaus abzugewinnen suchte, wurde Mr. Warden durch einen Unglücksfall eine Zeitlang unser Hausgenosse."

„Ich habe das in letzter Zeit manchmal befürchtet!" rief ihre Schwester aus und wurde totenbleich. „Du hast ihn niemals geliebt und ihn nur als Opfer für mich geheiratet!"

„Er war damals", sagte Marion und zog ihre Schwester näher an sich, „im Begriff, heimlich ins Ausland zu flüchten. Er schrieb an mich, setzte mir seine Verhältnisse und Aussichten auseinander und bot mir seine Hand an. Er sagte mir, er habe bemerkt, daß ich Alfreds Rückkehr nicht freudig entgegensehe. Ich glaube, er war der Meinung, mein Herz hätte keinen Teil an diesem Bund gehabt oder ich hätte ihn früher geliebt, liebte ihn aber jetzt nicht mehr; oder ich suchte Gleichgültigkeit zu verbergen, wenn ich mich gleichgültig stellte – kurz, ich weiß es nicht. Aber ich wollte, daß du mich für ganz verloren für Alfred halten solltest. Verstehst du mich, geliebte Schwester?"

Ihre Schwester sah ihr aufmerksam ins Gesicht. Sie schien sich nicht sicher zu sein.

„Ich kam mit Mr. Warden zusammen und vertraute mich

seiner Ehre an; ich verriet ihm mein Geheimnis am Vorabend seiner und meiner Flucht. Er hat es treu bewahrt. Verstehst du mich, Geliebte?"

Grace blickte verwirrt um sich. Sie schien kaum zuzuhören.

„Geliebte Schwester!" sagte Marion. „Sammle deine Gedanken einen Augenblick; höre mir zu. Sieh mich nicht so seltsam an. Es gibt Länder, wo diejenigen, die eine falsche Leidenschaft bekämpfen oder einen tiefen Schmerz in ihrer Brust heilen wollen, sich in ewige Einsamkeit zurückziehen und sich für immer von der Welt und ihren Empfindungen trennen. Wenn Frauen das tun, so nehmen sie den Namen an, der mir in dir so teuer ist, und nennen sich Schwestern. Aber es gibt auch Schwestern, Grace, die unter Gottes freiem Himmel und im geschäftigen Menschengewühl, wo sie bemüht sind, Segen zu spenden und Gutes zu tun, dasselbe lernen und mit noch frischem und jugendlichem Herzen und noch empfänglich für Glück sagen können: Der Kampf ist längst vorüber, der Sieg längst errungen. Und eine solche Schwester bin ich! Verstehst du mich jetzt?"

Immer noch blickte sie Marion starr an und antwortete nicht.

„O Grace, geliebte Grace", sagte sie und schmiegte sich noch zärtlicher an die Brust, von der sie so lange getrennt gewesen war, „wenn du nicht glücklich als Gattin und Mutter wärest – wenn ich keine kleine Namensschwester hier fände – wenn Alfred, mein lieber Bruder, nicht dein zärtlicher Gatte wäre, wo sollte ich dann die Seligkeit finden, die jetzt mein ist? Wie ich das Haus verlassen habe, so kehre ich zurück. Mein Herz hat keine andere Liebe gekannt, meine Hand ist immer noch frei, ich bin immer noch deine jungfräuliche Schwester; unverheiratet, unversprochen; deine alte, dich liebende Marion, in deren Herzen du allein, und nur du, wohnst, Grace!"

Sie verstand sie jetzt. Ihr Gesicht entspannte sich; ein lautes Schluchzen brach aus ihrem übervollen Herzen, und unter heißen Tränen fiel sie ihrer Schwester um den Hals und liebkoste sie wie ein Kind.

Als sie sich wieder etwas gesammelt hatten, sahen sie den Doktor, Tante Martha, seine Schwester, und Alfred neben sich stehen.

„Das ist ein böser Tag für mich", sagte Tante Martha, unter Tränen lächelnd, während sie ihre Nichten umarmte, „denn indem ich euch alle glücklich mache, verliere ich eine liebe Tochter; und was könnt ihr mir für meine Marion geben?"

„Einen bekehrten Bruder", sagte der Doktor.

„Das", erwiderte Tante Martha, „ist wenigstens etwas in einer solchen Narrenposse wie –"

„Ich bitte dich", sagte der Doktor reumütig.

„Na, ich will's gut sein lassen", gab die Tante zur Antwort. „Aber ich komme wirklich schlecht dabei weg. Ich weiß nicht, was aus mir werden soll ohne meine Marion, nachdem wir ein halbes Dutzend Jahre zusammengelebt haben."

„Du wirst zu mir ziehen müssen", sagte der Doktor. „Wir streiten uns gewiß nicht mehr."

„Oder du mußt heiraten, Tante!" rief Alfred.

„Ich glaube wirklich", erwiderte die alte Dame, „es wäre nicht übel, wenn ich Michael Warden ins Auge faßte, der in jeder Hinsicht gebessert zurückgekehrt sein soll. Aber da ich ihn schon als Knabe kannte und damals auch nicht mehr sehr jung war, so könnte er mich vielleicht verschmähen. Daher will ich lieber zu Marion ziehen, wenn sie heiratet (was wohl nicht lange dauern kann), und bis dahin für mich bleiben. Was sagst du dazu, Bruder?"

„Ich habe große Lust zu sagen, daß es eine durch und durch lächerliche Welt ist, in der es gar nichts Ernsthaftes gibt", bemerkte der Doktor.

„Du könntest zwanzig Eide darauf schwören, Anthony", bemerkte seine Schwester, „und doch würde es dir niemand glauben, der jetzt in deine Augen sieht."

„Es ist eine Welt voller Hingebung", sagte der Doktor und umarmte beide Töchter zugleich – denn er konnte die Schwestern nicht voneinander trennen; „und eine ernste Welt mit allen ihren Torheiten – selbst mit meiner, die groß genug war, die ganze Erde zu überschwemmen; eine Welt, über der die Sonne nie aufgeht, ohne auf Tausende von unblutigen Kämpfen herabzublicken, die die Leiden und Verbrechen der Schlachtfelder einigermaßen wiedergutmachen; eine Welt, die wir nicht verspotten dürfen, denn sie ist voll heiliger Geheimnisse, und nur ihr Schöpfer weiß, was unter der Oberfläche seines bescheidensten Ebenbildes verborgen liegt!"

Ich würde euch keinen Gefallen tun, wenn ich mit plumper Hand die Freude dieser lange getrennten und jetzt wieder vereinigten Familie zergliedern wollte. Deshalb wollen wir dem Doktor nicht in der Erinnerung seines Schmerzes folgen, den er nach Marions Flucht gefühlt hatte; auch nicht erzählen, wie ernst er die Welt gefunden hatte, in der eine tiefverwurzelte Neigung das Erbteil aller Menschen ist; auch nicht, wie ihn eine solche Kleinigkeit wie das Fehlen einer einzigen kleinen Ziffer in seiner großen närrischen Rechnung zu Boden geworfen hatte. Auch nicht, wie ihm seine Schwester schon längst aus Mitleid die Wahrheit allmählich enthüllt und ihn dazu gebracht hatte, das Herz der freiwillig verbannten Tochter kennenzulernen und ihn auf ihre Seite gebracht hatte.

Wir erzählen auch nicht, wie Alfred Heathfield in dem eben abgelaufenen Jahr die Wahrheit erfahren und wie Marion ihn gesehen und ihm als ihrem Bruder versprochen hatte, daß Grace an dem Abend ihres Geburtstages alles von ihr selbst erfahren sollte.

„Ich bitte um Verzeihung, Doktor", sagte Mr. Snitchey und guckte in den Garten, „darf man stören?"

Ohne auf eine Antwort zu warten, ging er gerade auf Marion zu und küßte ihr hoch erfreut die Hand.

„Wenn Mr. Craggs noch lebte, meine werte Miß Marion", sagte Mr. Snitchey, „so würde er mit großem Interesse an den Ereignissen des heutigen Tages teilnehmen. Er käme vielleicht zu der Ansicht, Mr. Alfred, daß uns das Leben nicht allzu leicht gemacht wird; daß es jede kleine Erleichterung, die wir ihm zu geben imstande wären, wohl vertragen könnte; aber Mr. Craggs war ein Mann, der sich überzeugen ließ. Wenn er jetzt der Überzeugung zugänglich wäre – doch das ist Schwäche. Liebste Frau", auf diese Aufforderung hin trat die erwähnte Dame hinter der Tür hervor, „du bist unter alten Bekannten."

Nachdem Mrs. Snitchey ihre Glückwünsche angebracht hatte, nahm sie ihren Gatten beiseite. „Nur einen Augenblick, Mr. Snitchey", sagte die Dame. „Es ist nicht meine Art, Toten Übles nachzureden."

„Nein, liebe Frau", antwortete ihr Mann.

„Mr. Craggs ist –"

„Ja, meine Liebe, er ist gestorben", sagte Mr. Snitchey.

„Aber ich bitte dich, an jenen Ballabend zurückzudenken", fuhr seine Frau fort. „Nur darum bitte ich dich. Wenn du es tust und wenn dich dein Gedächtnis nicht ganz im Stich läßt und du nicht ganz geistesschwach bist, so fordere ich dich auf, den heutigen Abend mit jenem in Verbindung zu bringen und dich zu erinnern, wie ich dich auf Knien anflehte und bat –"

„Auf Knien?" fragte Mr. Snitchey.

„Ja", erwiderte Mrs. Snitchey mit Sicherheit, „und du weißt es – dich vor diesem Mann zu hüten, auf seinen Blick zu achten –, und jetzt sage mir, ob ich damals nicht recht hatte und ob er an jenem Abend nicht im Besitz von Geheimnissen war, die er nicht mitteilen wollte."

„Liebe Frau", flüsterte ihr der Advokat ins Ohr, „hast du damals etwas in *meinem* Blick bemerkt?"

„Nein", erwiderte Mrs. Snitchey mit Schärfe. „Bilde dir das nicht ein."

„Weil wir an jenem Abend zufällig", fuhr er fort und hielt sie am Ärmel fest, „beide im Besitz von Geheimnissen waren und beide ein und dasselbe wußten. Also, liebe Frau, je weniger du von dieser Sache sprichst, desto besser; und laß dir das eine Lehre sein, in Zukunft die Dinge mit barmherzigeren und klügeren Augen zu betrachten. Miß Marion, ich habe eine alte Bekannte mitgebracht."

Die arme Clemency trat, die Schürze vor den Augen, langsam am Arm ihres Gatten herein; der letztere mit einem kläglichen Gesicht der Vorahnung, daß es mit der Muskatreibe vorbei sein würde, wenn sie sich ganz ihrem Schmerz hingäbe.

„Nun, Mistreß", sagte der Advokat und hielt Marion zurück, die der alten Dienerin entgegeneilen wollte, „was fehlt Ihnen denn eigentlich?"

„Was mir fehlt?" rief Clemency. Aber als sie jetzt, verwundert und verletzt durch die Frage und erschrocken über ein lautes Gebrüll Mr. Britains, aufblickte und das wohlbekannte liebe Gesicht so dicht vor sich sah, da machte sie große Augen, schluchzte, lachte, weinte, schrie, umarmte Marion, hielt sie fest, ließ sie wieder los, fiel Mr. Snitchey um den Hals (worüber Mrs. Snitchey sehr entrüstet war), dann dem Doktor, dann Mr. Britain und umarmte zuletzt sich selbst, warf die Schürze über den Kopf und lachte und weinte durcheinander.

Gleich hinter Mr. Snitchey war ein Fremder in den Garten getreten und an der Tür stehengeblieben, ohne von den anderen bemerkt zu werden. Denn sie hatten nur wenig Aufmerksamkeit übrig, und diese wurde durch Clemencys Freudenrausch völlig in Anspruch genommen. Er schien nicht den Wunsch zu haben, beachtet zu werden, sondern stand abseits mit niedergeschlagenen Augen da; und sein Gesicht zeigte (obgleich er sonst ein stattlicher Herr war) einen traurigen Ausdruck, der angesichts der allgemeinen Fröhlichkeit noch deutlicher auffiel.

Bloß Tante Martha hatte ihn bemerkt, ging gleich zu ihm und sprach mit ihm. Kurz darauf trat sie wieder zu Marion, die mit Grace und ihrer kleinen Namensschwester eine liebliche Gruppe bildete, und flüsterte ihr etwas ins Ohr, wovon diese überrascht zu sein schien; aber bald faßte sie sich wieder, näherte sich mit der Tante dem Fremden und knüpfte ein Gespräch mit ihm an.

„Mr. Britain", sagte der Advokat und zog ein amtlich aussehendes Papier aus der Tasche, „ich wünsche Ihnen Glück. Sie sind jetzt der einzige und alleinige Eigentümer des freien Besitztums, das Sie bis jetzt als eine konzessionierte Schenke in Pacht hatten und das unter dem Namen Muskatreibe bekannt ist. Ihre Frau verlor ein Obdach durch meinen Klienten Mr. Michael Warden und bekommt jetzt ein neues durch ihn. Ich werde das Vergnügen haben, mich dieser Tage um Ihre Stimme bei der Wahl zu bewerben."

„Würde es einen Unterschied in der Stimme machen, wenn das Aushängeschild verändert würde, Sir?" fragte Britain.

„Durchaus nicht", entgegnete der Advokat.

„Dann", sagte Mr. Britain und gab ihm die Schenkungsurkunde zurück, „setzen Sie noch die Wörter ‚und Fingerhut' dazu, und ich will die beiden Sinnsprüche im Wohnzimmer anmalen lassen anstatt eines Bildes meiner Frau."

„Und seid so gut", sagte eine Stimme hinter ihm – es war der Fremde, Michael Warden –, „den Inhalt dieser Sinnsprüche auf mich anzuwenden. Mr. Heathfield und Dr. Jeddler, ich hätte Ihnen beiden großen Kummer zufügen können. Daß es nicht geschah, war nicht mein Verdienst. Ich will nicht sagen, daß ich um sechs Jahre klüger oder besser bin; aber jedenfalls habe ich so lange bereut. Ich habe keinen Anspruch auf schonende Behandlung von Ihrer Seite. Ich habe die Gastfreundschaft Ihres Hauses mißbraucht und meine Mängel kennengelernt – mit einer Beschämung, die ich nie vergessen habe, doch ich glaube, auch nicht ohne Nutzen – durch eine", er blickte Marion an, „die ich demütig um Verzeihung bat, als ich ihren Wert und meine Unwürdigkeit erkannte. In wenigen Tagen werde ich diesen Ort für immer verlassen. Ich bitte Sie alle um Verzeihung. Tut, was Ihr wollt, daß Euch geschehe! Vergeßt und vergebt!"

Die Zeit – die mir den letzten Teil dieser Geschichte erzählte und mit der ich die Ehre habe, seit etwa fünfunddreißig Jahren persönlich bekannt zu sein – teilte mir, nachlässig auf ihre Sense gelehnt, mit, daß Michael Warden die Heimat niemals mehr verließ und sein Haus nicht verkaufte, sondern es von neuem öffnete; daß er die schönste Gastfreundschaft übte und eine Frau hatte – der Stolz und die Ehre der ganzen Gegend –, deren Name Marion war. Aber da ich bemerkt habe, daß die Zeit manchmal Tatsachen durcheinanderbringt, weiß ich nicht recht, welchen Wert ich ihrer Aussage beimessen soll.

Der Verwünschte

Der Verwünschte

Ein Märchen

Erstes Kapitel

DER EMPFANG DER GABE

Jedermann sagte es.

Fern sei es von mir zu behaupten, das, was jedermann sagt, müsse wahr sein. Jedermann hat meistens ebensooft unrecht wie recht. Allgemeiner Erfahrung nach hat jedermann so oft unrecht gehabt, und es dauerte meistens so entsetzlich lange, bis man herausfand, wie sehr er unrecht gehabt hatte, daß seine Autorität zweifelhaft geworden ist. Jedermann mag manchmal recht haben, aber das ist nicht die Regel, wie Giles Scroggins' Geist in der Ballade sagt.*

Das schaudererregende Wort *Geist* bringt mich wieder zum Thema zurück.

Jedermann sagte, er sehe aus wie ein Verwünschter. Für diesmal beanspruche ich für jedermann nur, daß er soweit recht hatte. Er sah wirklich so aus.

Wer seine hohlen Wangen sah, seine tiefliegenden, leuchtenden Augen, seine schwarzgekleidete Gestalt, die irgendwie einen abstoßenden Eindruck machte, obwohl sie kräftig und wohlgebaut war, sein ergrauendes Haar, das ihm wie Seegras wirr ums Gesicht hing, als wäre er sein ganzes Leben lang wie ein öder Fels umspült worden von den tosenden Wellen der Menschheit, mußte der nicht sagen: „Er sieht aus wie ein Verwünschter"?

Wer seine Art beobachtete, schweigsam, nachdenklich, düster, immer zurückhaltend und nie fröhlich, mit der zerstreuten

---

* In einer alten englischen Ballade erscheint der Geist des überraschend verstorbenen Giles Scroggins dessen früherer Braut und will sie mit sich nehmen. Als diese entgegnet: „Ich bin aber nicht tot", erwidert der Geist: „Das ist aber nicht die Regel."

Miene eines Mannes, der an Zeiten und Orte von ehedem denkt oder auf Klänge aus alten Zeiten in seinem Innern lauscht, mußte der nicht sagen: „Seine Art ist die eines Verwünschten"?

Wer seine Stimme vernahm, langsam, tief und ernst, mit einer natürlichen Fülle und Melodie, die er beständig zu unterdrücken bemüht zu sein schien, mußte der nicht sagen: „Das ist die Stimme eines Verwünschten"?

Wer ihn sah in seinem Studierzimmer, halb Bibliothek und halb Laboratorium – denn er war ein Chemiker von Weltruf und als Lehrer ein Mann, an dessen Lippen täglich Hunderte von Wißbegierigen hingen –, wer ihn dort sah in einer stillen Winternacht, umgeben von seinen Flaschen und Instrumenten und Büchern, der Schatten seiner beschirmten Lampe ein riesengroßer Käfer an der Wand, bewegungslos unter einer Menge gespenstischer Gestalten, die vom Flackern des Feuers auf den seltsam geformten und fremdartig aussehenden Instrumenten um ihn hervorgerufen wurden; einige dieser Phantome (Schatten von Gläsern mit Flüssigkeiten) zitterten im Herzen wie Dinge, die seine Macht, sie zu zersetzen und ihre Bestandteile dem Feuer und dem Rauch wiederzugeben, kannten; wer ihn dort sah nach getaner Arbeit, wie er nachdenklich dasaß vor dem rotflackernden Feuer, die schmalen Lippen bewegend, als ob er spräche, aber stumm wie die Toten, mußte der nicht sagen, daß der Mann aussehe wie verwünscht, und das Zimmer dazu?

Wer konnte nicht durch eine geringe Anstrengung der Phantasie zu dem Glauben kommen, daß alles um ihn dieses gespenstische Wesen annehme und daß er den Fuß auf verwünschten Boden setze?

Seine Wohnung war so einsam und gruftartig – der alte, abgelegene Teil einer ehemaligen Stiftung für Studierende, einst ein schönes Gebäude auf einem freien Platz, jetzt aber die veraltete Laune vergessener Baumeister, von Alter, Rauch und Wetter geschwärzt, auf allen Seiten eingeklemmt vom Anwachsen der großen Stadt und wie ein alter Brunnen zugestopft mit Steinen und Ziegeln; seine kleinen Höfe lagen in wahren Abgründen zwischen den Straßen und Gebäuden, die im Lauf der Zeit über die unförmigen Schornsteine des alten Gebäudes hinaus gebaut worden waren; seine alten Bäume waren umqualmt vom Rauch der Nachbarschaft, der sich gnädig so tief herabließ, wenn er sehr schwach und das Wetter sehr neblig war; seine Grasflecken, die mit der unfruchtbaren Erde um ihre Existenz kämpften; seine stillen Gänge, die menschliche Schritte und selbst die Betrachtung durch menschliche Augen nicht gewohnt waren, außer wenn einmal ein verirrtes Gesicht aus der oberen Welt herabblickte und sich verwundert fragte, was für ein Winkel das sei; seine Sonnenuhr in einer kleinen, halb zugemauerten Ecke, in die sich seit hundert Jahren kein Sonnenstrahl verirrt hatte, wo aber zum Ersatz für das Ausbleiben der Sonne der Schnee noch wochenlang lag, wenn er schon überall sonst verschwunden war, und der scharfe Ostwind sich wie ein ungeheurer Brummkreisel drehte, wenn er an allen anderen Orten schwieg.

Seine Stube im innersten Herzen des Gebäudes war so düster und alt, so verfallen und doch so fest mit ihren wurmzerfressenen Holzbalken in der Decke und dem derben Fußboden, der sich von der Tür abwärts senkte bis zu dem großen Kamin aus Eichenholz; so mitten in der Stadt und eingekreist von ihren andrängenden Gebäuden und doch so veraltet in ihrem ganzen Aussehen; so still und doch so reich an hallenden Echos, wenn eine ferne Stimme erklang oder eine Tür zufiel – Echos, die sich nicht auf die vielen niedrigen Gänge und leeren Zimmer beschränkten, sondern fortrollten und murrten, bis sie in der schweren Luft der vergessenen Krypta erstickten, deren gotische Bogen halb in der Erde begraben waren.

Ihr hättet ihn sehen sollen in seiner Stube um die Dämmerstunde im tiefen Winter.

Wenn der Wind mit dem Sinken der trübe durch den Nebel schimmernden Sonne schrill und scharf zu blasen anfing. Wenn es gerade so dunkel war, daß die Umrisse aller Dinge undeutlich und unförmig, aber nicht ganz verschwunden waren. Wenn die Leute vor dem Feuer anfingen, in den Kohlen ungeheuerliche Gestalten und Gesichter, Berge und Abgründe, Hinterhalte und Armeen zu sehen. Wenn die Leute auf der Straße den Kopf gesenkt hielten und vor dem Wind herliefen. Wenn die, die ihm entgegengehen mußten, sich plötzlich aufgehalten sahen an zugigen Ecken, von verirrten Schneeflocken getroffen, die sich auf ihre Augenwimpern senkten und zu vereinzelt fielen und zu rasch wieder weggeweht wurden, um eine Spur auf dem gefrorenen Erdboden zu hinterlassen. Wenn die Fenster der Häuser sorgsam gegen die kalte Luft verschlossen blieben. Wenn die hellen Gaslichter ihre leuchtenden Spitzen in den geschäftigen und in den stillen Straßen emporsandten, während es sonst überall dunkler wurde. Wenn einzelne Fußgänger, die fröstelnd durch die stillen Gassen eilten, hinabschauten auf die flackernden Flammen in den Küchen und ihren ohnehin schon kräftigen Hunger noch steigerten, indem sie über Meilen hinweg den Duft der Mittagsmahlzeiten einsogen.

Wenn Reisende auf dem Land vor Kälte klapperten und verdrossen auf die dunkle Landschaft hinaussahen, die im Sturm rauschte und zitterte. Wenn Seeleute auf eisüberzogenen Rahen hoch über dem tosenden Meer hin und her geworfen wurden; wenn Leuchttürme auf Klippen und Kaps einsame Wacht hielten und von der Nacht überfallene Seevögel auf ihre Riesenlaternen zuflatterten und daran zerschmetterten. Wenn die kleinen Märchenleser beim Feuerschein zitternd an Kassim Baba dachten, wie er gevierteilt in der Räuberhöhle hing*, oder von der Furcht beschlichen wurden, die garstige Alte mit der Krücke, die aus dem Kasten in Kaufmann Abudahs Schlafzimmer sprang**, könnte ihnen auf der Treppe begegnen auf der langen, kalten, dunklen Reise ins Bett.

Wenn auf dem Land der letzte Schimmer des Tageslichts am Ende der Alleen verblich und sich die Bäume finster und schwarz über dem Kopf zusammenwölbten. Wenn in Park und Forst das hohe, nasse Farnkraut und das feuchte Moos und Haufen welken Laubes und Baumstämme sich in undurchdringlichen Schattenmassen auflösten. Wenn Nebel aus Lache, Sumpf und Fluß emporstieg. Wenn der Lichterschein aus alten Hallen- und Hüttenfenstern ein erquicklicher Anblick wurde. Wenn die Mühle stehenblieb, der Radmacher und der Schmied ihre Werkstätten

---

* Kassim Baba, der Bruder von Ali Baba aus den Erzählungen von 1001 Nacht, erlernte von Ali das Zauberwort, um in die Höhle der vierzig Räuber zu gelangen, vergaß es in ihrem Innern jedoch. Daher konnte er die Höhle nicht mehr verlassen und wurde bei der Rückkehr der Räuber von diesen entdeckt und gevierteilt.

** Episode aus den persischen „Märchen der Dschinns" (Dschinn: böser Geist)

schlossen, der Schlagbaum niederging, Pflug und Egge verlassen im Feld standen, der Ackersmann mit seinem Gespann sich heimwärts wandte und die Kirchenglocke mit tieferem Ton schlug als mittags und das Friedhofspförtchen sich für diesen Tag schloß.

Wenn die Dämmerung überall die den ganzen Tag lang eingekerkerten Schatten erlöste, die jetzt dichter und dichter wurden wie sich sammelnde Scharen von Geistern. Wenn sie drohend in Zimmerecken standen und finster hinter halboffenen Türen hervorlugten; wenn sie im vollen Besitz unbewohnter Zimmer waren; wenn sie auf den Fußböden, an den Wänden und Decken der Gemächer tanzten, während das Feuer nur noch glomm, und sich wie abebbende Wellen zurückzogen, wenn es wieder hell aufflackerte. Wenn sie die Formen vertrauter Gegenstände phantastisch verzerrten, die Amme zu einer Kinderfresserin machten, das Schaukelpferd zu einem Ungeheuer, das halb angstvolle, halb lachende Kind sich selbst zu einem fremden Wesen und sogar die Feuerzange auf dem Herd zu einem spreizbeinigen Riesen mit in die Seite gestemmten Armen, der sichtlich Menschenfleisch riecht und aus Menschenknochen Mehl für sein Brot mahlen will.

Wenn diese Schatten älteren Leuten andere Gedanken in den Sinn brachten und ihnen andere Bilder zeigten. Wenn sie aus ihren heimlichen Winkeln hervorkamen als Gestalten und Gesichter aus der Vergangenheit, aus dem Grab, aus dem tiefen, tiefen Abgrund, wo die Dinge, die hätten sein können, aber nie waren, immer dahinwandern.

Wenn er so dasaß und in das Feuer starrte. Wenn mit dessem wechselnden Flackern die Schatten kamen und gingen. Wenn er auf sie nicht achtete mit seinen wirklichen Augen, sondern, sie mochten kommen oder gehen, starr ins Feuer sah.

Wenn die Töne, die sich zugleich mit den Schatten erhoben hatten und auf des Zwielichts Ruf aus ihren Verstecken hervorgekommen waren, alles ringsum nur noch stiller zu machen schienen. Wenn der Wind im Schornstein rumorte und im Haus manchmal stöhnte und manchmal heulte. Wenn die alten Bäume draußen so geschüttelt wurden, daß eine mißmutige alte Krähe, in ihrem Schlaf gestört, dann und wann mit einem schwachen, hoch aus den Wipfeln herabtönenden „Krah!" dagegen protestierte. Wenn hin und wieder die Fenster erzitterten, die verrostete Wetterfahne auf dem Turmdach ächzte, die Uhr darunter meldete, daß wieder eine Viertelstunde vorüber sei, oder das Feuer röchelnd erstarb.

Da klopfte jemand an seine Tür, und er wachte auf.

„Wer ist da?" fragte er. „Herein!"

Bestimmt hatte keine Gestalt hinter seinem Stuhl gestanden, kein Gesicht auf ihn herabgeschaut. Gewiß berührte kein gleitender Tritt den Fußboden, als er aufschreckend das Haupt erhob und sprach. Und dennoch: es war kein Spiegel im Zimmer, auf den seine eigene Gestalt nur einen Augenblick lang ihren Schatten hätte werfen können, und ein Etwas war vorübergehuscht und verschwunden!

„Ich bitte ergebenst um Verzeihung, Sir", sagte ein rotbäckiges, geschäftiges Männchen, das die Tür mit dem Fuß offenhielt, um sich und ein Serviertablett einzulassen, und sie sehr allmählich und vorsichtig wieder losließ, damit sie geräuschlos zufiel, „wenn es heute ein wenig spät geworden ist. Aber Mrs. William hat so viel mit dem Wind zu schaffen gehabt –"

„Mit dem Wind? Ja, ich habe ihn brausen hören."

„Mit dem Wind, Sir – daß es ein wahres Glück ist, daß sie überhaupt noch nach Hause gekommen ist. Jawohl, jawohl. Mit dem Wind, Mr. Redlaw. Mit dem Wind."

Er hatte unterdessen das Serviertablett hingesetzt und machte sich daran, die Lampe anzuzünden und den Tisch zu decken. Davon ließ er aber sogleich wieder ab und lief zu dem Feuer hinüber, um es zu schüren und Holz nachzulegen. Dann nahm er seine vorherige Beschäftigung wieder auf. Die angezündete Lampe und das aufflackernde Feuer gaben dem Zimmer so rasch ein anderes Aussehen, daß es den Eindruck machte, als ob das bloße Erscheinen seines frischen roten Gesichts und seines rührigen Wesens die wohltuende Veränderung hervorgebracht hätte.

„Mrs. William ist natürlich zu jeder Zeit der Gefahr ausgesetzt, Sir, von den Elementen aus dem Gleichgewicht gebracht zu werden. Dagegen kann sie nichts ausrichten!"

„Nein", entgegnete Mr. Redlaw freundlich, aber kurz.

„Nein, Sir. Mrs. William kann aus dem Gleichgewicht gebracht werden von der Erde; wie zum Beispiel am Sonntag vor acht Tagen, wo es naß und glitschig war und sie mit ihrer neuesten Schwägerin zum Tee ging und sich was einbildete und vollkommen makellos erscheinen wollte, wenn sie auch zu Fuß ging. Mrs. William kann von der Luft aus dem Gleichgewicht gebracht werden; wie damals auf dem Peckhamer Jahrmarkt, wo sie sich überreden ließ, sich in eine Schaukel zu setzen, was auf ihre Konstitution wirkte wie ein Dampfboot. Mrs. William kann aus dem Gleichgewicht kommen durch das Feuer; wie damals durch den falschen Feueralarm bei ihrer Mutter, wo sie eine halbe Stunde Wegs in der Nachthaube lief. Mrs. William kann aus dem Gleichgewicht kommen durch Wasser; wie neulich in Battersea, wo ihr Neffe, Charley Swidger junior, zwölf Jahre alt, der keine Ahnung vom Rudern hat, das Boot zwischen den Brückenpfeilern festfuhr. Aber das sind Elemente. Mrs. William muß von den Elementen loskommen, wenn sich die Stärke ihres Charakters zeigen soll."

Als er, eine Antwort erwartend, innehielt, ertönte ein Ja in genau dem gleichen Ton wie zuvor.

„Ja, Sir. Ach Gott, ja!" sagte Mr. William Swidger, immer noch beschäftigt, den Tisch zu decken, wobei er jedes einzelne Stück, das er auf den Tisch legte, aufzählte. „So ist es, Sir. So viele, viele Swidgers. – Pfeffer. Da ist erstens mein Vater, Sir, pensionierter Kastellan und Kustos des Stifts, siebenundachtzig Jahre alt. Das ist ein Swidger! Löffel."

„Jawohl, William" war die ruhige und zerstreute Antwort, als der Diener wieder innehielt.

„Ja, Sir", sagte Mr. Swidger. „Das habe ich immer gesagt, Sir. Sie können ihn den Stamm des Baumes nennen! – Brot. Dann kommen sein Nachfolger, mein unwürdiges Ich – Salz –, und Mrs. William, beide Swidgers. – Messer und Gabel. Dann kommen alle meine Brüder und ihre Angehörigen, Swidgers, Mann und Frau, Knaben und Mädchen. Wahrhaftig, mit allen den Vettern, Onkeln, Tanten und Verwandten in diesem, jenem und anderen Grad und Heiraten und Wochenbetten könnten die Swidgers – Weinglas – sich bei den Händen fassen und einen Kreis um ganz England bilden!"

Da Mr. William von dem in Gedanken versunkenen Mann, zu dem er sprach, keine Antwort erhielt, näherte er sich ihm und tat so, als ob er zufällig mit einer Karaffe an den Tisch stoße, um ihn aus seinem Brüten zu wecken. Als ihm das gelungen war, fuhr er fort zu reden, wie mit eilfertiger Zustimmung.

„Ja, Sir! Das sage ich auch. Mrs. William und ich haben das oft gesagt. ‚Swidgers sind genug da', sagen wir, ‚ohne unsere freiwilligen Beiträge' – Butter. Wahrhaftig, Sir, mein Vater ist schon für sich eine Familie – Gewürzständer –, für die zu sorgen ist; und es ist im ganzen recht gut, daß wir selber keine Kinder haben, obgleich Mrs. William ein bißchen still dadurch geworden ist. Vollkommen bereit für das Huhn und die Kartoffeln, Sir? Mrs. William sagte, sie wolle in zehn Minuten auftragen, als ich heraufging."

„Ich bin bereit", sagte der andere, wachte wie aus einem Traum auf und ging langsam auf und ab.

„Mrs. William hat sich wieder etwas geleistet, Sir!" sagte der Aufwärter, während er einen Teller am Feuer wärmte und lächelnd sein Gesicht davon beschatten ließ. Mr. Redlaw blieb stehen, und in seinem Gesicht machte sich ein Ausdruck des Interesses bemerkbar.

„Ich sage es immer, Sir. Sie muß es tun! Mrs. William hat ein Muttergefühl in ihrer Brust, das sich Luft machen will und muß."

„Was hat sie getan?"

„Ja, Sir, nicht zufrieden, all die jungen Gentlemen zu bemuttern, die aus allen Gegenden hierherkommen, um Ihre Vorlesungen in dieser alten Stiftung zu hören – es ist merkwürdig, wie in diesem kalten Wetter Porzellan die Hitze annimmt, wahrhaftig!" Er wendete den Teller um und blies auf seine Finger.

„Nun?" fragte Mr. Redlaw.

„Das sage ich auch immer, Sir", entgegnete Mr. William, indem er wie in eilfertiger und freudiger Zustimmung über die Schulter sprach. „Das ist's eben, Sir! Alle unsere Studenten, ohne Ausnahme, scheinen Mrs. William in diesem Licht zu betrachten. Jeden Tag, den ganzen Kursus hindurch, steckt einer nach dem andern den Kopf zur Tür herein, und alle haben ihr etwas zu sagen oder sie etwas zu fragen. ‚Swidge' nennen sie im allgemeinen Mrs. William unter sich, wie ich höre. Aber das sage ich immer, Sir: Viel besser, sich seinen Namen verdrehen zu lassen, wenn es mit wirklicher Liebe geschieht, als wenn man wer weiß wieviel daraus macht und niemand sich um einen kümmert! Wozu ist ein Name da? Damit man jemand daran erkennt. Wenn Mrs. William an etwas Besserem als an ihrem Namen erkannt wird – ich spreche von Mrs. Williams Eigenschaften und Charakter –, so kommt's nicht auf ihren Namen an, wenn er auch von Rechts wegen Swidger ist. Mögen sie sie Swidge, Widge, Bridge oder weiß Gott sonstwie nennen!"

Mit dem Schluß dieser glänzenden Rede erreichten er und der Teller den Tisch, auf den er ihn mit dem deutlichen Gefühl, daß er durch und durch warm sei, halb legte und halb fallen ließ. Im selben Augenblick trat der Gegenstand seines Lobes ins Zimmer, beladen mit einem zweiten Tablett und einer Laterne und begleitet von einem ehrwürdigen Greis mit langem grauem Haar.

Mrs. William war wie Mr. William eine einfache Person von harmlosem Aussehen, auf deren glatten Wangen sich das heitere Rot der Bedientenweste ihres Gatten angenehm wiederholte. Aber während Mr. Williams blondes Haar ihm auf dem ganzen Kopf zu Berge stand und seine Augen mit einem Übermaß an rühriger Bereitwilligkeit mit emporzuziehen schien, war das dunkelbraune Haar von Mrs. William sorgsam geglättet und fiel unter einer schmucken Haube in der ordentlichsten und ruhigsten Weise herab, die man sich nur denken kann. Während sich selbst Mr. Williams Hosen an den Knöcheln emporkrempelten, als liege es nicht in ihrer stahlgrauen Art, sich ruhig zu verhalten, ohne sich umzuschauen, war Mrs. Williams niedlich geblümtes Kleid – rot und weiß, wie ihr eigenes hübsches Gesichtchen – so nett und ordentlich, als ob selbst der Wind, der draußen wehte, nicht eine einzige der Falten aus der Fassung bringen könnte. Während sein Rock um Brust und Schultern hing, als ob er beinahe gesonnen sei, sich auf und davon zu machen, war ihr Leibchen so schmuck und ruhig, daß es sie selbst vor den gröbsten Leuten beschützt hätte, wenn sie in die Lage gekommen wäre. Wer hätte das Herz gehabt, einen so ruhigen Busen vor Gram anschwellen, vor Furcht erzittern oder vor Scham erbeben zu lassen? Wem hätte nicht seine Ruhe und sein

Frieden eine Scheu eingeflößt, ihr etwas anzuhaben, wie der unschuldige Schlummer eines Kindes?

„Natürlich pünktlich, Milly", sagte ihr Mann, während er ihr das Tablett abnahm, „wie es von dir nicht anders zu erwarten ist. Hier ist Mrs. William, Sir! – Er sieht heute verlassener aus als je", flüsterte er seiner Frau zu, „und ganz geisterhaft!"

Ohne Eilfertigkeit oder Lärm, selbst ohne sich bemerkbar zu machen – so ruhig und still war sie –, setzte Milly die mitgebrachten Gerichte auf den Tisch. Mr. William war nach vielem Herumklappern und Herumlaufen bloß in den Besitz eines Schüsselchens mit Bratensauce gekommen, das er dienstbereit in der Hand hielt.

„Was trägt der Alte im Arm?" fragte Mr. Redlaw, als er sich zu seinem einsamen Mahl hinsetzte.

„Stechpalmenzweige, Sir", erwiderte Mrs. Williams ruhige Stimme.

„Das habe ich immer gesagt", fiel Mr. William ein und reichte das Schüsselchen hin. „Beeren passen so gut zu dieser Jahreszeit! – Braune Sauce!"

„Wieder ein Weihnachten da, wieder ein Jahr vorüber!" murmelte der Chemiker mit einem traurigen Seufzer. „Immer mehr Ziffern in der stets länger werdenden Summe von Erinnerungen, die wir beständig zu unserer Qual nachrechnen, bis der Tod alles durcheinanderwirft und wegwischt. Philip!" sagte er, indem er sich unterbrach und mit erhobener Stimme den Alten anredete, der im Hintergrund stand. Er hielt das dunkelgrüne glänzende Laub auf dem Arm, und die ruhige Mrs. William nahm kleine Zweige davon, die sie geräuschlos mit der Schere beschnitt, um damit das Zimmer auszuschmücken, während ihr alter Schwiegervater sehr interessiert ihrer Tätigkeit zusah.

„Ihr gehorsamster Diener, Sir", sagte der Alte. „Hätte früher gesprochen, Sir, aber kenne Ihre Art, Mr. Redlaw – bin stolz darauf –, und warte, bis man mich anredet! Fröhliche Weihnachten, Sir, und glückliches neues Jahr und noch viele davon. Habe selbst eine hübsche Anzahl davon erlebt – haha! – und darf mir die Freiheit nehmen, sie anderen zu wünschen. Bin siebenundachtzig!"

„Habt Ihr viele erlebt, die fröhlich und glücklich waren?" fragte der andere.

„Ja, Sir, sehr viele", entgegnete der Alte.

„Hat sein Gedächtnis durch das Alter gelitten? Man könnte es erwarten", sagte Mr. Redlaw leiser, zum Sohn gewandt.

„Nicht im mindesten, Sir", erwiderte Mr. William. „Das sage ich immer, Sir. Habe noch kein solches Gedächtnis gesehen, wie es mein Vater hat. Er ist der wunderbarste Mann von der Welt. Er weiß nicht, was Vergessen heißt. Das sage ich auch immer zu Mrs. William, Sir, Sie können mir's glauben!"

In seinem höflichen Verlangen, um keinen Preis zu widersprechen, sagte Mr. Swidger dies, als läge nicht der geringste Widerspruch darin und als brächte er alles in unbegrenzter und unbedingter Übereinstimmung mit dem Fragenden vor.

Der Chemiker schob den Teller von sich, stand vom Tisch auf und ging zu der Tür, wo der Alte stand und ein Zweiglein Stechpalme betrachtete, das er in der Hand hielt.

„Es erinnert an die Zeit, da viele dieser Jahre alt und neu waren!" sagte er, indem er ihn aufmerksam ansah und seine Schulter berührte. „Nicht wahr?"

„Oh, viele, viele!" sagte Philip und erwachte halb aus seinen Träumereien. „Ich bin siebenundachtzig!"

„Fröhlich und glücklich, nicht wahr?" fragte der Chemiker mit gedämpfter Stimme weiter. „Fröhlich und glücklich, Alter?"

„Vielleicht so groß, nicht größer", sagte der Alte und bezeichnete mit der Hand die Höhe seines Knies, während er den

Fragenden mit einem Gesicht anschaute, das in ferne Zeiten zu blicken schien, „war ich an dem ersten Weihnachtsfest, dessen ich mich erinnere! Ein kalter, heller Tag war es draußen im Freien, als mir jemand – so gewiß Sie dort stehen, war's meine Mutter, obgleich ich mich nicht erinnern kann, wie ihr liebes Gesicht aussah, denn sie legte sich noch dieselben Weihnachten hin und starb – sagte, diese Beeren wären Futter für die Vögel. Der hübsche kleine Kerl – das bin ich, müssen Sie wissen – glaubte, daß die Vögel so glänzende Augen hatten, weil die Beeren, von denen sie im Winter lebten, so glänzend waren. Ich erinnere mich dessen noch, und ich bin siebenundachtzig!"

„Fröhlich und glücklich!" sagte der andere vor sich hin und sah mit seinen dunklen Augen mitleidig lächelnd die alte, gebeugte Gestalt an. „Fröhlich und glücklich – und erinnert sich an alles?"

„Ja, ja, ja!" sagte der Alte, der die letzten Worte vernahm. „Ich kann mich noch recht gut an die Feiertage aus meiner Schulzeit erinnern und an das lustige Leben, das sie mit sich brachten. Ich war damals ein starker Bursche, Mr. Redlaw, und Sie können's mir glauben, es gab niemanden wie mich beim Fußballspiel in zehn Meilen Umgebung. Wo ist mein Sohn William? Es gab niemanden wie mich beim Fußballspielen, William, in zehn Meilen Umgebung!"

„Das habe ich immer gesagt, Vater!" erwiderte der Sohn rasch und mit großer Ehrerbietung. „Ihr seid ein Swidger, wie es sonst keinen in der Familie gab!"

„Gott!" sagte der Alte und schüttelte den Kopf, während er auf die Stechpalmenzweige blickte. „Seine Mutter – mein Sohn William ist mein Jüngster – und ich, wir haben mitten unter ihnen gesessen, Knaben und Mädchen, groß und klein, manches Jahr, wenn die Beeren wie diese hier nicht halb so glänzten wie ihre schmucken Gesichter. Viele von ihnen sind hinüber, sie ist hinüber, und mein Sohn George (unser Ältester, auf den sie stolzer war als auf alle übrigen) ist tief, tief gesunken! Aber wenn ich das hier anblicke, kann ich sie alle sehen, lebendig und gesund, wie sie in jenen Tagen waren; und Gott sei Dank, auch ihn kann ich sehen in seiner Unschuld. Es ist ein großer Gottessegen für mich bei siebenundachtzig Jahren!"

Der durchdringende Blick, der so ernst auf ihn gerichtet gewesen war, war allmählich zu Boden gewandert.

„Und als sich meine Verhältnisse verschlechterten, weil man nicht ehrlich mit mir verfuhr, und ich zuerst hierherkam als Kastellan", sagte der Alte, „das ist über fünfzig Jahre her – wo ist mein Sohn William? Über ein halbes Jahrhundert her, William!"

„Das sage ich auch, Vater", entgegnete William so rasch und ehrerbietig wie vorhin. „Das ist ganz richtig so. Zwei mal null ist null, und zwei mal fünf ist zehn, macht hundert."

„Da war es ordentlich eine Freude zu wissen, daß einer unserer Gründer oder, richtiger gesagt", verbesserte sich der Alte mit einer wahren Freude an dem Gegenstand seiner Rede und seiner Kenntnis davon, „einer der gelehrten Herren, die uns zu Königin Elisabeths Zeit beschenkten – denn wir wurden schon viel früher gegründet –, in seinem Testament unter anderen Schenkungen eine Summe aussetzte, um an jedem Weihnachtsfest Stechpalmen zum Ausschmücken der Wände und Fenster zu kaufen. Darin lag etwas Freundliches und Gemütliches. Als wir damals noch ganz fremd um die Weihnachtszeit hierherkamen, faßten wir sehr Gefallen an seinem Bild in dem Saal, der früher, ehe die zehn armen Studenten anstatt der Verpflegung ein Geldstipendium bekamen, unser großer Speisesaal war. – Ein gesetzter Gentleman mit Spitzbart in einer Halskrause, und unter dem Bild steht mit gotischen Buchstaben: HERR! ERHALTE MEIN GEDÄCHTNIS FRISCH! Sie wissen es ja, Mr. Redlaw."

„Ich weiß, daß das Bild dort hängt, Philip."

„Ja, es ist das zweite rechts über der Eichentäfelung. Ich wollte eben sagen: Er hat mir das Gedächtnis frisch erhalten; denn wenn ich alljährlich so wie heute durch die alten Räume gehe und sie auffrische mit diesen Zweigen und Beeren, so frischt das auch mein Gedächtnis auf. Ein Jahr bringt das andere zurück, und das andere wieder andere, und diese anderen eine ganze Menge weitere! Zuletzt wird es mir, als ob der Geburtstag unseres Herrn zugleich der Geburtstag von allem wäre, was ich geliebt, gekannt oder woran ich mich erfreut habe – und das ist gar vieles, denn ich bin siebenundachtzig!"

„Fröhlich und glücklich", sagte Redlaw vor sich hin.

Ein seltsames Dunkel fing an, sich im Zimmer auszubreiten.

„Sie sehen also, Sir", fuhr der alte Philip fort, dessen gesunde Greisenwangen sich mehr röteten und dessen blaue Augen lebhafter zu leuchten anfingen, als er sprach, „ich habe viel zu feiern, wenn ich dieses Fest feiere. Nun, wo ist mein stilles Mäuschen? Schwatzen ist die Erbsünde meiner Jahre, und die Hälfte der Zimmer ist noch zu schmücken, wenn die Kälte uns nicht vorher erfrieren läßt, der Wind uns nicht wegbläst oder die Dunkelheit uns nicht verschlingt."

Das stille Mäuschen stand neben ihm und ergriff schweigend seinen Arm, ehe er ausgesprochen hatte.

„Komm, meine Liebe", sagte der Alte. „Mr. Redlaw beginnt sonst nicht eher zu essen, als bis es so kalt ist wie der Winter. Sie werden mein Geplauder verzeihen, Sir, und ich wünsche Ihnen gute Nacht und noch einmal ein fröhliches –"

„Bleibt!" sagte Mr. Redlaw und nahm wieder am Tisch Platz, mehr, wie es schien, um den alten Kastellan zu beruhigen, als weil ihn sein Appetit dazu ermahnte. „Noch einen Augenblick, Philip! William, Ihr wolltet mir eben etwas sagen, was Eurer vortrefflichen Frau zur Ehre gereicht. Es wird ihr nicht unangenehm sein, wenn sie aus Eurem Mund ihr Lob hört. Was war es?"

„Ja, sehen Sie, Sir, das ist's eben", entgegnete Mr. William Swidger und blickte in ziemlicher Befangenheit seine Frau an. „Mrs. William sieht mich so an!"

„Aber Ihr fürchtet Euch doch nicht vor Mrs. Williams Blick?"

„Ach nein, Sir, das sage ich eben", erwiderte Mr. Swidger. „Er ist nicht so, daß man sich davor fürchten müßte. Er wäre auch nicht so sanft, wenn das ihre Absicht wäre. Aber ich möchte nicht gern – Milly! – der, du weißt schon – unten im Stift."

Mr. William, der hinter dem Tisch stand und sich sehr verlegen mit den Gegenständen darauf beschäftigte, warf seiner Frau ausdrucksvolle Blicke zu und deutete verstohlen mit Kopf und Daumen auf Mr. Redlaw, als wollte er sie auffordern, sich ihm zu nähern.

„Nun, der unten, Liebe", sagte Mr. William. „Unten im Stift. Erzähle es doch, Frau! Du bist im Vergleich zu mir wie Shakespeares Werke. Der unten im Stift – du weißt ja, Frau – Student."

„Student?" wiederholte Mr. Redlaw und erhob den Kopf.

„Das wollte ich sagen, Sir!" rief Mr. William, mit größter Lebhaftigkeit zustimmend. „Wenn's nicht der arme Student unten im Stift wäre, warum sollten Sie es dann aus Mrs. Williams Mund zu hören wünschen? Mrs. William, meine Liebe – Stift."

„Ich wußte nicht", sagte Milly mit einer ruhigen Offenheit, die ganz frei war von Hast oder Verwirrung, „daß William etwas davon gesagt hat, sonst wäre ich nicht gekommen. Ich bat ihn, es nicht zu tun. Es ist ein kranker junger Gentleman, Sir – und sehr arm, fürchte ich –, der zu krank ist, um zum Fest nach Hause zu reisen, und der ganz verlassen und in einem Zimmer, das für einen Gentleman schlecht genug ist, unten im Jerusalemstift wohnt. Weiter ist's nichts, Sir."

„Warum habe ich nie etwas von ihm gehört?" fragte der Chemiker und stand rasch auf. „Warum hat er mich nicht von seiner Lage unterrichtet? Krank! – Gebt mir Hut und Mantel her! Arm! – In welchem Haus? – Welche Nummer?"

„Ach, Sie dürfen nicht hingehen, Sir", sagte Milly und trat ihm mit ihrem ruhigen Antlitz und gefalteten Händen entgegen.

„Nicht hingehen?"

„Ach Gott, nein!" sagte Milly und schüttelte den Kopf wie über eine ganz offenbare und sich von selbst verstehende Unmöglichkeit. „Daran ist gar nicht zu denken!"

„Was soll das heißen? Warum nicht?"

„Ja, sehen Sie, Sir", sagte Mr. William Swidger beschwichtigend und zutraulich, „das sage ich eben. Verlassen Sie sich darauf, der junge Herr hätte seine Lage nie einem Mann anvertraut. Mrs. William hat sich sein Vertrauen erworben, aber das ist ganz etwas anderes. Sie haben alle Vertrauen zu Mrs. William; ihr gegenüber sind sie alle offen. Ein Mann, Sir, hätte kein Sterbenswörtchen aus ihm herausgekriegt; aber eine Frau, Sir, und noch dazu Mrs. William –!"

„Es liegt viel Wahrheit und Einfühlungsvermögen in dem, was Ihr sagt, William", gab Mr. Redlaw zur Antwort und blickte auf das sanfte und stille Gesicht neben sich. Während er den Finger auf den Mund legte, drückte er ihr heimlich seine Börse in die Hand.

„Ach Gott, nein, Sir!" sagte Milly und gab sie wieder zurück. „Das wird ja immer schlimmer! Kein Gedanke daran!"

Sie war eine so besonnene, praktische Hausfrau, und die rasche

Zurückweisung des Anerbietens hatte sie so wenig aus der Ruhe gebracht, daß sie gleich darauf wieder ein paar Blätter vom Boden auflas, die zwischen der Schere und der Schürze durchgeschlüpft waren.

Als sie wieder aufstand, sah sie, daß Mr. Redlaw sie immer noch zweifelnd und erstaunt betrachtete, und während sie sich umsah, ob vielleicht noch ein paar Blättchen ihrer Aufmerksamkeit entgangen wären, wiederholte sie ruhig: „Ach Gott, nein, Sir! Er sagte, von allen in der Welt wolle er am wenigsten Ihnen bekannt sein oder Unterstützung von Ihnen empfangen – obgleich er ein Student in Ihrer Klasse ist. Ich habe Ihnen nichts verheimlicht, aber ich verlasse mich ganz auf Ihre Ehre."

„Warum sagte er das?"

„Das weiß ich wahrhaftig nicht, Sir", sagte Milly, nachdem sie ein Weilchen nachgedacht hatte, „dazu bin ich nicht gelehrt genug, wissen Sie; und ich wollte mich ihm bloß nützlich machen und alles um ihn reinlich und hübsch halten und habe das bis jetzt getan. Aber ich weiß, daß er arm und verlassen ist und daß sich niemand um ihn kümmert. – Wie finster es ist!"

Das Zimmer wurde dunkler und dunkler. Ein schwerer, trüber Schatten ballte sich hinter dem Stuhl des Chemikers zusammen.

„Was wissen Sie weiter von ihm?" fragte er.

„Er ist verlobt und will heiraten, wenn er die Mittel dazu hat", sagte Milly. „Er studiert, glaube ich, um sich später seinen Lebensunterhalt erwerben zu können. Ich habe lange, lange Zeit mit angesehen, daß er angestrengt studiert und sich viel versagt hat. – Wie dunkel es ist!"

„Es wird auch kälter", sagte der Alte und rieb sich die Hände. „Es ist so schaurig und unheimlich im Zimmer. Wo ist mein Sohn William? William, mein Sohn, drehe die Lampe höher und schüre das Feuer!"

Millys Stimme ertönte von neuem wie sanfte, leise Musik: „Er sprach gestern im unruhigen Schlummer, nachdem er sich mit mir unterhalten hatte" – das sagte sie zu sich selbst –, „von jemandem, der gestorben, und einem großen, nie zu vergebenden Unrecht, das geschehen sei; aber ob es ihm oder einem andern widerfahren ist, das weiß ich nicht. Er hat es jedenfalls nicht getan, das weiß ich."

„Kurz, Mrs. William, sehen Sie – was sie selbst nie sagen würde, Mr. Redlaw, und wenn sie das ganze nächste Jahr hier stehen sollte –", flüsterte William ihm ins Ohr, „hat ihm unzählige gute Dienste geleistet. Wahrhaftig, unzählige gute Dienste! Zu Hause immer noch die alte – für meinen Vater noch immer alles so bequem wie früher – kein Strohhälmchen im Hause zu finden, und wenn Sie fünfzig Pfund dafür geben wollten – Mrs. William immer da, wenn sie gebraucht wurde – Mrs. William immer hin und her, hin und her, auf und ab, auf und ab, eine wahre Mutter für ihn."

Das Zimmer wurde dunkler und schauriger und der Schatten hinter dem Stuhl dichter.

„Noch nicht zufrieden damit, geht Mrs. William heute abend aus und findet, als sie nach Hause kommt (es ist noch nicht einmal ein paar Stunden her), ein Geschöpf, das mehr einem jungen Tier als einem jungen Kind ähnelt, frierend vor der Tür stehen. Was sollte Mrs. William anderes tun, als es mit nach Hause zu nehmen, damit es sich wärme, satt esse und dableibe, bis am Weihnachtsmorgen unsere übliche Spende an Essen und Kleidung ausgeteilt wird? Wenn es nie Feuer gefühlt hat, so geschieht es heute; denn es sitzt an dem alten Kamin und starrt das Feuer an, als ob es die gierigen Augen nie wieder zumachen wolle. Es sitzt zumindest dort", sagte Mr. William halblaut, indem er sich nach einigem Nachdenken selbst verbesserte, „wenn es nicht fortgelaufen ist!"

„Möge der Himmel ihr immer Glück schenken", sagte der Chemiker laut, „und auch Euch, Philip, und Euch, William! Ich muß überlegen, was in dieser Angelegenheit zu tun ist. Ich werde diesen Studenten vielleicht besuchen, aber ich will Euch jetzt nicht länger aufhalten. Gute Nacht!"

„Danke Ihnen, Sir", sagte der Alte, „in Mäuschens Namen, in meines Sohnes William und in meinem eigenen Namen. Wo ist mein Sohn William? William, nimm die Laterne, und geh voraus durch die langen dunklen Gänge, wie du es voriges Jahr tatest und das Jahr davor. Haha! Ich erinnere mich daran – wenn ich auch siebenundachtzig bin! Herr, erhalte mein Gedächtnis frisch! Ein hübscher Spruch des gelehrten Herrn mit dem Spitzbart in der Halskrause unten im Speisesaal. Herr, erhalte mein

Gedächtnis frisch! Ein schöner und frommer Spruch, Sir. Amen! Amen!"

Als sie hinausgingen und die schwere Tür zumachten, die, so vorsichtig sie sie auch schlossen, eine lange Reihe donnernder Echos wachrief, wurde das Zimmer noch dunkler.

Während er auf seinem Stuhl in tiefes Grübeln versank, schrumpfte die frische Stechpalme an der Wand allmählich zusammen und fiel schließlich als welker Zweig herab.

Finsternis und Dunkel hinter ihm verdichteten sich mehr und mehr, und in geisterhafter Verwandlung, der kein Menschenauge folgen konnte, löste sich daraus ein schreckliches Ebenbild seiner selbst.

Leichenhaft und kalt, farblos und mit fahlem Gesicht, aber mit *seinen* Zügen, *seinen* Augen und *seinem* ergrauenden Haar und angetan mit dem dunklen Schatten *seiner* Kleidung, erwachte es zu einem schrecklichen Leben, bewegungslos und ohne einen Laut.

Wie er seinen Arm auf die Stuhllehne legte und sinnend vor dem Feuer saß, so stützte sich das Phantom auf die Rückenlehne dicht über ihm und sah mit dem schauerlichen Abbild seines Gesichts dahin, wohin er schaute, und trug auf seinem Antlitz denselben Ausdruck wie er.

Das war also das Etwas, das dagewesen und gegangen war. Das war der grausige Gefährte des Verwünschten!

Einige Augenblicke lang schien es ihn nicht mehr zu beachten als er die Erscheinung.

Die Weihnachtsmusikanten spielten in der Ferne, und er schien ganz in Gedanken der Musik zu lauschen. Auch das Gespenst schien zu lauschen.

Endlich sprach er, ohne sich zu bewegen oder aufzublicken. „Wieder da?"

„Wieder da!" erwiderte es.

„Ich sehe dich in der Flamme", sagte der Verwünschte, „ich höre dich in der Musik, im Wind, in der Totenstille der Nacht."

Die Erscheinung bewegte zustimmend das Haupt.

„Warum kommst du? Warum verfolgst du mich?"

„Ich komme, wenn ich gerufen werde", entgegnete der Geist.

„Nein, ungerufen!" rief der Chemiker.

„Ja, auch ungerufen!" sagte das Gespenst. „Jedenfalls bin ich jetzt da."

Bis jetzt hatte der Schein der Flamme die beiden Gesichter, die ihm zugewandt waren, beleuchtet, und keines hatte das andere angeblickt. Aber jetzt drehte sich der Verwünschte plötzlich um und starrte das Gespenst an. Ebenso rasch erschien das Gespenst vor dem Stuhl und starrte ihn an.

So sahen sich der Lebendige und das belebte Bild seines verstorbenen Ich in die Augen: ein grauenerregendes Schauspiel in diesem einsamen und entlegenen Teil des alten, kaum bewohnten Gebäudes, an einem Winterabend, an dem der laute Wind hinausfährt auf seine geheimnisvolle Reise – wohin oder woher, weiß kein Mensch seit Anfang der Welt, wo die Sterne in undenkbaren Millionen herabglänzen aus dem ewigen Raum, in dem der Umfang der Erde wie ein Sandkorn ist und ihr unendliches Alter wie Kinderjahre zählt.

„Sieh mich an!" sagte das Gespenst. „Ich bin der, der in der Jugend, vernachlässigt und unendlich arm, strebte und duldete und immerfort strebte und duldete, bis ich die Wissenschaft aus der Tiefe holte, in der sie begraben lag, und rauhe Stufen daraus machte, damit meine wunden Füße darauf ruhen und emporsteigen konnten."

„Ich bin es", erwiderte der Chemiker.

„Keiner Mutter selbstverleugnende Liebe, keines Vaters Ratschläge halfen mir", fuhr der Geist fort. „Ein Fremder trat an meines Vaters Stelle, als ich noch ein Kind war, und ich wurde leicht meiner Mutter Herzen entfremdet. Meine Eltern gehörten im besten Fall zu denen, deren Sorge bald aufhört und deren Pflicht bald getan ist, die ihre Sprößlinge bald hinausstoßen wie die Vögel und die, wenn ihre Kinder guttun, das Verdienst, und wenn sie mißraten, das Mitleid dafür beanspruchen."

Er schwieg und schien ihn reizen zu wollen mit seinem Blick, mit dem Ton seiner Rede und mit seinem Lächeln.

„Ich bin der", fuhr der Geist fort, „der während seines unbändigen Bemühens emporzukommen einen Freund fand. Ich fand ihn, gewann ihn, fesselte ihn an mich; wir arbeiteten Seite an Seite. Alle Liebe und alles Vertrauen, die ich in meiner früheren Jugendzeit niemand hatte schenken können, übertrug ich auf ihn."

„Nicht alles“, sagte Redlaw mit heiserer Stimme.

„Nein, nicht alles“, entgegnete der Geist. „Ich hatte eine Schwester.“

Der Verwünschte, das Gesicht auf die Hand gestützt, antwortete: „Ja!“

Mit tückischem Lächeln trat der Geist näher an den Stuhl, stützte das Kinn auf die gefalteten Hände und die Hände auf die Rückenlehne und blickte mit forschenden Augen, die von Feuer erfüllt zu sein schienen, auf ihn hinab.

„Was ich jemals an Familienleben gefühlt habe“, fuhr er fort, „das verdanke ich ihr. Wie jugendlich war sie, wie schön, wie liebreich! Ich nahm sie mit in das erste ärmliche Zuhause, dessen Herr ich wurde, und sie machte es reich! Sie trat in das Dunkel meines Lebens und erhellte es. – Sie steht jetzt vor mir!“

„Ich sah sie eben in der Flamme. Ich höre sie in der Musik, im Wind, in der Totenstille der Nacht“, erwiderte der Verwünschte.

„Hat er sie geliebt?“ fragte der Geist in demselben nachdenklichen Ton. „Ich glaube, er tat es einst. Ich bin überzeugt, er tat es. Besser wäre es gewesen, sie hätte ihn weniger geliebt, weniger heimlich, weniger intensiv, nicht aus der innigen Tiefe eines ungeteilten Herzens!“

„Laß es mich vergessen!“ sagte der Chemiker mit einer abwehrenden Bewegung der Hand. „Laß es mich tilgen aus meinem Gedächtnis!“

Ohne sich zu regen, die grausamen Augen starr auf sein Gesicht geheftet, fuhr das Gespenst fort: „Ein Traum gleich dem ihrigen überkam auch mich!“

„Ja“, sagte Redlaw.

„Eine Liebe, der ihrigen so ähnlich, wie es meiner einfacheren Natur eben möglich war“, sprach das Gespenst weiter, „erblühte in meinem Herzen. Ich war damals zu arm, um durch Versprechen oder Bitten den Gegenstand dieser Liebe an mein Schicksal zu fesseln. Ich liebte sie viel zu sehr, als daß ich das hätte versuchen wollen. Aber mehr als jemals in meinem Leben mühte ich mich ab, um emporzukommen. Jeder gewonnene Zentimeter brachte mich schon dem Gipfel näher. Ich mühte mich weiter. Damals, in meinen späten Mußestunden – meine Schwester, die liebliche Gefährtin, saß stets mit mir an der verlöschenden Asche des kalt gewordenen Kamins, wenn der Tag graute –, welche Zukunftsbilder sah ich da!"

„Ich sah sie gerade eben in der Flamme", sagte er halblaut vor sich hin. „Sie kommen zu mir in der Totenstille der Nacht, zum Wechsel der Jahre."

„Bilder meines eigenen Familienlebens in späterer Zeit mit ihr, die mich zu meiner Arbeit begeisterte. Bilder von meiner Schwester als Gattin meines teuren Freundes. Bilder unseres späteren ruhigeren Alters und stillen Glücks und der goldenen Bande, die uns und unsere Kinder zu einem strahlenden Kranz vereinigen sollten", sagte das Gespenst.

„Bilder", sagte der Verwünschte, „die Täuschungen waren. Warum muß ich mich so deutlich an sie erinnern?"

„Täuschungen", wiederholte das Gespenst mit seiner eintönigen Stimme und starrte ihn an mit unbeweglichen Augen. „Denn mein Freund, vor dem ich kein Geheimnis hatte, trat zwischen mich und den Mittelpunkt meiner Hoffnungen und Mühen, gewann sie für sich und zerstörte meine zerbrechliche Welt. Meine Schwester, doppelt geliebt, doppelt hingebend und doppelt liebevoll unter meinem Dach, erlebte es noch, daß ich berühmt und mein alter Ehrgeiz belohnt wurde, als das, was ihn angespornt hatte, schon nicht mehr vorhanden war, und dann –"

„Dann starb sie", fiel er ein. „Sie starb so sanft, wie sie immer war; glücklich und um nichts als ihren Bruder besorgt. Still!"

Das Gespenst beobachtete ihn schweigend.

„In Erinnerung behalten", sagte der Verwünschte nach einer Pause. „Ja. So gut in Erinnerung behalten, daß selbst jetzt, da Jahre darüber hingegangen sind und mir nichts bedeutungsloser und törichter vorkommt als diese Liebe meiner Knabenzeit, ich noch immer mit Teilnahme an sie denke, als ob es die Liebe eines jüngeren Bruders oder Sohnes wäre. Manchmal frage ich mich sogar verwundert, wann ihr Herz sich ihm zuerst zugeneigt hat und wieso es einst mir zugetan gewesen war. Nicht oberflächlich, glaube ich. – Aber das besagt nichts. Eine unglückliche Jugend, eine Wunde von eines geliebten Freundes Hand und ein Verlust, den nichts ersetzen kann, dauern länger als solche Erinnerungen."

„So trage ich einen Kummer und eine Kränkung in mir", sagte der Geist. „So zehre ich an mir selbst. So ist die Erinnerung mein Fluch, und wenn ich meinen Kummer und meine Kränkung vergessen könnte, so würde ich es tun!"

„Spötter!" sagte der Chemiker, indem er aufsprang und mit zorniger Gebärde sein anderes Selbst an der Kehle packen wollte. „Warum klingt mir immer dieser Spott in den Ohren?"

„Zurück!" rief das Gespenst mit ernster Stimme. „Wage es, Hand an mich zu legen, und du stirbst!"

Er blieb wie vom Blitz gerührt stehen und starrte es an. Es war weiter in den Hintergrund geglitten; es hatte den Arm wie warnend erhoben, und ein Lächeln flog über sein geisterhaftes Gesicht, als es seine dunkle Gestalt stolz aufrichtete.

„Könnte ich meinen Kummer und meine Kränkung vergessen, ich täte es", wiederholte der Geist.

„Böser Geist meines Ichs", erwiderte der Verwünschte mit leiser, zitternder Stimme, „mein Leben wird verdüstert durch diese unaufhörliche Mahnung."

„Sie ist nur ein Echo", sagte das Gespenst.

„Wenn es nur ein Echo meiner Gedanken ist, wie ich jetzt einsehe", entgegnete der Verwünschte, „warum werde ich deswegen so gepeinigt? Es ist kein selbstsüchtiger Gedanke. Ich kann mich dabei ganz von mir lösen. Jedes Menschenwesen hat seinen Kummer, viele haben Kränkungen zu erleiden gehabt; Undankbarkeit, kleinlicher Neid und Eigennutz verbittern das Leben bei hoch und niedrig. Wer möchte nicht seinen Kummer und seine Kränkungen vergessen?"

„Sehr wahr", sagte das Gespenst, „wer möchte das nicht und wäre dann besser und glücklicher dadurch!"

„Woran erinnern diese Jahreswechsel, die wir feiern?" fuhr Redlaw fort. „Gibt es denn Menschen, die sich nicht an Kummer und Sorgen zu erinnern brauchen? Was ist die Erinnerung des Alten, der vorhin hier war? Ein Gewebe von Kummer und Sorgen."

„Aber gewöhnliche Naturen", sagte das Gespenst mit seinem früheren tückischen Lächeln, „ungebildete Geister und Alltagsmenschen fühlen oder denken über diese Dinge nicht so wie Männer von höherer Bildung und tieferem Denken."

„Versucher“, entgegnete Redlaw, „dessen leeren Blick und tiefe Stimme ich mehr fürchte, als Worte sagen können, und bei dessen Anblick mich die dunkle Ahnung einer noch größeren Furcht beschleicht, ich höre abermals ein Echo aus meinem Geiste.“

„Nimm es hin als einen Beweis meiner Macht“, gab das Gespenst zur Antwort. „Vernimm, was ich dir biete! Vergiß den Kummer, die Kränkungen und die Sorgen, die du gekannt hast!“

„Sie vergessen?“ wiederholte er.

„Ich besitze die Macht, die Erinnerungen an sie zu verwischen, so daß nur noch eine sehr schwache dunkle Spur zurückbleibt, die bald ganz verschwindet“, sagte das Gespenst. „Soll ich es tun?“

„Halt!“ rief der Verwünschte und wehrte mit einer erschreckten Bewegung die erhobene Hand ab. „Ich erbebe bei deinem Anblick vor Mißtrauen und Zweifel; und die ahnungsvolle Furcht, die ich dir gegenüber empfinde, wird zu einem namenlosen Schrecken, den ich kaum ertragen kann. Ich möchte bei unserem Handel nicht um eine einzige freundliche Erinnerung kommen, um kein Mitgefühl, das mir oder anderen Gutes bringt. Was verliere ich, wenn ich einwillige? Was würde außerdem meiner Erinnerung entschwinden?“

„Kein Wissen, kein Ergebnis des Forschens; nichts als die eng ineinander verwobene Kette von Gefühlen und Gedanken, die alle von den vergessenen Erinnerungen genährt werden. Sie werden verschwinden.“

„Sind es denn so viele?“ fragte der Verwünschte und dachte unruhig nach.

„Sie zeigten sich in der Flamme, in der Musik, im Wind, in der Totenstille der Nacht, in den wechselnden Jahren“, erwiderte das Gespenst höhnisch.

„In weiter nichts?“

Das Gespenst schwieg.

Aber nachdem es eine Weile schweigend vor ihm gestanden hatte, bewegte es sich zum Feuer hin und blieb wieder stehen. „Entschließe dich“, sprach es, „oder die Gelegenheit ist vertan!“

„Einen Augenblick! Ich rufe den Himmel zum Zeugen an“,

sagte der andere aufgeregt, „daß ich nie meinesgleichen gehaßt habe, daß ich nie gegen jemanden in meiner Umgebung mürrisch, gleichgültig oder hart gewesen bin. Wenn ich hier in meiner Einsamkeit zuviel auf das gegeben habe, was war und was hätte sein können, und zuwenig auf das, was ist, so habe ich bloß mir geschadet, glaube ich, und nicht anderen. Aber wenn Gift in meinem Körper wäre, müßte ich dann nicht, wenn ich das Gegengift besäße und die Kenntnis, es anzuwenden, davon Gebrauch machen? Wenn Gift in meiner Seele ist und ich es durch diesen schrecklichen Schatten austreiben kann, soll ich es dann nicht austreiben?"

„Sprich", sagte das Gespenst. „Soll es geschehen?"

„Noch einen Augenblick", erwiderte er. *„Ich würde vergessen, wenn ich es könnte!* Habe ich allein das gedacht, oder haben es schon Tausende und aber Tausende, Generation für Generation getan? Die Erinnerung jedes Menschen ist belastet mit Kummer und Sorge. Mein Gedächtnis ist wie das Gedächtnis anderer Menschen; aber anderen wird diese Wahl nicht gelassen. Ja, ich bin bereit! Ja, ich will meinen Kummer und meine Sorgen vergessen."

„Sprich", sagte das Gespenst. „Ist es geschehen?"

„Ja!"

„Es ist geschehen. Und jetzt, Mann, von dem ich mich hiermit lossage, nimm das mit. Die Gabe, die ich dir verliehen habe, sollst du weitergeben, überall, wo du hinkommst. Ohne die Fähigkeit wiederzugewinnen, die du aufgegeben hast, sollst du sie künftig bei allen vernichten, denen du nahst. Deine Weisheit hat entdeckt, daß die Erinnerung an Kummer und Sorgen das Los aller Menschen ist und daß die Menschheit glücklicher sein würde ohne diese Erinnerungen. Geh, sei der Wohltäter der Menschheit! Befreit von dieser Erinnerung, sollst du von dieser Stunde an den Segen dieser Befreiung unwillkürlich auf andere übertragen. Seine Verbreitung ist untrennbar mit dir verbunden. Geh! Sei glücklich mit dem Guten, das du gewonnen hast, und in dem Guten, das du tust!"

Das Gespenst, das seine blutleere Hand über seinem Haupt gehalten hatte wie zu einem unheiligen Zauber und das seine Augen denen des Chemikers so sehr genähert hatte, daß er sehen konnte, daß sie das gräßliche Lächeln auf seinem Gesicht nicht teilten, sondern ein starres, unwandelbares Entsetzen zeigten, löste sich vor ihm in Luft auf und war verschwunden.

Als er, noch von Angst und Staunen ergriffen, dastand und in klagenden Echos, die immer schwächer und schwächer verhallten, die Worte zu vernehmen glaubte: „Vernichte sie bei allen, denen du nahst!", traf ein gellender Schrei sein Ohr. Er kam nicht aus dem Gang, auf den die Tür sich öffnete, sondern aus einem anderen Teil des Gebäudes, und es klang wie der Ruf eines Menschen, der im Dunkeln den Weg verloren hat.

Er blickte verwirrt an sich hinab, als wollte er sich erst versichern, daß er es sei, und antwortete dann mit einem lauten, verstörten Ruf; denn ihn hatte ein dumpfes Bangen erfaßt, als ob er sich ebenfalls verirrt habe.

Da jetzt der Ruf aus größerer Nähe ertönte, ergriff er die Lampe und schob einen schweren Vorhang an der Wand zurück. Hinter ihm befand sich der Zugang zu seinem Hörsaal, der an sein Zimmer angrenzte. Sonst von Jugend und Leben und einer dichtgedrängten Reihe von Gesichtern erfüllt, auf denen sein Erscheinen augenblicklich lernbegieriges Interesse hervorrief, war es ein unheimlicher Ort, wenn alles Leben aus ihm verschwunden war, und starrte ihm wie ein Sinnbild des Todes entgegen.

„Hallo!" rief er. „Hallo! Hierher! Hierher zum Licht!" Da, als er den Vorhang mit der einen Hand beiseite schob und mit der anderen die Lampe erhob und das den Saal erfüllende Dunkel zu durchdringen versuchte, schoß etwas an ihm vorüber, gleich einer wilden Katze, und krümmte sich in einer Ecke zusammen.

„Was ist das?" fragte er hastig.

Er hätte auch „Was ist das?" gefragt, wenn er es hätte besser sehen können, wie es gleich darauf der Fall war.

Ein Bündel Lumpen, zusammengehalten von einer Hand, der Gestalt und Form nach die eines Kindes, aber in ihrem gierigen, krampfhaften Zugreifen die eines bösen alten Mannes. Ein Gesicht, rund und glatt wie nach einem halben Dutzend Jahren, aber zusammengekniffen und verzerrt durch die Erfahrungen eines langen Lebens. Die Augen glänzend, aber nicht jugendlich. Nackte Füße, schön in ihrer kindlichen Zartheit – häßlich durch das Blut und den Schmutz, die sie befleckten. Ein kleiner Wilder, ein junges Ungeheuer, ein Kind, das nie ein Kind gewesen war, ein Geschöpf, das zwar die äußere Gestalt eines Menschen annehmen konnte, aber innerlich als ein bloßes Tier leben und sterben mußte.

Schon gewohnt, wie ein Tier gequält und gehetzt zu werden, duckte sich der Junge, als ihn der Chemiker ansah, erwiderte den Blick und hielt den Arm vor sich, wie um einen erwarteten Schlag abzuwehren.

„Ich beiße, wenn du mich schlägst!" sagte er.

Es hatte eine Zeit gegeben, und noch vor wenigen Minuten hatte es sie gegeben, da hätte dem Chemiker bei einem solchen Anblick das Herz geblutet. Jetzt sah er kalt und teilnahmslos hin und fragte den Jungen mit angestrengtem Bemühen, sich an etwas zu erinnern – er wußte nicht recht, woran –, was er hier wolle und woher er komme.

„Wo ist die Frau?" antwortete er. „Ich will zu der Frau!"

„Zu welcher Frau?"

„Zu der Frau, die mich hergebracht und an das große Feuer gesetzt hat. Sie war so lange fort, daß ich sie suchen wollte und mich verirrt habe. Ich will nicht zu dir, ich will zu der Frau!"

Der Junge sprang so rasch auf, daß der gedämpfte Tritt seiner nackten Füße schon nahe beim Vorhang ertönte, als Redlaw ihn noch bei seinen Lumpen erwischte.

„Willst du mich gehen lassen?" murrte der Junge, der sich sträubte und die Zähne zusammenbiß. „Ich habe dir nichts getan. Laß mich gehen! Ich will zu der Frau!"

„Das ist nicht der rechte Weg. Hier ist's näher", sagte Redlaw und hielt ihn zurück in dem vergeblichen Versuch, sich an einen Gedanken zu erinnern, den dieses entsetzliche Geschöpf eigentlich hervorrufen sollte. „Wie heißt du?"

„Gar nicht."

„Wo wohnst du?"

„Wohnen? Was ist das?"

Der Junge schüttelte sich die Haare aus den Augen, um einen raschen Blick auf ihn zu werfen. Dann umklammerte er seine Beine und versuchte, sich loszureißen, während er wiederholte: „Laß mich doch gehen! Ich will zu der Frau!"

Der Chemiker führte ihn zur Tür. „Hier hinaus", sagte er und sah ihn immer noch verwirrt, aber mit kaltem Widerwillen an. „Ich will dich zu ihr führen."

Die Adleraugen des Jungen fielen plötzlich auf den Tisch, wo die Überreste des Mahles standen.

„Gib mir was davon!" sagte er gierig.

„Hat sie dir noch nichts zu essen gegeben?"

„Morgen bin ich doch wieder hungrig. Hungere ich nicht jeden Tag?"

Der Chemiker ließ ihn los, und der Junge sprang wie ein kleines Raubtier zu dem Tisch hin, drückte Brot und Fleisch und seine eigenen Lumpen in einem Bündel an die Brust und rief dann: „So! Jetzt bring mich zu der Frau!"

Als der Chemiker mit einem plötzlichen Widerwillen dagegen, den Jungen zu berühren, ihm mit strenger Miene zu folgen winkte und über die Schwelle schritt, befiel ihn ein Zittern, und er blieb stehen.

„Die Gabe, die ich dir verliehen habe, sollst du weitergeben, überall, wo du hinkommst!"

Die Worte des Gespenstes rauschten im Wind, und der Wind wehte ihn kalt an.

„Ich will heute abend nicht hingehen", sagte er leise vor sich hin. „Ich will heute abend nirgends hingehen. Junge! Diesen langen, gewölbten Gang hinab und an der großen dunklen Tür vorbei in den Hof – dann siehst du das Feuer im Fenster schimmern."

„Das Feuer der Frau?" fragte der Junge.

Er nickte, und die nackten Füße sprangen fort. Dann trat er mit der Lampe wieder ins Zimmer, verschloß die Tür hastig hinter sich, setzte sich in seinen Stuhl und schlug die Hände vors Gesicht wie einer, der sich vor sich selbst fürchtet.

Denn jetzt war er wirklich allein! Allein! Allein!

Zweites Kapitel

DIE VERBREITUNG DER GABE

Ein kleiner Mann saß in einem kleinen Zimmerchen, das durch einen kleinen, über und über mit kleinen Zeitungsausschnitten beklebten Schirm von einem kleinen Laden abgeteilt war. Außer dem kleinen Mann befand sich noch eine Anzahl kleiner Kinder in dem Zimmer, und in dem sehr beschränkten Raum, der ihnen zur Verfügung stand, machten sie durch ihre Menge einen so imponierenden Eindruck, daß es schien, als wären sie gar nicht zu zählen.

Zwei von dieser kleinen Schar waren durch irgendeine überlegene Kraft in ein in der Ecke stehendes Bett gebracht worden. Dort hätten sie ruhig den Schlummer der Unschuld schlafen können, wenn sie nicht eine angeborene Neigung, wach zu bleiben und sich aus dem Bett und wieder hinein zu wälzen, davon abgehalten hätte. Die unmittelbare Veranlassung dieser Vorstöße in die noch wache Welt war eine Mauer aus Austernschalen, an deren Aufbau zwei andere Jünglinge von zartem Alter in einer Ecke emsig arbeiteten. Auf diese Befestigung ließen die beiden im Bett beständig Angriffe erfolgen (gleich den verwünschten Pikten und Skoten*, die durch die geschichtlichen Anfangsstudien der meisten jungen Briten spuken) und zogen sich dann auf ihr eigenes Gebiet zurück.

Neben der Aufregung, die diese Überfälle und die Vergeltungsmaßnahmen der Angegriffenen verursachten, welche die Räuber hitzig verfolgten und sich auf die Bettücher stürzten, unter die sich jene flüchteten, trug noch ein anderer kleiner Junge in einem zweiten kleinen Bett sein Scherflein zur allgemeinen Familienverwirrung bei. Er warf seine Schuhe und andere, an sich harmlose, aber als Wurfgeschosse ziemlich harte Gegenstände nach den Störern seiner Ruhe, die, nicht faul, diese Komplimente erwiderten.

Außerdem wankte noch ein weiterer kleiner Junge – der größte unter allen, aber immer noch klein – hin und her. Er beugte sich stark auf eine Seite, und seine Knie knickten nicht wenig ein unter der Last eines großen Wickelkindes, das er nach einer verbreiteten Vorstellung, wie sie in solch lebhaften Familien vorkommt, in den Schlaf wiegen sollte. Aber ach! Welche unerschöpfliche Regionen der Wachsamkeit und Schaulust machten sich daran, die Blicke des Säuglings über seine nichtsahnende Schulter hinweg in ihren Bann zu ziehen!

---

* Pikten (röm. Name für vorkelt. Stämme in Nordschottland) und Skoten (auf Irland ansässiges kelt. Volk) bedrohten seit dem 3. Jh. das röm. Britannien. Durch den Zusammenschluß von Skoten und Pikten im 9. Jh. entstand Schottland.

Es war ein wahrer Moloch von einem Säugling, auf dessen unersättlichem Altar das ganze Dasein dieses jungen Bruders täglich zum Opfer gebracht wurde.* Sein hauptsächlicher Charakterzug war, nie an einem Ort fünf Minuten hintereinander ruhig zu bleiben und nie einzuschlafen, wenn es gewünscht wurde. „Tetterbys Baby" war bei der Nachbarschaft so bekannt wie der Briefträger und der Bierjunge. Von Montagmorgen bis Sonntagabend zog es auf dem Arm des kleinen Johnny Tetterby von Tür zu Tür, hängte sich als schwerfälliger Nachzügler an den Zug der Straßenjugend, die dem Taschenspieler oder dem Affen folgte, und kam, stets auf eine Seite gelehnt, immer ein klein wenig zu spät, um noch etwas zu sehen. Wo sich die Jugend zum Spiel sammelte und Johnny gern geblieben wäre, da war der kleine Moloch widerspenstig und wollte fort. Wenn Johnny auf die Straße wollte, schlief Moloch und mußte gehütet werden. Wenn Johnny Lust hatte, zu Hause zu bleiben, war Moloch wach und wollte spazierengetragen werden. Und doch war Johnny fest davon überzeugt, daß es ein Kind ohne Fehl und Tadel war, das in ganz England nicht seinesgleichen hatte. Er war vollkommen damit zufrieden, halb versteckt unter dem Kleidchen des Kindes oder dessen großer Haube einen nur unzureichenden Blick auf die Welt werfen zu können und mit ihm herumzuwanken wie ein sehr kleiner Dienstmann mit einem sehr großen Paket, das keine Adresse hat und niemals abgegeben werden kann.

Der kleine Mann in dem kleinen Zimmer, der vergebliche Versuche machte, inmitten dieses Tumults ruhig seine Zeitung zu lesen, war der Vater der Familie und Chef der Firma über dem kleinen Laden draußen, wo mit großen Buchstaben geschrieben stand: A. TETTERBY & CO. ZEITSCHRIFTENHANDLUNG. Genaugenommen war er allein diese Firma, denn Co. war eine bloße Erfindung, hinter der keinerlei Wirklichkeit und keine Person stand.

Tetterbys Laden befand sich an der Ecke des Jerusalemstifts. Ein reicher Vorrat an Literatur war im Fenster ausgestellt, meistens alte illustrierte Zeitungen und Geschichten von Seeräubern

---

* Moloch ist der im Alten Testament genannte Gott der Ammoniter, dem Kinder geopfert wurden.

und Wegelagerern in einzelnen Heften. Spazierstöcke und Murmeln gehörten gleichfalls zu den Handelsartikeln. Früher hatte sich das Geschäft auch auf Zuckerzeug erstreckt; aber wie es schien, bestand in der Nachbarschaft des Jerusalemstifts keine Nachfrage nach diesen Genüssen, denn im Fenster war keine Spur von derartigen Waren zu sehen als eine kleine Glaslaterne voll Bonbons, die so lange im Sommer geschmolzen und im Winter wieder zusammengefroren waren, bis alle Hoffnung dahin war, sie herauszubekommen oder zu essen, ohne die Laterne mit zu verzehren. Tetterby hatte sein Glück mit vielerlei Dingen versucht. Einst hatte er es ein wenig mit Spielsachen probiert; denn in einer zweiten Laterne befand sich noch ein Haufen kleiner Wachspüppchen, die in der allergreulichsten Verwirrung aneinanderklebten, und auf dem Boden der Laterne sah man allerlei zerbrochene Arme und Beine. Er hatte einen Versuch mit Modeartikeln gemacht, wovon ein paar alte, verschossene Sommerhüte in einer Ecke des Fensters Zeugnis ablegten. Er hatte geglaubt, es ließe sich etwas im Tabakhandel verdienen, und hatte sich ein Schild angeschafft, auf dem drei Eingeborene aus verschiedenen Teilen des britischen Weltreichs das duftende Kraut genossen. Eine poetische Inschrift darunter besagte, daß sie zu einer Sache vereint hier lachend säßen: Der eine kaue Tabak, der andere rauche, der dritte nehme eine Prise. Aber er schien sich nichts damit erworben zu haben als Fliegen. Zu einer anderen Zeit hatte er seine letzte Hoffnung dann wieder auf imitierte Schmuckstücke gesetzt, denn hinter einer Glasscheibe sah man einen Karton mit billigen Petschaften, einen anderen mit Bleistifthülsen und ein geheimnisvolles schwarzes Amulett von unerklärlicher Bestimmung, das mit neun Pence ausgezeichnet war. Aber bis zu dieser Stunde hatte das Jerusalemstift nichts davon gekauft. Kurz, Tetterby hatte sich solche Mühe gegeben, auf diese oder jene Weise im Jerusalemstift seinen Lebensunterhalt zu verdienen, und es war ihm so wenig gelungen, daß es von der ganzen Firma um Co. am besten stand. Denn Co. als ein körperloses Geschöpf wurde nicht von den gemeinen Unbequemlichkeiten Hunger und Durst belästigt, brauchte weder Armensteuer noch andere Steuern zu bezahlen und hatte für keine Familie zu sorgen.

Tetterby selbst aber saß, wie schon berichtet, in seinem kleinen Zimmer, und die jugendlichen Mitglieder seiner Familie machten ihr Vorhandensein in einer Weise bemerkbar, die zu laut war, um nicht beachtet zu werden oder sich mit der ruhigen Lektüre einer Zeitung zu vertragen. Er legte deshalb das Blatt hin und ging in seiner Ratlosigkeit ein paarmal im Zimmer herum wie eine Brieftaube, die noch nicht weiß, welchen Weg sie zu fliegen hat. Darauf unternahm er einen vergeblichen Angriff auf ein oder zwei kleine Gestalten in Nachtjäckchen, die an ihm vorüberschossen, und stürzte sich zuletzt auf das einzige Mitglied der Familie, das nicht gesündigt hatte: Er gab dem Hüter des kleinen Molochs eins hinter die Ohren.

„Du böser Junge!" sagte Mr. Tetterby. „Hast du gar kein Gefühl für deinen armen Vater nach den Mühen und Sorgen eines kalten Wintertags seit fünf Uhr morgens, daß du mir mit deinen dummen Streichen meine Ruhe störst und meine neuesten Nachrichten verdirbst? Ist es noch nicht genug, daß dein Bruder Dolphus sich herumplagt in Nebel und Kälte, während du im Überfluß schwimmst mit einem Wickelkind und allem, was du dir nur wünschen kannst", sagte Mr. Tetterby, indem er das als einen Gipfelpunkt aller Segnungen anführte, „sondern mußt du aus dem Vaterhaus eine Wildnis und aus deinen Eltern Wahnsinnige machen? Mußt du das, Johnny? Na?" Bei jeder Frage tat Mr. Tetterby, als wollte er ihm wieder eins hinter die Ohren geben, aber er besann sich eines anderen und hielt seine Hand zurück.

„Ach, Vater", sagte Johnny mit weinerlicher Stimme, „ich habe doch gar nichts getan, wirklich nichts, sondern bloß Sally versorgt und sie in den Schlaf gewiegt! Ach, Vater!"

„Ich wollte, mein kleines Frauchen käme nach Hause!" sagte Mr. Tetterby, indem er in eine milde, reuevolle Stimmung überging. „Ich wollte, mein kleines Frauchen käme nach Hause! Ich kann mit den Kindern nicht fertig werden. Mir brummt der Kopf, und es ist nicht gegen sie anzukommen. O Johnny! Ist es dir noch nicht genug, daß deine gute Mutter dir das liebe Schwesterchen geschenkt hat", fuhr er, auf Moloch deutend, fort, „ist es dir noch nicht genug, daß ihr vorher sieben Jungen wart, ohne ein Mädchen in Sicht, und daß deine gute Mutter ausstand, was sie ausgestanden hat, bloß damit ihr alle eine kleine Schwester bekommt, sondern mußt du dich auf eine Art benehmen, daß mir der Kopf brummt?"

Und er wurde immer gerührter, je mehr sich seine und seines beleidigten Sohnes zarten Gefühle Luft machten, umarmte ihn zuletzt und machte sich auf den Weg, um einen der wirklichen Übeltäter einzufangen. Nach einer kurzen, aber heftigen Jagd in schwierigem Terrain, über und unter den Bettstellen und durch das Labyrinth der Stühle hindurch, gelang es ihm, das Kind einzuholen, das er darauf gebührend bestrafte und zu Bett trug. Dieses Beispiel übte einen mächtigen und allem Anschein nach hypnotischen Einfluß auf den mit den Schuhen aus. Denn er versank augenblicklich in tiefen Schlaf, obgleich er noch eine Sekunde vorher ganz wach und über alle Maßen lebhaft gewesen war. Auch verfehlte es nicht seinen Eindruck auf die beiden jungen Baumeister, die sehr eilfertig und still in ihr Bett in einer Nebenkammer schlüpften. Da der Kamerad des Bestraften ebenso unbemerkt im Bett verschwand, fand sich Mr. Tetterby, als er stehenblieb, um Atem zu schöpfen, ganz unerwartet in einer vollkommen ruhigen Umgebung.

„Selbst mein kleines Frauchen hätte es nicht besser machen können", sagte Mr. Tetterby und fuhr sich mit der Hand über das gerötete Gesicht. „Ich wollte nur, mein kleines Frauchen hätte es zu machen gehabt, wahrhaftig!"

Mr. Tetterby suchte auf dem Wandschirm eine passende Sentenz aus, um sie seinen Kindern bei dieser Gelegenheit einzuprägen, und las die folgende: „‚Es ist eine unbezweifelte Tatsache, daß alle ausgezeichneten Männer ausgezeichnete Mütter gehabt und sie in ihrem späteren Leben als ihre besten Freundinnen geachtet haben.' Denkt an eure ausgezeichnete Mutter, Jungens", sagte Mr. Tetterby, „und erkennt ihren Wert, solange sie noch unter euch ist!"

Er setzte sich wieder auf seinen Stuhl neben dem Feuer, legte die Beine übereinander und nahm sich abermals die Zeitung vor.

„Es soll mir nur einer wagen, wieder aus dem Bett zu kommen", verkündete Mr. Tetterby der Allgemeinheit in sehr weichherzigem Ton, „und ‚dieser geschätzte Zeitgenosse soll ein wahres Wunder erleben'!" Eine Sentenz, die Mr. Tetterby abermals dem Wandschirm verdankte. „Johnny, mein Sohn, gib auf deine einzige Schwester Sally acht; denn sie ist das schönste Juwel, das jemals auf deiner jugendlichen Stirn geglänzt hat."

Johnny setzte sich auf ein Kinderstühlchen und ließ sich in demütiger Hingebung von Molochs Last fast erdrücken.

„Ach, welche Wohltat das Kind für dich ist", sagte der Vater, „und wie dankbar du dafür sein solltest! ‚Es ist nicht allgemein bekannt', Johnny", er las wieder von dem Wandschirm ab, „‚aber es ist eine durch genaue Berechnung festgestellte Tatsache, daß die folgende große Prozentzahl von Kindern nie das zweite Lebensjahr erreicht hat, nämlich –'"

„Ach bitte, Vater, hör auf!" rief Johnny. „Ich kann's nicht ertragen, wenn ich an Sally denke."

Mr. Tetterby schwieg, und Johnny, der die ihm obliegende Pflicht noch tiefer fühlte, wischte sich die Augen und beruhigte sein Schwesterchen.

„Dein Bruder Dolphus", sagte der Vater und schürte dabei das Feuer, „bleibt heute lange aus, Johnny, und wird nach Hause kommen wie ein Eisklumpen. Wo bleibt deine gute Mutter?"

„Da kommt Mutter und auch Dolphus, Vater, glaube ich!" rief Johnny.

„Du hast recht", entgegnete der Vater lauschend. „Ja, das ist der Schritt meines kleinen Frauchens."

Die Schlußfolgerung, durch die Mr. Tetterby auf den Gedanken gekommen war, seine Frau sei ein kleines Frauchen, war sein Geheimnis. Es hätten sich aus ihr leicht zwei Ausgaben ihres Mannes machen lassen. Sie war an sich schon ziemlich kräftig und stark gebaut; aber verglichen mit ihrem Mann waren ihre Maße imposant. Nicht weniger beeindruckend war das Ergebnis, wenn man sie mit ihren sieben Söhnen verglich, die ziemlich klein waren. Bei Sally aber hatte sich Mrs. Tetterby in einer Weise durchgesetzt, die niemand besser beurteilen konnte als der arme Johnny, der den schweren Engel jede Stunde am Tag wog und maß.

Mrs. Tetterby, die einkaufen gewesen war und einen großen Korb am Arm trug, legte Hut und Tuch ab, setzte sich ermüdet hin und befahl Johnny, ihr seine süße Last sogleich zum Küssen zu bringen. Nachdem Johnny gehorcht hatte und wieder zu seinem Stühlchen zurückgekehrt war, erbat sich Master Adolphus Tetterby, der unterdessen seinen Oberkörper aus einem allem Anschein nach endlosen regenbogenfarbenen Schal herausgewickelt hatte, dieselbe Gunst. Johnny gehorchte abermals und war gerade wieder zu seinem Stühlchen zurückgekehrt, als Mr. Tetterby, von einem plötzlichen Gedanken erfaßt, als Vater denselben Anspruch erhob. Die Befriedigung dieses dritten Verlangens hatte die völlige Erschöpfung des armen Opfers zur Folge, das kaum Atem genug fand, um wieder zu seinem Stühlchen zurückzukehren und seiner Familie etwas vorzukeuchen.

„Was du immer tun magst, Johnny", sagte Mrs. Tetterby kopfschüttelnd, „gib auf sie acht, oder komm deiner Mutter nie wieder unter die Augen!"

„Und auch deinem Bruder nicht!" sagte Adolphus.

„Und auch deinem Vater nicht, Johnny!" fügte Mr. Tetterby hinzu.

Johnny, sehr betrübt über diese unter einer bestimmten Bedingung angedeutete Verstoßung, guckte Moloch in die Augen, um zu sehen, ob alles in Ordnung sei, klopfte dem Kind auf den Rücken und schaukelte es mit dem Fuß.

„Bist du naß, Dolphus, mein Junge?" fragte der Vater. „Komm, setz dich auf meinen Stuhl, und trockne dich ab!"

„Nein, Vater, danke", sagte Adolphus und fuhr sich mit den Händen über das Gesicht. „Ich bin nicht sehr naß, glaube ich. Glänzt mein Gesicht sehr, Vater?"

„Nun, es glänzt ein bißchen, mein Sohn", erwiderte Mr. Tetterby.

„Es ist das Wetter, Vater", sagte Adolphus und rieb sich mit dem abgetragenen Rockärmel über die Wangen. „Durch den Regen und den Wind und den Schnee und den Nebel wird mein Gesicht manchmal ganz rot und glänzt dann – ah!"

Master Adolphus war auch in der Zeitungsbranche, denn er hatte für ein blühenderes Geschäft als das seines Vaters auf einem Bahnhof Zeitungen zu verkaufen. Seine pausbäckige kleine Person, die einem schäbig maskierten Amor glich, und seine gellende Kinderstimme (er war nicht viel älter als zehn Jahre) waren dort ebenso bekannt wie das heisere Fauchen der ein- und ausfahrenden Lokomotiven. Seiner jugendlichen Munterkeit hätte es vielleicht bei diesem frühzeitigen Eintritt ins Geschäftsleben an Gelegenheit gefehlt, sich Luft zu machen. Aber ein glücklicher Zufall hatte ihn ein Mittel finden lassen, sich zu unterhalten und dem langen Tag eine interessante Einteilung zu geben, ohne das Geschäft zu vernachlässigen. Diese scharfsinnige Erfindung, wie viele große Erfindungen bemerkenswert in ihrer Einfachheit, bestand darin, den Vokal in dem Wort „Blatt" zu verändern und an seine Stelle zu verschiedenen Zeiten des Tages alle anderen Vokale in alphabetischer Aufeinanderfolge zu setzen. So lief er vor Anbruch des Wintertages auf und ab in seiner kleinen Wachstuchmütze und dem Krägelchen von gleichem Stoff und dem dicken Schal und erfüllte die schwere Luft mit dem gellenden Ruf: „Morgenblatt!" Etwa eine Stunde vor Mittag verwandelte er es in „Morgenblett!", gegen zwei Uhr in „Morgenblitt!", gegen vier Uhr in „Morgenblott!", und mit der Sonne sank es zu „Abendblutt!" herab, ein Reichtum an Variationen, der den jungen Herrn immer bei guter Laune hielt.

Mrs. Tetterby, seine Mutter, die bis jetzt auf dem Stuhl gesessen und nachdenklich den Ehering um den Finger gedreht hatte, stand auf, legte ihre Überkleider vollends ab und fing an, den Tisch zu decken.

„Ach Gott! Ach Gott! Ach Gott!" sagte Mrs. Tetterby. „Wie es in der Welt zugeht!"

„Wie geht es in der Welt zu, liebe Frau?" fragte Mr. Tetterby und blickte über die Schulter.

„Ach, nichts!" sagte Mrs. Tetterby.

Mr. Tetterby zog die Brauen in die Höhe, faltete seine Zeitung von neuem auseinander und ließ seinen Blick die Spalten auf und ab laufen. Doch er war zerstreut und konnte nicht lesen.

Mrs. Tetterby deckte unterdessen den Tisch, aber mehr, als wolle sie ihn bestrafen, als um ihn zum Abendbrot fertigzumachen. Denn sie klopfte ganz unnötigerweise mit Messern und Gabeln auf ihm herum, schlug ihn mit den Tellern, stieß ihn mit dem Salzfaß und traf ihn schwer mit dem Brot.

„Ach Gott! Ach Gott! Ach Gott!" sagte Mrs. Tetterby. „Wie es in der Welt zugeht!"

„Mein Schatz", entgegnete ihr Mann und sah sich abermals um, „du sagtest das schon vorhin. Wie geht es in der Welt zu?"

„Ach, nichts!“ sagte Mrs. Tetterby.

„Sophia“, bemerkte ihr Mann, „auch *das* sagtest du schon vorhin!“

„Nun, ich will es noch einmal sagen, wenn es dir gefällt“, entgegnete Mrs. Tetterby. „Ach, nichts! – Und noch einmal: Ach, nichts! – So!“

Mr. Tetterby sah seine Angetraute an und sagte mit mildem Erstaunen: „Mein kleines Frauchen, was fehlt dir?“

„Ich weiß es nicht“, erwiderte sie. „Frag mich nicht! Wer hat gesagt, daß mir etwas fehlt? *Ich* gewiß nicht!“

Mr. Tetterby gab die Lektüre seiner Zeitung als hoffnungslos auf, ging langsam einmal die Stube auf und ab, die Hände auf dem Rücken und die Schultern emporgezogen – sein Gang entsprach vollkommen seinem resignierten Verhalten –, und sprach zu seinen beiden ältesten Söhnen: „Das Abendessen wird in einer Minute fertig sein, Dolphus. Deine Mutter ist in dem schlechten Wetter zur Garküche gelaufen, um es zu holen. Das war sehr freundlich von deiner Mutter. Auch du wirst bald dein Abendbrot bekommen, Johnny, sehr bald! Deine Mutter ist zufrieden mit dir, weil du auf dein liebes Schwesterchen so gut achtgibst.“

Ohne etwas zu sagen, aber mit einem sichtlichen Nachlassen in ihrer Erbitterung gegen den Tisch vollendete Mrs. Tetterby ihre Vorbereitungen und holte aus ihrem großen Korb eine ordentliche Portion warmen Erbsenbreis hervor, der in Papier eingeschlagen war; außerdem eine mit einem Teller zugedeckte Schüssel, aus der nach dem Entfernen des Tellers ein so angenehmer Duft emporstieg, daß die drei Paar Augen in den beiden Betten sich weit auftaten und auf das festliche Mahl starrten.

Ohne die stumme Einladung, Platz zu nehmen, zu beachten, blieb Mr. Tetterby stehen und wiederholte langsam: „Ja, ja, dein Abendessen wird in einer Minute fertig sein, Dolphus. Deine Mutter ist in dem schlechten Wetter zur Garküche gelaufen, um es zu holen. Das war sehr freundlich von deiner Mutter –", bis Mrs. Tetterby, die hinter seinem Rücken verschiedene Anzeichen der Zerknirschung von sich gegeben hatte, ihm plötzlich um den Hals fiel und weinte.

„Ach, Dolphus", sagte Mrs. Tetterby, „wie habe ich nur so sein können!"

Diese Aussöhnung rührte Adolphus den Jüngeren und Johnny dermaßen, daß beide wie auf ein Zeichen ein lautes Klagegeschrei anstimmten. Die Folge davon war, daß die runden Augen in den Betten sich augenblicklich schlossen und die beiden anderen kleinen Tetterbys, die eben aus der anstoßenden Kammer hereinschlichen, um zu sehen, was hinsichtlich des Essens los sei, eiligst den Rückzug antraten.

„Wahrhaftig, Dolphus", schluchzte Mrs. Tetterby, „als ich nach Hause kam, dachte ich nicht mehr daran als ein ungeborenes Kind –"

Mr. Tetterby schien an dieser Redewendung keinen Gefallen zu finden und bemerkte: „Sage lieber: als das Baby, liebe Frau!"

„– dachte ich nicht mehr daran als das Baby", sagte Mrs. Tetterby. – „Johnny, sieh nicht zu mir herüber, sondern nach dem Kind, sonst rutscht es dir vom Schoß, fällt und ist tot, und dann stirbst du an den Qualen eines gebrochenen Herzens, und das geschieht dir ganz recht! – Ich dachte ebensowenig daran wie unser kleiner Liebling, schlechter Laune zu sein, als ich nach Hause kam; aber ich weiß nicht, Dolphus –" Mrs. Tetterby stockte und drehte wieder den Ehering an ihrem Finger.

„Ich verstehe, ich verstehe", sagte Mr. Tetterby. „Meinem

Frauchen ist etwas in die Quere gekommen. Schlimme Zeiten und schlimmes Wetter und schlimme Arbeit machen das Leben manchmal schwer genug. Ich verstehe! Dolph", fuhr Mr. Tetterby fort und fischte mit der Gabel in der Schüssel, „da hat deine Mutter in der Garküche außer dem Erbsbrei ein ganzes Schinkenbein gekauft mit einem tüchtigen Stück übriggebliebener brauner Kruste darauf und Soße und Senf dazu in unerschöpflicher Menge. Gib den Teller her, Junge, und iß, solange es noch warm ist!"

Ohne sich zum zweitenmal auffordern zu lassen, nahm Master Adolphus mit Augen, die vor Appetit ganz feucht waren, seinen Teil in Empfang und zog sich dann auf seinen Stuhl zurück, wo er sich mit großem Eifer über sein Essen hermachte. Johnny wurde nicht vergessen, sondern erhielt seinen Teil auf Brot, damit er nichts auf das Wickelkind tropfte. Aus dem gleichen Grund mußte er seinen Erbsenbrei in der Hosentasche behalten, wenn er nicht gerade davon aß.

Es hätte mehr Fleisch an dem Schinkenbein sein können, denn der Vorschneider beim Garkoch hatte schon viel daran herumgeschnitten für vorherige Kunden, aber an Würze fehlte es nicht, und das ist eine Zugabe, die leicht an Schweinefleisch erinnert und den Geschmackssinn auf angenehme Weise täuscht. Auch der Erbsenbrei und die Soße und der Senf hatten – wie die Pfingstrose neben der Nachtigall –, wenn sie schon nicht Schweinefleisch waren, doch in seiner Nähe gelebt, so daß im ganzen Duft und Geschmack von einem Schwein mittlerer Größe vorhanden waren. Dem konnten die Tetterbys im Bett nicht widerstehen, und obgleich sie sich stellten, als ob sie ruhig schliefen, schlüpften sie doch aus den Federn, sobald die Eltern den Rücken wandten, und baten die Brüder stumm um einen gastronomischen Beweis brüderlicher Liebe. Diese, durchaus nicht hartherzig, gaben ihnen einige Bissen, und die Folge davon war, daß die Kleinen in ihren Nachtjäckchen während des ganzen Essens wie eine Schar Marodeure im Zimmer herumzog. Mr. Tetterby fühlte sich dadurch außerordentlich belästigt und sah sich ein- oder zweimal genötigt, einen Angriff zu machen, vor dem sich diese Guerillatruppen in alle Richtungen und in großer Verwirrung zurückzogen.

Mrs. Tetterby schmeckte das Essen nicht; ihr schien etwas auf dem Herzen zu liegen. Erst lachte sie ohne Grund, und dann weinte sie ohne Grund, und dann lachte und weinte sie zugleich auf eine so sonderbare Weise, daß ihr Mann nicht wußte, was er denken sollte.

„Frauchen", sagte Mr. Tetterby, „wenn es in der Welt so zugeht, geht es nicht mit rechten Dingen zu."

„Gib mir einen Schluck Wasser", sagte Mrs. Tetterby, bemüht, sich zu beherrschen, „und sprich jetzt nicht mit mir, und beachte mich nicht weiter! Bitte, tue es nicht!"

Nachdem Mr. Tetterby ihr das Wasser gereicht hatte, wandte er sich plötzlich dem unglücklichen Johnny zu, der voller Anteilnahme war, und fragte ihn, warum er auf seinem Stuhl herumfaulenze, statt mit dem Säugling vorzutreten, damit sein Anblick das Herz seiner Mutter erfreue? Johnny gehorchte sofort, fast niedergedrückt von der Last; aber da Mrs. Tetterby ihre Hand abwehrend ausstreckte zum Zeichen, daß sie nicht imstande sei, ihr Gefühl auf diese harte Probe stellen zu lassen, verbot ihm der Vater, nur einen Zentimeter weiterzugehen, bei Androhung ewigen Hasses von seiten all seiner teuren Angehörigen; und er zog sich dementsprechend mit seiner Last wieder auf sein Stühlchen zurück.

Nach einer Pause sagte Mrs. Tetterby, ihr sei jetzt besser, und fing an zu lachen.

„Mein Frauchen", sagte ihr Mann kopfschüttelnd, „bist du dir auch sicher, daß dir besser ist? Oder wird's vielleicht in einer andern Richtung wieder losgehen, Sophia?"

„Nein, Dolphus, nein", erwiderte seine Frau. „Mir ist jetzt wieder ganz gut." Damit strich sie sich das Haar glatt, drückte die Hände vor die Augen und fing abermals an zu lachen.

„Was ich für eine Närrin war, nur einen Augenblick lang auf solche Gedanken zu kommen!" sagte Mrs. Tetterby. „Rücke näher, Dolphus, ich muß dir mein Herz ausschütten und erzählen, was ich gedacht habe. Ich will dir alles sagen."

Mr. Tetterby rückte seinen Stuhl näher heran, Mrs. Tetterby lachte wieder, gab ihm einen Kuß und wischte sich die Augen.

„Du weißt, lieber Dolphus", sagte Mrs. Tetterby, „als ich noch ledig war, hätte ich verschiedene Leute heiraten können. Zu einer Zeit hatte ich vier Bewerber auf einmal; darunter waren die beiden Sergeanten – erinnerst du dich?"

„Ja, ja", sagte Mr. Tetterby.

„Nun sieh, Dolphus, ich denke jetzt gewiß nicht an solche Dinge, um mein Los hier zu beklagen; und ich weiß, daß ich einen so guten Ehemann bekommen habe und so viel tun würde, um zu beweisen, daß ich ihn liebhabe wie –"

„Wie jedes kleine Frauchen auf der Welt", sagte Mr. Tetterby. „Sehr gut, sehr gut."

Wenn Mr. Tetterby zwei Meter groß gewesen wäre, so hätte er keine zartere Rücksichtnahme auf Mrs. Tetterbys Elfengestalt an den Tag legen können; und wäre Mrs. Tetterby fünfzig Zentimeter groß gewesen, so hätte sie ihren Dank dafür nicht mehr zeigen können.

„Aber siehst du", sagte Mrs. Tetterby, „da jetzt Weihnachten ist, wo alle, die es können, sich einen freien Tag machen und alle, die Geld haben, etwas ausgeben, wurde ich, ich weiß nicht, wie, ein bißchen übellaunig. Auf der Straße draußen gab es so viel zu kaufen, so schöne Sachen zum Essen, so köstliche Dinge anzuschauen und so herrliche Sachen zu haben – und ich hatte so viel zu rechnen und zu rechnen, ehe ich nur ein Sechspencestück für die allergewöhnlichste Sache ausgeben durfte; und der Korb war so groß, und es war so viel Platz darin, und mein Geldvorrat war so klein und reichte für so wenig – du findest das abscheulich, Dolphus, nicht?"

„Noch nicht", sagte Mr. Tetterby.

„Nun, ich will dir alles sagen", fuhr seine Frau reumütig fort, „und dann gibst du es vielleicht zu. So sehr fühlte ich das, als ich draußen in der Kälte herumlief und eine Menge anderer rechnender Gesichter mit großen Körben herumlaufen sah, daß ich anfing zu denken, ob ich nicht besser getan hätte und glücklicher gewesen wäre, wenn – wenn –"; der Ehering wurde wieder um den Finger gedreht, und Mrs. Tetterby schüttelte dabei das gesenkte Haupt.

„Ich verstehe", sagte ihr Mann ruhig, „wenn du gar nicht oder einen andern geheiratet hättest!"

„Ja", schluchzte Mrs. Tetterby. „Das habe ich wirklich gedacht. Ist das nicht abscheulich, Dolphus?"

„Hm – nein, ich finde das noch nicht", sagte Mr. Tetterby.

Mrs. Tetterby gab ihm einen dankbaren Kuß und sprach weiter: „Ich hoffe jetzt fast, du wirst es auch anschließend nicht sagen, Dolphus, obgleich ich fürchte, ich habe das Schlimmste noch nicht erzählt. Ich weiß nicht, was auf einmal über mich kam. Ich weiß nicht, ob ich krank war oder verrückt oder sonstwas; aber ich konnte mich an nichts erinnern, was uns aneinanderknüpft oder was mich mit meinem Schicksal hätte aussöhnen können. Alle Freuden und Genüsse, die wir je gehabt haben, erschienen mir so armselig und unbedeutend, daß ich sie regelrecht haßte. Ich hätte sie mit Füßen treten können. Und ich konnte an weiter nichts denken als an unsere Armut und die vielen Mäuler, die zu Hause auf mich warteten."

„Das ist freilich wahr", sagte Mr. Tetterby und drückte ihr ermutigend die Hand. „Wir *sind* arm und *haben* viele Mäuler im Hause."

„Ach, aber Dolph, Dolph!" rief die Frau und umschlang ihn. „Mein lieber, guter, geduldiger Mann, als ich nur ein paar Minuten zu Hause war – wie anders! Ach, lieber Dolph, wie anders war es da! Es war mir, als ob ein ganzer Strom von Erinnerungen über mich käme, der mein hartes Herz erweichte und es zum Überfließen anfüllte. All unsere Mühen ums liebe Brot, all unsere Sorgen und Entbehrungen, seitdem wir verheiratet sind, alle Tage der Krankheit, all die Stunden, die wir beieinander waren oder bei den Kindern durchwacht haben, schienen zu mir zu reden und zu sagen, daß sie uns zu einer Einheit verschmolzen haben und daß ich nie etwas anderes hätte sein können und wollen als das Weib und die Mutter, die ich jetzt bin. Und da wurden mir die billigen Freuden, die ich vorher so sehr verachtet hatte, so kostbar, ach, so unendlich wertvoll, daß ich den Gedanken nicht ertragen konnte, wie ich sie verschmäht hatte; und ich sagte und sage es noch hundertmal: Wie konnte ich nur so sein, Dolphus, wie konnte ich das Herz dazu haben?"

Die gute Frau, ganz außer sich vor aufrichtiger Liebe und Reue, ließ ihren Tränen freien Lauf, als sie plötzlich mit einem Schrei aufsprang und hinter ihrem Gatten Schutz suchte. So angstvoll war der Schrei, daß die Kinder aus ihrem Schlummer auffuhren, aus den Betten stürzten und sich an sie klammerten.

Zudem entsprach ihr Aussehen ihrer Stimme, als sie auf einen blassen Mann in schwarzem Mantel deutete, der ins Zimmer getreten war.

„Sieh diesen Mann da! Sieh hin! Was will er?"

„Liebe Frau", erwiderte ihr Gatte, „ich will ihn fragen, wenn du mich losläßt. Was hast du? Wie du zitterst!"

„Ich begegnete ihm auf der Straße, als ich zur Garküche ging. Er sah mich an und stand neben mir. Ich fürchte mich vor ihm."

„Du fürchtest dich vor ihm? Warum?"

„Ich weiß nicht, warum – ich – bleib, Mann!" Denn er wollte auf den Fremden zugehen.

Sie hatte die eine Hand auf die Stirn gedrückt und die andere auf die Brust; eine eigentümliche Aufregung hatte sich ihrer bemächtigt, und ihr Blick schweifte unruhig und forschend umher, als hätte sie etwas verloren.

„Ist dir unwohl, liebe Frau?"

„Was ist es, das da wieder von mir geht?" sagte sie leise vor sich hin. „Was ist es, das mich verläßt?"

Dann antwortete sie kurz: „Unwohl? Nein, mir ist ganz wohl!" Und sie starrte mit leerem Blick auf den Fußboden.

Ihr Mann, der anfangs von ihrem Schrecken nicht ganz unberührt geblieben war und auf den die seltsame Art, wie sie sich jetzt benahm, nicht gerade beruhigend wirken konnte, sprach den bleichen Gast im schwarzen Mantel, der mit zu Boden gerichtetem Blick an der Tür stehengeblieben war, an.

„Was wünschen Sie, Sir?" fragte er.

„Ich fürchte, mein unbemerktes Eintreten hat Sie erschreckt", erwiderte jener, „aber Sie sprachen miteinander und hörten mich nicht."

„Mein kleines Frauchen sagte – Sie haben es vielleicht gehört –", sagte Mr. Tetterby, „daß dies heute abend nicht das erste Mal ist, daß sie von Ihnen erschreckt wird."

„Das tut mir leid. Ich entsinne mich, daß ich sie auf der Straße sah. Ich hatte nicht die Absicht, sie zu erschrecken."

Während er beim Sprechen aufschaute, erhob auch sie ihren Blick. Merkwürdig war die Angst, die sie vor ihm hatte, und die Angst, mit der er das beobachtete – gespannt und forschend beobachtete.

„Ich heiße Redlaw", sagte er. „Ich wohne in dem alten Kollegium nebenan. Ein junger Gentleman, der dort studiert, wohnt bei Ihnen, nicht wahr?"

„Mr. Denham?" fragte Tetterby.

„Ja."

Es war eine ganz natürliche Gebärde und so wenig auffällig, daß sie kaum bemerkt wurde; aber ehe er wieder antwortete, strich sich der kleine Mann mit der Hand über die Stirn und ließ rasch seinen Blick durch das Zimmer schweifen, als ob er eine Veränderung in seiner Atmosphäre bemerke. Der Chemiker sah ihn mit demselben angsterfüllten Blick an wie vorher seine Frau und trat zurück, während sich die Blässe auf seinem Gesicht verstärkte.

„Der Gentleman wohnt eine Treppe höher", sagte Tetterby. „Seine Wohnung hat auch einen eigenen Eingang; aber da Sie einmal hier in der Stube sind, brauchen Sie nicht erst wieder in die Kälte hinauszugehen, wenn Sie hier die paar Stufen hinaufsteigen wollen", und er zeigte ihm eine Treppe, die unmittelbar in das obere Zimmer führte.

„Ja, ich will hinauf zu ihm", sagte der Chemiker. „Können Sie ein Licht entbehren?"

Die unruhige Spannung in seinen düsteren Augen und das unerklärliche Mißtrauen, das darin lauerte, schienen Mr. Tetterby zu beunruhigen. Er schwieg und blieb wie gebannt ein oder zwei Minuten lang auf einem Fleck stehen, die Augen starr auf den Fremden gerichtet. Endlich sagte er: „Ich will Ihnen leuchten, Sir, wenn Sie mir folgen wollen."

„Nein", entgegnete der Chemiker, „ich wünsche nicht, daß man mich begleitet oder mich bei ihm anmeldet. Er erwartet mich nicht. Ich will lieber allein gehen. Bitte, geben Sie mir ein Licht, wenn Sie es entbehren können, und ich werde schon hinauffinden."

Als er dem Zeitungsverkäufer das Licht aus der Hand nahm, berührte er des Mannes Brust. Rasch zog er die Hand zurück, als ob er ihn zufällig verletzt hätte (denn er wußte nicht, welcher Teil seines Körpers die neue Kraft besaß oder wie sie sich mitteilte), wandte sich ab und stieg die Treppe hinauf.

Aber als er die oberste Stufe erreichte, blieb er stehen und sah hinab. Die Frau stand noch auf derselben Stelle und drehte den Ehering an ihrem Finger. Der Mann hatte das Haupt auf die Brust sinken lassen und brütete mürrisch vor sich hin. Die Kinder, die sich immer noch an ihre Mutter klammerten, blickten schüchtern zu dem Fremden hinauf und drängten sich dichter aneinander, als sie ihn herabschauen sahen.

„Fort!" sagte der Vater barsch. „Ich habe es jetzt satt. Macht, daß ihr zu Bett kommt!"

„Die Stube ist eng genug ohne euch", setzte die Mutter hinzu. „Macht, daß ihr zu Bett kommt!"

Verschüchtert und betrübt kroch die ganze Schar davon; der kleine Johnny und das Baby bildeten die Nachhut. Die Mutter warf einen verächtlichen Blick auf die Stube, schob die Überreste des Mahles verdrossen von sich, und statt den Tisch abzuräumen, setzte sie sich hin und versank in ein mürrisches Grübeln. Der Vater nahm in der Kaminecke Platz, schürte ungeduldig das kärgliche Feuer und beugte sich darüber, als ob er es für sich allein haben wollte. Sie wechselten kein Wort miteinander.

Bleicher noch als vorhin schlich der Chemiker die Treppe hinauf wie ein Dieb, sah hinab auf die plötzlich veränderte Szene und schien sich ebensosehr vor dem Weitergehen wie vor dem Umkehren zu fürchten.

„Was habe ich getan?" sprach er verwirrt vor sich hin. „Was werde ich noch anrichten?"

„Der Wohltäter der Menschheit zu sein", schien ihm eine Stimme zu erwidern.

Er sah sich um, aber es war nichts da; und da jetzt ein Korridor die kleine Stube unten seinem Blick entzog, setzte er seinen Weg fort, ohne sich weiter umzuschauen.

„Ich bin erst seit gestern abend in meinem Zimmer geblieben", sprach er trübe vor sich hin, „und doch kommt mir alles so fremd vor. Ich komme mir selbst fremd vor. Mir ist, als ob ich in einem Traum hierhergekommen wäre. Welches Interesse habe ich an diesem Ort oder an jedem andern, den ich mir ins Gedächtnis rufen kann? Mein Geist ist blind geworden!"

Er stand vor einer Tür, klopfte an und trat auf ein von drinnen ertönendes „Herein!" ins Zimmer.

„Ist es meine freundliche Pflegerin?" fragte die Stimme. „Aber ich brauche nicht erst zu fragen, es kommt niemand sonst her."

Die Stimme klang heiter, wenngleich schwach, und lenkte seine Aufmerksamkeit auf einen jungen Mann auf einem Sofa, das, mit der Rücklehne gegen die Tür gekehrt, vor dem Kamin stand. In einem jämmerlichen Öfchen, das in den Kamin eingebaut war und zur Erwärmung des Zimmers bei weitem nicht ausreichte, brannte das Feuer, dem er das Gesicht zuwandte. Da es dem zugigen Dach so nahe war, brannte es flackernd und mit lautem Geknister, und die ausgebrannte Asche fiel rasch durch den Rost.

„Die prasselt, wenn sie hinunterfällt", sagte der Student lächelnd, „das bedeutet also, wie die Leute sagen, nicht Särge, sondern Geldbeutel. Wenn Gott will, werde ich eines Tages noch gesund und reich sein und vielleicht lange genug leben, um eine Tochter mit Namen Milly zu lieben, aus dankbarer Erinnerung an das liebevollste Gemüt und das sanfteste Herz in der Welt."

Er streckte die Hand aus, als ob er erwartete, daß sie dieselbe nähme, aber da er noch schwach war, blieb er, das Gesicht auf die andere Hand gestützt, liegen und drehte sich nicht um.

Der Chemiker sah sich im Zimmer um. Er betrachtete die Bücher des Studenten auf einem Tisch in der Ecke, wo sie und die ausgelöschte Studierlampe, die jetzt verpönt und beiseite gestellt war, Zeugnis ablegten von den fleißigen Stunden, die seiner Krankheit vorangegangen waren und sie vielleicht veranlaßt hatten. Er sah auch die Anzeichen früherer Gesundheit und Freiheit, wie die für die Straße bestimmte Kleidung, die nutzlos an der Wand hing. Die kleinen Miniaturen über dem Kamin und die Abbildung des Vaterhauses weckten die Erinnerung an eine andere und weniger einsame Umgebung, während als Zeichen seines ehrgeizigen Strebens und vielleicht auch seiner persönlichen Zuneigung des Betrachters eingerahmtes Bild an der Wand hing. Es hatte eine Zeit gegeben – am Vortage noch –, wo nicht ein einziger dieser Gegenstände in ihren entferntesten Beziehungen zu der lebenden Gestalt vor ihm ohne Eindruck auf Redlaw geblieben wäre. Jetzt waren sie für ihn bloß Sachen, oder wenn noch eine schwache Erinnerung an frühere Empfindungen in ihm auflebte, so trug sie nur dazu bei, ihn zu verwirren, während er dastand und mit stumpfer Verwunderung um sich blickte.

Der Student zog die dünne Hand, die so lange unberührt blieb, zurück, erhob das Haupt und sah sich um.

„Mr. Redlaw!" rief er aus und fuhr empor.

Redlaw streckte den Arm aus und sagte: „Kommen Sie nicht näher! Ich will mich hierhin setzen. Bleiben Sie, wo Sie sind!"

Er nahm auf einem Stuhl an der Tür Platz, und nachdem er einen Blick auf den Jüngling geworfen hatte, der, die Hand auf die Sofalehne gestützt, dastand, sprach er mit zu Boden gesenktem Blick weiter.

„Ich hörte durch einen Zufall – durch welchen, ist gleichgültig –, daß ein Student aus meiner Klasse krank und hilflos ist. Ich erfuhr weiter nichts über ihn, als daß er in dieser Straße wohne. Ich begann meine Erkundigungen in dem ersten Haus der Straße und fand Sie."

„Ich bin krank gewesen, Sir", erwiderte der Student, nicht bloß mit bescheidener Zurückhaltung, sondern in einer Art ehrfürchtiger Scheu vor ihm, „habe mich aber schon sehr erholt. Ein Fieberanfall – ein Nervenfieber, glaube ich – hatte mich sehr geschwächt, aber es geht mir schon bedeutend besser. Ich kann nicht behaupten, ich wäre hilflos gewesen in meiner Krankheit, sonst vergäße ich die freundliche Hand, die mich nie verlassen hat."

„Sie sprechen von der Frau des Kastellans", sagte Redlaw.

„Ja." Der Student neigte den Kopf, als ob er ihr eine schweigende Huldigung darbrächte.

Der Chemiker war von einer kalten, eintönigen Gleichgültigkeit beherrscht, die ihn mehr einem Marmorbild auf dem Grab des Mannes gleichen ließ, der gestern bei der ersten Erwähnung von des Studenten Krankheit aufgesprungen war, als diesem Mann selbst ähnlich machte. Er sah wieder den Studenten an, der mit der Hand auf der Sofalehne dastand, blickte dann auf den Fußboden und in die Luft, und es war, als ob er Erleuchtung suchte für seinen erblindeten Geist.

„Mir fiel Ihr Name wieder ein", sagte er, „als er mir soeben in der Stube unten genannt wurde; und ich erinnere mich an Ihr Gesicht. Wir sind nur wenig in persönliche Berührung miteinander gekommen."

„Sehr wenig."

„Ich glaube, Sie haben sich mehr als die anderen von mir ferngehalten."

Der Student verbeugte sich zustimmend.

„Und warum?" fragte der Chemiker, ohne im mindesten Teilnahme zu zeigen, sondern bloß mit einer mürrischen Neugier. „Warum? Wie kommt es, daß Sie mir absichtlich verheimlicht haben, daß Sie in dieser Zeit des Jahres, wo alle übrigen verreist sind, hiergeblieben und krank geworden sind? Ich frage, warum das?"

Der Jüngling, der ihn mit wachsender Aufregung angehört hatte, blickte jetzt vom Boden auf, schlug die Hände zusammen und rief mit zitternden Lippen: „Mr. Redlaw! Sie haben mich durchschaut! Sie kennen mein Geheimnis!"

„Ihr Geheimnis?" fragte der Chemiker barsch. „*Ich* sollte das kennen?"

„Ja! Ihr Verhalten, das so anders ist als das Interesse und die Teilnahme, die Ihnen die Zuneigung so vieler Herzen eingetragen haben, Ihre veränderte Stimme, das Gezwungene in Ihren Worten und in Ihren Blicken sagen mir, daß Sie mich kennen", entgegnete der Student. „Daß Sie mir es jetzt noch verheimlichen wollen, ist für mich nur ein neuer Beweis (Gott weiß es, daß ich keinen brauche!) Ihrer angeborenen Herzensgüte und der Kluft, die zwischen uns liegt."

Ein verächtliches Lachen war seine einzige Antwort.

„Aber, Mr. Redlaw", sagte der Student, „als ein gerechter und guter Mann bedenken Sie, wie wenig Anteil ich – außer durch meinen Namen und meine Herkunft – an dem Unrecht habe, das Ihnen zugefügt worden ist, oder an dem Schmerz, den Sie erlitten haben."

„Schmerz!" sagte Redlaw lachend. „Unrecht! Was ist das für mich schon?"

„Um Himmels willen", bat der Student schüchtern, „lassen Sie sich von ein paar Worten, die Sie mit mir wechseln, nicht noch mehr verändern, Sir! Lassen Sie mich wieder verschwinden aus Ihrem Gedächtnis! Lassen Sie mich meinen alten entfernten Platz unter denen, die Sie unterrichten, wieder einnehmen! Kennen Sie mich wieder nur unter dem Namen, den ich annahm, und nicht als Longford –"

„Longford!" rief der andere aus.

Er schlug sich mit beiden Händen vor die Stirn und wandte dem Jüngling einen Augenblick lang sein altes geistvolles und nachdenkliches Gesicht zu. Aber das Licht verschwand wie ein flüchtiger Sonnenstrahl, und das Gesicht umwölkte sich wieder wie zuvor.

„Der Name, den meine Mutter trägt, Sir!" sagte der Jüngling mit stockender Stimme. „Der Name, den sie wählte, als sie vielleicht einen geehrteren hätte erhalten können. Mr. Redlaw", fuhr er zögernd fort, „ich glaube, ich kenne diese Geschehnisse. Wo mein Wissen nicht ausreicht, habe ich die Lücken durch Vermutungen ergänzt, die der Wahrheit wohl ziemlich nahekommen. Ich bin das Kind einer Ehe, die sich als nicht glücklich erwies. Von Kindheit an hörte ich von Ihnen sprechen mit hoher Achtung – fast mit Ehrfurcht. Von solcher Hingebung, von solcher Standhaftigkeit und Güte, von solchem Ankämpfen gegen Hindernisse, die den Menschen niederzuzwingen drohen, habe ich vernommen, daß meine Phantasie, seitdem ich meine kleine Lektion von meiner Mutter lernte, Ihrem Namen höchsten Glanz verlieh. Und endlich, von wem konnte ich, selbst ein armer Student, besser lernen als von Ihnen?"

Redlaw, unbewegt und unverändert, starrte ihn bloß mit einem inhaltsleeren Blick an und antwortete weder mit Worten noch durch Gebärden.

„Ich würde mich vergeblich darum bemühen, einen Ausdruck

dafür zu finden", fuhr der andere fort, „wie sehr es mich beeindruckt hat, als ich die schönen Spuren der Vergangenheit wiederfand in der Macht, sich Dankbarkeit und Vertrauen zu erwerben, die sich bei uns Studenten an Mr. Redlaws Namen knüpft. Wir unterscheiden uns in Hinblick auf Alter und Stellung so vollkommen, Sir, und ich bin so gewohnt, Sie nur aus der Ferne zu betrachten, daß ich mich über meine eigene Keckheit wundere, wenn ich, obgleich nur vorsichtig, diesen Gegenstand berühre. Aber einem Mann, der, ich darf es wohl sagen, einst für meine Mutter eine nicht gewöhnliche Anteilnahme empfand, ist es vielleicht nicht ganz gleichgültig, jetzt, wo alles vorüber ist, zu vernehmen, mit welch unbeschreiblicher Liebe ich ihn aus meinem Dunkel betrachtet habe, mit welchem Schmerz ich mich von ihm fernhielt, wenn ein Wort von ihm mich reich gemacht hätte, und wie sehr ich doch fühlte, daß ich recht tat, auf dieser Bahn zu bleiben, zufrieden, ihn zu kennen und selbst unbekannt zu bleiben. Mr. Redlaw", sagte der Student schüchtern, „was ich gesagt habe, habe ich nicht glücklich formuliert, denn ich beherrsche die richtige Ausdruckskraft noch nicht; aber wenn etwas Unwürdiges ist in der Täuschung, die ich mir habe zuschulden kommen lassen, so verzeihen Sie mir, und in allem übrigen vergessen Sie mich!"

Der inhaltsleere und doch grollende Ausdruck schwand nicht aus Redlaws Gesicht und veränderte sich erst, als sich der Student ihm bei seinen letzten Worten näherte und seine Hand ergreifen wollte. Da trat er zurück und rief ihm zu: „Kommen Sie mir nicht zu nahe!"

Der Jüngling blieb stehen, abgeschreckt von der Heftigkeit dieser Zurückweisung, und fuhr sich mit der Hand nachdenklich über die Stirn.

„Vergangenes ist vergangen", sagte der Chemiker. „Es stirbt wie das unvernünftige Tier. Wer redet zu mir von seinen Spuren in meinem Leben? Er faselt oder lügt! Was gehen mich Ihre kranken Träume an? Wenn Sie Geld brauchen, hier ist welches. Ich kam her, um es Ihnen zu bringen; das war der einzige Zweck meines Kommens. Weiter kann ich hier nichts gewollt haben", murmelte er vor sich hin und legte die Hände wieder an die Stirn. „Weiter kann ich nichts gewollt haben, und doch –"

Er hatte seine Börse auf den Tisch geworfen. Wie er jetzt in Nachsinnen versank, nahm sie der Student und hielt sie ihm entgegen.

„Nehmen Sie sie wieder, Sir!" sagte er stolz, obgleich nicht erzürnt. „Ich wünschte, Sie könnten mit ihr zugleich die Erinnerung an Ihre Worte und Ihr Anerbieten zurücknehmen."

„Wünschen Sie das?" erwiderte jener mit einem seltsamen Flackern in seinen Augen. „Wünschen Sie es?"

„Ich wünsche es!"

Der Chemiker trat jetzt zum erstenmal dicht an ihn heran, nahm die Börse, ergriff seinen Arm und sah ihm ins Gesicht. „Die Krankheit bringt Schmerz und Sorge mit sich, nicht wahr?" fragte er mit einem Lachen.

„Ja", erwiderte der Student verwundert.

„Die Ruhelosigkeit, die Angst, die Ungewißheit und die Leiden des Körpers und des Geistes, die sie in ihrer Folge mit sich bringt", sagte der Chemiker mit einem seltsamen Frohlocken, „ist es nicht am besten, man vergißt das alles?"

Der Student antwortete nicht, sondern fuhr sich wieder wie verwirrt mit der Hand über die Stirn. Redlaw hielt ihn immer noch am Arm gefaßt, als man draußen Millys Stimme vernahm.

„Ich kann jetzt gut sehen", sagte sie, „danke, Dolph. Weine nicht, Kind, Vater und Mutter werden morgen wieder gut sein, und dann ist es auch wieder schön zu Hause. Ein Herr ist bei ihm, so!"

Redlaw ließ den Studenten los und horchte.

„Ich habe mich vom ersten Augenblick an gescheut, ihr zu begegnen", sagte er vor sich hin. „Es lebt eine ausdauernde Güte in ihr, die ich zu verderben fürchte. Ich kann das töten, was das Schönste und Beste in ihrem Herzen ist."

Sie klopfte.

„Soll ich es als eine unwichtige Ahnung mißachten oder sie weiter meiden?" murmelte er vor sich hin und sah sich unruhig um.

Sie klopfte wieder.

„Von allen, die hierherkommen können", sagte er mit heiser erregter Stimme, „möchte ich dieser einen am wenigsten hier begegnen. Verstecken Sie mich!"

Der Student öffnete eine Brettertür in der Wand, die in ein

Dachstübchen führte. Redlaw trat rasch hinein und schloß die Tür hinter sich.

Dann nahm der Student seinen Platz auf dem Sofa wieder ein und rief: „Herein!"

„Lieber Mr. Edmund", sagte Milly und sah sich um, „sie sagten mir, es sei ein Herr hier."

„Es ist niemand hier als ich."

„Es ist aber jemand hier gewesen?"

„Ja, es war jemand hier."

Sie setzte ihr Körbchen auf den Tisch und näherte sich dem Sofa, wie um die ausgestreckte Hand zu ergreifen – aber sie war nicht da. Ein wenig überrascht beugte sie sich über ihn und berührte leicht seine Stirn. „Ist Ihnen ganz wohl heute abend? Ihre Stirn ist heißer als heute nachmittag."

„Ach was!" sagte der Student übellaunig. „Mir fehlt nichts!"

Etwas mehr Erstaunen, aber kein Vorwurf sprach aus ihrem Gesicht, als sie auf die andere Seite des Tisches ging und aus ihrem Korb ein Päckchen Näharbeit hervorholte. Aber sie besann sich, legte es wieder hin und machte sich geräuschlos im Zimmer zu schaffen. Sie setzte jeden Gegenstand an seine richtige Stelle und legte selbst die Kissen des Sofas zurecht, die sie mit so leichter Hand berührte, daß er es kaum zu merken schien, während er dalag und in das Feuer blickte. Als sie damit fertig war und auch den Herd gefegt hatte, setzte sie sich mit ihrem bescheidenen Häubchen zu ihrer Arbeit nieder, der sie sich sogleich geräuschlos und emsig widmete.

„Das wird der neue Musselinvorhang für das Fenster, Mr. Edmund", sagte Milly, ohne ihr Nähen zu unterbrechen. „Er wird ganz hübsch aussehen, obgleich er sehr wenig kostet, und auch Ihre Augen vor dem Licht schützen. Mein William sagt, das Zimmer dürfe jetzt, wo Ihre Erholung so gute Fortschritte macht, nicht zu hell sein, sonst könnte das blendende Licht Sie schwindlig machen."

Er sagte nichts; aber es war etwas so Verdrießliches und Ungeduldiges in der Art, wie er seine Lage veränderte, daß ihre raschen Finger innehielten und sie ihn besorgt ansah.

„Die Kissen liegen nicht bequem", sagte sie und stand auf. „Ich will sie gleich zurechtlegen."

„Sie sind ganz gut so", gab er zur Antwort. „Bitte, lassen Sie sie. Sie machen so viel Aufhebens um jede Kleinigkeit."

Als er das sagte, hob er den Kopf und sah sie mit einem so undankbaren Blick an, daß sie, als er sich wieder hingelegt hatte, immer noch dastand und nicht wußte, was sie tun sollte. Aber sie nahm schließlich wieder Platz und nähte geschäftig weiter, ohne auch nur einen vorwurfsvollen Blick auf ihn zu werfen.

„Ich dachte eben, Mr. Edmund, Sie müssen manchmal, wenn ich hier saß, gedacht haben, daß das Unglück ein guter Lehrmeister ist. Sie werden nach dieser Krankheit die Gesundheit mehr schätzen als früher, und in vielen, vielen Jahren, wenn diese Zeit des Jahres wiederkehrt und Sie sich an die Tage erinnern, wo Sie hier krank zurückblieben, ganz allein, damit die Nachricht von Ihrer Krankheit die Ihrigen nicht betrüben möge, da wird Ihnen Ihr Zuhause doppelt teuer sein. Ist das nicht ein hübscher Gedanke?"

Sie war zu sehr mit ihrer Arbeit beschäftigt und meinte das, was sie sagte, zu aufrichtig und war überhaupt zu gefaßt und zu ruhig, um auf einen Blick zu warten, mit dem er ihr etwa antworten mochte; so prallte der Pfeil seines undankbaren Blickes von ihr ab und verletzte sie nicht.

„Ach", sagte Milly und neigte das hübsche Köpfchen nachdenklich auf eine Seite, während sie mit dem Blick ihren geschäftigen Fingern folgte, „selbst auf mich – und ich bin ganz anders als Sie, Mr. Edmund, denn ich bin nicht gelehrt und verstehe es nicht, richtig zu denken – hat diese Betrachtungsweise solcher Dinge einen großen Eindruck gemacht, seit Sie hier krank lagen. Als ich Sie von der Freundlichkeit und Aufmerksamkeit der armen Leute unten so gerührt sah, da merkte ich, wie auch Sie fühlten, daß selbst diese Erfahrung eine gewisse Entschädigung sei für den Verlust der Gesundheit, und ich las in Ihrem Gesicht so deutlich wie in einem Buch, daß wir ohne ein wenig Sorge und Schmerz niemals die Hälfte des Guten, das uns umgibt, erkennen würden."

Sein Aufstehen unterbrach sie, sonst hätte sie noch weitergesprochen.

„Wir brauchen nicht so viel Aufhebens darum zu machen, Mrs. William", erwiderte er leichthin. „Die Leute da unten werden zu gebührender Zeit bezahlt werden für die kleinen Extradienste, die sie mir geleistet haben, und erwarten es wohl auch nicht anders. Auch Ihnen bin ich sehr verbunden."

Sie hörte auf zu nähen und sah ihn an.

„Ich fühle mich Ihnen aber nicht stärker verpflichtet, wenn Sie die Sache so übertreiben", fuhr er fort. „Ich weiß, daß Sie sich sehr um mich gekümmert haben, und ich sage Ihnen, daß ich Ihnen sehr dafür verbunden bin. Was können Sie mehr verlangen?"

Sie ließ ihre Arbeit in den Schoß sinken und sah ihn schweigend an, wie er mit verdrießlicher Miene im Zimmer auf und ab ging und dann und wann stehenblieb.

„Ich sage nochmals, ich bin Ihnen sehr verbunden. Warum wollen Sie dadurch, daß Sie ungeheure Ansprüche stellen, mein Gefühl für das, was ich Ihnen wirklich schulde, abschwächen? Sorge, Schmerz, Unglück! Man sollte fast meinen, ich wäre zwanzigmal hier gestorben!"

„Meinen Sie, Mr. Edmund", fragte sie, indem sie aufstand und näher an ihn herantrat, „daß ich von den armen Leuten hier im Haus mit irgendeinem Bezug auf mich gesprochen habe? Auf mich?" Sie legte dabei mit einem einfachen und unschuldigen Lächeln des Erstaunens die Hand auf ihre Brust.

„Oh! Ich denke nicht daran, gute Frau", sagte er. „Mich hat eine Unpäßlichkeit befallen, um die Ihre Teilnahme – merken Sie wohl! Ich sage: Ihre Teilnahme – viel mehr Aufhebens macht, als es der Mühe lohnt, und es ist vorbei, und wir können sie nicht verewigen." Damit nahm er gleichgültig ein Buch zur Hand und setzte sich an den Tisch.

Sie beobachtete ihn ein Weilchen, bis ihr Lächeln ganz verschwunden war, und sagte dann, nachdem sie wieder an ihren Platz zurückgekehrt war, mit sanfter Stimme: „Mr. Edmund, möchten Sie lieber allein sein?"

„Ich sehe keinen Grund, warum ich Sie hier festhalten sollte", entgegnete er.

„Außer –", sagte Milly zögernd und wies ihm ihre Arbeit.

„Ach, der Vorhang!" gab er mit geringschätzigem Lächeln zur Antwort. „Der ist des Bleibens nicht wert."

Sie packte ihre Arbeit wieder zusammen und legte sie in das

Körbchen. Dann blieb sie vor ihm stehen, mit einem solchen Ausdruck geduldigen Flehens in ihrem Gesicht, daß er nicht umhinkonnte, sie anzusehen, und sprach: „Wenn Sie mich brauchen sollten, werde ich gern wiederkommen. Als Sie mich brauchten, hat es mir Freude gemacht, hier zu sein; es war kein Verdienst dabei. Ich glaube, Sie fürchten, ich könnte Ihnen jetzt, wo Sie sich erholen, zur Last fallen, aber das wäre nicht geschehen. Ich wäre bloß so lange gekommen, wie Sie das Bett hätten hüten müssen. Sie schulden mir nichts; aber ich kann verlangen, daß Sie mich so gerecht behandeln, als wenn ich eine Dame wäre – sogar die Dame, die Sie lieben. Und wenn Sie glauben, ich überschätzte in eigennütziger Selbstüberheblichkeit meine geringen Bemühungen, Ihnen Ihre Krankheit leichter zu machen, so fügen Sie sich mehr Unrecht zu, als Sie mir jemals zufügen können. Das ist es, was mich schmerzt. Das ist es, was mich sehr schmerzt."

Wäre sie leidenschaftlich gewesen statt ruhig, entrüstet statt gleichmütig, zürnenden Auges statt sanft, laut statt leise und klar, so hätte er ihr Verschwinden viel weniger gefühlt als jetzt, wo er sich so plötzlich allein fand.

Er starrte noch mit trübem Blick auf die Stelle, wo sie eben gestanden hatte, als Redlaw aus seinem Versteck hervortrat.

„Wenn Sie wieder eine Krankheit befällt", sagte er und sah ihn wild an, „– möge es bald geschehen! –, so mögen Sie hier sterben und verfaulen!"

„Was haben Sie getan?" rief der andere und faßte ihn am Mantel. „Welche Veränderung haben Sie in mir hervorgebracht? Welchen Fluch haben Sie über mich verhängt? Geben Sie mir mein Ich zurück!"

„Geben Sie mir *mein* Ich zurück!" rief Redlaw wie ein Wahnsinniger. „Ich bin angesteckt! Ich bin ansteckend! Ich bin mit Gift angefüllt für meine eigene Seele und für die Seelen aller Menschen. Wo ich Teilnahme und Mitleid empfand, da werde ich zu Stein. Selbstsucht und Undankbarkeit keimen auf, wo ich meinen Fuß hinsetze. Nur eines erhebt mich noch über die Elenden, die ich so verwandle: daß ich sie in dem Augenblick ihrer Veränderung hassen kann."

Wie er so sprach – der Jüngling hielt ihn immer noch am

Mantel fest –, riß er sich los und schlug ihn. Dann stürzte er in die Nachtluft hinaus, wo der Wind heulte, der Schnee fiel, die Wolken eilig dahinzogen, der Mond trübe schimmerte und wo in dem Heulen des Windes, in dem fallenden Schnee, in den dahinziehenden Wolken, in dem trüben Schimmer des Mondes, in dem dunklen Schatten die Worte des Geistes erklangen: „Die Gabe, die ich dir verliehen habe, sollst du weitergeben, überall, wo du hinkommst!"

Wohin er ging, war ihm gleichgültig, nur nicht unter Menschen. Die Veränderung, die er in sich fühlte, machte die lauten Straßen zu einer Einöde, sein eigenes Inneres zu einer Wildnis und die ungezählten Menschen um ihn mit ihren vielfachen Sorgen und Erlebnissen zu einer ungeheuren Sandwüste, die die Winde zu unsinnigen Haufen aufwirbelte und verheerend zerwühlte. Die Spuren in seinem Gemüt, von denen der Geist ihm gesagt hatte, daß sie bald vergehen würden, waren noch nicht ganz verblichen, und so spürte er noch genug von dem, was er war und was er aus anderen machte, um allein sein zu wollen.

Das brachte ihm plötzlich, während er dahinging, den Jungen in den Sinn, der in sein Zimmer eingedrungen war. Und dann kam ihm der Gedanke, daß von allen, mit denen er seit dem Verschwinden des Geistes verkehrt hatte, dieser Junge als einziger unverändert geblieben war.

So widerwärtig ihm das tierische Geschöpf auch war, so beschloß er doch, es aufzusuchen und zu sehen, ob es wirklich so sei; außerdem verfolgte er damit noch eine andere Absicht, die ihm zur selben Zeit einfiel.

Daher lenkte er, nachdem er sich nicht ohne Schwierigkeit darüber orientiert hatte, wo er war, seine Schritte wieder zurück zu dem alten Stift, und zwar zu dessen großem Eingang.

Das Häuschen des Kastellans stand unmittelbar hinter dem eisernen Gittertor und bildete einen Teil des Hauptvierecks. Vor der Pforte verlief ein kurzer Kreuzgang, und er wußte, daß er aus seinem Schatten zu den Fenstern ihres Wohnzimmers hineinblicken und sehen konnte, wer darin war. Das Gittertor war zu, aber er kannte das Schloß; er öffnete es, indem er durch das Gitter griff, trat vorsichtig ein, machte die Tür wieder zu und schlich an das Fenster, während die Schneekruste unter seinen Füßen knisterte.

Das Kaminfeuer leuchtete hell durch das Fenster und warf einen glänzenden Schein auf den Schnee. Instinktiv ging er um die helle Stelle herum und sah zum Fenster hinein. Anfangs glaubte er, die Stube wäre leer und die Flamme röte nur mit ihrem Schimmer die alten Balken an der Decke und die dunkelbraunen Wände. Aber als er genauer hinblickte, sah er den Jungen zusammengekauert auf dem Fußboden. Er ging rasch zu der Tür, öffnete sie und trat ein.

Das wilde Geschöpf lag der Glut so nahe, daß dem Chemiker, als er es wecken wollte, der Kopf versengt wurde. Sobald der Junge spürte, daß ihn etwas berührte, wandte er sich, noch nicht ganz wach, instinktiv zur Flucht, nahm seine Lumpen zusammen und floh, halb rennend, halb rollend, in eine entlegene Ecke des Zimmers. Dort kauerte er sich auf den Boden und stieß mit dem Fuß um sich, um sich zu verteidigen.

„Steh auf!" sagte der Chemiker. „Kennst du mich noch?"

„Laß mich gehen!" entgegnete der Junge. „Hier wohnt die Frau – nicht du."

Des Chemikers fester Blick schüchterte ihn etwas ein, so daß er sich auf die Füße stellen und ansehen ließ.

„Wer hat sie gewaschen und verbunden?" fragte der Chemiker, wobei er auf die Füße deutete, die in einem ganz anderen Zustand waren als zuvor.

„Die Frau."

„Und hat sie dir auch das Gesicht gewaschen?"

„Ja, die Frau."

Redlaw stellte diese Fragen, um seinen Blick auf sich zu

lenken, faßte ihn jetzt in derselben Absicht am Kinn und strich sein wirres Haar zurück, obgleich es ihn ekelte, ihn zu berühren. Der Junge beobachtete seine Augen scharf, als halte er das, nicht sicher, was im nächsten Augenblick geschehen werde, zu seiner Verteidigung für notwendig, und Redlaw konnte genau erkennen, daß mit ihm keinerlei Veränderung vorging.

„Wo sind sie?" fragte er.

„Die Frau ist fort."

„Das weiß ich. Wo sind der Alte mit dem weißen Haar und sein Sohn?"

„Der Mann der Frau, meinst du?" fragte der Junge.

„Ja! Wo sind die beiden?"

„Fort! Es ist irgendwo etwas vorgefallen. Sie wurden eilig geholt und sagten mir, ich solle hierbleiben."

„Komm mit!" sagte Redlaw. „Ich will dir Geld geben."

„Wohin? Und wieviel willst du mir geben?"

„Ich will dir mehr Shillings geben, als du jemals gesehen hast, und dich bald hierher zurückbringen. Kannst du mich an den Ort führen, wo du hergekommen bist?"

„Laß mich gehen!" erwiderte der Junge und wand sich rasch aus seinem Griff. „Dorthin führe ich dich nicht. Laß mich gehen, oder ich werfe mit Feuer!" Er bückte sich rasch zu dem Gitter herunter, bereit, die glühenden Kohlen vom Rost zu reißen.

Was der Chemiker gefühlt hatte, als der Zauber, der ihm anhaftete, diejenigen befiel, mit denen er in Berührung kam, ließ sich bei weitem nicht mit dem dumpfen Grauen vergleichen, mit dem er diesen kleinen Unhold seinem Einfluß Trotz bieten sah. Es überlief ihn kalt bei dem Anblick dieses unempfindlichen und unergründlichen Wesens in Gestalt eines Kindes, das ihn mit bösem Gesicht und wilden Augen ansah.

„Hör zu, Kind!" sagte er. „Du sollst mich hinführen, wohin du willst, nur mußt du mich zu Leuten bringen, die sehr arm oder sehr schlecht sind. Ich will ihnen nichts Böses zufügen, sondern ihnen helfen. Ich will dir Geld dafür geben, und ich bringe dich wieder hierher zurück. Steh auf und mach rasch!"

Er machte einen hastigen Schritt auf die Tür zu, weil er jeden Augenblick befürchtete, Milly könne kommen.

„Willst du mich allein gehen lassen, mich nicht festhalten und mich nicht berühren?" fragte der Junge, indem er langsam die Hand vom Feuer zurückzog und aufstand.

„Ja!"

„Und mich vor dir oder hinter dir, oder wo ich will, gehen lassen?"

„Ja!"

„So gib mir erst das Geld, dann komme ich mit!"

Der Chemiker legte dem Jungen ein paar Shillings, einen nach dem anderen, in die ausgestreckte Hand. Der Junge war nicht fähig, sie zu zählen, aber er sagte bei jedem Geldstück „eins" und blickte dabei erst die Münze und dann den Geber habgierig an. Er konnte die Geldstücke außer in seiner Hand bloß im Mund aufbewahren, und dorthin steckte er sie.

Redlaw schrieb dann mit Bleistift auf ein aus seinem Notizbuch gerissenes Blatt, daß das Kind bei ihm sei, legte den Zettel auf den Tisch und winkte dem Knaben, ihm zu folgen. Der Junge raffte wie gewöhnlich seine Lumpen zusammen, gehorchte und ging mit bloßem Kopf und nackten Füßen hinaus in die Winternacht.

Der Chemiker zog es vor, nicht durch das Gittertor hinauszugehen, wo er leicht der begegnen konnte, die er am meisten zu meiden trachtete. Er führte den Jungen daher durch die dunklen Korridore des Gebäudeteiles, wo er selbst wohnte, zu einem Pförtchen, zu dem er den Schlüssel hatte. Als sie wieder auf die Straße traten, blieb er stehen, um seinen Führer – der sogleich vor ihm zurückwich – zu fragen, ob er wisse, wo sie seien.

Der kleine Wilde sah sich um, nickte endlich mit dem Kopf und deutete dann in eine Richtung, in die er gehen wollte.

Da Redlaw ohne Zögern diesen Weg einschlug, folgte er etwas weniger mißtrauisch. Dabei nahm er das Geld abwechselnd in die Hand und steckte es dann wieder in den Mund und polierte es verstohlen an seinen Lumpen, während er hinter dem Chemiker hertrabte.

Dreimal auf ihrem Weg gingen sie nebeneinander. Dreimal blieben sie stehen, während sie nebeneinander waren. Dreimal blickte der Chemiker hinab auf das Gesicht und erschauerte bei dem Gedanken, der sich ihm dabei aufdrängte.

Beim erstenmal gingen sie über einen alten Friedhof, und

Redlaw blieb zwischen den Gräbern stehen, völlig außerstande, sie mit einem einzigen milde stimmenden oder tröstenden Gedanken zu verbinden.

Beim zweitenmal lenkte der aus den Wolken hervortretende Mond seinen Blick zum Himmel, wo er ihn sah in seinem Glanz. Millionen von Sternen umgaben ihn, von denen er noch die Namen und die Geschichten wußte, die die menschliche Wissenschaft ihnen beigelegt hat, aber sonst nahm er nichts wahr. Nichts von dem, was er früher gesehen, nichts, was er früher gefühlt hatte, nahm er wahr, wenn er hinaufschaute zum funkelnden Nachthimmel.

Beim drittenmal blieb er stehen, um einer klagenden Melodie zu lauschen, konnte aber nur eine Reihe von Tönen vernehmen, die ihn bloß an die nüchterne Mechanik der Instrumente erinnerten. Keine der geheimnisvollen Saiten seines Herzens begann zu schwingen, keine Mahnung an die Vergangenheit oder Zukunft klang durch seine Seele, und der Eindruck ging spurlos an ihm vorüber wie der Klang rauschenden Wassers oder der Wind des vergangenen Jahres.

Und alle drei Male sah er mit Entsetzen, daß trotz der großen Verschiedenheit zwischen ihnen in geistiger und körperlicher Hinsicht der Ausdruck auf dem Gesicht des Jungen den Ausdruck auf seinem eigenen widerspiegelte.

Sie gingen eine Weile zügig weiter – einmal durch menschenerfüllte Gegenden, so daß er sich oft umsah in der Meinung, seinen Führer verloren zu haben, ihn aber meistens auf der anderen Seite in seinem Schatten traben fand, dann wieder durch so stille Straßen, daß er auf dem Pflaster den gedämpften Tritt der nackten Füße seines Begleiters hören konnte –, bis sie ein paar halbverfallene Häuser erreichten, wo der Knabe ihn am Ärmel faßte und stehenblieb.

„Da hinein!" sagte er und deutete auf ein Haus, wo einzelne Fenster erleuchtet waren und eine trübe Laterne mit der Aufschrift LOGIS FÜR REISENDE über dem Torweg schimmerte.

Redlaw blickte sich um und betrachtete die halbverfallenen Häuser und das öde Stück Land, auf dem sie standen. Keine Straßenlaterne war vorhanden, kein Zaun umgab es, und ein übelriechender Graben floß daran entlang. Eine Reihe von immer niedriger werdenden Bogen, die zu einem Viadukt oder einer Brücke in der Nachbarschaft gehörten, lief auf den Ort zu, wo sie standen. Der vorletzte war bloß noch ein Loch für einen Hund, während der letzte aus einem verfallenen Häufchen Ziegelsteinen bestand. Redlaw blickte auf all das und auf das Kind, das fröstelnd auf einem Fuß neben ihm stand, während es den anderen um das eine Bein geschlagen hatte, um ihn zu erwärmen. Der Gesichtsausdruck des Jungen, der diesen Anblick gleichgültig betrachtete, glich wiederum so sehr seinem eigenen, daß der Chemiker entsetzt zurückfuhr.

„Da hinein!" sagte der Junge und deutete wieder auf das Haus. „Ich werde hier warten."

„Werden sie mich einlassen?" fragte Redlaw.

„Sage nur, du wärest ein Arzt", antwortete das Kind mit einem Kopfnicken. „Da gibt's Krankheiten genug."

Als Redlaw auf die Haustür zuging und zurückblickte, sah er, wie der Junge unter den kleinsten Bogen in der Nähe kroch, als wäre er eine Ratte. Er bemitleidete das Geschöpf nicht, aber er fürchtete sich vor ihm; und als es ihn aus seiner Höhle anstarrte, eilte er in das Haus, als wollte er vor ihm fliehen.

„Kummer, Unrecht und Sorge", sagte der Chemiker mit einer mühseligen Anstrengung, sich seine Erinnerungen deutlicher vor die Seele zu rufen, „machen diesen Ort zur Hölle. Wer hierher Vergessen bringt, kann niemandem schaden!"

Mit diesen Worten stieß er die Tür auf und trat ein.

Auf der Treppe saß eine Frau und schlief, wie es schien, das Haupt auf Hände und Knie gestützt. Da er nicht an ihr vorbeikonnte, ohne auf sie zu treten, blieb er stehen und berührte ihre Schulter. Sie blickte auf, und er sah ein noch ganz jugendliches Antlitz, dessen hoffnungsvolle Blüte aber gänzlich verschwunden war, als ob der grausame Winter in unnatürlicher Reihenfolge den Frühling vernichtet hätte.

Ohne sich besonders um ihn zu kümmern, rückte sie näher an die Wand, um ihn vorbeizulassen.

„Wer seid Ihr?" fragte Redlaw und blieb stehen, die Hand auf das zerbrochene Treppengeländer gestützt.

„Was meint Ihr, daß ich bin?" erwiderte sie und zeigte ihm wieder das Antlitz.

Er sah den verfallenen Gottestempel an, vor so kurzem erst erschaffen und so bald entstellt; und ein Etwas, das nicht Erbarmen war – denn die Quelle, aus der wahres Erbarmen über solches Elend entspringt, war in seiner Brust vertrocknet –, aber dem Erbarmen näher war als jedes andere Gefühl, das sich in letzter Zeit aus der düster werdenden, aber noch nicht ganz verfinsterten Nacht seines Gemüts losgerungen hatte, verlieh seinen nächsten Worten eine ungewohnte Sanftheit.

„Ich komme her, um zu helfen", sagte er. „Denkt Ihr an erlittenes Unrecht?"

Sie blickte ihn mit zusammengezogenen Brauen an und lachte dann; und als sie den Kopf wieder sinken ließ und das Gesicht mit den Händen bedeckte, klang ihr Lachen in einem herzzerbrechenden Seufzer aus.

„Denkt Ihr an erlittenes Unrecht?" fragte er noch einmal.

„Ich denke an mein Leben", sagte sie und warf ihm einen kurzen Blick zu.

Er fühlte, daß sie eine von vielen war und daß er in ihr das Ebenbild von Tausenden von Unglücklichen sah.

„Wer sind Eure Eltern?" fragte er.

„Ich hatte es gut zu Hause. Mein Vater war ein Gärtner, weit draußen auf dem Land."

„Ist er tot?"

„Für mich ist er tot. Alle solchen Dinge sind tot für mich. Sie sind ein feiner Herr und wissen das nicht einmal!" Sie blickte wieder auf und lachte ihn an.

„Mädchen!" sagte Redlaw streng. „Ehe alle diese Dinge für Euch tot waren, habt Ihr da kein Unrecht erlitten? Lebt in Euch, trotz allem, was Ihr tun könnt, keine Erinnerung an ein Unrecht? Gibt es nicht Zeiten, wo diese Erinnerung Euch elend macht?"

So wenig Weibliches war in ihrem Äußeren übriggeblieben, daß es ihn in Erstaunen versetzte, als sie jetzt in Tränen ausbrach. Aber noch mehr erstaunte und beunruhigte es ihn, als er sah, daß sich in der kaum erwachten Erinnerung an jenes Unrecht die erste Spur ihrer entschwundenen Menschlichkeit und ihres erstarrten Gefühls zeigte.

Er trat etwas zurück und bemerkte dabei blaue Flecken und

Verletzungen an ihren Armen, in ihrem Gesicht und an ihrer Brust.

„Welche gewalttätige Hand hat Euch so verletzt?" fragte er.

„Meine eigene. Ich habe das selbst getan!" antwortete sie rasch.

„Das ist nicht möglich!"

„Ich schwöre es! Er hat mich nicht angerührt. Ich habe es mir selbst angetan in meiner Raserei und warf mich dann hier nieder. Er ist mir nicht zu nahe gekommen. Er hat nie Hand an mich gelegt!"

In dem entschlossenen Ausdruck des bleichen Gesichts, das ihn mit dieser Lüge ansah, erkannte er, daß noch genug von der letzten Verkehrung des Guten in dieser unglücklichen Brust weiterlebte, um ihm Anlaß zur Reue zu geben, daß er sich ihr jemals genähert hatte.

„Kummer, Unrecht und Sorge!" sagte er halblaut vor sich hin und wandte scheu den Blick ab. „Alles, was sie noch mit dem verbindet, was sie einst vor ihrem Fall war, hat diese Wurzeln! Im Namen Gottes, laßt mich vorüber!"

Voller Scheu, sie noch einmal anzusehen, voller Scheu, sie zu berühren, voller Scheu vor dem Gedanken, daß er auch noch den letzten Faden zerrissen hatte, der sie noch mit der Barmherzigkeit des Ewigen verband, raffte er seinen Mantel zusammen und schritt rasch die Treppe hinauf.

Der Treppe gegenüber war eine Tür, die halb offenstand und aus der in diesem Augenblick ein Mann mit einem Licht in der Hand trat. Aber als er den Chemiker erblickte, wich er überrascht zurück und nannte ihn, wie unwillkürlich, beim Namen.

Verwundert, hier bekannt zu sein, blieb er stehen und bemühte sich vergebens, sich an das abgezehrte und überraschte Gesicht zu erinnern. Aber er hatte nicht lange Zeit dazu, denn zu seiner noch größeren Überraschung trat der alte Philip aus dem Zimmer und ergriff seine Hand.

„Mr. Redlaw", sagte der Alte, „das sieht Ihnen ganz ähnlich, das sieht Ihnen ganz ähnlich, Sir! Sie haben davon gehört und sind uns nachgeeilt, um zu helfen, soviel noch zu helfen ist. Ach, zu spät, zu spät!"

Redlaw ließ sich in stummer Verwunderung ins Zimmer

führen. Dort lag auf einem ärmlichen Bett ein Mann, und neben ihm stand William Swidger.

„Zu spät!" murmelte der Alte und sah den Chemiker betrübt an, während ihm die Tränen die Wangen hinabrannen.

„Das sag ich auch, Vater", sagte sein Sohn leise. „Das sag ich eben auch. Wir können weiter nichts tun, als so ruhig wie möglich zu bleiben, solange er schlummert. Ihr habt recht, Vater!"

Redlaw blieb neben dem Bett stehen und blickte auf den Schlafenden hinab. Es war ein Mann, den Jahren nach noch in der Blüte seines Lebens, auf den aber schwerlich jemals wieder die Sonne scheinen würde. Die Laster eines vierzig- oder fünfzigjährigen Lebens hatten ihn so gezeichnet, daß im Vergleich damit die schwere Hand der Zeit auf das Antlitz des Greises, der neben ihm stand, schonend und verschönernd gewirkt hatte.

„Wer ist das?" fragte der Chemiker und blickte sich um.

„Mein Sohn George, Mr. Redlaw", sagte der Alte und rang die Hände. „Mein ältester Sohn George, auf den seine Mutter stolzer war als auf alle übrigen!"

Redlaws Blick schweifte über den grauen Kopf des Greises, der sich über das Bett beugte, zu dem Mann hin, der ihn beim Eintreten erkannt hatte und der dann in die entlegenste Zimmerecke, fern von den anderen, zurückgetreten war. Er schien in seinem Alter zu sein, und obgleich er keinen so hoffnungslos heruntergekommenen Mann kannte wie diesen, war, als er jetzt zur Tür hinausging, doch etwas in seiner Haltung, das ihn veranlaßte, sich unruhig mit der Hand über die Stirn zu fahren.

„William", sagte er leise, „wer ist das?"

„Ja, sehen Sie, Sir", erwiderte William, „das sage ich eben auch! Warum muß ein Mensch auch immer spielen und dergleichen Dinge treiben und sich zentimeterweise immer tiefer sinken lassen, bis er nicht mehr tiefer sinken kann?"

„Hat *er* das getan?" fragte Redlaw und sah ihm mit derselben unruhigen Bewegung nach wie zuvor.

„Jawohl, jawohl, Sir!" erwiderte William Swidger. „Er versteht etwas von Medizin, Sir, wie es scheint. Er ist mit meinem armen Bruder, der hier liegt, nach London gewandert", sagte Mr. William und fuhr sich mit dem Ärmel über die Augen, „und beide hatten ihr Nachtquartier hier genommen – Sie sehen, es kommen hier manchmal seltsame Gefährten zusammen. Er kam nun, um zu sehen, wie es dem Kranken gehe. Er war es auch, der uns auf Verlangen meines Bruders hierhergeholt hat. Welch trauriges Schauspiel, Sir! Aber so geht es zu in der Welt. Es kann meinem Vater den Tod bringen!"

Redlaw blickte bei diesen Worten in die Höhe, und indem er sich erinnerte, wo und bei wem er war und welcher Zauber ihn begleitete – das hatte er in der Überraschung vergessen –, trat er eilig beiseite und ging mit sich zu Rate, ob er bleiben oder gehen solle.

Einem gewissen bösen Trotz nachgebend, mit dem zu kämpfen er verdammt zu sein schien, entschied er sich für das Bleiben.

Erst gestern, sagte er sich, bemerkte ich, daß die Erinnerungen dieses Alten nur ein Gewebe aus Trübsal und Sorgen sind, und heute soll ich davor zurückscheuen, das zu ändern? Sind die Erinnerungen, die ich verwischen kann, diesem Sterbenden so kostbar, daß ich für *ihn* fürchten muß? Nein! Ich will bleiben!

Aber trotz dieser Gedanken blieb er nur mit Furcht und Zittern. Er hielt sich fern von dem Bett und stand, in den dunklen Mantel gehüllt, mit abgewandtem Gesicht da, als ob er sich wie ein Dämon in dieser Stube vorkomme.

„Vater!" murmelte der Kranke und wachte ein wenig aus seiner Benommenheit auf.

„Mein Sohn! Mein George!" sagte der Alte.

„Ihr sagtet eben, ich sei einst Mutters Liebling gewesen. Es ist schrecklich, jetzt an die Vergangenheit zurückzudenken."

„Nein, nein, nein!" entgegnete der Alte. „Denke daran! Sage nicht, es wäre schrecklich! Für mich ist's nicht schrecklich, mein Sohn."

„Es schneidet Euch ins Herz, Vater", sagte er, denn die Tränen des Alten fielen auf ihn herab.

„Ja, ja!" sagte Philip. „Das ist wahr; aber es tut mir wohl. Es ist ein schweres Leid, an jene Zeit zu denken, aber es tut mir wohl, George. Ach, denke auch du daran, denke auch du daran, und dein Herz wird weicher und weicher werden! Wo ist mein Sohn William? William, mein Sohn, seine Mutter liebte ihn bis an ihr Ende und sagte mit ihrem letzten Atemzug: ‚Sage ihm, daß ich ihm verziehen, ihn gesegnet und für ihn gebetet habe.' Das waren ihre Worte. Ich habe sie nie vergessen, und ich bin siebenundachtzig!"

„Vater", sagte der Mann auf dem Bett, „ich sterbe, das weiß ich. Ich bin so schwach, daß ich kaum sprechen kann, selbst nicht über das, was mir am schwersten auf dem Herzen liegt. Gibt es noch eine Hoffnung für mich Sünder?"

„Es gibt Hoffnung für alle Reuigen", erwiderte der Alte. „Oh", rief er aus und blickte mit gefalteten Händen gen Himmel, „erst gestern dankte ich Gott, daß ich mich an diesen unglücklichen Sohn erinnern konnte, als er noch ein unschuldiges Kind war! Aber welcher Trost liegt jetzt darin zu denken, daß Gott selbst sich an ihn in dieser Weise erinnert!"

Redlaw verhüllte sein Gesicht mit den Händen und zuckte zusammen wie ein Verbrecher.

„Ach!" stöhnte der Mann auf dem Bett. „Wieviel haben wir seitdem verloren! Wieviel verloren!"

„Aber er war einmal ein Kind", sagte der Alte. „Er spielte mit Kindern. Ehe er abends zu Bett ging und in unschuldigen Schlummer sank, sprach er sein Gebet auf dem Schoß seiner Mutter. Wie viele, viele Male habe ich es gesehen; und gesehen, wie sie seinen Kopf an ihre Brust drückte und ihn küßte! So schmerzlich es für sie und für mich war, daran zu denken, als er vom rechten Weg abkam und alle unsere auf ihn gebauten Pläne und Hoffnungen zunichte wurden, so verband ihn diese Erinnerung doch noch mit unserem Herzen wie nichts anderes! O Vater droben, der du so viel besser bist als die Väter auf Erden! O Vater droben, der du so viel mehr betrübt bist über die Irrtümer deiner Kinder, nimm diesen Verirrten zu dir! Nicht wie er jetzt ist, sondern wie er damals war, ruft er zu dir, wie er so oft zu uns zu rufen schien!"

Als der Alte die zitternden Hände gen Himmel erhob, lehnte der Kranke sein mattes Haupt an seine Brust, als wäre er wirklich noch das Kind, von dem er sprach.

Zitterte je ein Mensch so wie Redlaw in dem Schweigen, das jetzt folgte? Er wußte, daß es sie überkommen mußte, er wußte, daß es in Kürze über sie kommen würde.

„Meine Zeit ist kurz, mein Atem ist noch kürzer", sagte der

Kranke, stützte sich auf einen Arm und fuhr mit der anderen Hand in der Luft umher, „und ich erinnere mich, daß mir etwas auf dem Herzen liegt wegen des Mannes, der eben hier war. Vater und William – wartet! Ist dort wirklich etwas Schwarzes?"

„Ja, ja!" sagte der greise Vater.

„Ist es ein Mann?"

„Das sage ich ja, George!" sagte der Bruder und beugte sich freundlich über ihn. „Es ist Mr. Redlaw."

„Mir war's, als ob ich von ihm träumte. Bitte ihn hierherzukommen."

Bleicher als der Sterbende trat der Chemiker näher. Dem Wink des Kranken gehorchend, setzte er sich auf das Bett.

„Mein Herz ist heute nacht so gerührt worden, Sir", sagte der Sterbende und legte die Hand aufs Herz mit einem Blick, in dem sich die ganze stumm flehende Qual des Todes aussprach, „so gerührt von dem Anblick meines armen alten Vaters und dem Gedanken an all den Kummer, an dem ich schuld bin, daß –"

War es das Nahen des Todes oder die Ahnung einer neuen Veränderung, was ihn innehalten ließ?

„– daß ich versuchen will wiedergutzumachen, was ich kann. Es war noch ein Mann hier. Haben Sie ihn gesehen?"

Redlaw konnte nicht antworten; denn als er das verhängnisvolle Anzeichen, das er jetzt so gut kannte – die unruhig über die Stirn fahrende Hand –, sah, erstarb ihm das Wort auf den Lippen. Aber er machte eine Gebärde der Zustimmung.

„Er hat keinen Pfennig, ist hungrig, und es fehlt ihm an allem. Er ist ganz verlassen und hat keine Möglichkeit, sich zu helfen. Lassen Sie ihn nicht aus den Augen! Verlieren Sie keine Zeit! Ich weiß, er denkt daran, sich das Leben zu nehmen."

Die Veränderung kam über ihn, sie zeigte sich auf seinem Gesicht. Die Züge wurden allmählich wilder und härter und verloren allen Kummer.

„Können Sie sich nicht erinnern? Kennen Sie ihn nicht?" fuhr er fort.

Er bedeckte das Gesicht einen Augenblick mit der Hand, mit der er sich wieder über die Stirn strich, und sah dann auf einmal Redlaw mit grollendem und frechem Blick an.

„Seid verdammt!" sagte er und schaute finster um sich. „Was

habt ihr mit mir gemacht? Ich habe fröhlich gelebt und will fröhlich sterben. Zum Teufel mit euch!"

Und er legte sich wieder aufs Bett und schlug die Arme über Kopf und Ohren zusammen, als ob er von diesem Augenblick an entschlossen sei, alles von sich fernzuhalten und in vollständiger Gleichgültigkeit vom Leben zu scheiden.

Wenn den Chemiker der Blitz getroffen hätte, so hätte er nicht in größerer Erschütterung vom Bett zurückweichen können. Aber auch der Alte, der, während sein Sohn mit Redlaw sprach, zur Seite getreten war und sich jetzt wieder nähern wollte, mied auf einmal das Bett mit Abscheu.

„Wo ist mein Sohn William?" fragte der Alte hastig. „William, wir wollen fort! Wir wollen nach Hause gehen!"

„Nach Hause, Vater?" entgegnete William. „Wollt Ihr Euren eigenen Sohn verlassen?"

„Wo ist mein eigener Sohn?" erwiderte der Alte.

„Wo? Nun, dort!"

„Das ist nicht mein Sohn", sagte Philip und zitterte vor Erbitterung. „Mit einem Kerl wie diesem habe ich nichts zu schaffen! Meine Kinder sehen hübsch aus und bedienen mich und bereiten mir Speise und Trank und sind mir nützlich. Ich habe ein Recht darauf! Ich bin siebenundachtzig!"

„Ihr seid alt genug, um nicht noch älter zu werden", brummte William und sah ihn, die Hände in den Taschen, verdrießlich an. „Ich weiß wahrhaftig nicht, wozu Ihr da seid! Ohne Euch hätten wir wohl noch einmal soviel Spaß!"

„*Mein* Sohn, Mr. Redlaw!" sagte der Alte. „*Mein* Sohn! Der Junge spricht mir von *meinem* Sohn! Ich möchte doch wahrhaftig wissen, was er jemals getan hätte, um mir eine Freude zu machen!"

„Ich weiß wahrhaftig nicht, was Ihr jemals getan habt, um *mir* eine Freude zu machen!" sagte William mürrisch.

„Laß mich nachdenken", sagte der Alte. „Wie viele Weihnachtsabende habe ich in meiner warmen Ecke gesessen, ohne in die kalte Nachtluft hinausgehen zu müssen, und habe mich wohl gefühlt, ohne gestört zu werden von einem so garstigen Anblick, wie dieser da ist? Waren's zwanzig, William?"

„Eher vierzig, dächte ich", brummte er. „Wahrhaftig, wenn ich meinen Vater ansehe, Sir, und es mir einmal ordentlich überlege", sagte er zu Redlaw mit einer Gereiztheit, die ganz neu an ihm war, „so will ich mich hängen lassen, wenn ich etwas anderes in ihm sehe als einen Kalender von einer langen Reihe von Jahren voll Essen und Trinken und Bequemlichkeiten."

„Ich bin siebenundachtzig", sagte der Alte kindisch faselnd, „und ich weiß nicht, daß mich jemals etwas gestört hätte. Jetzt will ich nicht damit anfangen wegen des Menschen dort, den er meinen Sohn nennt. Er ist nicht mein Sohn. Ich habe viele schöne Zeiten erlebt. Ich kann mich noch erinnern – nein, doch nicht –, nein, ich hab's vergessen! Es war etwas von einem Ballspiel und einem Freund, aber ich weiß es nicht mehr. Ich möchte wissen, was aus ihm geworden ist – ob er wohl tot ist? Aber ich weiß es nicht. Und mich kümmert's auch nicht ein bißchen!"

Mit schläfrigem Kichern und kopfschüttelnd steckte er die Hände in die Westentaschen. In einer von ihnen fand er ein Stechpalmenzweiglein, wahrscheinlich vom vorangegangenen Abend, das er jetzt herausnahm und besah.

„Beeren, he?" sagte der Alte. „Ah! Es ist schade, daß sie nicht zum Essen sind. Ich erinnere mich, als ich ein kleiner Kerl war, nicht größer als so, und spazierenging mit – mit wem ging ich doch spazieren? – Nein! Ich kann mich nicht mehr daran erinnern. Ich kann mich nicht mehr erinnern, mit wem ich ging, ich weiß nicht mehr, ob sich je einer um mich gekümmert hat oder ob ich mich um jemand gekümmert habe. Beeren, he? Es ist hübsch, wo's Beeren gibt. Na, ich muß auch meinen Teil davon bekommen, und man muß mich bedienen und mir alles warm und gemütlich machen, denn ich bin siebenundachtzig und ein armer alter Mann. Ich bin siebenundachtzig, siebenundachtzig!"

Das klägliche Gesabber, mit dem er, während er so sprach, an den Blättern knabberte und die Stückchen ausspuckte; der kalte, gleichgültige Blick, mit dem sein jüngster Sohn ihn jetzt betrachtete; die trotzige Gleichgültigkeit, in der sein ältester Sohn verhärtet in seiner Sünde dalag – alles das nahm Redlaw nicht mehr wahr, denn er riß sich von der Stelle los, auf der er wie festgewurzelt gestanden hatte, und stürzte zum Haus hinaus.

Sein kleiner Führer kam aus seinem Versteck hervorgekrochen und stand vor ihm, ehe er die Bogen erreichte.

„Wieder zu der Frau?“ fragte er.

„Zurück, rasch!“ antwortete Redlaw. „Bleib nirgends unterwegs stehen!“

Eine kleine Strecke weit lief der Junge vor ihm her; aber der Chemiker ging so rasch, daß der Junge mit seinen bloßen Füßen kaum Schritt halten konnte. Scheu alle Vorübergehenden meidend, dicht in den Mantel gehüllt, als ob die leiseste Berührung damit anderen die Pest bringe, blieb Redlaw erst wieder stehen, als sie die Tür erreicht hatten, durch die sie zuerst auf die Straße getreten waren. Er schloß sie auf, trat ein, begleitet von dem Jungen, und eilte durch die dunklen Gänge in sein Zimmer.

Der Junge beobachtete ihn aufmerksam, als er die Tür schloß, und zog sich hinter den Tisch zurück, während der andere sich umsah.

„Rühre mich ja nicht an!“ sagte er. „Du willst mir doch nicht mein Geld wieder wegnehmen?“

Redlaw ließ noch einige Geldstücke auf den Fußboden fallen. Der Junge warf sich sogleich darauf, als wollte er sie seinen Augen entziehen, damit ihr Anblick ihn nicht veranlaßte, sie zurückzufordern; und erst als er ihn bei der Lampe sitzen sah, das Gesicht mit den Händen bedeckt, fing er an, sie verstohlen aufzulesen. Als er das getan hatte, kroch er ans Feuer und setzte sich in einen großen Stuhl, der davor stand. Dann holte er ein paar Speisereste von seiner Brust hervor, kaute und starrte ins Feuer und betrachtete dann und wann seine Shillings, die er fest in der einen Hand hielt.

„Und das ist also der einzige Gefährte, den ich auf der Welt habe!“ sagte Redlaw und sah das Kind mit zunehmender Abneigung und Furcht an.

Wie lange er so dasaß, den Blick auf dieses Geschöpf gerichtet, das er so fürchtete – ob eine halbe Stunde oder die halbe Nacht –, wußte er nicht. Aber die Stille im Zimmer wurde plötzlich unterbrochen von dem Jungen, der, nachdem er eine Weile aufmerksam gehorcht hatte, jetzt aufsprang und zur Tür lief.

„Die Frau kommt!“ rief er.

Der Chemiker hielt ihn fest in dem Augenblick, als sie klopfte.

„Laß mich zu ihr!“ sagte der Junge.

„Jetzt nicht“, erwiderte der Chemiker. „Bleib! Niemand darf jetzt zum Zimmer herein oder hinaus! Wer ist da?“

„Ich bin's, Sir!“ rief Milly. „Bitte machen Sie auf!“

„Um alles in der Welt nicht!“ sagte er.

„Mr. Redlaw, Mr. Redlaw, bitte, machen Sie auf!“

„Was gibt's?“ fragte er und hielt den Jungen zurück.

„Dem Kranken, bei dem Sie waren, geht es schlechter, und nichts kann ihn aus seiner schrecklichen Verblendung retten. Williams Vater ist auf einmal kindisch geworden. Auch William hat sich verändert. Die Erschütterung ist zu plötzlich für ihn gekommen; ich verstehe ihn nicht mehr; er ist gar nicht mehr er selbst. Ach! Mr. Redlaw, bitte, geben Sie mir einen Rat, helfen Sie mir!“

„Nein, nein, nein!“ gab er zur Antwort.

„Mr. Redlaw, lieber Herr! George sprach in seinem Halbschlaf von dem Mann, den Sie dort sahen und der sich, wie er fürchtet, das Leben nehmen will.“

„Besser ist's, er tut es, als daß er mir zu nahe kommt!“

„Er sagte in seinem Phantasieren, Sie würden ihn kennen; er sei vor langer, langer Zeit Ihr Freund gewesen; er sei der unglückliche Vater eines Studenten hier – ich ahne es fast, des jungen Gentleman, der so krank gewesen ist. Was soll ich tun? Wie soll man auf ihn achtgeben? Wie ist er zu retten? Ach! Mr. Redlaw, bitte, geben Sie mir einen Rat! Helfen Sie mir!“

Während dieser ganzen Zeit hielt er den Jungen fest, der wie wild versuchte, sich von ihm loszureißen und die Frau hereinzulassen.

„Erscheinungen! Ihr, die ihr gotteslästerliche Gedanken

bestraft", rief Redlaw voller Verzweiflung, „seht auf mich herab! Möge aus der Nacht meines Gemüts der Funken von Reue, der dort ist, emporscheinen und euch mein Elend zeigen! In der physischen Welt kann, wie ich immer gelehrt habe, nichts entbehrt werden; keine Stufe, kein Atom des wunderbaren Baus kann verlorengehen, ohne daß eine Lücke im großen Weltall entsteht! Ich weiß jetzt, daß es ebenso ist mit dem Guten und dem Bösen, mit der Freude und dem Leid im Gedächtnis der Menschen! Habt Erbarmen! Erlöst mich!"

Keine Antwort ertönte, nur ihr „Helfen Sie mir, helfen Sie mir, machen Sie auf!" Und immer noch trachtete der Junge danach, sich von ihm loszureißen.

„Schatten meines Ichs! Geist meiner trüben Stunden!" rief Redlaw wie außer sich. „Kehre zurück, und verfolge mich bei Tag und bei Nacht, aber nimm deine Gabe zurück! Oder wenn ich sie behalten muß, so entziehe mir wenigstens die schreckliche Macht, sie auf andere zu übertragen! Mache ungeschehen, was ich getan habe! Laß mich im Dunkel, aber gib denen den Tag zurück, die mein Fluch angesteckt hat! So wahr ich diese Frau von Anfang an verschont habe, und so wahr ich dieses Zimmer nie wieder verlassen, sondern hier sterben will, ohne eine pflegende Hand außer diesem Geschöpf, das meinem Einfluß unzugänglich ist – höre mich!"

Die einzige Antwort blieb, daß der Junge sich von ihm loszureißen versuchte, um zu ihr zu gelangen, und daß sie draußen jetzt lauter rief: „Helfen Sie! Machen Sie auf! Er war einst Ihr Freund, wie soll man auf ihn achtgeben, wie ihn retten? Sie haben sich alle so verändert, niemand kann mir helfen als Sie, bitte, bitte, machen Sie auf!"

Drittes Kapitel
DIE ZURÜCKNAHME DER GABE

Noch verhüllte die Nacht den Himmel. Auf weiten Ebenen, von Bergeshöhen aus und von dem Verdeck einsamer Schiffe auf dem Meer sah man ganz tief unten am Horizont einen schwach dämmernden Streifen, der mit der Zeit

Licht zu werden versprach; aber die Erfüllung dieses Versprechens war noch fern und ungewiß, und der Mond kämpfte noch heftig mit den Wolken der Nacht.

Die Schatten in Redlaws Gemüt jagten sich dicht und schnell und verschleierten sein Licht wie die Nachtwolken, die zwischen Mond und Erde schwebten und letztere in Finsternis hüllten. Launenhaft und unberechenbar wie die Schatten der Nachtwolken versteckten sie ihm jetzt dieses und enthüllten ihm sodann jenes im unvollkommenen Licht, und wie die Nachtwolken, so stürmten auch sie, wenn das helle Licht einen Augenblick hervorbrach, darüber hinweg und machten die Finsternis nur noch tiefer als zuvor.

Draußen herrschte tiefe und feierliche Stille um das alte Gebäude, und seine Tragbalken und Ecken zeichneten schwarze, seltsame Gebilde auf die Erde, die sich bald in dem glatten weißen Schnee zu verstecken, bald wieder daraus hervorzutreten schienen, je nachdem ob der Mond mehr oder weniger verdeckt war. Das Zimmer des Chemikers war noch schwach erhellt vom Schimmer der verlöschenden Lampe; ein geisterhaftes Schweigen war auf das Klopfen und die Stimme draußen gefolgt; nichts war zu vernehmen als dann und wann ein schwaches Geräusch in der ausgebrannten Asche des Feuers, als ob es seinen letzten Atemzug tue. Vor dem Kamin auf der Erde lag der Junge in festem Schlummer. Auf seinem Stuhl saß der Chemiker, wie er dort gesessen hatte, seit das Rufen an der Tür verklungen war – gleich einem zu Stein gewordenen Mann.

Da ertönte von neuem die Weihnachtsmusik, die er schon einmal vernommen hatte. Er horchte erst, wie er auf dem Friedhof gehorcht hatte; aber bald – sie klang noch weit entfernt und wurde zu ihm getragen durch die Nachtluft als leise, sanfte, melancholische Melodie – stand er auf und streckte seine Hände aus, als nahe ein Freund, dem seine unselige Berührung keinen Schaden antun könnte. Als er das tat, wurden seine Züge weniger starr; ein schwaches Zittern befiel ihn, und endlich füllten sich seine Augen mit Tränen; er bedeckte sein Antlitz mit den Händen und ließ das Haupt auf die Brust sinken.

Seine Erinnerung an Kummer, Unrecht und Sorge war noch nicht zurückgekehrt; er wußte es und täuschte sich nicht mit dem Glauben oder der Hoffnung, daß er sie wiederhätte. Aber eine leise Regung in seinem Innern machte ihn wieder fähig, von dem, was in der fernen Musik lag, gerührt zu werden. Und wenn sie ihm auch bloß traurig von dem Wert dessen erzählte, was er verloren hatte, so pries er doch den Himmel dafür mit inniger Dankbarkeit.

Als der letzte Ton in seinen Ohren verklang, hob er den Kopf, um auf das langsame Verstummen der Musik zu lauschen. Hinter dem Jungen stand so, daß die schlafende Gestalt ihm zu Füßen lag, das Gespenst, unbeweglich und stumm, den Blick auf ihn gerichtet.

Es sah genauso grauenerregend aus wie zuvor, aber nicht mehr so grausam und erbarmungslos – so dachte oder hoffte er wenigstens, als er es zitternd ansah. Es war nicht allein, sondern hielt in seiner wesenlosen Hand eine andere Hand.

Und wessen Hand war das? War die Gestalt neben dem Gespenst wirklich Milly oder bloß ihr Schatten und ihr Scheinbild? Das Köpfchen mit dem stillen Antlitz war ein wenig zur Seite geneigt, wie es ihre Art war, und sie sah voller Mitleid auf das schlummernde Kind herab. Ein strahlender Schimmer fiel auf ihr Gesicht, berührte aber das Gespenst nicht; denn obgleich es dicht neben ihr stand, blieb es doch so glanz- und farblos wie zuvor.

„Gespenst", sagte der Chemiker, von diesem Anblick erneut beunruhigt, „ich habe mich ihr gegenüber weder hartnäckig noch vorwitzig verhalten. Oh, bringe sie nicht hierher! Erspare mir das!"

„Dies hier ist bloß ein Schattenbild", sagte das Gespenst. „Wenn der Tag anbricht, suche die Wirklichkeit dieses Bildes auf."

„Ist es mein unvermeidliches Los, das zu tun?" rief der Chemiker.

„Ja", entgegnete das Gespenst.

„Um ihren Frieden und ihre Herzensgüte zu vernichten? Um sie zu dem zu machen, was ich bin und was ich aus anderen gemacht habe?"

„Ich habe gesagt: Suche sie auf!" gab das Gespenst zurück. „Weiter habe ich nichts gesagt."

„Oh, sag mir", rief Redlaw aus und klammerte sich an die Hoffnung, die in diesen Worten verborgen zu liegen schien, „kann ich ungeschehen machen, was ich getan habe?"

„Nein", entgegnete das Gespenst.

„Ich bitte nicht für mich darum", sagte Redlaw. „Was ich aufgegeben habe, gab ich aus freiem Willen auf, und ich habe mich über seinen Verlust nicht zu beklagen. Aber für die, die ich mit der unseligen Gabe angesteckt habe, die sie nie wollten; die, ohne es zu wissen, von einem Fluch getroffen worden sind, den sie nicht ahnten und den zu vermeiden sie nicht die Macht hatten – kann ich für sie nichts tun?"

„Nichts!" sagte das Gespenst.

„Auch kein anderer?"

Unbeweglich wie eine Statue hielt das Gespenst eine Zeitlang seinen Blick fest auf ihn gerichtet; dann wandte es plötzlich das Haupt und sah den Schatten neben sich an.

„Oh! Kann sie es tun?" rief Redlaw und blickte den Schatten an.

Das Gespenst ließ die Hand los, die es bis jetzt festgehalten hatte, und winkte der Erscheinung zu verschwinden. Alsbald begann der Schatten, der immer noch in der vorherigen Stellung verharrte, sich zu entfernen oder in Luft aufzulösen.

„Halt!" rief Redlaw mit einem Eifer, dem er kaum genug Ausdruck geben konnte. „Nur einen Augenblick! Um des Himmels Barmherzigkeit willen! Ich fühlte eine Veränderung mit mir vorgehen, als der Wind vorhin jene Klänge herübertrug. Sag, habe ich die Macht verloren, ihr Böses zuzufügen? Kann ich mich ihr nähern ohne Angst? Oh, laß sie mir nur ein Zeichen der Hoffnung geben!"

Das Gespenst blickte das Schattenbild an wie er – nicht ihn – und gab keine Antwort.

„Sag mir wenigstens das eine: Besitzt sie bewußt eine Macht, das wiedergutzumachen, was ich verdorben habe?"

„Nein", erwiderte das Gespenst.

„Hat sie die Macht, ohne es zu wissen?"

Das Gespenst antwortete: „Suche sie auf!" Und ihr Schatten verschwand langsam.

Sie standen sich wieder gegenüber und sahen einander an, mit demselben gespannten und grauenerfüllten Blick wie damals, als er die Gabe empfangen hatte. Der Junge lag zwischen ihnen zu Füßen des Gespensts.

„Schrecklicher Lehrer", sagte der Chemiker und sank vor dem Geist flehend auf die Knie, „der sich von mir losgesagt hat, aber mich wieder heimsucht (und ich glaube darin und in diesem milderen Antlitz nur zu gern einen Schimmer von Hoffnung zu sehen), ich will dir, ohne zu fragen, gehorchen. Ich flehe dich einzig und allein darum an, daß der Ruf, den ich in der Angst meines Herzens ausgestoßen habe, erhört werden möge zum Besten derer, denen ich Unwiederbringliches genommen habe. Aber eines liegt mir noch auf dem Herzen –"

„Du sprichst von dem Wesen, das hier liegt", unterbrach ihn der Geist und wies auf den Jungen zu seinen Füßen.

„Ja", erwiderte der Chemiker. „Du weißt, was ich sagen wollte. Warum blieb allein dieses Kind meinem Einfluß unzugänglich, und warum habe ich in seinen Gedanken eine schreckliche Übereinstimmung mit meinen eigenen entdeckt?"

„Dies", sagte das Gespenst und wies auf den Jungen, „ist das letzte und vollständigste Beispiel eines menschlichen Wesens, ganz ohne solche Erinnerungen, wie du sie aufgegeben hast. Keine besänftigende Erinnerung an Kummer, Unrecht oder Sorge wohnt hier, weil dieses unglückliche Menschenkind, von Anfang an verlassen, aufgewachsen ist wie ein Tier. In seinem Innern lebt nichts, was den Keim einer solchen Erinnerung in seiner verhärteten Brust zum Sprießen bringen könnte und wodurch der Mensch erst zum Menschen wird. In diesem verlassenen Geschöpf ist alles öde Wüste. In dem Menschen, dem all das geraubt ist, was du aufgegeben hast, herrscht dieselbe öde Wüste. Wehe einem solchen Menschen! Wehe, zehnfaches Wehe dem Volk, das Geschöpfe wie dieses unglückliche Kind nach Hunderten und Tausenden zählt!"

Entsetzt erschauerte Redlaw.

„Alle diese Geschöpfe", sagte das Gespenst, „streuen Saaten aus, die die Menschheit ernten muß. Aus jedem Keim des Bösen in diesem Jungen wächst eine Saat des Verderbens, die dereinst geerntet und gelagert und wieder ausgesät wird an vielen Stellen der Welt, bis ganze Länder so voller Sünde sind, daß eine zweite

Flut kommen wird. Offenkundiger und ungestrafter Mord, täglich geduldet in den Straßen einer Stadt, wäre weniger verderblich als ein Anblick wie dieser."

Der Geist schien auf den schlummernden Jungen hinabzublicken. Redlaw betrachtete ihn jetzt ebenfalls mit einem ganz neuen Gefühl.

„Jeder Vater", sagte das Gespenst, „an dem diese Geschöpfe bei Tag oder Nacht vorübergehen; jede Mutter unter den vielen liebenden Müttern dieses Landes; jeder, der über die Jahre der Kindheit hinaus ist – alle sind sie auf ihre Weise verantwortlich für diese Ungeheuerlichkeit. Es gibt kein Land auf der Erde, über das sie nicht Fluch brächte. Keine Religion, der sie nicht entgegenstünde, kein Volk, das sie nicht mit Schmach bedecken würde."

Der Chemiker schlug die Hände zusammen und blickte, vor Bangen und Mitleid zitternd, von dem schlummernden Jungen zu dem Gespenst empor, das über ihm stand und mit dem Finger nach unten zeigte.

„Sieh hin", fuhr das Gespenst fort, „auf das vollständige Ebenbild dessen, was du sein wolltest. Deine Macht kann hier nichts bewirken, weil du aus dieses Kindes Brust nichts verbannen kannst. Seine Gedanken haben eine schreckliche Übereinstimmung mit den deinen, weil du ebenso widernatürlich tief gesunken bist. Er ist das Erzeugnis menschlicher Gleichgültigkeit, und du legst Zeugnis ab von dieser Anmaßung. In beiden Fällen ist die wohltätige Absicht des Himmels vereitelt, und von den beiden Polen der geistigen Welt aus kommt ihr an einem Punkt zusammen."

Der Chemiker beugte sich über den Jungen, deckte mit neu erwachtem Mitleid für ihn und für sich selbst den Schlummernden zu und fühlte sich ihm gegenüber nicht mehr von Abscheu oder Gleichgültigkeit erfüllt.

Jetzt wurde der Streifen tief unten am Horizont heller, die Finsternis verschwand, die Sonne stieg purpurglänzend empor, und die Schornsteine und Giebel des alten Gebäudes schimmerten in der klaren Morgenluft, die den Qualm und Dunst der Stadt in eine goldene Wolke verwandelte. Selbst die Sonnenuhr in ihrer schattigen Ecke, wo der Wind sich mit so unwindiger Beständigkeit herumzudrehen pflegte, schüttelte die einzelnen

Schneekristalle ab, die sich während der Nacht auf ihrem schläfrigen alten Antlitz gesammelt hatten, und blickte hinab auf die kleinen weißen Wirbel, die um sie herumtanzten. Zweifellos verirrte sich auch ein Schimmer des Morgens hinunter in die vergessene dumpfe Krypta, wo die gotischen Bogen halb in die Erde versunken waren, und regte dort den trägen Saft in den Flechten und Schwämmen an der Wand an und beschleunigte das schwerfällige Lebensprinzip in der kleinen Welt wunderbarer und zarter Schöpfungen, die dort vorhanden war, mit dem dunklen Gefühl, daß die Sonne aufgegangen sei.

Die Tetterbys waren wach und munter. Mr. Tetterby nahm die Fensterläden von seinem Geschäft ab und enthüllte allmählich die Kostbarkeiten seines Schaufensters den gegen ihre Versuchungen so abgehärteten Blicken des Jerusalemstifts. Adolphus war schon so lange fort, daß er bereits halbwegs bis „Morgenblett" gekommen war. Fünf kleine Tetterbys, deren zehn runde Augen sich von der Seife und dem Reiben röteten, hatten unter Mrs. Tetterbys Vorsitz die Tortur einer kalten Waschung in der Küche auszuhalten. Johnny, der sich stets mit großer Hast anziehen mußte, wenn Moloch in anspruchsvoller Laune war (und das war der Säugling eigentlich stets), wankte unter größeren Schwierigkeiten als gewöhnlich mit seiner Last vor der Ladentür hin und her; denn Moloch war heute noch viel schwerer durch eine Unzahl von Schutzmitteln gegen die Kälte, die aus gestricktem wollenem Zeug bestanden und einen vollständigen Kettenpanzer mit Kopfstück und blauen Beinschienen bildeten.

Das merkwürdigste an diesem Kind war, daß es ständig Zähne bekam. Ob sie niemals ganz kamen, oder ob sie danach wieder verschwanden, ist nicht ganz klar; aber sicherlich waren es schon zahllose gewesen. Zum Reiben seines Zahnfleisches wurden hunderterlei Gegenstände genommen, obgleich es auf der Brust einen Knochenring trug, groß genug, um den Rosenkranz einer jungen Nonne abzugeben. Messer- und Regenschirmgriffe, Stockknöpfe, die Finger der Familie im allgemeinen und die Johnnys im besonderen, Brotrinden, Türgriffe und die kühlen Knöpfe am Griff des Schüreisens waren die üblichen Instrumente, die zur Erleichterung der Leiden dieses Kindes angewendet wurden. Wieviel Reibungselektrizität dadurch in einer Woche erzeugt wurde, ist gar nicht zu berechnen. Mrs. Tetterby sagte immer, sie würden schon durchbrechen, und das Kind werde dann wieder zu sich kommen; aber sie brachen nicht durch, und das Kind kam nicht zu sich.

Die Laune der kleinen Tetterbys hatte sich in ein paar Stunden erstaunlich verändert. Mr. und Mrs. Tetterby hatten sich nicht weniger verwandelt als ihre Sprößlinge. In der Regel waren sie uneigennützige, gutmütige, nachgiebige Leutchen, die, wenn es wenig gab (und das war ziemlich oft), dieses Wenige zufrieden, ja selbst großmütig teilten und großen Genuß an einer kleinen Schüssel hatten. Aber jetzt stritten sie sich nicht nur um Seife und Wasser, sondern auch um das Frühstück, das in Aussicht stand. Die Hand jedes kleinen Tetterbys erhob sich gegen die anderen kleinen Tetterbys; und selbst Johnnys Hand – die Hand des geduldigen, aufopferungsvollen Johnny – erhob sich gegen den Säugling! Ja, als Mrs. Tetterby zufällig an die Tür trat, sah sie, wie er sich eine schwache Stelle in dem Panzerkleid suchte und dem Kind einen Klaps gab.

Mrs. Tetterby zog ihn in einem Nu beim Kragen ins Zimmer und zahlte ihm den Angriff mit Zins und Zinseszins heim.

„Du böser, niederträchtiger Bursche", sagte Mrs. Tetterby, „wie hast du das tun können?"

„Warum kommen auch ihre Zähne nicht", rief Johnny mit lauter, aufrührerischer Stimme, „anstatt daß sie mich quält? Wie würde es dir gefallen?"

„Gefallen?" fragte Mrs. Tetterby und nahm ihm die schlecht behandelte Last ab.

„Ja, gefallen!" sagte Johnny. „Wie würde es dir gefallen? Bestimmt gar nicht. Wenn du an meiner Stelle wärst, so gingst du zu den Soldaten. Und ich werde das auch tun. Bei den Soldaten gibt es keine Babys!"

Mr. Tetterby, der jetzt auf dem Schlachtfeld angekommen war, rieb sich gedankenvoll das Kinn, anstatt den Rebellen zu züchtigen, und es schien, als ob diese Ansicht über das Soldatenleben ihn nachdenklich machte.

„Ich wollte selber, ich wäre bei den Soldaten, wenn das Kind recht hat", sagte Mrs. Tetterby und blickte ihren Mann an, „denn ich habe keine ruhige Stunde hier. Ich bin wie eine Sklavin – wie eine Sklavin in Virginia!" Wahrscheinlich veranlaßte eine dunkle Erinnerung an ihren früheren Versuch mit dem Tabakhandel Mrs. Tetterby zur Wahl dieser drastischen Formulierung. „Von einem Jahresende bis zum andern habe ich keinen Feiertag und keine Freude! Ach, Gott behüte das Kind!" sagte Mrs. Tetterby und schüttelte die Kleine mit einer Gereiztheit, die nicht gut zu diesem frommen Wunsch paßte. „Was fehlt ihm denn schon wieder?"

Da sie nichts entdecken konnte und auch das Schütteln die Sache nicht klarer machte, legte Mrs. Tetterby die Kleine in die Wiege, setzte sich mit verschränkten Armen daneben und schaukelte sie ärgerlich mit dem Fuß.

„Wie du dastehst, Dolph!" sagte Mrs. Tetterby zu ihrem Mann. „Warum machst du denn nichts?"

„Weil ich nicht darauf aus bin, etwas zu tun", entgegnete Mr. Tetterby.

„*Ich* ganz bestimmt auch nicht", sagte Mrs. Tetterby.

„Ich kann es beschwören, *ich* auch nicht", sagte Mr. Tetterby.

Johnny und seine fünf jüngeren Brüder sorgten jetzt für eine Ablenkung. Es hatte sich bei der Beschäftigung, den Frühstückstisch zu decken, ein Scharmützel um den vorläufigen Besitz des Brotes zwischen ihnen entwickelt, und sie schlugen mit großer

Energie aufeinander los. Der Kleinste von ihnen umkreiste dabei mit frühreifer Umsicht die Außenseite der kämpfenden Kolonne und führte rasche Attacken auf ihre Waden aus. Mr. und Mrs. Tetterby stürzten sich mit großem Eifer in das Gewühl, als ob dieses Gebiet das einzige wäre, auf dem sie jetzt noch eines Sinnes sein könnten, und teilten ohne Nachsicht Schläge aus. Nach dieser Strafexpedition, in der nichts von ihrer früheren Milde den Kindern gegenüber zu spüren gewesen war, nahmen sie wieder ihre früheren Stellungen ein.

„Du tätest besser daran, deine Zeitung zu lesen, statt gar nichts zu tun", sagte Mrs. Tetterby.

„Was gibt's in der Zeitung zu lesen?" entgegnete Mr. Tetterby mürrisch.

„Was?" sagte Mrs. Tetterby. „Den Polizeibericht!"

„Kümmert mich nicht!" sagte Mr. Tetterby. „Was geht es mich an, was andere Leute tun oder was ihnen widerfährt?"

„Selbstmorde", sagte Mrs. Tetterby.

„Gehen mich nichts an!" gab ihr Gatte zur Antwort.

„Geburten, Sterbefälle und Heiraten, gehen die dich auch nichts an?" fragte Mrs. Tetterby.

„Selbst wenn es mit den Geburten von heute an vorbei wäre und die Sterbefälle morgen anfingen, sähe ich nicht ein, warum es mich kümmern sollte, ehe daran zu denken ist, daß die Reihe an mich kommt", brummte Tetterby. „Was das Heiraten betrifft, so habe ich es selbst versucht. *Davon* kann ich genug erzählen!"

Nach dem unzufriedenen Ausdruck ihres Gesichts zu urteilen, schien Mrs. Tetterby ganz derselben Meinung zu sein wie ihr Mann; aber sie widersprach ihm doch um der Freude willen, sich mit ihm zu zanken.

„Du bist mir ein konsequenter Mann", sagte Mrs. Tetterby. „Du, mit deinem Wandschirm aus nichts als Zeitungsfetzen, die du den Kindern halbe Stunden lang vorliest."

„Sage lieber: gelesen hast", entgegnete ihr Gatte. „Du wirst mich nicht mehr dabei antreffen. Ich bin jetzt klüger geworden."

„Pah! Klüger! Haha!" sagte Mrs. Tetterby. „Bist du auch besser geworden?"

Die Frage schlug eine mißtönende Saite in Mr. Tetterbys Brust an. Er versank in ein übellauniges Brüten und fuhr sich mit der Hand über die Stirn.

„Besser!" brummte Mr. Tetterby. „Ich weiß nicht, ob jemand von uns besser oder glücklicher ist. Besser, hm!"

Er drehte sich zu dem Wandschirm um und fuhr mit dem Finger daran entlang, bis er einen Abschnitt fand, den er suchte.

„Dieser war ein Lieblingsstück der Familie", sagte Mr. Tetterby grübelnd vor sich hin, „es rührte die Kinder zu Tränen und machte sie gut, wenn es zwischen ihnen einen kleinen Streit oder Unzufriedenheit gegeben hatte. Es kam gleich nach der Geschichte von dem Rotkehlchen im Wald. ‚Trauriges Beispiel menschlicher Not. Gestern erschien ein kleiner Mann mit einem kleinen Kind auf dem Arm und umgeben von einem halben Dutzend zerlumpter Kinder im Alter von zwei bis zehn Jahren, alle vom Hunger abgezehrt, vor dem Polizeirichter und erzählte Folgendes:' – Ha! Ich begreife es wahrhaftig nicht", sagte Mr. Tetterby. „Ich sehe nicht ein, was uns diese Sache angeht!"

„Wie alt und schäbig er aussieht", sagte Mrs. Tetterby, die ihn beobachtete. „Ich habe noch bei keinem Menschen eine so rasche Veränderung gesehen. Ach Gott! Ach Gott! Es war ein Opfer."

„Was war ein Opfer?" fragte ihr Gatte mürrisch.

Mrs. Tetterby schüttelte zur Antwort bloß den Kopf und versetzte das Kind geradezu in einen Seesturm, so heftig schaukelte sie die Wiege.

„Wenn du meinst, deine Heirat wäre ein Opfer gewesen, Frau –", sagte ihr Gatte.

„Das *meine* ich!" erwiderte die Frau.

„Nun, dann will ich dir sagen", fuhr Mr. Tetterby so unwirsch wie sie fort, „daß die Sache zwei Seiten hat und daß *ich* das Opfer war und daß ich wünschte, das Opfer wäre gar nicht angenommen worden."

„Ich wollte, ich hätte es nicht getan, Tetterby, das versichere ich von ganzem Herzen und von ganzer Seele", erwiderte die Frau. „Du kannst es nicht mehr wünschen als ich, Tetterby!"

„Ich weiß gar nicht, was ich an ihr gesehen habe", brummte der Zeitungsmann, „wahrhaftig; soviel steht aber fest: Wenn ich etwas sah, so ist es nicht mehr vorhanden. Ich dachte gestern abend nach dem Essen daran. Sie wird dick und alt und hält keinen Vergleich mit den meisten anderen Frauen aus."

„Er sieht nach gar nichts aus, er ist klein, er bekommt einen krummen Rücken und eine Glatze", brummte Mrs. Tetterby.

„Ich muß halb verrückt gewesen sein, als ich sie nahm", sagte Mr. Tetterby.

„Ich kann nicht bei gesundem Verstand gewesen sein, anders ist es nicht zu erklären", meinte Mrs. Tetterby.

In dieser Stimmung setzten sie sich zum Frühstück. Die kleinen Tetterbys waren nicht gewohnt, dieses Mahl als eine sitzende Beschäftigung anzusehen, sondern pflegten es tanzend und hin und her laufend zu sich zu nehmen. Die gellenden Ausrufe, das Herumschwenken der Butterbrote, die komplizierten Märsche zur Tür hinaus und wieder herein und das Herumhüpfen auf der Ladentreppe, die untrennbar mit dem Schauspiel verbunden waren, ließen es stets wie den Tanz eines wilden Stammes erscheinen. Diesmal waren die Kämpfe der Tetterbyschen Kinder um den gemeinsamen Krug mit verdünnter Milch, der auf dem Tisch stand, ein so bejammernswertes Beispiel stürmisch erregter Leidenschaften, daß das Andenken des Doktor Watts dadurch beleidigt wurde.* Erst als Mr. Tetterby die ganze Schar zur Straßentür hinausgejagt hatte, kehrte für einen Augenblick Ruhe ein, und auch diese wurde durch die Entdeckung gestört, daß Johnny sich heimlich wieder hereingeschlichen hatte und vor lauter unanständiger, habgieriger Hast eben jetzt im Milchkrug erstickte Laute wie ein Bauchredner von sich gab.

„Diese Kinder werden noch mein Tod sein!" sagte Mrs. Tetterby, nachdem sie den Sünder wieder hinausgejagt hatte. „Und je eher das geschieht, desto besser!"

„Arme Leute sollten gar keine Kinder haben", meinte Mr. Tetterby, „sie machen ihnen kein Vergnügen."

Er ergriff eben die Tasse, die Mrs. Tetterby ihm mürrisch hingeschoben hatte, und sie wollte ihre Tasse eben an den Mund setzen, als beide wie verzaubert unbeweglich sitzen blieben.

---

* Das 17. der „Frommen Lieder für Kinder" von Isaac Watts (vgl. Fußnote S. 215) heißt „Liebe zwischen Brüdern und Schwestern".

„Mutter! Vater!" rief Johnny und stürzte ins Zimmer. „Mrs. William kommt die Straße herauf!"

Und wenn jemals seit Erschaffung der Welt ein Junge ein kleines Kind mit der Sorgfalt einer erfahrenen Amme aus der Wiege nahm und es zärtlich beruhigte und fröhlich mit ihm hinauswankte, so war Johnny dieser Knabe, und Moloch war dieses Kind, das er jetzt hinaustrug.

Mr. Tetterby setzte seine Tasse ab; Mrs. Tetterby setzte ihre Tasse ab. Mr. Tetterby rieb sich die Stirn; Mrs. Tetterby tat das gleiche. Mr. Tetterbys Gesicht begann sich zu entspannen und einen freundlichen Ausdruck anzunehmen; mit Mrs. Tetterbys Antlitz ging dieselbe Veränderung vor.

„Gott verzeihe mir", sprach Mr. Tetterby zu sich selbst, „was war das bloß für eine schlechte Laune, die mich auf einmal befiel? Was ist nur hier vorgegangen?"

„Wie konnte ich nach allem, was ich gestern abend sagte und fühlte, nur so schlecht gegen ihn sein?" schluchzte Mrs. Tetterby und fuhr sich mit der Schürze über die Augen.

„Ich bin doch ein Mensch, an dem kein gutes Haar ist", sagte Mr. Tetterby. „Sophia! Mein kleines Frauchen!"

„Lieber Dolphus!" gab seine Frau zurück.

„Ich – ich bin in einer Gemütsverfassung gewesen", sagte Mr. Tetterby, „daß ich gar nicht daran denken mag, Sophy."

„Ach, das ist gar nichts gegen das, was ich gewesen bin, Dolph!" rief seine Frau unter hellen Tränen aus.

„Sophia", sagte Mr. Tetterby, „nimm es dir nicht so zu Herzen! Ich werde mir das nie verzeihen. Es muß dir fast das Herz gebrochen haben, ich weiß es."

„Nein, Dolph, nein. Ich war's! Ich!" rief Mrs. Tetterby.

„Mein kleines Frauchen", sagte ihr Mann, „bitte, beruhige dich! Es ist für mich der schrecklichste Vorwurf, wenn du dich so edel benimmst. Liebe Sophia, du weißt gar nicht, was ich gedacht habe. Ich habe mich gewiß schlimm genug gezeigt; aber was ich dachte, mein kleines Frauchen –!"

„Ach, lieber Dolph, bitte! Erzähle es nicht!" rief seine Frau.

„Sophia", sagte Mr. Tetterby, „ich muß es sagen! Mein Gewissen könnte sich nicht beruhigen, wenn ich es nicht erzählte. Mein kleines Frauchen –"

„Mrs. William ist gleich da!" rief Johnny zur Tür herein.

„Mein kleines Frauchen", sagte Mr. Tetterby mit gepreßter Stimme, indem er sich auf seinen Stuhl stützte, „ich wunderte mich, wie du mir jemals hast gefallen können. Ich vergaß die lieben Kinder, die du mir geschenkt hast, und meinte, du wärest nicht so schlank, wie ich wünschen könnte. Mit keinem Sterbenswörtchen", sagte Mr. Tetterby in strenger Selbstanklage, „dachte ich an all die Sorgen, die du um mich und die Meinigen gehabt hast, während du mit einem anderen Mann, der mehr Glück hätte haben und besser hätte vorwärtskommen können als ich, ohne alle Sorgen hättest leben können; und ich ärgerte mich über dich, daß du ein wenig gealtert warst in den schweren Jahren, die du mir erleichtert hast. Kannst du das glauben, mein kleines Frauchen? Ich kann es selber kaum glauben!"

Halb lachend und halb weinend erfaßte Mrs. Tetterby mit beiden Händen sein Gesicht und hielt ihn so fest.

„Ach, Dolph!" rief sie aus. „Ich fühle mich so glücklich, daß du so dachtest; ich bin so dankbar, daß du so dachtest! Denn ich dachte, du sähest so gewöhnlich aus, Dolph, und das ist auch wahr, lieber Mann, und mögest du der gewöhnlichste Mensch in meinen Augen sein, bis du sie mit deinen eigenen lieben Händen zudrückst. Ich dachte, du wärest klein, und das ist auch wahr, und ich will dich wert halten, weil du es bist, und noch mehr, weil ich meinen Gatten liebe. Ich dachte, daß du einen krummen Rücken kriegtest, und das ist auch wahr, aber du sollst dich an mich lehnen, und ich will meine ganze Kraft daransetzen, um dich zu stützen. Ich dachte, du hättest nichts Anziehendes; aber das Anziehende ist die Erinnerung an das Zuhause, und das ist die reinste und schönste Anziehungskraft, die es geben kann. Gott segne unser Zuhause und alles, was dazugehört, Dolph!"

„Hurra! Da ist Mrs. William!" rief Johnny.

Sie war da, und alle Kinder waren bei ihr, und als sie eintrat, da küßten sie sie und küßten sich untereinander und küßten das Kleinste und küßten Vater und Mutter und umtanzten dann wieder die Angekommene und hielten mit ihr im Triumph Einzug.

Mr. und Mrs. Tetterby standen ihnen in der Wärme ihres Empfanges nicht nach. Sie fühlten sich ebensosehr zu ihr hingezogen wie die Kinder; sie eilten ihr entgegen, küßten ihr die Hände und konnten ihr Entzücken gar nicht genug zeigen. Sie trat unter sie wie der Engel der Güte und Liebe, wie der Geist der Güte, Liebe, Rücksichtnahme und Häuslichkeit.

„Wie, ihr freut euch alle so, mich an diesem schönen Weihnachtsmorgen zu sehen?" fragte Milly und schlug die Hände in lieblicher Verwunderung zusammen. „Ach Gott, wie wohl das tut!"

Mehr Jauchzen aus dem Mund der Kinder, mehr Küsse, mehr Glück, mehr Liebe, mehr Freude, mehr Ehre von allen Seiten, als sie ertragen konnte.

„Ach Gott!" sagte Milly, „was für köstliche Tränen ihr meinen Augen entlockt! Womit habe ich das verdient? Was habe ich getan, um so geliebt zu werden?"

„Wer kann anders?" rief Mr. Tetterby.

„Wer kann anders?" rief Mrs. Tetterby.

„Wer kann anders?" wiederholten die Kinder in freudigem Chor, und sie umtanzten sie wieder und legten ihre rosigen Gesichter an ihr Kleid, küßten und streichelten es und wurden es nicht satt, sie zu liebkosen.

„Ich war noch nie so gerührt wie diesen Morgen", sagte Milly und wischte sich die Augen. „Ich muß es Ihnen erzählen, sobald ich sprechen kann. – Mr. Redlaw kam bei Sonnenaufgang zu mir und bat mich so milde und zärtlich, als ob ich seine Lieblingstochter wäre, mit ihm zu dem Haus zu gehen, wo Williams Bruder George krank darniederliegt. Ich begleitete ihn, und unterwegs war er so gütig und so sanft und schien so viel Vertrauen und Hoffnung in mich zu setzen, daß ich vor Freude weinen mußte. Als wir in dem Haus angekommen waren, begegnete uns in der Tür ein Weib (ich fürchte, jemand hatte es geschlagen und verletzt), das im Vorbeigehen meine Hand ergriff und mir Gottes Segen wünschte."

„Sie hatte recht!" sagte Mr. Tetterby. Mrs. Tetterby sagte: „Sie hatte recht!" Alle Kinder riefen: „Sie hatte recht!"

„Ach, es gibt aber noch mehr zu erzählen", sagte Milly. „Als wir in das Zimmer des Kranken traten, der seit Stunden wie ohnmächtig dagelegen hatte, da richtete er sich in seinem Bett auf, brach in Tränen aus und sagte, während er mir die Arme entgegenstreckte, er habe ein schlechtes Leben geführt, aber er bereue es jetzt aufrichtig, und die Vergangenheit liege vor ihm wie eine große Landschaft, von der eine dichte schwarze Wolke weggenommen sei; und er bat mich, seinen armen alten Vater um Verzeihung und um seinen Segen zu bitten und neben seinem Bett ein Gebet zu sprechen. Und als ich das tat, stimmte Mr. Redlaw so inbrünstig ein und dankte mir und dem Himmel so innig, daß mein Herz ganz überströmte und ich bloß hätte schluchzen und weinen können, wenn mich der Kranke nicht gebeten hätte, ich solle mich neben ihn setzen, was mich natürlich ruhiger machte. Als ich neben ihm saß, hielt er meine Hand, bis er in Schlummer versank, und selbst dann, als ich ihm meine Hand entzog, um hierherzugehen (worum mich Mr. Redlaw sehr nachdrücklich bat), suchte er sie, so daß jemand anders sich an meine Stelle setzen und ihm die Hand geben mußte, damit er glaubte, ich wäre noch da. Ach Gott, ach Gott", sagte Milly schluchzend, „wie dankbar und beglückt ich mich durch das alles fühle!"

Während sie noch sprach, war Redlaw eingetreten, und nachdem er einen Augenblick die Gruppe betrachtet hatte, deren Mittelpunkt sie bildete, war er stillschweigend die Treppe hinaufgegangen. Jetzt erschien er wieder auf der Treppe; aber er blieb oben, während der junge Student an ihm vorüber ins Zimmer hinablief.

„Gütige Pflegerin, sanftestes, bestes aller Wesen", rief er aus, indem er vor ihr auf die Knie sank und ihre Hand ergriff, „verzeihen Sie mir meine hartherzige Undankbarkeit!"

„O Gott, o Gott", rief Milly mit unschuldigem Erstaunen, „hier ist noch einer! O Gott, hier ist wieder jemand, der mich gern hat! Was soll ich nur tun?"

Die schlichte, einfache Weise, mit der sie das sagte, die Hände vor die Augen hielt und vor lauter Seligkeit weinte, war ebenso rührend wie wohltuend.

„Ich war nicht mehr ich selbst", sagte er. „Ich weiß nicht, was es war – es war vielleicht die Folge meiner Krankheit –, ich war wahnsinnig. Aber ich bin es jetzt nicht mehr. Fast während ich spreche, werde ich wieder gesund. Ich hörte, wie die Kinder Ihren Namen riefen, und der trübe Schatten wich schon bei dem bloßen

Klang von mir. Oh, weinen Sie nicht! Teuerste Milly, wenn Sie in meinem Herzen lesen könnten und wüßten, wie sehr es von Liebe und dankbarer Verehrung glüht, so ließen Sie mich nicht Ihre Tränen sehen. Es ist ein zu grausamer Vorwurf für mich."

„Nein, nein!" sagte Milly. „Das ist es nicht, das ist es wahrhaftig nicht! Es ist Freude! Es ist Verwunderung, daß Sie es für notwendig halten, mich wegen einer solchen Kleinigkeit um Verzeihung zu bitten, und Freude, daß Sie es dennoch tun."

„Und wollen Sie mich wieder besuchen, und wollen Sie den kleinen Vorhang fertigmachen?"

„Nein!" sagte Milly, indem sie sich die Augen trocknete und den Kopf schüttelte. „Jetzt wird Ihnen meine Näherei gleichgültig sein."

„Heißt das verzeihen?" fragte er.

Sie winkte ihn beiseite und flüsterte ihm ins Ohr: „Es ist Nachricht von zu Hause da, Mr. Edmund."

„Nachricht? Wieso?"

„Entweder das Ausbleiben Ihrer Briefe, als Sie krank waren, oder die Veränderung Ihrer Handschrift, als Sie zu genesen anfingen, hat dort die Wahrheit ahnen lassen. Sei dem, wie es wolle – aber sind Sie sicher, daß Sie eine Nachricht ohne zu große Erschütterung ertragen können, falls es keine schlechte Nachricht ist?"

„Gewiß."

„Nun denn – es ist jemand angekommen!" sagte Milly.

„Meine Mutter?" fragte der Student und sah sich unwillkürlich nach Mr. Redlaw um, der die Treppe herabgestiegen war.

„Still! Nein!" sagte Milly.

„Es kann niemand anders sein!"

„Wirklich?" sagte Milly. „Sind Sie dessen sicher?"

„Es ist doch nicht –" Ehe er aussprechen konnte, legte sie ihm die Hand auf den Mund.

„Ja, es ist so!" sagte Milly. „Die junge Dame (sie ist dem Miniaturbild sehr ähnlich, Mr. Edmund, aber hübscher) hielt es in der Ungewißheit nicht mehr aus, und so traf sie gestern abend in Begleitung einer Dienerin ein. Da Sie bei Ihren Briefen stets das Kollegium als Absender angegeben haben, so begab sie sich dorthin, und ich sah sie, bevor ich heute früh zu Mr. Redlaw ging. –

Sie hat mich auch gern", sagte Milly. „O Gott, damit gibt es noch jemanden!"

„Heute früh? Und wo ist sie jetzt?"

„Jetzt", flüsterte Milly ihm ins Ohr, „ist sie in einem kleinen Stübchen in der Pförtnerwohnung und erwartet Sie dort."

Er drückte ihr die Hand und wollte forteilen, aber sie hielt ihn zurück. „Mr. Redlaw ist sehr verändert und sagte mir heute morgen, daß sein Gedächtnis gelitten hätte. Seien Sie sehr rücksichtsvoll zu ihm, Mr. Edmund; wir müssen es alle sein."

Der Jüngling gab ihr durch einen Blick zu verstehen, daß er ihre Warnung beachten werde, und als er beim Fortgehen an Mr. Redlaw vorbeikam, verbeugte er sich respektvoll und mit offenbarer Teilnahme vor ihm.

Mr. Redlaw erwiderte den Gruß höflich und sogar mit einer gewissen Demut und sah dem Jüngling nach. Dann ließ er den Kopf auf die Hand sinken, als ob er sich an etwas, was ihm entschwunden war, zu erinnern versuchte. Aber es kam nicht wieder.

Die andauernde Veränderung, die seit den Klängen der nächtlichen Musik und dem Wiedererscheinen des Geistes in ihm vorgegangen war, bestand darin, daß er jetzt wahrhaft fühlte, wieviel er verloren hatte. Er konnte jetzt Mitleid mit seiner eigenen Lage haben und sie mit dem natürlichen Zustand der Personen in seiner Umgebung vergleichen. Daraus entstand eine neue Teilnahme an den Menschen, die um ihn herum waren, und ein bescheidenes, ergebenes Gefühl für sein Unglück, ähnlich dem, das manchmal dem Alter eigen ist, wenn die geistigen Kräfte geschwächt sind, ohne daß zu der langen Reihe der Schwächen Gefühllosigkeit oder mürrisches Wesen kommen.

Er fühlte auch, daß diese Veränderung um so vollständiger wurde, je mehr er durch Milly von dem Schaden, den er angerichtet hatte, wiedergutmachte und je mehr er mit ihr zusammen war. Deshalb und infolge der Zuneigung, die sie ihm einflößte, die aber von keiner anderen Hoffnung begleitet war, fühlte er, daß er ganz abhängig von ihr und daß sie ihm die einzige Stütze in seinem Unglück war.

Als sie ihn daher jetzt fragte, ob sie nun nach Hause zu dem alten Mann und ihrem Gatten gehen wollten, und er bereitwillig ja sagte – denn das lag ihm sehr am Herzen –, gab er ihr seinen Arm und ging neben ihr her; nicht als ob er der weise und gelehrte Mann wäre, für den die Wunder der Natur ein offenes Buch waren, und sie der ungeschulte Geist, sondern als ob dieses Verhältnis umgekehrt wäre und sie alles wüßte und er gar nichts.

Er sah, wie die Kinder sich um sie drängten und sie liebkosten, als sie jetzt das Haus verließen; er hörte ihr munteres Lachen und ihre fröhlichen Stimmen; er sah ihre freundlichen Gesichter, die ihn wie Blumen umgaben; er war Zeuge der Zufriedenheit und der Eintracht, die sich wieder bei den Eltern eingestellt hatten; er atmete die bescheidene Luft der ärmlichen Hütte, die jetzt wieder im Besitz ihres stillen Glücks war; er dachte an die verhängnisvolle Ansteckung, die er hier verbreitet hatte und die er ohne sie jetzt noch verbreiten würde. Und vielleicht ist es kein Wunder, daß er demütig neben ihr herging und ihr gütiges Herz näher an sich zog.

Als sie in der Pförtnerwohnung anlangten, saß der Alte, den Blick starr auf den Boden gerichtet, auf seinem Stuhl in der Kaminecke, und sein Sohn stand, an die andere Seite des Kamins gelehnt, ihm gegenüber und sah ihn an. Als sie zur Tür hereinkam, fuhren beide empor und sahen zu ihr hin, und Heiterkeit verbreitete sich über ihre vorher verdrossenen Gesichter.

„O Gott, o Gott! Auch sie freuen sich, mich zu sehen, wie die anderen!" rief Milly, indem sie ihre Hände zusammenschlug und stehenblieb. „Da sind wieder zwei!"

Freuen sich, sie zu sehen! Das war kein Ausdruck für ihre Freude. Sie eilte in ihres Gatten Arme, die dieser ihr entgegenstreckte, und er hätte sie so gern den ganzen Tag gehalten. Aber der Alte konnte sie nicht entbehren. Auch er breitete seine Arme aus und drückte sie ans Herz.

„Wo ist nur mein kleines Mäuschen die ganze Zeit über gewesen?" fragte der Alte. „Sie ist lange, lange weggeblieben. Ich sehe jetzt wohl, ich kann ohne mein Mäuschen nicht auskommen. Ich – wo ist mein Sohn William? –, ich glaube, ich habe geträumt, William."

„Das sage ich auch, Vater", erwiderte der Sohn. „Ich habe auch einen bösen Traum gehabt, wahrhaftig. – Wie geht's Euch, Vater? Gut?"

„Frisch und munter, mein Sohn!" gab der Alte zurück.

Es war eine wahre Herzensfreude zu sehen, wie Mr. William seinem Vater die Hand schüttelte, ihn auf den Rücken klopfte und ihm die Hand auf die Schulter legte, als ob er nicht genug Teilnahme für ihn an den Tag legen könnte.

„Was für ein wunderbarer Mann Ihr seid, Vater! – Wie geht's Euch, Vater? Wirklich frisch und munter?" fragte William und schüttelte ihm wieder die Hand und klopfte ihn wieder auf den Rücken.

„Ich habe mich nie in meinem Leben besser gefühlt, mein Sohn."

„Was für ein wunderbarer Mann Ihr seid, Vater! Aber so gehört es sich auch", sagte Mr. William mit Begeisterung. „Wenn ich bedenke, was mein Vater alles durchgemacht hat und wie viele Sorgen und Mühen ihm in seinem langen Leben widerfahren sind und sein Haar grau gemacht haben, so ist mir, als wenn wir nicht genug tun könnten, um den alten Herrn zu ehren und ihm sein hohes Alter zu erleichtern. – Wie geht's Euch, Vater? Wirklich frisch und munter?"

Mr. William hätte vielleicht nie wieder aufgehört, diese Frage zu wiederholen und ihn zu tätscheln, wenn der Alte nicht jetzt den Chemiker erblickt hätte.

„Ich bitte um Verzeihung, Mr. Redlaw", sagte Philip, „aber ich wußte nicht, daß Sie hier waren, Sir, sonst hätte ich mir nicht soviel Freiheit genommen. Ihr Besuch an dem heutigen Weihnachtsmorgen, Mr. Redlaw, erinnert mich an die Zeit, wo Sie selbst Student waren und so angestrengt arbeiteten, daß Sie selbst in der Weihnachtszeit nicht aus unserer Bibliothek herauskamen. Haha! Ich bin alt genug, um mich daran zu erinnern, und ich erinnere mich recht deutlich daran, obgleich ich siebenundachtzig bin! Erst als Sie von hier weggezogen waren, starb meine selige Frau. Erinnern Sie sich noch an meine selige Frau, Mr. Redlaw?"

Der Chemiker bejahte.

„Ja", sagte der Alte, „sie war ein gutes Weib. Ich erinnere mich noch, wie Sie an einem Weihnachtsmorgen mit einer jungen Dame herkamen – ich bitte um Verzeihung, Mr. Redlaw, aber ich glaube, es war eine Schwester, die Sie sehr liebhatten?"

Der Chemiker sah ihn an und schüttelte den Kopf. „Ich hatte eine Schwester", sagte er gleichgültig. Weiter wußte er nichts.

„An einem Weihnachtsmorgen", fuhr der Alte fort, „kamen Sie mit ihr hier vorbei, und es fing an zu schneien, und meine Frau lud die junge Dame ein, einzutreten und sich an das Feuer zu setzen, das am Weihnachtstag immer im ehemaligen großen Speisesaal brennt. Ich war dort, und ich entsinne mich noch, als ich das Feuer schürte, damit die junge Dame ihre hübschen Füßchen daran wärmen konnte, las sie die Schrift unter dem Bild: HERR, ERHALTE MEIN GEDÄCHTNIS FRISCH! Sie und meine Selige fingen an, darüber zu sprechen, und es ist seltsam, wenn man jetzt daran denkt, daß beide sagten (und sie waren ihren Jahren nach so weit vom Tod entfernt), daß dies ein schönes Gebet sei und daß sie es auch für die, die sie am liebsten hätten, zu Gott schicken wollten, wenn sie früh sterben sollten. ‚Mein Bruder', sagte die junge Dame, ‚mein Mann', sagte meine Selige – ‚Herr, erhalte mein Andenken in ihm frisch, und laß mich nicht vergessen werden!'"

Schmerzlichere und heißere Tränen, als er jemals in seinem Leben geweint hatte, rannen über Redlaws Wangen herab. Philip, mit seiner Geschichte zu sehr beschäftigt, hatte es nicht eher als jetzt bemerkt und ebensowenig Millys Gebärden, die ihn mahnten, nicht weiterzureden.

„Philip", sagte Mr. Redlaw und legte die Hand auf seinen Arm, „ich bin ein Unglücklicher, den die Hand der Vorsehung schwer, wenn auch verdient, getroffen hat. Ihr sprecht von etwas, Freund, was ich nicht mehr begreifen kann, mein Erinnerungsvermögen ist entschwunden."

„Gütiger Himmel!" sagte der Alte.

„Ich habe die Erinnerung an Kummer, Unrecht und Sorge verloren", sagte der Chemiker, „und damit alles, was für den Menschen erinnernswert ist."

Wer des alten Philip Mitleid sah, wer mit ansah, wie er ihm seinen eigenen großen Lehnstuhl hinschob, damit er darin ausruhe, und wie er auf ihn hinabblickte, mit einem tiefen Gefühl für das, was ihm genommen war, der konnte ahnen, wie teuer dem Greis solche Erinnerungen waren.

Der Junge kam hereingelaufen und eilte auf Milly zu. „Hier

ist der Mann", sagte er, „aus dem andern Zimmer. Ich mag ihn nicht."

„Wen meint er?" fragte Mr. William.

„Still!" sagte Milly.

Auf einen Wink von ihr entfernten er und sein alter Vater sich leise. Als sie unbemerkt hinausgingen, winkte Redlaw den Jungen zu sich.

„Ich will lieber bei der Frau bleiben", antwortete er und klammerte sich an ihr Kleid.

„Du hast recht", sagte Redlaw mit einem trüben Lächeln. „Aber du brauchst dich nicht vor mir zu fürchten. Ich bin sanfter als vorher. Vor allem zu dir, armes Kind."

Der Junge hielt sich anfangs schüchtern fern; aber allmählich gab er Millys Drängen nach, so daß er sich endlich näher wagte und sich sogar zu seinen Füßen niedersetzte. Als Redlaw die Hand auf die Schulter des Jungen legte und ihn mit Teilnahme und Mitgefühl ansah, streckte er die andere Hand Milly entgegen. Sie beugte sich zu ihm hinab, so daß sie ihm ins Gesicht sehen konnte, und sagte nach einer Pause: „Mr. Redlaw, darf ich sprechen?"

„Ja", erwiderte er und blickte sie an. „Ihre Stimme klingt wie Musik in meinen Ohren."

„Darf ich Sie um etwas bitten?"

„Um was Sie wollen."

„Erinnern Sie sich noch an das, was ich gestern sagte, als ich an die Tür klopfte? Von einem, der früher Ihr Freund war und jetzt am Rand des Abgrunds steht?"

„Ja. Ich erinnere mich", sagte er mit einigem Zögern.

„Verstehen Sie es jetzt?"

Er strich dem Jungen das Haar glatt – sah sie eine Weile fest an – und schüttelte den Kopf.

„Diesen Mann", sagte Milly mit ihrer klaren, weichen Stimme, die der Blick ihrer sanften Augen noch klarer und weicher machte, „sah ich bald darauf. Ich kehrte zurück zu dem Haus und fand ihn mit Gottes Hilfe. Es war nicht zu früh. Es hätte nur wenig gefehlt, und es wäre zu spät gewesen."

Er zog seine Hand von dem Kopf des Jungen zurück, legte sie auf die ihrige, deren schüchterne und doch innige Berührung ihm nicht weniger zu Herzen ging als ihre Stimme und ihr Blick, und sah sie aufmerksam an.

„Er ist der Vater von Mr. Edmund, dem jungen Herrn, den wir vorhin sahen. Sein wirklicher Name ist Longford. – Sie erinnern sich an den Namen?"

„Ich erinnere mich an den Namen."

„Und an den Mann?"

„Nein, nicht an den Mann. Hat er mir jemals unrecht getan?"

„Ja!"

„Ah! Dann besteht keine Hoffnung – keine Hoffnung." Er schüttelte den Kopf und klopfte leise auf ihre Hand, als ob er mit stiller Gebärde um ihr Bedauern bitte.

„Ich bin gestern abend nicht zu Mr. Edmund gegangen", sagte Milly. „Wollen Sie mich aber so anhören, als ob Sie sich an alles erinnern könnten?"

„Jede Silbe, die Sie sagen."

„Teils weil ich damals noch nicht wußte, daß er wirklich sein Vater war, und teils weil ich die Wirkung fürchtete, die diese Nachricht, falls sie sich als richtig herausstellte, auf ihn haben mußte. Seit ich es sicher weiß, bin ich ebenfalls nicht hingegangen; aber aus einem anderen Grund. Er ist lange von seiner Frau und seinem Sohn getrennt gewesen – fast seit dieses Sohnes Kinderjahren, wie ich von ihm höre – und hat das verlassen, was ihm das Teuerste hätte sein sollen. Während dieser ganzen Zeit ist er immer tiefer gesunken, bis –" Sie stand hastig auf, ging einen Augenblick hinaus und kehrte zurück, begleitet von dem Unbekannten, den Redlaw in der vorangegangenen Nacht gesehen hatte.

„Kennen Sie mich?" fragte der Chemiker.

„Ich würde mich freuen", entgegnete der andere, „und das ist ein ungewöhnliches Wort in meinem Mund, wenn ich nein sagen könnte."

Der Chemiker sah den anderen an, in dessen demütiger Haltung sich das Gefühl seines tiefen Falles aussprach, und hätte ihn, vergeblich nach einer Erinnerung suchend, noch länger betrachtet, wenn nicht Milly wieder ihren früheren Platz neben ihm eingenommen und seinen aufmerksamen Blick auf ihr Gesicht gelenkt hätte.

„Sehen Sie doch, wie tief er gesunken ist!“ flüsterte sie und streckte den Arm nach dem Unbekannten aus, ohne den Blick von dem Gesicht des Chemikers abzuwenden. „Wenn Sie sich an alles erinnern könnten, was mit ihm verbunden ist, glauben Sie nicht, daß es Ihnen leid täte, wenn es mit einem, den Sie liebten (gleichgültig, wie lange es her ist oder wie er die Liebe verscherzt hat), so weit gekommen ist?“

„Ich hoffe es“, antwortete er. „Ich glaube, es täte mir leid.“

Sein Blick schweifte zu der Gestalt an der Tür, kehrte aber schnell zu ihr zurück, und er sah sie so gespannt an, als wäre er bemüht, aus jedem Ton ihrer Stimme und jedem Strahl ihrer Augen eine Lehre zu ziehen.

„Ich weiß nichts, und Sie wissen so viel“, sagte Milly, „ich bin nicht gewohnt zu denken, und Sie denken immer. Darf ich Ihnen sagen, warum es mir gut zu sein scheint, wenn wir uns an das Unrecht erinnern, das uns widerfahren ist?“

„Ja!“

„Damit wir es vergeben können.“

„Verzeih mir, großer Gott“, sagte Redlaw und blickte gen Himmel, „daß ich dein eigenes hohes Vorrecht verschmäht habe!“

„Und wenn“, fuhr Milly fort, „wenn Ihnen Ihr Gedächtnis eines Tages wiedergegeben würde – und das hoffen und wünschen wir alle –, wäre es dann nicht ein Segen für Sie, wenn Sie sich zugleich an das erlittene Unrecht und dessen Vergebung erinnerten?“

Er sah zu der Gestalt an der Tür hinüber und richtete dann wieder seinen aufmerksamen Blick auf sie; ihm war, als ob ein Strahl helleren Lichtes von ihrem milden Antlitz in seine Seele dringen würde.

„Er kann nicht wieder in sein Heim zurück, das er verlassen hat. Er will auch nicht dorthin zurück. Er weiß, daß er denen, die er so grausam vernachlässigt hat, nur Scham und Sorge bringen würde und daß er sein Unrecht jetzt am besten sühnen kann, wenn er sie meidet. Mit ein wenig Geld könnte er in eine ferne Stadt ziehen, wo er ruhig leben und durch einen makellosen Wandel das begangene Unrecht so weit wiedergutmachen könnte, wie es noch möglich ist. Für die unglückliche Dame, die seine Gattin ist, und für seinen Sohn wäre dies das beste und gütigste Geschenk, das ihnen ihr bester Freund machen könnte – ein Geschenk, von dem sie noch dazu nie etwas zu erfahren brauchten; und für ihn, dessen Ruf vernichtet, dessen Geist und Körper krank ist, wäre es die Rettung."

Er nahm ihr Haupt zwischen beide Hände, küßte sie auf die Stirn und sagte: „Es soll geschehen. Ich überlasse es Ihnen, es für mich jetzt gleich und im geheimen zu tun. Und sagen Sie ihm, daß ich ihm verzeihen würde, wenn ich so glücklich wäre zu wissen, was ich zu verzeihen hätte."

Als sie aufstand und sich mit strahlendem Gesicht dem Unglücklichen zuwandte und ihm damit zu erkennen gab, daß ihre Bitte erfüllt werden würde, trat er einen Schritt vor und sprach, ohne den Blick zu erheben, Redlaw an.

„Sie sind so großmütig", sagte er, „ – Sie waren es immer –, daß Sie versuchen werden, die aufkeimende Empfindung der Vergeltung bei dem Anblick, den Sie vor sich haben, in sich zu unterdrücken. Ich versuche es nicht zu vergessen, Redlaw. Wenn Sie können, glauben Sie mir das."

Der Chemiker bat Milly durch eine Gebärde, näher an ihn heranzutreten; während er zuhörte, sah er ihr ins Gesicht, als hoffe er, dort einen Schlüssel zu dem zu finden, was er vernahm.

„Ich bin zu tief gefallen, um Beteuerungen abzugeben. Ich erinnere mich zu gut an mein Leben, um damit vor Sie zu treten. Aber von dem Tag an, wo ich Sie hinterging, bin ich tiefer und tiefer gesunken, unaufhaltsam und wie unter einem Verhängnis. Das wollte ich sagen."

Redlaw wandte sein Gesicht, in dem sich jetzt Kummer und etwas wie schmerzliche Erinnerung ausdrückte, dem Sprecher zu. Dabei hielt er Milly fest an seiner Seite.

„Ich hätte ein anderer Mensch sein und ein anderes Leben führen können, wenn ich diesen ersten verhängnisvollen Schritt vermieden hätte. Ob es so gekommen wäre, weiß ich nicht. Ich behaupte nicht, daß es so hätte sein können. Ihre Schwester ruht in Frieden, und sie ist dort besser aufgehoben als bei mir, selbst wenn ich so geblieben wäre, wie Sie mich kannten und wie ich mich selbst sah."

Redlaw machte eine rasche Bewegung mit der Hand, als ob er diese Erinnerung von sich weisen wollte.

„Ich spreche wie ein Mann, der aus dem Grab auferstanden ist", fuhr der andere fort. „Ich hätte mir gestern nacht mein eigenes Grab gegraben, wäre nicht diese gesegnete Hand gewesen."

„O Gott, auch er hat mich gern!" schluchzte Milly leise. „Da ist wieder einer!"

„Ich hätte mich Ihnen gestern abend nicht genähert, und wenn ich hätte verhungern müssen. Aber heute ist die Erinnerung an die Vergangenheit so stark in mir, daß ich auf ihren Rat hin gewagt habe, zu Ihnen zu kommen und Ihr Geschenk anzunehmen. Ich danke Ihnen dafür, Redlaw, und ich bitte Sie, in Ihrer letzten Stunde in Ihren Gedanken so barmherzig gegen mich zu sein wie jetzt in Ihren Taten."

Er wandte sich der Tür zu, blieb aber noch einmal stehen. „Ich hoffe, Sie werden meinem Sohn Ihre Teilnahme schenken um seiner Mutter willen, und ich hoffe, er wird sie verdienen. Ich werde ihn nie wiedersehen, es sei denn, daß mein Leben sehr lange währt und ich fühle, daß ich Ihre Unterstützung nicht mißbraucht habe."

Während er bereits in der Tür war, sah er Redlaw zum erstenmal an. Der Chemiker, dessen starrer Blick auf ihn gerichtet war, streckte ihm halb bewußtlos die Hand entgegen. Er kehrte um, ergriff sie mit beiden Händen und schritt gesenkten Hauptes langsam über die Schwelle.

In den wenigen Augenblicken, die vergingen, während Milly ihn schweigend zur Gitterpforte führte, sank der Chemiker in den Lehnstuhl und bedeckte das Gesicht mit beiden Händen. Als sie in Begleitung ihres Mannes und des Alten zurückkehrte (die ihn beide innig bedauerten) und das bemerkte, sorgte sie dafür, daß ihn niemand störte, und kniete nieder, um den Jungen in warme Kleider zu hüllen.

„So gehört sich's. Das sage ich immer, Vater!" rief ihr Gatte bewundernd aus. „Es lebt ein mütterliches Gefühl in Mrs. Williams Brust, das sich Luft machen will und muß!"

„Ja, ja", sagte der Alte, „du hast recht. Mein Sohn William hat recht!"

„Kein Zweifel, es ist sicher am besten, liebe Milly", sagte Mr. William, „daß wir selbst keine Kinder haben, und doch wünschte ich manchmal, daß es anders wäre. Der tote Kleine, auf den du solche Hoffnungen setztest und der niemals geatmet hat – das hat dich recht still gemacht, Milly."

„Ich bin glücklich in der Erinnerung daran, lieber William", gab sie zur Antwort. „Ich denke jeden Tag daran."

„Ich fürchte, du denkst sehr viel daran."

„Sprich nicht vom Fürchten; es ist eine Erquickung für mich, es spricht zu mir auf so vielerlei Weise. Das unschuldige Wesen, das niemals auf Erden lebte, ist für mich wie ein Engel, William."

„Du bist Vater und mir ein Engel", sagte Mr. William sanft. „Das weiß ich."

„Wenn ich an alle die Hoffnungen denke, die ich darauf setzte", fuhr sie fort, „und wie oft ich dasaß und mir an meiner Brust ein lächelndes Gesichtchen, das nie dort ruhte, und die lieblichen, mir zugewandten Augen, die sich nie dem Licht öffneten, vorstellte, dann flößen mir diese enttäuschten Hoffnungen eine größere Teilnahme und Zärtlichkeit für andere ein. Wenn ich ein schönes Kind in den Armen einer glücklichen Mutter sehe, so liebe ich es um so mehr, wenn ich denke, daß mein Kind diesem wohl ähnlich gewesen wäre und mich vielleicht ebenso stolz und glücklich gemacht hätte."

Redlaw hob den Kopf und blickte sie an.

„Für das ganze Leben scheint es mir etwas zu sagen", sprach sie weiter. „Mein Kind fleht für arme, verlassene Kinder, als ob es noch am Leben wäre und mit einer mir bekannten Stimme zu mir sprechen könnte. Wenn ich von Jugend in Krankheit oder Schande höre, so denke ich, daß es meinem Kind auch so hätte gehen können und daß Gott es in seiner Barmherzigkeit zu sich genommen hat. Selbst im grauhaarigen Alter ist es mir gegenwärtig, und ich stelle mir vor, daß es ein hohes Alter hätte erreichen und, lange nachdem ich und du gestorben wären, die Verehrung und Liebe jüngerer Leute hätte brauchen können."

Ihre gedämpfte Stimme wurde leiser denn je, als sie den Arm ihres Gatten ergriff, ihren Kopf daran lehnte und fortfuhr: „Kinder lieben mich so sehr, daß ich mir manchmal einbilde – es ist eine törichte Einbildung, William –, sie fühlten auf eine mir unbekannte Weise mit meinem kleinen Kind und mir und verstünden, warum mir ihre Liebe so kostbar ist. Wenn ich seit jener Zeit stiller bin, so war ich in mancher Art auch glücklicher, William. Nicht am wenigsten glücklich darin, daß mir selbst damals, als mein Kind erst wenige Tage geboren und gestorben und ich noch schwach und betrübt war und mich des Kummers nicht erwehren konnte, der Gedanke kam: Wenn ich versuchte, ein tugendhaftes Leben zu führen, würde mir im Himmel ein strahlendes Wesen entgegentreten, das mich Mutter nennen würde!"

Redlaw sank mit einem lauten Aufschrei auf die Knie.

„O du", sagte er, „der du mir durch die Lehre reiner Liebe das Gedächtnis wiedergegeben hast, das Gedächtnis des Erlösers am Kreuz und aller Guten, die für ihn gestorben sind, empfange meinen Dank und segne sie!"

Dann drückte er sie an sein Herz, und Milly, die vor Freude schluchzte, rief: „Er hat wieder zu sich selbst gefunden! Er hat mich auch sehr gern! O Gott, o Gott, da ist noch einer!"

Und jetzt trat der Student herein, an der Hand ein liebliches Mädchen, das sich fürchtete, ihm hinein zu folgen. Redlaws Haltung ihm gegenüber hatte sich gänzlich gewandelt, da er in ihm und seiner jungen Erwählten eine Erinnerung an jene glückliche Zeit seines Lebens sah, bei der, wie bei einem schattigen Baum, die so lange in der einsamen Arche eingekerkerte Taube Ruhe und Gesellschaft finden konnte; er fiel ihm um den Hals und bat sie, sich als seine Kinder zu betrachten.

Und da Weihnachten eine Zeit ist, in der mehr als zu allen anderen Zeiten im Jahr die Erinnerung an jeden heilbaren Kummer und Unrecht und Sorgen in der Welt um uns herum uns ebenso vor der Seele stehen sollte wie unsere eigene Erfahrung und uns zu hilfreicher Tat anspornen sollte, legte er seine Hand auf das Haupt des Jungen und gelobte, indem er stumm den zum Zeugen aufrief, der einst die Kindlein segnete und in der Erhabenheit seines prophetischen Wissens die zurechtwies, die sie von ihm fernhalten wollten, jenen zu beschützen, zu unterrichten und zu einem guten Menschen zu machen.

Und dann reichte er seine Hand mit heiterem Gesicht Philip und sagte, daß sie heute ein Weihnachtsmahl einnehmen wollten in der Halle, die ehemals, bevor die zehn armen Studenten mit Geld abgefunden wurden, der große Speisesaal gewesen war.

Dazu aber wollten sie so viele von der Familie Swidger einladen – die nach der Aussage seines Sohnes so zahlreich war, daß sie sich die Hände reichen und einen Kreis um ganz England bilden konnten –, wie in der kurzen Frist aufzutreiben waren.

Und so geschah es an jenem Tag. So viele Swidgers, junge und alte, waren da, daß ein Versuch, ihre Zahl auch nur ungefähr anzugeben, bei mißtrauischen Leuten Zweifel an der Wahrhaftigkeit dieser Geschichte erregen könnte. Deshalb soll der Versuch unterbleiben. Aber sie waren zu Dutzenden da – und gute Nachricht und gute Hoffnung wartete auf sie über ihren Bruder George, den Vater und Bruder und Milly wieder besucht und in ruhigem Genesungsschlummer verlassen hatten. Auch die Tetterbys waren anwesend einschließlich Adolphus junior, der in seinem regenbogenfarbenen Wollschal noch rechtzeitig zum Rindfleisch eintraf. Johnny und das Baby kamen natürlich zu spät und langten, wankenden Schrittes und ganz auf eine Seite geneigt, an, der eine ganz erschöpft, das andere im Zustand angeblichen Zahnens; aber das war etwas Normales und nicht weiter beunruhigend.

Ein anrührender Anblick war allein das Kind, das weder Vater noch Mutter kannte. Es sah den spielenden Kindern zu, wußte nicht, wie es mit ihnen reden und spielen sollte, und war mit den Freuden der Kindheit weniger vertraut als ein wilder Hund. Ein anrührender Anblick war es auch, obgleich in anderer Weise, zu sehen, wie selbst die kleinsten Kinder instinktiv fühlten, daß der Junge anders war als alle übrigen, und wie sie sich ihm schüchtern näherten mit sanften Worten und kleinen Geschenken, damit er sich nicht unglücklich fühlte. Aber er blieb bei Milly und fing an, sein Herz an sie zu hängen – „Schon wieder einer!" sagte sie –, und da sie alle die milde Frau liebten, so freuten sie sich darüber, und als sie ihn hinter ihrem Stuhl hervorgucken sahen, war es ihnen lieb, daß er so dicht bei ihr war.

Das alles sahen der Chemiker, der neben dem Studenten und seiner Braut saß, Philip und die übrigen.

Einige haben seither erzählt, er habe das, was hier berichtet worden ist, nur gedacht; andere, er habe es an einem Winterabend um die Dämmerstunde im Feuer gelesen; wieder andere, der

Geist sei nur das Bild seiner trüben Gedanken und Milly die Verkörperung seines besseren Wissens gewesen. *Ich* sage nichts.

Nur dies: Als alle in der alten Halle versammelt waren, nur erleuchtet von einem großen Kaminfeuer (sie hatten zeitig gegessen), da schlichen sich die Schatten wieder aus ihren Verstecken hervor und tanzten im Zimmer herum und zeigten den Kindern wunderbare Gestalten und Gesichter an den Wänden und gaben allmählich allem Wirklichen und Bekannten zauberhafte und ungeheuerliche Formen. Aber ein Gegenstand war in der Halle, dem sich die Blicke Redlaws, Millys und ihres Gatten, des Alten und des Studenten und seiner Braut oft zuwandten und den die Schatten weder verdunkelten noch veränderten. In tiefere Würde gekleidet von dem Schein der Flamme und aus der dunklen Täfelung der Wand wie lebendig hervortretend, sah das ernste Gesicht mit dem Bart und der Halskrause aus dem immergrünen Stechpalmenkranz auf sie herab, wie sie zu ihm emporschauten, und so klar und deutlich, als ob eine Stimme sie riefe, standen darunter die Worte:

HERR, ERHALTE MEIN GEDÄCHTNIS FRISCH!

Nachwort

Das Jahr 1843, in dem die erste der in diesem Band versammelten Weihnachtserzählungen entstand, war für Charles Dickens wenig erfreulich – ein „Jahr der Enttäuschung", wie es Edgar Johnson in seiner großen Biographie des Dichters zutreffend genannt hat. Diese Enttäuschung hat teils innere, teils äußere Ursachen, die freilich nur schwer einzusehen sind, wenn man die eher beneidenswerten Lebensumstände des Dichters betrachtet: Dickens war 1843 gerade einunddreißig Jahre alt, gesund, gutaussehend, allseits geschätzt und beliebt; er führte eine gutbürgerliche Ehe (in der sich allerdings schon seit längerem feine Risse zeigten), hatte vier Kinder, wohnte in einem vornehmen Stadthaus am Londoner Regent's Park und war erst vor einigen Monaten, im Juli 1842, von seiner ersten großen Amerikareise zurückgekehrt, die trotz mancherlei Mißhelligkeiten zu einem Triumphzug des international anerkannten Autors wurde.

All diese Attribute des Erfolgs und Wohlstands verdankte Dickens, der als vernachlässigtes und halbverhungertes Kind einst kaum von einem solch märchenhaften Aufstieg zu träumen gewagt hätte, ausschließlich seiner schriftstellerischen Begabung und Leistung. In genau zehn Jahren hatte er, neben zahlreichen Erzählungen, Theaterstücken und Aufsätzen, insgesamt fünf umfangreiche Romane vorgelegt, die allesamt zu Bestsellern geworden waren, und der sechste, *Martin Chuzzlewit*, war gerade in Arbeit. Im Januar 1843 war die erste Lieferung dieses Werkes herausgekommen – wie alle Dickens-Romane erschien auch der *Chuzzlewit* in monatlichen Fortsetzungen –, doch als das Jahr fortschritt, zeichnete sich, zum erstenmal in der beispiellosen Karriere des Dichters, ein (relativer) Mißerfolg ab: Die Abonnentenzahl stagnierte bei 20 000, während alle bisherigen Romane eine mindestens doppelt oder dreimal so hohe Auflage erreicht hatten. Das wäre für einen „normalen" Schriftsteller allenfalls Grund zu einer leichten Beunruhigung gewesen, aber für den erfolggewohnten und früh vom Erfolg verwöhnten Charles Dickens war es eine schwere Enttäuschung, ja fast eine Katastrophe, die noch verschärft wurde, als ihm seine

Verleger Chapman und Hall mit Vorschußkürzungen drohten. Er reagierte darauf mit unangemessener Heftigkeit, die nur verständlich wird, wenn man die biographische „Vorgeschichte" kennt: Für den schnell zu Ruhm und Reichtum gekommenen Aufsteiger brachen plötzlich die sorgfältig zugeschütteten Abgründe seiner trostlosen Kindheit wieder auf, die alptraumhaften Ängste vor dem wirtschaftlichen Ruin, die in seinem chaotischen Elternhaus fast ein Dauerzustand gewesen waren.

Die Arbeit am *Martin Chuzzlewit* setzte Dickens gleichwohl fort, wenn auch unter erheblichen Mühen; einmal spricht er von den „Chuzzlewit-Agonien", um seine düstere Stimmung auszudrücken, und in einem Brief an seinen Freund, literarischen Ratgeber und späteren Biographen John Forster heißt es sogar: „... ein falsches Feuer brennt in mir, und ich habe das Gefühl, daß ich nicht schreiben *kann*".

Diese Aussage aus dem Munde eines Schriftstellers, dem das Schreiben zur zweiten Natur geworden war und dessen schöpferische Phantasie nur sehr selten versagte, verweist offensichtlich auf eine schwere innere Krise, für die der – maßlos überbewertete – finanzielle Rückschlag nur der Auslöser war. Dickens hatte sich in die Handlung seines *Martin Chuzzlewit* so verbissen, daß das soziale Märchen vom Fluch der Selbstsucht und der Heuchelei in eine bittere, ihn selbst bedrohende Realität umzuschlagen begann. Er muß gespürt haben, wie die durch Anpassung und Selbstdisziplin verdeckten tieferen Schichten seines Wesens an die Oberfläche gelangten und mit den Mitteln einer konventionellen Erzählkunst nicht mehr zu bannen waren. Dickens war eben nicht nur der menschenfreundliche, lebensbejahende Humorist, wie es eine althergebrachte und von ihm selbst geförderte Klischeevorstellung will, sondern auch ein von dunklen Trieben und Obsessionen gequälter Mann, dem die Nachtseiten seines scheinbar so geruhsamen und ausgeglichenen Zeitalters keineswegs fremd waren. Er konnte sich „wie ein Wahnsinniger" gebärden, wie es seine Tochter Kate lange nach seinem Tod bekannte, und von derselben Kate stammt auch die folgende freimütige Äußerung, die ein noch grelleres Licht auf Dickens' Doppelnatur wirft: „Ich habe meinen Vater mehr geliebt als alle anderen Menschen auf der Welt ... Ich habe ihn geliebt trotz seiner Fehler ... mein Vater war ein böser *(wicked)* Mann – ein sehr böser Mann."

Die beiden Seiten des Dickensschen Wesens, eine viktorianische Variante der „zwei Seelen" in Fausts Brust, hat der bedeutende amerikanische Literaturkritiker Edmund Wilson im Titel seines großen Essays von 1939, dem wir wesentliche Einsichten in das Leben und Schaffen des Dichters verdanken, als „die zwei Scrooges" bezeichnet: Der eine Scrooge soll die dunkle, diffuse, verborgene Unterströmung in Dickens' Dasein und Dichtung, der andere die lichten und zum Licht strebenden Kräfte versinnbildlichen. Mr. Scrooge, die Zentralgestalt des *Weihnachtslieds in Prosa (A Christmas Carol in Prose)*, verkörpert diesen Dualismus auf exemplarische Weise, die menschenverachtende Hartherzigkeit einerseits und die Läuterungsfähigkeit andererseits, beides freilich entrückt in den Bereich der idyllischen Fiktion, also in eine überschaubare, schematisierte und nach Belieben „manipulierbare" kleine Welt, die vordergründig positiv, um nicht zu sagen positivistisch, gesehen wird.

Die Flucht in die vergleichsweise unverbindliche Märchenwelt seiner ersten Weihnachtserzählung war somit für Dickens ein naheliegender Ausweg aus dem Dilemma, in das er unter dem bedrohlich anwachsenden Realitätsdruck zur Zeit des *Martin Chuzzlewit* geraten war. Das *Weihnachtslied*, in dem der durch Gespenstererscheinungen mühelos zum Guten bekehrte Ebenezer Scrooge als erdichtete Gegenfigur zu jenem anderen, abgründigen, realen Scrooge in Dickens' Seele auftritt, entstand tatsächlich parallel zum *Chuzzlewit*, im Oktober/November 1843 (der Roman wurde erst im Juli des darauffolgenden Jahres abgeschlossen), und erschien noch im Dezember, rechtzeitig zum Weihnachtsfest und -geschäft.

Geschäftliche Erwägungen spielten in Dickens' literarischen Plänen stets eine gewisse Rolle, so auch hier. Mit seiner Weihnachtserzählung, einer Novität auf dem englischen Buchmarkt, deren Zugkraft der Autor mit sicherem Instinkt vorausahnte, wollte er die Verluste aus dem unbefriedigenden Verkauf des *Chuzzlewit* einigermaßen ausgleichen. Dennoch ging seine Rechnung nicht ganz auf: Das *Weihnachtslied* fand zwar den zu erwartenden reißenden Absatz, brachte aber dem Verfasser statt der erhofften 1000 Pfund zunächst nur 230 ein. Dickens hatte nämlich das sorgfältig ausgestattete und illustrierte Bändchen seinem Verlag Chapman & Hall nur in Kommission gegeben und den Verkaufspreis viel zu niedrig angesetzt, weil er vor allem darauf bedacht war, ein möglichst großes Publikum zu erreichen. Dieses neuerliche finanzielle Debakel, an dem er selbst die eigentliche Schuld trug, führte schließlich zum endgültigen Bruch zwischen Autor und Verlag.

Doch die Querelen von damals sollten uns nicht daran hindern, das *Weihnachtslied* als das zu genießen, was es in Wahrheit ist: ein meisterliches Stück Prosa, originell und neuartig in der Konzeption, variantenreich und ungemein einprägsam im Stil. Bis heute ist es das populärste Werk des Dichters geblieben. Es wurde schon gleich nach Erscheinen von Hunderttausenden verschlungen, mehrfach zu Theaterstücken umgeformt, für öffentliche Lesungen adaptiert, als Schullektüre in allen zivilisierten Ländern verwendet und leider auch sogleich schamlos plagiiert – ein weiteres Glied in der Kette der Ärgernisse, die Dickens 1843/44 heimsuchten. Er gewann zwar den von ihm angestrengten Plagiatsprozeß, verlor aber viel Geld dabei, weil die Delinquenten Bankrott anmeldeten, als die Schadensersatzsumme fällig wurde.

Worin besteht nun das Geheimnis des Erfolges, den das *Weihnachtslied* von allem Anfang an hatte? William M. Thackeray, Dickens' Schriftstellerkollege und (nicht immer so wohlmeinender) Freund, hat es auf die kürzeste Formel gebracht: „Dieses Buch ist in meinen Augen ein nationaler Gewinn und für jeden Mann und jede Frau, die es lesen, eine persönliche Wohltat." Im *Weihnachtslied* – und in den späteren Weihnachtserzählungen nicht minder – hat Dickens die mögliche Verwandlung des verhärteten Menschenherzens, an die er trotz allem glaubte und in der er offenbar den einzigen Sinn seiner sozialreformerischen Bemühungen erblickte, in anschauliche, jedermann verständliche und unmittelbar anrührende epische Bilder umgesetzt, denen man kaum noch anmerkt, daß sie im Grund Märchenparabeln sind. Durch die suggestive Kraft der Darstellung – der Leser wird fast magisch in Elendsszenen und Festesfreude hineingezogen, und der Duft von Plumpudding und

Punsch, von Truthahnbraten und Tannengrün steigt ihm förmlich in die Nase – bewirkte Dickens zwar kein soziales Umdenken, wohl aber ein „Umfühlen": Jedesmal wenn eine neue Weihnachtserzählung pünktlich vor dem Fest herauskam, lief eine Welle der Wohltätigkeit durch das ganze Land – ein „nationaler Gewinn" von freilich flüchtigem Bestand.

Das christliche Weihnachten lieferte dazu gleichsam nur die Stimmungsfolie, die alle Gefühle weicher und sanfter erscheinen läßt. Der religiöse Kern des Festes interessierte den Agnostiker Dickens, für den das Christentum lediglich ein historisch-gesellschaftlicher Ordnungsfaktor war, genausowenig wie irgendwelche sozialistischen Ideologien. Das Metaphysische wird in den Weihnachtserzählungen auf Geistererscheinungen und irrationale Eingebungen reduziert. So wie das Märchenhafte die Realität überlagert und beschönigt, so ersetzt ein unreflektiertes humanitäres Sentiment die religiös motivierte Nächstenliebe. Profaner als Dickens kann man Weihnachten kaum beschreiben und feiern; seine private „Christmas Party" am Ende des „Jahres der Enttäuschung" geriet übrigens besonders fröhlich und ausgelassen, ja frivol – ein Zeichen dafür, wie weit die Verweltlichung dieses christlichen Festes damals schon fortgeschritten war.

Im Juli 1844, gleich nach Vollendung des *Martin Chuzzlewit*, reiste Dickens mit seiner Familie nach Italien. Die Reise war zwar bereits im Februar in einer Phase panikartiger Verzweiflung geplant worden, aber sie ähnelte gleichwohl einer Flucht aus der langwährenden Krise, in der das optimistische *Weihnachtslied* und die fröhliche Weihnachtsfete nur vorübergehend Entlastung gebracht hatten. Dickens brauchte endlich Ruhe, Erholung, Abstand. Sein Italienaufenthalt wurde im wahrsten Sinne des Wortes zu einer „schöpferischen Pause", der längsten im Leben des Rastlosen. Seine geschäftige Feder ruhte fast vollständig. Nur ein kleines Werk kam in diesem langen Urlaub zustande, die zweite Weihnachtsgeschichte *Die Glocken (The Chimes)*, zu der ihn das vielstimmige Geläut der genuesischen Kirchen anregte. Am 3. November war das Manuskript fertig, und bereits am 6. November machte sich Dickens allein auf die beschwerliche Reise von Genua nach London, nur um dort seinen Freunden das neue Werk vorzulesen. Der Künstler Maclise, der an jenem denkwürdigen 3. Dezember 1844 zum kleinen Kreis der Zuhörer zählte, hat die Szene mit der Zeichenfeder festgehalten: In der Mitte der andächtig lauschenden und sichtlich ergriffenen Runde sitzt Dickens lesend an einem Tisch, das ebenmäßige, freundlich-offene Jünglingsgesicht umrahmt von einem angedeuteten Strahlenkranz wie von einer Gloriole. Die keineswegs als Karikatur gemeinte Zeichnung läßt etwas von der Faszination ahnen, die dieser Magier des Wortes mit seiner weltlichen Frohbotschaft auf sein Publikum ausgeübt hat.

Mittlerweile war das Verfassen von Weihnachtsgeschichten für Dickens schon zu einer lieben Gewohnheit geworden. Obgleich der thematische Bezug zum Weihnachtsfest von Anfang an nicht sehr zwingend war, lohnte es sich sowohl in ideeller als auch und vor allem in materieller Hinsicht, jeweils kurz vor dem Fest ein neues „Christmas Book" herauszubringen. Bereits im Juni 1845 hatte Dickens die Idee zu einer weiteren Weihnachtserzählung, die allerdings erst im Oktober niedergeschrieben wurde und im Dezember unter dem Titel *Das Heimchen am Herd (The Cricket on the Hearth)* erschien. Der Verkaufserfolg dieses „Feenmärchens" übertraf sogar noch den der beiden vorangegangenen Erzählungen, und er war gewiß nicht unverdient. Die kleine Geschichte mit dem anheimelnden Titel geriet zu einem wahrhaft volkstümlichen Werk von seltener Eindringlichkeit, Schlichtheit und Geschlossenheit. In ihm spiegelt sich *in nuce* das – stark idealisierte – Menschen- und Weltbild des Autors, seine Wunschvorstellung vom menschlichen Zusammenleben als einer heilen Idylle, die für ihn und für seine Leser zum Fluchtpunkt in einer ganz und gar unheilen Welt wurde. Daß diese Idylle, in der das Gute so selbstverständlich die Oberhand behält, nur noch in Märchenform darstellbar ist, sagt genug über ihre gesellschaftliche Relevanz aus, mindert aber nicht ihre poetische Qualität.

Im folgenden Jahr, 1846, erschien *Der Kampf des Lebens (The Battle of Life)* als „Weihnachtsgabe". Diese burlesk überzogene Liebesgeschichte erreicht jedoch nur stellenweise die Vollkommenheit der drei bisherigen Weihnachtserzählungen. Lag es daran, daß Dickens beim Schreiben in Zeitnot geraten war oder daß er sich nicht recht freimachen konnte von dem gleichzeitig entstehenden Roman *Dombey und Sohn*, der alle seine schöpferischen Kräfte band? Oder lag es vielleicht daran, daß schmerzliche Erinnerungen den Strom seiner Phantasie hemmten, Erinnerungen an das merkwürdige und nie ganz geklärte Verhältnis zu seiner geliebten, früh verstorbenen Schwägerin Mary Hogarth, die bis zu ihrem Tode im Mai 1837 mit ihm und seiner Frau Catherine in der Londoner Doughty Street zusammengelebt hatte? Über dieses autobiographische Substrat kann man nur Mutmaßungen anstellen, doch ein Zufall ist es sicherlich nicht, daß der *Kampf des Lebens* von einem Mädchen handelt, das seinen Geliebten der Schwester überläßt.

Wie dem auch sei, Dickens scheint danach ein wenig die Lust an seinen Weihnachtsbüchern verloren zu haben. Zwar begann er bereits im Juni 1847 mit der Arbeit an einer neuen Erzählung, aber er legte das Manuskript bald beiseite. Erst anderthalb Jahre später, im November 1848, holte er das angefangene Werk wieder hervor und schrieb es in einem Zug zu Ende, so daß es noch im Dezember unter dem Titel *Der Verwünschte (The Haunted Man)* herauskommen konnte. Diese vergleichsweise düstere Geschichte, in der die alte Märchen- und Feststimmung nicht mehr so recht aufkommen will, hat gleichfalls einen unverkennbaren autobiographischen Aspekt, der zweifellos die innere Ursache für ihre verzögerte Fertigstellung war. Das im Titel verwendete Adjektiv *haunted* (das übrigens besser mit „heimgesucht" oder gar „besessen" zu übersetzen wäre) ist offenkundig mit besonderem Bedacht gewählt: Es charakterisiert die Hauptfigur Redlaw nicht weniger als den Autor Dickens, der damals, in den Jahren der Lebensmitte, von seiner immer wieder verdrängten Vergangenheit eingeholt wurde. Als er sich mit dem Gedanken trug, die turnusmäßig fällige Weihnachtserzählung zu schreiben, tauchte in seinem Umkreis ein Mann namens Dilke auf, der einst den kleinen Charles in der Zeit der tiefsten Erniedrigung zufällig gesehen hatte und Dickens' Freund Forster jetzt verwundert fragte, ob jenes verwahrloste Kind aus den Londoner Slums mit dem berühmten Dichter identisch sein könne. Forster, der ebensowenig wie Dilke ahnte, welche

Tiefenströmung er da aufrührte, gab die Frage an Dickens weiter, und Dickens enthüllte ihm nun widerstrebend das dunkle Geheimnis seiner Herkunft, das er bis dahin vor seinen Mitmenschen und sogar vor seiner eigenen Familie mit fast pathologischer Scheu gehütet hatte. Das Trauma seiner Kindheit begann auf einmal wieder zu schwären wie eine schlecht verheilte Wunde.

Auf die Anamnese folgte indes unverzüglich der Versuch der Selbstheilung mit den Mitteln der Literatur. Im *Verwünschten* unternimmt es der *haunted man* Charles Dickens zum erstenmal, sich seiner Vergangenheit und seiner vermeintlichen Schande zu stellen, indem er sein bewußt stark verfremdetes Alter ego Redlaw, dessen Schicksal bei genauerem Zusehen dennoch mancherlei Berührungspunkte mit Dickens' eigener Lebensgeschichte aufweist, im Rahmen einer parabolischen Erzählung unaufhörlich über Möglichkeit und Sinn des Vergessens (oder der Verdrängung, wie der moderne Psychologe sagen würde) meditieren läßt. Am Ende der Geschichte steht der vielsagende Satz: „Herr, erhalte mein Gedächtnis frisch!"

Dickens hielt sein Gedächtnis frisch. Sofort nach dem Erscheinen des *Verwünschten* setzte er seine literarische Vergangenheitsbewältigung mit dem großen autobiographischen Schlüsselroman *David Copperfield* fort, in dem er allerdings die tiefen Abgründe nach Möglichkeit wieder zuschüttete und das tragische Grunderlebnis in eine freundliche Erfolgsstory einmünden ließ. Die Krise war, so scheint es zumindest, zunächst überstanden.

Mit dem *Verwünschten* beschloß Charles Dickens den fünfteiligen Zyklus seiner Weihnachtserzählungen. Weitere sogenannte „Christmas Stories" erschienen zwar auch später noch in den Dezembernummern seiner Zeitschriften *Household Words* (1850–59) und *All the Year Round* (1859–69), aber sie blieben Arabesken seines monumentalen Werkes und sind mittlerweile fast völlig vergessen – zu Unrecht vielleicht. Seine „großen" Weihnachtserzählungen, wie sie der vorliegende Band dem deutschen Leser in chronologischer Reihenfolge darbietet, wollte er hingegen der Mit- und Nachwelt als Einheit erhalten;

im Jahre 1852 faßte er sie als *Christmas Books* (Weihnachtsbücher) in einem eigenen Band zusammen. Das kurze Vorwort, das er für diese Ausgabe schrieb, endet mit dem folgenden Satz, der verbindlich und begütigend klingt und doch einen feinen ironisch-skeptischen Unterton zu enthalten scheint: „Meine Absicht war es, mit einer launigen Maskerade, welche der Frohsinn der festlichen Zeit rechtfertigt, ein paar liebevolle und großmütige Gedanken zu erwecken, die in einem christlichen Land niemals unzeitgemäß sind.“

Siegfried Schmitz

Charles Dickens: WEIHNACHTSERZÄHLUNGEN

Titel der in den Jahren 1843 bis 1848
erschienenen englischen Originalausgaben:
„A Christmas Carol in Prose"; „The Chimes"; „The Cricket
on the Hearth"; „The Battle of Life"; „The Haunted Man"

Die Illustrationen stammen von Richard Doyle,
Edwin Landseer, John Leech, Daniel Maclise,
Clarkson Stanfield, Frank Stone und John Tenniel.

MEISTERHAFT UND UNVERGÄNGLICH
Erlesene Bücher aus aller Welt

825
Printed in Germany
ISBN 3 87070 724 0